开源规则

案例、许可证及开源组织

张　平　主　编

徐美玲　执行主编

知识产权出版社
全国百佳图书出版单位
—北京—

图书在版编目（CIP）数据

开源规则：案例、许可证及开源组织/张平主编. —北京：知识产权出版社，2022.11
ISBN 978－7－5130－8376－8

Ⅰ.①开…　Ⅱ.①张…　Ⅲ.①数字技术—知识产权—研究—世界　Ⅳ.①D913.44

中国版本图书馆 CIP 数据核字（2022）第 181486 号

责任编辑：王祝兰　　　　责任校对：潘凤越
封面设计：杨杨工作室·张冀　　　　责任印制：刘译文

开源规则
——案例、许可证及开源组织
张　平　主编
徐美玲　执行主编

出版发行：知识产权出版社有限责任公司　　网　　址：http：//www.ipph.cn
社　　址：北京市海淀区气象路50号院　　邮　　编：100081
责编电话：010－82000860 转 8555　　责编邮箱：wzl_ipph@163.com
发行电话：010－82000860 转 8101/8102　　发行传真：010－82000893/82005070/82000270
印　　刷：天津嘉恒印务有限公司　　经　　销：新华书店、各大网上书店及相关专业书店
开　　本：787mm×1092mm　1/16　　印　　张：29.75
版　　次：2022 年 11 月第 1 版　　印　　次：2022 年 11 月第 1 次印刷
字　　数：660 千字　　定　　价：148.00 元
ISBN 978－7－5130－8376－8

编委会

■ **主　　编**：张　平

■ **执行主编**：徐美玲

■ **编 写 组**（按姓名拼音字母先后顺序排列）

- 曹卫良：北京大学法律硕士
- 辜凌云：北京大学法学院博士研究生
- 刘伟斌：北京大学粤港澳大湾区知识产权发展研究院研究助理
- 王董咪：北京大学法学硕士
- 王予君：北京大学法学院硕士研究生
- 徐华阳：北京大学法学博士
- 徐子淼：北京大学法学院博士研究生
- 岳　娆：北京大学法学硕士
- 张　燕：北京大学法律硕士
- 赵怡冰：北京大学法学硕士
- 庄云霄：北京大学法学硕士

序

起源于自由软件的开源运动历经 20 余年的发展，已经从早期批判知识产权制度的“自由王国”走向拥抱知识产权制度的有限开源社区。随着开源软件与资本的紧密结合，开源软件逐渐向商业化、市场化发展，并且与商业软件交叉融合。各式各样的开源许可证中充斥着知识产权保留条款，让原本追求单纯知识产权法律关系的开源社区变得越来越复杂。“开源许可证丛林”带给软件开发者和利用者的羁绊不亚于“专利丛林”、“版权丛林”和“商标捆绑”，而且开源资源的巨大垄断力带来了新型的垄断风险。

除了违反许可证等传统违约问题，开源软件不断受到来自第三方专利的威胁，加之自身组建的防御性专利联盟的增加，开源社区与专利纠缠不清。“专利权和许可证在法律结构上层层叠叠互相覆盖。弄清两者对开源软件的作用就像是穿越雷区。”[1] 从目前比较活跃的开源许可证中都能看到有保留专利的条款。不论是软件的开发阶段还是应用阶段，由于开源社区的开放精神以及权利不担保传统，来源于项目发起人和后续贡献者使用包含第三人在先专利的瑕疵代码的风险增加，还有可能被他人盗用开源资源去申请专利，这也就是为什么会有开放创新专利联盟（Open Invention Network，OIN）的存在。而 OIN 的规模越来越大，其所秉持的专利防御联盟地位也在逐渐改变，所拥有的巨大的专利阵营足以成为“核导弹”级别的战略防御武器，从而形成新的市场垄断地位。近年来，又有一批专利强势的企业声称开放所有软件专利。2014 年特斯拉宣布免费开放全部专利就引发对其有商业动机的质疑：开放专利并不是放弃专利，也就意味这些专利技术可能成为某一技术领域控制底层软件架构和标准的核心技术，尽管其不收取当下的专利费用，但会牢牢控制住这一领域未来技术和市场的发展。在市场经济下，无偿捐助科技成果的企业是少数，即使对于那些已经接受了 GNU 通用公共许可证（General Public License，GPL）的公司来说仍然希望有机会使其已经放弃了的版权和专利权再回到独占领域，于是出现了各式各样的“权利保留条款”或者是“权利复活条款”，甚至出现权利的“逆向回转”——将软件与硬件结合，让那些开放源代码后的软件通过与计算机的结合再享有专利权，这也催生了开放硬件许可证的问世。在计算机处理器方面已经有这样的先驱：RISC－V 处理器架构秉持的开放共享、

[1] GERMAN J. 守卫自由的 Linux 世界［EB/OL］. LCTT H－mudcup，译.（2015－09－14）［2022－05－01］. https：//linux. cn/article－6211－1. html.

互利共赢的发展理念即是对开源软件精神的继承，但是随着谷歌、高通、三星等专利巨头公司加入 RISC－V 的开发，其未来的发展趋势也一定是由商业公司来控制，并且这样的控制比传统的软件专利竞争更为强势。

开源软件的著作权保留条款也使得开源许可证充斥着法律陷阱。根据 GPL 3.0 第 8 条“终止授权”的约定，授权人许可用户在遵守许可证规定的前提下行使某些权利，若用户违反 GPL 3.0 的使用条件，其通过 GPL 3.0 获得的授权将会自动终止，用户实施的复制、修改、发布等行为，也将因失去权利来源而构成侵权。这一“权利保留条款”的存在，构成了以宽松的开放创新引入大量跟随者之后又利用严格的知识产权保护实现的更大的垄断力，也可以被称为“版权陷阱”，导致来自开源社区的知识产权违约风险、侵权风险和垄断风险混杂交织。已经有许多案例显现出这种趋势。在 *Artifex v. Hancom* 案中，加州法院认为基于 GPL 或者其他开源软件许可的软件版权人，对不遵守许可证条款的用户，既可以主张版权侵权，也可以主张合同违约，原告可以视情况灵活行使其权利。而在罗盒网络诉福建风灵案中，我国的法官认为违反开源协议既构成违约也构成侵权，甚至可以直接得出结论：违约及侵权。这样使得开源软件的权利人处于更有利的举证责任义务，在利用侵权来维护自身利益的诉讼中更有优势地位。在这一点上，开源社区潜在的垄断风险十分明显。

目前，对开源软件与著作权的保护还体现在开源资源接口技术能否再被闭源的问题上。历经 11 年的甲骨文公司与谷歌公司针对安卓操作系统中的 API（Application Programming Interface）侵权诉讼，美国法院的审理一波三折，从认定谷歌使用开源接口技术 API 没有版权，到有版权属于侵权，再到有版权属于合理使用的结果来看，法官为开源社区的商业利用留下了未来维权的基础。

与专利和著作权政策不同，绝大多数开源许可证都对开源软件的商标使用问题作了严格规定。在没有事先书面同意的前提下，著作权人和贡献者的名称不能被用来推广或为衍生软件的产品。若相关衍生软件使用人在软件推广的过程中违反规定，不当使用了原软件作者的商标或者冒用开源商标，则构成了对许可证的违约和对原软件作者商标权的侵犯。所有的开源基金会、开源社区等组织对其商标的使用都有详细的规定，例如，开放源代码首创行动组织（OSIA）作为权威的许可证标准制定组织，规定只有经其认证的开源许可证才可以使用该组织的“Open Source”商标。若开源软件使用者使用未经该组织认证的许可证时使用了“Open Source”标识，则构成商标侵权。对商标和开源标识的认证性使用也带来实践中开源许可证的商标捆绑和产品搭售问题。谷歌在安卓开源产品中将 Google Play、Google Search、Google Chrome 三个软件作为软件包捆绑许可，不单独出售，从而强迫安卓设备的制造商将三个软件内置于手机中，导致欧盟对其进行了反垄断调查及巨额罚款。

开源软件中的商业秘密问题也具有独特性。由于开源许可证的“传染性”，开源资源不应当存在商业秘密，但是在混合许可证亦即一项软件产品中既包含开源资源也包含闭源资源的时候，处理不好两者的边界极易导致商业秘密的纠纷。

开源许可证需要开源促进组织 OSI（Open Source Initiative）认可并发布才能得以确认，这本身也很具有讽刺意味：既然是权利人自愿提倡开源，放弃一部分知识产权，为什么还需要某一机构进行认证？OSI 已经发布了百余种许可证认证，但到目前为止只有认证机制没有剔除机制，从来没有对处于"僵尸状态"或者违背认证标准的许可证进行移除。例如：OSI 明确要求所有开源社区订立的开源规则不能对使用者有所歧视，但在中美经贸摩擦中，GitHub 社区排斥了华为公司对其开源软件的使用；在俄乌冲突中，许多开源社区声明不允许俄罗斯公司使用该社区的资源，这显然已违背了开源社区"不得歧视任何人和机构"的规则，同时也构成了反垄断法中的交易歧视行为。对此，OSI 没有任何立场，所以，其开源许可证的认证标准已经没有实质意义，这也提醒我国在开源社区建设中要考虑是否还要跟进 OSI 的的开源认证。

2017 年《国务院关于深化"互联网 + 先进制造业"发展工业互联网的指导意见》中指出："面向关键技术和平台需求，支持建设一批能够融入国际化发展的开源社区，提供良好开发环境，共享开源技术、代码和开发工具……支持通过举办开发者大会、应用创新竞赛、专业培训及参与国际开源项目等方式，不断提升开发者的应用创新能力，形成良性互动的发展模式。"2021 年 3 月发布的《中华人民共和国国民经济和社会发展第十四个五年规划和 2035 年远景目标纲要》中也提出："……支持数字技术开源社区等创新联合体发展，完善开源知识产权和法律体系，鼓励企业开放软件源代码、硬件设计和应用服务。"未来，对于以国家倡导的开源社区以及开源许可证的发布该怎样体现开源精神以及如何服务于我国科技自强自立的创新目标，应当加以重视。开源社区看似没有国界，但是其规则受特定法律管辖，如果一个聚集全球软件贡献者、应用者和爱好者的开源社区仅受某一国家法律管辖，那么这样的社区规则一旦绕过国际公约和知识产权的国内法管辖权，带来的危害可想而知。开源社区的"基本法"——开源许可证——约束着全球各国每一位社区成员和每一个机构，这样的许可证不仅具有合同约束力，也是保留侵权起诉的依据，更是一部具有跨国效力的长臂管辖权的"法律"文件。

开源社区不是一片纯粹的公有领域，它在理念上有反抗传统知识产权法之处，但行动上却寻求包括著作权法、商标法、专利法、商业秘密在内的综合保护。开源软件与闭源软件的结合、开源软件与开源硬件的结合，使得开源社区更具有天然的垄断优势和垄断的自我复制性，这也带来开源社区的反垄断风险的增加，使得开源知识产权的保护即应用进入更高级的战略应用层面。

开源运动没能坚守"对知识产权制度批判"的初心，开源许可证中的知识产权政策正在使开源社区成为另一类软件商业帝国。开源许可证的天然垄断性对创新和市场竞争控制的负面影响已经显现。我国目前提倡的开放创新，绝不应是简单沿袭现有开源规则，而应当评估各种开源许可证的法律风险，构建自主可控的开源社区。

基于对上述问题的长期观察和研究，本书写作团队于今年开始梳理开源社区发生的法律案例、不同类型开源许可证的演变趋势、各种开源组织发挥的作用等，分析开源社区的知识产权利用规则和法律风险，特别是针对我国目前在前沿科技领域中倡导的开放创新和开源社区构建的现实，从知识产权的视角上为开放的科技创新活动提供法律建议。

“天下熙熙，皆为利来；天下攘攘，皆为利往”，只要开源有商业目的，参与市场竞争，就注定离不开对知识产权的应用及保护。知识产权制度是市场主体获得利益最大化且最有利的竞争工具，也是企业维护利益的最好的“护身符”。开源社区建设在我国刚刚起步，开放创新也被认为是参与新一轮国际科技竞争的有效途径，但是开放创新与现有知识产权强保护既有冲突，又有应用上的升华。

期待读者能从本书中略品一二。

张　平

2022 年 4 月 5 日

前　言

《荀子·富国》曾有言："节其流，开其源"。在中文的语境中，开源是指开始出现河流的源头，开拓源头，便亦可节制支流。随着社会的发展和语言的变迁，"开源"一词被应用到科技、经济等各行各业，同时也被赋予了新的时代含义。开源的核心要义是平等、自由、协作、开放、共享、创新。开源本身并不限定于某一特定领域，它更多的是一种精神、信仰和理念，也是大家共同追求的一类文明和文化。当开源及其理念被运用到软件领域时，就会碰撞出"开源软件"；当它被适用到硬件领域时，则出现了"开源硬件"。

在科学技术领域，开源最先与软件相结合。回顾软件产业的发展历程，软件经历了从"买硬件送软件"的免费开源阶段，到"由知识产权保驾护航"的付费闭源阶段，再到如今"需要循规蹈矩"的附条件开源阶段。软件行业发端自微软，而微软对于软件开源与否的态度变迁，也恰好印证了开源软件的历史演变。在微软自创立到现在的三任首席执行官（CEO）中，比尔·盖茨（Bill Gates，1975～2000 年在任）和史蒂夫·鲍尔默（Steve Ballmer，2000～2014 年在任）在任期间，均极力反对和抵制开源，甚至认为"开源软件是知识产权的'癌症'"，而萨提亚·纳德拉（Satya Nadella，2014 年至今在任）上台后，却积极拥抱开源，公开表明"Microsoft Loves Linux"的宣言，同时还于 2018 年 6 月耗资 75 亿美元通过股票交易收购了著名的代码托管平台 GitHub。微软 180 度的立场转变，同时也意味着开源软件已经成为主流趋势。

开源的发展与互联网相伴相生、相辅相成。得益于互联网提供的强劲支撑工具，开源软件才得以茁壮成长，而开源软件的创新反之亦促进了互联网的崛起。随着互联网技术以及当前智能科技的不断革新，开源软件如今已是无处不在，大到宇宙探索，小到日常生活，都能发现开源软件的影子。近年来，就连金融、电信甚至国防等对安全性、可靠性要求较为严格的领域，开源软件的应用也愈加广泛。除了软件，硬件在近年来也加入了开源的大家庭。开源硬件承续开源软件的理念和精神，使得硬件的创新发展迸发出了更多活力。相较于发展已经相对成熟的开源软件而言，开源硬件的发展方兴未艾。

无论是开源软件，还是开源硬件，开源在科学技术领域的发展已是大势所趋，引领着区块链、大数据、云计算、人工智能等新一代智能科技的创新。中国顺势而为，从最初的接触和学习，到 1991 年中美合作项目中正式引入 Unix，再到现在，中国经历了“初识开源—使用开源—贡献开源—自主开源—主导建设开源生态”的成长阶段。经过30多年的不懈努力，中国已经不再停留于概念普及阶段，中国以及中国企业也逐渐成为全球主流开源社区的主要使用者和核心贡献者。2021年3月12日，《中华人民共和国国民经济和社会发展第十四个五年规划和2035年远景目标纲要》指出：加强关键数字技术创新应用，支持数字技术开源社区等创新联合体发展，完善开源知识产权和法律体系，鼓励企业开放软件源代码、硬件设计和应用服务。这是中国首次将开源明确写入国家总体规划纲要之中，也意味着中国的开源事业就此开启新的篇章。

中国的开源发展速度很快，也取得了很多不错的成果，但与其他国家相较，仍然存在一定的差距，也面临着潜在阻碍中国开源发展的诸多负面因素。而其中一个最重要的方面即是开源相关的法律规则，进出口管制、许可证合规、知识产权风险、数据和隐私安全、开源标准以及开源社区的法律治理等问题，还没有得到足够的重视，也尚未成体系，同时缺乏经验的积累，因此，急需进一步推进和完善相关工作。开源追求自由、开放，但并不意味着开源领域就是“法律真空”地带，可以“肆无忌惮”；相反，开源领域发生的所有行为均受制于特定司法辖区相关法律法规的约束。重视和完善开源规则，有助于促进中国开源事业，从“无序发展”向“有序繁荣”迈进，让开源更好地驱动中国数字技术的创新和应用。

鉴于此，本书特别从法律治理的视角，对开源软件和开源硬件领域的重要规则、重点案例、管理组织等内容进行了详细梳理和归纳，并从中相应总结出值得参考借鉴的经验和启示，以期为开源领域的使用者、贡献者、从业者、管理者以及研究者等参与人员，提供不同程度和不同维度的素材。本书秉持开源的精神和理念，采取共同协作、多层审校的方式，完成编写工作。本书主要由上篇、中篇、下篇三篇构成。

上篇“开源知识产权案例介评”。该篇收集和梳理了截至2022年8月全球重点司法辖区内开源领域涉及著作权（版权）、专利、商标、商业秘密、竞争法、许可证、出口管制、产品责任等方面的案例（含重要事件）。为便于读者快速获悉案件信息，该篇对每个案例均进行了重点信息的摘录，主要包括“基本信息”“案情简介”“争议焦点”“法院分析”“处理结果”“案件评析”。其中，在“基本信息”部分，特别根据每个案例涉及的专业领域和许可证类型对案例进行了类别划分。案例类别的划分，有助于读者快速知悉每个案例所涉及的重点内容。在“案件评析”部分，提炼了每个案例具有重要参考价值的信息，供开源领域的相关参与方在从事相应活动时参考借鉴。该篇还在各类专业领域的案例分析之后，特别编写了“案例点析”，对同类案例中的共性问题进行进一步综合分析和学术研究。需特别说明的是：为了便于读者阅览，本书案例采取了精要信息摘录的方式，详细的案例情况请以案例的官方发布版本为准。

中篇“开源许可证及政策汇解”。开源软件和硬件的自由使用，是建立在“附条件”基础之上的，而这个“条件”的最重要的表现形式，就是许可证。经过多年的发展，开源领域的许可证类型和内容纷繁复杂。为便于读者快速、清晰地获悉相关信息，该篇特别梳理和分析了全球主流、重要的许可证，包括域外的许可证和中国本土的许可证。在开源软件领域，该篇根据许可证要求的严格程度，将许可证分为严格型许可证、混合型许可证和宽松型许可证三类，每一类许可证均从“许可证简介”“选择该许可证的开源项目”“许可证特点和义务”“如何适用许可证”等几个方面尽可能全方位地展示各个许可证的相关内容。此外，该篇还对开源硬件领域为数不多的几个许可证进行了梳理和归纳。最后，该篇回归本土，对中国的木兰宽松许可证、启智开源许可证的基本情况和适用也进行了较为详细的介绍。

下篇“开源组织及其治理架构”。开源组织是开源法律治理的重要组成部分，知悉和掌握现有主要开源组织的基本情况、运作架构和管理方式，有助于更好地了解和遵守开源领域相关法律规则的适用，有效防范相应的法律风险。该篇以开源组织创立的宗旨和组织运行中的职能差异为标准，将开源组织分为开源标准制定组织、开源许可证管理组织、开源项目集中管理组织、开源代码托管平台和其他开源组织，并基于这一基本类型划分，对国内外各个开源组织的产生背景、创立历史、组织结构和章程、主要职能、技术特点、主要成就和行业影响、不足之处以及未来发展进行了详细的归纳和介绍。

本书是编委会全体成员团结合作、群策群力的智慧结晶。诚挚感谢张平教授在本书编写全过程中给予的专业、耐心、细致的指导。张平教授长期致力于开源领域法律问题的研究，也是我国较早开始关注开源治理的资深法学专家。本书是张平教授长期跟踪研究开源法律治理的系列成果之一，也是张平教授教书育人和人才培养的重要体现。感谢编写组的曹卫良、辜凌云、刘伟斌、王董咪、王予君、徐华阳、岳娆、张燕、庄云霄同学（排名不分先后）以及辅助参与小语种翻译的同学们，从检索、筛选、分类、翻译、讨论到最终编写，感谢他们的辛苦付出和积极配合。同时，也十分感谢徐子淼和赵怡冰两位同学对本书进行细致校对，他们的完善建议为本书的最终定稿提供了有益的参考价值。此外，赵怡冰同学还负责与本书涉及的各个开源许可证的管理组织进行沟通、交流，以方便这些管理组织知悉本书对其开源许可证的引用情况。最后，还要特别感激知识产权出版社的王祝兰编辑及其团队对本书编写工作的宽容和大力支持。希望我们的共同努力，可以让阅读本书的每一位读者均能有所获益。

徐美玲

2022 年 6 月 1 日

许可证名称缩写表

GPL	GNU General Public License（GNU 通用公共许可证）
LGPL	GNU Lesser General Public License（GNU 较宽松通用公共许可证）❶
AGPL	GNU Affero General Public License（GNU Affero 通用公共许可证）
EUPL	European Union Public License（欧盟公共许可证）
EPL	Eclipse Public License（Eclipse 公共许可证）
CDDL	Common Development and Distribution License（通用开发与分发许可证）
MPL	Mozilla Public License（Mozilla 公共许可证）
MIT 许可证	Massachusetts Institute of Technology License（麻省理工学院许可证）
Apache 许可证	Apache License（Apache 许可证）
2 – Clause BSD	2 – Clause Berkeley Software Distribution License（2 – Clause BSD 许可证）
3 – Clause BSD	3 – Clause Berkeley Software Distribution License（2 – Clause BSD 许可证）
BSD + Patent	Berkeley Software Distribution Plus Patent License（BSD + 专利许可证）
ECL	Educational Community License（教育社区许可证）
CERN OHL	CERN Open Hardware Licence（CERN 开源硬件许可证）
CERN – OHL – P	CERN Open Hardware Licence Version 2 – Permissive（CERN 开源硬件许可证第 2 版 – 宽松型）
CERN – OHL – W	CERN Open Hardware Licence Version 2 – Weakly Reciprocal（CERN 开源硬件许可证第 2 版 – 弱互惠型）
CERN – OHL – S	CERN Open Hardware Licence Version 2 – Strongly Reciprocal（CERN 开源硬件许可证第 2 版 – 强互惠型）
Solderpad 许可证	Solderpad Hardware License（Solderpad 硬件许可证）
TAPR OHL	TAPR Open Hardware License（TAPR 开源硬件许可证）
木兰许可证	Mulan Permissive Software License（木兰宽松软件许可证）
启智许可证	Open – Intelligence Open Source License（启智开源许可证）

❶ 前身为 GNU Library General Public License（GNU 库通用公共许可证）。

目　录

上篇　开源知识产权案例介评

中篇 开源许可证及政策汇解

下篇　开源组织及其治理架构

上 篇

开源知识产权案例介评

【初校】
徐子淼　赵怡冰
【终校】
辜凌云　徐美玲

第一章　著作权

一、案例介评

◆ 不乱买电子商务（北京）有限公司与北京闪亮时尚信息技术有限公司侵害计算机软件著作权纠纷案（一审）[❶]

➢ 基本信息

√ 案号：（2016）京73民初1111号

√ 当事人：

◇ 原告：不乱买电子商务（北京）有限公司（以下简称“不乱买公司”）

◇ 被告：北京闪亮时尚信息技术有限公司（以下简称“闪亮时尚公司”）

√ 判决时间：2019年7月

√ 管辖：北京知识产权法院

√ 类型：著作权

√ 许可证：GPL 2.0、GPL 3.0

➢ 案情简介

2016年，原告不乱买公司于北京知识产权法院起诉被告闪亮时尚公司侵害其计算机软件著作权。原告是一家电子商务公司，成立于2014年3月，并自主开发旗下“不乱买”网站（http：//www.buluanmai.com）。原告的“不乱买”网站2014年8月10日上线运营。该网站是一个创新的全中文海淘搜索引擎，自2014年8月上线以来积累了大量用户，并享有很高知名度。2016年8月23日，国家版权局颁发计算机软件著作权登记证书，显示软件名称为“不乱买时尚海淘软件（PC版）”，著作权人为不乱买公司，开发完成日期为2015年3月27日，首次发表日期为2015年3月27日。

被告闪亮时尚公司成立于2016年6月15日，经营范围与原告相同。原告发现被告

---

❶ 案例资料来源：中国裁判文书网（https：//wenshu.court.gov.cn），最后访问日期2021年2月10日。

旗下网站“闪亮时刻”（http：//www. blinghour. com）自 2016 年 7 月上线，同为海淘搜索引擎，其网站设计、布局及源代码均与原告网站实质性相同。原告认为被告未经许可使用了与原告网站相同的设计、布局，采用相同源代码，牟取利益，损害了原告依法享有的署名权、修改权、复制权等，给原告造成了巨大经济损失，故诉至北京知识产权法院，请求判令被告立即停止使用侵权软件、赔偿原告经济损失 50 万元，并向原告公开赔礼道歉。

为证明被告对原告享有著作权的软件具有接触可能性，原告提交了微信记录、邮件截图、劳动合同及被告工商登记信息等。其中，微信名为“liyingyan”（李某某）的人在聊天中发送了“blinghour. com”域名交易截图，并称该域名系彭某某注册。原告与彭某某签订的劳动合同显示，甲方为不乱买公司，乙方为彭某某，签订日期 2014 年 2 月 25 日。劳动合同第 6 条规定，甲方根据工作需要，聘任乙方在甲方的研发部从事首席技术官（CTO）岗位的工作。劳动合同第 25 条规定，乙方任职期间为完成甲方的工作任务、履行乙方的职务，以及主要利用甲方的物质技术条件等产生的知识产权，或者乙方因任何原因离职后 1 年内作出的、与其在甲方承担的本职工作或者分配任务有关的任何及所有知识产权成果，均属甲方所有，经申请获得的知识产权亦属甲方所有。原告与蔡某某签订的劳动合同显示，甲方为不乱买公司，乙方为蔡某某，签订日期 2015 年 1 月 16 日。劳动合同第 6 条规定，甲方根据工作需要，聘任乙方在甲方的研发部从事移动事业部总监岗位的工作。劳动合同第 25 条规定的知识产权相关内容与原告和彭某某的约定相同。被告闪亮时尚公司的工商登记信息显示，该公司股东之一为蔡某某。

被告闪亮时尚公司一审答辩称：原告使用了适用于 GPL 2.0 的开源代码，根据许可证相关内容，原告无权对其网站整个软件著作权等相关著作权主张权利。GPL 2.0 明确规定，只要软件在整体上或某个部分使用了来源于遵循 GPL 代码的文件，就必须无偿向所有第三方提供整套软件的公开源代码，包括前端代码和后台代码。另外，闪亮时尚公司的答辩理由还包括以下五个方面。

（1）原告在证据中所提供的代码并非其原创或率先使用，原告对其所举证的代码无权主张权利。

① 原告未能证明其著作权登记的软件内容与其提交的软件一致，且其在网站停止运营后的近 2 个月，被告网站上线后 1 个月相继申请软件著作权登记及公证代码。

② 原告提供给法院用来比对的软件代码，未提供开发过程文件及代码来源。

③ 原告提供的代码存在大量开源文件、第三方版权文件及大量存在于原告 2014 年成立之前的版权信息。

（2）被告不存在与原告代码接触的可能性。原告提交的聊天记录、邮件往来等内容未经公证，不符合证据规则。彭某某和李某某既不是被告股东，也与被告无劳动关系，与该案无关联性。蔡某某也是在被告网站上线近半年后才成为被告股东，且其在原告处不负责网页端开发，无法接触原告代码。

（3）双方的代码文件不构成实质性相似。根据比对结果，部分代码文件或系第三方开发，或版权信息不属于原告，或为数据文件，或近似度非常低，故无法得出实质性相似的结论。

（4）即使认定侵权，原告主张的赔偿数额过高。

① 原告提交的《资产转让协议》中网站代码的定价仅为 121239 元。

② 原告网站已无法打开，其软件也没有许可给任何第三方使用而获利。

③ 原告股东以 25 万元价格受让了 37% 的股权，故其中本次诉讼软件的价值非常有限。

（5）即使认定侵权，被告不认可侵犯署名权，原告要求赔礼道歉没有法律依据。且被告网站已于 2018 年 5 月全面改版，已停止使用之前的软件。

关于双方源代码获取及比对情况，因被告不同意向原告及案外人提供其网站代码文件，仅同意在法院的主持下进行比对，且双方代码文件数量庞大，双方当事人均同意采用抽样方式进行比对，故北京知识产权法院确认在法院主持下采用抽样比对的方式对原被告网站代码文件进行比对，抽样比对结果将推及全部代码。经双方当事人一致同意，北京知识产权法院确认以 5% 的比例从中挑选 20 个文件作为原告的抽样比对文件，再以关键词等方式确定被告的对应文件，最后用比对软件进行比对。

➢ 争议焦点

如果前端代码属于开源软件，与前端代码存在交互配合关系的后端代码是否构成一个整体软件，从而都需遵循 GPL。

➢ 法院分析

2019 年 7 月，北京知识产权法院审理后认为，被告的开源代码抗辩理由不成立，被告侵权行为成立。法院判决的具体理由包括以下两个方面。

（1）被告开源代码抗辩理由不成立，原告软件不属于开源软件。

被告提交的公证书显示，原告网站的前端代码使用了 GPL 下的开源代码，原告对此亦予以认可。被告认为，原告使用了适用于 GPL 2.0 下的开源代码，根据 GPL 相关内容，原告无权对其网站整个软件主张著作权。对此，北京知识产权法院认为，原告明确其主张权利的代码为后端代码。前端代码开发主要是指前端用户可见的操作界面的如页面布局、交互效果等页面设计的一种实现方式，后端代码开发则主要是指后端用户不可见的服务端相关逻辑功能等模块的实现，二者展示方式不同、所用技术不同、分工亦有明显区别，属于可独立的程序。根据 GPL 的相关规定，GPL 的许可客体是在 GPL 许可下批准的受著作权保护的程序以及基于该程序的衍生产品或修订版本。就该案而言，原告主张权利的后端代码已排除开源代码，原告虽在其前端代码中使用了开源代码，但其后端代码程序并非其前端程序的衍生产品或修订版本，故根据 GPL 的相关规定，该许可证对涉案权利软件“后端代码”并无拘束力。据此，被告的相关抗辩理由不能成立。

（2）被告对原告软件的使用行为属于著作权侵权行为。

著作权侵权案件中判断被诉侵权作品是否使用了享有著作权作品的方法一般适用“接触可能性＋实质性相似”。关于接触可能性，首先，在案证据显示被告的股东蔡某某曾在原告公司研发部门任要职（移动事业部总监）。虽然被告辩称蔡某某在原告处仅负责 iOS App 开发，但该事实并不能排除蔡某某接触到涉案权利软件的可能性。其次，原告提交的微信记录、邮件截图、劳动合同等可以形成证据链，证明曾为原告公司监事的彭某某注册了被告公司网站域名，且彭某某于离职时曾与原告就拖欠工资事宜产生纠纷，而彭某某亦在原告研发部门任要职（首席技术官）。故综合上述事实，被告具有接触到原告涉案权利软件的可能性。

关于实质性相似，基于比对结果及技术分析，抽样比对的绝大部分程序文件在程序逻辑和结构方面实质相同，函数变量命名特点相同或相似，且被告不同文件的代码中多次出现与原告程序中相同的注释错误，该现象难谓巧合。据此，可以确定被告与原告的上述程序文件实质相似的比例较高，被告的该行为落入原告的复制权及修改权的保护范围。故被告未经原告许可使用涉案软件的行为已侵犯原告就其软件享有的复制权及修改权，应承担停止侵权、赔偿损失的法律责任。

➤ 处理结果

即使前端代码属于开源软件，且前端代码与后端代码存在一定联系（如交互配合关系），但如果后端代码并非前端代码的衍生产品或修改版本，具有独立性，则后端代码无须遵循前端代码的开源许可证。

➤ 案件评析

该案中，法院认可了 GPL 相关部分的法律效力。法院认为根据 GPL 的相关规定，GPL 的许可客体是在 GPL 许可下批准的受著作权保护的程序以及基于该程序的衍生产品或修订版本。因此，根据 GPL 的相关规定，该许可证对涉案权利软件“后端代码”并无拘束力。

该案给软件开发者的启示在于：如果利用开源代码进行二次开发，尽量设计成独立的运行模块，将开源代码与非开源代码进行区隔。

（撰稿：曹卫良；核对：徐华阳）

◆ 北京闪亮时尚信息技术有限公司、不乱买电子商务（北京）有限公司侵害计算机软件著作权纠纷（二审）[1]

➢ 基本信息

√ 案号：（2019）最高法知民终 663 号

√ 当事人：

◇ 上诉人（一审被告）：北京闪亮时尚信息技术有限公司（以下简称“闪亮时尚公司”）

◇被上诉人（一审原告）：不乱买电子商务（北京）有限公司（以下简称“不乱买公司”）

√ 判决时间：2019 年 12 月

√ 管辖：最高人民法院

√ 类型：著作权

√ 许可证：GPL 2.0、GPL 3.0

➢ 案情简介

2016 年，被上诉人（一审原告）不乱买公司于北京知识产权法院（一审法院）起诉上诉人（一审被告）闪亮时尚公司侵害其计算机软件著作权。原审被告辩称：一审原告使用了适用于 GPL 2.0 的开源代码，根据许可证相关内容，不乱买公司无权对其网站整个软件著作权等相关版权主张权利。GPL 2.0 明确规定，只要软件在整体上或某个部分使用了来源于遵循 GPL 代码的文件，整个软件源码就必须无偿向所有第三方提供并公开整套软件的源代码，无论前端代码还是后台代码。2019 年 7 月，一审法院审理后认为，一审被告的开源代码抗辩理由不成立。[2] 一审被告不服一审法院于 2019 年 7 月 5 日作出的（2016）京 73 民初 1111 号民事判决，于 2019 年 10 月 25 日向最高人民法院提出上诉。

闪亮时尚公司在上诉请求中陈述了以下几点理由。

---

[1] 案例资料来源：中国裁判文书网（https：//wenshu. court. gov. cn），最后访问日期 2021 年 2 月 10 日。

[2] 一审法院判决的详细理由为：前端代码开发主要是指前端用户可见的操作界面的如页面布局、交互效果等页面设计的一种实现方式，后端代码开发则主要是指后端用户不可见的服务端相关逻辑功能等模块的实现，二者展示方式不同、所用技术不同、分工亦有明显区别，属于可独立的程序。根据 GPL 的相关规定，GPL 的许可客体是在 GPL 许可下批准的受著作权保护的程序以及基于该程序的衍生产品或修订版本。就该案而言，原告主张权利的后端代码已排除开源代码，原告虽在其前端代码中使用了开源代码，但其后端代码程序并非其前端程序的衍生产品或修订版本，故根据 GPL 的相关规定，该许可证对涉案权利代码并无拘束力。据此，被告的相关抗辩理由不能成立。

（1）一审法院认定上诉人侵权事实不清。

首先，在不乱买公司著作权登记证书的时间等方面存在重大瑕疵、取得也违反相关流程的情况下，不乱买公司应当就其开发进行举证。

其次，不乱买公司软件著作权登记时间为 2016 年 8 月 23 日，代码公证时间为 2016 年 8 月 30 日。闪亮时尚公司网站备案时间为 2016 年 7 月 11 日，正式上线时间为 2016 年 7 月 22 日。不乱买公司是在闪亮时尚公司网站上线 1 个月后才申请软件著作权登记及公证相关代码的，不乱买公司著作权登记证书不能证明其软件代码比闪亮时尚公司率先开发使用。

再次，不乱买公司提供的代码并非原创，而是大量使用开源代码进行篡改和拼凑，权利存在争议。

最后，不乱买公司软件的运行环境是 Linux，但是如果软件环境涉及 Linux，在向版权管理部门申请软件著作权登记时必须提交《GPL 声明》，保证该软件并未使用或修改任何遵循 GPL 的软件代码。在著作权登记通常只进行形式审查的情况下，不乱买公司的著作权登记证书是在向国家版权局隐瞒或虚报其使用了遵循 GPL 的软件代码的情况下所获得的。

（2）一审法院认定闪亮时尚公司工作人员蔡某某有接触可能性属于认定错误。

蔡某某的工作岗位并无接触涉案相关代码的可能，其从不乱买公司离职时做好了一切交接工作也被告知没有竞业禁止条款，并且其入职闪亮时尚公司并成为股东是在闪亮时尚公司网站上线半年后。

（3）一审法院对 GPL 内容认定存在错误。

一审法院认为前端文件与后端文件由于展现方式不同、所用技术不同、分工亦有明确区别，应属于独立程序。但不乱买公司所使用的遵循 GPL 2.0 的前端代码文件还需要调用其后端 PHP 软件的图片，存在交互，前端代码文件不能独立工作，必须和后端 PHP 软件进行配合。

因此，不乱买公司的前端文件和后端文件共同构成了其主张著作权的软件。而 GPL 明确规定只要软件在整体上或者某个部分使用了遵循 GPL 代码的文件，整个软件源码就必须无偿向所有第三方提供，整套软件的源代码必须被公开。不乱买公司前端文件是其网站软件的一部分，因此不乱买公司的整体软件必须遵循 GPL，向任何第三方无偿进行开源。

同时，一审法院认为后端代码并非前端程序的衍生产品及修订版本，因此 GPL 对权利代码无约束力的事实认定和逻辑存在错误。不乱买公司所使用的遵循 GPL 2.0 的代码文件与后端文件没有做任何有效隔离，因此根据 GPL 的相关内容以及极强的传染性特性，包括前端文件和后端文件在内的整个软件实质上都可以视为其遵循 GPL 的前端程序的修订版本。

➢ 争议焦点

如果前端代码属于开源软件，与前端代码存在交互配合关系的后端代码是否构成一个整体软件，是否都需遵循 GPL。

➢ 法院分析

最高人民法院审理认为：前端代码与后端代码在展示方式、所用技术、功能分工等上均存在明显不同，不能因前端代码与后端代码之间存在交互配合就认定二者属于一体。闪亮时尚公司所称 GPL 的“传染性”应当是指 GPL 的许可客体不仅限于受保护程序本身，还包括受保护程序的衍生程序或修订版本，但不包括与其联合的其他独立程序。该案中，虽然不乱买公司认可其前端代码使用了 GPL 下的开源代码，但其主张权利的是后端代码，其后端代码是独立于前端代码的其他程序，并不受 GPL 的约束，无须强制开源。综上，闪亮时尚公司的上诉理由不能成立，闪亮时尚公司侵害了不乱买公司涉案软件著作权。

最高人民法院的具体分析理由包括以下两点。

（1）涉案权利软件不属于开源软件，原告享有著作权，被告无权无偿使用。

闪亮时尚公司上诉称不乱买公司前端代码与后端代码存在交互且没有进行有效隔离，不是相互独立的，根据 GPL 的相关内容以及极强的传染性特性，不乱买公司的前端文件和后端文件共同构成其主张著作权的软件，整体软件都可以视为前端程序的修订版本，应当遵循 GPL 向所有第三方无偿开源。

对此，最高人民法院审理后认为：

第一，前端代码一般是关于用户可见部分的编码，用以实现操作界面的如页面布局、交互效果等页面设计；而后端代码一般是涉及用户不可见部分的编码，用以实现服务端的相关逻辑功能。同时，前端代码与后端代码是可以分别独立打包、部署的。因此，前端代码与后端代码在展示方式、所用技术、功能分工等方面均存在明显不同，不能因前端代码与后端代码之间存在交互配合就认定二者属于一体，一审法院认定前端代码与后端代码相互独立并无不当。

第二，不乱买公司作为权利人在该案中明确放弃以前端代码主张权利，仅以后端代码主张权利，因此涉案软件仅为后端代码而非闪亮时尚公司所称的前端文件和后端文件共同构成涉案软件。

第三，根据 2007 年 6 月 29 日发布的 GPL 3.0 第 5 条的规定：一个受保护程序（covered work）和其他独立程序的联合作品，在既不是该受保护程序的自然扩展，也不是与该受保护程序组合而生成的更大的程序，且联合作品和产生的版权未用于限制编译用户的访问或超出个别程序许可的合法权利时，被称为聚合体（aggregate）；包含受保护程序的聚合体并不会使该许可被应用于该聚合体的其他部分。[1] 闪亮时尚公司所称GPL的“传染性”应当是指GPL的许可客体不仅限于受保护程序本身，还包括受保护程序的衍生程序或修订版本，但不包括与其联合的其他独立程序。

该案中，虽然不乱买公司认可其前端代码使用了GPL下的开源代码，但其主张权利的是后端代码，其后端代码是独立于前端代码的其他程序，并不受GPL的约束，无须强制开源。综上，闪亮时尚公司的上诉理由不能成立。

（2）闪亮时尚公司的使用行为侵害了不乱买公司涉案软件著作权。

关于开源软件权属问题，最高人民法院审理认为，一审原告不乱买公司已提交带有著作权信息的相应软件、著作权登记证书及相应开发运行情况的证据，而被诉侵权人（一审被告闪亮时尚公司）未提交充分反证进行反驳，因此可以认定不乱买公司享有该软件著作权。关于开源软件侵权问题，最高人民法院审理认为，判断计算机软件著作权侵权可采用“接触可能性+实质性相似”原则，对实质性相似的判定除比对两者同一的源代码部分外，还需特别关注二者中相同的特定表达、注释、错误等，在无合理理由的情况下，基本可以排除相同特定表达、注释和错误的巧合。如果被控侵权软件出现与权利人软件相同的特定表达、注释和错误，则可认定构成侵权，最高人民法院的具体理由包括以下三方面。

首先，一审原告不乱买公司享有涉案软件的著作权。

不乱买公司为证明其享有涉案软件著作权提交了计算机软件著作权登记证书、不乱买公司网站页面及源代码、网站上线运行情况等相关证据。闪亮时尚公司上诉称不乱买公司著作权登记时间有重大瑕疵，同时其著作权登记证书的取得存在隐瞒或虚报其使用GPL下的软件代码的情况。对此，最高人民法院审理认为，一审法院并非仅凭著作权登记证书认定不乱买公司享有著作权，而是结合著作权登记证书、相关网站上的版权信息、网站的运行情况等综合考量，在闪亮时尚公司未提出反证的情况下，一审法院认定不乱买公司享有著作权并无不当，闪亮时尚公司该上诉理由不能成立。

闪亮时尚公司还上诉称软件著作权登记时间为2016年8月23日，代码公证时间为2016年8月30日，而闪亮时尚公司网站备案时间在2016年7月11日，早于上述两个时间点，因此不能证明不乱买公司开发使用涉案软件时间早于闪亮时尚公司。对此，最高人民法院审理认为，软件著作权登记证书的备案时间不代表软件开发完成的时间，软件著作权登记证书显示开发完成时间为2015年3月27日，且闪亮时尚公司公证书显示不乱买公司网站于2016年6月已停止更新，该时间早于闪亮时尚公司网站备案时间，

---

[1] GPL 3.0第5条的相关原文为：“A compilation of a covered work with other separate and independent works, which are not by their nature extensions of the covered work, and which are not combined with it such as to form a larger program, in or on a volume of a storage or distribution medium, is called an ‘aggregate’ if the compilation and its resulting copyright are not used to limit the access or legal rights of the compilation's users beyond what the individual works permit. Inclusion of a covered work in an aggregate does not cause this License to apply to the other parts of the aggregate.”参见https://www.gnu.org/licenses/gpl-3.0.html，最后访问日期2021年2月10日。

已初步证明不乱买公司开发使用涉案软件时间早于闪亮时尚公司，闪亮时尚公司对此未提出反证予以推翻，闪亮时尚公司该上诉理由不能成立。

闪亮时尚公司还上诉称不乱买公司代码非原创，其前端代码存在大量开源代码，权属存在争议。对此，最高人民法院审理认为，该案中不乱买公司明确其主张权利的代码为其后端代码而非前端代码，闪亮时尚公司并未举证证明不乱买公司后端代码存在开源代码，闪亮时尚公司该上诉理由亦不能成立。

其次，一审被告闪亮时尚公司具有接触一审原告涉案软件的可能性。

闪亮时尚公司上诉称蔡某某在不乱买公司的工作岗位无接触涉案软件的可能性，且离职时被明确告知无竞业禁止条款，其成为闪亮时尚公司股东是在闪亮时尚公司网站上线半年后，因此，一审法院认定蔡某某有接触可能性属事实认定错误。对此，最高人民法院审理认为，蔡某某曾在不乱买公司研发部担任移动事业部总监的职务，从事 iOS APP 的开发，一审法院认定其存在接触涉案软件可能性并无不当。蔡某某与不乱买公司之间有无竞业禁止条款和蔡某某成为闪亮时尚公司股东的时间均与其接触涉案软件的可能性无关。一审法院还结合在不乱买公司研发部担任首席技术官的彭某某注册了闪亮时尚公司网站域名的情况，认定闪亮时尚公司存在接触可能性，该认定无误，闪亮时尚公司的该上诉理由不能成立。

最后，一审被告闪亮时尚公司的软件与一审原告涉案软件构成实质性相似。

一审法院抽样比对的程序文件中，一审被告抽样比对的绝大部分程序文件在程序逻辑和结构方面，与一审原告涉案软件实质相同，函数变量命名特点相同或相似，且一审被告闪亮时尚公司的代码多次出现与一审原告不乱买公司代码相同的注释错误，在无合理理由的情况下，基本可以排除巧合。

综上，不乱买公司享有涉案软件著作权，闪亮时尚公司存在接触涉案软件的可能性，且一审被告闪亮时尚公司的软件与一审原告涉案软件构成实质性相似，根据现有在案证据可以认定闪亮时尚公司实施了被诉侵权行为。

➢ 处理结果

即使前端代码属于开源软件，且前端代码与后端代码存在一定联系（如交互配合关系），但如果后端代码并非前端代码的衍生产品或修改版本，具有独立性，则后端代码无须遵循前端代码的开源许可证。

➢ 案件评析

该案二审程序中，最高人民法院支持了一审法院的审判结果，同样对 GPL 中相关条款的法律效力进行了确认。最高人民法院审理后认为：GPL 的“传染性”应当是指 GPL 的许可客体不仅限于受保护程序本身，还包括受保护程序的衍生程序或修订版本，但不包括与其联合的其他独立程序。虽然软件在前端代码中使用了 GPL 下的开源代码，但权利人主张保护其后端代码，因后端代码是独立于前端代码的程序，并不受 GPL 的约束，故无须强制开源。

至于 GPL 中其他条款的法律效力问题，则需要结合个案情形具体分析。例如，GPL 3.0 第 3 条允许破解 DRM（数字版权管理）技术的行为，[1] 该条款可能由于违反《中华人民共和国著作权法》（以下简称《著作权法》）（2020 年修正）第 49 条第 2 款的强制性规定，[2] 且不属于法律、行政法规规定可以豁免的例外情形，[3] 因此在中国不具备法律效力。该案对软件开发者的启示在于：如果利用开源代码进行二次开发，尽量设计成独立的运行模块，将开源代码与非开源代码进行区隔，并选择相互兼容的许可证发布。但是，二次开发设计者不得利用开源软件进行避开技术措施的行为，除非该行为属于法律、行政法规规定的可以豁免的例外情形，如进行学校课堂教学、科学研究或执行公务等。

另外，该案一审原告不乱买公司前端代码所使用的开源程序遵循 GPL 2.0，但是，最高人民法院依据 GPL 3.0 进行判决，可能存在事实认定错误。事实上，GPL 3.0 与 GPL 2.0 并不兼容，两者存在一定的区别：首先，GPL 3.0 包含兼容性规则；其次，GPL 3.0 包含明确的专利许可；最后，GPL 3.0 明确指出，使用 GPL 程序作为 ASP（应用服务提供商）时，没有义务公开源代码，只要客户端未收到软件副本即可。[4] 简而言之，GPL 3.0 比 GPL 2.0 更开放、兼容性更好。例如，GPL 3.0 与以下许可证兼容：Apache 许可证 2.0、AGPL 3.0、3 - Clause BSD 许可证等。[5] 因此，笔者认为，最高人民法院根据 GPL 3.0 的内容审理使用 GPL 2.0 的开源软件法律问题，可能存在事实认定错误。

关于 GPL 3.0，2007 年 6 月 29 日发布的 GPL 3.0 第 0 条“定义”有如下规定：“本程序”指任何在该许可证下批准的受版权保护的程序。“修订”程序是指从软件复

---

[1] GPL 3.0 第 3 条（保护用户的合法权益免受反破解法限制）的相关原文为：“When you convey a covered work, you waive any legal power to forbid circumvention of technological measures to the extent such circumvention is effected by exercising rights under this License with respect to the covered work, and you disclaim any intention to limit operation or modification of the work as a means of enforcing, against the work's users, your or third parties' legal rights to forbid circumvention of technological measures.” 参见 https://www.gnu.org/licenses/gpl-3.0.html，最后访问日期 2021 年 2 月 10 日。

[2] 《著作权法》（2020 年修正）第 49 条第 2 款规定：“未经权利人许可，任何组织或者个人不得故意避开或者破坏技术措施，不得以避开或者破坏技术措施为目的制造、进口或者向公众提供有关装置或者部件，不得故意为他人避开或者破坏技术措施提供技术服务。但是，法律、行政法规规定可以避开的情形除外。”该法于 2021 年 6 月 1 日开始实施。

[3] 《著作权法》（2020 年修正）第 50 条第 1 款规定：“下列情形可以避开技术措施，但不得向他人提供避开技术措施的技术、装置或者部件，不得侵犯权利人依法享有的其他权利：（一）为学校课堂教学或者科学研究，提供少量已经发表的作品，供教学或者科研人员使用，而该作品无法通过正常途径获取；（二）不以营利为目的，以阅读障碍者能够感知的无障碍方式向其提供已经发表的作品，而该作品无法通过正常途径获取；（三）国家机关依照行政、监察、司法程序执行公务；（四）对计算机及其系统或者网络的安全性能进行测试；（五）进行加密研究或者计算机软件反向工程研究。”

[4] 资料来源：https://www.ifross.org/unterscheiden-sich-gplv2-und-gplv3，最后访问日期 2021 年 2 月 10 日。

[5] 资料来源：https://www.ifross.org/welchen-lizenzen-gplv3-kompatibel，最后访问日期 2021 年 2 月 10 日。

制或者作出全部或部分的修改，这不同于逐字逐句的复制，是需要版权许可的。修订成果被称为先前程序的“修订版本”或者“基于”先前程序的程序。❶

第 5 条有如下规定：发布修订过的源代码版本，您可根据第 4 条的条款，以源码形式发布一个基于本程序的程序，或者从本程序中制作该程序需要进行的修订，但是您必须同时满足所有以下条件：……c）……该许可证以及第 7 条中的任何附加条款适用于整个程序及其所有部分，无论该等程序以什么形式打包……d）……一个受保护程序（即受 GPL 3.0 保护的程序）和其他独立程序的汇编作品，并非该受保护程序的自然扩展，也不是其他独立程序与该受保护程序组合而生成的更大的程序（在存储量或者发行量方面），如果该汇编作品及其产生的版权对该汇编作品的用户访问权利或法律权利进行的限制，没有超出其他独立程序的允许范围，则该汇编作品被称为“聚合体”（aggregate）。❷ 包含受保护程序的聚合体，并不会使该许可证应用于该聚合体的其他部分。

最高人民法院在二审中引述的 GPL 3.0 第 7 条内容如下：“您遵守 GPL 有关程序和修订版的各方面规定，但例外程序除外。所有例外程序是修订版本可识别部分，不是程序的衍生产品，例外程序本身可以合理视为独立和单独的程序，并可根据其最初许可的例外许可发布”，“这部分的目标代码或可执行形式随附相应机器可读的完整源代码，在同一媒介上的这部分的对应目标代码或可执行形式，被适用例外许可作为这部分的对应目标代码或可执行形式，按照 GPL 规定，与本程序或存储或发布媒介量的修订版本整合的例外程序，是聚合体”。然而，本书作者查阅 GPL 3.0 第 7 条的相关原文，❸ 并未找到相关规定。❹ GPL 3.0 第 7 条是关于许可证“附加条款”的规定，该条

---

❶ GPL 3.0 第 0 条（定义）的相关原文为：“‘The Program’ refers to any copyrightable work licensed under this License. Each licensee is addressed as ‘you’. ‘Licensees’ and ‘recipients’ may be individuals or organizations. To ‘modify’ a work means to copy from or adapt all or part of the work in a fashion requiring copyright permission, other than the making of an exact copy. The resulting work is called a ‘modified version’ of the earlier work or a work ‘based on’ the earlier work.” 参见 https://www.gnu.org/licenses/gpl-3.0.html，最后访问日期 2021 年 2 月 10 日。

❷ GPL 3.0 第 5 条（转发修改过的源码版本）的相关原文为：“You may convey a work based on the Program, or the modifications to produce it from the Program, in the form of source code under the terms of section 4, provided that you also meet all of these conditions: a）…This License will therefore apply, along with any applicable section 7 additional terms, to the whole of the work, and all its parts, regardless of how they are packaged…A compilation of a covered work with other separate and independent works, which are not by their nature extensions of the covered work, and which are not combined with it such as to form a larger program, in or on a volume of a storage or distribution medium, is called an ‘aggregate’ if the compilation and its resulting copyright are not used to limit the access or legal rights of the compilation’s users beyond what the individual works permit. Inclusion of a covered work in an aggregate does not cause this License to apply to the other parts of the aggregate.” 参见 https://www.gnu.org/licenses/gpl-3.0.html，最后访问日期 2021 年 2 月 10 日。

❸ GPL 3.0 第 7 条（附加条款）的相关原文为：“‘Additional permissions’ are terms that supplement the terms of this License by making exceptions from one or more of its conditions…Additional terms, permissive or non-permissive, may be stated in the form of a separately written license, or stated as exceptions”，其中，“permissive” 指 “宽松型”，“non-permissive” 指 “非宽松型”。参见 https://www.gnu.org/licenses/gpl-3.0.html，最后访问日期 2021 年 2 月 10 日。

❹ 需要说明的是，限于研究广度和深度所限，本书作者的研究结论可能与法院的认定存在某些差异，最终的解释应以 GPL 3.0 的英文原版为准。

款允许用户通过“附加条款”添加一些例外情况。

该案中，最高人民法院认定一审原告不乱买公司的后端代码独立于前端代码，并不受 GPL 的约束，无须强制开源。因此，一审被告闪亮时尚公司的上诉理由不能成立，闪亮时尚公司侵害了不乱买公司涉案软件的著作权。

关于涉案软件前端开源代码和后端专有代码构成的组合是否属于开源软件，最高人民法院审理后作出如下认定。

（1）前端代码一般是关于用户可见部分的编码，用以实现操作界面的如页面布局、交互效果等页面设计；而后端代码一般是涉及用户不可见部分的编码，用以实现服务端的相关逻辑功能。前端代码与后端代码可以分别独立打包、部署。前端代码与后端代码在展示方式、所用技术、功能分工等方面均存在明显不同，不能因前端代码与后端代码之间存在交互配合就认定二者属于一体。

（2）GPL 的传染性是指 GPL 的许可客体不仅限于受保护程序本身，还包括受保护程序的衍生程序或修订版本，但不包括与其联合的其他独立程序。虽然软件前端代码使用了 GPL 下的开源代码，但权利人主张保护其后端代码的，因后端代码是独立于前端代码的程序，并不受 GPL 的约束，故无须强制开源。

最高人民法院关于开源代码与专有代码组合形成的代码性质认定，与 GPL 2.0 的规定一致。根据 GPL 2.0 第 2 条的规定：如果一个用户自己编写的专有程序不是开源软件的衍生作品，两者相互独立，则专有程序可以不适用开源软件使用的 GPL 2.0。❶但是，如果将两者作为一个整体发布，则整个软件需要遵循 GPL 2.0 的规定。❷ 该案中，前端的开源程序发布于客户端，后端的专有程序发布于服务器端，两者相互独立，没有作为一个整体发布。因此，后端的专有程序不属于开源软件，无须遵循 GPL 2.0 的规定。

软件开发实践中，存在大量开源软件与专有软件的组合软件，由于 GPL 的强传染性，是否必须将与适用 GPL 的开源软件（以下简称“GPL 软件”）一起分发的代码（尤其是内部开发的专有代码）置于 GPL 之下，显得尤为重要。GPL 软件与专有软件形成的组合软件是否需要继续开源，取决于 GPL 软件和专有软件的交互方式。本书根据 GPL 软件与专有软件之间不同的交互方式，总结归纳出如下情形供软件开发者参考

---

❶ 根据 GPL 2.0 的规定，基于 GPL 下的软件产生的衍生作品，需要继续遵循 GPL 2.0 要求，确保持续开源。

❷ GPL 2.0 第 2 条的相关原文为：“These requirements apply to the modified work as a whole. If identifiable sections of that work are not derived from the Program, and can be reasonably considered independent and separate works in themselves, then this License, and its terms, do not apply to those sections when you distribute them as separate works. But when you distribute the same sections as part of a whole which is a work based on the Program, the distribution of the whole must be on the terms of this License, whose permissions for other licensees extend to the entire whole, and thus to each and every part regardless of who wrote it.” 资料来源：https://www.gnu.org/licenses/old-licenses/gpl-2.0.html，最后访问日期 2021 年 2 月 10 日。

使用。[1]

（1）GPL 软件的补充。

如果专有软件对 GPL 软件进行了更改，形成的组合软件扩展或替换了 GPL 软件，则组合软件只能在 GPL 下分发。

（2）在数据存储介质上的共同分发。

如果专有软件与 GPL 软件一起在光盘或其他数据存储介质上分发，但专有软件与 GPL 软件相互独立，则专有软件可以独立于 GPL。

（3）Linux 开发环境下的应用程序。

如果一个为 Linux 系统编写的专有软件仅运行于 Linux 内核的常规系统调用中并保留在“用户区”（UserLand），则该专有软件无须遵守 GPL。

（4）Linux 内核模块。

关于 Linux 内核模块（Kernel modules）的情形存在争议。到目前为止，Linux 系统允许使用所谓的“纯二进制模块”，但仍未解决许可证的要求问题。并且，目前没有统一的规则，用户在单独分发内核模块时，需要根据个案原则对发布的内容和形式进行判断。

（5）软件库。

GPL 下适用软件库的规则与 Linux 内核模块的情形类似。访问软件库的程序是否需要遵守 GPL，取决于软件库的类型和程序的分发方式。另外，如果访问软件库的程序需要遵守 GPL，则需要确定特定的软件库类型和程序分发方式。有一种观点认为，链接通常会产生一个衍生作品。这种观点至少可以适用于动态链接库。但是，目前缺少可以作为支撑此观点的参考案例的法院在先判决。

（6）软件工具、编辑器、编译器的使用。

如果利用 GPL 下的软件工具（以下简称“GPL 软件工具”）创建专有软件，GPL 软件工具中的代码没有合并到创建的专有软件中，则该专有软件无须遵守 GPL。此种情形下，GPL 软件工具仅用作创建专有软件的辅助工具。

（7）通过接口进行通信。

独立程序和独立组件都可以通过接口进行连接。仅凭专有程序使用了接口这一事实，无法确定该专有程序所涉及的代码是否需要遵守 GPL。如果仅通过通常用于独立程序之间交互的通信方式来交换信息，则接口外部的专有代码无须遵守 GPL，使用通信管道、套接字和命令行参数时通常属于此种情形。如果专有软件与 GPL 软件之间存在通信以外的更紧密连接，尤其是软件组件的结构受组合影响时，则在个别情形下可能会产生衍生作品，需要遵守 GPL。

---

[1] 资料来源：https：//www. ifross. org/wann－muss－eigenentwickelte－software－unter－gpl－lizenziert－werden，最后访问日期 2021 年 2 月 10 日；需要说明的是，本书给出的归纳总结仅供读者参考使用，不具备任何法律效力，用户仍需根据 GPL 的英文原版确定具体的开发策略。

关于开源软件应用程序接口（application programming interface，API）的著作权侵权风险，近年来影响最大的案例为甲骨文公司诉谷歌公司 API 程序侵权案。2010 年 8 月，甲骨文公司起诉谷歌公司开源安卓系统中的 API 程序侵权。2012 年 5 月，陪审团认为谷歌公司使用了 9 行范围检查的 Java 代码构成侵权。同年 5 月，威廉姆·阿尔苏普（William Alsup）法官推翻了陪审团认为谷歌公司侵权的意见，称 API 不应该受著作权保护。同年 10 月，甲骨文公司上诉至美国联邦巡回上诉法院，2014 年 4 月，美国联邦巡回上诉法院判定 API 受著作权保护，谷歌公司侵权。2014 年 10 月，谷歌公司不服判决上诉至美国联邦最高法院，请求其介入。2016 年 5 月，旧金山地区法院进行二次审理，认同谷歌对 Java API 的使用受合理使用（fair use）原则保护。甲骨文公司上诉，2018 年 3 月，上诉法院再次裁定谷歌公司侵权。2019 年 11 月，美国联邦最高法院同意复审 Java API 著作权诉讼案。2021 年 4 月 5 日，美国联邦最高法院推翻了美国联邦巡回上诉法院的判决，认为谷歌公司的安卓移动操作系统使用甲骨文 Java API 源代码构成“合理使用”，不构成著作权侵权。

该案的争议焦点为 API 是否能够被认定为美国版权法保护的对象。2014 年 4 月，谷歌败诉后继续向美国联邦最高法院上诉。2015 年 6 月，美国联邦最高法院驳回了谷歌的上诉申请，维持原先的判决，即允许甲骨文向使用其 Java 编程语言的公司收取专利费。2021 年 4 月 5 日，美国联邦最高法院判决 API 程序虽然属于美国版权法保护的对象，但谷歌公司复制甲骨文的用户接口代码只占整个 API 程序的很小比例（占比约 0.4%），并且谷歌公司复制的这部分代码也不是执行任务所需的核心代码，也没有对甲骨文公司的实际或潜在市场造成实际损害，因此谷歌公司复制 Java API 属于合理使用。该案曾经引起了产业界和学界的广泛关注：从产业发展角度分析，如果谷歌公司被认定为侵权，是否存在软件著作权过度保护的问题，会不会阻碍软件产业的发展？另外，该案中原告甲骨文公司也曾经试图通过专利诉讼起诉谷歌公司，但由于当初的开发者并没有对谷歌公司复制的这部分代码进行较为全面的软件专利申请布局，甲骨文公司寻求通过专利侵权诉讼进行法律救济的努力宣告失败。美国联邦最高法院的判决在一定程度上扩大了软件著作权合理使用的范围，也突显了通过专利对软件中的算法思想进行保护的重要性，因为著作权只保护表达而不保护软件中的算法思想。

（撰稿：曹卫良；核对：徐华阳）

◆ 天津市网城天创科技有限责任公司等诉浙江阿凡提电子商务有限公司侵害计算机软件著作权纠纷案（一审）[1]

➢ 基本信息

√ 案号：（2016）浙 0212 民初 3312 号

√ 当事人：

◇ 原告：天津市网城天创科技有限责任公司（以下简称“网城天创公司”）、天津市网城科技股份有限公司（以下简称“网城公司”）

◇ 被告：浙江阿凡提电子商务有限公司（以下简称“阿凡提公司”）

√ 判决时间：2017 年 10 月

√ 管辖：浙江省宁波市鄞州区人民法院

√ 类型：著作权

√ 许可证：GPL、PHP CCPL 3.0

➢ 案情简介

2016 年 4 月，原告网城天创和网城公司于浙江省宁波市鄞州区人民法院起诉被告阿凡提公司，主张被告侵害其 ShopNC 电商系统计算机软件的著作权。

原告网城天创公司和网城公司长期专注于电商软件平台（www. shopnc. net）发展及软件产品解决方案的研发和服务，自称是中国最专业的电商软件研发团队之一。ShopNC 电商系统系列计算机软件 B2B2C 平台系统、SaaS 云商城系统、C2C 商城系统、CMS 资讯系统、圈子社区系统、微商城分享系统、iOS 手机商城系统、Android 手机商城系统、Wap 手机系统、微信平台管理系统等均是被用户广泛使用的电商软件产品。原告声称其核心产品是国内用户量最大、覆盖面最广的电商平台产品，是中国电商软件产品的一面旗帜，其产品被业界、第三方研究机构和媒体公认为本土软件中典型的优秀产品。

被告阿凡提公司成立于 2014 年 3 月，经营范围与原告相同，使用的电商软件平台（www. aft. sc）由被告的股东浙江商帮科技有限公司组织技术人员编写完成。2016 年 2 月，原告发现被告未经原告的授权和许可，在其运营的 www. aft. sc 网站上非法使用了原告依法享有著作权的 ShopNC 电商系统系列计算机软件，认为该行为侵犯了原告的合法权益，应当承担停止侵害、消除影响、赔礼道歉、赔偿损失等民事责任，故诉至浙江省宁波市鄞州区人民法院，请求判令被告立即停止侵害，立即停止使用原告享有著

---

[1] 案例资料来源：中国裁判文书网（https：//wenshu. court. gov. cn），最后访问日期 2021 年 2 月 10 日。

作权的 ShopNC 电商系统计算机软件，卸载和删除擅自使用的全部 ShopNC 电商系统计算机软件，赔偿原告经济损失 35 万元，并向原告赔礼道歉。

为证明自己的主张，原告向法院提交了 ShopNC 多用户网店系统 V2.0 著作权登记证（2008SR07843）、ShopNC 电商门户系统 V2013 著作权登记证（2013SRI44552）、B2B2C 模式电商平台系统 V1.0（2015SR104186）著作权登记证书复印件及相应的公证书各 1 份，用以证明原告自 2008 年起拥有 ShopNC 电商系统系列计算机软件著作权的事实。另外，原告还向法院提交了被告网站截图 1 份（登录被告网站，最后有一个二维码，扫描该二维码后却直接进入原告的官网）用以证明被告侵权的事实。

被告阿凡提公司辩称：ShopNC 软件本身系使用开源软件 PHP 和 MySQL 编写，所以 ShopNC 软件的著作权人不能禁止他人复制、改变、使用该软件，也不能主张软件使用费，具体理由包括以下两个方面。

（1）《计算机软件保护条例》保护的是计算机程序代码，而不是程序代码运行后产生的结果。因此，虽然被告的电商平台软件在编写的时候参考了包括 ShopNC 软件在内的其他电商平台页面的栏目、样式、外观要素等，但是此种页面近似不会构成计算机软件著作权侵权。

（2）原告的 ShopNC 软件系使用开源代码编写，原告不能禁止他人使用也不能要求他人向原告支付报酬。根据原告提供的证据，其主张著作权保护的 ShopNC 软件系采用 PHP 和 MySQL 软件编写。PHP 和 MySQL 软件均属于开源软件，其中 PHP 软件使用基于 GPL 的 PHP CCPL，MySQL 软件使用标准 GPL。无论是根据 PHP CCPL 还是 GPL 的规定，使用 PHP 和 MySQL 软件编写的 ShopNC 软件作者具有署名权，但是原告不能禁止其他方改编、使用、复制、发表该软件，也不得向其他方收取软件使用费用。如果作者不愿意接受开源许可证对于计算机软件著作权作出的此等限制，则不可以使用 PHP 和 MySQL 软件编写软件。

被告阿凡提公司为证明其抗辩理由，向法院提交了两份证据材料。

证据 1：PHP 官网软件手册中文网页、PHP 官网版权信息中文网页、PHP CCPL 3.0 简述页面和 PHP CCPL 3.0 中文版共 14 页，用以证明原告的 ShopNC 软件系使用 PHP 语言编写。PHP 是一种开源软件，使用 PHP 语言编写的 ShopNC 软件必须遵循 PHP CCPL 3.0 的约束。根据 PHP CCPL 3.0 的规定，使用 PHP 语言编写的软件不得禁止他人使用，也不得要求他人支付许可费用。

证据 2：《共享智慧——开源软件知识产权问题解析》节选 33 页，用以证明开源软件是一种特殊的软件，开源软件要求社会公众可以自由使用和分发使用开源软件编写制作的新软件。并且依据不同的开源许可证要求，不得禁止他人使用开源软件和基于开源软件创作的新作品，也不得就使用开源软件创作的作品收取许可费。PHP 是开源软件，遵循基于 GPL 的开源许可证。GPL 是最彻底的开源许可证，使用 GPL 下开源软件创作的软件作品不能禁止他人使用，也不得向他人收取费用。因此，原告无权禁止被告使用基于 PHP 语言编写的软件，也不得就软件使用要求被告向原告支付费用。

综上，由于被告使用的电商平台软件没有复制原告方的 ShopNC 软件，且 ShopNC 软件本身系使用开源软件 PHP 和 MySQL 编写，因此 ShopNC 软件的著作权人不能禁止他人复制、改变、使用该软件，也不能主张软件使用费。故原告要求停止使用和请求赔偿并支付维权合理费用的请求没有事实和法律依据。

➢ 争议焦点

使用开源语言 PHP 和 MySQL 编写的软件是否属于开源软件。

➢ 法院分析

2017 年 10 月，浙江省宁波市鄞州区人民法院审理后认为，被告辩称两原告享有著作权的软件为开源软件，无须支付费用，但又未能提供有效证据证明，故法院对该辩解理由不予采信，被告侵权行为成立。法院的具体理由包括以下三个方面。

（1）被告开源软件抗辩理由不成立，原告软件不属于开源软件。

针对被告提供的证据 1，法院审理认为，虽然 ShopNC 软件系使用 PHP 语言编写（PHP 软件使用了 PHP CCPL），但并非所有使用 PHP 语言编写的软件均为开源软件。针对被告提供的证据 2，法院认为，《共享智慧——开源软件知识产权问题解析》仅为学术观点，并非法律规定，无法达到其证明目的，不予采信。综上，法院认为：被告辩称原告享有著作权的软件为开源软件，无须支付费用，但又未能提供有效证据证明，故开源软件的抗辩理由不能成立。

（2）原告享有涉案软件“ShopNC 电商系统”的著作权。

该案中原告提供了吴某某取得的 ShopNC 电商门户系统软件、B2B2C 模式电商平台系统 V1.0 计算机软件著作权登记证书，以及吴某某出具的关于该软件权利归属的声明和两原告出具的共同享有涉案软件著作权的声明书，并提交了 ShopNC 电商门户系统软件正版光盘，而被告未能提供相反证据，因此可以证明两原告系 ShopNC 电商系统计算机软件的著作权人。

（3）被告的行为侵害了原告涉案软件的著作权。

首先，被告阿凡提公司在审理中自认在其软件开发中有参考原告软件的源代码，表明被告已经接触了原告软件的源代码。其次，原告提供的证据显示，被告涉案网站的网页及网页源代码中多处可以看出“ShopNC”字样，且通过扫描被告网站上的二维码，进入的是原告网站，被告对此又不能作出合理解释。此外，被告虽然向法院提交了源代码，但在法院要求其于开庭后 10 日内向法庭提交鉴定申请后，被告未能在法院指定的期限内提交鉴定申请。综上，法院审理认为，被告的行为构成对原告软件著作权的侵犯。

➢ 处理结果

法院审理认为，虽然 ShopNC 软件系使用 PHP 语言编写（PHP 软件使用了 PHP

CCPL)，但并非所有使用 PHP 语言编写的软件均为开源软件，被告侵权行为成立。

➢ 案件评析

该案中，法院认为，使用开源语言 FHP 和 MySQL 编写的软件，不一定属于开源软件。针对利用开源软件开发出的自有软件是否属于开源软件，国外同样存在类似的案例。例如，在 2002 年 MySQL AB v. Progress Software Corp. & NUSPHERE Corp. 案❶中，被告发行“NuSphere MySQL Advantage”专有闭源软件，该软件含有基于 GPL 的 MySQL 和其自行开发的“双子星座”软件（以下简称“Gemini”），当安装这个软件时，会产生一个叫做 mysqld 的程序。MySQL AB 因此诉被告违反了 GPL 规则，要求其公开 Gemini 程序源代码。该案争议焦点为，被告基于 MySQL 源代码发展出来软件，是否有义务继续开放这个软件的源代码？最终，双方庭外达成和解，被告按照 GPL 的要求开放了 Gemini 的源代码，但被告强调，由于 Gemini 技术并不是基于 MySQL 源代码发展出来的，实际上它没有义务一定要开放这个技术的源代码。针对开源软件与专有软件的融合，法律尚未提供明确的解决方案来厘清开源与闭源双方的利益关系。在开源软件与专有软件交融程度较高的情况下，想要划分开源程序和专有程序的界限比较困难。在这种情况下，对“组合作品”的开源和闭源的事实判断会陷入困境之中。该案对软件开发者的启示在于，开发者在利用开源工具包设计完成软件程序后，可以选择开源，也可以选择闭源。

（撰稿：曹卫良；核对：徐华阳）

◆ 浙江阿凡提电子商务有限公司与天津市网城天创科技有限责任公司等侵害计算机软件著作权纠纷案（二审）❷

➢ 基本信息

√ 案号：(2017) 浙 02 民终 3852 号

√ 当事人：

◇ 上诉人（一审被告）：浙江阿凡提电子商务有限公司（以下简称“阿凡提公司”)

◇ 被上诉人（一审原告）：天津市网城天创科技有限责任公司（以下简称“网城天创公司”)、天津市网城科技股份有限公司（以下简称“网城公司”)

---

❶ 参见后文 MySQL AB v. Progress Software Corp. & NuSphere Corp. 案。

❷ 案例资料来源：中国裁判文书网（https：//wenshu. court. gov. cn），最后访问日期 2021 年 2 月 10 日。

√ 判决时间：2018 年 2 月
√ 管辖：浙江省宁波市中级人民法院
√ 类型：著作权
√ 许可证：GPL、CC 3.0 许可证

➤ 案情简介

2016 年 4 月，被上诉人（一审原告）网城天创公司和天津市网城科技股份有限公司于浙江省宁波市鄞州区人民法院（一审法院）起诉上诉人（一审被告）浙江阿凡提电子商务有限公司，主张一审被告侵害其 ShopNC 电商系统计算机软件的著作权。一审被告辩称：ShopNC 软件本身系使用开源软件 PHP 和 MySQL 编写，所以 ShopNC 软件的著作权人不能禁止他人复制、改变、使用该软件，也不能主张软件使用费。[1]

2017 年 10 月，一审法院审理后认为，一审被告辩称原告享有著作权的软件为开源软件，无须支付费用，但又未能提供有效证据证明，一审法院对该辩解理由不予采信。一审被告阿凡提公司不服一审判决向浙江省宁波市中级人民法院提出上诉。阿凡提公司在上诉请求中陈述了以下两点理由。

（1）一审法院认定上诉人侵权存在错误。

首先，上诉人仅是涉案软件使用者，不应承担著作权侵权责任。其次，在未经比对确认软件“相似”的情况下，一审判决以存在特征标志相似而推定复制或部分复制计算机软件，存在认定错误。

（2）一审法院对被上诉人涉案软件不属于开源软件的认定存在错误。

被上诉人（一审原告）的涉案软件是采用开源软件 PHP 编写的，而根据开源软件规则，被上诉人不能依据采用开源软件 PHP 编写的开源软件代码主张著作权保护。并且，被上诉人使用的 PHP 开源软件中文官网手册明确以 CC 3.0 许可证为附带的开源授权许可证，从而被上诉人根据 PHP 开源软件开发的涉案软件（ShopNC 软件）也属于开源软件。

针对阿凡提公司的上述理由，被上诉人网城天创公司和网城公司进行了反驳，反驳理由主要包括以下两点。

（1）上诉人的行为构成著作权侵权。

首先，该案中上诉人虽然是使用者，但其使用属于商业性使用，根据相关法律规定，应当承担侵权责任。

---

[1] 一审被告的具体理由包括：一审原告的 ShopNC 软件系使用开源代码编写，一审原告不能禁止他人使用也不能要求他人向一审原告支付报酬。根据一审原告提供的证据，其主张著作权保护的 ShopNC 软件系采用 PHP 和 MySQL 软件编写。PHP 和 MySQL 软件均属于开源软件，其中 PHP 软件使用基于 GPL 的 PHP CCPL，MySQL 使用标准 GPL。无论是根据 PHP CCPL 还是 GPL 的规定，使用 PHP 和 MySQL 软件编写的 ShopNC 软件作者具有署名权，但是一审原告不能禁止其他方改编、使用、复制、发表该软件，也不得向其他方收取软件使用费用。如果作者不愿意接受开源许可证对于计算机著作权作出的此等限制，则不可以使用 PHP 和 MySQL 编写软件。

其次，涉案软件没有经过对比，过错在于上诉人。上诉人在一审中当庭表示申请鉴定，但最终上诉人并没有按法院要求提交鉴定申请材料，应当视为上诉人举证不能。在这种情况下依照民事诉讼优势证据原则，可以根据在案的证据予以推定。该案中依照双方提交的证据，可以认定上诉人存在商业性复制计算机软件的行为。

同时，上诉人还提供了以下证据：被上诉人在开发软件时内置了大量的特定内容，若第三方运行使用了该软件，在输入被上诉人设定的特定路径以后，该特有内容就会在第三方的网站中呈现。该案中上诉人运行的软件出现了大量被上诉人内置的特有内容，其中第4965号公证书第16页、第18页、第20页等均显示出被上诉人的版权信息。而且在涉案网站的网址输入相关的路径，页面显示出二维码，二维码经扫描后显示的却是被上诉人的官方网站。由此可见，涉案软件中出现大量的被上诉人的信息，说明上诉人复制、使用和运行了被上诉人开发的软件，客观上可以认定上诉人存在侵权行为。

（2）被上诉人的涉案软件不属于开源软件。

被上诉人网城天创公司认为，PHP开源并不意味着ShopNC软件的开源，PHP相对于ShopNC软件来说仅仅是一种开发工具，类似于一支笔或者一张A4纸。人们利用笔、纸做出一个作品来，并不能因为笔和纸是免费的就认为这个作品也是免费的。关于上诉人提到的CC许可证，其在中国的正式名称为知识共享许可证，由非营利组织撰写，其著作权许可证是可选择性的。CC许可证的使用与否完全在于著作权人主动选择是否使用，涉案软件ShopNC并没有选择CC许可证，其制作者也并不认可该许可证。因此，网城天创公司认为该案中PHP软件是否开源，还有CC许可证都与ShopNC软件没有太大的关系。

➢ 争议焦点

①根据开源语言PHP和MySQL编写的软件是否属于开源软件；②PHP软件手册自带的CC许可证是否使得ShopNC软件也应受传导而开源。

➢ 法院分析

浙江省宁波市中级人民法院审理后认为，尽管PHP开源软件中文官网手册明确以CC许可证为附带的开源授权许可证，但该软件使用手册的开源性质CC许可证并不等同于PHP软件的许可证，根据开源语言PHP编写的ShopNC软件，并不必然属于开源软件。[1] 浙江省宁波市中级人民法院的具体分析理由包括以下方面。

---

[1] 浙江省宁波市中级人民法院的主要理由包括：计算机语言本身具有工具属性，以特定计算机语言编写的ShopNC软件作品通过作者创造性的智力劳动所表现的作品独创性与计算机语言之间并未体现以后者为基础的派生关系，故并不属于PHP语言演绎作品。即使以演绎作品的角度审查，CC许可证的上述开源传导性指向的是原作品的演绎作品，涉案ShopNC软件并不受软件手册CC许可证开源义务的约束。该案中，ShopNC电商系统计算机软件既未附带开源CC许可证，又在实际公开发布中表明属商业软件，故上诉人作为软件用户和电商同业者应明知ShopNC软件为非开源属性，上诉人未经许可作商业性的复制使用等，构成对该作品著作权的侵权。

（1）涉案软件 ShopNC 电商系统以开源 PHP 软件编写和 PHP 软件手册自带有开源 CC 许可证，此两种情形都不必然导致涉案软件 ShopNC 电商系统成为开源软件。

首先，尽管涉案软件 ShopNC 电商系统以开源 PHP 语言编写，但计算机语言（PHP 语言）本身具有工具属性，以特定计算机语言编写的 ShopNC 软件作品通过作者创造性的智力劳动而具有独创性。该作品（ShopNC 软件）与开源 PHP 语言之间并未体现以后者为基础的派生关系，故涉案软件不属于 PHP 语言的演绎作品，无须遵守 PHP 软件使用的开源许可证（GPL 和 CCPL），并不必然属于开源软件。

其次，该案上诉人阿凡提公司所举证据 PHP 开源软件中文官网手册明确以 CC 3.0 许可证为附带的开源授权许可证。CC 3.0 许可证要求使用者创作的演绎作品也应开源并遵循相同的 CC 3.0 许可证，无偿给予演绎作品的后续使用者许可。[1] 但是，该 PHP 软件使用手册的开源性质（适用 CC 3.0 许可证）并不等同于 PHP 软件的许可证，PHP 软件是否开源及开源权利如何取决于 PHP 软件作者选择何种许可证。该案中上诉人并未举证证明涉案 PHP 软件的许可证状况，PHP 的手册文档所记载的“PHP 是一种被广泛应用的开源通用脚本语言”的描述并不足以证明涉案软件（ShopNC 软件）的开源具体状况。即使以演绎作品的角度审查，CC 3.0 许可证的上述开源传导性，指向的是原作品（PHP 软件手册）的演绎作品，涉案 ShopNC 软件并不受 PHP 软件手册 CC 许可证开源义务的约束。

（2）上诉人的行为构成对涉案软件的著作权侵权。

著作权作品侵权的判定遵循“接触 + 实质性相似”规则。关于“接触”，一方面上诉人阿凡提公司在审理中自认在软件开发中有参考两被上诉人软件的源代码，表明其已经接触了两被上诉人软件的源代码。另一方面，两被上诉人提供的证据显示，阿凡提公司涉案网站的网页及网页源代码中多处可以看出“ShopNC”字样，且通过扫描其网站上的二维码，进入的是被上诉人网站，阿凡提公司对此又不能作出合理解释，故阿凡提公司在此前已接触两被上诉人作品属实。

关于“实质性相似”，一审法院为查明两软件是否构成实质性相似的事实，曾启动司法鉴定程序，上诉人虽然向一审法院提交了源代码，但上诉人在一审法院明确当庭释明后未能在指定期限内提交鉴定申请及材料，显然应承担举证不利的责任。结合被控侵权软件存在多处“ShopNC”字样及权利人特定标记的情况，可以认定被控侵权软件与涉案软件之间已构成“实质性相似”。该案中，ShopNC 电商系统计算机软件既未附带开源 CC 许可证，又在实际公开发布中表明属商业软件，故上诉人作为软件用户和电商同业者应明知 ShopNC 软件为非开源属性，上诉人未经许可作商业性的复制使用等，构成对该作品著作权的侵权。

---

[1] CC 3.0 许可证第 3 条明确规定：许可人在此授予您全球性、免版税、非独占并且在本作品的著作权存续期间内均有效的许可，就本作品行使以下权利：复制本作品或将本作品收入一个或多个汇编作品中……；创作和复制演绎作品，但是任何演绎作品，包括任何形式的翻译作品，均需以合理方式清楚地标示、区分或以其他方法表明原始作品已经被修改或变更；发行、公开传播本作品；发行、公开传播演绎作品等内容。

➢ 处理结果

浙江省宁波市中级人民法院审理认为，根据开源工具包（如 PHP 和 MySQL）编写的软件，如果开发者选择闭源进行商业利用，则不属于开源软件；PHP 软件手册自带的 CC 许可证并不会导致利用 PHP 软件开发出的软件自动成为开源软件。

➢ 案件评析

该案二审维持了一审判决结果。二审法院认为，开源软件使用手册使用的许可证并不等同于开源软件本身使用的许可证，根据开源语言编写的软件，并不必然属于开源软件。该案对于软件开发者的启示在于：开发者在利用开源工具包设计完成软件程序后，可以选择开源，也可以选择闭源。

针对开源软件的著作权侵权风险，本书提出以下防范建议。

（1）加强对流入开源软件代码的监控，控制侵权代码流入开源软件。例如，要求开发者提供“原创性担保”，并在软件上进行电子签名、添加版本标识等。

（2）开源软件产业界自身提供担保。例如，开源软件的发行商承诺赔偿用户因版权诉讼造成的损失。但是，许可证本身不提供“担保条款”。

（3）开源软件产业界之外的第三方机构提供版权侵权保险服务，如商业保险公司提供的版权侵权保险服务。

（4）加强“在先技术”数据库的建设，通过在先技术的使用，被告可以进行不侵权抗辩。[1]

（5）进行“回避设计”，由于版权只保护表达形式，不保护思想，因此，通过变更被控侵权的源代码表达形式，进行回避设计，可以较为容易地规避版权风险。

（撰稿：曹卫良；核对：徐华阳）

◆ 天津市网城天创科技有限责任公司等诉温岭市达克罗涂复工业有限公司等侵害计算机软件著作权纠纷案（一审）[2]

➢ 基本信息

√ 案号：（2016）浙 1081 民初 3924 号

√ 当事人：

---

❶ 张平，马骁．共享智慧：开源软件知识产权问题解析［M］．北京：北京大学出版社，2005：98－102.

❷ 案例资料来源：中国裁判文书网（https：//wenshu. court. gov. cn），最后访问日期 2021 年 2 月 10 日。

◇ 原告：天津市网城天创科技有限责任公司（以下简称“网城天创公司”）、天津市网城科技股份有限公司（以下简称“网城公司”）

◇ 被告：温岭市达克罗涂复工业有限公司（以下简称“达克罗公司”）、浙江商帮科技有限公司（以下简称“商帮公司”）

√ 判决时间：2017 年 7 月

√ 管辖：浙江省温岭市人民法院

√ 类型：著作权

√ 许可证：GPL、PHP CCPL

➢ 案情简介

2016 年 6 月，原告网城天创公司、网城公司于浙江省温岭市人民法院起诉被告达克罗公司、商帮公司，主张两被告侵害其 ShopNC 电商系统计算机软件的著作权。

原告长期专注于电商软件平台（www. shopnc. net）发展及软件产品解决方案的研发和服务，自称是中国最专业的电商软件研发团队之一。ShopNC 电商系统系列计算机软件 B2B2C 平台系统、SaaS 云商城系统、C2C 商城系统、CMS 资讯系统、圈子社区系统、微商城分享系统、iOS 手机商城系统、Android 手机商城系统、WAP 手机系统、微信平台管理系统等均是被用户广泛使用的电商软件产品。原告声称其核心产品是国内用户量最大、覆盖面最广的电商平台产品，是中国电商软件产品的一面旗帜，其产品被业界、第三方研究机构和媒体公认为本土软件中典型的优秀产品。

被告商帮公司成立于 2012 年 6 月，主营业务为计算机软件开发和设计、网络技术服务、网页设计、企业咨询管理等；被告达克罗公司（网址：www. zjdkl. cn）成立于 2002 年 12 月，主营业务为金属表面处理加工和涂装设备制造、销售，被告达克罗公司使用的电商软件平台（www. jinshu. sc）由被告商帮公司组织技术人员编写完成。

2015 年 3 月，被告达克罗公司与被告商帮公司签订《商帮科技项目平台服务合同》，合同约定：被告商帮公司为被告达克罗公司搭建网络平台，平台名称为“金属商城”，域名为“jinshu. sc”，三年费用总计 88000 元，由被告商帮公司负责平台的搭建、开发、维护升级工作等内容。2016 年 2 月，原告发现被告达克罗公司未经原告的授权和许可，在其运营的 www. jinshu. sc 网站上非法使用了原告依法享有著作权的 ShopNC 电商系统系列计算机软件，侵犯了原告的合法权益，故诉至浙江省温岭市人民法院，请求判令被告商帮公司立即停止使用原告享有著作权的 ShopNC 电商系统计算机软件，卸载和删除擅自使用的全部 ShopNC 电商系统计算机软件，赔偿原告经济损失 35 万元，并向原告赔礼道歉。

为证明自己的主张，原告向法院提交了 ShopNC 多用户网店系统著作权登记证（2008SR07843）、ShopNC 电商门户系统 V2013 著作权登记证（2013SRI44552）、B2B2C 模式电商平台系统 V1. 0 著作权登记证（2015SR104186）复印件及相应的公证书各一份，用以证明原告自2008年起拥有对ShopNC电商系统系列计算机软件著作权的事实。另外，原告还向法院提交了（2015）京国立内证字第14462号公证书一份，拟证明原告授权第三方使用的网站与被告的网站界面格局基本相同。

被告达克罗公司辩称，达克罗公司涉案网站电商平台系由被告商帮公司提供，被告达克罗公司并未侵犯原告的著作权。2015年3月，被告达克罗公司与被告商帮公司签订域名注册和独立商城网站建设合同，合同明确约定，涉案域名由被告商帮公司申请注册、备案、制作并提供技术维护，被告达克罗公司网站的电商平台软件由被告商帮公司搭建、开发并提供维护升级服务，涉案网站的服务器及软硬件均由被告商帮公司提供，达克罗公司在给付对价后，合法获得被告商帮公司的服务，达克罗公司从未安装过涉案软件。至于商帮公司在电商平台的搭建开发过程中是否侵犯了原告的著作权，达克罗公司并不知情，也没有合理的理由应当知道涉案网站所使用的电商平台是否侵犯了原告的著作权。因此，即便涉案网站侵犯了原告的著作权，达克罗公司也不应承担侵权责任，而应由被告商帮公司来承担责任。

另外，被告达克罗公司还辩称，原告ShopNC软件系用开源软件PHP + MySQL编写，PHP软件使用基于GPL的PHP CCPL，MySQL使用标准GPL。无论是根据PHP CCPL还是GPL的规定，使用PHP和MySQL软件编写的ShopNC软件，作者有署名权，但是不能禁止其他方改编、使用、复制、发表该软件，也不得向其他方收取软件使用费。因此，原告要求赔偿损失的请求，违反了上述两个开源许可证的规定，缺乏法律依据。

被告商帮公司同样辩称，ShopNC软件本身系使用开源软件PHP和MySQL编写，所以ShopNC软件的著作权人不能禁止他人复制、改变、使用该软件，也不能主张软件使用费。具体理由包括以下两个方面。

（1）原告的软件是用PHP语言编写的，PHP语言是开源代码，不是免费软件，而所谓开源软件是指使用开源代码编写而成的作品，可以不经作者许可直接使用，无须支付费用。所以，涉案软件只要是用PHP软件编写的，就不得禁止他人使用，其制作者也无权向他人要求支付费用，原告没有向该案被告主张权利的基础。

（2）该案涉及www.jinshu.sc网站，其软件代码是被告商帮公司提供给被告达克罗公司的。这个软件包括三部分内容：一是需要专门制作的大量的图片、数据库内容；二是占软件主要部分的后台程序；三是前台的程序。被告商帮公司提供软件的前台程序时的确使用了ShopNC前台程序，但被告商帮公司是从公开的开源渠道取得的，涉案网站是一个非经营性的网站，没有进行实际的经营活动，即便是按原告自己的许可证在非经营性的情况下，任何人也都可以使用ShopNC软件。

被告商帮公司为证明其抗辩理由，向法院提交了3份证据材料。

证据1：PHP官网软件手册中文网页、PHP官网版权信息中文网页、PHP CCPL 3.0简述页面和PHP CCPL 3.0中文版共14页，用以证明原告的ShopNC软件系使用

PHP 语言编写。PHP 语言是一种开源软件，使用 PHP 语言编写的 ShopNC 软件必须遵循 PHP CCPL 3.0 的约束，而根据 PHP CCPL 3.0 的规定，使用 PHP 语言编写的软件不得禁止他人使用，也不得要求他人支付许可费用。

证据 2：《共享智慧——开源软件知识产权问题解析》节选 33 页，用以证明开源软件是一种特殊的软件，开源软件要求社会公众可以自由使用和分发使用开源软件编写制作的新软件。并且依据不同的开源许可证要求，不得禁止他人使用开源软件和基于开源软件创作的新作品，也不得就使用开源软件创作的作品收取许可费。PHP 是开源软件，遵循以 GPL 为基础的开源许可证。GPL 是最彻底的开源许可证，使用 GPL 下的开源软件创作的软件作品不能禁止他人使用，也不得向他人收取费用。因此，原告无权禁止被告使用基于 PHP 语言编写的软件，也不得就软件使用要求被告向原告支付费用。

证据 3：开源中国社区官网开源项目 ShopNC 软件检索截图一页，拟证明在工业和信息化部开源软件的官方社区网站"开源中国"上，ShopNC 软件是早已向公众公开的开源软件项目。

程序中，法院要求被告商帮公司提供原告公证时涉案网站的运行软件，以便鉴定机构进行比对，但被告商帮公司提供的代码光盘经鉴定人员比对，运行界面在页面布局、内容结构方面有所改动，相应代码也会有所改动，故不能作为有效证据，也无法与网城公司在中国版权保护中心备案的纸质源代码进行代码比对。

➢ 争议焦点

根据开源语言 PHP 和 MySQL 编写的软件是否属于开源软件。

➢ 法院分析

2017 年 5 月，法院审理后认为，被告达克罗公司不构成侵权，被告商帮公司辩称原告享有著作权的软件为开源软件，但没有提供证据予以证明，[1] 故认定被告商帮公司存在未经原告许可，复制、使用涉案软件的行为。被告商帮公司不服一审判决向浙江省台州市中级人民法院提出上诉。[2] 一审判决包括以下两方面内容。

---

[1] 被告商帮公司提供的证据 3 用于证明涉案软件 ShopNC 已经在开源社区"开源中国"公开，因此属于已向公众公开的开源软件；法院没有针对商帮公司提供的证据 3 进行说明。查询开源中国网站 www.oschina.net/p/shopnc，虽然开源中国网站已经公开了涉案软件"ShopNC B2B2C 多用户电商平台系统"，但并没有揭示 ShopNC 软件属于开源软件，也没有公开涉案软件的源代码，在开源社区做广告并不代表该软件就是开源软件。

[2] 商帮公司的具体上诉理由包括：涉案软件采用开源软件 PHP 编写，根据 PHP 开源软件规则，原告不能对依据 PHP 软件编写的开源软件代码主张著作权保护；该案软件的知识共享许可证（Creative Commons Licenses）强制要求使用 PHP 软件编写完成的应用软件也是应当开源的，强制放弃其著作权；一审判决对 PHP 软件编写的应用程序进行著作权利益的保护，彻底破坏了开源软件的基本原则，违背了 PHP 的基本规则。

（1）被告达克罗公司没有侵犯涉案软件的著作权，不承担赔偿责任。

被告达克罗公司不实际控制 www. jinshu. sc 网站内容的服务器，不具备安装、使用涉案软件的可能，故被告达克罗公司没有侵犯涉案计算机软件的著作权。

根据《著作权法》的规定，未经著作权人许可，复制、使用其作品等行为属于著作权侵权行为，应当根据情况承担停止侵权、赔礼道歉、消除影响、赔偿损失等民事责任。而软件的复制品持有人不知道也没有合理理由应当知道该软件是侵权复制品的，不承担赔偿责任，但应当停止使用、销毁该侵权复制品。该案被告达克罗公司的经营范围并不涉及计算机软件等相关行业，缺乏计算机软件及网络领域的专业知识，且其对涉案服务器和软件安装并无实际控制支配权，在被告商帮公司提供网站建设及服务器空间的服务过程中，被告达克罗公司没有合理理由应当知道其网站所在服务器上安装运行了侵害他人著作权的软件，故被告达克罗公司可以不承担赔偿责任。

（2）被告商帮公司侵害了原告 ShopNC 电商系统的著作权。

2016 年 4 月 11 日，网城公司取得 B2B2C 模式电商平台系统 V1. 0 的计算机软件著作权登记证书，该证书记载：开发完成日期 2014 年 6 月 20 日，首次发表日期 2014 年 6 月 20 日，权利取得方式为受让，权利范围为全部权利。依据《著作权法》（2010 年修正）的规定，著作权属于作者，创作作品的公民是作者，公民为完成法人或者其他组织工作任务所创作的作品是职务作品，主要是利用法人或者其他组织的物质技术条件创作，并由法人或者其他组织承担责任的工程设计图、产品设计图、地图、示意图、计算机软件等职务作品，作者享有署名权，著作权的其他权利由法人或者其他组织享有。该案中，原告网城天创公司和网城公司提供了涉案软件的正版光盘、国家版权局计算机软件著作权登记证书及声明等，可以证明两原告系 ShopNC 电商系统计算机软件的著作权人。

计算机软件是否侵权，应以原告主张权利的软件源代码与被诉软件源代码是否构成实质近似为基础进行判断。该案被告商帮公司提交的用于鉴定比对的代码光盘中的内容，并不是商帮公司为被告达克罗公司当时开发的“www. jinshu. sc”网站的源代码软件，致使该案争议的事实无法通过鉴定结论予以认定。根据有关法律规定，有证据证明一方当事人持有证据而无正当理由拒不提供，如果对方当事人主张该证据的内容不利于证据持有人，可以推定该主张成立。故被告商帮公司承担举证不能的法律后果。

庭审中，被告商帮公司要求与原告保存在中国版权保护中心的源代码进行比对，但被告商帮公司提交的用于鉴定比对的代码光盘的内容并不是商帮公司为被告达克罗公司当时开发的“www. jinshu. sc”网站的源代码，致使该案争议的事实无法通过鉴定结论予以认定，同时被告商帮公司认为涉案软件是开源软件，但没有提供证据予以证明。故认定被告商帮公司存在未经原告许可，复制、使用涉案软件的行为。就该侵权行为，被告商帮公司依法应当承担停止侵权、赔偿损失的法律责任。

➢ 处理结果

根据开源工具包（如 PHP 和 MySQL）编写的软件，如果开发者选择闭源进行商业利用，则不属于开源软件。

➢ 案件评析

该案中，法院认为，被告商帮公司没有提供证据证明涉案软件是开源软件，因此，被告商帮公司的辩解理由不成立。关于根据开源语言 PHP 和 MySQL 编写的软件是否属于开源软件的问题，法院没有进行直接回应。但是，根据该案的判决结果可以推断出，被告的主张（原告软件系根据开源语言 PHP 和 MySQL 编写，因此他人可以自由复制、使用）没有得到法院支持，因此，根据开源语言 PHP 和 MYSQL 编写的软件，不一定属于开源软件，具体情形需要结合个案具体判断。

（撰稿：曹卫良；核对：徐华阳）

◆ 浙江商帮科技股份有限公司、天津市网城天创科技有限责任公司侵害计算机软件著作权纠纷案（二审）[1]

➢ 基本信息

√ 案号：（2017）浙 10 民终 1825 号

√ 当事人：

◇ 上诉人（一审被告）：浙江商帮科技股份有限公司（原浙江商帮科技有限公司，以下简称“商帮公司”）

◇ 被上诉人（一审原告）：天津市网城天创科技有限责任公司（以下简称“网城天创公司”）、天津市网城科技股份有限公司（以下简称“网城公司”）

√ 判决时间：2017 年 12 月

√ 管辖：浙江省台州市中级人民法院

√ 类型：著作权

√ 许可证：GPL、CC 许可证

[1] 案例资料来源：北大法宝（https：//pkulaw. com/pfnl/a25051f3312b07f3ae84642d4cc98e62bc67deaf762a3a70bdfb. html？keyword＝天津市网城天创科技%20），最后访问日期 2022 年 3 月 18 日。

➤ 案情简介

2016 年 6 月，被上诉人（一审原告）网城天创公司、网城公司于浙江省温岭市人民法院（一审法院）起诉上诉人（一审被告）商帮公司和一审被告达克罗公司，主张两被告侵害其 ShopNC 电商系统计算机软件的著作权。

一审被告辩称，ShopNC 软件本身系使用开源软件 PHP 和 MySQL 编写，所以 ShopNC 软件的著作权人不能禁止他人复制、改变、使用该软件，也不能主张软件使用费。2017 年 7 月，一审法院审理后认为，被告达克罗公司不构成侵权行为，被告商帮公司辩称原告享有著作权的软件为开源软件，但没有提供证据予以证明，故认定被告商帮公司存在未经原告许可，复制、使用涉案软件的行为。一审被告商帮公司不服一审判决向浙江省台州市中级人民法院提出上诉。❶

商帮公司在上诉请求中陈述了以下两方面理由。

（1）一审判决认为一审被告达克罗公司的网站（www. jinshu. sc）擅自使用了被上诉人享有著作权的计算机软件的认定明显错误。不能以界面相似和部分特征字段存在认定计算机软件著作权侵权。在软件代码完全不同的情况下，不能因为双方存在少量不具有功能特性的相同特征字段就认定构成计算机软件著作权侵权。

（2）涉案软件采用开源软件 PHP 编写。根据 PHP 开源软件规则，被上诉人不能对依据 PHP 软件编写的开源软件代码主张著作权保护。涉案软件的 CC 许可证强制要求使用 PHP 软件编写完成的应用软件也应当开源，强制作者放弃其著作权。一审判决对以 PHP 软件编写的应用程序进行著作权利益的保护，彻底破坏了开源软件的基本原则，违背了 PHP 的基本规则。因此，一审被告商帮公司并未不劳而获地复制、使用被上诉人的计算机软件，而且使用完全开源的 PHP 软件编写的电商网站系统软件本身不应被予以著作权保护。

针对商帮公司的上述理由，被上诉人网城天创公司和网城公司进行了反驳，反驳理由主要包括以下两点。

（1）一审法院认定上诉人商帮公司擅自使用被上诉人享有著作权的计算机软件认定事实无误，适用法律正确，上诉人应当承担侵权后果，赔偿被上诉人损失。

首先，被上诉人提供了权利人权属证明。被上诉人提交的著作权登记证书、软件光盘、从国家版权局调取的软件代码均证明了二被上诉人为 ShopNC 电商系统系列软件的软件开发者并依法享有著作权。其次，被上诉人就双方软件相同或相近似已完成了相应的举证责任。该案无须进行鉴定就可直接认定上诉人商帮公司侵权，且鉴定结果

---

❶ 商帮公司的具体上诉理由包括：涉案软件采用开源软件 PHP 编写，根据 PHP 开源软件规则，被上诉人不能对依据 PHP 软件编写的开源软件代码主张著作权保护；涉案软件的 CC 许可证强制要求使用 PHP 软件编写完成的应用软件也是应当开源的，强制作者放弃其著作权；一审判决对 PHP 软件编写的应用程序进行著作权利益的保护，彻底破坏了开源软件的基本原则，违背了 PHP 的基本规则。

进一步证明了上诉人商帮公司的侵权行为。最后，被上诉人提供了证明侵权人身份的证据。该案中，被上诉人提交的涉案网站公证书显示，涉案网站 ICP 备案单位为一审被告达克罗公司。达克罗公司也自认该网站为其经营的网站，证明了达克罗公司为侵权复制品的实际使用者。同时，上诉人商帮公司自认其为一审被告达克罗公司开发建设了涉案网站。被上诉人已经完成了法定举证责任，上诉人未能完成其应有的举证义务。在被上诉人证明涉案软件与正版软件具有高度相似性的前提下，商帮公司未能提交任何相反证据或合理说明二者相似的理由，应当依照民事诉讼的优势证据原则，由商帮公司承担举证不能的不利后果。

（2）被上诉人享有著作权的 ShopNC 商城系统计算机软件并非开源软件，而是一款商业软件。PHP 开源并不意味着基于 PHP 语言开发的 ShopNC 软件开源，使用开源软件也并不等于签订或必然适用 CC 许可证。该案中，无论是 PHP 软件，还是 ShopNC 软件均未选择使用 CC 许可证。即便是选择在自己的作品上使用 CC 许可证，也不意味着放弃著作权。

另外，一审被告达克罗公司答辩称，无论商帮公司的诉讼请求是否成立，达克罗公司均不应当承担侵权责任。具体理由如下：涉案网站系由商帮公司建设，如果商帮公司未侵犯被上诉人的著作权，则达克罗公司理所当然未侵犯被上诉人的著作权。即使商帮公司侵犯了被上诉人的著作权，达克罗公司作为软件复制品的持有人，不知道也没有合理的理由应当知道该软件是侵权复制品，故也不承担赔偿责任。该案中，达克罗公司的经营范围并不涉及计算机软件等相关行业，缺乏计算机软件及网络领域的专业知识，且对涉案服务器和软件安装并无实际控制支配权，在上诉人商帮公司提供网站建设及服务器空间的服务过程中，达克罗公司没有合理理由应当知道涉案网站所在服务器上安装运行了侵害他人著作权的软件，故也不承担赔偿责任。此外，因商帮公司给达克罗公司造成的损失，达克罗公司保留要求商帮公司承担责任的权利。

➢ 争议焦点

①根据开源语言 PHP 和 MySQL 编写的软件是否属于开源软件；②PHP 软件手册自带的 CC 许可证是否使得 ShopNC 软件也应受传导而开源。

➢ 法院分析

浙江省台州市中级人民法院审理后认为：虽然 PHP 手册采用了 CC 许可证，涉案软件亦采用 PHP 语言编写，但是这些与编写后的软件是否开源（自由甚至免费使用）并没有必然关系。软件是否选择开源（自由甚至免费使用）取决于该软件所选择的相应许可证。该案上诉人并没有提供证据证明被上诉人选择了对涉案软件开源的许可证，更没有证据证明涉案软件可以自由甚至免费使用。因此，上诉人主张被上诉人的 ShopNC 电商系统计算机软件系开源软件从而不构成侵权的上诉理由不能成立，法院不予支持。

浙江省台州市中级人民法院的具体分析理由包括以下两点。

（1）一审被告商帮公司复制（使用）了一审原告 ShopNC 电商系统的源代码，构成著作权侵权。

该案中，一审原告网城天创公司和网城公司提供了涉案软件的正版光盘、国家版权局计算机软件著作权登记证书及声明等，可以证明两被上诉人系 ShopNC 电商系统计算机软件的著作权人。两被上诉人提交的证据显示了涉案网站页面与使用正版软件的网站页面设计相似，且涉案网站网页源文件中多处含有“ShopNC”字样，对此上诉人商帮公司并未提交任何相反证据加以推翻或给出合理解释。上诉人商帮公司提交给法院的用于鉴定比对的代码光盘的内容并非上诉人商帮公司为达克罗公司当时开发“www. jinshu. sc”网站的源代码，致使该案争议的事实无法通过鉴定比对予以认定，故应当按照优势证据原则推定上诉人商帮公司复制（使用）了被上诉人的源代码。

（2）一审原告基于开源 PHP 语言开发的 ShopNC 电商系统不属于开源软件。

虽然 PHP 手册采用了 CC 许可证，涉案软件亦采用 PHP 语言编写，但是这些与编写后的软件是否开源（自由甚至免费使用）并没有必然关系。软件是否选择开源（自由甚至免费使用）取决于该软件所选择的相应许可证。该案中，上诉人商帮公司并没有提供证据证明被上诉人选择了对涉案软件开源的许可证，更没有证据证明涉案软件可以自由甚至免费使用。因此，上诉人商帮公司主张被上诉人的 ShopNC 电商系统计算机软件系开源软件从而不构成侵权的上诉理由不能成立。

➢ 处理结果

根据开源工具包（如 PHP 和 MySQL）编写的软件，如果开发者选择闭源进行商业利用，则不属于开源软件；PHP 手册自带的开源许可证并不会导致利用 PHP 软件开发出的软件自动成为开源软件。

➢ 案件评析

对根据开源语言 PHP 和 MySQL 编写的软件是否属于开源软件，二审法院进行了正面回应：软件是否选择开源（自由甚至免费使用）取决于该软件所选择的相应许可证。虽然涉案软件采用 PHP 语言编写，PHP 手册也采用了 CC 许可证，但是这些与编写后的软件是否开源（自由甚至免费使用）并没有必然关系。由于该案中上诉人没有提供证据证明涉案软件使用了开源许可证，更没有证据证明涉案软件可以自由甚至免费使用，因此上诉人主张涉案软件（ShopNC 电商系统计算机软件）系开源软件的上诉理由不能成立。该案对软件开发者的启示在于：开发者在利用开源工具包设计完成软件程序后，可以选择开源，也可以选择闭源。

（撰稿：曹卫良；核对：徐华阳）

◆ 数字天堂（北京）网络技术有限公司诉柚子（北京）科技有限公司等侵犯计算机软件著作权纠纷案（一审）[1]

➢ 基本信息

√ 案号：（2015）京知民初字第631号

√ 当事人：

◇ 原告：数字天堂（北京）网络技术有限公司（以下简称“数字天堂公司”）

◇ 被告：柚子（北京）科技有限公司（以下简称“柚子科技公司”）、柚子（北京）移动技术有限公司（以下简称“柚子移动公司”）

√ 判决时间：2018年4月

√ 管辖：北京知识产权法院

√ 类型：著作权

√ 许可证：GPL

➢ 案情简介

2015年4月，原告数字天堂公司于北京知识产权法院起诉被告柚子科技公司、柚子移动公司，主张两被告侵犯其计算机软件著作权。2013年10月21日，原告开发完成HBuilder软件，并提供了相应的计算机软件著作权登记证书。两被告认可原告是HBuilder开发工具软件的著作权人。至2015年3月30日，HBuilder软件更新至5.5.0版本，并以此版本作为该案鉴定基础。

2014年9月，原告发现两被告通过官方网站（www.apicloud.com）发布一款名为APICloud的软件。经过比对，原告认为APICloud软件抄袭了原告HBuilder软件中三个插件（代码输入法功能插件、真机运行功能插件、边改边看功能插件）的源代码。原告认为两被告的行为侵犯了原告对HBuilder软件享有的复制权、修改权及信息网络传播权，故诉至北京知识产权法院，请求判令两被告赔偿原告经济损失及合理支出350万元，并向原告赔礼道歉。

原告HBuilder软件包含有GPL，庭审中两被告确认原告HBuilder软件是以压缩包的方式下载的，无须安装程序。解压后，原告主张权利的三个功能插件以三个独立的文件夹形式存在。两被告亦认可在原告HBuilder软件的根目录下及涉案三个插件模块的文件夹中均不存在GPL，该许可证存在于其他文件夹中。

为证明原告HBuilder软件中的代码输入法功能插件、真机运行功能插件、边改边

---

[1] 案例资料来源：中国裁判文书网（https://wenshu.court.gov.cn），最后访问时间2021年2月10日。

看功能插件源代码与被诉侵权软件 APICloud 中对应软件源代码具有同一性，原告向法院提出鉴定申请。经征询双方当事人的意见，法院委托工业和信息化部软件与集成电路促进中心知识产权司法鉴定所对被告 APICloud 软件 1.1.12 版本与原告 HBuilder 5.5.0 版本进行了同一性鉴定。鉴定机构的主要鉴定意见为：①针对代码输入法功能插件，被诉侵权软件 30 个源代码中有 29 个源代码文件与原告软件对应源代码具有同一性；②针对真机运行功能插件，被诉侵权软件23 个源代码中有 18 个源代码文件与原告软件对应源代码具有同一性；③针对边改边看功能插件，被诉侵权软件 56 个对应源代码中有 44 个源代码与原告软件对应源代码具有同一性。

两被告答辩称：原告的 HBuilder 软件是 GPL 下的开源软件分支，被告有权在 GPL 授权下使用其代码并构建衍生软件产品，无须经过原告许可，两被告行为未侵犯原告著作权，具体理由包括以下两个方面。

（1）原告的 HBuilder 软件属于开源软件。

两被告主张，原告的 HBuilder 软件是 GPL 下的开源软件分支。根据 GPL 的规定，原告的 HBuilder 软件使用了受 GPL 保护的第三方软件源程序，其软件亦为开源软件，任何第三方有权在 GPL 授权下使用其代码并构建衍生软件产品。因此，被诉 APICloud 软件中对于原告软件相关源程序的使用无须经过原告许可。

（2）原告所提赔偿请求缺乏事实和法律依据。

两被告认为，即便被诉行为构成对原告著作权的侵犯，在考虑如下因素的基础上，原告所提赔偿请求亦缺乏事实和法律依据：原告主张两被告侵权的三个功能插件并非被告的核心软件；被诉侵权的软件版本在线时间短；原被告双方的涉案软件均为免费软件；被诉侵权软件中使用原告软件的代码量占比较小；被告并不存在主观恶意。

进一步地，原告为证明其主张权利的三个功能插件均为独立运行的软件，而非是基于 GPL 的衍生产品，提交了与前述三个功能相对应的三个计算机软件著作权登记证书，涉及的作品名称分别为：代码输入法插件（CIMplugin）、HTML 应用真机联调器插件（ACRplugin）、HTML 代码即时渲染器插件。

另外，被诉侵权的 APICloud 软件中的 ResetPwdll. dll 文件的属性里显示的数字签名是“数字天堂（北京）网络技术有限公司”（该案原告）。原告认为该事实足以说明被诉软件系对原告软件的抄袭，恶意明显。

➢ 争议焦点

①软件的部分组件包含 GPL 是否会导致其他组件或整个软件需要遵循 GPL；②该案原告的 HBuilder 软件中的三个插件是否属于 GPL 下的衍生产品。

➢ 法院分析

法院经审理认为：原告软件不属于 GPL 下应当被开源的衍生产品或修订版本，被告抗辩理由不成立。第一，原告的三个插件均处于独立的文件夹中，所述文件夹中并无 GPL 文件。第二，在 HBuilder 软件的根目录下也不存在 GPL 文件。因此，该三个插件不受 GPL 限制，不属于该许可证中所指应被开源的衍生产品或修订版本，两被告认为原告软件为开源软件的相关抗辩理由不能成立，两被告的行为构成对原告著作权的侵犯。法院的具体理由包括以下两个方面。

（1）原告 HBuilder 软件中的三个插件不属于开源软件。

法院审理认为，原告 HBuilder 软件中的三个插件属于独立的软件作品，该三个插件不受 GPL 限制。经审理查明，该三个插件均处于独立的文件夹中，每个独立文件夹中并无 GPL 文件。不仅如此，在 HBuilder 软件的根目录下亦不存在 GPL 文件。根据 GPL 的相关规定，GPL 的许可客体是在 GPL 下批准的受版权保护的程序以及基于该程序的衍生产品或修订版本。

对于原告涉案的三个插件而言，在其所处文件夹中并无 GPL 文件，而 HBuilder 软件的根目录下亦不存在 GPL 文件的情况下，尽管 HBuilder 软件其他文件夹中包含 GPL 文件，但该许可证对于涉案的三个插件并无拘束力，据此，涉案的三个插件并不属于该许可证下所指应被开源的衍生产品或修订版本，两被告认为原告软件为开源软件的相关抗辩理由不能成立。

（2）两被告的行为构成对原告著作权的侵犯。

由鉴定机构的鉴定意见可知：针对代码输入法功能插件，被诉侵权软件 30 个源代码中有 29 个源代码文件与原告软件对应源代码具有同一性；针对真机运行功能插件，被诉侵权软件 23 个源代码中有 18 个源代码文件与原告软件对应源代码具有同一性；针对边改边看功能插件，被诉侵权软件 56 个对应源代码中有 44 个源代码与原告软件对应源代码具有同一性。而前述具有同一性的源代码，只有一小部分源代码与第三方或开源软件相同。由此可见，被诉侵权软件复制了原告软件中的绝大部分文件，只对其中小部分进行了修改，上述行为落入原告复制权及修改权的保护范围。被诉侵权软件系由两被告共同在其网站中提供给用户下载，该行为落入信息网络传播权的保护范围，构成对原告 HBuilder 软件著作权的侵犯。

➢ 处理结果

软件的部分组件包含 GPL，具有独立性的其他组件不是开源软件，无须遵循 GPL；该案原告的 HBuilder 软件中的三个插件放置于独立的文件夹，不属于 GPL 下的衍生产品。

➢ 案件评析

该案中，法院认可了 GPL 相关部分的法律效力，认为根据 GPL 的相关规定，GPL 的许可客体是在 GPL 下批准的受版权保护的程序以及基于该程序的衍生产品或修订版本。尽管涉案软件（HBuilder 软件）的其他文件夹中包含 GPL 文件，但该协议对于涉案的三个插件并无拘束力，涉案的三个插件并不属于 GPL 下所指应被开源的衍生产品或修订版本。

但是，法院认定涉案的三个插件属于独立软件的理由是该三个插件均处于独立的文件夹中，笔者认为法院这一认定值得商榷。插件之间是否独立，不能简单依据这些插件是否位于独立的文件夹来判断。位于不同文件夹的插件可能由于彼此之间存在逻辑关联而需要共同协助完成同一功能，从而属于不能独立运行的软件。插件之间是否独立，应当从插件之间的依赖关系、功能关系、通信关系以及调用关系等多个方面综合进行判断。另外，插件相对于主程序是否独立，也需要从上述多个方面进行综合判断。例如，插件是否依赖主程序而存在，插件与主程序的通信方式（如管道、队列、函数调用）等。该案对于软件开发者的启示在于：如果利用开源软件进行二次开发，尽量将二次开发完成的代码设置为功能独立的模块（至少在形式上放置于独立的文件夹），与开源代码和主程序进行区隔。

另外，需要补充说明的是，根据 GPL 的规定，❶ 适用 GPL 除了需要在源代码中附加一份 GPL 的副本外，还需要作出明确的声明，声明相关程序属于自由软件，遵循 GPL。因此，如果只是在软件库的某个文件夹里放一份带有 GPL 副本的文件，并不算明确声明在该软件库里的所有代码都可以按照 GPL 来使用。而缺少明确的声明，意味着并不能完全清楚地界定 GPL 是否真的适用于该软件库中所有的源代码文件。如果开发者希望软件在 GPL 下发布，则需要一份明确的声明。

该案中，尽管原告 HBuilder 软件包含有 GPL，但原告并没有明确声明 HBuilder 软件遵循 GPL。对一个包含 GPL 的源程序文件夹，如果没有明确声明该文件夹中的源程序文件遵循 GPL，则不能直接地、毫无异议地推导出该文件夹中的源程序文件遵循 GPL，就像是一个带有子程序的文件，而该子程序从来不被其他程序调用。当然，律师和法官也可能会根据常识进行判定：因为相关方想让源程序代码使用 GPL，才把 GPL 的副本放在代码库里。但律师和法官也有可能不这样判断，这将导致许可证适用的不明确。因此，笔者建议应当尽量避免出现此种情形，最好在每个源程序文件里包含明确的声明。例如，在源程序的 README 文件里作出明确声明，并保证该声明和源代码一起发布，避免 GPL 适用不明确带来的法律风险。并且，此种许可证适用不明确的问题并不仅仅限于 GPL，其他开源软件许可证的适用也须作出明确的声明。

（撰稿：曹卫良；核对：徐华阳）

❶ 参见 GPL 3.0 “How to Apply These Terms to Your New Programs” 部分的记载：“This program is free software: you can redistribute it and/or modify it under the terms of the GNU General Public License as published by the Free Software Foundation, either version 3 of the License, or (at your option) any later version ... You should have received a copy of the GNU General Public License along with this program.” GPL 1.0 和 GPL 2.0 也有相同的规定。

◆ 柚子（北京）移动技术有限公司等与数字天堂（北京）网络技术有限公司侵犯计算机软件著作权纠纷（二审）[1]

➢ 基本信息

√ 案号：（2018）京民终471号

√ 当事人：

◇ 上诉人（一审被告）：柚子（北京）科技有限公司（以下简称“柚子科技公司”）、柚子（北京）移动技术有限公司（以下简称“柚子移动公司”）

◇ 被上诉人（一审原告）：数字天堂（北京）网络技术有限公司（以下简称“数字天堂公司”）

√ 判决时间：2019年11月

√ 管辖：北京市高级人民法院

√ 类别：著作权

√ 许可证：GPL

➢ 案情简介

2015年，被上诉人（一审原告）数字天堂公司于北京知识产权法院（一审法院）起诉上诉人（一审被告）柚子科技公司、柚子移动公司，主张两一审被告侵犯其计算机软件著作权。一审被告辩称，一审原告的HBuilder软件是GPL下的开源软件分支。根据GPL的规定，一审原告的HBuilder软件使用了受GPL保护的第三方软件源程序，其软件亦为开源软件，任何第三方有权在GPL授权下使用其代码并构建衍生软件产品。因此，被诉APICloud软件中对于一审原告软件相关源程序的使用无须经过一审原告许可，两一审被告的行为未侵犯一审原告著作权。2018年4月，一审法院审理后认为，一审原告软件不属于GPL下应当开源的衍生产品或修订版本，一审被告抗辩理由不成立。[2] 一审被告不服一审法院于2018年4月12日作出的（2015）京知民初字第631号民事判决，2018年7月20日向北京市高级人民法院提出上诉。

一审被告柚子科技公司、柚子移动公司在上诉请求中主要陈述了以下两点理由。

（1）一审原告数字天堂公司的Hbuilder软件整体上应受到GPL约束，Hbuilder软件三个涉案插件中包含大量开源或第三方代码，应依照GPL的规定承担开源义务。

（2）一审判决忽视数字天堂公司的软件中有大量来自于第三方的代码的事实，判

---

[1] 案例资料来源：中国裁判文书网（https：//wenshu. court. gov. cn），最后访问日期2021年2月10日。

[2] 一审法院的具体裁判理由包括：①一审原告的三个插件均处于独立的文件夹中，所述文件夹中并无GPL文件；②在HBuilder软件的根目录下也不存在GPL文件。因此，该三个插件不受GPL限制，不属于该许可证下所指应被开源的衍生产品或修订版本，二审被告认为一审原告软件为开源软件的相关抗辩理由不能成立。

赔数额超出法定赔偿上限，判赔数额过高。

另外，为证明一审原告 HBuilder 软件中的三个插件（代码输入法功能插件、真机运行功能插件、边改边看功能插件）不能独立运行，上诉人柚子科技公司和柚子移动公司再次向法院提出司法鉴定申请，申请以下鉴定事项：①涉案三个插件是否可以脱离 Eclipse 主体软件在 Windows 环境中独立运行；②将涉案三个插件源代码编译为插件以验证插件能否在 Eclipse 主体软件中独立运行；③任意删除 HBuilder 软件目录下的一个或多个以“org. eclipse”“org. apache”“com. aptana”为前缀的文件或目录 JAR 文件以验证涉案三个插件能否正常运行。

➢ 争议焦点

①软件的部分组件包含 GPL 是否会导致其他组件或整个软件需要遵循 GPL；②一审原告的 HBuilder 软件中的三个插件是否属于 GPL 下的衍生产品。

➢ 法院分析

北京市高级人民法院审理后认为，柚子科技公司和柚子移动公司认可涉案三个插件中并无 GPL，在 HBuilder 软件的根目录下亦不存在 GPL，因此，对柚子科技公司和柚子移动公司有关涉案三个插件应受 GPL 约束的主张不予支持。

北京市高级人民法院的具体裁判包括以下三点。

（1）一审原告数字天堂公司的 HBuilder 软件不属于开源软件。

由于在一审庭审中，柚子科技公司和柚子移动公司认可涉案三个插件中并无 GPL，在 Hbuilder 软件的根目录下亦不存在 GPL，因此，对柚子科技公司和柚子移动公司有关涉案三个插件应受 GPL 约束的主张，北京市高级人民法院不予支持。

（2）一审法院判决赔偿数额（125 万元）过高，将其调低至 50 万元。

首先，柚子科技公司和柚子移动公司指出，代码输入法功能插件中具有同一性代码的 29 个文件中有 28 个为数字或简单图片（. png 图片文件），故该 28 个文件因缺乏独创性，数字天堂公司无权就该 28 个文件主张著作权的保护，对该部分文件应当在该案侵权认定中予以排除。

其次，数字天堂公司在该案诉讼中提交材料认为 HBuilder 软件系以 Eclipse 平台框架、Aptana 插件、数字天堂公司为 Eclipse 开发的插件以及其他第三方公司为 Eclipse 开发的插件为一体的聚合体软件包，数字天堂公司现有证据不足以证明涉案三个插件可以独立于 HBuilder 软件中的其他程序独立运行。而且，该案中柚子科技公司和柚子移动公司被控侵权行为涉及的软件系一个软件，即 HBuilder 软件。因此，该案中涉及的侵权行为应为一个侵权行为，一审法院将其视为多个侵权行为并据此计算赔偿数额（125 万元）有误，北京市高级人民法院将其调低至 50 万元。

（3）驳回上诉人再次申请司法鉴定的要求。

关于上诉人再次向法院申请针对涉案软件 HBuilder 三个插件能否独立运行的进行

司法鉴定的要求，北京市高级人民法院审理后认为：上诉人再次申请鉴定的事项与待证事实无关联，或者对于证明待证事实无意义，不予准许。该案在一审诉讼中已经进行了两次司法鉴定，柚子科技公司和柚子移动公司应在一审两次鉴定中就上述事项提出司法鉴定申请。对于待证事实负有举证责任的柚子科技公司和柚子移动公司，于一审两次鉴定程序中均怠于行使自己的举证责任，而于二审诉讼中提出第三次鉴定申请，有违司法程序公正和司法程序效率之要求。并且，柚子科技公司和柚子移动公司提出的相关司法鉴定申请内容与该案待证事实之间无直接关联性，故法院对上诉人柚子科技公司和柚子移动公司再次提出的司法鉴定申请不予准许。

➢ 处理结果

软件的部分组件包含 GPL，具有独立性的其他组件无须遵循 GPL；一审原告的 HBuilder 软件中的三个插件放置于独立的文件夹，不属于 GPL 下的衍生产品。

➢ 案件评析

北京市高级人民法院支持了一审法院的审判结果，认可 GPL 相关条款的法律效力。北京市高级人民法院认为，涉案三个插件中并无 GPL，在涉案软件（HBuilder 软件）的根目录下亦不存在 GPL，因此，涉案三个插件不受 GPL 的约束，属于独立软件。至于 GPL 中其他条款的法律效力问题，则仍需个案分析和判断。例如，GPL 3.0 第 3 条允许破解 DRM 技术的规定，由于违反《著作权法》（2020 年修正）第 49 条第 2 款的强制性规定，不具备法律效力。

另外，北京市高级人民法院对一审法院根据涉案插件位于不同的文件夹来判断其是否属于独立软件的做法进行了纠正。北京市高级人民法院认为，涉案三个插件为一体的聚合体软件包，尽管三个插件处于独立的文件夹，但现有证据不足以证明涉案三个插件可以独立于主程序（HBuilder 软件）中的其他程序独立运行。因此，该案中涉及的侵权行为应为一个侵权行为，一审法院将其视为多个侵权行为并据此计算赔偿数额有误。

两审法院虽然都默认了 GPL 具有约束力，即类似于协议或合同的法律效果，但并未进一步基于《著作权法》对 GPL 条款进行解释。社区内关于 GPL 的解释，特别是关于 GPL 传染性的解释是基于美国版权法，其能否为国内法院认可，依然存在不确定性。[1] 该案对软件开发者的启示在于：如果利用开源软件进行二次开发，应尽量将二次开发完成的代码设置为功能独立的模块（至少在形式上将其放置于独立的文件夹），并与开源代码进行区隔。

（撰稿：曹卫良；核对：徐华阳）

---

[1] 该案的相关分析参见：付钦伟. 中国 GPL 诉讼第一案：关于 GPL 问题的探讨［EB/OL］.（2019－12－21）［2021－02－10］. https：//www. oschina. net/news/112227/about－gpl－the－first－case－in－china.

◆ 北京拓尔思信息技术股份有限公司、湖南捷报信息技术有限公司著作权权属、侵权纠纷案（一审）[1]

➢ 基本信息

√ 案号：（2016）湘01民初1455号

√ 当事人：

◇ 原告：北京拓尔思信息技术股份有限公司（以下简称“拓尔思公司”）

◇ 被告：湖南捷报信息技术有限公司（以下简称“捷报公司”）

√ 判决时间：2017年10月

√ 管辖：湖南省长沙市中级人民法院

√ 类型：著作权

√ 许可证：未涉及

➢ 案情简介

2016年，原告拓尔思公司于湖南省长沙市中级人民法院起诉被告捷报公司，主张被告侵害其“TRSWCM内容协作平台6.0”（以下简称“TRS内容协作平台”）软件的著作权。原告拓尔思公司的诉讼请求包括：①被告立即停止侵害原告“TRS内容协作平台”软件的著作权；②被告赔偿原告侵权损失及合理费用共计500万元；③被告在《湖南日报》上公开赔礼道歉。

拓尔思公司成立于1993年2月18日，是中文全文检索的创始者，在企业和互联网搜索、内容管理和信息挖掘等领域具有领先的技术和产品，是国内最大的搜索和内容管理技术提供者，在中国拥有约2000家企业级用户，是非结构化信息处理技术领域的创新者和领导者。拓尔思公司总部设在北京，现有员工200多人，已在全国主要城市建立了分公司、办事处或合作伙伴网络，为当地客户提供高水平的本地化服务。公司成立十余年来，销售收入和利润始终保持持续的增长，自1996年以来连续10年盈利，是中国从事自主核心技术和软件产品研发的典范企业之一。

2007年，拓尔思公司推出了TRS内容协作平台。该平台是拓尔思公司集自身内容管理先进理念和技术，汇聚最新内容管理应用实践经验，推出的一套完全基于Java和浏览器技术的网络内容管理软件。TRS内容协作平台实现全浏览器界面的内容创建、编辑和基于模板的内容发布，具备强大的站点管理功能，并提供企业级协作环境。其

[1] 案例资料来源：中国裁判文书网（https://wenshu.court.gov.cn），最后访问日期2021年2月10日。

中，涉案软件“TRS 内容协作平台”中的 FCKeditor 编辑器存在部分开源代码。

被告捷报公司（网址：www. jbx. cn）成立于 2011 年，主营业务为软件开发和软件技术服务。湖南省人民检察院、龙山县人民政府、湘潭市人民检察院、湘潭市雨湖区人民检察院、长沙市雨花区人民检察院等 7 个门户网站均由被告制作。拓尔思公司认为，上述 7 个网站上的相关文档内容显示有原告的企业名称、原告权利软件作品的版本信息以及原告的版权声明（存在原告的署名），根据《著作权法》（2010 年修正）第 11 条之规定，如无相反证明，在作品上署名的公民、法人或者其他组织为作者，因此涉案被控侵权软件就是原告的软件，且被告不配合法院提取源代码，导致无法进行比对，被告应当承担相应责任，法院应当认定被告实施了侵犯原告涉案软件作品复制权、发行权的侵权行为。

在审理过程中，根据原告的申请，湖南省长沙市中级人民法院组织原告和被告双方在湖南省人民检察院进行了现场勘验，对该单位使用的被控侵权软件的源代码及相关文档进行了调取。

被告捷报公司辩称，涉案软件（TRS 内容协作平台）包含部分开源代码，原告对涉案软件不享有著作权。首先，原告已经申请法院调取了被告运行中的软件源代码，但原告未提交其软件源程序，原告应当承担举证不能的法律后果。其次，原告公证书载明的有原告公司介绍信息的涉案网站相关页面系存在于被告使用的捷报管理系统编辑器（FCKeditor 编辑器）所在的文件夹，该 FCKeditor 编辑器系开源软件，原告并不对该编辑器享有著作权。

➢ 争议焦点

包含部分开源代码的软件作品是否能够享有著作权。

➢ 法院分析

湖南省长沙市中级人民法院审理后认为，原告认可涉案权利作品存在部分开源代码的事实，对原告关于被告实施了复制、发行的侵权行为的主张不予支持。法院的具体理由包括以下两个方面。

（1）被告制作的涉案 7 家网站的界面显示原告信息，不能作为认定被告侵权的证据。

湖南省长沙市中级人民法院审理认为，软件运行显示的界面是程序运行的结果，非程序本身，且相同的界面可以通过不同的程序得到。因此上述显示原告信息的界面系认定被告侵权的初步证据，无法凭此直接认定被告使用的系原告涉案权利作品。

（2）涉案软件存在开源代码，被告不构成侵权行为。

该案中，原告仅提交了软著登字第 091999 号计算机软件著作权登记证书，并未提交其权利作品，且明确主张不将调取的被控侵权软件源代码作为证据提交，亦未主张将通过对长沙市雨花区人民检察院网站公证取得的代码作为比对对象。湖南省长沙市中级人民法院认为，原告主张被告实施了侵权行为，应当针对被控侵权行为进行举证。被告存在修改被控侵权软件源程序的可能性不能成为免除原告举证责任的当然理由，原告应当承担举证不能的不利后果。并且，原告涉案软件“TRS 内容协作平台”中存在部分开源代码，因此被告行为不构成侵权。

➢ 处理结果

包含部分开源代码的软件作品不能够享有著作权。

➢ 案件评析

该案中，法院认为涉案软件包含部分开源代码，因此被告行为不构成侵权。笔者认为，法院没有查明开源软件的法律属性，专有软件中包含部分开源代码并不必然导致专有软件转变为开源软件。开源软件与专有软件形成的组合软件是否需要继续开源，取决于开源软件和专有软件的交互方式。最高人民法院在“北京闪亮时尚信息技术有限公司、不乱买电子商务（北京）有限公司侵害计算机软件著作权纠纷”二审民事判决书［（2019）最高法知民终663号］中指出：虽然不乱买公司认可其前端代码使用了GPL下的开源代码，但其主张权利的是后端代码，其后端代码是独立于前端代码的其他程序，并不受GPL的约束，无须强制开源。上述案例对软件开发者的启示在于：软件中如果既包括开源代码又包含自己设计的代码，应当尽量将自己的代码与开源代码进行区隔。

（撰稿：曹卫良；核对：徐华阳）

◆ 北京拓尔思信息技术股份有限公司、湖南捷报信息技术有限公司著作权权属、侵权纠纷案（二审）[1]

➢ 基本信息

√ 案号：（2018）湘民终39号

√ 当事人：

◇ 上诉人（一审原告）：北京拓尔思信息技术股份有限公司（以下简称“拓尔思公司”）

[1] 案例资料来源：中国裁判文书网（https：//wenshu. court. gov. cn），最后访问日期2021年2月10日。

◇ 被上诉人（一审被告）：湖南捷报信息技术有限公司（以下简称“捷报公司”）

√ 判决时间：2018 年 6 月

√ 管辖：湖南省高级人民法院

√ 类型：著作权

√ 许可证：未涉及

➤ 案情简介

2016 年，上诉人（一审原告）拓尔思公司于湖南省长沙市中级人民法院（一审法院）起诉被上诉人（一审被告）捷报公司，主张捷报公司侵害其“TRS 内容协作平台”软件的著作权。一审被告捷报公司辩称：涉案软件“TRS 内容协作平台”包含部分开源代码，原审原告对涉案软件不享有著作权。一审法院审理后认为，原审原告认可涉案权利作品存在部分开源代码的事实，因此对原审原告关于原审被告实施了复制、发行的侵权行为的主张不予支持。一审原告拓尔思公司不服一审法院作出的（2016）湘 01 民初 1455 号民事判决，于 2018 年 2 月向湖南省高级人民法院提出上诉。拓尔思公司在上诉请求中陈述了以下理由。

（1）被上诉人捷报公司制作的网站存在侵权证据。

被上诉人制作的网站（包括湖南省人民检察院、龙山县人民政府、湘潭市人民检察院、湘潭市雨湖区人民检察院、长沙市雨花区人民检察院等门户网站）均存在大量上诉人的署名信息，如无相反证据，其网站所用的被诉侵权软件作者为上诉人拓尔思公司。

（2）被上诉人存在不配合法院调查取证的情形。

一审程序中，上诉人提供的证据能初步证明侵权事实，同时也申请一审法院调取相关证据，已履行法定举证义务；被上诉人恶意阻扰一审法院调取证据导致无法获得该案所需的源代码进行比对，相关责任应由被上诉人承担。上诉人拓尔思公司主张，湖南省高级人民法院如认为比对源代码对认定该案事实存在必要性，上诉人愿意提供权利软件源代码进行比对。

针对拓尔思公司的上诉申请，被上诉人捷报公司进行了答辩，答辩内容主要包括以下两点。

（1）被上诉人制作网站的侵权证据不足。

被诉侵权软件系捷报公司自行开发并署名，上诉人仅凭网站部分页面有其信息即主张其为涉案软件作者，证据不足。

（2）上诉人存在举证不能情形。

拓尔思公司仅提交了请求保护软件的著作权登记证书，但未提交权利作品源代码及文档，更未进行同一性比对，其举证义务没有完成，不符合举证责任移转的情形。

➢ 争议焦点

包含部分开源代码的软件作品是否能够享有著作权。

➢ 法院分析

湖南省高级人民法院审理后认为：一审被告的开源代码抗辩没有事实依据，一审原告享有“TRS 内容协作平台”（包含部分开源代码）的著作权，一审判决适用法律不当，依法予以纠正。湖南省高级人民法院的具体分析理由包括以下两点。

（1）被上诉人制作的门户网站存在侵权行为。

被上诉人捷报公司享有著作权的涉案软件名称为“捷报内容管理系统 V1.0”，与其在官方网站中列明的被诉侵权软件名称明显不相同，捷报公司也未提交其他充分有效的证据证明被诉侵权软件与其“捷报内容管理系统 V1.0”内容的同一性，因此，不能证明被诉侵权软件系捷报公司自行开发完成。

该案中，捷报公司在其官方网站以及“成功案例”栏目链接的门户网站中均对拓尔思公司以及涉案软件“TRS 内容协作平台”进行了详尽介绍，模板效验中也载明了软件版本和“版权所有？2002 – 2011TRSCorp. （拓尔思公司 2002 – 2011）”内容。因此，捷报公司制作的湖南省人民检察院、龙山县人民政府、湘潭市人民检察院、湘潭市雨湖区人民检察院、长沙市雨花区人民检察院等门户网站使用了上诉人拓尔思公司的“TRS 内容协作平台”软件产品，侵犯了拓尔思公司计算机软件的著作权。

（2）被上诉人开源代码的抗辩理由不能成立。

被上诉人捷报公司提出关于涉案软件使用了开源代码的抗辩，但其并未提交证据对于已查明的被诉侵权软件中包含拓尔思公司相关内容记录的事实进行逐一抗辩，该“开源代码”使用的整体抗辩概念模糊，不具有针对性。并且，即使在“开源代码”中使用现有技术，捷报公司也可以对他人（拓尔思公司）的使用记录进行整理和删除。而在该案中，捷报公司作为专业的软件开发公司，不仅没有在自行开发过程中删除关于拓尔思公司的记录，反而在其官方网站和链接的其他门户网站出现拓尔思公司的署名信息和涉案软件“TRS 内容协作平台”的版权声明。此种情形在计算机软件开发、著作权侵权领域极不合常理，捷报公司的抗辩理由显然没有事实依据。

➢ 处理结果

包含部分开源代码的软件作品能够享有著作权。

➢ 案件评析

该案中，湖南省高级人民法院认为一审被告的“开源代码”使用抗辩概念模糊，不具有针对性，即使在“开源代码”中使用现有技术，也不应当侵犯他人著作权，“开源代码”并不能成为抄袭他人成果的护身符。目前侵权行为多发的一个重要原因就是侵权成本较低，被查出后受到的处罚偏轻，而获利可观。在这种不对等的环境下，侵权者往往因为有利可图，选择铤而走险直接抄袭他人技术，事后又以抄袭的对象使用了开源代码为借口，试图逃避法律制裁。湖南省高级人民法院在二审判决中，考虑到涉案软件的创造性（在开源软件上的自主创新）和侵权人的主观恶意，对一审法院的判决进行了改判，有利于维护良好的市场竞争秩序，遏制侵权行为频发的势头。湖南省高级人民法院的改判有利于强化知识产权保护，在全社会树立尊重知识产权、鼓励创新的营商环境，努力营造不敢侵权、不愿侵权的法律氛围。该案对开发者的启示在于：利用他人的开源代码进行二次开发获得的自有成果，同样受《著作权法》的保护，他人未经许可不得擅自复制和使用。

（撰稿：曹卫良；核对：徐华阳）

◆ 济宁市罗盒网络科技有限公司诉福建风灵创景科技有限公司等侵害计算机软件著作权纠纷案[1]

➢ 基本信息

√ 案号：（2019）粤 03 民初 3928 号

√ 当事人：

◇ 原告：济宁市罗盒网络科技有限公司（以下简称“罗盒公司”）

◇ 被告：福建风灵创景科技有限公司（以下简称“福建风灵公司”）、北京风灵创景科技有限公司（以下简称“北京风灵公司”）、深圳市腾讯计算机系统有限公司（以下简称“腾讯公司”）

√ 判决时间：2021 年 4 月

√ 管辖：广东省深圳市中级人民法院

√ 类型：著作权

√ 许可证：GPL

➢ 案情简介

原告系主要从事计算机软件开发、技术咨询、技术转让及技术推广服务的公司。其独立开发了涉案软件“罗盒”插件化框架虚拟引擎系统 V1.0（以下简称“VirtualApp”），并在国际著名的软件托管平台 GitHub 上公开了涉案软件的源代码，同时在该平台上郑重

[1] 案例资料来源：中国裁判文书网（https://wenshu.court.gov.cn/website/wenshu/181107ANFZ0BXSK4/index.html?docId=05f553bd178d4354bb48ad5100c1314f），最后访问日期 2022 年 1 月 12 日。

申明：任何人如需将涉案软件用于商业用途，需向原告购买商业授权。原告于2016年7月7日在Github网站上传了VirtualApp的初始源代码，共计31097行；次日附加了LGPL 3.0；2016年9月10日，将LGPL 3.0变更为GPL 3.0。2017年11月8日，原告就涉案软件取得计算机软件著作权登记证书，依法享有涉案软件著作权方面的全部权利。原告调查发现被告名下一名为“点心桌面”的软件侵权。将被诉侵权软件的源代码与涉案软件源代码进行分析比对，两者间421个可比代码中有308个代码具有实质相似性，有27个代码具有高度相似性，有78个代码具有一般相似性。

➢ 争议焦点

①GPL 3.0是否具有法律效力；②原告是否有权提起该案诉讼；③被诉行为是否侵害原告的著作权；④若侵权成立，被告应承担什么法律责任。

➢ 法院分析

针对焦点①，法院认为，首先，GPL 3.0的内容具备合同特征，是一种民事法律行为。其次，GPL 3.0具有合同性质，可认定为授权人与用户间订立的著作权协议，属于《合同法》调整的范围。根据GPL 3.0第8条“终止授权”的约定，授权人许可用户在遵守许可证规定的前提下行使某些权利，但用户必须承担相应的义务。若用户违反GPL 3.0的使用条件来复制、修改或传播受保护的作品，其通过GPL 3.0获得的授权将会自动终止。一旦用户违反了使用的前提条件，将导致GPL 3.0在授权人与用户之间自动解除，用户基于协议获得的许可即时终止，用户实施的复制、修改、发布等行为因失去权利来源而构成侵权。

针对焦点②，法院认为，首先，现有证据可以证明原告系Github网站上开源软件VirtualApp的著作权人。其次，原告提起该案诉讼无需贡献者的同意或授权。“若开源项目的起诉维权需经全体贡献者一致同意或授权，实则导致维权行为无从提起。”最后，GPL 3.0仅限制授权人不得向用户主张任何专利权，而并未限制授权人对违反许可协议的用户主张著作权。因此，原告的诉讼行为并未违反GPL 3.0关于争议解决方式的约定。因此原告有权提起该案诉讼。

针对焦点③，法院认为，首先，针对原告在VirtualApp后续开源版本中删除“适用GPL 3.0”的影响，根据GPL 3.0第4条、第5条的规定，只要后续版本中有使用先前开源版本中的源代码，并且先前版本使用了GPL 3.0，则后续版本也必然受GPL 3.0的约束。因此，VirtualApp后续开源版本仍然受GPL 3.0的约束。其次，GPL 3.0并未限制用户进行商用，只是必须遵守开源的规定。原告虽在GitHub网站上声明禁止用户对VirtualApp开源代码进行商用，但根据GPL 3.0第7条、第10条的规定，附加条款适用的情形和内容是明确的，限制商用不在其列，授权人亦不可以对GPL 3.0所授或确认权利的行使施以进一步的限制。最后，被诉“点心桌面”软件应当遵循GPL 3.0向公众无偿开放源代码。被告福建风灵公司使用了附带 GPL 3.0 的开源代码，却拒不履行 GPL 3.0 规定的使用条件。根据 GPL 3.0 第 8 条自动终止授权的约定及《民法总则》第 158 条的规定，被告福建风灵公司通过该协议获得的授权已因解除条件的成就而自动终止。被告福建风灵公司对 VirtualApp 实施的复制、修改、发布等行为，因失去权利来源而构成侵权。

针对焦点④，法院认为，被告福建风灵公司作为“点心桌面”软件的开发、运营和发布者，依法应承担停止侵害 VirtualApp 著作权的行为，对使用了 VirtualApp 的“点心桌面”软件立即停止提供下载、安装和运营服务。鉴于被告福建风灵公司系被告北京风灵公司的全资子公司的情形，因此原告指控两被告共同承担侵权责任。被告腾讯公司对其“应用宝官网”上可能存在的侵权行为制定了相关规则、设置了投诉渠道，且对被诉软件作了及时下架处理。原告亦未对被告腾讯公司提出具体诉请。因此，被告腾讯公司无须承担法律责任。

关于赔偿问题，法院认为，开源软件大多都是免费的，但授权人付出的开发成本是必然存在的，按照侵权获利来承担赔偿责任更为公平合理。因此法院酌情确定赔偿数额为 50 万元。

➢ 处理结果

被告福建风灵公司、被告北京风灵公司立即停止侵害原告罗盒公司 VirtualApp 著作权的行为，即对使用了 VirtualApp 开源代码的“点心桌面”软件立即停止提供下载、安装和运营服务；被告福建风灵公司、被告北京风灵公司应于判决生效之日起 10 日内赔偿原告罗盒公司经济损失及维权合理费用共计 50 万元；驳回原告罗盒公司的其他诉讼请求。

➢ 案件评析

此判例被称为国内首个明确 GPL 3.0 的法律效力的案例。法院明确了 GPL 3.0 是一种民事法律行为，属于著作权协议，应受到《合同法》的调整。此判例开创性地、较明确地判断 GPL 属于著作权协议。据此作为分析侵权关系成立的逻辑起点，即法院的判断逻辑为被告使用了附带 GPL 3.0 的开源代码，却拒不履行 GPL 3.0 规定的使用条件，根据 GPL 3.0 第 8 条自动终止授权的约定及《民法总则》第 158 条的规定，被告通过该协议获得的授权已因违反协议而自动终止。

广东省深圳市中级人民法院认为，明确违反开源软件许可证的侵权法律责任，一方面可以及时制止侵权行为，防止他人对开源软件的不正当利用；另一方面能够有效保护授权人的利益，使他们保有继续创作的动力，促进源代码共享和知识的传播。[1]

（撰稿：辜凌云、朱园伟；核对：徐美玲）

[1] 段志超，鲁学振，刘亚东，等. 没有无义务的权利：从开源软件侵权谈 GPL 开源合规［EB/OL］.（2021－09－14）［2022－01－16］. https：//new. qq. com/omn/20210924/20210924A0BVJO00. html.

◆ 济宁市罗盒网络科技有限公司诉广州市玩友网络科技有限公司等侵害计算机软件著作权纠纷案[1]

➢ 基本信息

√ 案号：(2019) 粤73知民初207号

√ 当事人：

◇ 原告：济宁市罗盒网络科技有限公司（以下简称“罗盒公司”）

◇ 被告：广州市玩友网络科技有限公司（以下简称“玩友公司”）、深圳冠准航科技有限公司、深圳奥斯坦科技有限公司、祥运实业（深圳）有限公司

√ 判决时间：2021年9月29日

√ 管辖：广州知识产权法院

√ 类型：著作权

√ 许可证：GPL 3.0

➢ 案情简介

该案原告罗盒公司成立于2017年8月8日，其股东之一罗迪（Lody）在2015年开发了“罗盒”插件化框架虚拟引擎系统（以下简称“VirtualApp”）并于2016年7月7日在Github网站上传了VirtualApp的初始源代码共计31097行，次日附加了LGPL 3.0。2016年9月10日，罗迪将LGPL 3.0变更为GPL 3.0，随后声明任何人如需将该软件用于商业用途，需要与作者授权的负责人联系购买。2017年10月29日，罗迪删除了Github网站上的VirtualApp所附带的GPL 3.0。2017年11月8日罗盒公司就VirtualApp取得计算机软件著作权登记证书。2017年12月30日，罗迪在Github上发布声明：“VirtualApp对外开放的源代码将于2017年12月31日停止更新，VirtualApp商业版代码将持续更新。”

罗盒公司在广州知识产权法院起诉四位被告，并提供司法鉴定报告，主张被告玩友公司提供下载的四款软件（“微信视频美颜版”“微信视频美颜相机版App”“微信视频美颜相机”“微信视频美颜相机版”）与原告拥有著作权的VritualApp软件（2017年12月30日版）构成实质性相似，被告玩友公司的行为已经构成软件著作权侵权，请求法院判令被告立即停止被控侵权软件的下载、安装和运营服务，赔偿原告经济损失1500万元，赔偿原告维权合理费用15万元并承担该案诉讼费；其他三位被告应承担连带责任。

---

[1] 案例资源来源：中国裁判文书网（https://wenshu.court.gov.cn/website/wenshu/181107ANFZ0BXSK4/index.html?docId=C5f553bd178d4354bb48ad5100c1314f），最后访问日期2022年1月16日。

➢ 争议焦点

①GPL 3.0 是否具有法律效力，属于何种类型的协议；②原告是否有权提起该案诉讼；③被诉行为是否侵害原告的复制权、发行权和信息网络传播权；④若侵权成立，被告应承担什么法律责任。

➢ 法院分析

法院针对原告的诉讼资格问题，认为：①罗盒公司股东罗迪作为项目管理人于 2016 年 7 月 7 日将 VirtualApp 初始版本源代码（507 个文件，共 31097 行）在 GitHub 官网上进行开源发布，该初始版本占涉案 VirtualApp 开源软件代码的绝大部分，是其核心基础，而其他贡献者提交的代码是在此基础上的升级优化，且由项目管理人决定是否将该修改 diamagnetic 并入主分支，因此其他贡献者提交的代码并未对涉案软件著作权产生实质影响。②在中国法下，合作作品的认定需要满足四个要素：作者为两个或两个以上、主观上有共同创作的合意、客观上有共同创作的行为以及合作作者贡献了独创性的表达。但是在该案中被告玩友公司并未举证证明贡献者提交的代码是否属于有独创性表达的创作，从而无法认定该案涉案软件属于合作作品；③涉案软件使用 LGPL 3.0 或 GPL 3.0，其他贡献者在申请将其代码合并入主分支时即默认同意使用相关开源许可证，也就意味着同意将其修改增补的代码贡献给项目管理者和其他用户在授权许可协议范围内自由使用；④罗盒公司在该案中已经就涉案软件提交了著作权登记证书，从 2017 年 8 月开始对 VirtualApp 项目进行公司化运作开发运营。被告玩友公司否认罗盒公司的著作权人身份，但并未就此提供证据。

法院认为开源软件项目的贡献者往往人数众多，互不相识且散布于世界各地，而且只要相关项目保持开源，则贡献者还会呈动态变化，因此即使认定涉案软件属于合作作品，也无法查清所有的权利人，不能要求项目管理者在获得其他所有贡献者的授权后才能提起诉讼，故该案原告罗盒公司有权单独提起本案诉讼。

法院认为 GPL 3.0 属于附解除条件的著作权合同，许可条款是著作权许可的条件，而如果使用者违反条款规定，则许可的前提条件已不复存在，其所获得的许可授权也自将自动终止，相关使用行为也将构成侵权行为。

法院虽然认可了原告罗盒公司提交的司法鉴定意见书，被控侵权软件“微信视频美颜版”的代码与涉案的 VirtualApp 软件中的开源代码（具体为沙盒分身功能部分的源代的代码）构成相似，但被告玩友公司就被诉侵权软件收取会员费的行为在性质上属于收取用于运营维护和技术支持的软件服务费，而非针对软件程序、文档下载的收费，故收取会员费的行为没有违反 GPL 3.0。法院认为被告玩友公司真正构成侵权的行为是未向用户提供被控侵权软件的源代码。

法院认为违反开源软件许可证的行为在理论上存在违约救济和侵权救济两种方式，

但两种救济的形式和力度存在差别。在违约救济下，守约方可以获得的救济主要是继续履行合同和损害赔偿；在侵权救济下，被侵权人可以获得的救济包括停止侵害、损害赔偿、恢复原状和临时禁令救济等；而且违约救济下的损害赔偿责任范围小于侵权救济下的损害赔偿责任范围。两种救济方式竞合，由当事人自行选择。该案中，罗盒公司主张的是侵权救济，故法院判决玩友公司停止侵权（立即停止在相关平台上继续下载被诉侵权软件）和赔偿原告经济损失。

法院在计算损害赔偿数额时综合考虑的因素包括：①涉案 VritualApp 软件的源代码所实现的沙盒分身功能是被诉四款侵权软件的基础功能，虽非应用层面的核心功能但是如果缺乏该基础功能，则四款软件将无法使用；②被诉四款侵权软件在各平台上下载累计上百万次；③罗盒公司提供了其对 VirtualApp 商用版本对外授权许可的收费证据，法院予以认可；④玩友公司违反 GPL 3.0 从而构成侵权的是未提供源代码的行为，因此无须调查会员费流水；⑤玩友公司的侵权行为性质、侵权时间以及拒不履行开源许可证的情况；⑥原告维权的合理费用。

➢ 处理结果

被告须立即停止通过互联网平台提供含有被侵权开源代码的相关软件，并赔偿原告经济损失及维权合理开支共计 50 万元。

➢ 案件评析

罗盒公司提起的系列开源软件侵权诉讼案件可谓中国法院审理开源软件法律纠纷案件中的里程碑式的案例。该案和 2021 年 4 月深圳市中级人民法院对罗盒公司诉福建风灵创景科技有限公司等侵害计算机软件著作权纠纷案的判决都明确承认了在中国法下开源许可证的合同属性及其合法性，并明确了对于违反开源许可证的行为，著作权人可以在违约救济和侵权救济中自行选择进行维权。较之之前中国法院在涉及开源软件法律纠纷案件中对开源协议模糊的态度，广州知识产权法院和深圳市中级人民法院的明确表态无疑是对开源许可规则的一种认同和支持。[1]

该案同时明确基于 GPL 3.0 管理的开源程序创作的作品或开发的程序，以及对作品和程序的修改都应当遵循 GPL 的要求开放源代码。

（撰稿：辜凌云；核对：徐美玲）

---

[1] 赵启杉. 一案管窥中国法院对开源软件侵权纠纷审理的重大突破［EB/OL］.（2021－11－06）［2021－11－08］. https://mp.weixin.qq.com/s/SSpsRzgHMwb4Zmo16DBRJQ.

◆ Oracle Am. , Inc. v. Google Inc. 案

➢ 基本信息

√ 案号：886 F. 3d 1179

√ 当事人：

◇ 原告：Oracle Am. , Inc. （甲骨文公司）

◇ 被告：Google Inc. （谷歌公司）

√ 时间：2010 ~ 2021 年

√ 管辖：美国加利福尼亚北区联邦地区法院；美国联邦巡回上诉法院

√ 类型：版权

√ 许可证：GPL 2. 0

➢ 案情简介

2010 年 10 月，甲骨文公司在美国加利福尼亚北区联邦地区法院向谷歌公司提起侵权之诉，诉称谷歌公司未经许可，复制了甲骨文公司享有版权的、用于 37 个 Java 编程语言 API 程序包的声明代码和 SSO（Structure，sequence and organization），同时将其使用在谷歌公司自己的软件平台安卓（Android）上并推向市场。甲骨文公司认为上述复制行为侵犯了该 37 个 Java 编程语言 API 程序包中的代码、结构、序列及组织的著作权等权利，且谷歌公司因该复制行为获得大量利润，因此向谷歌公司索赔 88 亿美元。

Java 编程语言本身系通过采用 GPL 2. 0 的方式免费提供给其他软件开发者使用，但 GPL 2. 0 对“免费使用”进行了限制，只有遵守 Java 编程语言开源许可证，软件开发者才可在未经甲骨文公司许可的情况下免费使用 Java 编程语言进行软件开发。

甲骨文公司诉称，谷歌公司在明知甲骨文公司 Java 代码的情况下，非法复制其部分代码且不差分毫，并以此损害甲骨文公司的市场地位——甲骨文公司许多客户转而使用安卓系统，因而谷歌公司构成版权侵权，应当支付巨额赔偿。

谷歌公司提出合理使用抗辩：首先，安卓系统对甲骨文公司相关知识产权的使用属于版权合理使用的范畴；其次，因安卓系统对用户免费而无商业目的，故其复制并使用 API 代码的行为受公平使用法则保护；最后，即使安卓系统中包含侵犯甲骨文公司版权的软件，该责任亦无法归咎于谷歌公司，因为该软件可能由第三方作者制作，而谷歌公司对此并不知情。

针对谷歌公司合理使用的抗辩，甲骨文公司认为：首先，谷歌公司使用涉诉代码系出于商业目的、具有商业性质；其次，甲骨文公司的版权作品具有高度独创性；再次，谷歌公司复制了逾 11500 行代码，该数量远远超过以 Java 语言为基础的程序编写

之需；最后，因谷歌公司提供免费使用权限，甲骨文公司的客户终止寻求 Java Standard Edition Platform（Java SE）的使用许可，转而使用谷歌公司的安卓系统。

➢ 争议焦点

谷歌公司开源软件中包含甲骨文公司 Java 软件的部分代码是否构成软件版权侵权，抑或因其“免费”性质而构成合理使用。

➢ 法院分析

◇ 一　审

美国加利福尼亚北区联邦地区法院认定谷歌公司在开发安卓系统过程中使用了甲骨文公司 Java 软件的部分代码，但该种使用构成合理使用，故不构成版权侵权。具体阐述如下：①就第一要素——使用的目的和性质而言，尽管谷歌公司的使用具有商业性质，但该使用因谷歌公司仅整合用于移动智能手机的部分元素，且添加其自己的实施代码，故构成转换性使用；②就第二要素——版权作品的性质而言，尽管谷歌公司的涉诉代码和甲骨文公司的原始代码均具有足够的独创性而可获得版权保护，但该些代码并非具有“高度独创性”，且功能要素的考量在其设计中占主导地位；③就第三要素——所使用部分的质和量占版权作品的比例而言，谷歌公司仅复制了用于转换性使用的合理且必要的部分，纯粹复制的代码行数量极少；④就第四要素——该使用对作品的潜在市场或价值产生的影响而言，因为谷歌公司仅将其安卓系统中的涉诉代码用于台式机和笔记本电脑，故而不会对甲骨文公司造成损害。

◇ 二　审

美国联邦巡回上诉法院认为，谷歌公司一字不差地复制了甲骨文公司用于 37 个 API 程序包的声明代码和 SSO，这一点并无争议。案件争点在于：该种复制是否合理？自版权保护萌芽以来，某些对版权作品的合理使用被认为对满足版权的特定目的——“促进科学和实用技艺的进步”而言是必要的。正如美国联邦最高法院在“Campbell 案”中所指出的：在真理、文学、科学和艺术领域，几乎没有任何事物是绝对新颖和原创的，上述领域的所有书籍均不可避免地借鉴和使用了在先为公众知晓和使用的知识。

合理使用抗辩起源于法官造法，并于 1976 年写入美国版权法第 107 条，构成版权人专有权利之有限例外。合理使用抗辩允许“为了例如批评、评论、新闻报道、教学（包括用于课堂教学的多件复制品）……学术和研究之目的”而使用版权作品。“例如”一语表明上述列举并非穷尽所有情形，而仅仅给出能够认定为合理使用的某些情形。

在援引美国版权法第 107 条判定某一使用行为是否合理时，需进行个案认定，且结合美国版权法“促进科学和实用技艺进步”之目标，综合考量如下四项非排他性要素：①使用的目的和性质，包括该使用是否具有商业性质，或是否为了非营利的教学目的；②版权作品的性质；③所使用部分的质和量占版权作品的比例；④该使用对作品的潜在市场或价值产生的影响。如果该认定系考虑上述所有因素而作出的，“作品未曾发表”这一事实本身不应妨碍对合理使用的认定。由于合理使用系对侵权指控之积极抗辩，因此由谷歌公司承担举证责任。

合理使用的第一项要素为“使用的目的和性质，包括该使用是否具有商业性质，或是否为了非营利的教育目的”。该要素包含两项要义：①使用是否具有商业性质，而不是出于教育或公共利益的目的；②新作品是否具有转换性，抑或仅为原作品的替代品。上述第①项系事实问题，谷歌公司认为其将安卓系统开放源代码并供所有人免费使用具有非商业目的（如旨在分享软件创新带来的共同效益）；甲骨文公司则主张谷歌公司使用 37 个程序包中的声明代码和 SSO 系出于商业目的。美国联邦巡回上诉法院认为，第一，安卓系统免费并不会使得谷歌公司使用 API 程序包的行为变成非商业用途的行为，免费向客户提供其通常必须购买的事物亦可构成商业性使用，谷歌公司是否同时具有非商业动机于法律而言无关紧要；第二，尽管谷歌公司坚持认为其收入来源于广告而非安卓系统，但是否具有商业性质并不取决于其谋利渠道。第②项系法律问题，尽管版权法并未使用“转换性”一语，但联邦最高法院指出，合理使用第一项要素的“中心目的”即为确定“新作品是否具有以及在多大程度上具有转换性”。新作品的转换性越强，其他因素（例如商业性质）的重要性越低。如果某种使用在原作品中添加新内容，采用新表达、新含义或者新信息来改变原有内容，从而具有更为深远的目的或者截然不同的性质，则该种使用构成“转换性使用”。关键问题在于新作品仅为原作品的替代品还是增加了某种新的内容。法院认为，谷歌公司对 API 程序包的使用不具有转换性，原因如下：第一，它不满足美国版权法第 107 条列举的使用方式；第二，安卓系统 API 程序包与 Java 平台中程序包的目的相同；第三，谷歌公司对受版权保护的内容未作任何更改；第四，智能手机并非新载体。基于上述①②两项要义，第一项要素不利于合理使用的认定。

合理使用的第二项要素为“版权作品的性质”。法院认为，声明代码和 SSO 具有足够的独创性，以满足版权保护之需。因而，第二项要素有利于合理使用的认定。

合理使用的第三项要素为“使用部分的质和量”。毫无疑问，谷歌公司复制了 11500 行代码，较之以 Java 编写代码所需数量多了 11330 行，不利于合理使用的认定。

合理使用的第四项要素为“对潜在市场的影响”。有证据表明，在安卓系统发行之前，Java 即已在包括智能手机在内的移动设备（诸如 Blackberry、SavaJe、Danger 和 Nokia 等）上使用多年；安卓系统在移动设备市场与 Java 构成直接竞争关系，前者被用作后者的替代品，并具有直接的市场影响力。因而，谷歌公司的该种不受限制且广泛的使用行为势必对甲骨文公司的原始产品以及衍生产品的潜在市场产生实质性的不利影响。

综合考量上述四项要素，美国联邦巡回上诉法院认为，允许谷歌公司商业性使用涉诉代码不符合版权设立的初衷。谷歌公司原本可以通过开发自己的 API 实现版权激励创新的目标，但其却选择复制甲骨文公司的创新成果，并使其服务于与原始作品相同的目的和功能，在竞争性平台中，这是不公平的。此外，即使甲骨文公司尚未在智能手机领域授予 Java 许可，但智能手机无疑是其潜在市场，安卓系统实际取代了 Java。由上述可见，第一项要素和第四项要素不利于合理使用之认定，而第二项要素倾向于合理使用之认定，第三项要素处于中立地位。综合考量上述要素，谷歌公司使用 37 个程序包中的声明代码和 SSO 是不公平的，故不构成合理使用。

◇**再　审**

美国联邦最高法院以 6：2 的结果认定谷歌公司对于甲骨文公司软件的使用构成合理使用，但并未对诉争代码是否构成美国版权法保护的作品进行认定。

对合理使用四要素分析过程中，美国联邦最高法院 8 位大法官对于被使用作品的性质的认定基本一致，然而对于其他三个要素以布雷耶大法官为主的多数意见认为谷歌公司对于声明代码的使用满足合理使用的因素，而以托马斯大法官为主的少数意见则认为谷歌公司对于声明代码的使用不满足其他三个要素。

使用的性质和目的。该要素主要需判断使用是否为商业性使用，若为商业性使用则需进一步判断是否构成转换性使用。8 位大法官均认为谷歌公司对于 API 代码的使用构成商业性使用，主要分歧在于是否构成转换性使用，包括是否添加了新内容以及是否具有不同目的等。多数意见认为，谷歌公司复制 API 代码构成转换性使用。多数意见认为虽然谷歌公司的目的与甲骨文公司相同，均是为了程序员调取实现代码去完成特定的任务，然而任何非授权使用的目的都是一样的，因此在计算机程序使用的范畴中需要再次考虑性质和目的的外延。谷歌公司使用 API 的目的在于创造新的产品，在于扩大安卓系统手机的使用程度和可用性。谷歌公司只在与安卓系统相关的任务和特定程序命令中使用甲骨文公司的 API 代码，其复制 API（甲骨文公司将其用于台式机和笔记本电脑）只为了允许程序员调取任务而无须学习类似的编程语言或新编程语言。谷歌公司通过安卓系统提供了一个与原计算机环境不同的任务开发集合，旨在调取谷歌公司自行开发的实现代码。多数意见还认为共享接口对于不同编程平台来讲是必要的。如果 API 标签改变，则软件无法继续使用，而开发者则需学习一整套的新语言来使用这些 API 标签。重复使用 API 标签在业界是常见的，甲骨文公司也曾在创造 Java 软件的过程中使用过原存在的接口。且重复使用 API 代码对整个 Java 开发者社区的延续起积极作用，允许合理地使用功能性代码能够为市场的增长创造新的机会。少数意见认为谷歌公司的行为不构成转换性使用。少数意见的主要理由是谷歌公司的使用目的不满足转换性使用的条件。谷歌公司与甲骨文公司使用 API 代码的目的是一样的。少数意见认为应区分转换性使用与衍生使用。谷歌公司与甲骨文公司对于 API 代码的使用目的均为调取内容，区别仅在于调取的内容不同，因此其使用属于衍生使用而非构成转换性使用。

版权作品的性质。对于这部分 8 位大法官的意见基本一致，认为拆解后，方法调用是不具有版权保护的特征，另实现代码由谷歌公司独创完成，因此需要考量的主要是声明代码部分。对于此部分，多数意见认为其与美国版权法保护的核心部分差距很大。与其他计算机代码不同，声明代码是功能性的，与实现代码密不可分，且该部分由 Java 的作者以尽量容易记忆的方式命名，其希望借此吸引程序员学习并帮助开发相关应用。甲骨文公司的商业模式在于强调使用 API 对于吸引程序员的重要性，其旨在使 API 开放并更具有竞争力。以上特征使声明代码与其他计算机程序不同，虽然它们都是功能性的，但是其使用与不具有版权的思想密切相关。其价值在于程序员投入的学习时间和努力使其在业界形成普遍认可的编程代码。这也与美国版权法保护的作品的价值在于作品本身相背离，因此认定谷歌公司的行为构成合理使用。而少数观点则认为不应将声明代码与其他软件代码作区别性保护，声明代码作为 API 代码不可或缺的部分应与实现代码的性质相同。但大体而言，少数观点认同在此因素上谷歌公司的行为构成合理使用。

所使用部分的质和量占版权作品的比例。在这个要素上，多数意见与少数意见的主要分歧点在于应将谷歌公司复制的 11500 行代码孤立地看待还是作为更大整体的一部分看待。多数意见认为，与甲骨文公司的 Java 软件所有代码数量以及谷歌公司所独创的代码相比，复制的代码只是很小的一部分，且并非主要部分。谷歌公司复制的代码与实现代码不可分割，其价值并非来自其创造性表达甚至并非其使用目的，而是因程序员已经熟练掌握了 API 代码，让程序员在不使用 API 代码的情况下建立起安卓手机系统是及其困难甚至是不可能的。谷歌公司的基本目的是为不同计算机环境（智能手机）创设一个不同的任务相关的系统，并创设一个新的平台。因此考虑到谷歌公司未复制的几百万行代码，所复制的代码在数量和质量上均不是安卓平台的主要构成部分，因此构成合理使用。少数意见则认为，谷歌一字不差地复制的代码，从数量和质量上看，超过合理使用范畴。在此被对比的应为声明代码在 Java 软件代码中的数量，而不应与全部代码相比较。即使谷歌公司的使用属于转换性使用，但如果被复制的代码可作为市场上原作品的可替代品或潜在被授权的衍生作品，因此其应被认定是属于甲骨文公司 Java 软件 API 代码的核心部分。

该使用对作品潜在市场或价值产生的影响。关于最后这个要素，多数意见认为潜在利益损失不仅要考虑金额，还要考虑损失的来源以及复制给公共利益造成的影响。谷歌公司与甲骨文公司的市场不同，甲骨文公司的行为可能造成垄断并限制限制行业发展。而安卓没有对 Java 的真实市场及潜在市场造成损害，无论谷歌公司是否复制一部分 API 代码，甲骨文公司都无法成功进入智能手机系统市场。另外考虑甲骨文公司为何及如何获得版权费很重要。API 代码的价值取决于用户包括程序员对该软件的惯性。这与甲骨文公司投入创造 API 代码的关系不大，美国版权法不应将第三者对操作作品的学习投入纳入保护范畴。最后考虑创设新语言的难度和花费，甲骨文公司极有可能对新程序的创设形成封锁。甲骨文公司因此获得巨大利益是建立在伤害版权保护创新的基本原则上。考虑到甲骨文公司在智能手机市场地位的不确定性、其失去利润的来源以及可能对公众创新产生的负面风险，谷歌公司的使用符合合理使用要素。然而少数意见则认为，谷歌公司从两个方面毁了甲骨文公司的潜在市场。其一为谷歌公司清除了本欲购买安装 Java 平台的制造商。谷歌公司与甲骨文公司的商业模式不同，谷歌公司是通过广告盈利的，甲骨文公司则是通过卖平台。谷歌公司投放了包含很多甲骨文公司代码且免费的平台使制造商不再认为有必要购买 Java 平台。其二是谷歌公司干涉了甲骨文公司向智能手机操作系统开发商授权 Java 平台的机会。

➢ 处理结果

2016 年 6 月 8 日，联邦地方法院作出判决，认定谷歌公司未经甲骨文公司许可，自行变更 Java 程序语言所开发出的安卓计算机操作系统属于合理使用或不具侵权性质的使用，即不构成版权侵权，谷歌公司无须向甲骨文公司支付赔偿金。

2018 年 3 月 27 日，美国联邦巡回上诉法院作出裁决，认为谷歌公司使用 37 个 API 程序包是不公平的，故而推翻联邦地方法院驳回甲骨文公司 JMOL 动议（judgment as a matter of law，即请求法官依据法律作出直接判决，否决陪审团意见的动议）的裁决，并要求对损害赔偿问题进行裁判。

2021 年 4 月 5 日，美国联邦最高法院推翻了美国联邦巡回上诉法院的判决，认为谷歌公司的安卓移动操作系统使用甲骨文公司的 Java API 源代码构成“合理使用”，不构成版权侵权。

➢ 案件评析

开发者在开发过程中流入侵权代码段，或面临侵权指控。该案中，谷歌公司最终以开源软件不具“商业性质或营利目的”而构成合理使用为由豁免侵权责任。是否构成合理使用必须依据个案情形具体认定，难以一概而论，换言之，即使是两个貌似相近的案件，只要其中的具体细节在关键处稍有差异，就可能产生截然不同的结果。这就意味着除谷歌公司之外，其他成千上万的计算机程序设计员或中、小、微企业并不能盲目效仿，意图擅自复制或修改他人软件并主张“合理使用”。事实上，这些企业仍然可能要面临诉讼风险，毕竟唯有法院方能判定合理使用抗辩是否成立。

从开发者角度分析，如果 API 被联邦最高法院认定为美国版权法保护的对象，可能会存在软件版权过度保护的问题，从而阻碍软件产业的发展。

GPL 是开源运动的基础，系指经开源软件版权人同意的保证任何人享有使用和修改开源软件权利的许可协议，其宗旨为“保证用户有无限复制和修改的权利”。GPL 在导言中明确其法律立足点：①承认软件的版权；②提供这种许可协议以使公众获得复制、散发和修改软件的权利。GPL 是对开源软件使用者权利限制最为严格的一种开源软件许可证。

自由软件基金会（Free Software Foundation，FSF）的创立者理查德·斯托曼（Richard Stallman）分别于1989 年1 月和1991 年6 月发布 GPL 1.0 和 GPL 2.0，其中版权保护和“Copyleft”授权机制是 GPL 提供的两项权利保护措施。GPL 规定“我们采取两项措施来保护您的权利：①以版权保护软件，以及②赋予您复制、分发及/或修改软件的法律许可”。GPL“Copyleft”授权机制系指只要在一个软件中使用了 GPL 下的开源软件，修改后的源代码或者衍生代码也必须采用 GPL 发布，也即如果开源软件的使用者复制、修改、发布的开源软件适用的是 GPL，那么，使用者再发布软件也要遵循 GPL。

GPL 主要条款有 13 条，其中社会公众作为被许可人享有最主要的四项权利：①为了任何目的运行该程序；②有自由获得源代码，并在此基础上研究程序是如何运行的，并可为了个人目的改变程序的权利；③有自由散发复制件的权利；④有自由改进程序，并要求将自己的改进向社会公布的权利。

同时，为保障开源软件社区的动态开放，避免开源软件许可落入商业软件许可的窠臼，GPL 也规定了社会公众应履行的义务：①用户在发布源代码和进行一切派生工作时不收费（除必要的工本费），不附加其他条款，并必须附带 GPL 条款。②任何人无论是否作了修改，都必须连带传递复制和修改这一许可证的自由度，使得开源软件工作得到延续和认可。[1] 当然，GPL 的约束仅针对再发布软件，如果使用者并不进行再发布，而只是供其个人或者企业内部使用，则无须公开自己修改的源代码。

理查德·斯托曼于2007 年6 月29 日发布 GPL 3.0。GPL 3.0 与 GPL 1.0、GPL 2.0 相比，主要变更以下内容：其一，GPL 3.0 与其他开源软件许可证并存；其二，规定开源软件贡献者需附带明确的专利许可，即“每个贡献者在其实质的专利声明下授予您非独占性的、全世界范围内的、不需要专利许可费的专利授权，允许您制作、使用、销售、批发、进口以及运行、修改和传播其版本内容。”“如果您在自己明确知道的情况下发布基于某个专利授权的覆盖程序，而这个程序的对应源代码并不能在本授权条款下通过网络服务器或其他有效途径免费向公众提供访问，您必须做到：①使对应的源代码按照上述方法可获得；或者②放弃从该程序的专利授权获取任何利益；或者③以某种与本授权要求一致的方法使该专利授权延伸到下游的接收者”。[2]

（撰稿：岳娆；核对：张燕）

---

[1] 张平．开源软件：知识产权制度的批判与兼容［G］//张平．网络法律评论：第 5 卷．北京：法律出版社，2004：86.

[2] 参见 http：//www.gnu.org/licenses/gpl－3.0.html，最后访问日期 2021 年 5 月 20 日。

◆ Artifex Software，Inc. v. Hancom，Inc. 案

➢ 基本信息

√ 案号：No. 16 – cv – 06982 – JSC

√ 当事人：

◇ 原告：Artifex Software，Inc.（阿特菲克斯公司）

◇ 被告：Hancom，Inc.（韩软公司）

√ 时间：2017 年

√ 管辖：美国加利福尼亚北区联邦地区法院

√ 类型：版权 + 许可证

√ 许可证：GPL

➢ 案情简介

原告阿特菲克斯公司拥有并发布名为 Ghostscript 的 PDF 软件。针对该软件，阿特菲克斯公司提供双重许可证模式：商业许可和 GPL 项下的开源许可。如使用者选择购买商业许可，则需向原告支付版权使用费；而如使用者依据 GPL 条款免费使用 Ghostscript，则需受到该许可证条款之限制。

被告韩软公司（韩国）于 2013 年开始将原告涉案软件编写入其韩文软件 Hangul（一款文字处理软件，主要于韩国和美国用作 Microsoft Word 的替代产品）之中。由于被告并未购买商业许可，因此原告主张被告使用涉案软件的行为应当属于基于 GPL 的使用。根据 GPL 规定，用户只有遵循该许可证条款，方可传播和修改作品，如未遵循许可证要求而实施上述行为，行为人将构成版权侵权。原告认为，被告没有选择商业许可模式，其传播以及修改作品的行为属于 GPL 涉及的内容，因此要遵循许可证条款；此外，被告在网站上也表示自己是根据 GPL 使用涉案软件。被告事实上未能遵守 GPL 的主要条款，其将 Ghostscript 编写入其韩文软件中，而未向用户披露 Ghostscript 是韩软公司软件的一部分这一信息，而且被告发布软件时也未根据 GPL 的要求附随相应源代码。原告致函韩软公司，通知其违反 GPL，并希冀就违约问题自行达成和解，然协商未果，故诉至法院。

原告向美国加利福尼亚北区联邦地区法院提出两项诉讼请求：被告的行为构成合同违约和版权侵权，并寻求永久禁令，禁止被告进一步使用载有 Ghostscript 的任何产品，禁止被告直接或间接侵犯原告就 Ghostscript 享有的版权，要求被告根据 GPL 要求向 Hangul 和 Hancom Office 的每一位被许可人发布产品的完整源代码。被告辩称：其一，GPL 并不构成合同，因为被告从未签署过，双方未达成合意，因此不存在合同关

系；其二，开放源代码软件许可问题应当优先（preempt）适用美国版权法，而原告不能根据州法主张违约；其三，被告是在美国以外进行软件开发的韩国公司，原告未能证明被告的涉案行为是在美国境内进行的，因此不能根据美国版权法主张损害赔偿。

➢ 争议焦点

①GPL 是否成立合同；②基于 GPL 或者其他开源软件许可证的软件版权人，对不遵循许可证条款的行为人，是否可同时主张版权侵权和合同违约。

➢ 法院分析

该案并不存在法律优先适用的问题，原告在主张版权侵权的同时，也可以主张违约。当美国版权法优先于州法时，权利人则不能根据州法而主张合同违约。美国版权法第 301 条对于优先规则的适用设立了两步测试法：首先，原告主张的权利客体属于美国版权法的范围；其次，根据州法所授予的权利等同于美国版权法所赋予的专有权利。双方的分歧点在于第二个要件是否满足。对此，法院指出，被告主张其行为的发生地不在美国境内，而美国版权法无法控制域外侵权行为，也就意味着美国版权法与州法的规范对象并未重合，所以该案中原告同时提出两项主张是可行的。

美国加利福尼亚北区联邦地区法院驳回被告主张并指出，针对违约主张，原告软件的许可模式共有两种，既然被告未购买商业许可，即不属于根据商业许可证进行的软件修改、传播等，而是根据 GPL 使用涉案软件。被告未支付商业许可费，导致原告无法获得商业许可费收益；又因其未遵循 GPL 要求，弱化了原告后续根据公共软件制度进行软件研究与开发的能力，对原告造成损害，因此原告有权主张被告的行为构成合同违约。

➢ 处理结果

美国加利福尼亚北区联邦地区法院驳回被告主张，认定其行为既构成版权侵权，亦构成合同违约。

➢ 案件评析

通过主张版权的方式请求保护开源软件是一种较为常见的方式。开源软件的开发与传播的目的是促进软件的自由流通。为了开源软件的发展与广泛传播，许多发布者都放弃了一定的经济利益，供公众共享智慧资源。因此，为了达到这一目标，发布开源软件时必须遵循一定的许可证条款，保障公众能够充分接收到软件的现有信息，包括源代码和权属信息。开放、自由和共享是开源软件的理念，软件版权人以许可证方式允许使用人在遵守相关许可规定的条件下，自由使用、复制、改编和再发布软件。开源软件的权利人不但没有完全放弃版权，而且还可通过开源软件许可证寻求美国合同法的保护。

在该案中，法院作出的裁决结果表明，基于 GPL 或者其他开源软件许可证的软件版权人，对不遵循许可证条款的行为人，既可以主张版权侵权，也可以主张合同违约。开源软件的许可证内容可以构成软件发布人与许可证接受人之间的合同。以开源软件许可证方式许可软件的原告，可以有更多的渠道来起诉和要求赔偿，保障其获得损害赔偿的权利。原告可以更加灵活地行使其权利。如果被告以其未在美国境内实施涉案行为提出抗辩，原告可以依据美国合同法对其主张违约赔偿，这将导致被告无法再以领土或管辖权限制作为其实施侵权行为的保护伞。如此，既可以充分保障开源软件开发人的权利，激发其研发热情，促进开源软件的创新，也能最终促进整个社会软件产业的繁荣。而为避免在使用开源软件时构成版权侵权或合同违约，许可证接受人必须施以更高的注意力，以严格遵循开源软件许可证的条款。

（1）商业软件许可（propriety software licensing）的内涵及特征。

商业软件许可是指商业软件权利人将其软件以目标码、二进制码或可执行码的形式提供给消费者使用并收取一定许可使用费的许可模式。❶ 其交易模式可以归纳为：使用者支付一定的许可使用费并在遵守商业软件许可证的限制条件下，使用该许可证所规定的若干权利。

在此种模式下，使用者的行为受到双重限制：一为商业软件许可证条款之限制，二为商业软件版权保护之约束。如使用者超出许可证的限制范围对软件进行修改，则商业软件权利人不仅可以提起违约之诉，亦可提起版权侵权之诉。

（2）商业软件许可的弊端——“软件可及性”受阻。

商业软件的交易成本进一步限制了公众对软件的接触和使用。在商业软件许可过程中，被许可人往往需要支付高昂的许可使用费。而商业软件权利人出于保护自身权利和维护市场份额的经济考量，通常不会向许可人提供可为人类理解的源代码❷，而只提供可为计算机识别和执行的目标码❸。被许可人如需了解该软件的安全性、兼容性以及运行效率，往往需要承担额外的信息检索成本。更甚者，被许可人无法基于该软件进行改进与创新，预期收益甚微。如此成本和收益权衡下，理性的潜在使用者将被迫放弃对该软件之使用。

商业软件许可模式下，计算机软件产业发展受到严重束缚，源代码保密筑起技术交流的壁垒。知识产权专有保护使得商业软件权利人事实上占有市场垄断地位，成为其他软件厂商进入市场的人工屏障。

---

❶ 刘美凤．开源软件：最佳选择，还是另一种选择？［J］．中国远程教育，2007（3）：70.

❷ 源代码（source code）是指计算机程序员使用计算机高级语言编写的可为一般计算机程序员理解和识别的代码。

❸ 目标码（object code）是指使用计算机编译器或汇编器处理源代码后生成的可为计算机理解和执行的代码。

（3）开源软件许可的正向促进作用。

相较于商业软件许可中以商业软件权利人为中心的软件买卖模式，开源软件许可则是围绕软件源代码用户的技术交流模式。开源软件作者在让渡出自己经济权利的同时，也在免费使用他人技术，开发—共享—使用—再开发—再共享—泽被公众，技术天才们思想火花的碰撞迸发出集体智慧的光芒，构建起开源软件的公共领域。

开源软件许可模式能有效突破商业软件许可中知识产权专有保护和源代码保密的束缚，打破“碎片化”的产权“孤岛”，降低商业软件许可模式中的垄断带来的社会成本，消除技术壁垒，促进技术创新。

开源软件因不需授权和免费使用而有利于知识扩散，又因持续源代码公开和允许修改而有利于技术创新。基于该双向优势，开源软件构成对商业软件的有力竞争和有效补充。例如，免费又开源的 Linux 和 Open Office 是对软件价格居高不下、源代码密不示人的 Windows 软件的“生态平衡”，挑战了其统治地位。可以说，开源软件在国际现行版权保护框架下保持与促进了知识产权的“生物多样性”。

（撰稿：岳娆；核对：张燕）

◆ Jacobsen v. Katzer 案

➢ 基本信息

√ 案号：535 F. 3d 1373

√ 当事人：

◇ 原告：Robert Jacobsen（罗伯特·雅各布森）

◇ 被告：Matthew Katzer（马修·卡泽尔）；Kamind Associates，Inc.（卡明公司）.

√ 时间：2007—2008 年

√ 管辖：美国加利福尼亚北区联邦地区法院；美国联邦巡回上诉法院

√ 类型：版权 + 许可证

√ 许可证：Artistic 许可证 1.0

➢ 案情简介

原告罗伯特·雅各布森开发了一套名为“DecoderPro”的软件程序，允许铁路模型爱好者使用其计算机对控制火车模型的解码器芯片进行编程。DecoderPro 以 Artistic 许可证 1.0 发布，并且可以从 SourceForge 网站下载。被告马修·卡泽尔和他的公司卡明公司（以下统称“卡泽尔”）开发了一款竞品软件 Decoder Commander，该软件也用于解码器芯片的编程。在开发过程中，卡泽尔的雇员从 DecoderPro 下载了解码器定义文件并用于 Decoder Commander，但 Decoder Commander 软件未能遵循 Artistic 许可证 1.0 的要求，如未记载作者名称、Java 版权声明、引用的复制文件、明确作为限制文件原始来源的“Source Forge”开源软件网站或 Java 标识、对 JMRI 源代码文件进行改编过程的说明等。此外，Decoder Commander 软件还改变了 DecoderPro 文件的名称，并且未提及 JMRI 源代码文件或者如何找寻该文件标准第①版等内容。

2006 年 5 月，罗伯特 · 雅各布森以卡泽尔未能遵循 JMRI 项目的开源许可证条款为由，向美国加利福尼亚北区联邦地方法院提起版权侵权诉讼并申请临时禁令，禁止卡泽尔分发其新版本的 Decoder Commander 软件。法院于 2007 年 8 月作出裁决，认为罗伯特 · 雅各布森软件既已使用开源许可证，则放弃版权，作品使用只存在契约关系，故被告行为仅系违反契约，而非侵犯版权，故而未能批准禁令申请。罗伯特 · 雅各布森向美国联邦巡回上诉法院提起上诉。

➢ 争议焦点

上诉争议在于 Artistic 许可证条款究竟为版权许可的条件，还是仅为版权许可的承诺。如果被违反的 Artistic 许可证的条款是限制许可范围的条件，那么会受到美国版权法的约束；如果其仅仅是承诺，那么会受到美国合同法的约束。罗伯特 · 雅各布森认为 Artistic 许可证条款限定了许可的范围，在该限制之外的使用构成版权侵权。卡泽尔则认为该些条款没有限制许可的范围，并且仅仅是提供使用作品的合同条款的承诺，违反该些条款既不应适用损害赔偿也不应适用禁令。

➢ 法院分析

◇ 一　审

美国加利福尼亚北区联邦地方法院认为，原告诉称“被告未经授权复制、分发和改编软件，超越了许可范围而导致侵权”，但是，原告受版权保护的源代码软件受 Artistic 许可证 1.0 约束，该许可证允许潜在的被许可人在保留原始版权声明和相关免责声明的前提下自由复制、分发和改编原始软件，甚至作为一个更大的商业软件的一部分进行发布。该许可证明确任何使用者“有权以任何方式使用和分发该成果，且享有进行合理修改的权利”。所以该种非排他性许可证的范围非常广泛，要求使用者在显要位置提示版权所有者的条件并没有成为许可的限制范围。而且，从本质上讲，非排他性许可证中隐含了权利人不得起诉被许可人版权侵权的承诺，即对被许可人诉权的放弃。

非排他性许可证可能剥夺权利人针对版权侵权行为提起诉讼的权利，却保留其对违约行为提起诉讼的权利。原告与其说是因违反开源软件许可条件而产生版权侵权诉讼，不如说是存在违反合同的诉因，又因违约行为并未造成“难以弥补”的损害，故而原告无法对其所受损害进行索赔。

法院基于上述理由，裁决驳回原告的临时禁令申请。

◇ **上　诉**

卡泽尔辩称，鉴于其已获得使用涉案软件的许可，故免于版权侵权指控。美国联邦巡回上诉法院认为，须评估卡泽尔对涉案软件的使用是否超出了许可的范围。Artistic 许可证声明，基于如下情形授予用户复制、修改和分发软件的权利：

> 「用户」在修改软件时须添加醒目声明，说明其修改方式和修改时间，并至少执行如下操作之一：a）将修改后的软件置于公共领域，或以其他方式向公众免费提供；b）仅在公司或组织内部使用修改后的软件；c）进行重命名，以使其区别于标准版本，并提供单独手册页，清楚记载该软件与标准版本的不同之处；d）与版权所有者协定的其他安排。

美国联邦巡回上诉法院认为，该案争议焦点在于 Artistic 许可证条款仅为版权许可的条件，抑或是版权许可的承诺。通常情形下，“授予非排他性许可的版权所有者放弃了起诉被许可人版权侵权的权利”，而只能针对违约行为提起诉讼。但是，如果许可的范围受到限制，而被许可人的行为超出了该许可范围，则许可人仍然可以提起版权侵权诉讼。因此，Artistic 许可证条款如既为许可承诺又为许可条件，则可能会限制许可范围，被许可人将受到美国版权法规制；反之，如果 Artistic 许可证条款仅为许可承诺，则只受美国合同法约束。美国加利福尼亚北区联邦地区法院虽未明确 Artistic 许可证的性质，但据其分析可以看出其将许可限制视为合同约定，而非版权许可的条件。

开源项目中的版权所有者有权控制开源软件的修改和分发，版权许可旨在保护版权人的排他性权利，但如果对该许可不加限制，许可的目的必将落空。该案中，Artistic 许可证授予使用者在遵守许可证限制条件前提下复制、更改和再发布软件的权利。被告卡泽尔未能遵守许可证附加条件，在修改和再分发过程中，既未显示版权声明，亦未提供原始程序，使用户无法追踪原始软件，这一系列行为显然超出了 Artistic 许可证的许可范围。虽然被告承认其未能遵循以上许可条件，但是美国加利福尼亚北区联邦地区法院却没有对被告违反许可条件的可能性作出事实认定。在确认许可条款是可执行版权条件的基础上，美国联邦巡回上诉法院发回该案件并督促美国加利福尼亚北区联邦地区法院确定原告罗伯特·雅各布森是否能够证明：①侵权诉讼成功的可能性以及相关的无法弥补的损害的可预见性；②较大胜诉机会以及在相对困难的利益衡量下作出对其有利的处置。

◇ **重　审**

美国加利福尼亚北区联邦地区法院重审时援引美国联邦巡回上诉法院对开源软件经济利益的认定，即在开放源代码领域，对版权所有者造成的潜在损害并不局限于金钱的层面。在许可证条件下制作和发布受美国版权法保护的软件具有巨大的经济利益，其范围远远超出传统许可使用费的范畴。譬如，程序开发者可以通过免费提供某些组件为其程序赢得市场份额，亦可通过孵化开源项目提高其国际声誉；此外，软件更新得以迅速推进，版权所有者也可免费获得更新软件。但是，该案中，原告未能举证证明其因被告被控侵权行为遭受任何实际而具体的损害，亦未证明其因被告任何持续性或者正在进行的行为而即将遭受损害。故而，驳回原告有关临时禁令的申请。

➢ 处理结果

美国联邦巡回上诉法院于2008年8月13日裁定撤销美国加利福尼亚北区联邦地区法院原裁决并发回重审。美国加利福尼亚北区联邦地区法院重审认定原告未能充分举证，故驳回原告有关临时禁令的申请。

➢ 案件评析

该案涉及开源软件版权保留、开源许可证许可条款的性质认定以及开源软件侵权救济等问题，是开源社区软件版权持有人因遭受版权侵权而维护其权利的经典案例。该案所涉违反开源许可证条款之性质认定与司法实践，为我们提供了有益的启示。

首先，开源软件的版权保留不同于公有领域软件的无权利保留。公有领域软件，意指软件版权中的经济权利（复制权、修改权、发行权等专有权利）有效期届满，或者权利人明确声明放弃版权的软件。该种软件处于公有领域，因而并非版权法保护的客体，而是一种“无权利保留”的软件。而开源软件则是版权人以开源许可证方式授予使用人在遵守许可限制条件的前提下，自由使用、复制、改编和再发布的软件。换言之，开源软件的“自由”体现为通过版权许可给予的自由，而不是自由得没有知识产权。因此，相对于普通软件版权人对版权权利的行使是“保留所有权利”，开源软件权利人则被限定为“保留某些权利”（如署名权），其不但没有放弃版权，还可以通过开源许可证寻求版权保护。

其次，开源许可证的许可条款构成可执行的版权条件，因而在违反该许可证条款时成立版权侵权。通常，在美国联邦法院判例中，一个授予他人非排他性许可的版权人相当于放弃对被许可人进行侵权诉讼的权利，而只能提起违约之诉。但是，如果该许可的范围受到限制，而且被许可人违反该限制，则成立版权侵权，许可人亦可提起侵权之诉。与中国类似，美国法律下版权侵权的救济往往优于合同违约的救济（例如在版权侵权案件中，权利人可以要求诉前禁令、败诉方负担律师费、惩罚性赔偿等）。违反开源许可是否构成侵权取决于被违反的规定是许可的条件还是协商的条款。该案中美国联邦巡回上诉法院认定JMRI项目的开源许可证的许可条款是许可的条件，原告可提起侵权诉讼。如此区分的意义在于，有助于原告申请临时禁令等救济，及时阻止侵权行为；亦能实现开源许可的协作开发目的，以便让更多人使用和共享程序源代码。

（撰稿：岳娆；核对：张燕）

◆ Versata Software, Inc. v. Ameriprise Fin. Inc. 案

➢ 基本信息

√ 案号：No. A－14－CA－12－SS

√ 当事人：

◇ 原告：Versata Software, Inc.（瓦尔萨塔软件公司，以下简称“瓦尔萨塔”）

◇ 被告：Ameriprise Inc.（阿默普莱斯金融公司，以下简称“阿默普莱斯”）

√ 时间：2014 年

√ 管辖：美国得克萨斯西区奥斯汀联邦地区法院

√ 类型：版权＋许可证

√ 许可证：GPL

➢ 案情简介

瓦尔萨塔与阿默普莱斯于 1999 年创建并签署主许可协议（master license agreement），协议主辖阿默普莱斯对瓦尔萨塔“分销渠道管理”（DCM）软件的使用。该协议授予阿默普莱斯使用 DCM 软件的永久许可，但该许可系非独占性许可且不可转让。许可以阿默普莱斯履行协议约定的各项义务为前提，要求阿默普莱斯限制其员工和承包商访问高度机密的 DCM 软件以及不能成为瓦尔萨塔的竞争者等。后瓦尔萨塔以阿默普莱斯允许承包商访问和使用 DCM 软件、违反主许可协议为由，向美国得克萨斯州西区奥斯汀联邦地区法院起诉，主张终止双方的软件许可协议，并要求阿默普莱斯停止使用并返还 DCM 软件。阿默普莱斯在该案中提起反诉，指出瓦尔萨塔涉嫌在其开发的 DCM 软件中使用非缔约方 XimpleWare 公司的开源软件 VTD－XML 的部分内容，VTD－XML 开源软件适用 GPL 授权许可，瓦尔萨塔应遵守 GPL 规定的义务，将 DCM 的源代码免费提供给所有用户，包括阿默普莱斯及其承包商。

➢ 争议焦点

瓦尔萨塔使用第三方开源软件且适用 GPL，是否应遵守该许可证规定的义务，将再开发软件开源共享。

➢ 法院分析

在案件的主要事实不存在任何实质性争议，且动议方的法律立场成立的情况下，即应由法院作出即席判决。当然，非动议方可举证证明案件存在实质性争议，如非动议方举证不利，则法院应当作出即席判决。

阿默普莱斯的动议以瓦尔萨塔的违约行为为基础，主张合同中的条款受美国版权法保护。美国联邦第五巡回上诉法院采取“两步检验法”判定某一基于州法的权利请求是否可以得到联邦法律的保护。首先，须判断该项权利请求是否落入美国版权法第102条所规定的“权利保护客体”的范畴；其次，须认定该项权利请求是否可纳入美国版权法第106条规定之“专有权利”的视阈。该案中，瓦尔萨塔将DCM源代码泄露给“未经许可的合同方”，构成违约行为；而涉案DCM代码属于美国版权法的保护范畴，故而满足上述第一步检验要求。针对第二步检验，法院认为，合同中所涉权利内容落入美国版权法的权利内容范围内，即禁止他人未经许可复制和传播其受版权保护的作品。

法院同意阿默普莱斯的反诉意见，认为原告瓦尔萨塔开发的DCM模式软件使用了VTD－XML开源软件源代码，而该开源软件采用GPL，使得所有许可证被许可人都负有“确保所有源代码衍生物可自由获取且免费开源”的义务。如果许可证被许可人不能履行上述义务，那么GPL将自行终止，而许可证被许可人需要为自身未经授权复制或发布开源软件的侵害版权行为负责。因此，瓦尔萨塔依据GPL负有将其开发的DCM软件源代码再向公众开放，使公众可以自由获取的义务。该案中，阿默普莱斯无权因“瓦尔萨塔未经许可分发VTD－XML”而控告其侵犯了XimpleWare公司的版权；而且，阿默普莱斯系基于瓦尔萨塔未履行其附加义务（承诺将其衍生作品公开化）而提起诉讼。因此，阿默普莱斯的权利要求除“复制”和“传播”外，亦包含“额外元素”（Versata未能公开衍生软件源代码），该额外元素与美国版权法第106条规定之“专有权利”相分离，即不满足“两步检验法”之第二步检验要求，故阿默普莱斯的权利请求仅能主张州法保护，而不具适用联邦法律的空间。

➢ 处理结果

法院于2014年3月10日裁定将阿默普莱斯基于州法律的索赔请求发回具有管辖权的州法院审理。

➢ 案件评析

如使用他人开源软件并适用GPL，则再发布软件亦应遵循GPL要求，向用户免费共享。

在被诉软件版权侵权时，亦可借鉴阿默普莱斯的做法，审查涉案软件是否具有使用他人开源软件之嫌，即是否应当自由、免费共享，此不失为抗辩良策。

（撰稿：岳娆；核对：张燕）

◆ Free Software Foundation v. Cisco System, Inc. 案

➢ 基本信息

√ 案号：No. 1：08CV10764

√ 当事人：

◇ 原告：Free Software Foundation（自由软件基金会）

◇ 被告：Cisco System，Inc.（思科系统公司）

√ 时间：2008 年

√ 管辖：美国纽约南区联邦地区法院

√ 类型：版权 + 许可证

√ 许可证：GPL、LGPL

➢ 案情简介

思科系统公司在其 Linksys 路由器的内置软件中使用了基于 GPL 和 LGPL 获得的开源代码。上述两个许可证规定，用户可以自由获取、复制、修改和再发布基于许可证发布的软件（包括源代码），从开源代码衍生出的软件也自动受许可证约束，即再发布者应当公开源代码。但是，思科系统公司在向客户分发 Linksys 路由器时，拒绝公开软件源代码。自由软件基金会与其交涉无果，于 2008 年 11 月将思科系统公司诉至法院，要求赔偿损失；因侵权行为持续进行，故寻求禁令救济。

➢ 争议焦点

基于 GPL 使用开源代码，则在此基础上开发之衍生软件是否亦应遵守 GPL 条款公开源代码。

➢ 处理结果

双方于 2009 年 5 月达成和解，思科系统公司以向自由软件基金会支付一笔费用并且承诺公开路由器源代码的方式了结此案。

➢ 案件评析

自由软件基金会认为，思科系统公司未能遵循 GPL 和 LGPL 等许可证，即使用 binutils、GCC 和 GNU C Library 等程序。GPL 和 LGPL 允许企业修改软件并与第三方共享，但企业须遵循前提要件，即向共享对象提供软件源代码。该案中，Cisco 发布软件后并未提供软件源代码。

如基于 GPL 使用他人源代码，则在此基础上开发之衍生软件亦应遵循 GPL，向用户免费公开。

（撰稿：岳娆；核对：张燕）

◆ Software Freedom Law Center v. Monsoon Multimedia, Inc. 案[❶]

➢ 基本信息

√ 当事人：

◇ 原告：Software Freedom Law Center（软件自由法律中心）

◇ 被告：Monsoon Multimedia, Inc.（季风多媒体公司）

√ 时间：2007 年

√ 管辖：美国纽约南区联邦地区法院

√ 类型：版权

√ 许可证：GPL 2.0

➢ 案情简介

BusyBox 系一款适用于嵌入式系统的 Unix 工具包，并采用 GPL 2.0 授权。软件自由法律中心称，季风多媒体公司在其产品“Hava”中使用了 BusyBox 基于 GPL 2.0 授权的 Linux 工具，却未同时公开其完整的源代码，甚至未在自己的产品上沿用 GPL 授权。BusyBox 就此曾多次联系季风多媒体公司，却未得到任何回应，故向软件自由法律中心寻求法律援助。软件自由法律中心希望法庭能禁止季风多媒体公司销售侵权产品，并希望得到诉讼费用补偿和赔偿金，包括该公司从侵权行为中获得的利润以及造成的实际损害。

➢ 处理结果

季风多媒体公司与软件自由法律中心达成庭外和解。季风多媒体公司在公司声明中承认了其违反 GPL 2.0 的事实，承诺按照 GPL 2.0 要求公开经其修改的 BusyBox 源代码，并在之后完全遵守开源软件许可证。

---

❶ 上方文 Q. GPL 侵权事件首次走上法庭［EB/OL］.（2007-09-24）［2021-06-30］. https://news.mydrivers.com/1/91/91713.htm.

➢ 案件评析

软件自由法律中心向开源源代码软件的非营利开发者提供无偿法律代理和相关服务，渐次发展为自由软件的权益捍卫者，为规制贪享开源裨益却擅自牟取暴利的不法行为，营造风清气正、惠益共享的良好氛围立下了赫赫战功。

（撰稿：岳娆；核对：张燕）

◆ SCO Group，Inc. v. Novell，Inc. 案

➢ 基本信息

√ 案号：No. 10 –4122 D. C. ；No. 2：04 – CV –00139 – TS

√ 当事人：

◇ 原告：SCO Group，Inc. （SCO 集团公司，以下简称“SCO”）

◇ 被告：Novell，Inc. （诺威尔公司）

√ 时间：2011 年

√ 管辖：美国犹他州联邦地区法院；美国联邦第十巡回上诉法院（二审）

√ 类型：版权 + 许可证

√ 许可证：Linux

➢ 案情简介

该案主要涉及 SCO 与诺威尔公司之间关于某些 UNIX 和 UnixWare 技术的知识产权范围以及诺威尔公司在将其部分 UNIX 业务出售给 SCO 的前身企业实体 Santa Cruz 之后保留的其他权利的纠纷。20 世纪 80 年代，AT&T 开发了 UNIX 系统 V（称为“SVRX”）；它通过将 UNIX 源代码授权给包括 IBM、Sun 和惠普在内的许多主要计算机制造商发展了大量业务。这些制造商使用 SVRX 源代码开发自己的个性化 UNIX 派生品用于其计算机系统。被许可方可以修改源代码并创建主要供内部使用的衍生产品，但同意对 UNIX 源代码保密。1993 年，诺威尔公司支付了 3 亿多美元购买了 UNIX 系统实验室，拥有 UNIX 版权和许可证。两年后，诺威尔公司决定出售其 UNIX 业务，由于买方 Santa Cruz 无法投入足够的资金来直接收购整个 UNIX 业务，因此诺威尔公司保留了 SVRX 许可证版税的 95% 权益。2001 年 Santa Cruz 将 UNIX 卖给 SCO 的母公司 Caldera。2003 年 SCO 声称，Linux 的用户可能侵犯了 SCO 的 UNIX 相关的知识产权。2003 年 3 月，SCO 以涉嫌侵犯知识产权为由向 IBM 提出合同和版权赔偿。诺威尔公司随后表示其放弃任何终止 IBM 的 SVRX 许

可证的权利，依据是资产购买协议（asset purchase agreement，APA）第4.16节所述的上述放弃权利。在SCO拒绝后，诺威尔公司最终公开宣称它拥有UNIX系统的知识产权，而SCO不具有UNIX系统知识产权，只有被授权使用的权利。

➢ 争议焦点

关于UNIX和UnixWare的版权归属，SCO认为资产购买协议及其第二修正条款不应当从主合同中分割，其内容满足美国版权法下关于版权转让的要求。诺威尔公司则认为资产购买协议及其第二修正条款应当是独立的，且其内容没有明确表明双方转让版权，且SCO没有其他证据证明诺威尔公司进行了版权转让，因此在开源软件基础上创作的新软件UNIX的版权应当属于诺威尔公司。

诺威尔公司根据资产购买协议放弃或修改SVRX许可证下的权利的范围。资产购买协议第4.16（a）节规定，在购买后买方享有SVRX许可下所有的使用费和其他收益。双方首先争论资产购买协议中规定的放弃权究竟是可以用于软件协议、分许可协议和产品补充协议，还是仅可适用于产品补充协议。SCO认为当许可适用SVRX产品时就会产生一个产品补充协议，该协议仅能使得衍生产品的创作者有权利享受其上产生的收益；诺威尔公司则认为许可包括任何与UNIX系统有关的协议。

关于诺威尔公司是否违反了诚实信用原则，SCO认为诺威尔公司放弃许可证下权利的行为违反诚信和公平原则。

➢ 法院分析

◇一　审

法院认为协议中出现模糊内容时，应当参考与该协议有关的其他协议进行解释，在该案中如果仅以资产购买协议为基础不参考第二修正条款，则应当认定协议不包括版权的移转，但有关证据表明在第二修正条款签订的过程中当事人就版权达成了合意，因此应当将第二修正条款与资产购买协议看作一个整体，且后签订的修正条款仅具有修正作用，不能完全替代前协议。法院认为，第二修正条款并非旨在确认UNIX和UnixWare版权已按照资产购买协议的规定转让给SCO。相反，法院认为诺威尔公司作出了有意的决定而保留了资产购买协议中的版权，并且第二修正条款的谈判和起草过程反映了这一意图。法院认为，第二修正条款仅旨在确认SCO已使用UNIX技术的权利。法院认为诺威尔公司的证人，尤其是艾莉森·阿玛迪亚（Allison Amadia）和詹姆斯·托洛宁（James Tolonen）的证词是可信的。相反法院认为SCO的证人的可信度较低，其原因有很多，其中包括许多人没有直接参与第二修正条款的谈判和起草的事实等，此外许多人在此诉讼中有经济利益。

基于以上所有内容，法院认为被告并非有意将UNIX和UnixWare版权的所有权转让给SCO。相反，诺威尔公司故意保留了这些版权。这样做的目的是保护其在SVRX

版税流中的重大利益，以减轻对 SCO 未来财务可行性的担忧，并且还有部分原因在于 SCO 无法负担购买整个 UNIX 业务的价格。法院进一步认定，SCO 在获得 UNIX 和 UnixWare 技术方面行使其权利并不需要获得版权。SCO 并未从诺威尔公司收购整个 UNIX 业务，而只是收购了 UnixWare 业务，而诺威尔公司保留了 UNIX 业务的实质性权利。证据表明，SCO 不需要 UNIX 和 UnixWare 版权即可运营其 UnixWare 产品业务。此外，SCO 不需要拥有版权也可保护自己的代码。SCO 确实提供了证据证明 SCO 运营其 SCOsource 许可计划需要版权，但这是 SCO 在资产购买协议及其修订案之后设计的业务策略，而不是从诺威尔公司那里收购的。

在第二个争议焦点上，二审法院美国联邦第十巡回上诉法院认为 SCO 的证据不能证明在文义和结构解释上都没有依据证明“SVRX 许可证”仅包括产品补充协议。第一，包括 SCO 证人在内的许多证人认识到诺威尔公司保留的版税流的重要性，并将资产购买协议第 4.16 节视为诺威尔公司为保护该版税流而建立的机制。尽管诺威尔公司确实将某些资产转移到了 SCO，但它没有转移 SVRX 版税流。为了保护和维持对该版税流的控制权，诺威尔公司保留了重要权利，只有诺威尔公司保留对 SVRX 许可协议的所有组件的控制权以保护这一重要资产才有意义。其背后的原因是协议的某种层次性，即要求每个公司签署软件协议，终止软件协议将终止其他协议。如果诺威尔公司不保留对软件协议的控制权，SCO 可以终止该协议，从而终止其他协议，并剥夺诺威尔公司有权获得的收入。因此，为了使诺威尔公司保护其 SVRX 收入流，它需要保留有关 SVRX 许可协议的所有组件的权利。第二，资产购买协议中规定，诺威尔公司的放弃权利适用于“任何 SVRX 许可”。资产购买协议条文的效力不仅限于产品补充协议。第三，第 1.2（e）节同样支持法院的这一结论。该节规定：通过将“现有 SVRX 许可下使用费的源代码使用权”标识为 SVRX 版税，该规定支持以下结论：“SVRX 许可”包括涵盖源代码权利的软件协议。第四，第 4.16（a）节中附表 1.1（a）的项目Ⅵ规定：“与以下列出的 SVRX 许可有关的所有合同”将转移给 SCO。虽然项目Ⅵ不会继续列出许可证，但会继续列出 UNIX 版本。因此，根据该条款，SVRX 许可证包括与 SVRX 发行版有关的所有合同，直到 UNIX System V 4.2 MP（UnixWare 之前的最新版本）为止，包括 UNIX System V 4.2 MP。最终，法院认为，诺威尔公司放弃权利的声明适用于所有三种协议，而不仅限于产品补充协议。

有关诚实信用原则的争议，法院认为诺威尔公司针对 IBM、SGI 公司和 Sequent 公司采取的行动是根据明确的合同条款授予权利的，鉴于诺威尔公司的行为并未违反合同中明确或暗示的约定，因此法院认为诺威尔公司不存在违反诚实信用原则的行为。

◇二　审

SCO 向美国联邦第十巡回上诉法院就该判决提起上诉。美国联邦第十巡回上诉法院对一审判决部分确认，部分撤销，并将其余问题发回重审。美国联邦第十巡回上诉法院确认了联邦地方法院对 2003 年协议中卖方应支付版税的判决，但推翻了联邦地方法院对有关版权权利、继任者要求具体履行的权利、出卖人权利的范围以及诚信契约和公平交易对出卖人权利的适用的判决。

➢ 案件评析

商业活动中补充协议作为主协议的补充形式十分多见，平台在进行有关开源软件的权利转移时应当明确规定其中涉及的权利内容，同时对于补充协议的效力进行约定。在约定不明时，法院可能会通过合同双方的协议内容中软件版权的地位进行分析和裁判，如果软件版权并不影响合同的执行，则一般认为合同并不产生转移版权归属的效果。

（撰稿：王董咪；核对：王予君）

◆ Ubiquiti Networks，Inc. v. Cambium Networks，Inc. et al 案

➢ 基本信息

√ 案号：2019 WL 2208435

√ 当事人：

◇ 原告：Ubiquiti Networks，Inc.（尤比奎蒂网络公司，以下简称“尤比奎蒂”）

◇ 被告：Cambium Networks，Inc.（坎比姆网络公司）；Cambium Networks，Ltd.（坎比姆网络有限公司，前两者以下统称为“坎比姆”）；Blip Networks，LLC（布理普网络有限责任公司，以下简称“布理普”）；Winncom Technologies，Inc.（唯凯技术公司，以下简称“唯凯”）；Sakid Ahmed（萨基德·艾哈迈德）；Dmitry Moiseev（德米特里·莫西耶夫）

√ 时间：2019 年 5 月 22 日

√ 管辖：美国伊利诺伊东区联邦地区法院

√ 类型：版权

√ 许可证：GPL 3.0

➢ 案情简介

2009 年，尤比奎蒂推出了 M 系列产品，该产品是增强无线连接的宽带设备，主要出售给无线互联网服务提供商。M 系列设备运行在尤比奎蒂的固件上，该固件包括无线电控制软件、文件系统软件、校准协议、airOS®操作系统、AirMAX®技术平台以及各种访问控制和验证措施。M 系列设备的每个用户在配置设备之前必须接受尤比奎蒂

的使用条款和固件用户许可协议（FULA），并且必须同意尤比奎蒂的最终用户许可协议（EULA），然后才能从尤比奎蒂的网站下载固件更新。FULA 禁止 M 系列设备用户“在除尤比奎蒂设备之外的任何设备上使用尤比奎蒂固件”和“复制、使用或修改……尤比奎蒂固件的任何部分”。FULA 进一步规定：“未经授权复制尤比奎蒂固件或不遵守 FULA 的限制将导致该 FULA 的自动终止，并将向尤比奎蒂提供其他法律补救措施。”同样，EULA 禁止 M 系列设备用户进行“逆向工程”或“试图……推导尤比奎蒂固件的源代码或基础思想、算法、结构或组织”，“规避任何软件保护机制”，包括“用于限制或控制尤比奎蒂固件的‘功能’的此类机制”。EULA 还禁止 M 系列设备用户未经尤比奎蒂同意“公开运行或显示”尤比奎蒂固件。

FULA 指出“尤比奎蒂固件可能包含开源软件”。FULA 将“开源软件”定义为：“包含以自由软件、开源软件或以下形式分发的任何软件或以任何方式（全部或部分）衍生自该软件的任何软件或软件组件、模块或软件包：类似的许可或发行模型，包括……GNU 的通用公共许可，即 GPL。”尤比奎蒂的网站确认，“固件中的某些软件已根据 GPL 和类似的开源软件许可进行了许可”。FULA 规定，开源软件许可应“优先于任何不一致的权利。”同样，EULA 建议尤比奎蒂固件可能包括“受单独许可条款约束的软件产品”，例如“全部或部分源自以下软件的软件或软件组件：以自由软件、开源软件或类似的许可或发行模式分发”，并且那些单独的许可条款“应优先于本 EULA 中仅就‘开源软件’授予的权利和限制”。

作为开源软件许可，GPL 规定被许可人“传达一件涵盖作品……放弃任何合法的权利，以在这种规避的范围内禁止规避技术措施”。通过行使 GPL 下的权利。（GPL 3.0 于2007 年6 月29 日生效）GPL 还要求被许可人“否认有任何意图限制对［被涵盖的］作品的操作或修改，以作为对作品的用户实施……被许可人的合法权利，以禁止规避技术措施。”GPL 之下的“被涵盖的作品”包括全部或部分基于开源软件的“作品”，但不包括“独立的作品，这些作品本质上不是所涵盖作品的扩展，也不是结合起来，形成一个更大的程序。”结果，GPL 将与开源软件相关的权利传播到衍生程序，为衍生程序的用户提供了 GPL 保证的相同的“更改软件的自由”。

在 2016 年 11 月 30 日前，坎比姆通过以下方式创建了 M 系列固件的修改版本：修改、复制和删除尤比奎蒂固件、用户界面和版权声明的某些部分；更换无线电操作软件；规避 M 系列设备上的访问控制机制，并未经授权使用尤比奎蒂的商标和原始固件，这些商标和原始固件在修改后仍保留在设备上。从 2016 年 11 月 30 日起，Cambium 开始以产品名称“ePMP Elevate”推广其修改后的固件以安装在尤比奎蒂的 M 系列设备上。Cambium 的 ePMP Elevate 宣传包括一个网络研讨会，其中坎比姆的工程副总裁萨基德·艾哈迈德和员工德米特里·莫西耶夫演示了如何导航尤比奎蒂的网络用户界面，以用 ePMP Elevate 代替尤比奎蒂的固件。坎比姆的宣传材料说，Ubiquiti® XW / XM 设备支持 ePMP Elevate。坎比姆在讨论 ePMP Elevate 的在线论坛中反复引用了尤比奎蒂。在其母公司的支持下，坎比姆为唯凯和布理普等客户提供了推广 ePMP Elevate 的特殊折扣。

Cambium 在促销材料中进一步表示，将 ePMP Elevate 下载到尤比奎蒂的 M 系列设备上使用户“无须更换”现有硬件即可“提高宽带性能”。安装在 M 系列设备上后，ePMP Elevate 会删除尤比奎蒂固件的各个部分，同时保留其他部分，更改用户界面和版权声明，并将无线电软件更改为违反联邦通信委员会（FCC）规则运行。在宣传 ePMP Elevate 时，坎比姆误以为 ePMP Elevate 将完全取代尤比奎蒂的固件；尤比奎蒂的保修范围涵盖运行 ePMP Elevate 的设备；并且运行 ePMP Elevate 的尤比奎蒂设备将仍然符合 FCC 规则。尽管尤比奎蒂在 2017 年初推出了“签名”版本的 airOS®来增强固件的访问控制机制，但坎比姆仍指导用户如何绕过这些机制在尤比奎蒂设备上安装 ePMP Elevate。

原告认为被告的行为侵犯了其软件版权，并且违反了尤比奎蒂用户使用协议，对其提起了诉讼。

➢ 争议焦点

原告限制用户行为的规定是否合理，被告是否因为违反该许可证的有关协议侵犯了原告的版权。

➢ 法院分析

被告认为，FULA 和 EULA 中包含的 GPL 和其他开源软件许可证使尤比奎蒂可能针对诸如坎比姆之类的下游用户缩小了其权利范围。尤比奎蒂承认，尽管投诉普遍且广泛地声称坎比姆在删除、修改和复制尤比奎蒂固件的大部分未指定部分方面采取了非法行动，但其在动议中澄清说，其固件相关的声明作出了限制——针对坎比姆对“专有用户界面”、“配置代码”和“校准代码”以及 AirMAX®平台所作的调整。被告认为原告的诉求没有充分说明被告根据 GPL 和其他开源软件许可证的合并限制如何涉嫌侵犯了尤比奎蒂固件相关权利。

尤比奎蒂回应说，其诉讼不需要“在其固件中标识受版权保护的特定源代码”，但是，一方面，原告诉求中表达的广泛主张与尤比奎蒂承认 GPL 和其他开源软件许可证限制了其权利相矛盾，另一方面，它的主张使被告所谓的非法行为的范围“难以理解”，除非尤比奎蒂至少阐明其被滥用的固件的一般性质（GPL 和其他开源软件许可证均未涵盖），否则被告将无法充分了解尤比奎蒂的主张，也因此不能成讼。法院认为原告并未明确其侵权诉讼所针对的被告行为，在此基础上作出了判决。

➢ 处理结果

法院裁定原告应当在 2019 年 6 月 5 日前修改其诉讼请求，以细化其所提出的侵权主张。

➢ 案件评析

根据开源许可证下的相关软件进行改编而成的软件作品，如果其关于权利限制的部分过于宽泛，则可能造成对于开源许可证中“开放”条款的违反。除此之外如果权利人利用许可证对用户的选择进行干预，还有可能存在构成不正当竞争的风险。

（撰稿：王董咪；核对：王予君）

◆ Logidee v. Mandrakesoft 案[1]

➢ 基本信息

√ 当事人：

◇ 原告：Logidee（洛吉迪公司，以下简称“洛吉迪”）

◇ 被告：Mandrakesoft（曼德拉克软件公司，以下简称“曼德拉克”）

√ 时间：2003 年 2 月 25 日

√ 管辖：法国巴黎大法院第三分庭

√ 类型：著作权

√ 许可证：GFLD、GPL

➢ 案情简介

原告洛吉迪是一家专门从事数据处理的公司，被告曼德拉克委托原告进行手册的编制工作，且双方达成协议，该手册应提及由洛吉迪制作，并指明作者姓名，同时被告不得对手册进行任何会降低其质量的修改。被告根据 GFLD 和 GPL 在线发布了该手册，但未提及原告名称且进行了质量较差的修改和不准确的翻译，而双方未能通过友好协商的方式解决该争端。后洛吉迪将曼德拉告上法庭，要求被告纠正侵权行为，赔偿其 77000 欧元并向每位作者支付 8000 欧元的损害赔偿和利息。

➢ 争议焦点

违反许可协议的赔偿数额的计算。

---

[1] 判决原文参见 https：//www. doctrine. fr/d/TGI/Paris/2003/INPIM20030407？ q = Mandrakesoft% 20Logidee&position = 1&query_key = fbfe213af300ccb74ded73dd70849904&original_query_key = fbfe213af300ccb74ded73dd70849904&sourcePage = Search，最后访问日期 2021 年 1 月 16 日。

➢ 法院分析

法院认为，被告在线发布文件而未提及原告姓名的行为违反了许可证相关条款的要求，因而构成侵权。然而在计算原告的实际损害时，应当考虑被告已纠正侵权行为，即其公司网站上的超文本链接所链接到的页面已标注了作者姓名，故判令被告赔偿涉案手册作者以及洛吉迪公司各1000欧元。另关于被告指责原告未经授权使用其商标这一争议，由于该商标的标识指向曼德拉克网站，同时洛吉迪公司在收到警告后立即删除了该条目，因此判令洛吉迪向曼德拉克赔偿1000欧元。

➢ 处理结果

法院认定被告未提及原告及作者姓名的行为侵犯了其精神性权利，判令被告向手册的作者以及洛吉迪各赔偿1000欧元，同时原告未经授权使用被告商标，故判令原告向被告支付1000欧元的赔偿金。

➢ 案件评析

该案中被告使用开源作品而未遵循相应许可证的要求，不仅未指明作者身份，还对开源作品进行了低质量的修改，因而严重侵犯了作者的精神性权利。

由于开源作品权利人已让渡出著作权法所保护的绝大部分权利，因此署名等精神性权利对于他们而言更是意义重大，是肯定其创造性劳动的重要表现。另外，考虑到开发人员保证其声誉的正当需求，不仅要求开源软件的使用者在使用开源作品时要提及作者姓名，并且在修改软件时也需清晰指明修改内容，以避免对开源软件作品的劣质修改甚至歪曲影响原始开发者在该领域的声誉和地位。

（撰稿：张燕；核对：岳娆）

◆ Christopher Helwig v. Vmware 案

➢ 基本信息

√ 案号：Az. 310 O 89/15❶（一审）；Az. 5 U 146/16❷（二审）

---

❶ 判决原文参见 http：//www. landesrecht – hamburg. de/jportal/portal/page/bsharprod. psml？ showdoccase = 1&doc. id = KORE218712016&st = ent，最后访问日期2021年1月16日。

❷ 判决原文参见 http：//www. landesrecht – hamburg. de/jportal/portal/page/bsharprod. psml？ showdoccase = 1&st = ent&doc. id = KORE524342019&doc. part = K&doc. price = 0. 0#focuspoint，最后访问日期2021年1月16日。

√ 当事人：

◇ 原告：Christopher Helwig（克里斯托弗·赫尔维格）

◇ 被告：VMware，Inc.（威睿公司）

√ 时间：2016 年 8 月 7 日（一审）；2019 年 2 月 28 日（二审）

√ 管辖：德国汉堡地区法院第 10 民事法庭（一审）；德国汉萨同盟高级法院汉堡第 5 民事参议院（二审）

√ 类型：著作权

√ 许可证：GPL 2.0

➢ 案情简介

原告主张对 Linux 操作系统内核的权利，包括通过驱动程序寻址外部设备系统的相关权利。原告进一步指出，操作系统内核与连接到计算机的外部设备之间的通信需要设备驱动程序，在安装操作系统时，设备驱动程序可以链接到操作系统的其余内核以形成统一的二进制文件，也可以转换成内核模块由系统重新动态加载。但与其他操作系统不同，Linux 的驱动程序和操作系统核心从根本上是不可分割的，因为 Linux 中的接口既不恒定也不向后兼容，并且操作系统内核和驱动程序是相互依赖的，通常被一起开发创建。

被告的 VMware ESXi 软件是一种虚拟化软件，可将计算机划分为多个虚拟机。ESXi 由几个不同的程序和组件组成，包含“vmkernel”和“vmklinux”两个主要功能模块，其中“vmklinux”的源代码是根据 GPL 类许可证再创建的 Linux 代码，而“vmkernel”则为被告独立开发的模块。被告的系统会先启动 Linux，由 Linux 加载“vmklinux”模块后，再由该模块驱动“vmkernel”代码，而威睿公司就是在“vmkernel”中实现其“hypervisor”功能的。

对于上述两个主要功能模块，被告根据 GPL 2.0 的相关规定，公开了“vmklinux”模块的源代码，并提供了下载地址，但尚未披露“vmkernel”的源代码，也没有为“vmkernel”提供任何许可。

原告认为根据 GPL 2.0 的要求在无争议的范围内，用户必须根据该许可条款开源全部或部分包含相关程序或其部分或衍生自该程序或其部分的任何作品，因而原告主张被告必须将“vmklinux”和“vmkernel”视为一个统一的作品，并根据 GPL 2.0 的要求对作品整体进行许可，故被告应按此规定披露依赖“vmklinux”实现功能的“vmkernel”程序源代码。

➢ 争议焦点

①“vmkernel”是否源自 Linux 的衍生作品；②被告根据 GPL 2.0 公开了“vmklinux”的源代码而未公开“vmkernel”源代码是否违反 GPL 2.0 的许可条件。

➢ 法院分析

一审法院认为，关于该案的可受理性，原告拥有此法律地位的唯一可能依据是原告所声称其曾参与部分 Linux 操作系统内核的修订，拥有与其相应的修订著作权，因此法院必须审查原告是否提出了充分的证据以证明其对 Linux 程序的哪些部分进行了何种程度修改，以至于使这些修改在多大程度上符合德国著作权法第 69c 条以及第 3 条中关于修订著作权的要求，以及在必要时证明给予其所受法律保护的修订程序部分已由被告使用。只有确定了被告确实移用了原告受法律保护的这部分代码后才有必要审查程序“vmklinux”与“vmkernel”是否能被视为一个统一整体，以及被告的使用行为究竟是构成修订、加工，还是自由使用，毕竟被告已提供有力证据证明：与“vmkernel”和“vmklinux”的代码总长度相比，这些被“移用”的代码长度微乎其微。

然而原告所提供的证据和陈述既未清晰展现其在 Linux 操作系统中所作贡献，即其要求受著作权保护的确切范围，也不能清楚确定其主张的被告侵权程序涉及了其所享有权利的 Linux 的哪些部分，以及源自原告的哪些代码部分已经被“Vmklinux”使用。故法院无法基于证据不足的陈述或可能存在的多项侵权行为来判定侵权行为，最终驳回原告诉讼请求。

二审法院认为原告的上诉有效但无根据，一审法院所作判决正确，对于，举证责任的分配也合法合理。首先，原告无法充分证明其合法的法律地位；其次，原告尚不能提出确切证据证明被告的组件所使用原告受保护的代码的范围，对于被告关于原告所作出的 Linux 代码贡献相对于“vmklinux”的总体而言如此之小的主张，从原告的陈述中也不能推翻这一辩驳；再次，对于原告指控被告在争议软件中还使用了其所开发的基数树结构的指控，法院认为结构本身仅是程序的功能，而不是程序的表达，因此原告仅提及该基数树结构不足以证明其拥有合法的著作权；最后，对于被告使用了原告享有权利的其他 Linux 代码的控诉，原告也没有提供确切证据。基于上述事实，法院驳回原告上诉。

➢ 处理结果

一审法院驳回了原告针对被告的 GPL 合规诉讼，二审法院也驳回原告上诉。

被告宣布将来不再在其虚拟机管理程序中使用 Linux 代码，并从被告专有内核中删除 Linux 代码，这是原告和软件自由保护协会一直以来多次提出的要求，而一旦被告采取该行动，那么意味着它们最终都遵守了 GPL 的相关要求，基于此，原告决定放弃再次上诉。[1]

---

[1] VAUGHAN - NICHOLS S J. Linux developer abandons VMware lawsuit [EB/OL]. (2019 - 04 - 02) [2021 - 01 - 16]. https: //www. zdnet. com/article/linux - developer - abandons - vmware - lawsuit/.

➢ 案件评析

该案中，法院并未对当事人双方的争议焦点即“vmkernel”是否源自 Linux 的衍生作品进行实质性的审查，而仅根据原告所提供的证据未能廓清其作品权利边界以及原告的代码对于被告作品的贡献微乎其微等理由驳回了原告的诉求。

对于该处理结果，该案原告认为法院的判决很有可能是受到了帕特里克·麦克哈迪（Patrick McHardy）系列诉讼案的影响。有 Linux“版权巨魔”之称的帕特里克·麦克哈迪此前一直积极进行有关违反开源许可证从而涉嫌侵犯著作权行为的诉讼活动，并通过该方式谋取了大量的个人利益。该行为已超越了一般意义上的合规促进，而有借机谋利之嫌，因此为整个开源领域所不耻。但原告认为法院并未从真正意义上分清为追求个人利益而发起的侵权诉讼和为促进 GPL 得以真正执行的诉讼间的区别。对于开源软件的使用者而言，遵守自由与开源软件（Free and Open - Source Software，FOSS）的许可并非可选选项，因为同意开源并不意味着相关权利人完全放弃了著作权对其作品的保护。开源许可证既是为开源软件作者提供保障的法律要求，同时也是开源社区的管理规范，无论是个人还是企业，若想使用开源代码，就必须严格遵守开源许可证，否则将可能侵蚀软件自由和技术完整性。[1]

笔者也认为，在诸如此类的案件中，如果对原告赋予过重的举证责任，那么可能导致实践中广大开源作品的开发参与人员很难单独维护自己的权利，由于源于开源作品的衍生作品在实际应用中往往情况复杂，因此难以界定。基于此，在使用开源作品进行再创作或者将结合了开源作品的整体作品进行开发使用时，也应当注意遵守开源许可证的相关规定，并尽可能地将独立作品与衍生作品设立成结构独立的模块，以区分两者并在被诉侵权时可方便快捷地剔除侵权软件。

另外，由于著作权仅保护计算机程序的表达而不延及计算机程序中的算法与结构，因此在实践中权利人往往会通过申请专利的方式来保护软件中的相关程序，而软件的专利化恰恰是自由开源软件所面临的最大威胁，对此不少开源许可证规定了专利的许可使用，典型如 Apache 许可证。而开源软件的开发者也可对其程序申请软件专利，获得授权后再按照开源许可证的规定许可他人进行使用，以避免被他人恶意抢先申请专利，从而阻碍开源事业的健康发展。

（撰稿：张燕；资料翻译：张皓莹；核对：岳娆）

---

[1] weixin_34294649. VMware 侵权 Linux 源码案原告放弃上诉：没意义［EB/OL］.（2019 - 04 - 04）［2021 - 01 - 16］. https：//blog. csdn. net/weixin _ 34294649/article/details/89528877？ utm _ medium = distribute. pc _ relevant. none - task - blog - BlogCommendFromMachineLearnPai2 - 2. nonecase&depth_1 - utm_source = distribute. pc_relevant. none - task - blog - BlogCommendFromMachineLearnPai2 - 2. nonecase.

◆ 开源摄影作品著作权侵权案[1]

➢ 基本信息

√ 案号：Az. 310 O 402/16

√ 当事人：不详

√ 时间：2016 年 11 月 18 日

√ 管辖：德国汉堡地区法院

√ 类型：著作权

√ 许可证：CC 许可证

➢ 案情简介

原告在 WC 平台上发布了照片，且其对该照片享有著作权，包括独占性使用和授权他人使用、修改并发布的权利。被告在原告照片基础上重新设计出了新版本，并在其网站中设置了可免费访问原作品的超链接，但原告并未许可被告使用该作品，同时该链接访问形式也不符合 CC 许可证的相关规定并且被告没有弥补与该链接有关的缺失信息。

➢ 争议焦点

①在未经著作权所有者许可的情况下，将可自由访问作品的网站超链接放置到另一网站中是否构成对作品的非法公开复制；②构成非法公共传播是否要求超链接设置者必须知道链接访问非法性的问题。

➢ 法院分析

权利持有者的许可不支持与该链接相关作品的其他公开披露，则相关作品的链接可能是对作品的非法公开复制，原则上任何可使作品进行公众交流的行为都必须得到著作权人的授权。如果链接设置者无谋利目的，其便无检查确保该作品来源合法的义务，但有证据证明其知道或应知该作品未经授权以及该链接可规避原网站对未订阅用户的限制访问措施的除外；但如果设置超链接是为了谋利，则可以期望设置超链接的人进行必要检查，且可假定超链接设置者已充分了解作品的受保护性质和授权状态。

同时，根据相关法律规定，用户只能在原作品作者以及演绎作品作者的双重同意下才能使用该重新设计的作品，这种意义上的利用还包括使该重新设计的作品通过网

---

[1] 判决原文参见 https：//dejure. org/ext/f812818c4cb65cf07438646d5442c684，最后访问日期 2021 年 1 月 16 日。

络进行传播。只有当鉴于新作品的独特性，原受保护作品的个人特征已完全消失时，对于该新作品的免费使用才存在。该案的决定性因素在于原告并未同意其作品可通过其他可自由访问的网络传播途径进行传播，同时在该案中，尽管公众可能可从被告的演绎作品中看出这是一幅再创作的合成图片，然而这一点并不能让公众判断出这些演绎图片并非来自图片的原始著作权人，而是由他人进行的再创作的。

只有在设置链接者“知道或本应知道”可访问链接非法性的意义上，欧洲法院才认为该链接是对公众传播权的侵犯，这一情况显然应当涵盖过失案件。在当前情况下，应当将被告的链接设置评估为已获利，因为意图获利的标准不仅取决于是否通过链接设置获得直接利润，还取决于链接设置是否发生在用于营利的网站内。该案被告未对可访问链接作品的合法性问题进行合理研究，故其至少在主观上以赞同态度接受了通过设置超链接使该演绎作品可通过网络自由访问之非法性。因此其在未经原告授权且不满足创作共用许可协议的情况下设置该链接是非法的。

➢ 处理结果

法院认为该案被告以商业使用为目的设置该链接，未尽合理检查义务，其行为构成侵权，故判令被告赔偿原告 6000 欧元。

➢ 案件评析

该案中，被告基于原告的开源作品创作出新的演绎作品，但其使用方式却并不符合 CC 许可证的相关规定，且因未对开源作品链接的合法性问题进行检验，因而最终被判承担相应的法律责任。

因此，笔者建议，开源管理平台或其他平台在使用开源作品时，需采取一定措施确保作品来源的合法性或已获授权，以避免后续不必要的纠纷。此外，以商业使用为目的的用户，在使用开源作品之前更需采取一定的审检措施以确保作品来源的合法性，从而避免侵犯真正权利人的权利。即使最终还是无法确保作品的受保护状态和授权状态，还是应当保留其为查清作品来源所做勤勉合理的审查活动的相关记录，一方面为后续确定作品的权利状态提供材料，另一方面也为今后可能出现的侵权纠纷保留已尽合理审查义务的证据，从而减轻侵权赔偿责任。

该案被告虽为演绎作品的合法权利人，但其仅对再创作部分享有权利。由于演绎作品是指在原有作品的基础上进行创造后得到的作品，在演绎作品中，至少同时存在两重著作权，即原始作品的著作权和演绎作品的著作权，故被告对于该演绎作品仅享有制止他人未经许可使用其作品的消极权利，而无自行或许可他人使用该演绎作品的积极权利。因为对于未经原始作品著作权人同意擅自改编而产生的演绎作品而言，该演绎作品虽对原始作品的著作权人来说是侵权作品，但由于法律同样保护演绎作品的创作活动，因此改编者依法享有对该演绎作品的著作权，只不过改编者在行使其著作权时，不得侵犯原始作品的著作权。

此外，对于第三人而言，演绎作品著作权人与原始作品著作权人已对演绎作品形成了双重的权利控制。故当第三人需要完整使用演绎作品时，就必须同时取得演绎作品著作权人和原始作品著作权人的双重许可。❶

（撰稿：张燕；资料翻译：窦宇鹏；核对：岳娆）

◆ Sociedad General de Autores Y Editores v. Ricardo Andres Utrera Fernández 案❷

➢ 基本信息

√ 案号：15/2006

√ 当事人：

◇ 原告：Sociedad General de Autores Y Editores（SGAE，西班牙作家和出版商协会）

◇ 被告：Ricardo Andres Utrera Fernández（里卡多·安德烈斯·乌特里拉·费尔南德斯）

√ 时间：2006 年 2 月 17 日

√ 管辖：西班牙巴达霍兹第六初审法院

√ 类型：著作权

√ 许可证：CC 许可证

➢ 案情简介

原告是一个著作权集体管理组织，指控被告在未取得其许可也未支付任何许可费用的情况下，于迪斯科酒吧公开表演了其所管理的音乐作品，为此，原告要求被告在获得使用上述剧目所需的许可证之前停止使用原告所管理的作品曲目，并立即移走其在侵权过程中所使用到的可移动设备及扣押不能移走的设备，同时要求侵权损害赔偿。而被告否认了这一指控，并指出其就所演奏的剧目已通过 CC 许可证获得了音乐作品原作者的免费公开表演许可授权。

---

❶ 参见“知势有为”所著《演绎作品——著作权归属的认定标准》，载微信公众号“乾领研究院”，2019 年 12 月 24 日。

❷ Creative Commons. Spanish Court Recognizes CC – Music [EB/OL]. (2006 – 03 – 23) [2021 – 01 – 16]. http: //creativecommons. org/weblog/entry/5830；判决原文参见 http: //www. internautas. org/archivos/sentencia_metropoli. pdf，最后访问日期 2021 年 1 月 16 日。

➢ 争议焦点

该案原告是否可从播放根据 CC 许可证发布的音乐作品的被告处收取版权许可使用费。

➢ 法院分析

法院认为音乐作品的作者对于其创作同时具有精神性和经济性双重权利，且作者作为权利人，有权选择其认为恰当的方式管理作品，包括免费许可他人使用或仅作部分权利的转让。CC 许可证是作品的权利人所选择的允许任何第三方免费自由使用其作品的许可协议，而在某些知识共享许可证中，对于作品的特定使用则需要支付一定数量的使用费。被告已证明其所公开演奏的作品正是基于知识共享许可证规定可免费使用的音乐作品，故其无须支付使用费。

➢ 处理结果

法院判决驳回原告的诉讼请求。

➢ 案件评析

该案中，被告未经许可使用了原告管理的音乐作品因而被诉至法院，但承审法院最终却认可了被告的抗辩，即涉案音乐作品已经由 CC 许可证免费授权给社会公众使用。

与该案不同，在 2005 年的 SGAE v. Luis 案中，西班牙蓬特韦德拉省法院便就被告无法证明其只播放了根据 CC 许可证免费授权给公众的作品而未播放由相关著作权集体组织管理的其他作品，因而判令被告支付一定的版权使用费。[1] 此外，在该案的审理中，法院还认为 CC 许可证“只不过是关于许可证内容的非正式条款，并缺少当事人的签名，故不具备任何价值”。

因此，该案的一个重要意义便在于从司法层面再次肯定了 CC 许可证在西班牙的有效性，从而为开源事业在西班牙的蓬勃发展奠定了基础。

此外，该案的另一重要意义在于启发了音乐作品的权利人可基于自己以及第三方的利益考虑如何管理自己的权利，而非像往常一样将其权利授权给著作权集体管理组织进行集中授权。对于整个社会而言，知识共享也将成为一种潮流，著作权集体管理组织也需适应这种变化。

（撰稿：张燕；核对：何伟、岳娆）

---

[1] 判决原文参见 https：//wiki. creativecommons. org/wiki/SGAE_v. _Luis，最后访问日期 2021 年 1 月 29 日。

◆ N. v. Newspaper 案[1]

➢ 基本信息

√ 案号：71036
√ 当事人：
◇ 原告：N.
◇ 被告：Newspaper
√ 时间：2011 年 9 月 27 日
√ 管辖：以色列拉比法庭（非官方法庭）
√ 类型：版权
√ 许可证：CC BY - SA 许可证

➢ 案情简介

原告根据 CC BY - SA 许可证允许任何第三方在提供适当的署名并以相同的方式分享基于该作品的演绎作品的条件下免费使用其部分作品。被告在一期报纸上使用了原告的这部分开源作品，但未提供适当署名。原告知晓上述事实后告知被告其违规情况；被告参照以往实践中使用类似照片的许可费，同意付给原告 400 新谢克尔，并修正了其版权政策。原告认为该许可费用过低，遂向法院提起诉讼。

➢ 争议焦点

许可费用的数额。

➢ 法院分析

法院首先要求双方达成协议，但双方未能成功和解。后该拉比法庭根据《圣经》和以色列版权法审理此案，认为被告有遵守 CC BY - SA 许可证中权利归属相关条款的道德义务，同时被告所提供的 400 新谢克尔低于其基于该争议照片的所得收益，而根据以色列版权法的相关规定，版权的侵权赔偿甚至可高达 10 万新谢克尔。

➢ 处理结果

法院判决原告胜诉，并判令被告赔偿原告 3500 新谢克尔。

---

[1] 案例介绍参见 https：//wiki. creativecommons. org/wiki/No. _ 71036_ N. _ V. _ Newspaper，判决原文参见 https：//wiki. creativecommons. org/images/3/3f/Psak_ Din. pdf，最后访问日期 2022 年 8 月 16 日。

➢ 案件评析

该案中被告未按照 CC BY－SA 许可证要求，在使用开源作品时为创造者提供署名。对此原告向其提出侵权索赔，双方无法就赔偿数额达成一致意见，故最终诉至法院。

的确，像该案被告这样不遵守开源许可证的要求因而侵犯开源作品作者所要求保留的有限的精神性权利的情况并非少数。因此，从该角度而言，遵守许可证的要求既是对开源作者的一种尊重，也是作者开源积极性的保障。对于不遵守相应开源许可证的行为及时进行追究，也是社会保护开源事业顺利发展的必要机制，因此相关的法律法规也亟待建立和完善。

（撰稿：张燕；核对：岳娆）

二、案例点析

开源软件属于开放源代码的软件，但开源软件并不是公有领域的软件。开源软件的初始理念是反抗传统的知识产权保护制度，但是在商业化运营的过程中逐步寻求版权、商标权、专利权甚至商业秘密等知识产权的综合保护。并且，在某些具有全球影响力的开源软件被国际大公司垄断后，开源软件的竞争法问题也成为当今不少学者关注的对象。

通常而言，商业软件包含完整的著作权（版权），包括人身权和财产权。其中，商业软件的人身权包括署名权、发表权、修改权、保护作品完整权，财产权包括复制权、发行权、传播权、改编权、汇编权等。由于开源软件公开源代码，允许其他用户对其源代码进行复制、修改和传播，因此开源软件是在保留署名权的情形下放弃财产权和其他人身权。但是，需要注意的是，开源软件的财产权和其他人身权只是用户在遵守开源软件许可证前提下的暂时放弃。如果使用者违反开源软件许可证，则开源软件原著作权人可以追究使用者的违约责任或侵权责任或其他形式的责任。

20 世纪 80 年代，麻省理工学院的软件开发人员指出，商业软件的著作权保护模式限制了程序员得到源程序，阻碍了软件的创新和发展。为避免对软件技术的垄断、加强软件技术的交流与合作，理查德·斯托曼（Richard Stallman）创立了 GPL，发起了自由软件（free software）运动，并创建了自由软件基金会（Free Software Foundation，FSF）。

20 世纪 90 年代末，以埃里克·雷蒙德（Eric Raymond）为代表的学者提出了开源软件（open source software）的概念。埃里克·雷蒙德等学者认为“free”一词含有歧义，导致大部分人都不知道“free”到底意味着自由还是免费，因此必须放弃。并且，“free”一词会引起商业开发者的恐慌和排斥，而实质上自由软件运动的目的并不是打败商业软件，而是寻求与商业软件的良性竞争与共存，打破商业软件的垄断格局，促进消费者和社会福利。因此，他们建议用“开源软件”这一中性化术语来替代含有歧义的“自由软件”。

当理查德·斯托曼提出自由软件概念时，自由软件明显是对商业软件及其强化知识产权保护的批判与叛逆，而埃里克·雷蒙德提出的开源软件概念则是自由软件在商业软件知识产权威胁下（如专利侵权诉讼）寻求知识产权保护的适度回归（自愿或非自愿），在一定程度上可以防止商业软件知识产权保护的异化（如专利权的滥用）。开源软件的开放授权和免费使用的开放许可制度有利于知识传播，持续的源代码公开和允许修改更是有利于知识创新。开放许可制度促进了现行国际知识产权保护的制度多样性，有利于促进知识产权保护的生态平衡，因为开放许可制度能够在一定程度上遏制盗版等知识产权侵权行为。

软件的易复制性和互联网技术应用的普及，使得软件复制和传播极为容易。如果没有知识产权的保护，正版商业软件公司将难以收回前期投入的研发成本。一方面，盗版软件减少了商业软件的可期收人，增加了商业软件的分摊成本，商业软件公司极力寻求软件产品的知识产权保护；另一方面，由于知识产权保护天然具有的独占性造就了商业软件的合法垄断地位，因此某些大型软件的价格居高不下，昂贵的软件产品价格又进一步诱发了软件盗版的兴起，形成了恶性循环。开源软件的开放许可制度是对现行知识产权保护制度的有益补充和完善，有利于疏导软件知识产权保护带来的某些弊端，两者相辅相成，相得益彰，一个是堵，一个是疏。笔者认为，在强调加强知识产权保护的同时，也应重视开源软件的开放许可制度对完善现行国际知识产权保护制度的作用。

当然，天下没有免费的午餐，开源软件从业者和提倡者也需要实现自身的商业价值。他们演绎的是互联网时代特有的后发利益模式，前期免费快速占领市场，后期通过产品更新、升级或其他周边服务（如广告）收取费用。但是，不可忽视的是开源软件的开放许可模式在实现软件产品的商业价值后，解决了网络环境下软件著作权许可的法律困境，也让知识产权制度向更加合理的方向靠近。

（撰稿：曹卫良；核对：徐美玲）

第二章 专 利

一、案例介评

◆ Cascades Computer Innovation, LLC v. Samsung Electronics Co., Ltd. 案

➢ 基本信息

√ 案号：No. 11 C 4574；No. 11 C 6235

√ 当事人：

◇ 原告：Cascades Computer Innovation, LLC（卡斯卡德计算机创新股份有限公司，以下简称“卡斯卡德”）

◇ 被告：Samsung Elecstronics Co., Ltd.（三星电子有限公司，以下简称“三星”）；HTC Corporation（宏达国际电子股份有限公司，以下简称“HTC”）

√ 时间：2011—2014 年

√ 管辖：美国联邦巡回上诉法院

√ 类型：专利权

➢ 案情简介

2011 年，卡斯卡德起诉三星和 HTC 专利侵权，认为两被告生产并销售的智能手机和平板电脑使用了作为安卓操作系统一部分的 Dalvik JIT 编译器，从而侵犯了其名称为“在二进制翻译代码中保持精确例外的方法和设备”的第 7065750 号美国专利（以下简称“750 号专利”）。

2014 年 1 月 29 日，卡斯卡德与两被告的上游厂商谷歌达成和解并签署许可协议。谷歌向卡斯卡德一次性支付许可使用费并获得全球范围内的非独占性永久许可，包括但不限于制造、使用、销售、许诺销售、出口、进口使用卡斯卡德专利的谷歌产品的权利。换言之，该许可协议仅针对谷歌的产品而不涵盖运行安卓操作系统的第三方产品，也即不包括三星和 HTC 生产的产品。三星和 HTC 声称，由于卡斯卡德与谷歌之间的许可协议，卡斯卡德赋予谷歌向第三人转让安卓操作系统（含 Dalvik JIT 编译器）的

权利，根据专利权穷竭原则，不能向下游厂商主张专利侵权。而卡斯卡德则认为，谷歌将安卓操作系统转让于三星或者 HTC 不是“授权的”销售，因此没有用尽卡斯卡德在操作系统中的专利权。

➢ 争议焦点

卡斯卡德与谷歌签订之许可协议是否能产生专利权穷竭的法律效果。

➢ 法院分析

专利权穷竭是应对专利侵权指控的积极抗辩，意指“对专利产品的初次授权销售将终止该产品之上承载的专利权”。因为专利权人已对产品进行定价并经由销售获得相应对价，该收益将穷尽其控制购买者使用该产品的权利。专利权穷竭原则之适用并非以存在销售意图为前提。在 Lifescan Scotland v. Shasta Technologies 案[1]中，美国联邦巡回上诉法院指出，即使原告免费赠送而非有偿销售产品，专利权穷竭原则仍得适用。因此，谷歌将安卓操作系统开源并供用户免费使用的行为并不妨碍专利权穷竭原则之适用。

赋予卡斯卡德控制次购买者（向谷歌购买安卓操作系统的买家）使用含涉案专利的安卓操作系统的权利，将使其规避专利穷竭原则之适用而获取重复收益。协议既已授权谷歌将安卓操作系统转让他人，则该转让行为成立“经授权”的销售，也即卡斯卡德无权向三星和 HTC 主张专利侵权。

➢ 处理结果

法院认为三星和 HTC 证明向其销售的安卓操作系统（含 Dalvik JIT 编译器）已经过授权，且三星和 HTC 也满足权利用尽的其他条件，故三星和 HTC 的抗辩成立。

➢ 案件评析

在免费下载的开源软件中，同样存在专利权穷竭原则之适用。

“专利权穷竭原则”，又称“专利权权利用尽原则”“专利权首次销售原则”，是指当专利权人或其许可的人将专利产品合法投入市场后，其他人再次分销的行为不受专利权人控制，即无须征得专利权人同意。究其原理，专利权人通过对附载专利权的产品首次合法销售的控制，已经获得了经济利益。如允许专利权人对该业已归属他人所有的产品继续施以干预和控制，将使其重复获利，不当减损产品购买者的所有权权能，对产品的流通与传播增设重重障碍。有鉴于此，“专利权穷竭原则”平衡了专利权人和附载专利权的有形产品所有人之间的利益关系，既维护了专利权人的利益，又便利了

---

[1] 案号：734 F. 3d 1361，1377（Fed. Cir. 2013）。

产品的自由流通和有效利用，对促进专利产品物尽其用、实现专利法促进科学与实用技术进步的立法目标有所裨益。

（撰稿：岳娆；核对：张燕）

◆ IP Innovation LLC v. Red Hat，Inc. 案

➢ 基本信息

√ 案号：NO. 2：07 CV 447

√ 当事人：

◇ 原告：IP Innovation LLC（IP 创新有限责任公司）

◇ 被告：Red Hat，Inc（红帽公司）

√ 时间：2009 年

√ 管辖：美国得克萨斯东区联邦地区法院

√ 类型：专利权

➢ 案情简介

原告声称红帽公司和诺威尔公司发行的 Linux 桌面系统和服务器版本侵犯了原告第 183 号、第 412 号、第 521 号专利，这些专利被原告类似地命名为“具有多工作空间的共享显示系统对象的用户接口”，意指跨越多个工作区间的、以计算机为基础的图形用户界面。细言之，被称作“工具”的显示对象存在于某一工作区间中，却可以在多个工作区间中实现共享。当用户在工作区间中来回切换以执行不同任务时，已有工作区间中常见的显示对象（工具）将会呈现于新工作区间中。其后原告向美国得克萨斯东区联邦地区法院提起诉讼。

➢ 争议焦点

红帽公司是否侵犯了涉案专利的专利权，以及侵权的赔偿金额如何计算。

➢ 法院分析

（1）构成专利侵权。

法院支持了原告提出的关于“接口”“显示系统”“工作空间”“位置敏感”等多项关于专利技术权利要求的解释，因此认定红帽公司实施了侵犯原告专利的行为。

（2）侵权损害赔偿额的计算。

专利侵权损害赔偿金的计算方式有二：所失利润法和合理许可费法。由于原告未

生产或销售包含涉诉专利的产品，因此原告无权主张“所失利润”赔偿。合理许可费法又称“假想谈判法”，即假想在侵权行为发生之前，专利权人与侵权人进行协商所达成的许可费用。合理许可费的计算基于使用费基础和使用费率的可信赖证据。

原告所主张的使用费基础未充分考虑经济现实。原告方专家约瑟夫·吉米尼（Joseph Gemini）引用“完全市场价值规则”（entire market value rule）来确定使用费基础。根据“完全市场价值规则”，只有“专利设备极为重要以至于它实质上创造了零部件的价值”时，方可主张将产品的全部市场价值作为使用费基础。因此，专利权人必须证明与专利有关的特征恰为客户需求的基础。该案中，原告声称红帽公司和诺威尔公司的操作系统的多个虚拟工作区和工作区切换功能侵犯了涉诉专利，拟将红帽公司和诺威尔公司的总收入作为计算合理使用费的基础。但是，该些专利于涉案操作系统而言，仅为相对较小的组成部分，工作区切换功能相较于其他功能如安全性、协同性、虚拟性等微乎其微。而且，红帽公司和诺威尔公司的销售额多来自其服务器产品，其中绝大多数未使用工作区切换功能。故而，不宜将红帽公司和诺威尔公司的总收入作为使用费基础。

原告所主张的高额适用费率亦无充分证据。约瑟夫·吉米尼选择的许可费率远高于涉诉专利许可费率标准，不甚合理。

➢ 处理结果

法院通过解释涉案专利中的用语精确判决了合理的赔偿金额。该案判决后原告请相关专家出席并声称判决的赔偿金额并不合理，法院最终并未支持其主张。

➢ 案件评析

在面临侵权诉讼时，即使存在侵权事实也应当尽量将侵权部分与未侵权部分进行区分，对于使用费率和基础金额进行详细搜证和积极主张。

美国专利法第 284 条规定了专利侵权的赔偿救济机制：法院在认定侵权成立后，应当判决侵权人向请求人支付足以弥补其所受损害的赔偿金，但不得少于侵权人使用该专利应当支付的合理使用费，以及法院确定的利息和诉讼费。在陪审团无法确定损害赔偿金时，法院应当承担估算金额之责。并且，无论赔偿金额由陪审团还是由法院决定，法院均有权将损害赔偿金额最多增加至原定金额的 3 倍。该条规定不适用于美国专利法第 154 条 d 款的临时权利。法院可接受专家证词以协助确定损害赔偿金或合理许可费。

由此，专利侵权损害赔偿金的计算方式有二：所失利润法和合理许可费法。如运用所失利润法，专利权人须证明倘若不存在侵权行为其将获得的收益，即“若非”标准，如果专利权人能够完成此项举证，则举证责任转移至侵权人，此时侵权人须证明专利权人“若非”论证并不合理。在既往判例中，如有足够证据证明专利权人的实际损害金额，法官多倾向于采用所失利润法，因为这是弥补专利权人损失最为公允和客观的方式。但是，当所失利润无法计算或计算成本过高时，法院会采纳合理许可费法，即回到侵权行为发生前，假想专利权人与侵权人愿意就专利许可达成协议并支付许可费，那么该假想许可费即为合理许可费，[1] 故而该方法又称“假想谈判法”（hypothetical negotiation）。

（撰稿：岳娆；核对：张燕）

◆ 微软公司声称 Linux 侵犯专利权案

➢ 基本信息

√ 当事人：

◇ 声明方：微软公司

◇ 被声明方：Red Hat，Inc（红帽公司，为 Linux 供应商）

√ 时间：2006 年

√ 类型：专利权

➢ 案情简介

2006 年微软公司发布声明称红帽公司的开源软件侵犯了其 235 项专利（含 Linux 内核 42 项、Linux 图形用户界面 65 项、Open Office 应用软件 45 项、E－mail 应用软件 15 项、其他 68 项）。微软公司声称将要求发行商和开源软件使用者就侵犯专利行为支付许可使用费。与此前多次指责开源软件侵权不同，微软公司此次提供了确切明晰的数据支撑。

面对微软公司的指责，开源界亦毫不示弱，予以尖锐回应。首先，红帽公司副总顾问及理事长马克·H. 韦宾克（Mark H. Webbink）表示，微软公司未能举证说明相关开源软件侵犯其何项专利，以及该些数字（235 以及其他一系列具体数字）如何得出。其次，Linux 之父莱纳斯·托瓦兹（Linus Torvalds）回应称，如果对 Windows 源代码进行严格审查，相信其侵犯专利权数量较之 Linux 有过之而无不及，微软公司应当说明 Linux 到底侵犯其哪些专利，如此，双方可以在法庭一较高下，或者，开源开发人员可以重写代码，以避免侵权。最后，为积聚专利数量以对抗微软，红帽公司、IBM、

---

[1] 参见 Panduit Corp. v. Stahlin Bros. Fibre Works，Inc.，575 F. 2d 1152，1156，197 U. S. P. Q. 726，729－30（6th Cir. 1978）。

NEC、飞利浦公司和诺威尔六家公司成立名为“Open Invention Network”的组织，联合购买防御型专利，建立专利库。开源企业使用那些专利须遵守“互相免费开源使用原则”。

➢ 争议焦点

红帽公司所涉软件是否侵犯微软公司的软件专利权。

➢ 处理结果

微软公司在发布声明后并未正式提起诉讼，正如红帽公司的马克·H. 韦宾克所预测，微软一直声称被侵犯了专利权却从未提起诉讼，其意图在于减缓竞争对手的发展速度，利用专利来威胁开源界，以对抗其真真实实感受到的开源威胁。

➢ 建议/启示

开源社区在发展业务时也应当注重自身专利库的建设，以在面临侵权风险时成为谈判的筹码。面对大公司诉讼时，较少的用户数量意味着较少的赔偿金额，在一定程度上可以成为诉讼优势。

（撰稿：岳娆；核对：张燕）

◆ OSRM 声明 Linux 侵犯专利权案

➢ 基本信息

√ 当事人：

◇ 声明方：OSRM（Open Source Risk Management，开放源代码风险管理组织）

√ 时间：2004 年

√ 类型：专利权

√ 许可证：Linux

➢ 案情简介

2004 年，美国一家专门从事开源软件知识产权相关保险及咨询的组织 OSRM 发布调查报告，此份报告由 OSRM 委托讨论专利问题的非营利团体美国公共专利基金会（Public Patent Foundation）的执行董事、自由软件基金会的高级顾问和专利律师丹·拉维切（Dan Ravicher）作为第三方对 Linux 相关专利进行独立调查，报告指出 Linux 系统涉嫌侵犯283项专利，其中98项专利由Linux同盟者持有，分属于IBM、惠普、英特尔和微软公司。OSRM于2005年1月起向Linux用户和开发者提供免除专利诉讼的保险服务。

➢ 争议焦点

OSRM报告中涉及的软件内容是否存在专利侵权问题。

➢ 处理结果

GPL下社区成员在向社区内增加专利技术时可能除了自己的技术专利外也将已经存在的他人专利包括在内。OSRM在发布报告后表示，Linux用户可以向其支付保险金，由OSRM负责可能发生的法律诉讼以及500万美元以内的赔偿事项。Linux社区并未对此份报告作出回应，其中涉嫌被侵权的微软公司、IBM也并未提起诉讼。

➢ 建议/启示

开源社区由于其开放性，在避免知识产权风险时追求万无一失可能只是一种一厢情愿的表现，处理有关侵权事件商业利益可能成为解决侵权问题的有效筹码。2001年后Linux由于硬件厂商的支持迅速发展，其具有了与传统软件公司抗衡的筹码，最终双方进行商业合作在一定程度上间接解决了侵权问题。

（撰稿：王董咪、岳娆；核对：王予君）

◆ Red Bend Software，Inc. et al v. Google Inc. 案

➢ 基本信息

√ 案号：No. 09 – cv – 11813 – DPW

√ 当事人：

◇ 原告（被上诉人）：Red Bend Software，Inc.（锐贝软件公司）；Red Bend，Ltd.（锐贝有限公司，以下统称“锐贝公司”）

◇ 被告（上诉人）：Google Inc.（谷歌公司）

√ 时间：2011年3月31日—2012年1月13日

√ 管辖：美国马萨诸塞联邦地区法院

√ 类型：专利权

➢ 案情简介

锐贝公司是一家私有软件公司，拥有大约100名员工。莎朗·佩莱（Sharon Peleg）发明了一项专利，于2003年4月8日获得授权，编号为6546552号（以下简称“552号专利”）。其将该专利转让给锐贝公司。锐贝公司的专利软件更新技术既用于互联网交付的更新环境中，也用于空中固件（FOTA）中，其FOTA解决方案已部署在超过5亿个移动设备上，并在Mobile、机对机（M2M）和WiMax市场的前十大手机制造商中的八家以及数十家其他领先公司中得到采用。

锐贝公司的552号专利要求1998年8月19日提交的申请的优先权。该申请在2003年4月8日公布，并且“通常涉及更新计算机程序”。当552号专利提交申请时，用于更新软件的现有技术包括3个步骤，如该发明的背景技术所述。软件提供者“生成代表旧程序与原始程序之间的差异的差异结果”。“差异结果”也被称为“差异”或“补丁”。

谷歌公司在2008年发布了免费下载的开源网络浏览器Chrome。为了进行Chrome浏览器的更新，谷歌公司使用了名为“bsdiff”的开源软件程序。2009年7月15日，谷歌公司发布了一种名为“Courgette”的新开源压缩算法，以在运行Windows的计算机上为Chrome浏览器生成较小的更新。相应的Courgette源代码已在互联网上发布，并受开放源代码许可的约束。Courgette无法被用于更新不使用Intel x86指令集和Windows可移植可执行文件格式的移动设备或其他计算机系统。

根据谷歌公司的说法，Courgette和552号专利中描述的发明都创建了更新文件或补丁文件来更新软件，但是对于该结果的实现方式不同。Courgette使用反编译过程将旧的和新的可执行程序分解为不再类似于可执行格式的符号数据结构，符号数据结构将参考分开，即与指令相关联的地址，可以从其不能识别的内容中识别出来；Courgette不能识别包含参考地址的许多类型的指令。Courgette还将反汇编的程序分为8个编码流，就像符号数据结构一样，它们是符号性的并且不可执行。Courgette保留了它可以在地址流中识别的所有唯一引用，而552号专利用不变引用替换了唯一引用。Courgette将无法识别的引用、指令和数据保存在字节流中。Courgette从对应于旧程序和更新程序的8个流中生成补丁，这些补丁是这些流的压缩比较，并且不同于552号专利，它反映了流中找到的所有唯一引用。

锐贝公司认为：①通过使用Chrome浏览器Courgette更新中的专利方法这一行为，谷歌公司直接侵犯了552号专利权，并诱导了他人的侵权行为；②谷歌公司提供构成552号专利的重要组成部分的代码，并指示和鼓励他人以侵权方式使用该代码。综上，原告认为被告的该开源压缩算法侵犯了其专利权，故向马萨诸塞联邦地区法院提起诉讼，指控被告侵犯专利权并向法院申请了初步禁令。

➢ 争议焦点

由于原告提出了初步禁令，因此原被告双方在一审中的争议焦点主要集中在是否应当颁布禁令之上，从初步禁令的条件出发集中为以下三个问题。①原告的胜诉可能性。即对于被告行为是否侵犯专利权的认定，主要包括原告和被告涉案技术的比对、原告专利有效性以及被告算法是否构成诱导侵权的争议。②不可弥补的损害。原被告双方就“如果不实施禁令则会对原告造成不可弥补的损害”这一主题进行了辩论，包括现有利益损失、预期利益、市场份额、商业信誉等方面。③公共利益。即实施禁令是否会因此损害公共利益。

➢ 法院分析

在专利侵权的判定方面，法院认为，专利侵权判定主要涉及两步分析：“首先确定权利要求的范围，然后将正确解释的权利要求与被指控的设备进行比较，以确定所有权利要求限制是在字面上还是在形式上都存在实质相似。”法院认为应当将所解释的552号专利与涉嫌侵权的Courgette进行比较，以确定是否存在所有权利要求限制。如果锐贝公司想要赢得诉讼，则必须能证明被告至少侵犯了一项权利要求。谷歌公司承认Courgette和552号专利都解决了缩小软件补丁的问题，但认为它们以“根本不同的方式”这样做。更具体地说，谷歌公司认为，Courgette没有侵犯552号专利，至少出于以下五个原因：①根据专利权利要求，Courgette通过反汇编过程创建的符号表和编码流不可“执行”；②Courgette未按照权利要求的要求生成修改后的旧程序数据表和新程序数据表；③Courgette不处理“每个基本参考”；④Courgette没有将因“删除/插入修改”而改变的引用与由于其他原因而改变的引用区分开来；⑤Courgette未创建所需的“不变引用”。原告声称侵犯其专利权的行为主要涉及权利要求第12、第21、第25、第42、第46、第55和第59项：

由于删除/插入修改形成了所述旧数据表或程序之间的转换的一部分，因此所述旧数据表或程序中的条目中的每个引用基本上与所述新数据表或程序中的对应条目不同。新数据表或程序作为不变引用反映在上述修改后的旧数据表和修改后的新数据表［或程序］中的相应条目中。法院将侵权分析的重点放在“不变引用”上。

谷歌公司认为Courgette不涉及不变引用的权利要求限制，因为“Courgette保留了它可以在符号表中识别的所有旧引用和新程序的所有唯一引用”，而这些唯一引用“保留其原始值，并且不会更改为不变的”。此外，谷歌公司认为，实际上Courgette的唯一引用部分反映在紧凑差异结果中，与552号专利中的不变引用不同，后者被排除在紧凑差异结果中。

锐贝公司指出谷歌公司专家马丁·沃克的证言中的错误引用：该专家声称即使在谷歌公司的构建下，Courgette仍在侵权。但是，马丁·沃克作证说，在Courgette中“更新程序所独有的每个地址都会出现在差异结果中，这与权利要求42中所述的方法形成了鲜明对比，地址将被不变引用替换。”针对原告禁令，涉嫌侵权的谷歌公司针对锐贝公司的初步禁令对552号专利的有效性提出了质疑。在初步禁令阶段，一审法院不会解决专利是否有效的问题；相反，一审阶段法院认为被告证据具有说服力，但同时认为有更多证据可能会在正式审判中出现。谷歌公司援引几个现有技术参考文献，认为552号专利是无效的，因为它既是已有的，也是显而易见的。不论谷歌公司声称的锐贝公司的250多个现有技术参考文献，还是被锐贝公司称为“夸大”的数字，谷歌公司的有效性争论主要集中在Wetmore专利上。谷歌公司辩称“Wetmore公开了所主张的552号专利的独立权利要求所要求的所有步骤”：具体地说，Wetmore生成了一个经过修改的旧程序、一个经过修改的新程序，以及经修改的程序之间的差异结果。2010年1月22日，谷歌公司向美国专利商标局提交了复审请求，对552号专利的有效性提出了质疑。美国联邦巡回上诉法院的建议是，联邦地区法院“应该考虑当事方复审程序的当前态势。2010年3月23日，美国专利商标局批准了该请求，并解释说：“Wetmore通过提供先前的测试中未考虑的且与指定的允许主题有关的数据提出了一个实质性的新问题。”2010年5月28日美国专利商标局判定522号专利比对Wetmore后，其第2、第3、第9、第10、第15、第16、第22、第23、第36、第37、第43、第44、第49、第50、第56和第57项权利要求无效。

在第二个争议焦点中，原告认为，如果有互联网用户使用Courgette的源代码，可能会导致锐贝公司损失难以估计的市场份额，但锐贝公司既没有证明被告是其竞争者，也没有举证说明Courgette本身会造成其市场份额损失，而是举证了一个将其代码公开发布在网上的用户以及两个使用Courgette的案外人。法院认为这不足以说明被告行为导致其市场份额的丢失。原告还认为被告的Courgette属于开源算法，这一将代码完全公布的行为会导致锐贝公司的被许可人拒绝支付许可费用，因为其实质上使用的就是被告的免费代码，但原告未能举证其用户因被告行为而拒绝支付许可费用的这部分损失。锐贝公司还认为其商业信誉也受到了被告行为的损害，因为原告认为其凭借软件升级的技术在相关领域有着较高的商业信誉，而被告免费开放这一算法的行为无疑会有损其“领头羊”的地位。除此之外被告声称原告侵权的这一行为也会造成其信誉受损，但法院在此方面也认为锐贝公司的举证不足。最后，由于存在可替代的相关产品，其涉案专利也与公共利益关联不大（一般认为公共利益需要与公共健康或安全相关），虽然原告声称如果不阻止被告的侵权行为会给公众造成“侵权的作品也可以开源”的错误认知，但法院认为由于原告无法证明专利侵权的可能，因此也并没有支持原告。

➢ 处理结果

2010年5月28日，美国专利商标局裁定原告相关权利要求无效，因此法院认为原告没有成功证明其诉讼请求的可能。基于以上考虑，法院最终判定未支持原告提出的初步禁令的要求。一审判决后原告提出了上诉，2012年2月13日美国联邦巡回上诉法院判决驳回上诉请求。

➢ 案件评析

开源软件可能会涉及侵犯专利权的问题。由于开源软件本身并不附加任何权利要求，因此在诉讼中被指控为“帮助侵权”“伤害社会公共利益”，即虽然软件创作者并未从中获取利益，但由于其涉及侵权问题且用户数量较多，可能被诉诱导侵权。此时可以从原告专利入手挑战其专利有效性，如果原告专利被宣告无效，则开源软件的的侵权问题就失去了成立的基础，且对于开源软件本身并无伤害。

（撰稿：王董咪；核对：王予君）

◆ Microsoft v. TomTom 案

➢ 基本信息

√ 案号：No. 2：09 - cv - 00247
√ 当事人：
　◇ 原告：Microsoft Corporation（微软公司）
　◇ 被告：TomTom NV；TomTom，Inc.（以下统称“通腾公司”）
√ 时间：2009 年
√ 管辖：华盛顿西区联邦地区法院
√ 类型：专利权

➢ 案情简介

微软公司于 2009 年 2 月起诉导航设备制造商通腾公司侵犯其多项专利，该多项专利中有 2 项涉及 FAT 文件系统，包括 TomTom 产品在内的 Linux 内核均在使用该文件系统。但是，随着软件行业转向云计算，微软公司对开源软件的态度亦逐步由敌视走向包容。2018 年，微软公司收购最大的开源软件托管平台 Github，并于当年携带其 6 万件专利加入开放发明网络（Open Invention Network，OIN）——一个旨在保护 Linux 自由运行而持有防御性专利池的团体。

➢ 处理结果

该案也是微软公司第一次针对 Linux 发起专利诉讼。2009 年 3 月，通腾公司同意向微软支付一笔专利许可费从而迅速与微软公司达成和解。

➢ 建议/启示

该案是微软公司第一次针对 Linux 发起专利诉讼，当时微软公司作为传统的软件巨头对于开源还十分敌视。此后随着开源软件的发展，微软公司也加入开源软件平台成为其中一员。

（撰稿：王董咪；核对：王予君）

◆ 某加密技术提供商专利侵权案

➢ 基本信息

√ 案号：Az. 4a O 199/12（一审）[1]；Az. I－15 U 39/14[2]（二审）
√ 判决时间：2013 年 3 月 12 日（一审）；2015 年 2 月 19 日（二审）
√ 管辖：德国杜塞尔多夫地区法院（一审）；德国杜塞尔多夫地区高级法院（二审）
√ 类型：专利权

➢ 案情简介

◇ 一 审

原告是全球领先的加密技术提供商之一，主要向电视广播公司、卫星运营商和有线网络运营商出售各种加密系统，确保只有经过授权的观众才能接收加密的电视节目。同时原告还是欧洲专利 0482 AAA B1 的权利人，该专利可实现数字区块的转换和使用，其主要特征在于主加密逻辑，且原告根据该加密逻辑进一步发明出了密码算法 B。被告代理销售机顶盒 Cbox，可帮助用户通过该机顶盒解密并查看加密的付费电视内容，同时被告通过其所运营的网站 www. E. de 向用户提供该机顶盒的相关软件和固件，供用户进行下载更新。2010 年，原告自该网站下载了涉案机顶盒上的固件 E 并对其进行分析，根据分析数据认为被告安装有固件 E 的涉案产品实际上是利用其专利技术制造出来的。被告辩称其产品程序员使用开源程序库 R 对该机顶盒固件进行了编程，在 2003 年 2 月 19 日发布的 R 版本文件的第一页上标识了程序库的内容并明确提到了 B 算法，但该算法没有被包含在固件的编程中，也没有被固件寻址，因此，当使用 Cbox 时并不

---

[1] 判决原文参见 https：//openjur. de/u/750C72. html，最后访问日期 2021 年 1 月 16 日。

[2] 判决原文参见 https：//www. telemedicus. info/urteile/Urheberrecht/Open－Source/1568－OLG－Duesseldorf－Az－I－15－U－3914－Moeglichkeit－der－Patentverletzung－bei－Open－Source－Software. html，最后访问日期 2021 年 1 月 16 日。

执行 B 算法。但原告主张被告不是通过安装专门编写的软件来创建文本块和控制块的输入的，而是通过调用 Cbox 的文件系统中的可用函数 T 和 B_encrypt 来执行嵌入在固件中的 B 算法的主要加密逻辑。这两个函数访问 B 算法，该算法也被包含在固件 P. nfi 的两个程序库 Q 和 B. so 中。

◇ 二　审

首先，被告认为一审法院错误地认定了专利侵权：B 算法完全不受专利权利要求 1 的保护且有争议的实施例并未实现该专利的所有技术特征。一审法院忽略了使用 Cbox 时并不执行 B 算法的这一事实。同时，如果用户要通过该软件达到使用原告专利的目的就不得不花费大量的精力对该固件进行反编译并将其转换为可读的计算机语言，然后使用搜索功能搜索 B 算法，而这一行为又以该用户完全知道该功能为前提。但是，通常情况下用户既没有反编译能力，也没有可能意识到 B 算法的存在，因此根本无法确定用户的侵权目的。此外，固件缺乏必要的硬件输入和软件输入，故实际上也无法调用 B 算法。

其次，被告认为原告的侵权指控成立，但由于该指控仅基于网站上所提供下载的固件，因此被告销售带有该固件的机顶盒并提供固件的更新下载至多只成立间接侵权。

再次，因为原告同意将 B 算法作为开源软件库 R 的一部分，其专利权已用尽。

最后，被告认为其没有过错，被告并未没有制造 Cbox，而是从亚洲购买获得。被告作为一家纯粹的贸易公司，不知道固件的确切内容，并且也没有技术手段来检查文件是否真正包含完整的 B 算法，而原告使用逆向工程来分析软件以确定其是否侵犯专利权是不合理的。

基于上述主要观点，被告提起上诉。

➢ 争议焦点

使用包含他人专利权的开源程序库是否构成侵权或间接侵权。

➢ 法院分析

◇ 一　审

法院认为：首先，因为被告未经许可的使用行为，原告有权主张损害赔偿并要求被告提供侵权产品的销售情况等相关信息。其次，被告在未经原告授权的情况下在其产品固件中使用了原告的专利技术，即使需要耗费大量精力和成本，被告也无法以其为纯粹的销售公司来逃避对其产品进行检视是否存在侵权使用的注意义务。但由于确切的损害范围无法确定，因此赔偿金数额的量化需要被告提供其使用和侵权范围等信息。最后，权利用尽原则在这里并不适用，因为被告并未证明其所出售的包含原告专利的产品已获原告许可流通。

◇二　审

其一，专利权用尽。开源程序库 R 可从网络上免费下载，如果其中实现了 B 算法，也应当假定这是在原告同意的情况下完成的。

其二，被告为一家纯粹的贸易公司，其不知道固件的确切内容，且也没有技术来检查文件是否真正包含完整的 B 算法，故原告侵权意图不够明确。

其三，被告的固件功能实现并未借助且不会自动执行 B 算法，但用户可干预使用 Cbox 调用该算法，然而因无法确定用户的预期用途以及进行侵权使用该算法的用户范围，故原告间接侵权的主张也无法成立。

其四，虽然从 R 项目页面“常见问题解答 - 法律”部分的内容中可以看出原告所声称的被告可选择停用此功能或者甚至将其完全从机器代码中删除的说法可信，但不可因此认定被告故意不删除 B 算法，以便用户可以在争议实施例上执行该算法，并以此方式获得实施原告专利的设备。原告须对用户明知固件中包含可执行 B 算法的事实承担证明责任。

➢ 处理结果

◇一　审

一审法院认为被告专利侵权成立，并判令被告赔偿原告损失、提供公开信息并召回侵权产品。

◇二　审

二审法院认为原告的专利侵权指控无法成立，故二审驳回了原告的诉讼请求。

➢ 案件评析

该案中，双方对于使用包含专利权的开源程序库是否构成侵权或间接侵权存在较大意见分歧。一审法院支持了原告的诉讼请求，认定被告未按照许可证要求使用包含专利权的开源程序库构成专利侵权，而在上诉中，二审法院却以专利权用尽以及缺乏主观故意等理由认定被告的行为并不构成专利侵权。

由于著作权仅对软件的表达进行保护，而不延及程序的设计思想，因此便有软件所有人希望通过申请软件专利的方式来对表达之外的内容进行保护。中国的软件专利起步较晚，但却丝毫不影响其蓬勃发展。软件专利对于开源运动的限制是不言而喻的，有些开源许可证对此作出了回应，明确开源软件的贡献者在贡献软件时应将其中其所拥有的专利权许可给用户使用，典型的如 GPL 3.0。然而由于开源软件中所使用的专利可能并非为贡献者所有，因此即便后续用户严格遵守开源许可证，也仍然存在因侵犯专利权而被真正权利人起诉的可能性。为此，必须提前做好专利侵权风险防控。

为最大限度地保障开源事业的顺利发展，开源管理社区可基于源代码贡献者的意思表示，明确其作品的专利权的处理方式（允许用户基于开源许可证免费使用/其他方式），以避免后续不必要的纠纷。

开源平台也可鼓励贡献者先申请专利再在开源许可证下发布作品，并将软件等作品的开发思想和修改思路在公共平台发表，同时鼓励开发者和后续修改者在程序结构上考虑到专利侵权的可能性，尽可能使其在结构上易于剔除侵权代码，从而最大限度减少专利侵权对开源作品价值的损害。

（撰稿：张燕；资料翻译：窦宇鹏；核对：岳娆）

二、案例点析

与商业软件不同，开源软件所有者一开始完全排斥专利申请，认为专利的垄断权与开源软件所倡导的“自由共享”精神冲突。然而，在遭遇商业软件的专利侵权诉讼时，开源软件所有者常常处于非常不利的被动地位，开源平台或开源社区作为网络服务提供者，往往也容易成为 NPE（non - practicing entity，非专利实施主体）等专利公司的攻击对象。鉴于开源软件时刻处于商业软件的威胁之下，不得已为了自保，开源许可证逐渐允许开源软件可以申请专利。

通常而言，商业软件申请的专利类型既包括攻击型专利，也包括防御型专利。其中，攻击型专利是指出于诉讼目的阻碍竞争对手，或者为经营目的许可他人使用并收取专利许可使用费，从而提出的专利申请；防御型专利是指申请专利仅仅作为防御他人起诉的工具，而自己不会利用申请到的专利主动起诉他人或者许可他人使用。开源软件申请的专利多为防御型专利，即申请专利后再开放授权（当然，并不是所有的许可证都开放了专利许可授权），自己不会利用申请到的专利主动起诉他人，或者收取专利许可费。

国内开源软件专利侵权的案例基本没有，上述讨论也仅停留在理论层面。相反，针对开源软件专利侵权的情形，国外法院存在不少案例。例如，在 2010 年 3 月美国苹果公司诉 HTC 案中，苹果公司在美国特拉华联邦地区法院分别以两份诉状，起诉 HTC 基于安卓开源操作系统的手机侵犯其专利权，涉案专利共计 22 件，包括手机的使用界面、系统基础构架及硬件方面。该案的争议焦点为，HTC 的安卓手机是否侵犯了苹果公司专利权。2012 年 11 月，HTC 和苹果公司达成全球性和解协议，撤销当前所有针对对方的诉讼，并签署为期 10 年的许可协议。从社区管理的角度分析，应当重视专利在开源运动中所起的防御性作用，及早进行专利申请和布局。

为加强开源软件中的专利侵权风险管控，笔者提出以下防范措施。

（1）开源软件产业界自身提供担保，例如开源软件的发行商承诺赔偿用户因专利侵权诉讼造成的损失，但是，许可协议本身不提供“担保条款”。

（2）开源软件产业界之外的第三方机构提供专利侵权保险服务，如商业保险公司提供的专利侵权保险服务。

（3）加强“在先技术”数据库的建设，通过在先技术的使用，被告可以进行不侵权抗辩。软件专利制度的缺陷之一是“在先技术”数据库不完善，从而导致大量不具备新颖性和创造性的软件专利申请被授予专利权。通过不断完善软件专利申请的“在先技术”数据库，可以帮助被告有效应对专利侵权诉讼。

（4）进行“回避设计”，不过由于专利可以保护软件的设计思想，因此通过简单变更被控侵权的源代码表达形式或结构进行回避设计比较难规避专利侵权风险，此种做法只有在有一定把握的情形下才适用。

（5）积极应诉，主张开源软件不侵犯原告专利权，并同时提出无效宣告请求。

（6）积极进行防御型专利申请，有效预防商业软件针对开源软件的专利诉讼攻击行为，为开源软件的健康发展筑起一道安全屏障。

（撰稿：曹卫良；核对：徐华阳）

第三章　商　标

一、案例介评

◆ Planetary Motion, Inc. v. Techsplosion, Inc. 案

➢ 基本信息

√ 案号：2001 U. S. App. LEXIS 18481

√ 当事人：

◇ 原告：Planetary Motion, Inc.（行星运动公司）

◇ 被告：Techsplosion, Inc.（泰克斯普劳森公司）；Michael Carson（迈克尔·卡森）

√ 时间：2000 年 1 月 31 日

√ 管辖：美国佛罗里达南区联邦地区法院

√ 类型：商标权

√ 许可证：GPL

➢ 案情简介

原告是一家计算机软件和电信公司，开发并拥有一种名为"Coolmail"的电子邮件服务。作为其服务的一部分，该服务使人们可以通过电话检查其电子邮件而无须登录计算机。1998 年 4 月 24 日，原告向美国专利商标局提交了注册"Coolmail"商标的申请，并于 1998 年 6 月 8 日向订阅者推出了它的 Coolmail 电子邮件服务。原告已花费大量时间和资源来开发其 Coolmail 电子邮件服务。它在电子邮件服务，电子邮件服务的推广以及与媒体、订阅用户和其他人的所有联系中一直使用 Coolmail 作为商标。此外，由于其特别的电话功能，Coolmail 服务在许多国家的报纸上也得到了报道。在启动 Coolmail 电子邮件服务后，原告意识到存在一种同样名为 Coolmail 的计算机软件程序。Coolmail 软件是基于 UNIX 的程序，可与用户的电子邮件程序一起运行，以提供新电子邮件的通知，并充当用户电子邮件应用程序的网关。Coolmail 软件由名为拜伦·达拉

（Byron Darrah）的软件开发人员和工程师开发、许可、传播。原告在 1999 年 7 月购买了 Coolmail 软件的所有权利，包括所有版权、商标、专利和其他知识产权。

1994 年 12 月 31 日，拜伦·达拉首次在互联网上发布了 Coolmail 商业软件。该软件根据 GPL 进行传播，发行时随附带有 Coolmail 标记的公告。该软件是随手册一起分发的，该手册上还贴有 Coolmail 标记。此软件的后续版本已通过网络分发，同样带有 Coolmail 标记。此外，从 1995 年至今，S. u. S. E 公司经拜伦·达拉的同意并根据软件的许可协议，将 Coolmail 软件包含在 CD - ROM Unix 编译的不同版本中，并通过互联网和商店在全球范围内销售软件编译。

迈克尔·卡森开发了自己的电子邮件服务（也被称为“CoolMail”），并成立了泰克斯普劳森公司，主要经营电子邮件业务。1998 年 4 月 16 日，该公司首先在互联网上商业性使用商标 CoolMail。该公司向迈克尔·卡森拥有的互联网广告网络 Paramount Banner Network 的大约 11000 名成员发送了电子邮件邀请。因此该公司辩称其有优先使用权，因为其在原告提出服务之前就已经开始使用该商标，并且商标的使用基本上是连续的（从 1998 年 9 月 1 日到 1998 年 10 月 26 日）。从 1998 年 12 月 20 日到 1999 年 4 月 7 日期间，该公司对其电子邮件的操作停止。

➢ 争议焦点

原被告双方的争议焦点集中于对于 Coolmail 的在先使用上。如果被告能够证明其在原告之前就已在符合商标法意义的基础上使用了涉案商标，则可以主张对该商标的权利。

➢ 法院分析

为了实现其诉讼请求，原告必须证明：①其对该 Coolmail 标志享有商标权；②被告未经允许使用了相同或近似的标示，致使消费者可能对其接受的服务来源产生混淆。法院认为该案的关键在于先试用事实的认定。原告认为其购买 Coolmail 软件的这一事实可以被视为对该软件的使用，使得原告拥有了对该商标的优先权。

原告于 1999 年 7 月从拜伦·达拉处获得了 Coolmail 软件及其权利。在被告使用 CoolMail 的三年之前，拜伦·达拉于 1994 年 12 月首次在互联网上发布了他的 Coolmail 软件，该软件的每份副本均包含一本手册和一份公告，其中反复引用了标志 Coolmail。此外，S. u. S. E 公司已在全球范围内通过网络和商店在其 CD - ROM Unix 汇编中包含并出售了 Coolmail 软件。被告承认，如果 Coolmail 软件在商标“Coolmail”上建立了普通法意义上的商标权，则原告享有优先权。

但是，被告对 Coolmail 软件的发行符合商标使用的这一要件提出了质疑。该要件即当商品上的标记用于商业时：①将其以任何方式放置在商品或其容器、与其相关的展示架上或粘贴在其上的标签或标签上，或者如果商品的性质使这种放置不可实现，则应当标记在与货物或其销售相关的单据上；②货物是在商业中出售或运输的。尽管被告承认在 Coolmail 软件手册上使用 Coolmail 商标是出于符合商标法的目的，但认为该软件的使用不符合商业用途，因为拜伦·达拉允许从网络免费下载该软件，并且从未出售过该软件。被告进一步依靠 Future Domain Corp. v Trantor Systems 案提出的主张，即要确立使用必须有出售。但是，美国商标法明文规定，当“商品在商业中出售或运输”时，相关商标应被视为在商品中用于商业。未来域名公司（Future Domain Corp.）在其意见书中明确指出：“众所周知，当事人可以在没有实际销售带有该商标的商品的情况下显示该商标在先使用。”Coolmail 软件已在网络上广泛分发，这表明该软件是在商业中传播。由于商标已被正确粘贴在 Coolmail 软件上，并且已在商业中使用，因此 Coolmail 软件的使用优先于被告商标权。自从获得 Coolmail 软件的使用权以来，原告通过转让获得的使用 Coolmail 商标的优先权高于被告的优先权。

➢ 处理结果

法院认为被告在软件上对于 Coolmail 商标的使用构成商标法意义上的使用，并且属于商业使用，即使其软件没有进行实际销售，后该软件及其权利都转让于被告，因此原告对于 Coolmail 商标的权利优先于被告，故判决原告胜诉。后被告提起上诉，二审法院维持原判。

➢ 案件评析

开源软件虽然并没有直接的商业收益，但是仍应当认定其使用属于在商业中使用，正如 Jacobsen v. Katzer 案中美国联邦巡回上诉法院所认定，开源软件领域不应当将利益简单地认定为直接的经济利益，不应将无资金收益的开源许可证推定为无经济利益。在公共许可下创作和发行受版权保护的作品具有巨大的利益，包括经济利益，其范围远远超出了传统许可使用费。例如，程序创建者可以通过免费提供某些组件来为其程序赢得市场份额。同样，程序员或公司可以通过孵化开源项目来提高其国际声誉，使产品改进可以迅速进行，而这也是一种经济收益。

（撰稿：王董咪；核对：王予君）

◆ Open Source Group，LLC v. Saad Patel 案

➢ 基本信息

√ 案号：No. 3：15 - cv - 01945. O

√ 当事人：

◇ 原告：Open Source Group，LLC（开源集团有限责任公司，以下简称“开源集团”）

◇ 被告：Saad Patel（萨德·帕特尔）

√ 时间：2016 年

√ 管辖：美国得克萨斯北区联邦地区法院

√ 类型：商标权

➢ 案情简介

原告开源集团是一家软件开发公司，专门从事开源技术的相关业务，其主要营业地点位于得克萨斯州达拉斯。开源集团的主要收入来源来自于提供开源、专有技术和平台以及为客户提供的指导性研讨会和讲座。开源集团最初是法汉·侯赛因（Farhan Hussain）和位于伊利诺伊州的被告根据得克萨斯州法律基于 2010 年 11 月建立的合作伙伴关系而成立的。合伙企业于 2011 年 3 月组建为得克萨斯州的公司 Osarchitect，Inc.。2012 年 2 月，Osarchitect，Inc. 重组为内华达州的有限责任公司，名称为“Open Source Group LLC”，沙雷·吉拉尼（Shahray Gilani）加入成为开源集团的成员。在组建开源集团时成员签订了书面协议，主要内容为管理组织的运营和管理以及对成员的权利和限制。在 2012 年 7 月，沙雷·吉拉尼收购了萨德·帕特尔在开源集团中的全部权益，而萨德·帕特尔辞职并放弃了在开源集团中的全部权益。

原告声称，尽管萨德·帕特尔应该放弃他对开源集团的全部权益，包括开源集团的互联网域名地址，但萨德·帕特尔并未放弃，原告因此提起了诉讼，诉讼主要集中于其 2008 年 7 月 7 日注册的互联网域名 www. opensourcearchitect. com 以及 2012 年 7 月 26 日发布的注册商标编号为 4166079 的“open source architect”商标。

➢ 争议焦点

诉讼主要集中于原被告对于域名及商标权的争议，争议焦点如下：①被告是否侵犯了原告的商标权、是否构成不正当竞争；②被告是否违反了原被告间关于相关知识产权权利归属的协议。

➢ 法院分析

法院认为为了说明网络盗版的索赔要求，商标所有人必须表明被告“有恶意从该商标中获利……注册、贩运或使用与该商标相同或容易造成混淆的域名”。原告称其商标于 2012 年 7 月发行，但域名于 2008 年 7 月注册。但法院认为诉状中没有任何其他内容表明原告的商标在 2008 年域名注册之前或当时具有显著性。因此，法院认为原告没有证据支持原告关于被告域名侵犯其商标权的主张。

在原告主张被告服务商标侵权方面，法院认为为了指控商标侵权，商标注册人必须证明被告未经注册人同意，将“与销售、预期销售有关的任何复制、仿造、模仿注册商标的标示用于商业用途，且可能引起混淆、错误或欺骗”。原告的举证表明帕特尔复制其商标可能引起混淆或错误的合理性。因此，法院支持了原告对服务商标侵权提出的合理要求。

同时法院还支持了原告关于被告使用错误的名称、描述或表示，构成普通法上的商标侵权、不正当竞争的主张，但认为原告与被告之间的争议属于侵权范畴，在支持了原告关于侵权索赔的相关诉讼要求后，并没有支持其关于被告违约的诉求。

➢ 处理结果

法院判定被告商标侵权成立，但并未违反双方合约。

➢ 案件评析

在双方对于权利归属有事先约定的情况下，一方违反协议实质可以有两种救济途径，相比较而言，主张知识产权侵权比违约诉讼在举证、主张救济方面更有效率，且这两种救济不能同时存在。

（撰稿：王董咪；核对：王予君）

◆ Neo4j，Inc. v. PureThink，LLC 案

➢ 基本信息

√ 案号：No. 5：18 – cv – 07182 – EJD

√ 当事人：

◇ 原告：Neo4j，Inc.（以下简称“Neo4j USA”）

◇ 被告：PureThink，LLC（以下简称“PureThink”）

√ 时间：2020 年 5 月 21 日

√ 管辖：美国加利福尼亚北区联邦地区法院

√ 类型：商标

√ 许可证：GPL、AGPL

➢ 案情简介

Neo4j USA 是专门研究图形数据库管理系统的公司，其平台“通过揭示人员、流程和数字系统之间的相互关系，帮助组织了解其数据”。Neo4j USA 最初注册为“Neo

Technology, Inc.”，但于 2017 年 7 月左右将其更名为“Neo4j, Inc.”；其拥有“Neo4j”的商标。Neo4j USA 于 2006 年 6 月首次使用该商标，自美国专利商标局于 2015 年 5 月发布并于 2015 年 8 月 4 日核准以来一直在使用。Neo4j Sweden AB（以下简称“Neo4j Sweden”）是 Neo4j USA 的全资子公司，也是该诉讼的原告，拥有与 Neo4j 图形平台软件相关的某些版权，包括源代码的版权，并已将这些版权授权给 Neo4j USA。Neo4j Sweden 在 GPL 和 AGPL 下，以开源形式发行了称为“Neo4j 社区版”的 Neo4j 软件版本，该开源软件可从 Github 上获得。根据 GPL 和 AGPL，任何人都可以下载 Neo4j 社区版的源代码，并免费使用、修改、汇编、传播该软件；但是被许可方必须通知开源社区。

Neo4j Sweden 根据 GPL 和 AGPL 许可了 Neo4j 社区版软件，而 Neo4j USA 则许可了商业版本，即“企业版”——商业版本最初是根据 AGPL 条款以及有偿商业许可获得许可的。原告声称从 2018 年 11 月开始，它在付费商业许可下独家提供了商业版本。

在 2014 年 9 月 30 日前后，Neo4j USA 与被告 PureThink 签订了合作协议。根据该协议，PureThink 同意出售并支持该软件的商业版本。原告声称 iGov 公司是 PureThink 的后继者，维翰·马克·苏希（John Mark Suhy）是 PureThink 的唯一成员和经理，也是 iGov 公司的唯一股东。

2017 年 5 月 30 日，Neo4j USA 向 PureThink 正式通知了其重大违规行为。此后不久，2017 年 7 月 11 日，Neo4j USA 向 PureThink 发出书面通知，告知其合作伙伴协议因 PureThink 无法解决 2017 年 5 月 30 日提出的重大违约而被终止。

➢ 争议焦点

①被告行为是否侵犯了原告的商标权；②原告的商标注册是否符合美国商标法要求，即是否形成了商标的裸许可。

➢ 法院分析

原告声称，被告成立于 2018 年 6 月 21 日左右，以回应原告决定停止以开源形式提供企业版的决定。被告在其网站上提供了一个名为“ONgDB”的图形数据库软件，该软件被称为“免费和开源 Neo4j Enterprise 项目”和“世界领先的图形数据库 Neo4j 的非限制性分支”。原告指控被告将 ONgDB 推销为与企业版的当前版本相同，而实际上 ONgDB 由被告编译并包含被告编写的源代码。此外，原告称 ONgDB 下载包含许多可执行文件，其名称中包含“neo4j”。原告进一步称被告的 ONgDH 源代码存储库包含许多错误和误导性陈述。具体来说，存储库页面（由 GitHub 托管）指出“ONgDB 与 Neo4j github [repositiory] 保持同步”，并称其为“Neo4j Enterprise Fork”，原告称这会误导消费者，使他们误以为他们正在接收真实的 Neo4j 软件。2019 年 10 月 1 日，原告对被告提起诉讼，认为被告：①商标侵权；②提供虚假的原产地名称；③虚假广告；④不公平竞争。

被告答辩中认为："原告声称拥有 Neo4j 商标，但无论是公司名称商标还是产品名称商标都令人困惑。Neo4j Sweden 宣称自己拥有软件，而不是原告拥有，并且 Neo4j 仅是作为公司名称的一部分，却称其开源软件产品为 Neo4j，据被告所知，根据开源许可证，原告无权检查或监督开源许可证持有人的工作质量，因此无法保持对许可证持有人修改、使用、分配或分发方式的质量控制。结果，原告放弃了裸许可原则下的 Neo4j 商标。"

被告提供了 GitHub 服务条款的摘录，据称该条款授权任何用户使用和改编该软件。然后它宣称："原告关于它是否指控被告分发和使用 Neo4j 开源违反了美国商标法或美国反不正当竞争法的指控是模糊的、含糊的。受 GitHub 服务条款的禁止，明确允许进行此类分叉和使用。"最后，被告提出应当撤销原告的商标注册。被告认为 Neo4j 的第 4784280 号注册商标是通过欺诈手段获得的，因为其是 Neo Technology（特拉华州的一家公司，已变更为 Neo4J, Inc.）在 2006 年 6 月 4 日首次使用的商标，并在 2007 年 5 月 28 日在商业中使用。该公司成立的那一天，在 2006 年 6 月 4 日或 2007 年 5 月 28 日并不存在。由于注册是通过欺诈手段进行的，因此应撤销该商标注册。被告在其修改后的答复中辩称原告进行了商标的裸许可（当许可人"未对被许可人进行充分的质量控制"时，就会出现商标裸许可）。如果发现许可人未对商标的使用人进行质量控制，则法院可能会认为商标所有人放弃了商标，在这种情况下，所有者将停止主张商标权。被告认为原告放弃了 Neo4j 的商标，原因是：①通过同时使用它作为公司名称和多个软件产品的名称来制造"混淆"；②通过开放源代码许可证分发 Neo4j 品牌软件。根据美国商标法，只有在以下两种情况之一发生时，商标才能被视为"放弃"：①使用时已终止，目的是不继续使用该商标；②所有者的任何行为方式，使得商标成为该商品或服务上的通用名称，或以其他方式失去其作为商标的意义。被告的两个论点都符合这两种放弃的定义。

在 PureThink 命令中，法院裁定由原告在其公司名称和产品名称中使用"Neo4j"所引起的混淆不足以表明该商标已成为相同类型或相同商品的"通用名称"，并进而"失去了作为商标的意义"。法院进一步裁定，根据开源许可 Neo4j USA 无权检查或监督开源被许可人的工作质量的指控本身并不表示 Neo4j USA 不能对商标的使用行使充分控制权。虽然被告可能会声称原告对商标使用的实际控制缺乏，但开源许可证中没有控制规定并不意味着缺乏控制，因此法院没有认可被告关于原告已经放弃其商标权的主张。此外，被告声称："既然使用 GitHub 上的公共存储库，Neo4j 的开源版本就受 GitHub 服务条款的约束，而该条款允许任何用户使用和派生该软件。"它声称在原告指控被告分发和使用开源 Neo4j 软件的范围内违反了美国商标法或美国反不正当竞争法，该声明被 GitHub 禁止，该条款明确允许此类分发使用。

原告认为，被告关于分叉权利（right of fork）的辩护不当主要有两个原因。首先，原告辩称该抗辩理由不充分，因为被告未能说明根据 GitHub 服务条款进行分叉的权利将如何免除被告对 Neo4j 商标侵权或不正当竞争的责任。其次，原告认为 GitHub 服务条款的省略部分清楚地表明，分叉权利不会免除用户对商标侵权的追究。具体来说，GitHub 服务条款规定用户“不得违反任何法律，包括版权法或商标法”。原告还指控被告提供的该软件的分叉版本包含名称为“neo4j”的可执行文件。被告关于的分叉权利辩护称，GitHub 服务条款明确允许被告采取这些行动。法院同意原告的观点，即 GitHub 服务条款并未赋予被告“违反美国商标法或加利福尼亚州的“法律或合同权利”，如果合法分支产生了必须包含名称“neo4j”的可执行文件，则在这些文件名中使用标记不太可能误导消费者，因此并未造成消费者混淆，侵害商标权。

在反对意见中被告承认，在注册中对首次使用日期的错误声明本身并不支持商标的撤销，其要求撤销原告的商标注册的反诉被法院驳回（因为“关于商标申请人对其首次在商业上使用日期作出虚假声明的指控不足以提出……由于欺诈以取消原告商标注册的主张”）。

➢ 处理结果

被告修改其动议后再次提出了原告对商标进行裸许可，因此应当认定其已经放弃对相关商标权利的请求，但法院认为原告根据 GPL 和 AGPL 在开源社区内进行研发和许可其软件，而开源并不足以说明原告未能实际控制其被许可人对商标的使用行为，因此驳回了被告的诉讼请求。

➢ 案件评析

开源软件许可证一般不会对被许可人施加过多限制，同时由于其开放性，版权人不会过多地维护软件标示与软件本身的特殊关联，加之许可证允许被许可人进行改编和发行，使得相关软件会不断增多，因此可能会被认为“所有者的任何行为方式，使商标成为商品或服务的通用名称或以其他方式失去其作为商标的意义”，即判定该商标权已被放弃。但开源软件许可证中没有详细规定较严格的控制权不表明权利人对该软件相关权利失去控制，许可证的许可条件、相关侵权风险的提醒都表明开源软件权利人实质上仍享有其相关权利，且在开源软件基础上衍生的若干名称具有相似性的软件，由于其开源的特性，也并不会导致相关消费者混淆并最终造成其失去商标辨识商品来源的意义而成为通用名称。

（撰稿：王董咪；核对：王予君）

◆ Elastic Search，Inc. v. Amazon. com，Inc. 案

➢ 基本信息

√ 案号：3：19 - cv - 06158 - EJD

√ 当事人：

◇ 原告：Elastic Search，Inc；Elastic Search B. V.（以下统称“Elastic”）

◇ 被告：Amazon. com，Inc；Amazon Web Services，Inc（以下统称“亚马逊”）

√ 时间：2019—2022 年

√ 管辖：美国加利福尼亚北区联邦地区法院

√ 类型：商标

√ 许可证：Apache 许可证 2.0

➢ 案情简介

Elastic 是从事开源软件研发的公司，提供一种名为“Elasticsearch”的开源、免费使用的数据分析搜索工具。2015 年，亚马逊宣布将提供这种开源搜索工具的托管版本。由于开源公司一般都是从免费软件的支持或管理中营收，亚马逊的托管版本实质上会严重影响 Elastic 的业务。Elastic 随后开发了针对高级用户的新功能以此对亚马逊的“抄袭行为”进行回应，但随后亚马逊就在其版本中添加了同样的功能，这实际上就从侧面说明了亚马逊的确以 Elasticsearch 为目标进行有针对性的抄袭，先观察哪些技术在 AWS 用户当中受欢迎，随后推出该服务的自家版本。这使得开源软件公司认为 AWS 在进行“露天开采”（strip mining）。

2019 年 3 月份，亚马逊推出了一个名为“Open Distro for Elasticsearch”的分支，其副总裁阿德里安·科克罗夫特（Adrian Cockcroft）认为采用 Apache 许可证 2.0 的下载件仍可供使用，但关注开源的客户获得什么、他们可以依赖什么，这些方面极其不明确。他认为软件发布说明和说明文档都没有明确区分专有代码和开源代码，这意味着对代码的任何更改（比如给漏洞打补丁或添加功能特性）都可能违反许可证，因此亚马逊推出分支版本实质上是为全球用户规避了侵权风险。但 Elastic 的创始人谢伊·巴农（Shay Banon）并不赞同这种分支的做法，并否认了亚马逊声称拥有许可证可以更改任何代码的说法。谢伊·巴农说：“我的产品被人分支，重新发行并重新打包，次数多得不计其数。这表明我们的产品很成功，覆盖范围很广泛。好多人想坐享其成……”这种做法显然并不是他们所能接受额度。

2019 年 9 月，Elastic 起诉亚马逊侵犯商标权以及对 Open Distro for Elasticsearch 和原创产品进行虚假广告宣传，声称客户“很可能存在混淆”。

➤ 争议焦点

亚马逊是否侵犯了 Elastic 的商标权以及 Elastic 对其产品的宣传行为是否构成虚假宣传。

➤ 处理结果

2022 年 2 月 9 日，原被告双方达成一致同意由美国加利福尼亚北区联邦地区法院裁决撤回诉讼请求，由双方各自承担诉讼费用。

➤ 案件评析

这不是亚马逊第一次被指控“露天开采”竞争对手，尤其是被提供开源软件的竞争对手，例如 MongoDB、MariaDB 和 RedisLabs 都提出了类似的诉讼。财报显示 AWS 占亚马逊总利润的一半，同比猛增41%。如何维护开源软件的“共享性”，同时防止因为其较为松散的权利限制而被无限制地抄袭最终导致侵权，或成为商业公司的牟利手段导致开源软件背离其初期宗旨，也是开源软件发展过程中的一个重要问题。

（撰稿：王董咪；核对：王予君）

◆ 谷歌移转商标所有权至 OUC 案

➤ 案情简介

2020 年 7 月 8 日，谷歌在 Istio 官方博客发布公告，宣布将该项目的商标所有权移交至 OUC（Open Usage Commons），以提供对商标的中立监督。公告表示：“从历史上看，商标的管理混乱是阻碍开源项目发展的因素之一。今天，我们宣布建立开放使用共享组织 OUC，该组织致力于将开源的理念和定义延伸至项目的商标管理。”

谷歌母公司 Alphabet 开源总监克里斯·迪博纳（Chris DiBona）在接受外媒采访时表示，OUC 源自谷歌长久以来在开源界的切身经历：“目前，我们有 3000 多个活跃的开源项目。这些项目一直以来难免会遇到诸多与知识产权相关的法律纠纷，谷歌在该些案件中均得胜诉。我们得出的结论是，开源软件代码与商标管理应当区分开来。如果您查看开源许可证，你会发现它们要么根本不提及商标，要么就放弃商标。这意味着人们只需要满足 Apache 等开源许可证列出的条款，就可以将该开源软件的所有内容（可能包含商标）随意使用。我们决定对此进行调整，开源软件的商标应当获得同等保护。我们希望为商标制定明确的权属划分，并根据开源的商标使用定义建立准则。”

➢ 案例评析

如果说开源软件理念对版权和专利有着天生的排斥，那么对于商标保护则是青睐有加[1]：未经软件版权人许可，被许可人不得使用相关商标，否则即可能构成商标侵权。以开放源代码促进会（OSI）为例，为统一开源软件标准，规范开源行业发展，其充分利用商标制度，通过使用证明商标“OSI”和“open source initiative”对开源软件许可证进行审核，将该证明商标许可给被 OSI 认定为符合开源软件统一标准的开源软件提供者使用，并据此收取商标许可使用费。换言之，对开源软件之使用仅在版权法意义上无偿，而在商标法意义上有偿。再如，Android（安卓）相关商标俱由谷歌掌握，未经谷歌许可，即使使用开源部分的 Android 代码，也不能使用 Android 相关商标，否则即可能构成商标侵权；如欲使用，只能依据 Android 官方网站发布品牌指南规则所限制的方式进行使用。据此，依据商标制度获取许可使用费成为开源软件谋利的一大渠道。

（撰稿：岳娆；核对：张燕）

◆ 红帽公司禁止未经许可使用带有其标志（logo）的商标案

➢ 案情简介

对开源软件商标进行严格管理，最著名的例子莫过于开源软件公司红帽公司（Red Hat）。2004 年，红帽公司对其商标使用发布严格规定：允许公众自由使用其开源产品源代码，但禁止未经许可使用带有其 logo 的商标。该举措树立了红帽公司相关商标在业界的商业地位，以致基于 Red Hat Linux 的社区发行版 Fedora 和 CentOS 中，与 Red Hat 有关的商标信息被全部替换。正如当时的红帽公司副总裁马克·韦布力克（Mark Webbink）所说：“在开源经济中，Red Hat 品牌及其服务才是有商业价值的。”

（撰稿：岳娆；核对：张燕）

---

[1] 张平．开源软件：知识产权制度的批判与兼容［G］//张平．网络法律评论：第 5 卷．北京：法律出版社，2004：90.

◆ 莫兹拉基金会注册“Firefox”商标案

➢ 案情简介

2005 年，鉴于诸多不法分子转售包含恶意插件的“Firefox” CD - ROM 并从中牟利，莫兹拉基金会（Mozilla Foundation）注册了“Firefox”商标。这一做法在很大程度上杜绝了带有恶意插件的盗版浏览器对“Firefox”品牌的负面影响。时至今日，当大家看到“Firefox”或其商标 logo 时，都能明确知晓“它就是 Mozilla 的 Firefox”。

（撰稿：岳娆；核对：张燕）

◆ 开源软件“xt：Commerce”商标案❶

➢ 基本信息

√ 案号：Az. 2a O 1/08（一审）；Az. I - 20 U 41/09（二审）
√ 当事人：
◇ 原告：xt：Commerce GmbH（xt：Commerce 公司）
◇ 被告：某公司
√ 时间：2010 年 9 月 28 日
√ 管辖：德国杜塞尔多夫地方法院（一审）；德国杜塞尔多夫地区高等法院（二审）
√ 类型：商标权
√ 许可证：GPL

➢ 案情简介❷

原告是社区图形商标“xt：Commerce”的所有者，将该商标在计算机、编程和软

---

❶ 裁判原文参见 https：//www. ifross. org/Fremdartikel/OLGDuesseldorfxtcommerce. pdf，最后访问日期 2021 年 2 月 9 日。

❷ Anonym. OLG Düsseldorf：GPL gibt keine Befugnis zur Nutzung der Marke “xt：Commerce” [EB/OL].（2010 - 10 - 20）[2021 - 02 - 09]. https：//www. dr - bahr. com/news/gpl - gibt - keine - befugnis - zur - nutzung - der - marke - xtcommerce. html；WOLF C A. OLG DÜSSELDORF：MARKENRECHT DURCH GPL SOFTWARELIZENZ? [EB/OL].（2010 - 10 - 15）[2021 - 02 - 09]. https：//www. kpw - law. de/2010/10/15/markenrecht - durch - gpl - softwarelizenz/；Anonym. Markenverletzung von “xt：Commerce” trotz GPL [EB/OL].（2010 - 09 - 28）[2021 - 02 - 09]. https：//www. online - und - recht. de/urteile/Markenverletzung - von - xt - Commerce - trotz - GPL - I - 20 - U - 41 - 09 - Oberlandesgericht - Duesseldorf - 20100928/.

件等方面进行了注册。但同名的文字商标由于缺乏鲜明的特征而被驳回。原告以这个名字提供了用于管理在线商店的开源软件。

被告活跃于搜索引擎优化（SEO）领域以及网站和博客运营商，经营着两个互联网网站。其开发了计算机程序来支持和补充 xt：Commerce 软件，为了在线商店运营商更好地定位自己，还将其作为互联网搜索的一部分。同时被告还为这些程序提供维护服务和支持，以 xt：Commerce 为名在互联网上宣传其提供的软件补充和服务。其通过使用“xt：Commerce”提供名下的网店程序，或使用单词“xt：Commerce Shop – Hosting”和“xt：Commerce Basic – Seo”。其还用标题“xt：News”和“xt：Software”链接了“xt：Forum”，在一个论坛上宣布要在网上发布“xt：Commerce SP 2.1 更新”，即开源软件 xt：Commerce 的更新。

xt：Commerce 公司将被告诉至法院，理由是 GPL 仅包括版权许可，而没有商标许可。

➢ 争议焦点

原告认为，被告在使用“xt：Commerce”及其两个缩写称号时（有或无各种附加物），侵犯了其商标权。对此，被告表示，软件 xt：Commerce 是所谓的开放软件，所以适用 GPL。原告认为，被告也不得使用其缩写，因为作为“xt：Commerce”的简称，其在市场上已经普遍确立了自己的地位。

被告认为，原告只是一个仅涉及金、灰、黑三种颜色图案的图形商标的所有人，其并没有侵犯原告的商标权。但是，原告在这个配色方案中并没有使用“xt：Commerce”这个代号。此外，被告认为，“xt：Commerce”一词不具有任何显著性，因此不能作为文字商标加以保护。即使有商标保护，被告也可以在 GPL 的基础上使用这个词。被告所用的缩写，并非一般人所熟知的软件“xt：Commerce”的缩写，而是早有记载且已经被普及。

被告在论坛上宣布将在线发布软件的新版本的公告，被原告视为对商标权的侵犯，因原告不同意将其商标用于分发更改的程序版本。GPL 也没有授权以商标的原始名称分发软件的更新。[1]

被告在二审中进一步指出，其宣布软件的更新上线，也只是给这个项目起了个名字，这与宣布打算转卖宝马 M3 的消息相当。根据 GPL 分发软件，将产生使用该名称的权利，因为销售产品的权利必然包括此项权利；建立“xt：Forum”论坛这样的用户论坛，无论如何也不会被商标法所禁止。而且原告的商标是一个纯形象化的商标。其第一个词素不占优势，缺乏特色，与第二个词素也缺乏对应关系。

---

[1] KREUTZER T. OLG Düsseldorf entscheidet über das Verhältnis zwischen GPL und Markenrecht [EB/OL]. (2010 – 10 – 11) [2021 – 02 – 09]. https://www.ifross.org/artikel/olg – duesseldorf – entscheidet – ueber – verhaeltnis – zwischen – gpl – und – markenrecht.

➢ 法院分析

◇一　审

原告主张被告的网站构成对案涉商标权利网站侵犯。为了根据德国《商品名称及编码规则》第 9 条第（1）款 b 项提出主张，原告必须主张被告在与该商标注册的商品或服务相同的商品或服务上使用了与其商标相同或类似的标志，从而存在使公众产生混淆的可能性。但是，原告仅提出被告在互联网上使用了某些标志，而没有说明被告如何使用这些标识以商标方式识别商品和/或服务。但是，只有当公众将标有某种标志的产品或服务的来源误认为是以该标志为基础时，才会产生公众混淆的可能性。因此，在该案中，为了提交证据确凿的抗辩，原告有必要就其提出异议的被告对涉案标志及其简称标志的每一次使用，说明该使用在多大程度上与被告的产品或服务有关，使公众有可能将其与原告的商品和服务相混淆。

◇二　审

对于商标的使用，是否存在混淆的可能性，一方面取决于申请保护的商标的显著性和冲突标志的相似性，另一方面取决于注册商标的商品与争议标志的使用距离。标志的相似性与标志所指定的商品的相似性之间存在相互依存的关系，因此，商品的相似程度越高，可以弥补标志的相似程度越低，反之亦然。公众不得不依靠其不完美的记忆形象，难以注意细节。因此，比较不应该以差异性为基础，而应该以相似性为基础。因为在记忆画面中，相同的特征通常比不同的特征更突出。如果适用这些原则，不能否认被告使用的标志与原告的形象标志之间存在混淆的可能性。

就"xt：Commerce"这个符号而言，其接近于身份。原告的形象商标"xt：Commerce"的特点是其词素。由文字和形象元素组成的商标通常以文字元素为特征，因为这提供了指定商品的最简单方式。该案中，商标的图形内容仅限于字母的颜色设计。在这种情况下，只有在词素没有任何显著特征的情况下，才能用具象元素来表征商标。但该案事实并非如此。一般词汇中没有"xt：Commerce"这个词。即使在网店经营者的圈子里，这个词也没有任何描述性意义。"xt：Commerce"并不是作为网店程序本身的代名词，而是描述了一种具体的网店运营软件，它可以与其他此类程序相区别。

诚然，与商标产品有关的论坛不一定非要由商标权人或商标产品的制造商来经营。但是，如果该论坛在（被指称的）制造商的网站上形成一个栏目，公众就会认为该论坛也是由制造商运营的。因此，他们把这个符号理解为一种起源的指示。

关于 GPL 对商标权的影响。被告宣布将把"xt：Commerce 更新"放到网上。这即是商标的使用。被告举出的转卖宝马 M3 的例子，旨在主张权利穷竭，并不有效。被告的公告并不是针对转售合法获得的 xt：Commerce 软件，而是针对其副本。对穷竭的异议只涉及原件的转售，拥有原件并不具备出售副本的权利。另外，GPL 是对 xt：Commerce 公司发行的、标有其商标"xt：Commerce"的计算机程序的许可，被告并没有获得该商标的使用权。GPL 只对受其约束的计算机程序的使用进行版权方面的规定，商标法的规定并不包含在这套规则中。商标法规定的（默示）使用权也不是从事物的性质出发的。如果没有商标法的授权，著作权法规定的使用授权并不是空穴来风。享有权利的人可以用另一个自己的名字分发他合法复制的程序。同时使用创作者为程序使用的商标，对这种传播行为当然是有利的，但不是使用版权授权的必要条件。

GPL 仅规范从属计算机程序的使用的版权方面，不包含任何商标法条款。所以，未经同意不能以受保护的名称重新分发软件。

➢ 处理结果

法院判决 GPL 并不授予被许可人商标权，被告构成商标侵权。

（撰稿：王予君；核对：王董咪）

◆ Satco Europe GmbH v. Dream Property GmbH 案[1]

➢ 基本信息

√ 案号：Az. I－20 U 176/11

√ 当事人：

◇ 原告：Satco Europe GmbH

◇ 被告：Dream Property GmbH

√ 时间：2012 年 4 月 24 日

√ 管辖：德国杜塞尔多夫地区高级法院

√ 类型：商标

√ 许可证：GPL 2.0

➢ 案情简介

原告是 2008 年注册的社区字号“Enigma”的所有者，授予了姊妹公司这个商标的独家许可。姊妹公司以“Dreambox”的名称销售基于开源操作系统 Linux 的机顶盒已有十多年的历史。为此，其开发了一个用户界面，该界面于 2000 年以“Enigma”的名称发布，并已获得 GPL 2.0 的许可。自 2006 年以来，原告的姊妹公司一直在销售“Enigma 2”用户界面，根据 GPL 2.0 也获得了许可。相关用户界面还被许多竞争对手用于

[1] 裁判原文参见 https://www.ifross.org/sites/default/files/OLG%20Duesseldorf%20satco%20europe%20v%20Dream%20Property.pdf，最后访问日期 2021 年 2 月 9 日。

在 Linux 操作系统下运行的机顶盒，它们需要被针对相应的硬件进行调整，因为来自不同制造商的机顶盒在远程控制和显示方面有所不同。

被告从其中介人那里获得了一个名为"VU + DUO"的机顶盒，该机顶盒还配备了 Linux 操作系统和原告的姊妹公司开发的"Enigma 2"用户界面，但对其自身设备进行了改造。被告在广告机顶盒上贴了一张传单，上面写着："VU + DUO Your Smart Linux TV Player. Der VU + DUO ist ein voll ausgestatteter HDTV Twin Turner PVR mit Linux Enigma 2 Betriebssystem..."，该设备的描述如下："400 MHz CPU + Linux OS Enigma 2 + Internal HDD（2.5/3.5） + Twin DVB – S2 Tuner + E – SATA/ 3 x USB..."。

此外，当调用菜单项"关于"时，会显示信息"Enigma"，其中包含有关软件版本的更多详细信息。

原告认为这侵犯了其商标权。法院在 2011 年 5 月 4 日的判决中，以指定的命令手段禁止被告使用名称"Enigma 2"作为商业交易中的操作系统，特别是向数字卫星接收器提供以此方式标记的操作系统。在有争议的判决中，法院确认了该禁令。后被告上诉。

➢ 争议焦点

使用"Enigma"一词是否构成商标侵权，或者"Enigma"是否是商品性质的标志。

原告认为被告存在对其商标的使用，GPL 2.0 没有对商标权作任何规定。此外，它不允许商业使用。被告也不能依赖 GPL 2.0，因为其并未遵守 GPL 2.0。被告或其供应商必须改变操作系统或用户界面，才能使其在被告的设备上运行。

被告认为，该商标缺乏使用价值。该标志仅作为作品名称使用。就开源软件而言，公众习惯于其作为作品名称而并不表明其商业来源。使用标志来描述他们的报价是必要的，因为消费者必须知道自己使用的是哪个用户界面，以确保扩展的兼容性。既然他们、被告及其委托人被允许使用 GPL 2.0 下的软件，原告就不能禁止被诉用途。

➢ 法院分析

法院认为该案不存在商标侵权。

商标侵权的先决条件是使用名称作为商标，即表示产品的业务来源。但是，案涉名称仅在该案中用作对软件本身的引用，"Enigma 2"一词仅用于指定某些软件，因此是作品名称。[1]

具体来说，法院论证道，原告不能在简易程序中要求禁止使用"Enigma"这一标志。相反，被告将"Enigma"的标志作为相应软件的工作名称以可接受的方式使用的

---

[1] Anon. OLG Düsseldorf zur Titelbenutzung bei Open Source Software［EB/OL］.（2012 – 06 – 20）［2021 – 02 – 09］. https：//www. glawe. de/de/aktuelles/olg – duesseldorf – zur – titelbenutzung – bei – open – source – software.

可能性大于禁令的可能性。原告不能因为“Enigma”这个标志是相关舆论认为的作品名称而禁止他人使用。在任何情况下，根据《欧洲共同体商标条例》第12条b项的规定，这种使用是允许的。在发生争议的情况下，被告并不需要对申请人的商标享有使用权，因此，是否像该案争议中的GPL赋予商标法上的权利是无关紧要的。

根据《欧洲共同体商标条例》第9条第1款b项，如果由于标志与商品或服务的相同或相似性，存在混淆的可能性，则该标志的所有人可禁止第三方在交易过程中使用该标志。

如果按照德国的传统观点，只有当一个标志本身作为商标使用时，使用另一个标志从一开始就被认为是侵权的，在纠纷中假设商标侵权——按照目前的情况，是不成立的，因为被告被诉的使用，并没有说明图形用户界面的商业来源，而是在设备上安装了关于图形用户界面的哪个程序。欧洲法院也确立了商标使用的要求，但从一开始就从广义上理解。根据欧洲法院的判例（GRUR 2009，756 – L'Oréal/Bellure），如果为了确定商标侵权，人们额外地或仅仅询问有关标志的各自使用对商标功能的损害，那么根据欧洲法院的判例，如果像该案一样，不是该条款a项含义中的相同产品使用相同标志的问题，而是b项含义中的只使用类似的标志或只使用类似产品的标志的问题，则必须考虑到作为商标主要功能的指示原产地的功能受到损害这一事实，其他商标功能则无关紧要。但是，标明所使用软件的身份并不影响受保护商标的原产地标记功能。

无论作为商标使用的问题如何，在争端中提出的禁止性救济要求（按照目前的情况）在任何情况下都是失败的，因为《欧洲共同体商标条例》第12条b项有明确的规定——根据该条规定，如果商品或服务的种类和质量符合工业或商业事务中的诚实做法，则共同体商标并不赋予其所有人禁止第三方使用这种标志的权利。

有争议的标识“Enigma. 2”被用于指定特定的计算机程序，从而指定了作品的名称。在广告传单的文本中指出，所提供的设备配备了“Linux E. 2操作系统”。目标公众对该标识的理解是，带有图形用户界面“Enigma. 2”的Linux操作系统是被告所宣传的接收器所提供的设备的一部分。据此，圈内人将该指示视为计算机程序的名称。

但是，不能从一开始就排除公众可能在软件产品的名称中，也就是在作品的标题中看到产品的商业来源的迹象。然而，这种理解在该案争议中并不明显。符号“Enigma”或“Enigma. 2”表示软件程序是根据GPL 2.0条款授权的。根据该许可证，只要遵守其条件，任何人都可以复制、分发和使用该程序。事实上，不仅原告和被告在此指定下使用该系统，十几年来，大量基于Linux操作系统的机顶盒厂商都在使用该指定下的程序——原告本身或其姊妹公司也在宣传这一事实。因此，“Enigma”这一标识长期以来一直被相关公众作为不同商业来源的开源软件的标识，也就是作为作品名称的标识。

法院还提到了德国反垄断法第12条b项以及“BGH决定‘为更好的世界而著书’”，根据该决定，任何人都可以利用（版权所有）公共领域的作品，也可以使用相应的标题进行描述，而商标所有者不能禁止这样做。对于 GPL 2.0 下的软件，利益是可比的，该软件的用户也可以使用其作品名称来引用该软件。

另外，法院认为，将软件作商业用途时，只要使得人们清楚它仍然是第三方软件，就可以修改 GPL 下的此软件，然后继续以商标名称出售。如果仅更改必要的细节，则仅修改软件本身并不一定会带来问题："在进行此类更改的情况下，只要基本功能相同，目标人群就认为程序匹配，并且特别可以使用第三方提供的插件（补编）。正是基于用户界面的程序添加才证明需要命名软件。"❶ 但是，如果将原始软件的源代码更改为达到完全不同的软件的程度（这是性质问题），则使用标题的权利将失效。❷

法院确定，GPL 2.0 仅禁止收取使用该程序的费用。它不妨碍使用仅按付款出售的硬件。

对于后两点，法院具体论证到，即使公众不熟悉这些情况，在任何情况下都会有《欧洲共同体商标条例》第 12 条 b 项所指的允许描述性使用。免费许可下的计算机程序在这方面与版权保护期满的作品相当。在这种情况下，如果允许第三方复制作品，这些第三方也必须指定复制的作品。根据德国联邦法院的判例法，必要时，在根据德国商标法第 23 条第 2 款注册为商标的作品名称保护范围内，必须考虑到使用版权保护已经过期，因此可以被任何人利用的作品名称的合法利益。但是，如果由于授予免费许可，从一开始就允许使用该作品的版权，则利益并无不同。即使如此，授权使用者也要表明作品的身份，即使用作品的名称。如果与被告系统相适应的软件是同一作品，而且如果被告或其供应商遵守 GPL 2.0 的条款，即他们合法地将该软件作为图形用户界面使用，则该异议声明不违反贸易和商业中的诚实做法。

而这些条件并不缺乏，因为被告的软件已经在争议的范围内适应了所使用的硬件，现有的故障已经得到了纠正，并进行了其他一些修改。软件"Enigma"作为一个开源程序，即作为各厂家设备的图形用户界面与消费者见面。免费使用需要程序适应不同的硬件平台。这一点很明显，原始用户界面再现了原告的设备或显示了其商标。但是，创建不同的控制元件和不同的功能范围，也需要对软件进行一定的改造。在任何情况下，只要基本功能相同，目标公众都会认为这种修改的程序是相同的，特别是可以使用第三方供应商提供的插件，即补充程序。恰恰是基于用户界面的程序补充，才有了上述以软件名称命名的必要性。与已经成为公有领域的作品的使用情况相比，也是不遑多让。对于这类作品，可以有独立的、允许的改编（如不同的电影改编），每部作品

---

❶ FERNER R J. OLG Düsseldorf zur Kommerziellen Verwendung von GPLv2 Software [EB/OL]. (2021-09-02) [2021-09-02]. https://www.ferner-alsdorf.de/olg-dusseldorf-zur-kommerziellen-verwendung-von-gplv2-software/.

❷ Anon. OLG Düsseldorf: Modifikationen Einer Open Source-Software Dürfen so Lange Unter dem Ursprünglichen Namen der Software Vertrieben Werden, Wie Sie Ihr "Ähnlich" Bleibt [EB/OL]. (2012-09-21) [2021-09-02]. https://www.damm-legal.de/olg-duesseldorf-modifikationen-einer-open-source-software-duerfen-so-lange-unter-dem-urspruenglichen-namen-der-software-vertrieben-werden-wie-sie-ihr-aehnlich-bleibt.

都使用公有领域的作品名称。此外，关于标题的使用，必须假定它是作为一种公平的描述性使用从而是被允许的。关于争议，公众仍将把多年来由不同供应商根据自由许可证合法发布并适用于各种平台的程序视为同一开放源码作品，正确地冠以“Enigma”或“Enigma.2”的名称，即使在此作了微小的改动和改编。法院无法认识到，改编将超出预期范围。这尤其适用于使用为“Enigma”系统开发的程序补丁的可能性。

另外，原告认为 GPL 2.0 不允许商业使用。但是情况并非如此。法院确定，GPL 2.0 仅禁止对该程序的使用收费，但不排除将其用于仅收费出售的硬件中。

➢ 处理结果

法院未支持原告的主张，并取消了禁令。

➢ 案件评析

综合前案与该案，在修改原始的开源软件并作商业用途时，更改的程度影响着使用原始软件的名称是否构成侵权；而在为原开源软件提供支持服务时，用原名称作为宣传内容的一部分和检索名词很可能构成商标侵权，但法院之间的观点可能有所不同。不过无论如何社区和用户在对有关开源软件的宣传、使用或其他商业用途时都敏感于商标侵权问题，考虑是否存在被诉的风险。

（撰稿：王予君；核对：王董咪）

◆ 不被保护的商标“Linuxwerkstatt”案[1]

➢ 基本信息

√ 案号：25 W(pat)65/08

√ 当事人：

◇ 原告：不详

◇ 被告：德国专利商标局

√ 判决时间：2009 年 12 月 17 日

√ 管辖：德国联邦专利法院

√ 类型：商标

---

[1] 裁判原文参见 http：//juris. bundespatentgericht. de/cgi - bin/rechtsprechung/document. py？Gericht = bpatg&Art = en&Datum = 2009 - 12&Seite = 1&nr = 29946&pos = 24&anz = 118&Blank = 1. pdf，最后访问日期2021 年2 月9 日。

➢ 案情简介

原告在电子邮件服务和服务器管理领域申请了“Linuxwerkstatt”品牌的注册。德国专利商标局拒绝了申请，认为“Linuxwerkstatt”（Linux Workshop）缺乏必要的独特性。

➢ 争议焦点

该案争议焦点在于“Linuxwerkstatt”是否应得到商标方面的保护，是否具有独特性。

原告认为，“‘Linux’这个名字没有特色”这种观点是无法理解的。“Linux”指的是一种操作系统。例如，“Linux”这个名字与“微软”这个名字是不同的，这不容置疑。因此，原告申请的商标具有显著性，因为它明确了申请人使用该操作系统工作，为客户分发和维护该操作系统，安装、维修或完成类似的系统，而不是使用“微软”操作系统。在该案中，原告提到的是“Linux”这个名称，而不是“Mathematik”这样的技术名词，与“Werkstatt”一词结合在一起。原告的词语组合因为有“Linux”这个元素而可以保护。原告认为，这种观点也符合德国专利商标局的一贯做法，因为“Linux”这个词与描述性或普通标志的组合是可以注册的。

➢ 法院分析

法院认为，一般消费者会直接将“Linux Workshop”一词与Linux操作系统相关联，并假定该品牌也与操作系统有关。由于“Workshop”一词在日常生活中以及当今的广告中都使用过，因此消费者不会太在意它，从而不具有独特性。

“Linux”是通常对一个免费的、非常著名的操作系统的称呼。它是一个人工词，可能有自己的特色。但原告申请注册的是“Linuxwerkstatt”组合。公众经常使用“werkstatt”一词和指定有关主题的参考词的类似组合。特别是在互联网上，有大量不同主题的门户网站，各门户网站的主题、内容或话题都是由“werkstatt”一词形成的组合用关键词描述的，而申请的组合词“Linuxwerkstatt”就是其中之一。根据原告的说法，组合词的含义对于相关公众来说是显而易见的，即提供与“Linux”操作系统有关的服务的机构、活动或门户网站。法院认为，由于有关服务在内容或目的上可能都与操作系统有关，因此“Linuxwerkstatt”的组合不适合作为特定公司服务来源的标志。相反，相关公众只能从这个并列关系中感受到一个事实信息，即对Linux服务提供商的提及。图形表示也不能确定保护资格，它仅限于使用特定类型的字体、黄色背景和白色或黑色的字母复制。它是一种常见的、众所周知的突出事实信息或广告信息的设计手段，公众已经习惯。原告也不能从其他商标的注册中获得注册权。原告认为，其他商标的注册具有可比性。

➢ 处理结果

法院驳回了原告的请求。

➢ 案件评析

平台在采用某种商标（比如某些常见词和字的组合）时也应适当考虑显著性问题，以能够在德国或其他国家受到保护。

（撰稿：王予君；核对：王董咪）

◆ “Open LIMS” 商标案[1]

➢ 基本信息

√ 案号：Az. 6 U 18/16
√ 当事人：
　◇ 原告：不详
　◇ 被告：Open LIMS Community
√ 时间：2016 年 9 月 30 日
√ 管辖：德国科隆地区高级法院
√ 类型：商标
√ 许可证：GPL 3.0

➢ 案情简介

被告是计算机软件商标“Open LIMS”的所有者，该标志在 2010 年 5 月 29 日至 2010 年 6 月 30 日被优先注册，宽限期于 2015 年 6 月 30 日到期。2015 年 7 月 1 日，原告提出了撤销请求，被告对此提出了异议。

原告认为被告在商标注册后的 5 年内没有将其用于商标注册的商品，故满足期满被撤销的条件。而被告辩称在过去 5 年中，商标已被连续使用以维护权利。被告正在开发用于实验室信息管理的软件，且该软件是在 GPL 3.0 下使用受保护的标识“Open LIMS”并通过两个国际开源软件门户网站进行分发的。自 2010 年 12 月 23 日起，用户便可以从门户网站 H 上下载获得该软件，以进行进一步的开发。网站 www. P. org 提供该软件的相关信息，且争议标识在该网站上也显而易见。

---

[1] 判决原文参见 https：//www. justiz. nrw. de/nrwe/olgs/koeln/j2016/6_U_18_16_Urteil_20160930. html，最后访问日期 2021 年 1 月 16 日。

在2016年1月12日的一审判决中，法院以原告未充分履行举证责任为由驳回了诉讼。原告不服，故提起上诉。

➢ 争议焦点

①在开源项目中需多大程度使用注册商标才满足法定意义上的对商标的使用；②进一步修改分发开源软件时保留其原始版本名称是否侵犯了开发者的商标权。

➢ 法院分析

第一，免费提供软件的事实本身并不会导致权利人拒绝保留权利，但在该案中，被告除了免费提供软件外没有开展任何其他商业活动，且其也无将该商标用于获得和确保市场份额的其他活动的行为。

第二，商标所有者的网站上没有下载选项。就可以提高下载服务质量的国际开源网站门户页面上所提供的软件下载范围而言，也没有证据表明该商标已在德国国内使用。因此被告的使用与商业活动并无联系。

第三，用户可以根据许可规则免费使用软件，也可以根据自己的需要进行开发、更改和调整。如果用户更改了软件版本并再次提供，那么它将不再是被告编程的软件，而是基于其作品的衍生作品。根据GPL 3.0的规定，在进一步修改软件程序时，必须标记这些更改，但是并未要求必须为每个更改的版本选择不同的名称。

第四，鉴于开放源代码软件的特殊性，杜塞尔多夫地区高级法院也认为该案中的使用行为并非商标使用，而是纯粹的与标题相关的描述性使用。此处，开源程序的标识并非旨在区别操作来源，而是关乎作品命名。在该案中，即使被告证明了软件可在门户页面上下载，但还缺少在国内的使用证明，而最重要的是，对开源软件进行修改或进一步开发时使用该标识也无法识别出该开源软件源自商标所有人。因此，此种商标使用行为将不再具有法律意义上的区分商品来源的功能，因而该商标便不属于应受法律保护的有效商标。[1]

第五，至于商标所有人的异议，即对该软件任何可能的修改须首先经其同意，如此方可确保软件的来源被标记为受商标法保护的名称，科隆地区高级法院认为这一异议的提出超过了法定期限，故不予认可。[2]

---

[1] 《欧洲共同体商标条例》第43条第2款规定，如果在提出异议之日在先的共同体商标注册已经超过5年，应注册申请人的要求，异议人应提供证据证明：在申请共同体注册商标公告之前5年期间，在先的共同体商标已经在共同体范围内被真正使用于注册的并被异议指出的商品或服务上，或证明不使用的正当理由。如果在先的共同体商标仅在注册的部分商品或服务上使用，对审理异议来说，该商标应被视为仅在该部分商品或服务上注册。德国商标法亦明确规定注册申请人有权要求异议人证明据以提出异议的商标的使用证据，如果异议人不能提供使用证据，也不能证明不使用的正当理由，异议将不被支持。

[2] LABESIUS S. OLG Köln zur Rechtserhaltenden Markenbenutzung bei Open Source Software [EB/OL]. (2017-05-14) [2021-01-16]. https://www.ifross.org/artikel/olg-k-ln-rechtserhaltenden-markenbenutzung-bei-open-source-software；苏科．复审商标仅有象征性使用应予以撤销［J］中华商标，2017（5）：59.

➢ 处理结果

法院支持了原告的诉讼请求，同意撤销被告商标。

➢ 案件评析

该案中，被告在其开源作品中使用了“Open LIMS”商标，原告认为其使用方式并非商标法意义上的使用，故向法院提起诉讼，要求撤销该商标，而法院最终支持了原告上述诉求。

根据法院的判决思路，可以得出：一般而言，只有当商标所有人出于商业目的，使商标所标识的产品或服务真实合法地在市场上进行流通时才可能构成商标法语境下的商业使用，同时该注册商标还需进一步发挥区分商品来源的作用，否则也不可被认定为商标法意义上的商业使用。[1] 对于开源软件而言，仅基于开源许可证提供免费下载和使用，而无其他与商业经营有关的活动将可能导致此种商标使用仅构成象征性的使用，第三方可以此为由请求撤销。

因此，软件提供者在免费提供软件之外也需开展其他开发和维护市场的活动才可构成法律意义上的对商标的使用，从而最终保证对该商标的所有权。同理，当被指控侵犯开源软件商标权时，可从该商标是否因未合法使用而存在被撤销的可能性来寻找抗辩的理由。

此外，一般性地在修改、分发开源软件时继续保留原版本的名称商标以描述软件来源而无营利目的，通常不会构成商标侵权。

（撰稿：张燕；资料翻译：窦宇鹏；核对：岳娆）

◆“Mozilla”商标案 [2]

➢ 基本信息

√ 案号：Az. 406 O 50/10

√ 当事人：

◇ 原告：Mozilla Foundation（莫兹拉基金会）

◇ 被告：不详

√ 时间：2010 年 12 月 10 日

---

❶ 苏科. 复审商标仅有象征性使用应予以撤销［J］. 中华商标，2017（5）：59.

❷ 判决原文参见 https：//openjur. de/u/69386. html，最后访问日期 2021 年 1 月 16 日。

√ 管辖：德国汉堡地区法院
√ 类型：商标
√ 许可证：不详

➢ 案情简介

原告开发或销售的软件包括 Firefox 浏览器和 Thunderbird 电子邮件程序。原告免费向私人用户提供其软件，并且允许用户在免费的前提下重新分发该软件。原告通过与搜索引擎谷歌的合作来为软件的开发和营销提供资金。被告处理软件的分发，并以显而易见的方式提供 Firefox 浏览器和 Thunderbird 电子邮件程序的下载服务，为此，被告要求用户为该服务付费。原告主张被告广泛有偿散布上述软件侵犯了其商标权，因为被告行为与关于免费分发的许可条款相抵触。而被告辩称原告的软件并不需要付费，用户所付出的费用是针对其所提供的服务。

➢ 争议焦点

免费分发相关的许可内容是否包括对商标使用的授权。

➢ 法院分析

法院认为，作为销售软件的竞争者，原告有权主张禁令救济请求。首先，原告通过与搜索引擎谷歌的合作为其软件开发和发行提供资金，从而证明其在 Firefox 和 Thunderbird 软件的发行中也追求商业利益。其次，主张竞争法禁令救济的权利并不取决于是否具有获利的意图。

被告的网站可能会使用户对其服务价格产生误解。被告在其网站中突出标识了原告的软件及相关下载选项，因而构成了该软件的下载要约，而一般消费者仅知可以在注册后免费下载原告的软件，故普通消费者通常会忽略争议产品的付费提示，因为其自然而然地将原告的软件，尤其是 Firefox，同原告方所实行的免费下载方法联系起来，故没有理由注意虚拟注册名旁边的付费信息。此外，被告对于下载选项下报酬内容的表述不够清晰，因此无法排除对一般消费者的误导。

原告未特别授权被告使用其商标，即指明原告软件来源，而被告的使用方式又不满足软件重新分发所依据的许可条款，且有益于被告的销售，因此被告有义务向原告支付赔偿金。

➢ 处理结果

法院支持了原告的赔偿请求并判令被告提供侵权信息以量化原告的损失程度，但驳回了原告公开宣布判决的请求，因为被告已基于设置该“订阅陷阱”而成为媒体广泛调查的对象，故原告已通过其他方式获得事实澄清。

➢ 案件评析

该案中，被告未经原告特别授权或按照开源许可证对分发的要求而使用原告商标，并以此帮助自身谋取商业利益，故而侵犯了原告的商标权。

在开源软件的使用中，一般而言，有搭便车目的的借用商誉的行为是被绝对禁止的，但描述性和指示性的商标使用是被许可的。

部分开源许可证对于商标的使用问题作出了简单规定，如 Apache 许可证 2.0 规定许可证相关内容中虽不包含使用许可人商标、服务名称、产品名称的许可，但出于描述作品来源以及复制 NOTICE 文件等目的使用上述标识则被允许等。再如 3 – Clause BSD 许可证同样规定若无著作权人的特别授权，在衍生软件推广过程中，不可使用著作权人和贡献者的名称。❶

除此之外，部分开源社区和组织也就开源项目的商标使用问题作了进一步明确。如阿帕奇（Apache）软件基金会详细列出了该组织的商标和其各个项目名称所涉及的商标，并提供标识设计的矢量图的下载服务，同时对其使用规则作了细致规定，具体包括是否可以使用以及使用时要注意的问题。开放源代码促进会（OSI）也有类似规定，包括 OSI 商标指南和 OSI 标识的使用指南。❷

由于商标权是私权，因此除法律所规定的合理使用情形之外，对于商标的使用必须要有明确的授权。对于没有规定商标使用问题的开源许可证不可认为其给予了任何人使用商标的权利，同时使用开源软件的商标不仅须满足开源许可证的规定，也要遵循相关开源社区的要求。

综上所述，使用或再行分发开源作品需严格遵守其许可证条款，并且如果开源许可证中未明确指出商标的免费使用，用户在使用该作品的商标前则应与权利人展开协商以获得进一步授权。若再行分发开源软件并提供基于该开源软件的有偿服务，应当明确服务标价及付费内容，以避免对用户产生误导，也防止与开源软件本身的价值产生混淆，从而陷入侵权风险之中。

此外，由于商标保护是有地域性的，而开源软件的使用却是全球性的，因此在二者的矛盾之下便可能存在商标的混淆、在先使用和抢注等问题。❸ 为解决该问题，建议开源软件的创作者在软件开发完成之际就为其商标申请国际注册，以获得最大限度的法律保护。

（撰稿：张燕；资料翻译：窦宇鹏；核对：岳娆）

---

❶❷❸ 博乐. 开源软件中的商标问题［EB/OL］.（2020 – 01 – 02）［2021 – 01 – 16］. https://cloud.tencent.com/developer/article/1563078.

◆ Te Horowhenua Trust，Catalyst IT Limited v. Progressive Technology Federal Systems，Inc. DBA Liblime 案[1]

➢ 基本信息

√ 案号：[2013] NZIPOTM 47
√ 当事人：
◇ 原告：Te Horowhenua Trust；Catalyst IT Limited
◇ 被告：Progressive Technology Federal Systems，Inc. DBA Liblime
√ 时间：2013 年 12 月 11 日
√ 管辖：新西兰知识产权局
√ 类型：商标
√ 许可证：GPL

➢ 案情简介

1999 年，原告委托 Katipo 公司开发了一个图书馆系统管理软件，以便在霍罗汉奴阿（Horowhenua）公共图书馆中使用，并根据 GPL 免费向公众提供该软件。1999 年下半年，原告将该软件正式命名为“Koha”，并于 2000 年 1 月根据 GPL 免费发行了 Koha 软件的第一版。除了用于新西兰的图书馆，Koha 软件还被翻译成三十多种语言以应用到世界各国的图书馆中，尤其是在南美、非洲和印度这样的发展中国家或地区得到了广泛运用。在这些国家或地区，原告的图书馆系统管理软件都称为 Koha，且自 1999 年以来，Koha 一直被用作原告的图书馆系统管理软件名称。此外还存在一个 Koha 社区，由向 Koha 软件贡献项目的公司或个人组成。尽管 Koha 是免费和开源的图书馆系统管理软件，但还有很多第三方（例如 Catalyst 信息技术公司）在商业上为其提供支持。在新西兰，原告 Katipo 公司、KohaAloha 公司和 Catalyst 信息技术公司均已在遵守原告的开源许可证的前提下使用了 Koha。根据许可证的要求，尽管 Koha 可免费下载和使用，但这些公司仍需提供维护该软件的商业支持和相关服务。Katipo 公司为原告编写了原始的 Koha 软件，并为其管理原始网站 www. koha. org、邮件列表和 IRC 频道。2007 年 3 月，名为“LibLime”的实体公司收购了 Katipo 公司的 Koha 部门，这项收购包括最初其所接受管理的 Koha 项目原始网站的域名。2009 年末，LibLime 公司发布了“LibLime Koha”（该软件实际上是基于与 Koha 公开库不同的代码库开发的），Koha 社区的部分

[1] 判决原文参见 http：//www. austlii. edu. au/cgi – bin/viewdoc/nz/cases/NZIPOTM/2013/47. html? context = 1；query = GPL%20%20license%20%20open – source；mask_path = ，最后访问日期 2021 年 1 月 16 日。

成员认为此举有效地“分裂”了 Koha 软件。原告于 2010 年 2 月为 Koha 软件项目建立了一个新网站，网址为 http：//koha－community. org。2010 年，LibLime 公司被出售给 PTFS 公司。后 LibLime 公司申请注册 Koha 商标，原告以及 Catalyst 等公司向新西兰知识产权局提出异议。

➢ 争议焦点

①开源作品中商标使用的法律意义；②商标优先权问题。

➢ 法院分析

新西兰知识产权局认为，首先，原告的免费和开源图书馆系统管理软件 Koha 因其广泛使用，在新西兰国内乃至其他国家和地区都享有极高的知名度，而 Koha 名称和争议标记相同，且原告的 Koha 软件与该案的争议商品在本质上属于同类商品，故其贸易渠道和相关市场都大致相同，同时原告的图书馆系统管理软件 Koha 的主页是出售给商标申请人的原始网站，其当前网站和原始网站均包含“Koha”一词，这意味着相关市场中的消费者可能会访问错误的网站，极易使人产生误解和混淆。

其次，自 1999 年以来，原告一直在图书馆系统管理软件中使用该关联名称 Koha，这意味着从时间上来说，原告的使用构成在先使用。但新西兰知识产权局认为由于原告所提供的开源软件 Koha 是免费的，这种使用难以构成商业意义上的商标使用。

最后，没有充足证据证明是原告出于恶意而注册该商标，故不可基于该理由驳回其申请。

综合考量该案各种涉案因素，新西兰知识产权局最终采纳了由于注册商标足以使市场消费者产生误解和混淆，违反了新西兰商标法的 17 条第 1 款 a、b 项的理由，认定该商标不得注册。

➢ 处理结果

新西兰知识产权局驳回了原告的商标注册申请，并判令原告承担争议解决的全部费用。

➢ 案件评析

该案中，虽然新西兰知识产权局未予认可被告在开源作品中使用 Koha 标识构成商标法意义上的使用，但仍以原告注册该商标可能造成相关市场公众的误解和混淆为由驳回了原告的注册申请，从而保障了开源软件权利人对其软件名称所享有的权利。

由于开源软件的使用往往是免费的，在无任何商业活动前提下的对开源软件关联商标的使用可能无法构成法律意义的商标使用，因此会面临被申请撤销的风险。相关部门在进行此类案件的审理时也应当考虑关联商标是否足够知名以致会与相似商标产生混淆。开源作品虽出于促进知识传播、便利社会公众的目的让渡出其部分权利，但这并不意味着应当就此纵容社会上利用其搭便车的行为。

（撰稿：张燕；核对：岳娆）

二、案例点析

通常而言，商业软件申请的商标类型包括商品/服务商标、证明商标和集体商标，并且以商品/服务商标为主，证明商标/集体商标为辅。整体而言，开源软件申请的商标数量不多，主要集中在证明商标和商品/服务商标（一般没有集体商标），并且以证明商标为主，商品/服务商标为辅，正好与商业软件的商标申请情形相反。

开源软件中商标侵权风险包括“商标使用行为”侵权风险和商标使用的“反向假冒”侵权风险。

（一）开源软件中“商标使用行为”的侵权风险

一般而言，开源软件中“商标使用行为”的类型主要包括以下三种：一是商标仅出现在源程序中；二是商标仅出现在程序运行界面中；三是商标同时出现在源程序和运行界面中。针对上述三种“商标使用行为”，《商标法》及其相关法律法规等存在如下规定。

《商标法》第48条：“本法所称商标的使用，是指将商标用于商品、商品包装或者容器以及商品交易文书上，或者将商标用于广告宣传、展览以及其他商业活动中，用于识别商品来源的行为。”

《商标审查及审理标准》下编第一章第3.6节：“商标的使用，是指将商标用于商品、商品包装或者容器以及商品交易文书上，或者将商标用于广告宣传、展览以及其他商业活动中，用于识别商品来源的行为。”

北京市高级人民法院2006年印发的《北京市高级人民法院关于审理商标民事纠纷案件若干问题的解答》第5条“如何界定计算机软件商品商标的使用”：“除本解答第2条所述商标使用方式外，在安装、运行计算机软件时，显示器显示出的对话框、标题栏、图标及版权页等界面上出现注册商标，表明其所标示的商品区别于其他同类商品的来源的，亦为商标的使用方式。”

根据《商标法》及北京市高级人民法院的解答，前述第二种和第三种行为构成商标法意义上的使用，存在商标侵权风险。而第一种行为如果开发者只是描述性使用或者指示性使用，一般不会构成商标法意义上的使用。

针对第一种商标使用行为，不能简单地删除源程序中的商标了事，因为这样可能会同时删除其他开发者的版权信息，导致侵犯他人开源软件的署名权，违反开源许可证协议。另外，如果简单地删除源程序中其他厂商的商标，再添加上自己的商标，可能构成反向假冒的商标侵权。为此，笔者建议，可以通过不同版本号区分不同开发者的软件代码，以防止混淆。针对第二种和第三种商标使用行为，可以通过技术手段屏蔽其他开发者的商标出现在运行界面中，以规避商标侵权风险。

（二）开源软件中商标使用的“反向假冒”风险

关于商标使用的“反向假冒”问题，《商标法》第57条第五项规定的一种侵犯注册商标专用权的行为是：“未经商标注册人同意，更换其注册商标并将该更换商标的商品又投入市场的”。因此，如果国内软件集成商为了避免商标侵权纠纷，简单地去掉源程序中其他厂商的商标，再经过编译，加上自己的商标集成到新发布的版本中，则属于“用自己的商标替换他人商标”行为，构成商标使用中的反向假冒侵权。

从形式上看，这种做法似乎没有侵害到他人的商标，但是由于“用自己的商标替换他人的商标”这一行为削弱了他人商标在同类产品市场上的影响力，因此，属于“反向假冒”的情形，也构成对他人商标权的侵犯。

为规避开源软件商标使用行为中的反向假冒侵权风险，开发者需注意以下事项：如果将其他厂商的源程序包经编译集成到自己的产品中，一定要注意保留其原来的商标和版权说明，但同时也要在程序运行界面中屏蔽掉他人的商标。

目前，国内开源软件商标侵权的案例基本没有，上述讨论也仅停留在理论层面。相反，针对开源软件商标侵权的情形，国外存在不少案例。例如，在1995年William R. v. Linus Torvalds案中，被告Linus Torvalds在1991年发布Linux之后，像许多电脑黑客一样，并没有将Linux注册为商标。结果在1995年，一个在波士顿的美国人William R. Della Croce在美国抢注了Linux商标，虽然他仅仅在计算机类别下注册Linux，但他马上向《Linux杂志》和其他Linux商业软件公司致函，要求对方支付商标许可使用费。该案争议焦点为，Linux名称已经在开源社区被大量使用，是否属于公共领域之物（通用名称）而不能被注册成为商标？1997年，诉讼双方最后达成庭外和解协议，原告将注册商标所有权转移给Linus Torvalds。从社区管理的角度分析，应当重视商标在开源运动中所起的重要作用，及早进行商标注册申请。

另外，在2002年MySQL AB v. Progress Software Corp. & NUSPHERE Corp. 案中，原告是开源软件MySQL数据库的版权人，负责运作MySQL并为其提供技术支持，同时也是瑞典、美国以及其他一些国家的“MySQL”注册商标所有人，拥有mysql. com的域名。MySQL数据库在GPL下发行，遵守严格的“Copyleft”规则。被告是美国的公司，跟原告签订了分销MySQL并提供相应技术支持的临时协议，但后来因合作有矛盾而结束协议。被告随后注册了mysql. org的域名，运作包含有MySQL注册商标的网站，并拒绝将域名转让给原告，因此原告诉其侵犯商标权。该案争议焦点是，被告注册的MySQL. org域名是否侵犯原告的“MySQL”商标。最终，原被告双方庭外达成和解。

需要注意的是，就我国商标法律及参加的国际条约来看，一个开源软件的商标，即使尚未在我国注册，也可能受到《商标法》保护，条件是该商标必须驰名，不管其是否在我国被实际使用过。

（撰稿：曹卫良；核对：徐华阳）

第四章　商业秘密

一、案例介评

◆ 恒生电子股份有限公司等诉王某某等侵害商业秘密纠纷案[1]

➢ 基本信息

√ 案号：（2011）杭西知初字第 935 号

√ 当事人：

◇ 原告：恒生电子股份有限公司（以下简称“恒生电子公司”）、杭州恒生网络技术服务有限公司（以下简称“恒生网络公司”）

◇ 被告：天骄文韵软件（天津）有限责任公司（以下简称“天骄文韵公司”）、天津文化艺术品交易所股份有限公司（以下简称“天津文化公司”）、王某某等人

√ 判决时间：2013 年 8 月

√ 管辖：浙江省杭州市西湖区人民法院

√ 类型：商业秘密

√ 许可证：Apache 许可证

➢ 案情简介

2011 年 11 月，原告恒生电子公司、恒生网络公司于浙江省杭州市西湖区人民法院起诉被告天骄文韵公司、天津文化公司、王某某、孙某、沈某、杨某、高某等，主张各被告侵害其“MELODY 应用系统技术开发平台软件”（以下简称“MELODY 系统”）及相关交易系统软件源代码的商业秘密。原告请求法院判令各被告立即停止侵犯原告商业秘密的行为，并赔偿经济损失及合理费用 100 万元。

原告恒生电子公司成立于 2000 年 12 月，是中国领先的金融软件和网络服务供应

[1] 案例资料来源：北大法宝司法案例库（https：//www. pkulaw. com/case），最后访问日期 2021 年 2 月 10 日。

商。原告恒生网络公司是原告恒生电子公司的全资子公司，主要从事计算机软件的技术开发、技术服务、数据处理等。

2007 年 1 月 4 日，被告王某某应聘进入原告恒生电子公司从事研发工作，并签订《保密协议》，同时对竞业限制作了约定。2010 年 2 月 5 日，原告恒生电子公司与被告天津文化公司签订《计算机信息系统集成合同》《软件委托开发合同》《网站委托开发合同》《信息系统运营外包及维护合同》《硬件采购与集成合同》，约定由被告天津文化公司委托原告恒生电子公司开发“天津文化艺术品交易所文化艺术品网上交易系统软件”。其中，“交易撮合系统”是上述系统软件的核心部分。被告王某某作为原告恒生电子公司的电子商务事业部成员负责该项目的管理，属于该系统软件开发的核心人员。

根据被告天津文化公司与原告恒生电子公司之间 WJS－HS 第 002 号《软件委托开发合同》第八条第（一）项第 2 点，原告恒生电子公司与被告天津文化公司双方共同拥有该部分软件的知识产权，原告恒生电子公司应向被告天津文化公司提供相关技术文档和源代码。被告天津文化公司也明确承诺不会将该产品所涉及的系统结构、技术文档等技术资料转让、销售、赠送或泄露给第三方，但是为签订和履行本合同而向其员工、顾问、代理人披露的除外。

2010 年 6 月 1 日，原告恒生电子公司、被告王某某、原告恒生网络公司三方签订《劳动关系转移协议》，同日，被告王某某与原告恒生网络公司签订《劳动合同》，仍从事技术开发工作，继续研发上述系统软件。

2010 年 12 月 13 日，被告天津文化公司与原告恒生网络公司签订《具体业务合同》，由被告天津文化公司委托原告恒生网络公司开发“交易监控系统”，被告王某某作为原告恒生网络公司的授权代理人在合同上签字。双方约定：专利申请权、技术秘密成果的使用权、技术秘密成果的转让权、软件著作权均归天津文化公司。原告恒生网络公司与被告天津文化公司签订的《具体业务合同》中约定：原告恒生网络公司为被告天津文化公司开发的交易监控系统软件的著作权归属于被告天津文化公司。

2011 年 6 月 15 日，被告王某某离职，并签署《离职承诺书》，再次承诺在离职后对原告恒生网络公司及其关联公司的商业秘密保密，并承担竞业限制义务，原告恒生网络公司按月给予被告王某某竞业限制补偿。2011 年 7 月 5 日，被告天骄文韵公司成立，股东为被告天津文化公司与被告王某某，股份比例为 9∶1，注册资金 600 万元，由被告王某某任经理。被告王某某以被告天骄文韵公司名义分别注册 www. skyjoo. com、www. skyjoo. cn 域名，并在互联网上发布招聘信息，声称其专注于大宗商品、文化艺术品等新型电子商务的交易系统开发。

原告主张被告侵犯其商业秘密。为证明涉案软件属于原告的商业秘密，两原告提供证据证明自己从未向被告天津文化公司、天骄文韵公司交付涉案源代码及相关文档，原因在于被告天津文化公司仅支付了第一份合同 60% 的款项，而监控系统软件的款项从未支付。依合同，被告天津文化公司不得聘用两原告的员工，更不能与从两原告处离职的员工共同设立天骄文韵公司。被告天津文化公司没有任何权利向他人泄露，或向其子公司移交相关源代码，故被告天骄文韵公司的源代码系非法获取。原告从未将涉案软件源代码交付给被告天津文化公司，因此，涉案软件属于两原告的商业秘密。

针对涉案软件“MELODY 系统”，被告辩称，“MELODY 系统”是基于开源软件 SpringMVC 开发的软件，增添和扩展了相关功能，基于开源软件开发出的软件应当免费公开，不享有成为商业秘密的权利。被告的具体理由包括：“MELODY 系统”系基于开源软件 SpringMVC 开发，增添和扩展了相关功能，而 SpringMVC 开源软件受 Apache 许可证的约束。据 Apache 许可证的规定，基于 SpringMVC 再创造的软件代码仍需要遵循开源规则，作为免费资源提供给社会公众，不得进行限制并收取版权费用。因此，即便该部分代码目前尚“不为公众所知悉”，但由于计算机软件开源代码的特殊性质，两原告对该部分代码没有独占性的权利，自然也不能称其为独有的商业秘密。

针对被告的辩解理由，原告提供了上海市科技咨询服务中心出具的“沪科技咨询服务中心（2012）鉴字第 36 号技术鉴定意见”。该鉴定意见记载：虽然“MELODY 系统”包含了部分开源代码，但并不是全部开源代码，即“MELODY 系统”包含了开源代码和两原告开发团队自行开发的代码由开发团队采用集成技术共同实现。因此，鉴定意见认为，两原告主张的“MELODY 系统”属“不为公众所知悉”的技术信息。

审理中，两原告申请撤回了对被告杨某、天津文化公司的诉讼请求。

➢ 争议焦点

基于开源软件开发出的软件是否能够享有商业秘密。

➢ 法院分析

2013 年 8 月，法院审理后认为，虽然“MELODY 系统”含有部分开源代码，但并不是全部开源代码，该软件还包含了两原告开发团队自行开发的代码，由两原告开发团队采用集成技术实现。因此，涉案软件“MELODY 系统”满足商业秘密的法定构成要件，应当认定为商业秘密，被告侵犯原告商业秘密行为成立。法院的具体理由包括以下两个方面。

（1）原告享有涉案软件“MELODY 系统”（包含部分开源代码）的商业秘密。

第一，涉案软件是两原告根据用户业务需求研发完成的技术信息，其中“MELODY 系统”包含了开源代码和两原告开发团队自行开发的代码由开发团队采用的集成技术实现。该软件能投入实际运用，具有一定的业务市场，能给权利人带来经济利益，具有经济性、实用性。

第二，经专家技术鉴定，对涉案软件“MELODY 系统”，他人难以通过查阅该领域公开的文献或资料直接获得，且该未对外公开的技术信息不为该专业领域一般技术人员普遍了解和掌握，是两原告自主研发的专有技术，属于“不为公众所知悉”的技术信息，即具有秘密性。

第三，两原告对涉案软件采取了合理的保密措施，例如，与职工签订保密协议，包括职工在离职时有严格的交接手续以及离职后的保密承诺，在软件委托开发合同等合同中约定相关保密义务等，具有保密性。因此，涉案软件“MELODY 系统”符合商业秘密的法定构成要件，应当认定涉案软件为商业秘密。

（2）各被告侵犯了两原告的商业秘密。

该案被告王某某自 2007 年 1 月起至 2011 年 6 月离职前，先后在原告恒生电子公司、恒生网络公司处从事研发工作，具有接触和获取两原告的商业秘密的机会和便利。被告王某某在两原告处任职期间一直签订有保密协议，离职时又特别作出有关保密承诺。但事实上，在被告王某某于 2011 年 6 月申请离职后，便与被告天津文化公司在同年 7 月分别投资 10%、90% 成立了天骄文韵公司，并担任天骄文韵公司总经理职务，更是负责天骄文韵公司设立在杭州的研发总部（法院证据保全处所）的日常经营管理。经对法院证据保全取得的被告天骄文韵公司 SVN 服务器中的代码进行鉴定，结论为 SVN 服务器中含有涉案软件“MELODY 系统”。基于上述事实，可以认定被告王某某以不正当手段获取两原告的商业秘密，并提供给被告天骄文韵公司使用，其行为已经侵犯了两原告的商业秘密。

被告孙某、沈某均先后任职于原告恒生电子公司、恒生网络公司，从事研发、技术岗位工作，能够接触到两原告的商业秘密。在被告王某某离职到被告王某某与天津文化公司共同投资成立天骄文韵公司的 2011 年 6、7 月间，被告孙某、沈某先后提出申请离职并办理了离职手续，跳槽至天骄文韵公司任职。孙某、沈某两人同样以不正当手段获取两原告的商业秘密，并提供给被告天骄文韵公司使用，其行为已经侵犯了两原告的商业秘密。

被告天骄文韵公司明知被告王某某、孙某、沈某系以不正当手段获取两原告的商业秘密，而予以使用，应被视为侵犯了两原告的商业秘密。在被告高某的工作机中未发现“大宗商品现货交易系统软件”“MELODY 系统”，故法院认定被告高某未侵犯两原告的商业秘密。

➢ 处理结果

基于开源软件开发出的软件，其独立开发完成的部分，能够享有商业秘密保护。

➢ 案件评析

法院结合专家技术鉴定，认定涉案软件“MELODY 系统”由开源代码和两原告开发团队自行开发的代码组合形成，他人难以通过查阅该领域公开的文献或资料直接获得，且该未对外公开的技术信息不为该专业领域一般技术人员普遍了解和掌握，是两原告自主研发的专有技术，即具有秘密性并能给原告带来经济利益，原告也采取了合理的保密措施。因此涉案软件中独立开发完成的代码部分构成原告的商业秘密。该案对于软件开发者的启示在于：软件中如果既包括开源代码，也包含自己设计的代码，可以考虑将自己设计的代码进行商业秘密保护。

该案中，原告软件“MELODY 系统”系基于开源软件 SpringMVC 开发，并增加了部分自己设计的代码，而 SpringMVC 开源软件受 Apache 许可证的约束。由于 Apache 许可证属于宽松型的开源许可证，根据 Apache 许可证 2.0 的规定，基于 Apache 许可证 2.0 的开源软件二次开发的程序，用户可以变更许可条款，即用户可以选择继续开源，也可以选择闭源将二次开发完成的软件作为自己的商业秘密保护。

另外，需要补充说明的是，即使根据严格型的开源许可证（如 GPL，用户不能变更许可证类型），基于开源软件二次开发的程序，也不一定全都属于开源软件。例如，根据 GPL 3.0 第 5 条和第 6 条的规定，只有“转发”（conveying）修改过的源代码或者“转发”非源代码（如目标代码）时，才需要公开源程序。其中，“转发”作品指让他方能够制作或者接收副本的任何“传播”（propagation）行为；仅仅通过计算机网络和用户交互，没有传输副本，则不算转发。进一步地，“传播”行为包括复制、分发（无论修改与否）以及向公众公开的行为，不包括在计算机上运行和私下的修改。[1]

由此可知，根据 GPL 3.0 的上述规定，如果用户修改一个开源软件后只是自己使用而没有传播给其他人，则无须公开修改后的源代码，用户有自由修改并自用的权利，而不必履行开源义务。这个规则同样适用于公司（或其他组织机构）：公司可以在开源软件的基础上开发出修改版程序，并在内部使用而不向其他外部组织发布。因此，在公司内部使用开源软件的行为不构成转发或传播行为，公司可以基于开源软件开发自己的修改版并在内部部署，开发出的修改版程序属于公司的商业秘密，其员工无权对外发布。但是，如果公司以某种方式将修改版软件向公众发布，GPL 3.0 就要求公司向用户提供修改版的源代码。

进一步分析可知，根据 GPL 3.0 的上述规定，“转发”作品是指面向不特定对象（公众）的传播行为。该案中，即使原告不是基于宽松型的 Apache 开源软件进行的二次开发，而是基于严格型的 GPL 开源软件开发出“MELODY 系统”，该“MELODY 系统”也不全都属于开源软件，因为该“MELODY 系统”是原告根据被告天津文化公司的委托开发完成的，被告天津文化公司也明确承诺不会将该产品所涉及的系统结构、技术文档等技术资料转让、销售、赠送或泄露给第三方，即该“MELODY 系统”没有向不特定的对象传播，不属于 GPL 3.0 规定的“转发”行为，无须公开修改后的源代码，原告可以将自己开发完成的软件源代码作为商业秘密保护。

（撰稿：曹卫良；核对：徐华阳）

[1] 参见 GPL 3.0 第 0 条关于“转发”（convey）和“传播”（propagate）的定义。

◆ 天骄文韵软件（天津）有限责任公司与恒生电子股份有限公司等侵害商业秘密纠纷上诉案[1]

➢ 基本信息

√ 案号：（2013）浙杭知终字第95号

√ 当事人：

◇ 上诉人（一审被告）：天骄文韵软件（天津）有限责任公司（以下简称“天骄文韵公司”）

◇ 被上诉人（一审原告）：恒生电子股份有限公司（以下简称“恒生电子公司”）、杭州恒生网络技术服务有限公司（以下简称“恒生网络公司”）等

√ 判决时间：2013年11月29日

√ 管辖：浙江省杭州市中级人民法院

√ 类型：商业秘密

√ 许可证：Apache许可证

➢ 案情简介

2011年11月，被上诉人（一审原告）恒生电子公司、恒生网络公司于浙江省杭州市西湖区人民法院起诉上诉人（一审被告）天骄文韵公司、天津文化艺术品交易所股份有限公司（以下简称“天津文化公司”）、王某某等，主张各被告侵害其“MELODY应用系统技术开发平台软件”（以下简称“MELODY系统”）及相关交易系统软件源代码的商业秘密。一审被告辩称：“MELODY系统”是基于开源软件SpringMVC开发的软件，增添和扩展了相关功能，而基于开源软件开发出的软件应当免费公开，不享有商业秘密。[2]

2013年8月，一审法院（浙江省杭州市西湖区人民法院）审理后认为，虽然涉案软件“MELODY系统”含有部分开源代码，但并不全部是开源代码，该软件还包含了两一审原告开发团队自行开发的代码，由一审两原告开发团队采用集成技术实现。涉案软件“MELODY系统”满足商业秘密的法定构成要件，应当认定为商业秘密。一审被告天骄文韵公司不服一审法院于2013年8月12日作出的（2011）杭西知初字第935号民事判决，于2013年11月18日向浙江省杭州市中级人民法院提出上诉。天骄文韵

---

[1] 案例资料来源：北大法宝司法案例库（https：//www. pkulaw. com/case），最后访问日期2021年2月10日。

[2] 一审被告具体辩解理由如下：“MELODY系统”系基于开源软件SpringMVC开发，增添和扩展了相关功能，而SpringMVC开源软件受Apache许可证的约束。据Apache许可证的规定，基于SpringMVC再创造的软件代码仍需要遵循开源规则，作为免费资源提供给社会公众，不得进行限制并收取版权费用。因此，即便涉案软件代码目前尚“不为公众所知”，但由于计算机软件开源代码的特殊性质，两原告对涉案软件代码没有独占性的权利，自然也不能称其为独有的商业秘密。

公司的上诉理由包括以下两个方面。

（1）涉案软件“MELODY 系统”属于开源软件。

上诉人天骄文韵公司主张：一审法院认定上诉人存在侵犯“MELODY 系统”商业秘密的行为，属于对“MELODY 系统”软件的性质事实认定错误。首先，对“MELODY 系统”而言，从开发来源而言，被上诉人不具有独占性权利。被上诉人所称的“MELODY 系统”在内容上是在 SpringMVC 开源软件基础上开发、增添和扩展相关功能形成，而并非所有的计算机软件作品都必然是某个主体具有独占性的成果。SpringMVC 是受 Apache 许可证约束的开源软件，而根据 Apache 许可证的规定，基于 SpringMVC 再创造的代码，即便再创造人也投入创造性劳动，但是其成果仍必须遵循开源原则，作为免费资源提供给公众使用并不得进行限制和收费。因此，被上诉人对于“MELODY 系统”没有独占性权利。

（2）涉案软件“MELODY 系统”不能独立编译运行，不属于完整独立的软件。

涉案软件“MELODY 系统”不是一个单独的软件，不具备一个单独软件代码段所应当具有的可以实现一定技术功能和技术效果的基本特征。该部分软件代码实际上是一个素材库或者模块库，其代码不独立，实际上是由被上诉人研发而知识产权归属于天津文化公司的“监控系统软件”中的一个部分。被上诉人将为天津文化公司开发的完整“监控系统软件”分割成了“监控系统”和“MELODY 系统”两部分，但事实上，被上诉人分割出的“监控系统”无法独立编译运行，不是一个完整独立的软件。只有将被上诉人分割出的“监控系统”和“MELODY 系统”两部分共同编译才能构成一个完整的监控系统软件执行代码并运行，两者共同构成了“监控系统软件”，而该软件的整体著作权属于天津文化公司所有，不是被上诉人的商业秘密范围。上诉人从母公司天津文化公司取得了该“监控系统软件”的代码，来源合法。

针对天骄文韵公司的上述理由，被上诉人恒生网络公司和恒生电子公司答辩称：“MELODY 系统”是一个开发平台，也是一个单独的软件，具备特定的技术功能和技术效果，不属于“监控系统软件”的组成部分。“大宗商品现货交易系统软件”和“MELODY 系统”不仅是独立的软件，被上诉人对该两款软件具有合法权利，这两款软件也没有被真正地删除，一审鉴定意见已有明确记载，一审庭审时鉴定专家也明确地对此予以表述。

➢ 争议焦点

基于开源软件开发出的软件是否能够享有商业秘密。

➢ 法院分析

法院审理后认为，“MELODY 系统”属于“不为公众所知悉”的技术信息，并具有经济性、实用性，能够给权利人带来经济利益，且一审原告对上述软件采取了合理保密措施，结合上述事实认定“MELODY 系统”符合商业秘密的法定构成条件，属于被上诉人的商业秘密。法院的具体分析理由包括以下两点。

（1）涉案软件“MELODY 系统”不属于开源软件，系被上诉人的商业秘密。

虽然涉案软件“MELODY 系统”是在 SpringMVC 开源软件基础上开发完成，但上海市科技咨询服务中心出具的“沪科技咨询服务中心（2012）鉴字第 36 号技术鉴定意见”明确记载：“大宗商品现货交易系统软件”“MELODY 系统”属于“不为公众所知悉”的技术信息。因该鉴定结论系对涉案软件具有合法鉴定资质的机构所出具，根据该鉴定结论，并结合涉案软件具有经济性、实用性，能够给权利人带来经济利益，以及被上诉人恒生网络公司、恒生电子公司对涉案软件采取的合理保密措施等事实，法院认定涉案软件符合商业秘密的法定构成条件，属于被上诉人的商业秘密。

（2）上诉人天骄文韵公司的行为侵犯涉案软件的商业秘密。

一审被告王某某等人曾任职于恒生电子公司、恒生网络公司并从事技术研发，具有接触、获取涉案软件两项商业秘密的条件和机会，并在任职之时签订的相关保密协议中承诺离职后仍对其任职期间接触、知悉和持有的一切保密资料承担如同任职期间一样的保密义务和不擅自使用有关秘密的义务。一审证据保全时从上诉人天骄文韵公司取得的三个移动硬盘中所包含的 SVN 服务器含有“大宗商品现货交易系统软件”以及“MELODY 系统”软件的代码。结合王某某系天骄文韵公司的股东、总经理，负责天骄文韵公司设立在杭州的办公场所的日常经营管理，王某某等人均在 2011 年 6、7 月间从恒生网络公司离职后又在天骄文韵公司任职等事实，可以认定天骄文韵公司明知王某某等人以不正当手段获取涉案软件的商业秘密而予以使用，侵犯了恒生网络公司、恒生电子公司的商业秘密。

➢ 处理结果

基于开源软件开发出的软件，其独立开发完成的部分能够享有商业秘密保护。

➢ 案件评析

二审法院支持了一审法院的观点，认为基于开源软件开发出的软件，其独立开发完成的部分能够享有商业秘密权利。虽然涉案软件“MELODY 系统”是在开源软件基础上开发完成，但根据权威技术鉴定机构出具的技术鉴定意见，涉案软件“MELODY 系统”属于“不为公众所知悉”的技术信息，具有秘密性并能给原告带来经济利益，且原告也采取了合理的保密措施，符合商业秘密构成要件。该案对软件开发者的启示在于：软件中如果既包括开源代码，也包含自己设计的代码，则自己独立完成的源代码在符合商业秘密构成要件（秘密性、经济性、实用性、保密性）的前提下，能够获得商业秘密保护。

（撰稿：曹卫良；核对：徐华阳）

◆ Vendavo，Inc. v. Price f(x)AG 案

➢ 基本信息

√ 案号：No. 17 – cv – 06930 – RS.

√ 当事人：

◇ 原告：Vendavo，Inc. （文达沃公司）

◇ 被告：Price f(x)，Inc.；Price f(x)AG ［以下统称“Price f(x)”］

√ 时间：2018 年 3 月 23 日

√ 管辖：美国加利福尼亚北区联邦地区法院

√ 类型：商业秘密

➢ 案情简介

2011 年 1 月，三个曾于原告公司就职的人创立了 Price f(x)，其中某些人可以实质性地访问原告的机密和商业秘密信息。原告进一步指称，在过去三年中，另外 18 名员工离开了公司为 Price f(x)工作，这些员工中的两个人迈克尔·雷赫塔（Michal Rychtar）和迈克尔·伊姆里塞克（Michal Imrisek）与 Price f(x)进行了沟通并开始工作，但此时他们仍受原告雇用。原告指控这些雇员在加入 Price f(x)之前已将原告的商业机密数据保存在 USB 驱动器上。原告还声称 Price f(x)侵犯了其版权和专利。关于版权主张，原告声称两个 Price f(x)产品“具有与两个原告产品实质上相似的源代码”。其所主张的五项专利中的每一项都公开了用于定价产品和/或分析收入和利润率变化原因的规则和策略，因此其对 Price f(x)提起了诉讼。

被告于 2018 年 2 月 15 日指出：“对于每个声明的版权，应标识并描述：①原始部分；②构成版权申请或注册中已存在的材料的任何材料；以及③与任何 Price f(x)产品“基本相似”的部分。”

2018 年 4 月 5 日，原告提起诉讼，指控迈克尔·伊姆里塞克和迈克尔·雷赫塔离开原告，加入被告。原告进一步称，迈克尔·伊姆里塞克和迈克尔·雷赫塔在仍由原告雇用的情况下，开始为被告工作。原告还声称，迈克尔·伊姆里塞克复制了原告的商业秘密，然后将该信息提供给被告。因此，原告认为被告为其产品使用原告的商业秘密。关于其版权主张，原告称被告创建了“PFX PriceBuilder 和 PFX PriceAnalyzer 产品，它们的源代码与原告的 Price Manager 和 Profit Analyzer 软件的源代码基本上相似”。

2018 年 5 月 14 日，原告表示将提供其受版权保护的源代码，但“双方对‘识别和描述’其源代码负相同的责任”。原告还在其代码库中确定了其免费和开源项目。

2018 年 8 月 27 日，被告致函原告，称其专家对原告和被告的源代码进行了比较分析。被告解释说，它们的专家没有发现版权侵权主张的依据，因为分析发现“1000 个逻辑上相等的匹配项”，在这 1000 个匹配项中，“源文件之间只有 4 个匹配语法实例”，但这些与“完全由原告不具有版权的众所周知的样板 Java 代码”相同。2018 年 9 月 27 日，被告将其源代码分析提供给原告。

随后原告进一步提供以下内容：原告的利润分析器、业务风险警报、价格管理器、细分管理器、价格优化管理器、交易指南和交易管理器软件中包含的计算机程序由其在花费大量时间和金钱后开发而成。此外，其在这些作品中申请并获得了美国版权注册，但在版权注册中没有发现任何相关材料。原告声称，被告的相关源代码部分以及体现了技术商业秘密的被告的相关源代码部分与原告的受版权保护的代码基本上相似。

在 2019 年 3 月 5 日，原告与被告联系，并告知其原告的顾问艾伦·珀迪（Alan Purdy）计划于 2019 年 3 月 6 日前往被告办公室审查该代码，并指出该顾问将要求“一台机器，使他可以同时加载代码库和其他审核工具”。在 2019 年 3 月 6 日，艾伦·珀迪与原告的代表一起对被告的代码进行了初步审查。原告要求被告允许该顾问根据其审查保留信息文本文件，但被告拒绝，并表示将审查结果通过电子邮件发送给原告。在 2019 年 3 月 8 日，被告通过电子邮件向原告发送了艾伦·珀迪要求复查的信息。在对代码进行机械审查之后，原告通过 PFXSC_00367 识别了 PFXSC_00362 至 PFXSC_00367，这些代码是原告顾问审查的一部分，由被告于 2019 年 3 月向原告提供。

PFXSC_00362 至 PFXSC_00367 是艾伦·珀迪汇编的信息文本文件，被告已于 2019 年 3 月 8 日通过电子邮件将其发送给原告。这些文件标识了 1400 条匹配的运行，其中附件 C 的摘录是 PFXSC_00363 的摘录，附在奥利弗先生的声明中。被告于 2019 年 3 月 29 日提交了答复，还附有菲拉斯·阿布扎伊德（Firas Abuzaid）的声明，声明原告在 PFXSC_00362 至 PFXSC_00367 中标识的字符匹配是“完全通用或开放源代码的材料”。

➢ 争议焦点

①被告的行为是否构成严格意义上的文字要素侵犯软件版权；②原告可否就被告的行为主张非文字要素的侵权赔偿。

➢ 法院分析

原告辩称，其已对被告关于侵权的质询作出了充分回应。首先，原告认为，由于被告自 2018 年 8 月以来就可以使用原告的源代码，因此已经充分确定了所主张版权的“原始部分”。原告“维护其整个源代码，包括结构、顺序和组织，是其原始作品，尽管该作品的某些部分使用开源软件包。当然，原告的版权不涵盖这些软件包”。被告回应说，原告的源代码不属于版权保护范围，并且原告“甚至没有向据称已使其获得注册的美国版权局提供电子存入档案”。法院认为，原告不能依靠其源代码的生产来满足被告提出的询问请求，即原告确定版权的“原始部分”。正如原告自己承认的那样，部分源代码不受版权保护。因此，指向整个源代码是不够的。原告应标明版权的“原始部分”。但是，关于原告据称未能向美国版权局交存电子存入档案的问题，法院认为这与审讯是一个相互独立的问题，因为这与文件生产有关，法院命令当事各方开会并就此问题进行商讨。

其次，原告辩称，它已经确定“构成版权申请或注册中所标识的任何现有材料的材料”，因为它提供了源代码中使用的开源项目的列表。被告回答说这同样是不够的，因为原告可能已经从第三方获得了其他代码的许可，并且该代码还可能包含通用命令和计算机生成的文件（例如 . git 文件）。此外，被告辩称原告并未识别出有版权的开源部分，或那些开源项目中使用的代码。法院支持了被告的说法，认为源代码中使用的开源项目列表不足，因为这无法标识出受版权保护的代码本身的组成部分。相反，法院要求被告将开源项目与受版权保护的代码进行比较，以确定哪些部分匹配。原告必须明确标识先前存在的材料，包括开源项目中使用的代码和任何其他先前存在的材料。

最后，原告辩称，它已确定“与任何 Price f(x) 产品‘基本上相似’的部分”，因为它提供了被告的代码清单，从字面上复制了原告的代码。在听证会上，双方澄清说，此清单是 PFXSC_0362 - 367，它是一个软件程序的 460 兆字节输出，该软件程序对两个代码库中的字符匹配进行机械比较，此比较包括所有匹配项，即使该代码不具有版权或原创性。法院认为，这种产出的产生不足以满足被告的质询。在听证会上，原告说可以去除该输出中确定的匹配项，并确定包含原始作品的特定部分，同时删除先前存在的材料。因此法院命令原告对其代码进行筛选，以补充其对“基本相似”部分的答复。

美国第九巡回上诉法院已经确认了可以获得版权保护的软件的三个要素：①该软件的“文字要素”，例如实际的源代码和目标代码；②该软件的“个别非文字要素”，例如离散的视觉和听觉组件；③软件的“非文字动态元素”，例如软件的实时体验和操作。”

为了确定两个或多个计算机程序的非文字元素是否基本相似，一些法院采用了由三部分组成的“抽象—过滤—比较”测试。第一步是抽象，要求法院“剖析涉嫌复制的程序的结构，并隔离其中包含的每个抽象级别。此过程始于代码，最后阐明了程序的最终功能”。第二步要求“将可保护的表达与不可保护的材料分开”，从而帮助定义原告的版权范围。最后一步涉及“被告是否复制了该受保护表达的任何方面，以及对复制部分相对于原告整体程序的相对重要性的评估”。原告辩称，对于其非文字版权侵权索赔，任何进一步的答复都将要求专家作证，以确定是否满足“抽象—过滤—比较”测试。在听证会上，被告指出，原告至少可以确定侵权行为。原告断言侵权的非文字元素，例如用户界面的外观、感觉和功能，可能包括菜单的位置或点击菜单的工作方式。原告同意可以这样做。因此，法院命令原告确定涉嫌侵权的非文字元素，包括用户界面的外观和感觉、使用软件的功能以及“离散的视觉和听觉组件”或“实时体验和软件操作。”但是，法院认为，代码涉及非文字元素受到侵犯的判定，需要专家的意见以及“抽象—过滤—比较”测试的应用。

➢ 处理结果

由于现有证据不足，法院命令原告通过以下方式提供补充答复：①识别代码的原始部分以及构成现有材料的任何材料；②审查 PFXSC_0362 – 367 中的输出，并确定哪些匹配项是原始材料或开放源代码，并剥离先前存在的材料；③识别涉嫌侵权的非文字元素，包括用户界面的外观、感觉和功能，以及与离散的视觉和听觉组件或软件的实时体验和操作相关的任何其他元素。原告的答复应在该命令发出之日起 30 天内提出。但原告此后未继续诉讼程序。

➢ 案件评析

主张软件版权侵权可能包括以下三种类型的侵权：①软件的“文字要素”，例如实际的源代码和目标代码；②软件的“个别非文字要素”，例如离散的视觉和听觉组件；③软件的“非文字动态元素”，例如软件的实时体验和操作。若集中于文字要素的侵权，则需要双方比对相关的代码内容。这一比对十分严格，如果其核心部分或相似部分存在开源代码，则可能会造成原告的侵权诉讼受阻。

（撰稿：王董咪；核对：王予君）

二、案例点析

根据大部分开源软件许可证的规定，在分发和编辑开源软件的情形下，被许可人需遵循以下义务：①提供许可证副本（且不建议使用 URL，因为可能会变更或失效）；②版权声明；③提供完整的相应源代码。当然，如果只是使用（包括个人使用和公司内部使用），则不产生任何义务。例如，根据 GPL 要求[1]，一旦以可执行格式分发 GPL 许可软件，就应提供“完整的相应源代码”。其中，完整的源代码包括以下内容：①源代码（.c 文件）；②头文件（.h 文件）；③脚本文件，用于控制编译和安装；④配置文件等。总之，被许可人需要使他人可以自由使用开源软件，例如能够运行可执行文件

[1] GPL 还包含完整源代码的定义：作品的源代码是指对其进行修改时的作品首选形式。对于可执行文件，完整的源代码表示其包含的所有模块的所有源代码，以及任何相关的接口定义文件，以及用于控制可执行文件的编译和安装的脚本。参见 https://www.gnu.org/licenses/old-licenses/gpl-2.0.html。

或者能够安装生成的可执行文件。

由此可知，开源软件不能享有商业软件通常包含的源代码技术商业秘密。但是，商业秘密不仅包括技术信息，还包括经营信息。并且，技术信息又可以分为显性技术信息（如源代码）和隐性技术信息（如技术诀窍、工程经验、测试方法等）。商业软件的商业秘密既包括显性技术信息，也包括隐性技术信息，当然还包括经营信息。

开源软件虽然公开源代码，不享有源代码的技术秘密，但仍可能存在其他类型的商业秘密。一方面，由于目前开源软件基本采取了商业经营的模式，因此经营信息同样存在于开源软件之中。但另一方面，由于开源软件源代码的公开，开源软件排除了“显性技术”商业秘密保护方式的适用。然而，开源软件中的“隐性技术”仍可作为商业秘密进行保护。并且，如果软件是由开源代码和自有代码组合而成，具有独立性的自有代码仍可作为商业秘密进行保护。

为规避开源软件中的商业秘密侵权风险，开源软件的商业经营者应当注意加强开源软件开发流程中的文档管理并限定开源软件开发人员的保密范围。

（撰稿：曹卫良；核对：徐华阳）

第五章 竞争法

一、案例介评

◆ Red Hat，Inc. et al v. The SCO Group，Inc. 案

➢ 基本信息

√ 案号：Civ. No. 03 – 772 – SLR

√ 当事人：

◇ 原告：Red Hat，Inc.（红帽公司）等

◇ 被告：The SCO Group，Inc.（SCO 集团公司，以下简称“SCO”）

√ 时间：2004 年

√ 管辖：美国特拉华联邦地区法院

√ 类型：不正当竞争

➢ 案情简介

2003 年 8 月 4 日，最大的 Linux 销售商红帽公司向 SCO 提起反不正当竞争诉讼，诉称 SCO 指控 IBM 盗用其源代码缺乏证据；SCO 恐吓若干企业（包含红帽公司的客户）并要求其为使用 Linux 而承担法律责任的行为对 Red Hat 带来了负面影响，构成不正当竞争。

➢ 争议焦点

原被告双方是否存在客观实在的争议。

➢ 法院分析

法院认为，美国确认判决法（*The Declaratory Judgment Act*）将确认判决的适用空间限缩于具有“客观争议”的案件，即原被告双方是否存在客观实在的争议（actual controversy），原告对此承担举证责任，即举示证据证明在提出诉讼时存在客观实在的

争议，且该争议在诉讼未决期间持续存在。联邦地区法院运用两步测试法来判定是否存在“客观实在的争议”。首先，被告的行为导致原告合理怀疑其将面临侵权指控。该步测试系客观测试，重点聚焦被告的行为是否上升到足以表明其有意行使专利权或者版权的程度，并不要求被告提出明确的侵权指控。其次，原告从事涉嫌侵权的行为或者具有立即从事此类行为的能力和明确意图。

该案中，原告声称SCO制造了公众对于Linux操作系统的恐惧和怀疑，从而对己方造成直接损害。此外，原告已提交多份新闻稿件，表明SCO进行了旨在保护其于Unix OS中专有权益的运动。尽管SCO选择IBM作为第一个对手在犹他州提起诉讼，但亦公开表示其对红帽公司持有异见，将“可能提起新诉讼或变更其已有（针对IBM的）诉讼转而指向其他公司，如Linux行业的Red Hat”，并且“与此类公司进行谈判的机会非常渺茫”。此种情形下，法院认为，SCO的系列行为已引起原告合理怀疑其将面临侵权指控；此外，红帽公司是从事被控侵权行为的Linux软件开发者，故而该案存在“客观实在的争议”。

➢ 处理结果

根据记录材料，SCO已起诉IBM“故意和不当破坏Unix的商业价值”，包括“在蒙特雷项目（Project Monterey）中盗用SCO专有涉密技术”。此外，SCO在指控IBM的诉讼中主张“IBM滥用其对Unix源代码的访问权限，与开源社区紧密合作并为Linux系统贡献技术和资源，红帽公司得以从中受益”。

由诉状而观，该案核心问题在于判定Linux系统是否包含盗用的Unix系统源代码，即与上述SCO诉IBM一案如出一辙。法院认为，由两个联邦地方法院解决同一争议是对司法资源的浪费，特别是前已提起的诉讼已实质涉及该案争议双方时。故而，在SCO与IBM一案判决前，联邦地区法院将该案搁置。

➢ 案件评析

对于通过恐吓用户的不正当竞争行为提起的诉讼，其基础仍在于对侵权事实的认定，因为原告证明其软件系统商业价值受损时应当考虑侵权问题。

（撰稿：岳娆；核对：张燕）

◆ Daniel Wallace v. International Business Machines Corporation 案

➢ 基本信息

√ 案号：No. 06－2454

√ 当事人：

◇ 原告：Daniel Wallace（丹尼尔·华莱士）

◇ 被告：International Business Machines Corporation（IBM）

√ 时间：2006 年 11 月 9 日

√ 管辖：美国印第安纳南区联邦地区法院；美国第七巡回上诉法院

√ 类型：垄断

➢ 案情简介

Linux 操作系统系 20 世纪 60 年代由 AT&T 编写而成，是 Unix 操作系统的衍生产品，现在可以免费使用。丹尼尔·华莱士希望通过提供衍生产品或者从零起步编写操作系统的方式来与 Linux 抗衡竞争，但他认为，只要 Linux 和其衍生作品可免费获取，则该种竞争势必无法达成。丹尼尔·华莱士称，IBM、红帽公司和诺威尔公司彼此之间以及与他人（包括自由软件基金会）之间串谋（conspiracy），对 Linux 操作系统进行掠夺式定价，以此来不当消除计算机操作系统市场的良性竞争；根据涉及用户—改进者—用户的 GPL，Linux 及所有包含其源代码的软件均永久免费，这一规则恰是使用者和衍生作品创作者之间为削减潜在竞争对手产品价格而达成的“共同事业”（joint undertaking）。

➢ 争议焦点

根据 GPL 提供受版权法保护的软件是否构成对美国反托拉斯法的违反。

➢ 法院分析

美国印第安纳南区联邦地区法院裁定，原告是潜在生产者，而非消费者，因此其并未遭受被告垄断行为的损害。

美国第七巡回上诉法院认为：

（1）软件开发者如基于 GPL 发布软件，则其不仅授权他人无偿复制该软件，而且授权基于该原始软件的衍生作品的免费开发。当然，他人仅在遵守相同许可证条款的前提下方得制作和分发衍生软件。因此，GPL 在用户与用户、此修订版本与彼修订版本之间传播，原始软件开发者与衍生软件开发者均不得对此收取任何费用。与版权法限制以作品传播牟取利润不同，自由软件基金会将此称为“copyleft”。

（2）尽管美国反托拉斯法意在保护消费者利益而非生产者利益，但联邦最高法院已允许生产者提起掠夺性定价诉讼。不过，由于丹尼尔·华莱士的法律理论存在实质性错误，因此该认定对其并无裨益。

（3）掠夺性定价分为三个阶段：降低价格、无法获利的生产者退出、垄断价格。法律关注的是最后一个阶段，即幸存者（或幸存者卡特尔）收回低价时期所蒙受的损失。如并无生产者被挤出市场，或者即使某些生产者放弃市场，幸存者亦无法弥补其低价时期的损失，则不会出现反垄断问题。当垄断不再发生时，（产品）保持低位价格——反托拉斯法的目的即是利用竞争将价格保持在较低水平，以使消费者获益。丹尼尔·华莱士并未阐明 GPL 之下可免费获得的软件将于未来导致价格垄断。相反，当 GPL 使得价格永久保持低位并确保产出（不会减少）时，垄断何以发生呢？如果制造商无法通过降低产量和哄抬价格来损害消费者利益和谋取自我利益，反托拉斯法就无适用空间。

（4）将 GPL 接受者定性为“串谋者”并无依据。GPL 旨在促进新衍生作品的产生，而非限制贸易。

（5）丹尼尔·华莱士未能阐明 Linux 拥有相当大的市场份额，或者从长远来看将对消费者福祉构成极大威胁。故而，GPL 和开源软件无须担心有垄断之虞。

➢ 处理结果

美国第七巡回上诉法院维持联邦地区法院判决，即 IBM 未违反美国反托拉斯法。

➢ 案件评析

美国于 1890 年颁布反托拉斯法。该法全称为“保护贸易和商业不受非法限制与垄断之害法”（*An Act To Protect Trade And Commerce Against Unlawful Restraints And Monopolies*），是世界上最早的反垄断法。美国的反垄断法被称为“反托拉斯法”，是因为美国的反垄断思潮是从 19 世纪末期的反托拉斯开始的。大托拉斯的建立能够抑制竞争，导致垄断性的市场结构，从而成为美国反垄断法规制的重要内容。

针对限制竞争协议，首先应判断其属于横向限制竞争协议抑或纵向限制竞争协议。横向限制竞争协议是竞争者之间的联合行为，可以表现为竞争者之间的协议，也可表现为企业集团的决议，还可表现为竞争者之间的协调行为。纵向限制竞争协议是指市场上处于不同经济阶段的企业间的协议，如钢材批发商和零售商之间的协议，协议双方的给付具有互补性，通常还有一方对另一方的限制的规定。❶ 其次，应分析该限制竞争协议是否违反反托拉斯法，标准有二：一是“本身违法原则”（the per se rule），二是“合理原则”（the rule of reason）。就“本身违法原则”而言，它适用于竞争产生损害效果且毫无其他裨益的情形，从而无须详尽调查由其导致的危害后果或考虑其商业理由，可径直认定其为不合理且违法的协议或行为。而如若某一协议或行为并不总是对竞争产生危害后果，则适用“合理原则”，允许被告以该商业行为具有裨益为由进行抗辩，从而产生该种协议或行为得到法律承认的效果。

由上述，针对横向限制竞争协议，法律有明确规定的，适用“本身违法原则”，反之适用“合理原则”。至于后者是否合法，需具体情况具体分析。针对纵向竞争协议，

---

❶ 王晓晔．经济法学［M］．北京：社会科学文献出版社，2005：97－107．

并不必然适用“本身违法原则”。以纵向价格约束为例，需区分固定价格（固定最高价格/固定最低价格）、价格推荐等分别适用上述两项原则。

（撰稿：岳娆；核对：张燕）

◆ 微软诉欧盟委员会案

➢ 基本信息

√ 案号：T－201/04（一审）；T－167/08（二审）

√ 当事人：

◇ 原告：微软公司

◇ 被告：欧盟委员会

√ 判决时间：2007年9月17日（一审）；2012年6月27日（二审）

√ 管辖：欧盟初审法院（一审）；欧盟终审法院（二审）

√ 类型：垄断

➢ 案情简介

微软公司开发和销售包括服务器和客户端操作系统在内的各种软件产品。1998年12月10日，太阳微系统公司（Sun Microsystems）公司向欧盟委员会提出申诉，指控微软公司拒绝向服务器行业的竞争对手提供相关技术信息，导致其他竞争对手所开发的软件无法与微软的Windows操作系统充分兼容，从而使得微软公司可以利用该技术上的绝对优势限制竞争并抢占服务器软件市场。❶ 经过系列调查和听证取证，欧盟委员会于2004年3月24日就该案作出决定，认定微软公司拒绝向竞争厂商提供Windows操作系统和网络服务器之间的互操性信息以及捆绑销售Windows媒体播放器和操作系统的两项商业行为系滥用其市场支配地位的行为，违反了欧盟竞争法的相关条款，遂向微软公司处以4.97亿欧元的罚款，并要求其于120天之内在合理和非歧视性的条件下向其竞争对手提供互操性信息并于90天之内提供不包含媒体播放器的操作系统。微软公司不服，遂向欧盟初审法院提起上诉。❷

由于微软公司宣称自由软件为其主要竞争对手，并且使用各种方法攻击自由软件

---

❶ 判决原文参见 https：//www. kostenlose－urteile. de/Europaeisches－Gericht－Erster－Instanz_T－16708_Gerichtshof－der－Europaeischen－Union－verhaengt－Zwangsgeld－in－Hoehe－von－860－Mio－Euro－gegen－Microsoft. news13701. htm？ sk＝496f4cb736229aaac8662e2f4311a1c5，最后访问日期2021年1月16日。

❷ 管青峰．微软诉欧盟委员会案及其启示：知识产权滥用反垄断规制［D］．开封：河南大学，2008.

运动，2001 年 11 月 16 日，欧洲自由软件基金会也就正在进行的针对微软公司的欧盟委员会调查申请了代表自由软件运动利益的第三方身份。

2007 年 9 月 17 日，欧盟初审法院对该案作出判决，全面驳回了微软公司对于欧盟委员会的指控，维持了 2004 年欧盟委员会所作出的处罚决定：首先，肯定了 2004 年欧盟委员会对微软公司所征收的 4.97 亿欧元的巨额罚款的合理性；其次，认定了欧盟委员会对微软公司滥用支配地位、捆绑销售挤压同行构成不正当竞争的指控成立；最后，肯定了欧盟委员会强制微软公司向其竞争对手提供互操性信息的决定的正确性。[1]

微软公司对欧盟初审法院判定的罚款数额以及责令其以“合理且无歧视”的方式向其竞争对手提供互操性信息的决定不服，故向欧盟终审法院提出上诉。微软公司声称，由于相关信息发布中包含的信息已受专利保护而具有创新性，因此其有权向竞争对手收取大量信息费，同时因为没有确切的价格指导，所以其有权利为互操性信息设定高昂的价格，并且要求就“商业秘密”部分收取特许权使用费，而该权利是应欧盟委员会的明确要求从专利许可中获得的。

➢ 争议焦点

①微软公司所提供的“无专利协议”的效力和实质；②微软公司的收费是否合理；③基于非歧视条款提供互操性信息的受众范围有多大，是否包括开源软件的开发商。

➢ 法院分析

一审中，法院认为微软公司无法充分展示技术的创新性。

一审法院在其判决中基本上维持了欧盟委员会的决定，并拒绝了微软公司的抗辩理由。首先，法院认为，考虑到微软公司和欧盟委员会制定的定价原则不同，微软公司可以评估其从 2004 年至 2007 年 10 月 21 日期间所要求获得的互操性信息的报酬率是否符合该裁决的标准。其次，有关技术的创新性标准（在欧盟委员会在检查微软公司所要求的报酬标准是否适当时使用）是衡量这些标准是否具有独立技术价值（与微软公司操作系统进行互操的能力所产生的价值）的合适指标。最后，该案中，欧盟委员会有权参照其构成要素，即新颖性和创造性，来审查这些技术的创新性。在当前情况下，如果有争议的决定所针对技术的创新性（新颖性和创造性）不足，这并不意味着相关知识产权、商业机密或其他机密信息会因此而全面贬值，而只会排除微软公司在 2004 年决定禁止披露的互操性信息的战略价值。此外，微软公司也未能反驳欧盟委员会的调查结果，即构成互操性信息的 173 种技术中有 166 种

[1] 王晓晔．微软公司为什么在欧盟初审法院败诉？［EB/OL］．［2021－01－16］．http：//www.iolaw.org.cn/showArticle.aspx？id＝2181.

不具有创新性。[1]

欧盟终审法院认为，关于微软公司的“无专利协议”赋予利害关系人使用专利技术权利的主张，根据该协议的第1.14节可知，微软公司所许可的知识产权包括专有技术、工业秘密、商业秘密、机密信息和版权，但明确排除专利或专利申请所涵盖的任何权利。微软公司单方面保证不主张任何专利权的承诺是在2007年10月24日之后才作出的。此外，正如微软公司在干预性陈述调查中所承认的那样，该承诺仅涵盖非商业发行，不包括“开源”开发商的商业发行。因此，根据该无专利协议，微软公司可能会披露与专利技术相关的信息，但这并不意味着微软的被许可人有权以侵犯相关专利的方式实施这些技术。正如欧盟委员会解释的那样，该信息在授予专利的地方是公开的，但这并不意味着任何开发者都可以使用它。故而，鉴于专利和非专利的互操性信息之间的区别，不能得出这样的结论：在任何情况下，无专利协议赋予微软公司的被许可人实施专利技术的权利。[2]

但是，法院也认为，首先应当指出，欧盟委员会2005年6月1日的函涉及执行2004年决定第5条的一项，即微软公司应当基于非歧视性条款向其竞争对手提供互操性信息。而该信中所设定的限制分发范围仅限于微软公司的竞争者，但实际上微软公司一直拒绝向开源软件开发者提供互操性信息。其次，微软公司迟迟未提供完整准确的互操性信息版本。再次，微软公司在2007年10月21日之前提供的利率本身就足以使2004年决定的第5条对“开源”开发商无效。最后，微软公司也未作出任何如信中所述的为非专利和非创新性技术确定合理价格的行为。故对微软征收的罚款金额应当确定为8.6亿欧元。

➢ 处理结果

将2008年2月27日欧盟委员会在（2008）764号终审判决中对微软公司施加的定期罚款金额确定为8.6亿欧元。

➢ 案件评析

该案虽为商业软件公司微软针对欧盟委员会提起的诉讼，但该诉讼结果将对开源事业的发展产生重大的影响。

从该案也可看出，随着软件市场的进一步扩大，开源软件和商业软件的竞争也已超越最初的开发理念或技术上的争论，而是沾染上了浓厚的商业色彩。商业

---

[1] 判决原文参见 https：//www. kostenlose – urteile. de/Europaeisches – Gericht – Erster – Instanz _T – 16708 _Gerichtshof – der – Europaeischen – Union – verhaengt – Zwangsgeld – in – Hoehe – von – 860 – Mio – Euro – gegen – Microsoft. news13701. htm？ sk =496f4cb736229aaac8662e2f4311a1c5，最后访问日期2021年1月12日。

[2] PIANA C. Microsoft v. Commission，last take – away point，piana. eu［EB/OL］.［2021 – 01 – 16］. https：//www. piana. eu/msft_ends/.

软件为在开源软件“可免费获取”——这一对于市场消费者而言极具诱惑力的营销模式下抢占软件市场的一席之地，往往会对开源软件树立技术壁垒，就如该案中微软公司一直拒绝向其开源软件竞争对手提供互操性信息，此外还可能会从开源许可证效力着手，否认法律对开源软件的正当保护。然而，也正如微软公司的妥协，在共同创作所蕴含的巨大市场潜力的激励下，商业软件公司积极建立开源项目以争夺市场份额必将成为不可逆转的趋势。在此次的反垄断较量中，微软公司最终服软，其实也正是在为其开源计划铺路。[1] 从当前市场需求和发展趋势来看，开源软件和商业软件的协作将是最大化市场效益、促进知识传播和人类进步的最佳选择。

（撰稿、资料翻译：张燕；核对：岳娆）

◆ 谷歌公司被欧盟委员会反垄断处罚案

➢ 基本信息

√ 案号：AT. 40099（2018）

√ 当事人：

◇ 执法机构：欧盟委员会

◇ 被处罚人：谷歌公司

√ 时间：2015 年 4 月立案，2018 年 7 月下达处罚决定书。

√ 管辖：欧盟委员会

√ 类型：垄断

➢ 案情简介

2015 年 4 月，欧盟委员会依据 FairSearch 和 Aptoide 这两家主营搜索业务的科技公司针对谷歌公司利用安卓开源操作系统（以下简称“安卓系统”）的反垄断投诉，正式决定对谷歌公司发起反垄断调查。在调查声明中，欧盟委员会表示将重点调查谷歌公司是否存在如下垄断行为：①强制要求智能手机和平板电脑制造商搭载安卓系统及相关谷歌服务，非法阻碍竞争对手进入移动应用或服务的相关市场；②非法阻碍移动设备制造商安装基于安卓开源项目的定制版安卓系统；③非法捆绑或搭售某些谷歌公

---

[1] Webmaster. 反垄断较量微软“低头”为其开源计划铺路［EB/OL］.（2007 - 10 - 24）［2021 - 01 - 16］. http：//tech. it168. com/a2007/1024/153/000000153261. shtml.

司应用程序和服务。❶

FairSearch 是一家成立于 2010 年的主营搜索业务的科技公司，其向欧盟委员会投诉称，谷歌公司主导的安卓系统，不仅在智能手机市场中占据了 70% 以上的市场份额，还占据了 96% 的移动端搜索广告的市场份额，该公司在这两个市场中毫无疑问占据了市场支配地位。另外，谷歌公司还免费向设备制造商提供安卓系统，并强制安卓设备安装谷歌地图、YouTube 或 Google Play 等必备应用，并在相关设备出厂前强制将谷歌搜索引擎作为浏览器默认搜索引擎。FairSearch 公司认为，谷歌公司的以上行为，使得其他供应商处于不利地位，并使得当时出货的大多数智能手机的消费者数据由谷歌公司的系统控制。综上所述，谷歌公司以低于成本的掠夺性价格推广安卓系统，并使得其他操作系统难以收回其竞争成本，排除限制了移动操作系统市场的竞争。❷

Aptoide 是一家经营移动应用商店的葡萄牙公司，其在向欧盟委员会递交的投诉报告中称，谷歌公司利用其对安卓系统的影响力，人为限制用户在安卓手机上安装和使用除 Google Play 外的第三方应用商店软件。Aptoide 还进行了一个实验，其邀请了 12 名用户在不同品牌的安卓手机上安装该公司自研的应用商店软件，并将这些用户分为三组，每个小组分别使用不同的安卓版本。实验结果显示，使用安卓 2.1 版本的小组安装 Aptoide 应用程序商店需要 10 个步骤，80% 的用户完成了安装；使用安卓 2.3 版本的小组需要 13 个步骤，45% 的用户完成了安装；使用安卓 4.0 版本的小组需要完成 14 个步骤，只有 20% 的用户完成了安装。实验结果表明，谷歌公司在其主导的安卓系统升级迭代过程中，人为地加大第三方应用商店软件的安装难度，排除限制了该市场的竞争，让较小经营者很难进入该市场，排除限制应用商店市场的市场竞争。❸

2016 年 4 月，欧盟委员会就安卓系统和相关应用程序向谷歌发布“反对声明”（statement of objections）”。声明指出，谷歌公司的以下行为涉嫌违反欧盟的反垄断监管规则：①要求设备制造商预装谷歌搜索（Google Search）和谷歌浏览器（Google Chrome），并要求它们将谷歌搜索设置为默认浏览器，以此作为授权某些谷歌专有应用的条件；②组织设备制造商生产和销售基于 Android 开源代码的 Android 系统设备；③向制造商和移动网络运营商提供财务激励，前提是它们必须在自己的设备上专门预装谷

---

❶ European Commission. Antitrust: Commission opens formal investigation against Google in relation to Android mobile operating system [EB/OL]. (2021-04-15) [2021-05-08]. https://ec.europa.eu/commission/presscorner/detail/en/MEMO_15_4782.

❷ FAIRSEARCH. FairSearch Announces Complaint in EU on Google's Anti-Competitive Mobile Strategy [EB/OL]. (2013-04-08) [2021-05-08]. http://fairsearch.org/fairsearch-announces-complaint-in-eu-on-googles-anti-competitive-mobile-strategy/.

❸ FAIRLESS T, BARR A. Google Faces Fresh Antitrust Complaint in Europe [EB/OL]. [2021-05-08]. JOURNAL, https://www.wsj.com/articles/google-faces-fresh-antitrust-complaint-in-europe-1402941192.

歌搜索。[1]

2018 年 7 月，欧盟委员会发布最终裁决命令，针对谷歌公司在安卓移动设备上采取一系列措施加强谷歌搜索市场主导地位的违法行为，对谷歌公司处以 43.4 亿欧元的罚款。[2]

➢ 争议焦点

①谷歌公司所主导的安卓系统是否在移动设备操作系统市场具有市场支配地位；②谷歌公司是否利用安卓系统形成的市场支配地位，要求或鼓励智能手机和平板电脑制造商，非法阻碍了竞争对手的移动应用或服务的开发和推广；③谷歌公司是否利用安卓系统形成的市场支配地位，阻碍非官方版的安卓设备的开发和推广；④谷歌公司是否利用安卓系统形成的市场支配地位，通过捆绑安装谷歌系应用程序，进而阻止这些程序的竞品的开发和推广。

➢ 执法机构分析

欧盟对滥用市场支配地位行为的反垄断法规制，主要依据《欧盟运行条约》第 102 条。该法条规定，经营者滥用市场支配地位的表现主要包括：①不公平的交易条件；②限制生产、销售或技术开发，从而使得消费者遭受损害的行为；③歧视性商业行为；④搭售和附加其他不合理条件的行为。在论述谷歌公司滥用市场支配地位的具体行为时，欧盟委员会指出，谷歌公司的违法行为符合《欧盟运行条约》第 102 条规定的全部要件。

首先，欧盟委员会论证了谷歌在互联网搜索服务市场、移动设备操作系统市场和安卓应用商店市场这三个相关市场中占有主导地位：在互联网搜索服务市场中，谷歌公司在欧洲经济区 31 个成员国中，平均占有 90% 的市场份额；在移动设备操作系统市场中，谷歌公司通过对安卓系统的控制，占据除中国外全球市场的 95% 的市场份额；在安卓应用商店市场中，Google Play 占据 90% 以上的份额。市场主导地位本身并不违法，然而占据支配地位的公司负有其特殊责任，即不得滥用其市场支配地位，排除限制竞争。

其次，欧盟委员会论证了谷歌凭借其在三大相关市场的主导定位，利用安卓系统实施如下滥用市场支配地位的行为：

第一，谷歌公司以捆绑的形式，向设备制造商提供一揽子谷歌软件和服务，且谷

---

[1] European Commission. Antitrust: Commission sends Statement of Objections to Google on Android operating system and applications [EB/OL]. (2016-04-20) [2021-04-01]. https://ec.europa.eu/commission/presscorner/detail/en/IP_16_1492.

[2] European Commission. Antitrust: Commission fines Google £ 4.34 billion for illegal practices regarding Android mobile devices to strengthen dominance of Google's search engine [EB/OL]. (2018-07-18) [2021-04-01]. https://ec.europa.eu/commission/presscorner/detail/en/IP_18_4581.

歌公司利用 CTS 和 CMS 等认证，使得设备制造商不得不在出厂前预装谷歌系全套软件程序。欧盟委员会指出，设备出厂前预装的软件，在很大程度上会决定用户的使用习惯。因为路径依赖的缘由，大多数用户将不会转而使用其他同类应用，由此极大地削弱同类软件的竞争能力。因此，谷歌公司的利用安卓系统强迫设备制造商预装谷歌系软件的行为，一方面限制了移动设备制造商的设备生产，另一方面构成对软件及服务的搭售，违反了《欧盟运行条约》第 102 条第 2 款（b）项和（d）项规定。

第二，谷歌公司向欧盟主要的安卓设备制造商和移动网络运营商提供了财务激励，条件是要求在安卓设备中将谷歌搜索预设为默认的搜索引擎，从而大大降低其他搜索引擎的竞争优势。针对这一行为，欧盟委员会进行了市场调查，发现实践中如果设备制造商或者网络运营商希望获得谷歌公司专有的安卓应用程序和服务，就需要与谷歌签订合同，而这些合同通过限制搭载安卓系统设备的生产、销售和技术开发环节，使得谷歌能够将安卓系统作为巩固其搜索引擎主导地位的工具。这一行为构成直接违反了《欧盟运行条约》第 102 条第 2 款（a）项和（b）项的规定。

第三，谷歌公司非法阻碍基于安卓开源项目的其他操作系统的开发和分发，禁止设备制造商使用任何未经谷歌公司认证的安卓衍生版操作系统，并通过技术手段屏蔽谷歌系软件在安装了未经谷歌认证的安卓衍生版操作系统的设备上的运行。该行为是对非安卓官方版的操作系统的歧视，并给相关设备生产商设置了不合理的生产、销售或技术开发的条件，减少了手机生产商在安卓开源项目的基础上开发自有操作系统的激励，损害了移动端操作系统的市场竞争。该行为直接违反了《欧盟运行条约》102 条第 2 款（a）项、（b）项和（c）项的规定。

综上所述，谷歌公司凭借其在互联网搜索服务市场、移动设备操作系统市场和安卓应用商店市场这三个相关市场的绝对市场支配地位，利用其对安卓系统及安卓认证标准的垄断，通过强迫移动设备制造商预装软件、预设默认操作系统、排斥第三方操作系统等方式，损害了相关市场的竞争环境和消费者利益，并进一步巩固了其在相关市场的支配地位，违反了欧盟反垄断相关法律法规。

➢ 处理结果

欧盟委员会认定，谷歌公司自 2011 年以来，对安卓设备制造商和相关移动网络运营商实施了非法限制行为，以此来巩固其在整个互联网搜索领域的主导地位。该行为违反了欧盟反垄断法，谷歌公司必须缴纳 43.4 亿欧元的罚款，并在 90 天内采取有效措施停止非法限制行为：如果整改不达标，90 天后谷歌公司将面临的罚款金额为其母公司 Alphabet 公司年度营业额的 5%。

➢ 案件评析

首先，该案为开源操作系统反垄断第一案，从立案到结案共历经 3 年的时间，最终欧盟委员会对谷歌公司开出了43.4亿欧元的天价罚单，直接促使谷歌公司放松对手机制造商预装软件的限制，允许它们选择在搭载安卓系统的移动设备上预装非谷歌系的同类应用。鉴于目前80%的智能移动设备搭载着安卓系统，这将为应用商店市场、搜索引擎市场、视频播放市场和高精度地图市场等原本由谷歌高度垄断的市场里的开发者们提供更多市场机会。

其次，欧盟委员会禁止谷歌公司利用安卓认证规则强制要求设备生厂商将谷歌搜索设定为默认搜索引擎。该项禁令或许将有助于破除谷歌在搜索引擎市场一家独大的局面。

再次，该案还禁止谷歌公司利用其安卓开源项目主导者的身份限制非官方版本安卓系统的推广，让安卓开源项目回归“开源”的初心，防止类似谷歌这类对相关市场具备强大影响力的主体，借“开源”之名，行“垄断”之实。

最后，该案还为非欧盟地区的反垄断监管机构针对谷歌的反垄断执法提供监管指引。例如，2019年，谷歌公司宣布撤销华为公司的安卓许可证和CMS认证，这意味着华为公司未来推出的搭载安卓系统的智能移动设备将无权安装谷歌系应用程序和服务。华为公司由此向国家市场监督管理总局提起针对谷歌公司利用安卓系统滥用市场支配地位的反垄断调查申请。在后续的反垄断调查中，该案将可为中国反垄断执法机构提供重要参考。

（撰稿：庄云霄；核对：辜凌云）

二、案例点析

近年来，在某些具有全球影响力的开源软件被国际大公司垄断后，开源软件的反垄断问题也成为当今不少学者关注的对象。本部分拟从开源软件可能涉及的掠夺性定价、搭售和拒绝交易三方面进行具体论述。

（一）开源软件掠夺性定价的反垄断问题

目前，国内基本没有关于开源软件掠夺性定价的反垄断案例。针对开源软件掠夺性定价的情形，国外法院存在一些案例。例如，在2006年Daniel Wallace v. International Business Machines Corporation案[1]中，原告丹尼尔·华莱士指控IBM等公司利用GPL共谋实行固定Linux许可价格为零和掠夺性定价两种垄断行为。该案争议焦点为，被告行为是否构成掠夺性定价的垄断行为？美国第七巡回上诉法院审理后否决了原告请求，判定被告行为不构成掠夺性定价的垄断行为。从开源社区管理的角度分析，需要在社

[1] 参见前文Daniel Wallace v. International Business Machines Corporation案。

区章程或会员协议中约定：会员不得利用社区平台从事垄断行为。

（二）开源软件搭售的反垄断问题

安卓是一种基于开源软件的操作系统，主要由谷歌公司领导及开发。2016 年 8 月，由于谷歌公司在安卓手机操作系统中捆绑安装 Chrome 浏览器、Gmail、谷歌地图、搜索引擎等应用，被俄罗斯反垄断监管部门——联邦反垄断局（Federal Antimonopoly Service，FAS）认定为违反俄罗斯反垄断法并宣布对谷歌公司处以 4.38 亿卢布（约合 783 万美元）的行政罚款。谷歌公司一开始提起了上诉，但是又于 2017 年 4 月与 FAS 达成了和解协议：谷歌公司同意一次性付清 FAS 对其开出的 4.38 亿卢布罚单以及其他罚款。❶

同样，2018 年 7 月，由于谷歌公司在安卓手机操作系统中捆绑了“垄断协议”（滥用市场支配地位），在其安卓手机操作系统中搭售自身的浏览器、地图和搜索引擎等应用，被欧盟反垄断监管部门认定为滥用市场支配地位（捆绑销售）并宣布对谷歌公司处以 43 亿欧元的罚款。2018 年 10 月，谷歌公司宣布，已经就该案的判决向欧洲第二高等法院提起上诉，预计整个上诉过程将持续几年时间。❷

由于对具有市场支配地位的开源软件经营者在开源软件中捆绑销售其他应用软件以排除或限制其他竞争对手的行为（滥用市场支配地位），基本上各国反垄断法律均认定其为妨碍竞争的行为，本书不再进一步讨论。以下针对具有市场支配地位的开源软件经营者在许可其他经营者使用过程中可能出现的“拒绝交易”行为进行分析。

（三）开源软件拒绝交易的反垄断问题

2019 年 5 月，谷歌公司宣布，停止与华为相关的业务和服务，包括旗下智能手机安卓操作系统；华为将无法获得谷歌公司安卓操作系统的更新。本书拟从美国反垄断法的角度出发，简要分析谷歌公司的上述行为是否构成滥用市场支配地位（拒绝交易）。

知识产权是一种法定的垄断权利。根据美国法律的传统观点，知识产权人拒绝交易一般是不违反反垄断法规定的，只有在知识产权人拒绝交易可能产生排除、限制竞争的效果时，才受反垄断法规制。针对知识产权人拒绝交易的行为是否需要反垄断法规制的问题，美国司法实践中存在以下三种判断标准。❸

（1）主观意图标准。如果知识产权人拒绝交易的意图是产生或者维持垄断地位，则需要受到反垄断法的规制。

（2）杠杆垄断理论。如果知识产权人拒绝交易将导致其在一个市场上的垄断力量

---

❶ 法制晚报．谷歌向俄罗斯缴纳 783 万美元罚款了结反垄断官司［EB/OL］．（2017－05－12）［2021－02－10］．http：//tech. qq. com/a/20170512/008027. htm.

❷ 腾讯科技．谷歌正式就欧盟 43 亿欧元 Android 反垄断罚款提起上诉［EB/OL］．（2018－10－10）［2021－02－10］．http：//tech. qq. com/a/20181010/004982. htm.

❸ 彭景，陈萍萍．论美欧知识产权人拒绝交易的反垄断法规制［J］．知识产权，2012（7）：113－114；龚诗珩．知识产权人拒绝交易的反垄断法规制［D］．上海：华东政法大学，2014：22－24.

传导至另一市场，从而获得两个市场的垄断利润，则需要受到反垄断法的规制。

（3）必要基础设施理论。必要基础设施是指相关市场中不可或缺的某种设施。由于必要基础设施理论在美国司法实践中存在具体的判断标准，可操作性较强，本书拟选取该理论进一步分析。

根据美国司法实践，必要基础设施通常包含以下五个构成要件：一是经营者拥有必要基础设施；二是竞争者重新建立该设施不可行；三是经营者拒绝交易；四是经营者提供该设施是可行的；五是经营者的拒绝交易行为产生了排除、限制竞争的效果。

针对第一个要件，即经营者拥有必要基础实施，通常从经营者在相关市场是否具备市场支配地位方面考虑。该案中，我们先界定相关市场为非 iOS 智能手机操作系统，而谷歌公司的安卓手机操作系统在非 iOS 智能手机操作系统市场中几乎处于一家垄断的局面，安卓手机操作系统事实上已经在非 iOS 智能手机操作系统相关市场中处于必要基础设施地位。

针对第二个要件，即竞争者重新建立该设施不可行，从美国司法判例来看，竞争者重建该设施是否可行，主要看竞争者是否能够在合理期限内获取经济上可行的替代设施。该案中，华为在安卓手机操作系统方面已经形成对谷歌公司的高度依赖，短期内很难开发出可以替代安卓手机操作系统。尽管华为方面宣布存在备用手机操作系统的“B 计划”（鸿蒙系统），但目前还没有看到实际功能可以替代安卓手机操作系统的产品出现，短期内也应该不太可能出现，因为华为在宣布存在“B 计划”的同时，也表示“还是更愿意与谷歌的生态系统合作”。

针对第三个要件，即经营者拒绝交易，该案中，谷歌公司在未与华为方面事先协商的情形下，单方面宣布中止与华为的开源软件服务协议，构成拒绝交易行为。

针对第四个要件，即经营者提供该设施是可行的。从美国司法实践操作层面来看，经营者提供该设施是否可行，主要从经营者是否有正当理由方面分析，而考量经营者是否具有正当理由，可以从交易双方企业本身的经营状况及交易历史等方面进行分析。该案中，华为在安卓手机操作系统方面与谷歌公司具有长期交易关系，已经形成对谷歌公司安卓操作系统的高度依赖，双方具有稳定的交易关系和历史，谷歌公司突然中断交易不具备正当理由。

该案中，另外一个需要考虑的因素是：美国政府对华为的禁令是否构成谷歌公司拒绝交易的正当理由？本书从以下两个方面进行简要分析。

一方面，作为一家美国企业，谷歌公司有遵守本国政府禁令的义务，此次的拒绝交易行为因此通常被认为“存在正当理由”。但另一方面，安卓操作系统属于开源软件，根据《美国出口管制条例》的规定，开源软件只要不涉及加密/解密技术和军事技术，不受出口管制。因此，如果安卓操作系统中不涉及加密/解密技术和军事技术，则此部分内容不需要受美国政府禁令管制。但是，该案中谷歌公司笼统地拒绝整个安卓操作系统的更新服务，是否属于正当理由，还有待进一步商榷。

针对第五个要件，经营者的拒绝交易行为产生了排除、限制竞争的效果。该案中，谷歌公司虽然主观方面没有排除、限制竞争的目的，但客观上却产生了排除、限制华为公司在美国市场参与公平竞争的效果。

综上所述，本书认为，在采用客观标准[1]的情形下：如果认为美国政府的禁令不构成正当理由，则谷歌公司拒绝华为更新 Android 手机操作系统的行为可以受美国反垄断法的规制；如果认为美国政府的禁令构成正当理由，则谷歌公司的拒绝行为可以不受美国反垄断法的规制。

（撰稿：曹卫良；核对：徐华阳）

[1] 需要补充说明的是，有学者指出：滥用市场支配地位需要考虑经营者的主观目的，如果经营者主观上没有排除、限制竞争的目的，则不构成滥用市场支配地位行为。但是，由于主观目的通常难以证明，本书暂且采用客观标准。

第六章 许可证

一、案例介评

◆ Facebook 修改开源许可协议案

➢ 案情简介

2013 年，Facebook 公司将 React. js 开源，并使用 BSD 许可证。微软、Airbnb、百度、阿里巴巴、腾讯等公司均在该许可证项下开发产品，应用极为广泛。2016 年 7 月，Facebook 在原有 React 开源许可证中附加“专利反击”条款，引发开源界激烈争论。2017 年 7 月，阿帕奇基金会禁止使用遵循“FacebookBSD + Patents 开源许可证”的 jar 包，并表明如下立场：①任何新项目、子项目或代码库均不得使用遵循“Facebook BSD + Patents 开源许可”的 jar 包。换言之，如之前未曾使用，则之后亦不允许使用。②如之前持续使用，则宽限期延至 2017 年 8 月 31 日。在此之后，所有使用上述许可证的产品都将遭受阿帕奇基金会抵制。③上述条款未有涵盖的其他情形亦禁止使用。

随后，WordPress、百度等多家企业宣布抵制 React。2017 年 9 月，Facebook 宣布将部分开源项目（包括 React、Jest、Flow 和 Immutable）的许可协议改为 MIT 许可证；但是，Facebook 仍有一些项目（如 React Native 等）使用“FacebookBSD + Patents 开源许可”。

“Facebook BSD + Patents 开源许可”由 3 – Clause BSD 许可证和一份专利授权组成。3 – Clause BSD 许可证系宽松式许可证，商业友好，无专利条款限制。反观 Facebook 附加的专利授权协议，则存在“专利反击条款”（patent retaliation clause），具体规定如下：

> 如果您（或您的任何子公司、分公司或代理商）直接或间接发起任何专利主张，或者从专利主张中获得直接的经济利益，那么本协议授予您的许可将自动终止。专利主张包括：
>
> - 针对 Facebook 或其任何子公司或者关联公司的；
> - 针对任何实体的，如果该专利主张全部或部分来自 Facebook 或其任何子公

司或关联公司的任何软件、技术、产品或服务；
- 针对于该软件相关的任何一方的。
- 尽管有上述规定，如果 Facebook 或其任何子公司或关联公司首先向您提起专利侵权诉讼，并且您在该诉讼中针对与该软件无关的诉讼提出了专利侵权反诉，根据本许可协议受权的许可不会由于这种反诉而根据本款第（ⅰ）项终止。

➢ 案件评析

从上述规定可以看出：该专利许可协议的目的是防范使用 Facebook 开源软件的公司向 Facebook 提起专利诉讼。该协议之所以广受业界诟病，主要是因为其单边优惠协议的性质。只要某家企业使用了"Facebook BSD + Patents 开源许可协议"项下的任一软件，即不允许向 Facebook 或其任何子公司、关联公司发起诉讼，亦不得针对该软件的任何相关方提起诉讼。

使用 Facebook 开源软件的企业是否接受该协议，取决于各个企业对知识产权风险的判断以及对软件替换成本之间的权衡。但是，此事也为企业使用开源软件敲响了警钟。开源软件虽"免费可得""自由共享"，但背后潜藏的代价也是昂贵而惨重的。

在开源软件商业化进程中，衍生出不同开放规则的许可证，开放规则呈现"分裂"局面，大致可分为如下种类：①严格开源规则；②允许存在非开源部分；③允许兼容非开源软件；④允许申请软件专利，且保留著作权；⑤无条件彻底开放，即将软件捐赠给社会，使其进入公有领域。将上述开放规则依据宽严程度进行分类，可以划分为宽松型许可证（permissive license）和严格型许可证（copyleft license）。

"宽松"系指只需保留版权声明和许可声明，并且不要求开发者承担责任。典型的宽松型许可证如 MIT 许可证。其基本特点为：①没有使用限制；②用户自担风险，原作者不承担责任；③分发软件时，须披露原作者和原许可证名称；④不得用开源代码的"作者/机构名字"或"原来产品的名字"做市场推广；⑤凡是修改过的文件，必须向用户说明；没有修改过的文件，必须保持许可证不变。

严格型许可证赋予人们自由发布软件副本和修改版的权利，但其前提是衍生代码必须遵从同样的许可证进行开源。常见的严格型许可证主要有 GPL、LGPL、MPL 等。其基本特点为：①修改并发布软件的源代码必须向公众披露；②修改后的源代码，其许可证必须保持与原许可证一致；③不得在原始许可证以外附加其他限制条件。

（撰稿：岳娆；核对：张燕）

◆ MangoDB 变更开源许可证案

➢ 案情简介

MangoDB 采用商业许可、开源许可双重许可证：MangoDB 商业版本采用商业许可证；以 2018 年 10 月 16 日为界，在此之前，MongoDB 社区版本采用 AGPL 3.0，在此之后则采用 SSPL。

➢ 案件评析

（1）MangoDB 更换许可证的原因。

其一，AGPL 3.0 的规定不甚明确，导致诸多企业尝试逾越 AGPL 的边界。AGPL 3.0 第 13 条规定了远程网络交互的限制条件，但是，业界对 AGPL 远程网络交互的触发条件以及适用范围均颇有争议。因此，SSPL 明确规定将程序作为服务提供的条件限制。其二，IT 产业逐渐向服务化转型，MangoDB 亟须更换许可证以免受商业冲击。MangoDB 采用 AGPL 时，一众云服务提供商将 MangoDB 的社区版本修改后向用户提供其数据库的托管商业版本，而拒绝将修改源代码公开回馈社会。如此一来，这些云服务提供商相当于从 MangoDB 企业版销售中分一杯羹，抢占其市场份额。故为遏制云服务提供商"搭便车"行为，MangoDB 更换许可证。

（2）MangoDB 更换许可证的影响。

许可证的更换对 MangoDB 社区服务器的常规用户而言并无显著影响，而与云服务提供商的利益密切相关。MangoDB 更换许可证后，云服务提供商如欲销售基于 MangoDB 的云服务，或需完全公开其源代码，或需向 MangoDB 购买商业许可。MangoDB 许可证中，对"服务源代码"的范围界定非常宽泛，不仅包括 MangoDB 或其修改版本对应的源代码，还包括管理软件、用户界面、应用程序接口、自动化软件、监控软件、备份软件、存储软件和托管软件的源代码。将该些"服务源代码"完全公开，云服务提供商势必丧失产品差异化能力，进而失去销售基于 MangoDB 的云服务的积极性。

（撰稿：岳娆；核对：张燕）

◆ Great Minds v. FedEx Office and Print Services 案[1]

➢ 基本信息

√ 案号：No. 16 - cv - 01462 - DRH - ARL

√ 当事人：

◇ 原告：Great Minds（格曼斯）

◇ 被告：FedEx Office and Print Services，Inc. （联邦快递办公和印刷服务公司）

√ 时间：2017 年 2 月 24 日

√ 管辖：美国纽约东区联邦地区法院

√ 类型：许可证

√ 许可证：CC BY - NC - SA 4.0 许可证

➢ 案情简介

原告根据 CC BY - NC - SA 4.0 许可证为学校出版了某些课程材料，并允许任何人出于非商业目的使用、复制和发行该课程材料。被告联邦快递办公和印刷服务公司根据某校区的请求复制了原告的课程材料供学生使用。原告认为该校区的使用虽然是非商业性质的，但被告联邦快递办公和印刷服务公司的行为却超出许可证范围，因此等同于未经授权，故该行为侵犯了原告的版权。

➢ 争议焦点

如何理解 CC BY - NC - SA 4.0 许可证条款中的“非商业目的”。

➢ 法院分析

法院采纳了知识共享组织（Creative Commons Corporation）对于 CC BY - NC - SA 4.0 许可证条款中非商业目的的相关解释。

首先，从表面上看，CC BY - NC - SA 4.0 许可证的首要目的在于允许广泛的再利用，只要它们不是被主要或直接用于谋取商业利益或寻求经济赔偿即可。这并不进一步要求从事善意非商业性使用的一方在以非商业分享作品为最终目的的复制或发行过程中的每一步中拒绝使用其他产品。事实上，如果许可方可以无一例外地起诉用户在以非商业分享为最终目的使用过程中所雇用的任何营利性中介机构，那么 CC BY - NC - SA 4.0 许可证的价值则相当有限了。

---

[1] 参见 https：//creativecommons. org/wp - content/uploads/2016/08/CC - EDNY - Letter. pdf，最后访问日期 2021 年 1 月 1 日。

其次，一般来说，知识共享组织并不考虑创作者向全世界许可使用其作品这一做法的好坏，而原告的诉求与知识共享组织的初衷背道而驰：扭曲 CC BY – NC – SA 4.0 许可证的含义将打乱全球无数用户和由 CC BY – NC – SA 4.0 许可证管理的作品创作者的既定期望。而且，这将大大降低许可证对知识的分享力和创造力。知识共享组织希望通过 CC BY – NC – SA 4.0 许可证建立一个更加公平、无障碍和创新的世界。因此，按照知识共享组织对于 CC BY – NC – SA 4.0 许可证条款中非商业目的的相关解释更加客观合理。

➢ 处理结果

法院认定被告的复制行为在 CC BY – NC – SA 4.0 许可证条款允许的范围之内。[1]

➢ 案件评析

该案中原告根据 CC BY – NC – SA 4.0 许可证出版了课程资料并允许任何人的非商业性使用。原告认为被告应某校区的商业性要约复制该资料已超出该许可范围，而罔顾该校区是以非商业性的使用为最终目的。显然，原被告双方对于许可证中的“非商业目的”的含义产生了较大分歧，由此引发了该诉讼。

对此，本书认为，对于许可证的相关解释采纳开源许可证官方制定者的中立客观解释并充分考量该许可证的制定初衷以及开源许可精神也许更为合理。但若使用者所使用的开源作品是权利人根据其个人拟定的许可协议公开发布，除非该协议有垄断等违反强制性法律规定而无效的事由，否则使用者应当严格遵守与许可人协商达成的授权协议，以避免陷入不必要的侵权纠纷之中。

（撰稿：张燕；核对：何伟、岳娆）

◆ Educaffix v. CNRS 案[2]

➢ 基本信息

√ 案号：No. 05/16916

√ 当事人：

❶ 判决原文参见 https：//creativecommons. org/2017/02/24/update – great – minds – v – fedex – office – litigation – involving – nc – sa/，最后访问日期 2021 年 1 月 1 日。

❷ 裁判全文参见 https：//www. doctrine. fr/d/TGI/Paris/2007/KFV64D3F65FB87F53D68B40#decision – table – of – contents – 2，最后访问日期 2021 年 2 月 9 日。

◇ 原告：Educaffix 公司
◇ 被告：法国国家科学研究中心（CNRS）、约瑟夫·傅里叶大学、格勒诺布尔国立理工学院、法国皮埃尔·门德斯大学格勒诺布尔师范学院（以下简称“该案机构”）

√ 时间：2007 年 3 月 28 日
√ 管辖：法国巴黎大审法院（Tribunal de grande instance de Paris）
√ 类型：许可证/合同
√ 许可证：GPL

➢ 案情简介

创建于2003年，旨在利用约瑟夫·傅立叶大学研究人员开发的“多代理”（Multi-Agents）技术开发和运营一个学习驾驶机器人的平台。这项技术是为远程学习而设计的，以名为“Baghera”的软件包的形式开发，包括设计不同的虚拟代理，以便相互合作和交流。2003 年 9 月 23 日，原告与该案机构签订了一份全球独家经济权转让合同，从该案机构取得转让 Baghera 软件的所有权。原告计划从 Baghera 中开发一款名为“Educaxion”的软件。

据专家报告，交付给原告的光盘包含 177 个 JATLite 目录，这些目录作为较低层次的目录，旨在促进互联网上的信息传递，其中不存在许可证文件。Baghera 软件由 3 层组成，最底层为 JATLite，最高层与应用程序本身相连，中间层允许前面两层进行通信。中间层和最高层独立于 JATLite 程序，但需要 JATLite 才能工作，它影响到工作站之间的通信，这对于 Baghera 组件的运行至关重要。

2004 年 7 月 29 日，原告以其无法使用其软件 Educaxion 主张赔偿，因为该软件中包含 JATLite，而该软件的权利属于斯坦福大学。Baghera 的开发人员随后建议清除 Baghera 软件中任何依赖 JATLite 的部分。

该案机构在 9 月 17 日的信中称，JATLite 软件不属于转让的项目。在签订转让合同时其表示可以制定技术解决方案，使 Baghera 软件能够在不使用 JATLite 项目的情况下运行。

2004 年 10 月 24 日，原告要求以欺诈为由宣布软件权利转让合同无效并终止该合同，并命令成员连带向其支付 100 万欧元的损害赔偿金，除非被告根据法国刑法典第 700 条的规定履行 10000 欧元的赔偿。

➢ 争议焦点

原告认为，由于没有告知原告转让合同中包括的 JATLite 程序的存在需要第三方即斯坦福大学的授权，因此该案机构犯有欺诈性隐瞒行为，这使得合同无效。另外，因为开发 Baghera 软件必然意味着实施伪造 JATLite 程序的行为，所以原告要求终止合同，费用由对方承担。

原告估计自己的损失为 100 万欧元，因为它不得不在等待法院判决的过程中自行搁置开发软件，进而导致了对 Anvar 的债务。原告要求法院以欺诈为由宣布该案机构与原告之间的软件权利转让合同无效。

该案机构认为其不存在欺诈行为，称原告在签订合同前就知道软件中存在权利人是斯坦福大学的 JATLite 程序；同时要求原告补偿其利润损失。

总之，该案的争议焦点为：①合同是否因缺少必要的第三方持有人许可而须终止；②被告是否构成欺诈。

➢ 法院分析

法院驳回了原告关于被告构成欺诈的主张，通过一系列证据认定原告完全了解被告所提供的 CD - ROM 包含 JATLite 以及转让合同标的仅是被告开发的特定的多代理技术部分，后者仅由系统的两个中间层和最高层组成，而非由 JATLite 程序的子层组成，JATLite 不在转让合同的范围内。

此外，对于原告因包含开源软件导致进一步开发的障碍而主张终止合同，法院认为，Baghera 是与 JATLite 综合程序一起交付的，而且该程序虽然是独立的，但对于操作被告创建的多代理系统是必要的。而该程序的特点是采用 GPL，允许自由使用软件，但如果基于该程序的作品不能被识别为合理的独立作品而必须被视为从 JATLite 中衍生出来的，此时则需要许可证。

应当指出的是，2003 年 6 月 26 日交付给原告的 CD - ROM 中没有包括该许可证文件。该案机构意识到将该 JATLite 列入 CD - ROM 所造成的问题，必须与 Baghera 软件本身一起才能运行，遂建议更换 JATLite 程序，并分析了进行修改所需的工作时间为 5 周。

专家报告说，Baghera 本身在技术上并不“派生”于 JATLite 本身。多代理技术与 JATLite 程序完全不同，但并不能认为是独立的，因它是使用 JATLite 库的组成“对象”建立的。因此，虽然该案机构拥有对 Baghera 的权利，但该系统的实施需要斯坦福大学的 JATLite 程序才能运作；Baghera 多代理系统对 JATLite 程序的依赖性是显而易见的。因此 Educaffix 和该案机构应向斯坦福大学寻求特别许可，或替代 JATLite 程序。然而在没有获得斯坦福大学许可的情况下，据专家介绍，更换 JATLite 程序需要 10 ~ 15 周的工作时间，而这种更换并没有对 Baghera 的设计本身提出挑战。

应该说，没有替换 JATLite 程序，部分原因是原告没有对这一建议采取后续行动，部分原因是该案机构低估了更换 JATLite 程序文件所需的时间。

因此，由于转让合同的目的取决于 JATLite 程序的更换，因此，合同应终止，费用由双方共同承担。原告所遭受的损失是由于需要偿还 Anvar 的两笔预付款，其中一笔为 3 万欧元，另一笔为 67000 欧元，并失去了利用这个多代理系统进行发展的机会。本案机构遭受的损失是因失去 15 万欧元的特许权使用费而造成的收入损失。既然双方当事人对合同的解除都负有同等责任，由于双方各自遭受的损失在经济上是相当的，因此没有必要判给赔偿金。

➢ 处理结果

被告不构成欺诈；终止原告和被告间的合同。

➢ 案件评析

法院认定了该案中交易的 Baghera 软件为开源软件的衍生程序。实际上，虽然没有直接引用，但这却构成了对 GPL 第 2 条的适用。根据该条，“这些要求适用于整个修改后的作品。如果该作品的可识别部分不是从本程序派生的，并且可以合理地视为独立的作品，则当您将它们作为单独的作品分发时，本许可证及其条款不适用于这些部分。但是，当您将相同的部分作为基于本程序的作品的一部分进行分发时，整个部分的分发必须按照本许可的条款进行。许可证的准许扩展到整体，进而延伸到每个部分，无论这些部分是谁写的。”这即是 GPL 的传染性。

但是法院似乎并未承认 GPL 的强制执行性（或有效性），因为这本取决于 JATLite 的权利持有人采取对抗盗版的法律行动或原则并要求识别其权利，而该案并非如此。❶

实践中，如果交易的软件涉及未获得第三方权利人许可的开源软件，而软件的进一步开发又依赖于此开源程序，可以考虑主动取得权利人的许可或更换该程序，而这些都是需要在交易双方的约定中事先说明的，以防对合同目的的实现造成阻碍和后继的损失。

（撰稿：王予君；核对：王董咪）

◆ Harald Welte et al. v. Free/Iliad 案❷

➢ 基本信息

√ 案号：No. 08/15178

√ 当事人：

◇ 原告：Harald Welte（哈拉尔德·韦尔特）、Rob Landley（罗布·兰德利）、Erik Andersen（埃里克·安德森）

◇ 被告：Free/Iliad

---

❶ PERBOST F，WALTER A. Introduction to Software Protection Under French Law［EB/OL］．［2020－11－14］．http：//ifosslawbook. org/france/#sdfootnote0anc.

❷ 参见：https：//wiki. fsfe. org/Migrated/GPL%20Enforcement%20Cases，最后访问日期 2020 年 11 月 14 日；http：//www. fsffrance. org/news/article2011－09－14. fr. html，最后访问日期 2021 年 2 月 9 日。

√ 时间：2007 年 11 月、2008 年 10 月[1]
√ 管辖：法国巴黎大审法院（Tribunal de Grande Instance de Paris）
√ 类型：许可证/合同
√ 许可证：GPL

➢ 案情简介

哈拉尔德·韦尔特是 netfilter/iptables 项目的主要成员之一，该项目旨在开发软件来管理通过计算机网络的数据包的过滤规则。该软件是 GNU/Linux 操作系统（又称“Linux”）的一个组成部分，全世界许多公司都在使用该软件，可以从其网站 www.netfilter.org 免费下载，并根据 GPL 发布。GPL 规定，只有当被许可人接受该许可证的所有条款时，才能对该软件进行任何使用。在 Linux 软件的 2.4.26 版本中，哈拉尔德·韦尔特亲自开发了 ip_conntrack_irc.c 等模块以及相应的头文件或源代码文件。罗布·兰德利和埃里克·安德森指出，2007 年 9 月他们向美国专利商标局交存了 BUSYBOX 程序中的“他们的原创性创造性贡献”，该软件可以从其网站上免费下载，主要用于运行 Linux 软件的电子设备。

原告三人都选择了在 GPL 2.0 下发布各自的软件。

Free/Iliad 是一家互联网服务提供商（ISP），它向用户提供了一个名为“Freebox”的调制解调器，可以通过电话插座接入互联网，其中广泛使用了各种开源软件（特别是 GPL 下的），包括 Linux 内核和 Netfilter /iptables，且通常以修改后的版本分发；但 Free/Iliad 没有提供源代码或 GPL 文本，违反了 GPL。虽然其早已获悉此事，但否认其有提供源代码的任何责任。

➢ 争议焦点

原告要求 Free/Iliad 发布集成到 Freebox 中的修改后的开源代码。Free / Illiad 认为，路由器是其财产，作为终端网络组件是内部网络的一部分，并不出售给客户，而只是相当于借出，这在 GPL 2.0 条款中不构成“分发”（distribute）。

➢ 处理结果

2011 年 7 月，双方达成了秘密的司法外协议。依据协议，Free/Iliad 在网站上公开了源代码，并告知用户其路由器中包含 GPL 下的开源软件。

➢ 案例评析

该案争议涉及对 GPL 中“distribute”的定义。“distribute”本是从美国版权法中借

---

[1] 法国自由软件基金会 2007 年向 Free/Iliad 发起法律通知程序，而哈拉尔德·韦尔特、罗布·兰德利和埃里克·安德森于 2008 年 10 月将 Free/Iliad 起诉至法院。

用到 GPL 2.0（以及之前版本）文本中的词，虽然在很多其他国家的法律中也被使用，但实际上被赋予的是不同的意义，而 Free/Iliad 也以其行为不构成“distribute”进行抗辩。在法院审理过程中，庭上也就 GPL 2.0 的原文翻译问题有过较多的讨论和争论。这也是自由软件基金会不提供官方翻译而只承认协议的英文原版具有法律效力，称非官方翻译不适用于根据其发布的软件的法律声明的原因。GPL 3.0 对 GPL 2.0 中被频繁使用的“distribute”进行了修订，改用“convey”一词代替之，并在协议开端给出了较明确的定义。根据 GPL 3.0，“convey”是指让其他各方能够制作或接收一项作品的副本的任何形式的传播（propagation），仅仅是通过计算机网络与用户互动而不传输副本并不是“conveying”。同时 GPL 3.0 中“propagation”包括复制、分发（进行或不进行修改）、使公众可获得以及在某些国家/地区进行其他活动。❶“convey”强调了作品到达另一方或处在可以随时到达对方的状态。该案中 Free/Iliad 的产品使用修改后的开源软件，虽然这并不作为设备的一部分出售给用户，但是用户使用 Freebox 产品依赖于运行这些程序，即使是“借出”也是将程序传达（convey）给了用户。虽然在该案发生时使用的许可证是定义未被厘清的 GPL 2.0，但扩大解释“distribute”从而让 Free/Iliad 履行许可证下的义务也是符合开源精神的。不过这可能也是双方以司法外途径解决问题的原因。

另一个值得关注的问题是，Free 公司随后公开了软件的源代码并声明产品中包含 GPL 下的开源软件，但是这些代码不可被用户修改以重新装回到产品 Freebox 中，实际上不符合 GPL 所保护和要求的让用户自由修改以适合其使用的权利。GPL 3.0 也旨在解决此问题，以阻止“tivoization”的危险。“tivoization”是指有些“设备”（其中带有计算机）包含 GPL 下的软件，但是无法被有效更改，因为该设备检测到软件修改后会关机。“tivoization”的动机通常是供应商知道其中一些软件功能人们想要修改，而他们的目的就是不让人修改。这些供应商利用了自由软件提供的自由，但是却不想给别人同样的自由。❷

那么，实践中就需要注意，如果提供的服务使用了 GPL 下的软件，无论出售还是借出，GPL 都需要被严格遵守，按要求发布源代码。

（撰稿：王予君；核对：王董咪）

---

❶ 英文原文（摘录）：To “propagate” a work means to do anything with it that，without permission，would make you directly or secondarily liable for infringement under applicable copyright law，except executing it on a computer or modifying a private copy. Propagation includes copying，distribution（with or without modification），making available to the public，and in some countries other activities as well.

To “convey” a work means any kind of propagation that enables other parties to make or receive copies. Mere interaction with a user through a computer network，with no transfer of a copy，is not conveying. 参见 https：//www. gnu. org/licenses/gpl－3. 0. html，最后访问日期 2021 年 2 月 9 日。

❷ STALLMAN R. Why Upgrade to GPLv3［EB/OL］.［2021－02－09］. https：//www. gnu. org/licenses/rms－why－gplv3. en. html.

◆ Welte v. Skype 案[1]

➢ 基本信息

√ 案号：Az. 7 O 5245/07
√ 当事人：
◇ 原告：Harald Welte（哈拉尔德·韦尔特）
◇ 被告：Skype Technologies S. A.（斯盖普科技公司，以下简称“斯盖普”）
√ 时间：2007 年 7 月 12 日
√ 管辖：德国慕尼黑第一地区法院（LG München I）
√ 类型：许可证/合同
√ 许可证：GPL

➢ 案情简介

易趣（eBay）子公司斯盖普在互联网上经营一个互联网电话平台 SMCWSKP 100。此外其还提供配件，如该公司的无线 VoIP 电话可通过被告的服务进行电话通话。被告运营的德文域名链接到的网站使用德文，因此也是针对德国市场的。

原告哈拉尔德·韦尔特对模块化 Linux 操作系统中使用的“mtd”和“initrid”程序享有专有权。他指控被告分销 VoIP 电话，声称其固件包含 Linux 操作系统内核，包括程序 mtd 和 initrid，根据 GPL 2.0 的规定，仅应将这两个程序用作免费软件，然而该设备未包含许可证文本或机器可读源代码的副本。

尽管原告的西班牙销售公司于 2007 年 2 月 28 日发出警告，原告也提供了关于违反 GPL 的信息，但在规定的 2007 年 3 月 6 日截止日期过后，被告的网站上仍然提供 VoIP 电话。斯盖普后来提供了一个包含互联网引用的软件包插页（URL/链接），用户可以在其中找到 GPL 文本和源代码。[2]

但是，法院认为这是不够的，应尽可能遵循 GPL 的条款。违反许可证规定的“不准确性”构成侵权，使该软件的使用非法。

➢ 争议焦点

原告认为，被告侵犯了原告对符合著作权保护条件的两个程序的发行权。显然，

---

[1] 裁判原文参见 https：//www.ifross.org/Fremdartikel/LGMuenchenUrteil.pdf，最后访问日期 2021 年 2 月 9 日。

[2] Anonymous. Skype convicted of violating the GPL [EB/OL]. [2021－02－09]. https：//www.tecchannel.de/a/skype－wegen－verstoss－gegen－die－gpl－verurteilt，489627.

被告与制造商一起，试图在大规模的营销活动中将侵犯 GPL 的设备推向市场。对于 2007 年 3 月 14 日的正式警告其也没有作出任何行动以回应。

斯盖普认为，第一，其没有分销作为诉讼主体的 VoIP 电话。被告网站上的网上商店的经营者只有巴塞罗那的公司或其母公司。被告将其网站提供给这些公司，供其经营网店使用。第二，其没有收到 2007 年 2 月 28 日的警告。其于 3 月 1 日才意识到，该电话的分销没有遵守 GPL 的要求。该电话的销售随后立即被运营的网站停止。被告随即联系了母公司，由于该公司声明日后会符合申请人的要求，因此在 2007 年 3 月 10 日再次获准销售。第三，在电话中提供一个 URL，买家可以在其中访问 GPL 和所涉及的源代码，这就已经满足了 GPL 2.0 的要求。第四，原告无权获得禁令救济。GPL 作为一个整体是无效的，因为其第 4 条第 2 句对使用权的限制是不可接受的。GPL 第 3 条因为违反了用尽原则和禁止在第一份合同中明确规定第二份合同的条件而无效。但是，无效并不意味着作为诉讼标的物的 GPL 开源软件的使用是非法的。由于该软件是在互联网上提供的，GPL 第 3 条违反了用尽原则。这种禁止传递软件的规定违反了德国民法典第 307（2）条第 1 款。德国著作权法第 32 条第 3 款第 3 句（Linux 条款）也不会产生其他结果。或者，如果法院认为 GPL 有效，则被告会在不承认任何法律义务的情况下声明承认并遵守 GPL 的许可条件。

➢ 法院分析[1]

慕尼黑第一地区法院认为，第一，已有证据不能得出被告为分销商的结论。尽管被告为公司经营提供平台，但 VoIP 电话不是由被告交付的，也不是以其名义交付的，因此不能将被告视为包含诉争软件的电话机的销售者从而认定侵权行为。然而，必须对其提供网站销售电话机的行为给予充分的因果关系的判断。被告应构成著作权侵权行为的参与者，但作为参与者的责任，除了客观上的帮助——提供网站外，还要求对主要的侵权至少有条件的意图，其中必须包括对非法性的认识。在被告意识到被控侵权行为后，2007 年 3 月 10 日重新授权使用被告的网站，不符合这一前提条件，因为被告——尽管是错误的——认为原告的要求会在后续的销售中得到满足。但是，在销售 VoIP 电话的情况下，网站的提供包含了对争议软件传播的充分因果关系。根据妨害人义务（Störerhaftung）的原则，被告对此负有责任。其于 2007 年 3 月 1 日得知该软件的传播违反了 GPL，并阻止通过其网站进一步销售该电话。无奈之下，被告主张其因此已经履行了消除违法情形的义务，此外，不能要求禁令。在 2007 年 3 月 10 日之后进一步出售争议软件的行为也不符合 GPL 的要求。在任何情况下，被告在 2007 年 3 月 1 日

[1] 参见：https：//www. pcworld. com/article/135120/article. html，最后访问日期 2021 年 2 月 9 日；https：//wiki. fsfe. org/Migrated/GPL%20Enforcement%20Cases#Welte_vs_Fortinet_UK_Ltd. _. 282005. 29，最后访问日期 2020 年 11 月 14 日；https：//www. linux – magazin. de/news/skype – gegen – harald – welte – skype – zieht – einspruch – zurueck – gpl – bestaetigt/，最后访问日期 2021 年 2 月 9 日。

得知原告的投诉后，有理由审查分销的合法性，并且如前所述，也采取了相应的行动。然而，它不被允许干涉母公司承诺警告信中所说的内容，但被告仍必须在其合理的范围内，检查原告的权利是否在后续的分销中得到尊重。

第二，包含涉案软件的电话机的分销，侵犯了原告对 mtd 和 initrid 两个程序的专有使用权。首先，被告母公司没有任何个人兼容的权限以传播争议的软件。因此，其只能在 GPL 形式的简单许可基础上发布软件。对随电话交付的诉争软件副本用尽发行权的主张（而并不发生复制权的用尽），被告并没有证明这一点。根据判例法，在网上发行的情况下，发行权也并不因此用尽。其次，原告使争议的软件可以在互联网上自由访问并不意味着对任何第三方的无限许可，也不意味着放弃对禁令救济的主张，而且不希望受到任何合同限制。因此，即使根据德国民法典第 242 条假定 GPL 无效，申请人也不会被剥夺申请禁令的权利。另外认定 GPL 的无效性是违反判例法的。

第三，Skype 违反了许可证，因为它未能随电话一起向用户提供源代码的副本，并且未能随电话提供 GPL 2.0 本身的副本。根据 GPL 2.0 第 1 条的要求，被告仅在附文中添加一个关于开源软件的说明是不符合要求的，因为这只是让购买者能够从其中提到的主页上下载 GPL 的文本。另外，该条款要求，接受者在收到程序的同时也会收到一份许可证的副本，正如数据载体在分发软件时广泛使用的以文本形式附加许可证条件的形式一样。而附文中的信息没有说明争议软件是否适用 GPL 或 LGPL 的条款。

该判决强调，公司必须像遵守其他任何合同一样遵守 GPL 的条件，并且不允许出现“不准确”之处。

之后 Skype 提出上诉，称 GPL 违反了德国反垄断法。

高级法院召集双方举行了听证会。高级法院认为，结合 GPL 2.0 第 1 条和第 3 条，被告的这种提供 URL 的引用是不够的：“该许可证声明提供下载源代码，仅在二进制文件可从同一位置下载的情况下适用。”许可证文本和源代码应包含在包装本身中。换句话说，“如果出版商想出版某位作者的书，而该书只希望以绿色信封出版，那对您来说可能很奇怪，但是只要您要出版该书并且没有其他协议，就必须这么做。”[1]

同时，即使公司只是分销产品而不自己制造产品，也应对公司违反 GPL 的行为负责；涉及的两家公司都不是德国公司——斯盖普位于卢森堡，而 SMC 位于西班牙，即使在自己的国家/地区不遵守 GPL，任何公司也可能对违反 GPL 的行为负责。

➢ 处理结果

听证会后高级法院的法官指出支持斯盖普的可能性很小，后斯盖普撤回了上诉，

---

[1] WELTE H. The GPL Wins Again – Welte vs. Skype Technologies SA（Germany）［EB/OL］.（2009 – 03 – 08）［2021 – 02 – 09］. http：//www.groklaw.net/article.php? story = 20080508212535665.

双方于庭外和解。[1]

➢ 案件评析

该案的特殊之处在于，首先，法院明确表明必须严格遵守 GPL 的规定，甚至违反许可证详细信息也会导致被许可人丧失权利。其次，GPL 是针对一家海外公司执行的。最后，被告不是制造商，而是为分销商提供平台的网站：所讨论的 VoIP 电话来自网络制造商 SMC Networks 的产品组合，由西班牙销售公司通过斯盖普网站提供。[2]

该案的启示是，除非特别情况，应注意尽量不以其他的方式（比如提供 URL）替代遵守 GPL 的条件。即便是销售平台，在收到警告信后，也有 GPL 合规的注意义务，审视网站上所销售的可能包含/使用了开源软件的产品。

（撰稿：王予君；核对：王董咪）

◆ UsedSoft GmbH v. Oracle International Corp. 案[3]

➢ 基本信息

√ 案号：C－128/11

√ 当事人（上诉后）：

◇ UsedSoft GmbH（UsedSoft 公司）

◇ Oracle International Corporation（甲骨文公司）

√ 时间：2012 年 7 月 3 日

√ 管辖：欧洲法院

√ 类型：许可证/合同

√ 许可证：未知

---

[1] JUDGE P. Skype Agrees to Obey GPL［EB/OL］.（2008－05－09）［2021－02－09］. https：//www.zdnet.com/article/skype－agrees－to－obey－gpl/.

[2] LUTHER J. Lizenz mit Biss［EB/OL］.［2021－02－09］. https：//www.linux－community.de/ausgaben/linuxuser/2007/09/lizenz－mit－biss/.

[3] 裁判原文参见 http：//curia.europa.eu/juris/document/document.jsf? text＝&docid＝124564&pageIndex＝0&doclang＝EN&mode＝req&dir＝&occ＝first&part＝1&cid＝2558320，最后访问日期 2021 年 2 月 9 日。

➢ 案情简介[1]

甲骨文公司（美国著名开源公司）开发和销售计算机软件，其中大多数是由客户从互联网上下载的。每个客户使用软件的权利均受许可证的约束。该许可证规定，通过一次性费用的支付，客户获得无限期使用软件的非专有、不可转让的权利。根据单独的维护协议，客户还可以从甲骨文公司网站下载更新和补丁（纠正错误的程序）。应客户要求，程序也以 CD－ROM 或 DVD 的形式提供。

UsedSoft 公司经营二手软件。2005 年 10 月，UsedSoft 公司推出了“甲骨文特别优惠”，在该优惠中，它出售了主要诉讼中有争议的甲骨文公司程序的“使用过的”许可证。同时指出，从原始许可证持有人与甲骨文之间的维护协议仍然有效的意义上说，这些许可证是“最新的”。在尚未获得有关甲骨文公司软件的情况下，UsedSoft 公司的客户在获得此类使用许可后，可直接从甲骨文公司网站下载该程序的副本。UsedSoft 公司使得已经拥有该软件然后又为其他用户购买更多许可证的客户将程序复制到这些用户的工作站。

甲骨文公司从慕尼黑地方法院获得了一项禁令，禁止 UsedSoft 公司进行这些活动。UsedSoft 公司向德国联邦法院提起上诉，德国联邦法院将有关对计算机程序的法律保护的第 2009/24/EC 号指令（codifying Directive 91/250/EEC）（“软件指令”）的解释转交给了欧洲法院。该软件指令的相关条款概述如下：

第 4 条第 1 款：计算机程序权利持有者具有以下专有权：（a）复制程序；（b）程序的翻译或其他改动；（c）以任何形式向公众分发该程序。

第 4 条第 2 款：版权所有者在欧盟范围内或在获得其同意的情况下首次出售程序副本会耗尽该副本在欧盟内的发行权（以致权利人丧失了依赖其版权反对转售副本的权利）。

第 5 条第 1 款：除非合同另有规定，否则对于合法购买人使用计算机程序来说必要的复制和翻译行为［根据第 4 条第 1 款（a）项和（b）项］不需要权利人的授权。

➢ 争议焦点

德国联邦法院需要欧洲法院解释：①根据软件指令第 4 条第 2 款，当购买者在版权所有者的同意下通过从互联网上下载该程序来制作该副本时，分发计算机程序副本的权利是否已用尽；②在软件指令第 5 条第 1 款意义上，用户许可证的购买者是否合法的购买者，从而他是否可以依据第 4 条第 2 款中的穷竭（exhaustion）规则在自己的系统上运行程序。

---

[1] 参见：BERRY K. EU－UsedSoft v Oracle：ECJ approves sale of ‘used’ software［EB/OL］.（2012－11－26）［2021－02－09］. https：//www. linklaters. com/en/insights/publications/tmt－news/tmt－news－november－2012/eu－－－usedsoft－v－oracle－ecj－approves－sale－of－used－software.

➢ 法院分析

（1）关于穷竭的决定：何为“副本销售”（sale of a copy）。

欧洲法院裁定，为使版权所有者根据软件指令第 4 条第 2 款软件副本的权利（以致权利人丧失了依赖其版权反对转售副本的权利）用尽，其与其客户的交易必须是该程序的“副本销售”。如果客户下载了甲骨文公司软件的副本并签订了许可协议，根据该协议，甲方有权无限制地使用该副本以换取一定的费用，这种交易就以下目的而言等于“出售”，即第 4 条第 2 款涉及的该副本中所有权的转让。

对第 4 条第 2 款的这种宽泛的解释是必要的，否则用尽规则的有效性将受到损害，因为供应商仅需将合同称为“许可证”而不是“出售”即可规避它。

第 4 条第 2 款中的“销售副本”一词涵盖了所有情况，在这些情况下，授予了无限制使用计算机程序副本的权利，以换取费用的支付，并且任何此类“销售”都将触发软件指令的穷竭条款。因此，即使许可协议禁止进一步转让，版权所有者也不能反对转售该副本。

是否以某种物理形式（例如 CD 或 DVD）或通过互联网下载来提供计算机程序并不重要。无论哪种情况，交易都是软件相关副本的“销售”。

此外，发行权的穷竭延伸到版权所有者根据维护协议进行的任何更正或更新。即使维护协议是有限的，基于此协议更正、更改或添加的功能也构成了最初出售的副本的组成部分，客户可以无限期使用。

（2）关于第二购买者是否为合法购买者（lawful aquirer）。

由于版权所有者不能反对转售版权所有者的发行权已用尽的软件副本，因此，就软件指令第 5 条第 1 款而言，该副本的第二个购买者（及其后的任何购买者）均为“合法购买者”，可以从版权所有者的网站下载该副本，并根据需要进行复制以在自己的系统上使用它。

➢ 处理结果

欧洲法院决定：

（1）甲骨文公司的软件许可是销售合同；

（2）许可条款可以忽略；

（3）被许可人（或购买者）从甲骨文公司网站下载软件耗尽了甲骨文公司控制下载的副本进一步分发的权利；

（4）被许可人出售其许可证并不构成对该软件中甲骨文公司版权的侵犯；

（5）二手许可证和/或软件副本的交易是合法的；

（6）案件回到德国联邦法院时，举证证明甲骨文公司权利用尽的责任归于 UsedSoft

公司，然而 UsedSoft 公司很可能未能满足证明要求❶，后撤回了上诉。❷

➢ 案件评析

关于何种使用条款适用于第二软件购买者的问题，欧洲法院认为，在考虑是否发生“销售”时，下载计算机程序副本和签订用户许可协议构成了“不可分割的整体 ”。此外，根据软件指令第 5 条第 1 款获得的权利是合法购买者根据其预期目的使用计算机程序所必需的那些权利”，这只能通过参考原始许可条款来确定。因此，转移到第二个及以后的任何获取者的使用权似乎将受到原始用户许可中规定的许可范围的限制。但是，判决中没有任何内容表明在软件提供商与任何新收购方之间应适用任何其他合同义务。此外，欧洲法院明确表示，任何单独的协议（例如维护和支持协议）都不会转让，因为它们不受穷竭原则的约束。所以，任何新的购买者都不可能在不直接与软件提供商达成新协议的情况下要求软件提供商提供任何将来的补丁、升级或支持。❸

据以上，二手软件许可证的转售在欧盟是被允许的，但是具体的权利用尽实现条件仍有争议。❹ 可能需要注意由此引发的欧盟地区用户违反许可证的侵权风险。

对于软件公司而言，为避免风险可以：①使用固定期限的许可证；②考虑针对用户群或企业范围的批量许可；③在软件的维护和支持协议中设置禁止转让的条款。

（撰稿：王予君；核对：王董咪）

◆ 违规使用开源作品案❺

➢ 基本信息

√ 案号：Az. 70 C 471/17

√ 当事人：不详

---

❶ 证明要求包括：甲骨文公司同意下载该软件以换取报酬；甲骨文授予软件购买者对于相应程序副本的无限期使用权（永久许可）；在实际情况下使用软件更新须遵守甲骨文与最初购买者之间的维护协议；最初的购买者在转售时完全删除了他们的程序副本，因此服务器上没有副本，可以排除（非法）“分割”的许可证；对于实际情况，可以确保第二购买者（被告的客户）仅在原始合同中授予第一购买者的范围内使用程序副本。

❷ SCHNEIDER A. The End of the UsedSoft Case and Its Implications for “Used” Software Licences［EB/OL］.（2015 - 03 - 11）［2021 - 02 - 09］. https：//www. osborneclarke. com/insights/the - end - of - the - usedsoft - case - and - its - implications - for - used - software - licences/.

❸❹ SCHNEIDER A. BGH veröffentlicht UsedSoft - II - Entscheidung［EB/OL］.（2014 - 01 - 30）［2021 - 02 - 09］. https：//www. telemedicus. info/article/2713 - BGH - veroeffentlicht - UsedSoft - II - Entscheidung. html.

❺ 裁判原文参见 https：//www. ifross. org/Fremdartikel/AG_Bochum_Urteil_70C471 - 17. pdf，最后访问日期 2021 年 1 月 1 日。

√ 时间：2018 年 4 月 11 日
√ 管辖：德国鸿波地区法院
√ 类型：许可证
√ 许可证：CC－BY－NC 3.0 许可证

➢ 案情简介

原告拍摄了一张以红色沙发上的小狗为主题的照片，并根据 CC－BY－NC 3.0 许可证授权任何第三方可在提及作者姓名的前提下免费使用该照片，但不得出于商业目的使用该照片。为出售猎犬，被告在 Facebook 网站上展示了该照片，但未提及原告作者身份。原告认为被告在未经其特别授权且不满足 CC－BY－NC 3.0 许可证的相关规定的情况下，将其摄影作品用于商业性交易活动的行为侵犯了其合法权利，于是向被告发出停止侵权声明并继续通过诉讼程序向被告提起索赔。

➢ 争议焦点

赔偿数额如何确定。

➢ 法院分析

法院认为被告未经原告许可，在未提及原告作者身份的情况下将原告的摄影作品用于商业交易活动，该行为违背了原告将该照片许可使用所依据的 CC－BY－NC 3.0 许可证的相关要求，因而原告的索赔请求于法有据。然而索赔数额的确定却是困难的。法院肯定了最近判例法中的允许任何第三方在指明作者身份的情况下所使用的以非商业形式发布的被许可作品的客观价值为零的观点。同时，法院认为在该案中，由于原告已将作品以非商业的形式公布，并且原告也无证据证明通过其作品能得到的商业报酬数额，因此法院在评估该照片价值时尚未采用中型公司照片营销的薪酬建议。此外，由于原告作品不参与一般的市场竞争，因此也无法参照通常的市场标准。基于上述理由，法院认为原告摄影作品的经济价值微乎其微，故估计该作品使用费的原价为 50 欧元，而被告在使用中未提及作者姓名，故赔偿费用为使用费的 2 倍，即 100 欧元。

➢ 处理结果

被告被判向原告支付 100 欧元的赔偿费用及利息，由原告承担该次诉讼的全部费用。

➢ 案件评析

该案中，法院认为，由于被告未按照许可证要求使用原告的开源摄影作品，因此原告的索赔于理有据，但法院同时认为原告的开源作品经济价值微乎其微，因而仅判令被告支付100欧元的赔偿费用及利息，明显低于原告的索赔请求。

其实，在因开源作品不当使用而产生的纠纷和争议中，索赔数额一直是争议双方的关注焦点，同时在实践中各地区法院甚至同一地区的不同级别法院对于该问题所持态度也不尽相同。本书认为开源作品虽系免费作品，但其免费获得和自由使用是有前提条件的，即需遵守许可证的相关条款。此类条款是保障开源作品权利人精神性利益和经济性利益如广告效应的首要手段，因此许可证条款的设定也说明开源作品的商业价值并不为零，同时开源作品的权利人也应受到相应的法律保护，但具体的赔偿数额还应结合个案的实际情况来看。本书认为由于开源作品也在一定程度上受著作权法的保护，因此其所适用的赔偿原则应基本等同于其他的知识产权法客体，即在坚持传统民事赔偿的主流计算方式——填平原则的同时，综合考量类似作品的市场价值、作者同类商业作品的许可费用（若有）、合理使用者将可能支付的使用费、侵权人的主观恶性及获利情况、侵权作品的使用情况等因素，来校准确定具体的赔偿数额，而不可绝对否定开源作品的市场价值。否则开源作品将不能得到任何实质性的、可量化的法律保护，这将有碍于开源事业的发展，同时更会助长社会上“搭便车”的不良风气和习惯。

（撰稿：张燕；核对：岳娆）

◆ 北莱茵－威斯特法伦州某大学许可证违约案[1]

➢ 基本信息

√ 案号：Az. 4 U 72/16

√ 当事人：

　◇ 原告：不详

　◇ 被告：北莱茵－威斯特法伦州某大学

√ 时间：2017年6月13日

√ 管辖：德国哈姆地区高等法院

√ 类型：许可证

√ 许可证：GPL 2.0或更高版本

---

[1] 判决原文参见 https：//www. justiz. nrw. de/nrwe/olgs/hamm/j2017/4_U_72_16_Urteil_20170613. html，最后访问日期2021年1月1日。

➢ 案情简介

原告根据2006年的合同协议取得了一套可实现简单安全访问无线网络的软件解决方案“T”的专有使用权。该软件可使机构授权的内部成员或其他第三方通过自己的终端设备安全访问该机构的无线网络。2009年之前，原告在德国销售名为“U”的“T”软件程序的1.1.3版本，并使该程序版本可以在遵守“GPL 2.0或任何更高版本”的条件下免费从其网站下载。而自2009年原告停止销售名称为“U”的“T”软件程序的1.1.3版本时起，该程序的源代码便不可通过原告网站下载。

“T”软件的程序除1.1.3版本之外，还存在其他程序版本。从“2.0.x”程序版本开始，原告便仅通过专有许可有偿出售该程序。此外，原告还有偿出售其专有许可下的“T Enterprise Client 3.x”系列的多个程序版本。而在2015年4月底或5月初，被告将“T”软件程序的1.1.3版本放到其网站“www.uni-due.de”上的“信息与媒体服务中心”栏，并以名称“U”提供下载，但并未提供源代码和GPL 2.0或任何更高版本的文本。原告基于上述事实于2015年5月22日向被告发出侵权警告函，双方虽达成了停止侵权合意，但就赔偿数额及计算方式无法达成统一意见。被告认为原告所提供下载的程序软件的源代码在互联网上已不再可用，而事实上原告只关心市场，希望通过警告根据GPL传播的程序版本的提供者们，以更好地销售其专有程序版本。另外被告声称，该争议程序是其从“经济教育中心”（BCW）网站上下载获得的，该压缩文档既不包含许可证文本也不包含该程序的源代码，其并无在网站上提供该程序以侵犯原告著作权的故意，故原告所指控被告对GPL规定的违反充其量是债务法上的违反义务，而非对著作权法意义上的所有权之侵犯。同时原告行为也有违诚实信用原则：原告在没有提供许可证文本和源代码的情况下将该案的争议程序版本投入市场流通，故其不应指控被告实施了相同的行为。且原告也不存在任何损失，因为该案争议软件为免费软件，在根据类推授权方式进行许可费计算时，就不能要求商业付费软件的许可费用，同时被告也不存在任何的不当得利。最后被告就2016年3月3日宣布的要求被告赔偿原告损失的判决提起上诉。

➢ 争议焦点

①从第三方获得免费程序代码文档，并再行公开时是否有义务检查文件的完整性，即检查文件是否包括许可证文本及相关程序源代码；②被许可人未按许可证使用基于GPL开源的软件是否应当支付侵权赔偿费用，以及赔偿费用应当如何计算。

➢ 法院分析

法院认为如果所有从原告处获得程序然后再分发的人都遵守了GPL 2.0或任何更高版本的许可条款，则被告也可能已经获得了该软件程序以及源代码，然后进行了重新分发。

故原告虽然具有值得保护的利益，但因尚无确切证据证明原告因被告的行为遭受到了任何损害，故其无权要求损害赔偿。此外，原告希望根据类推授权的计算方式确定损害赔偿，而在根据该原则计算应支付的赔偿金额时，必须考虑侵权期间事态的实际发展情况、理性的合同当事人是否会同意为侵权人所实施的使用行为进行偿付、使用权的客观价值、使用范围以及其他影响假定使用行为客观价值的情况，包括基于实际商业许可的使用授权的通常价值。

在该案中，具有决定性意义的一点在于原告已将此处讨论的程序版本免费分发，因此其完全放弃了专有使用权所可能带来的金钱利益。根据 GPL 2.0 或任何更高版本第 4 条第 3 款规定，这种放弃甚至可将这些程序副本免费留给通过违反许可证相关规定的分发行为而获得该程序副本的人。

因而对于免费软件，在应用类推授权方式计算许可费时，不能要求商业软件的许可费。因此，原告已根据 GPL 2.0 或任何更高版本免费提供了有争议的程序版本，在这种背景下，所使用程序版本的“客观价值”只能设置为零，故其无权要求损害赔偿。

➢ 处理结果

法院驳回了原告要求被告支付侵权损害赔偿的请求。

➢ 案件评析

开源软件的使用者从第三方获得免费程序代码文档，并再行公开时是否有义务检查文件的完整性，即检查是否包括许可证文本及相关程序源代码，对于这一问题司法实践也尚未形成无统一意见。该案中，被告声称其从 BCW 网站下载获得了该程序源代码的压缩文件档案库，但此文件档案内既不包含许可证文本也不包含程序的源代码。因此，被告根据其从 BCW 网站获得的文件存档没有数据丢失的事实主张其没有义务检查文件存档的完整性。

不同类型的用户对所用软件授权状态的检视义务要求也不同，一般来说具有商业使用目的的用户应负有更高程度的注意义务，故此类用户在使用开源软件时更应严格地审视其权利状态并尽量使开源程序与其自行开发的部分保持独立，以便在发现存在侵权风险时可及时剔除该部分程序代码。对于开源社区而言，除应检查贡献源代码文件存档的完整性，还应确保贡献文档包含许可证文本及相关程序源代码或提前拟定提示声明或使用指南，从而避免后续用户在使用或再行分发时产生不必要的纠纷。

此外，该案的另一特殊之处在于原告将开源作品的其他版本投入了商业使用。对于既希望将软件开源，但同时又不想限制其商业化利用的作者而言，可以选择对其软件进行双重或多重授权，即将该自由开源软件通过多种许可条款授权发布，使用者可根据自己的需求选择最合适的许可条款来进行后续的分发。对于比较常见的 GPL 类许可证条款搭配商业授权条款的双重许可模式而言，由于GPL类许可条款具有较强的约束力，要求使用者必须发布衍生程序的源代码，这对于一些商业软件提供者而言实为不能履行之义务，因此此类使用者需与开源软件的发布者进行商业授权的洽谈，在支付一定的授权费用之后，便可使用该自由开源软件而不公开衍生源代码。而对于多重自由开源许可条款并存的授权模式而言，“可以增加软件间的相互应用空间，间接促进软件间的结合与改良”❶。

（撰稿：张燕；资料翻译：窦宇鹏；核对：岳娆）

◆ nopCommerce 开源作品著作权侵权案❷

➢ 基本信息

√ 案号：Az. 14 O 463/13

√ 当事人：

◇ 原告：nopCommerce

◇ 被告：不详

√ 时间：2014年7月17日

√ 管辖：德国科隆地区法院

√ 类型：许可证

√ 许可证：GPL 3.0

➢ 案情简介

软件nopCommerce是一种适用于Web商店的全方位解决方案，它受GPL 3.0的约束，因此只要满足该许可证要求，第三方即可免费使用和开发。被告向公众公开了该软件，但使用了不同的许可，即LGPL 3.0。原告基于被告这一违反GPL 3.0许可证的行为向其提出索赔。

➢ 争议焦点

①如果原始软件的作者在许可证文本上附加了所谓的“或任何更高版本”的声明，

❶ Florence. 多重自由开源条款授权软体之条款选择与授权标示［EB/OL］.（2015－02－08）［2021－01－01］. http：//florenceko. me/？p＝2153.

❷ LG KÖLN：Zum Schadensersatz bei Umlizenzierung einer Open Source－Software［EB/OL］.（2015－07－21）［2021－01－01］. https：//www. heuking. de/de/news－events/fachbeitraege/lg－koeln－zum－schadensersatz－bei－umlizenzierung－einer－open－source－software. html.

使用者是否可基于此选择其他许可证类型的更高版本；②原告所受损害应当如何计算。

➢ 法院分析

法院认为如果原始软件的作者在许可证文本上附加了所谓的“或任何更高版本”的注释，则使用者只能选择相同许可证类型中更高版本的许可证，因为不同许可证类型背后的内涵和条件都是不同的，如 LGPL 以较 GPL 更宽松的标准允许其他程式码与本函数库连结，因此对使用者的自由保护的较少。故许可证要求任何被视为基于原始软件程序的进一步开发必须完全受原始许可证的约束，而不受任何其他开源许可证的约束。

原告请求根据侵权人的所得利益来计算赔偿数额。法院认为很多公司基于开源解决方案获得了巨大收益，因此这一计算方式对于很多行业而言是十分危险的，很可能会扩大赔偿范围，因而必须明确侵权人所得利益是在多大程度上基于特定的侵权行为。此外，因为开源项目可能会有成千上万的开发人员参与其中，所以在量化赔偿数额时还必须考虑提出索赔的开发人员的贡献程度。

➢ 处理结果

被告从 GPL 更改为 LGPL 的行为构成非法使用，其应就自己的侵权行为向被告支付损害赔偿。

➢ 案件评析

该案中被告在再分发软件时使用了其他许可证的更高版本，因而产生侵权纠纷。因此在使用开源作品时，若原始软件的作者在许可证文本上附加了所谓的“或任何更高版本”，用户则应仔细研读该许可证内容，以确定是否仅能在原始许可证内部选择更高版本的许可证，以避免产生侵权纠纷。

此外，在诸如此类的案件中，尤其对于将为开源软件提供支持服务作为主营业务的商业模型而言，根据侵权人所得利润来计算损害赔偿数额的方式往往会对侵权者产生重大影响。该案中科隆地区法院所明确指出的应当精确地询问侵权人的收益在多大程度上是基于特定的违法行为并考虑提出索赔的开发人员在整个开源项目中所做的贡献比重的计算方式对于各国法院裁定损害赔偿数额而言都具有十分重要的意义。

（撰稿：张燕；资料翻译：窦宇鹏；核对：岳娆）

◆ adhoc dataservice GmbH v. Buhl Data Service GmbH 案[1]

➢ 基本信息

√ 案号：Az. I-8 O 293/09

√ 当事人：

◇ 原告：adhoc dataservice GmbH（艾德洛克数据服务公司）

◇ 被告：Buhl Data Service GmbH（布尔数据服务公司）

√ 时间：2011 年 1 月 20 日

√ 管辖：德国波鸿地方法院

√ 类型：许可证

√ 许可证：LGPL 3.0

➢ 案情简介

“F”软件是由原告企业负责人委托第三方程序员开发的，且后者已将其受著作权保护的使用权转让给了原告。原告根据 LGPL 3.0 将该软件放在互联网上，以便于任何人在遵守 LGPL 3.0 条款的情况下免费使用该软件。被告的销售产品 CD-ROM 使用了原告基于 LGPL 3.0 公开发布的“F”软件，但其在分发销售该产品的过程中既未公开“F”软件开发者的姓名，也未向消费者披露该部分源代码，同时未附上 LGPL 3.0 副本。原告基于上述事实向法院提出请求禁止被告在不遵守 LGPL 3.0 条款的情况下继续以商业形式发行、销售、修改或以其他方式使用该软件并获批准，且被告还在停止侵权声明中承诺若其再实施任何有过失的侵权行为，将承担 5100 欧元的合同罚款。但此后被告未将争议软件从市场上召回，故原告在测试购买中始终能够购买到被告包含“F”软件的产品，因此原告认为被告在禁令实施后未从市场上召回所有包含争议软件的作品，构成停止义务的遗漏，因而提起诉讼要求被告停止侵权行为、提供销售信息并支付合同罚金和损害赔偿。

但被告辩称该程序仅用于测试，被告程序员只是在测试后忘记将其删除，且该程序在“M”软件中不具有任何功能，不能由用户驱动，并且可以在不损害“M”程序任何功能的情况下删除。鉴于软件的不可操作性且并不存在德国著作权法第 101 条所规定的以商业规模侵犯著作权及相关权利的情况，原告实际上并未遭受任何经济上或名誉上的损失，因此被告主张其没有提供使用“F”软件相关销售信息的义务，并且之前的停止侵权协议以及执行规范中所规定的停止义务都不包括从市场上召回该软件，因

---

[1] 判决原文参见 https://www.telemedicus.info/urteile/Urheberrecht/Open-Source/1148-LG-Bochum-Az-I-8-O-29309-Ansprueche-bei-Verletzung-der-LGPL.html，最后访问日期 2021 年 1 月 12 日。

而原告的召回请求毫无依据。

➢ 争议焦点

①仅出于测试目的使用代码是否也要遵循通用许可证的相关条款要求；②根据通用许可证授权他人使用开源作品的许可人在权利受到侵害后，是否可依照许可证类推原则要求损害赔偿；③被告因违反 LGPL 3.0 而被责令停止和终止使用原告的软件后，是否有从市场上召回所有包含争议软件作品的义务。

➢ 法院分析

法院认为，有争议的软件在“M”程序中是否执行功能无关紧要，将该软件添加到“M”程序中就意味着被告已实施与著作权相关的行为，且被告在使用时未遵守 LGPL 3.0 的条件，因此存在未经授权的使用。因此，仅将许可代码用于测试目的，并且在所分发的软件中不执行任何功能，但违反 LGPL 3.0 仍可能导致侵权索赔和信息提供义务。

该案中原告所提出的信息提供请求并不过分。法院认为由于原告仅允许在遵守 LGPL 3.0 规定的情况下免费使用其软件，被告未遵守上述规则而使用该软件，因此原告有权根据类推授权的计算方式来计算侵权赔偿数额并提出损害赔偿要求。相反，若按照被告观点，获得授权的使用是免费的，那么在 LGPL 3.0 条款下发布软件的创作者在实践中则没有法律权利。

由于该声明不包含明确的召回义务，同时该义务也不能从其他条款中被推断出，因此停止侵权声明中所述义务并不包含召回被告已在市场上出售的使用了争议软件产品的义务。这是在考虑到双方的合法利益后对停止声明所作出的合理解释，因为召回义务会让一般的债务人以及该案中的被告承担广泛的行为义务，所以该义务必须明确。而且，由于“M”软件已大量交付给零售行业，并且如此大规模且多样化的产品使得被告几乎不可能将产品成功召回。此外，从声明中“对于可能发生的有过失的侵权行为”之措辞来看，被告仅愿意就将来的侵权行为承担合同罚款义务。故在没有明确的召回义务的情况下，可以推定当事方不想同意这种义务。因此，原告主张的 15300 欧元的索赔也是没有根据的。

➢ 处理结果

针对此项诉讼，法院在 2011 年 1 月底作出中间判决认定原告著作权受损事实成立，并判令被告提供侵权产品的相关信息，以便原告计算损害赔偿金额。在被告提供了相关的信息后，双方也就赔偿金额以及其他相关和解条件充分展开协商，并于 2013 年 3

月初在法院正式达成和解协议。根据该协议，被告将支付原告 15000 欧元的损害赔偿金。[1]

➢ 案件评析

该案中，原告认为被告应就其未按照 LGPL 3.0 要求使用其基于该许可证的开源软件的行为承担侵权责任，即停止侵权并召回流入市场的所有侵权产品，而承审法院对于原告的召回请求却未予支持。

产品召回是指生产厂家将已经投入市场流通的产品收回。该制度的设立初衷在于防止大批量存在质量缺陷的产品危害消费者的财产人身安全或者危害环境卫生。[2] 故从该角度也可看出产品召回制度是出于对重大社会利益保障而对生产厂商所提出的附加义务，而在知识产权侵权损害中，这类产品只可能危及真正权利人的财产权利。此外，考虑到实践中产品的召回可能会为侵权人带来广泛而沉重的负担，并且鉴于产品交付的复杂性和多样性，追回也存在一定的困难，无法确保所有产品的顺利召回，故召回并不构成侵权人承担责任的法定义务。

因此，在确有证据证明侵权人在签署停止侵权声明之后即停止销售侵权产品，但此类产品因侵权人之前的营销活动在停止销售之后依然在市场上流通的事实不应被认定为构成二次侵权，否则将是对侵权人的苛求与责难。虽然侵权行为发生后产品的召回不可构成侵权人的法定义务，但双方仍可就此达成合同协议，让侵权人在其力所能及的范围内阻止产品的继续流通，甚至从市场上召回产品。

诚然，不论出于何种目的使用开源作品，都需严格按照其许可证的相关规定。而当违反许可证构成违约时，权利人所发禁令的内容也应当考虑原告所受到的损害和被告的实际履行能力，会对被告产生较大损害的禁令内容必须明确具体才具有可执行性。

（撰稿：张燕；资料翻译：窦宇鹏；核对：岳娆）

---

❶ The H Open. German Court Case Confirms Validity of the LGPL, H－Online News ［EB/OL］.（2013－03－14）［2021－01－01］. http：//www. h－online. com/open/news/item/German－court－case－confirms－validity－of－the－LGPL－1822882. html.

❷ 参见 https：//baike. sogou. com/v7498925. htm？ fromTitle＝% E4% BA% A7% E5% 93% 81% E5% 8F% AC% E5%9B%9E，最后访问日期 2021 年 1 月 1 日。

◆ 某网站发布图片未履行许可证要求案[1]

➢ 基本信息

√ 案号：Az. 37 O 8778/14
√ 当事人：不详
√ 时间：2014 年 7 月 14 日
√ 管辖：德国慕尼黑地区法院
√ 类型：许可证
√ 许可证：CC 许可证

➢ 案情简介

原告是撰稿人和摄影师，也是一家设计和印刷广告的公司的所有者。被告经营一家网站，提供从福拉尔贝格出发的巴士旅行。该网站的标注中指定了被告为负责人。

在 2010 年 7 月，原告为德国喜剧演员、演员和音乐家拍摄了照片，并在在线百科全书的媒体报道中发布了它们。通过单击存储在文章页面中的照片，浏览者可以调用图片描述页面，其中包含该图片的大幅面展示。网站 www. daccess – ods. un. org 在照片下方的标题下，写明了照片的描述和日期以及原告的名字，但版权声明和对许可证的引用未直接附加到图像上。原告的姓名和许可证内容仅仅是被存储在所谓的鼠标悬停功能当中，也就是说，一旦有人将鼠标悬停在这些被告经营的网站公开提供的图片上，就会出现存储的原告姓名和许可证文本。

➢ 争议焦点

以鼠标悬停的方式显示许可信息是否满足 CC 许可证的要求。

➢ 法院分析

法院认为，被告选择的鼠标悬停功能不足以根据许可证注明作者。

许可证文本在第 4 条 b 款中介绍，其要求履行的义务（其中包括版权所有者名称的说明）可以任何适当的形式进行。但是，被告选择的鼠标悬停功能不满足此要求。如原告所述，当选择鼠标悬停功能时，仅当在图片上短暂使用鼠标时才会显示作者的姓名以及对许可证的引用。此外，如果使用没有鼠标或相应功能的设备，则作者和许可证不可见。

---

[1] 裁判原文参见 https：//www. telemedicus. info/? s = 37 + O + 8778%2F14，最后访问日期 2021 年 2 月 9 日。

由于这种设计，当仅查看图像时，就不会显示作者的名称和许可证或其链接。鼠标悬停功能并不能保证每个用户都记下作者的姓名和使用的许可证。因此，这种做法未遵守许可证的规范。

许可证声明允许根据许可条件本身的意义和目的"以任何适当的形式"提供必要的信息，仅意味着作者和许可的特定命名类型是适当的，而不意味着有时可以不对作者和许可进行引用。鼠标悬停方式意味着作者的姓名和争议照片的许可证被忽略，或者甚至在个别情况下无法被感知，这些信息的表征具有偶然性。

➢ 处理结果

鼠标悬停不满足许可证的要求，被告被判决罚款。

（撰稿：王予君；核对：王董咪）

◆ Jin v. IchessU 案[1]

➢ 基本信息

√ 案号：［2013］NZIPOTM 47

√ 当事人：

◇ 原告：Alexander Maryanovsky（亚历山大·马里亚诺夫斯基）

◇ 被告：Alexander Rabinovitch（亚历山大·拉比诺维奇）；IchessU Limited（Ichessu 公司）

√ 时间：2008 年 10 月 6 日

√ 管辖：以色列地方法院

√ 类型：许可证

√ 许可证：GPL

➢ 案情简介

亚历山大·拉比诺维奇的初创公司 IchessU 为开发国际象棋服务器和客户端，与名为"Jin"的国际象棋客户端（该软件已根据 GPL 发放）的开发者进行商谈，在没有就特定许可达成合意的情况下，被告决定根据 GPL 规定使用"Jin"客户端。在开发过程中，IchessU 公司的开发人员为实现国际象棋导师与学生的交流和互动，建立了一个独

[1] Jin. Jin vs. IChessU：The Copyright Infringement Case（settled）［EB/OL］.（2020－09－26）［2021－01－01］. http：//www. jinchess. com/ichessu/.

立于“Jin”软件之外的库，但没有公布该部分的源代码。原告认为这一举动违反了GPL的相关规定，在与被告交涉无果的情况下，诉诸法庭。

➢ 争议焦点

对于GPL条款的解释。

➢ 处理结果

被告表示其意识到IchessU公司使用软件“Jin”的行为损害了原告的商誉及利益，但这并非其初衷。双方最终达成和解，和解的内容保密。

➢ 案件评析

该案中，被告基于GPL下的开源作品独立开发出新的软件作品，但未按照许可证的规定公布该软件源代码，因而被原始开源作品的权利人即该案原告诉至法庭。

为尽量避免陷入不必要的法律纷争之中，笔者建议，在使用开源作品时务必仔细研究该作品所根据的开源许可证的相关要求，因为不同的许可证对于同一事项可能会作出不同规定。此外，当预期使用方式与开源许可证要求不相符时，也应另行寻求作者的特定许可。

（撰稿：张燕；核对：岳娆）

二、案例点析

（一）开源许可证的法律效力

在开源软件的蓬勃发展之际，鉴于开源软件所带来的利益立场的划分，部分开发商以及开源软件的侵权者开始就开源许可证的法律效力提出质疑，主张开源许可证并无合同性质，缺乏官方文本和译文，并质疑其一般条款和无担保条款的效力进而否定许可证对于开源软件的法律保护。但一般司法实践和法律学界的绝大部分学者意见都表明，开源许可证具有合同性质，且其一般条款具有法律效力，尽管免责条款可能存在一些不合理之处，但并不影响许可证整体的法律效力。[1]

在德国法律学界，对于开源许可证的效力一般可从以下四个方面进行考量。

（1）是否具备有效的要约和承诺。对此，德国所持观点是提供开源许可证文本即

[1] 涂文诗．开源软件许可证的法律效力研究［D］．武汉：华中科技大学，2011.

构成有效要约，而被许可人要求获得超出德国著作权法第 69d 条法定许可下的权利可被推定为承诺。根据德国民法典第 151 条第 1 句所规定的惯例做法，在被许可人接受该开源许可证时无须通知权利人时，那么对等地，权利人也可基于开源许可证无需践行通知要求。

（2）标准商业条款的有效性如何。德国认为非德语的标准商业条款也是可能且有效的，因为断言许可证因语言或格式条款的形式问题而无效，但又依赖于其下产生的权利，这两者之间本身就是矛盾的。

（3）免责条款的效力。这种责任豁免远超过标准商业条款所允许的范围，因而无效，这与中国“提供格式条款的一方免除其责任，加重对方责任，排除对方主要权利的格式条款无效”的规定是一致的。

（4）是否违反德国反垄断法。尽管存在争议，但德国较为主流的观点还是认为免费分发衍生作品的义务不能被认定为固定价格。[1]

对于开源软件而言，权利人通常选择根据开源许可证将开源软件的部分权利让渡给使用者，同时为保护未让渡部分的著作权，使用者有义务按照开源许可证的条款使用该开源软件，而关于开源许可证法律效力的理解往往直接决定着权利人在遭受侵权行为时可能的诉讼渠道。若将开源许可证理解为附解除条件的许可合同，即使用者开始使用开源软件时便意味着接受了合同的约束，其不按规定的违约行为则会导致许可合同的自动解除，从而丧失合法使用开源软件的权利，故构成侵权。在这种情形下，使用者的行为便构成了违约和侵权的双重竞合，权利人有权择其一对使用者提起诉讼，并要求损害赔偿。然而若许可证是事先拟定的格式条款，且其中存在不合理不合法之处，因而认为其不可构成有效合同，那么当使用人的使用行为与开源许可证规定不一致时虽不可按照合同法追究使用者的法律责任，但由于使用人从始至终未取得开源作品权利人的有效许可，因此未经许可使用他人作品的行为构成侵权，故权利人有权提起侵权损害赔偿。

（二）开源许可证的兼容问题

关于许可证兼容性的问题，需要注意的是，许可证的兼容性不可逆，许可证 A 兼容许可证 B 不等于许可证 B 也兼容许可证 A。

许可证 A 兼容许可证 B 是指：原始代码使用许可证 A（如 BSD 许可证），增加使用许可证 B（如 GPL）的代码后形成组合程序，组合程序整体可以使用许可证 B。

许可证 B 不兼容许可证 A 是指：原始代码使用许可证 B（如 GPL），增加使用许可证 A（如 BSD 许可证）的代码后形成组合程序，组合程序整体不可以使用许可证 A。

---

[1] JBBRechtsanwälte. In the International Free aND Open Source Software Law Book［EB/OL］.［2021－01－23］. http：//ifosslawbook. org/germany/#sdfootnote1sym.

针对不同许可证之间的兼容性关系，本书概括总结如下。❶

1. 不同类型许可证之间的兼容性

（1）宽松型的许可证兼容严格型（copyleft）的许可证，严格型的许可证不兼容宽松型的许可证。

（2）中间型许可证（EPL 和 MPL 公共许可证），一般与严格型许可证不兼容。

中间型许可证一般不允许与严格型许可证组合，因此其与严格型许可证不兼容。但是，MPL 允许将代码再次授权到 GPL（除非该代码明确拒绝），这样 MPL 和 GPL 的组合程序可以使用 GPL 进行发布（注意：不能使用 MPL 发布，除非 GPL 允许将代码再次授权到 MPL）。但是，这并不表示 MPL 兼容 GPL，再次授权许可不等于具备兼容性，虽然再次授权后的代码可以和其他代码兼容，但两者不具备对称性。

例如，CeCILL 允许将代码再次授权给 GPL，而 GPL 并不允许将代码再次授权给 CeCILL。如果程序 A 使用 CeCILL，程序 B 使用 GPL，用户不能合并程序 A 和 B 并按照 CeCILL 发布组合程序，否则就违反了程序 B 使用的 GPL 的要求，组合程序只允许使用相应的 GPL 版本来发布。

2. 相同类型许可证之间的兼容性

（1）两个不同的严格型许可证一般不兼容，修改和扩展的版本必须延用同样的许可证（严格型许可证要求）。

（2）两个不同的宽松型许可证一般兼容。

3. 同一许可证不同版本之间的兼容性

一般而言，两个不同版本的相同许可证一般不兼容，例如 GPL 2.0 和 GPL 3.0、GPL 和 AGPL。使用 GPL 3.0 的代码可以与使用 AGPL 的代码合并，但合并后的程序需要适用 AGPL。AGPL 和 GPL 属于两个不同系列的许可证，LGPL 和 GPL 属于同一系列的许可证，每个版本的 LGPL 由对应版本的 GPL 加上额外条款构成。

针对不同许可证之间可能存在的兼容问题，本书提出以下对策。

（1）在使用开源许可证时，最好选择同一版本的许可证，此种解决对策的选择权在用户端。

（2）按照“遵循 xx 许可证版本 N 或任何以后版本”来发布开源程序，此种解决对策的选择权在用户端。

例如“遵循 GPL 3.0 或任何以后版本”，这样，如果用户将“遵循 GPL 2.0 或任何以后版本”的代码和“遵循 GPL 3.0 或任何以后版本”的代码合并时，组合代码的许可证可以使用两者的交集，即“遵循 GPL 3.0 或任何以后版本”。

（3）在制定每个版本的开源许可证时，允许用户将开源许可证升级到后续版本，此种解决对策的选择权在许可证制定方。例如，CC 许可证中的 CC－BY－SA 许可证

❶ 需要说明的是，本书仅针对开源许可证兼容性的一般规律进行概括总结，关于特定许可证之间的兼容性，仍需使用者进行具体分析，本书的概括总结仅供读者参考。

4.0 允许用户将 CC 许可证升级为后续版本。

（4）按照“多重许可证”来发布开源程序，此种解决对策的选择权在用户端。

其中，多重许可证是指：同一个开源程序包含两个或两个以上的开源许可证，多个开源许可证之间为“或”的关系。例如，老版本的 Perl 包含有两个许可证：Artistic 许可证或者 GPL，用户可以按照其中一个许可证或者 Perl 原来的方式再次授权 Perl。如果多重许可证中的一个许可证和其他许可证兼容，则该多重许可证和其他许可证兼容。

（5）如果希望自己的开源软件能够自由地与其他代码组合并保持开源，则选择 GPL 3.0 或与之兼容的许可证。

（撰稿：张燕、曹卫良；核对：辜凌云、徐华阳）

第七章　产品责任与损害赔偿

一、案例介评

◆ 周某某与深圳市奥思网络科技有限公司著作权权属、侵权纠纷案（一审）[1]

➢ 基本信息

√ 案号：（2018）粤0305民初18678号

√ 当事人：

◇ 原告：周某某

◇ 被告：深圳市奥思网络科技有限公司（以下简称“奥思网络公司”）

√ 判决时间：2018年11月15日

√ 管辖：广东省深圳市南山区人民法院

√ 类型：开源社区侵权

√ 许可证：未涉及

➢ 案情简介

2018年9月，原告周某某于深圳市南山区人民法院起诉被告奥思网络公司，主张奥思网络公司侵犯其摄影作品的著作权。原告周某某是摄影家协会会员、专职摄影师，是《中国元素图片库》（中国电子音像出版社2010年2月出版，版权登记证号：2010－L－024946）、《周丕海摄影艺术》（中国科学文化音像出版社2013年10月出版，版权登记证号：国作登字－2013－G－00139574）的署名作者及著作权人。

被告是域名为www.oschina.net（开源中国）的网站的主办单位。原告发现被告在开源中国网站中使用的图片与原告所摄北京天安门的图片相一致，而上述图片在国家版权局进行了版权登记。原告未许可被告使用其享有著作权的摄影作品，被告属于未

[1] 案例资料来源：中国裁判文书网（https://wenshu.court.gov.cn），最后访问日期2021年2月10日。

经许可通过信息网络提供权利人享有信息网络传播权的作品，构成侵害信息网络传播权行为。另外，被告在使用原告作品时没有署名，还侵犯了原告的署名权（属于人身权）。综上，原告诉至深圳市南山区人民法院，请求判令被告立即停止侵权，赔偿原告侵权赔偿金人民币 7000 元并赔礼道歉。

被告奥思网络公司辩称，开源中国网站是开源技术社区，由开源软件库、讨论区和博客等几大频道内容组成，为 IT 开发者提供发现、使用并交流开源技术的平台，是一个信息获取、分享的平台，为用户博客信息提供存储空间，属于网络服务提供者。原告所诉涉嫌侵权图片系在开源中国博客板块中出现，由注册用户“小小编辑”在其博客中自行免费发布。作为网络服务提供者，用户在被告网站（www. oschina. net）发布的博客信息量非常大，被告难以逐一辨别内容是否构成侵权，并且对于原告所诉的天安门图片更加难以辨别，被告不知道也没有理由应当知道用户发布的内容侵权。被告也没有收到原告任何涉嫌侵权的通知，并且在收到法院应诉通知后立即删除涉案文章和图片，及时尽到管理职责。

➢ 争议焦点

用户在开源平台上传侵权作品，开源平台是否需要承担侵权责任。

➢ 法院分析

法院审理认为：根据法律规定，著作权属于作者；如无相反证明，在作品上署名的公民、法人或者其他组织为作者。该案中原告向法院提交了出版物《中国元素图片库》，该出版物署名为周某某编著、摄影，且在国家版权局进行了版权登记。因此，在无相反证据的情况下，法院对原告周某某是出版物《中国元素图片库》中所有摄影作品作者的身份予以确认。

但是，被告奥思网络公司作为开源中国网站的网络服务提供者，并非涉案图片的发布人。原告未提交证据证明其在起诉前已经将被告网站用户涉嫌侵权的事实通知被告，亦未提交证据证明被告在知道侵权的事实后仍存在侵权行为的情况。原告要求被告承担侵权责任的诉讼请求于法无据，法院不予支持。

➢ 处理结果

用户在开源平台上传侵权作品，开源平台如果尽到管理职责和注意义务，则不需要承担侵权责任。

➢ 案件评析

该案审理中，一审法院适用了避风港原则（通知—删除规则）。根据该原则，如果网络服务提供商在接收到侵权通知后能够及时删除侵权作品、消除影响，则不承担侵权责任。作为开源社区服务提供者，用户在被告网站（www. oschina. net）发布的信息量非常大，被告难以逐一辨别内容是否构成侵权，被告不知道也没有理由应当知道用户发布的内容侵权。该案中被告也没有收到原告任何涉嫌侵权的通知，并且在收到法院应诉通知后立即删除涉案文章和图片，已经尽到管理职责和注意义务。

该案对于开源社区管理者的启示在于：社区管理者应通过社区章程或用户贡献协议等方式，要求社区用户在发布作品时，承诺不存在侵犯他人知识产权（如著作权、专利权、商标权）或其他相关权益的情形；如果社区管理者发现社区内存在侵权情形，则需及时、妥善地与权利人沟通、协商处理。对于开源社区用户同样存在以下启示：社区用户在上传作品时，需尽到合理注意义务，核实在开源社区发布的信息是否存在侵犯他人知识产权或相关权益的情形。

（撰稿：曹卫良；核对：徐华阳）

◆ 北京中交汇能信息科技有限公司与深圳市宏电技术股份有限公司产品生产者责任纠纷案（一审）[1]

➢ 基本信息

√ 案号：(2016) 京 03 民初 7 号

√ 当事人：

◇ 原告：北京中交汇能信息科技有限公司（以下简称“中交公司”）

◇ 被告：深圳市宏电技术股份有限公司（以下简称“宏电公司”）

√ 时间：2017 年 8 月

√ 管辖：北京市第三中级人民法院

√ 类型：侵权（产品责任）

√ 许可证：未涉及

➢ 案情简介

2016 年 1 月，原告中交公司于北京市第三中级人民法院起诉被告宏电公司。原告中交公司诉称，被告宏电公司交付的无线车载设备中安装的 Squid 程序（开源软件）未按照双方约定的《无线车载多功能终端软件系统技术规格书》要求进行加装，导致流量异常损失超过 3400 多万元，请求被告赔偿其流量损失和相关费用。

---

[1] 案例资料来源：中国裁判文书网（https：//wenshu. court. gov. cn），最后访问日期 2021 年 2 月 10 日。

中交公司系一家立足于互联网+交通的平台运营商，以 WIFI+GPS 为核心，构建了客车、货车、轿车全覆盖的公路出行生态圈，面向乘客、司机提供一体化出行服务。2013 年 8 月 30 日，中交公司作为“全国客运安全宣传联播网平台系统集成项目（第一期）”的建设方，经公开招投标，与北京云星宇交通工程有限公司（以下简称“云星宇公司”）签订了《设备及服务采购合同》。云星宇公司作为总承包商除提供产品外还负责安装、调试及项目实施的相关工作。云星宇公司为该项目实施，提供了包括宏电公司等多家公司的终端产品。

2014 年 1 月 7 日，针对该批终端产品，宏电公司（乙方）与中太数据通信（深圳）有限公司（甲方，以下简称“中太公司”）签订有设备《采购合同》（实际采购方为中交公司），《采购合同》约定：中太公司向宏电公司购买“全国客运安全宣传联播网平台项目（第一期）”无线车载终端产品及相应服务，产品规格型号为 CS-VIC-1000-C，每套人民币 1580 元，共计 15700 套，并由宏电公司根据中太公司指定联系人发货。宏电公司与中太公司之间的《采购合同》约定的货物是中交公司与云星宇公司之间《设备及服务采购合同》项下的部分产品。

2014 年底，在该项目全面启动后，中交公司发现部分设备流量异常问题严重，致使设备无法正常使用。同时，中交公司接到多地公安局网监部门有关产品存在安全隐患的警告通知。因为该项目使用多家厂商提供的产品，中交公司对分散于全国 20 多个省/区/市、上千个网点的 6 万多台设备进行一一排查，发现宏电公司提供的无线车载终端设备产生的流量远远超过其他厂家的产品。

2015 年 8 月 5 日，中交公司委托北京市海勤律师事务所向宏电公司发送律师函，指出：“全国客运安全宣传联播网平台系统集成项目（第一期）”上网运营后，中交公司发现网络流量产生严重异常，已经给中交公司造成巨额经济损失，函告宏电公司立即停止侵权行为，并采取补救措施。

一审诉讼中，中交公司主张宏电公司加装的 Squid 程序（开源软件）不符合《无线车载多功能终端软件系统技术规格书》的要求，该规格书的具体要求包括如下方面：

网络管理第 3.3.6 条：防火墙要求支持 NAT、PAT；关闭不使用的端口；对于外网，除 TCP9797 的 SSH 端口外，其余端口不开放；对于内网，LISTENING 的端口只开放 TCP：979780443、UDP：5367；禁止来自特殊站点的访问，防止来自不明入侵者的所有通信；关闭 telnet，开启 SSH，使用强密码。

网络管理第 3.3.7 条：Web 服务要求开启 HTTP 缓存代理（Squid），设备物理内存的 10% 预留给缓存代理使用。

同时，中交公司认可 Squid 程序是开源软件，并认可是中交公司要求宏电公司加装的 Squid 程序，同时中交公司认可除 Squid 程序外，涉案产品不存在其他质量缺陷。

为查明流量异常的原因，中交公司于 2016 年 7 月和 2017 年 6 月两次向法院提交鉴定申请书，要求依据双方约定的《无线车载多功能终端软件系统技术规格书》，对宏电公司交付给中交公司的“CS－VIC－1000－C 车载工业计算机”在没有用户访问且默认开机的情况下，Squid 程序的 TCP3128 端口是否会自动对外网打开，通过 Squid 程序的 TCP3128 端口，是否会产生大量外网访问流量进行鉴定。

针对原告中交公司的鉴定申请，被告宏电公司向法院提交书面意见，不同意启动鉴定，具体理由包括以下三点：

（1）原告投入客运大巴使用的设备与被告交付的设备没有同一性。

原告投入客运大巴使用的设备是经过多方系统集成后的综合产品，改变了设备出厂状态，与被告交付设备没有同一性。涉案产品的软件定义、联合设计与开发机设备经过系统集成后的使用、运营、策略配置与维护等，均由原告中交公司自己负责。涉案产品在经过出厂检验、验收合格后，在使用过程中发生的问题，已完全与被告宏电公司无关。

（2）流量产生多少属于平台运行管理者的管理问题而非产品缺陷或质量问题，不能得出流量产生是设备本身质量问题的结论。

流量产生的原因有多种，中交公司完全可以通过相应的流量计数控制手段来达到控制流量的目的。中交公司鉴定申请事项和 Squid 代理服务的 TCP3128 端口是否产生流量或存在任何问题均与产品缺陷没有关联。

Squid 是一个在公网上可以自由下载的知名开源软件，是代理服务软件，加载后可以控制和减少流量。Squid 缓存代理软件既非宏电公司开发，也不是宏电公司自行预装和加载的，并且在宏电公司与中太公司的附件中并未对 Squid 缓存代理软件的 3128 端口有过任何约定，宏电公司不应承担所谓软件问题的法律责任。

即便是 Squid 代理服务的 TCP3128 端口有流量产生，也不能得出宏电公司生产的设备存在缺陷的结论。该软件具有可开可关的可配置管理功能，流量的产生是可以通过运营管理来控制的，从中交公司提交的检验报告中也可以得出 Squid 是可以管理的。通过配置限制用户访问大流量视频、限制用户大流量下载、在本地认证网站上限制用户认证途径和上网时间等都可以达到流量管理的目的。流量产生是设备正常功能的体现而不是缺陷。

涉案产品安装 Squid 缓存代理软件及与该软件相对应的 3128 端口，明显已具备可配置管理功能，即完全可以由产品集成管理者及系统运营商进行开关控制，不但可以控制内网也可以控制外网。中交公司所主张的流量问题属于中交公司作为运营商的自身管理问题，不属于产品责任问题。

（3）《无线车载多功能终端软件系统技术规格书》形成于设备交付完成之后，不能用作鉴定的依据。

被告宏电公司主张，《无线车载多功能终端软件系统技术规格书》形成于 2017 年 7 月 25 日（原告中交公司认可为 2017 年 7 月 26 日），该时间处于设备完成生产并交付之后，此时宏电公司不可能对该技术规格书进行任何确认，中交公司没有任何理由依据该份技术规格书提出鉴定申请。

另外，被告宏电公司补充证据收货确认书，证明涉案产品从2014年3月12日开始交货，到2014年7月16日交付并验收完毕。《无线车载多功能终端软件系统技术规格书》上的用户规格需求，是中交公司在验收完毕涉案产品后就拟进行的第二期采购新提出的用户规格需求，与涉案产品无关。

针对宏电公司的前述意见，中交公司补充提交了电子邮件、需求说明书、Squid中文权威指南、协议书等，用以证明涉案产品发货后，宏电公司多次对产品软件进行更新和改动，而中交公司明确要求对外网关闭Squid程序的3128端口。

➢ 争议焦点

硬件设备中安装开源软件后出现问题，是否属于产品缺陷，以及设备生产者是否应当承担赔偿责任。

➢ 法院分析

北京市第三中级人民法院审理后认为，涉案产品取得了相关的产品质量合格证书，中交公司亦认可涉案产品硬件不存在质量问题。中交公司虽主张宏电公司未能按照双方约定的技术规格书安装Squid程序导致产品存在质量缺陷，并造成中交公司财产损失，但中交公司所主张技术规格书的最终确定时间为2014年7月26日（涉案产品交付之后），而中交公司未能进一步提交证据证明所述技术规格书系针对涉案产品的事先约定。同时，宏电公司与中太公司之间约定的软件安装内容及标准不包含Squid程序。综上，中交公司提交的证据不足以证明涉案产品存在质量缺陷并造成其财产损失，其诉讼请求缺乏事实及法律依据。

原告不服北京市第三中级人民法院的判决，向北京市高级人民法院提出上诉。北京市高级人民法院审理后，作出如下裁定：北京市第三中级人民法院对中交公司鉴定申请不予准许的决定不符合《民事诉讼法》及司法解释的相关规定，在诉讼程序上存在瑕疵，故撤销一审判决发回重审。[1]

北京市第三中级人民法院重新审理的过程中，原告中交公司于2019年8月2日向北京市第三中级人民法院提出撤诉申请。2019年9月6日，北京市第三中级人民法院

[1] 案号：（2017）京民终698号。案例资料来源：中国裁判文书网（https：//wenshu.court.gov.cn），最后访问日期2021年2月10日。北京市高级人民法院的具体理由包括：中交公司在一审程序中向法院提出申请，要求对宏电公司交付给中交公司的涉案产品在没有用户访问且默认开机的情况下，Squid程序的TCP3128端口是否会自动对外网打开，通过Squid程序的TCP3128端口，是否会产生大量外网访问流量进行鉴定，该鉴定申请与确定涉案产品是否构成缺陷存在关联性，且具有必要性和可行性，北京市第三中级人民法院对中交公司鉴定申请不予准许的决定不符合《民事诉讼法》及司法解释的相关规定，在诉讼程序上存在瑕疵，进而导致该案的基本事实未予查清；北京市第三中级人民法院在该案的基本事实并未查清的情况下以中交公司提交的证据不足以证明涉案产品存在质量缺陷并造成其财产损失为由驳回其全部诉讼请求的判决结果不妥。

作出裁定，准许原告中交公司撤诉。[1]

➢ 处理结果

硬件设备中安装开源软件后出现问题，如果双方对开源软件安装的标准没有事先约定，则开源软件出现的问题不属于产品缺陷，设备生产者无须承担赔偿责任。

➢ 案件评析

该案涉及开源软件出现质量问题后的产品责任认定，存在违约责任和侵权责任的竞合问题。国内开源软件纠纷的案例，主要通过侵权途径加以解决，是否需要承担产品侵权责任，主要看双方是否对开源软件的质量标准存在事先约定。另外，即使存在事先约定，原告也需要举证证明自己的损失与开源软件的质量缺陷之间存在因果关系，而这种证明的难度相当大。该案中，原被告双方既未就 Squid 开源程序的安装标准进行事先约定，事后原告也未能举证证明自己的损失是由被告安装的开源软件质量引起，因此，北京市第三中级人民法院判决被告无须承担赔偿责任。

结合该案，针对硬件设备生产商与设备采购方的关系：如果需要在硬件设备中预先安装开源软件，需要与设备采购方事先约定开源软件的安装标准，清晰界定各自的责任范围；针对硬件设备生产商与终端用户的关系：如果需要在硬件设备中预先安装开源软件，则需要在产品责任条款中增加免责声明，以防范未来的产品侵权风险。

（撰稿：曹卫良；核对：徐华阳）

二、案例点析

在开源作品侵权案中，其赔偿额如何计算，以及开源作品究竟价值几何的问题在德国司法界中以及学理上一直未得统一共识。

在 Az. I – 8 O 293/09 案[2]中，原告基于被告违反 LGPL 的行为向其要求损害赔偿，并根据类推授权的计算方式来主张赔偿。[3] 但也有反对意见指出，开源软件是免费提供给任何遵守许可证的第三方的，故其商业价值只能设置为零，因而按照类推授权的许可

---

[1] 案号：（2018）京 03 民初 407 号。案例资料来源：中国裁判文书网（https：//wenshu. court. gov. cn），最后访问日期 2021 年 2 月 10 日。

[2] 参见前文 adhoc dataservice GmbH v. Buhl Data Service GmbH 案。

[3] LG KÖLN. Zum Schadensersatz bei Umlizenzierung Einer Open [EB/OL]. (2015 – 07 – 21) [2021 – 01 – 23]. https：//www. heuking. de/de/news – events/fachbeitraege/lg – koeln – zum – schadensersatz – bei – umlizenzierung – einer – open – source – software. html.

费用的计算原则，原告就不应得到任何损害赔偿。承审法院则完全出于实践的角度认为支持开源软件免费就无异于承认开源软件的创作者没有任何法律权利。学者鲁兹·马丁·吉珀勒认为波鸿法院首先应当从法条层面更精确地指出 LGPL 2.0 并非免费许可所有的操作行为，故类似的许可证不是免费的，但同时也必须进一步考虑：如果存在可比较的开源许可证之下的软件，且已经触发“copyleft”效应，那么相应许可证将再次免费，因为受著佐权效应影响的开源许可证要求修改版本的同等授权。所以说许可证的类比在开源领域就是“魔鬼藏在细节中”❶。

而在 Az.6 U 60／14 案中，德国科隆地区高级法院在类似的案件中却作出相反的裁决，认为“根据 CC 许可证提供的非商业受保护内容的客观价值只能设置为零”，故尽管被许可人违反了许可条款，但科隆地区高级法院仍未要求其赔偿损失。

同样地，在一审案件 Az.：I－8 O 294/15 案和上诉案件 Az.：4 U 72/16 案❷中，两法院对于是否可基于类推授权原则计算赔偿费用以及开源软件商业价值几何的观点也截然不同，因而作出了不同的判决。由此可见，法院内部以及学者之间对于该问题依然没有达成统一意见，而为增强开源作品权利人对其所享有权益的确定性，从而保障开源事业的健康有序发展，计算标准的统一可谓重要且必要。

（撰稿：张燕；核对：张燕、辜凌云）

❶ LG KÖLN：Zum Schadensersatz bei Umlizenzierung Einer Open［EB/OL］.（2015－07－21）［2021－01－23］. https：//www. heuking. de/de/news－events/fachbeitraege/lg－koeln－zum－schadensersatz－bei－umlizenzierung－einer－open－source－software. html（abgerufen am 21. Juli 2015）.

❷ 参见前文德国某大学违反 GPL 被索赔案。

第八章　出口管制

一、开源与出口管制问题概述

出口管制是指一国出于政治、经济、军事、对外政策等多方面因素的考量，对本国的出口贸易加以管理和控制，主要包括对出口国别和出口商品的限制，其中出口商品以战略物资、高尖端技术产品尤为常见。[1] 以全球性协作为主要优势的开源活动内在性地包含了开源软件以及其他开源技术的跨国分享，因此有必要就开源项目进行是否存在出口管制风险的分析并提出应对措施，从而使得开源发展在合法合规的情况下实现跨边界分享，促进全球的发展与进步。

二、美国出口管制对开源项目的影响

美国为维护其在经济、军事、科技等方面的全球领先地位，长期以来一直将出口管制体系建设作为国家发展战略的重要组成部分，由此美国已形成了较为成熟、严密的出口管制体系。

美国商务部下的产业与安全局（The Bureau of Industry and Security，BIS）根据《美国出口管制法》（*Export Administration Act*，EAA）所制定的《美国出口管制条例》（*Export Administration Regulations*，EAR）可以说是美国政府出口管制法律法规体系下的主要条例，并可能对开源项目的出口产生一定的影响或风险。

首先应当明确《美国出口管制条例》仅限制出口。美国工业与安全局对于出口的定义为：①任何运送出美国的行为；②任何利用电子交易运送出美国的行为；以及，③将技术发送给任何一个在美国的非美国公民的行为。因此，对于国际开源项目而言，其受到《美国出口管制条例》管制的风险则会减小不少，因为其他国家的用户获得的开源项目完全可能是由非美国厂商从源头处取得并提供商业服

[1] 邹瑜．法学大辞典［M］．北京：中国政法大学出版社，1991．

务的。❶

其次，根据《美国出口管制条例》第734.3（b）4条的相关规定，绝大多数的开源软件及其他开源技术因通过发布可被公众获取且无进一步的传播限制而得到出口管制的豁免。然而这也并不意味着开源项目不存在任何的出口管制风险。当开源项目中涉及加密技术时，在出口前便需事先报送美国工业与安全局审查，只有确保该加密技术符合《美国出口管制条例》第742.15（b）条中“公开可用”的标准后才许可出口，同时在出口时还需登记备案。

最后，由美国提供的基于私有库的开源项目以及部分开源平台如GitHub是要受到出口管制的限制无法向受管制的地区或用户提供服务的，因此存在一定的开源管制风险。

三、主流开源社区对于出口管制的声明

1. Linux **基金会**

Linux基金会在《了解开源技术与美国出口管制》的白皮书中明确了公开发布的开源技术在一般情况下不会受到美国EAR的约束，但包含加密技术的由神经网络驱动的地理空间分析训练功能的开源项目在计划出口时则需进行进一步的核查。Linux基金会表示，其下的所有开源项目源代码，包括加密技术均已通过核定，从而不会受制于EAR的约束，但这只适用于其开源项目本身；任何基于Linux开源项目的修改和衍生仍需重新评估是否符合EAR的相关规定。❷ 然而，其旗下的虚拟化项目Xen则属于特例，该项目明确表示遵循美国出口管制。❸

2. OpenStack **基金会**

OpenStack曾就美国出口管制“实体清单”相关事宜的咨询出具了官方声明，明确了其下的开源加密软件源代码符合《美国出口管制条例》第742.15（b）条中的“公开可用”标准，同时该基金会也依法向美国工业及安全局以及美国国家安全局（NSA）发送了开源项目最新的URL通知，故OpenStack的开源项目、开源软件开发、开源代

❶ 伍杏玲．权威解读GitHub、Apache疑云：主流开源软件究竟是否会被闭源？［EB/OL］．（2019－05－22）［2021－09－30］．https：//mp. weixin. qq. com/s? __biz = MjM5MjAwODM4MA = = &mid = 2650720752&idx = 1&sn = 79e5f38dc4ddb21591fd33bbbc5c1913&chksm = bea6b82389d131354662fab116cb3d909109f5336546dafef0fee624afee17454c521e24c4e7&mpshare = 1&scene = 23&srcid = .

❷ 参见Linux基金会《了解开源技术与美国出口管制》第4～11页。

❸ 包云冈．美国出口管制对开源项目有何影响［EB/OL］．［2020－12－12］．https：//mp. weixin. qq. com/s? src = 11&timestamp = 1603523120&ver = 2663&signature = HnlIvxXMvjCpiBneDKLABUIJXIcmn2C91HRkJp4bNnIwaMSSleC1E * ruUC * 70q – qSdfmAFXJbInNCkk6TnTa6PRXm7cfYQN3rOx0or98bsnVDGrrADnrNNmWamduE6vR&new = 1.

码协作以及基金会正常的运作活动都是不受 EAR 限制的。❶

3. Apache **社区**

Apache 社区在《Apache 软件基金会关于“非美国子公司已添加到美国联邦登记公告实体裁决清单”的声明》中明确表示：“实体清单”中的限制情况仅限于受 EAR 约束的特定交易活动，而 Apache 社区已按照 EAR 要求确保所有的 Apache 项目皆不受 EAR 约束，同时社区的正常运营活动也不会受到影响。❷

4. GitHub

根据 GitHub 最新的用户协议，GitHub. com、GitHub Enterprise Server 以及用户上传到其平台上的任何产品的信息都可能受到贸易管制相关规定的约束，包括 EAR。目前，受制于出口管制的约束，GitHub 无法为克里米亚、古巴、伊朗、朝鲜和叙利亚等国家或地区的账户提供私有库存储服务和付费服务。❸

四、针对出口管制的应对措施

1. 促进技术交流的公开化和公众化

为满足 EAR 中“公开可用”的标准，各开源社区应当积极促进社区技术交流的公开化和公众化，及时公开社区的决策结果以最大限度确保信息的公开透明，同时对于安全系统漏洞修复中所涉及的技术交流内容也应当在漏洞修复后及时公开，而不仅限于向保密清单中的各方披露。社区信息的公开透明将不仅有利于确保满足 EAR 的相关要求，对于社区的持续发展也大有裨益。❹

2. 谨慎选择开源许可证

MPL 1.0、MPL 1.1、QPL 1.0、MS – RL 以及 MS – PL 等开源许可证附有准据法条款，或明确要求依照美国法律解释适用，因此为最大限度降低跨国分享对于开源项目的影响，对于上述许可证相关的开源项目应当谨慎使用。❺

3. 建立镜像平台

对于托管在国外开源平台上的开源项目，可以在本国境内建立镜像平台，并可考

❶ OpenInfra. OIF Export We Help People Build & Operate Open Infrastructure [EB/OL]. [2020 – 10 – 03]. https：//osf. dev/export/.

❷ 来杯牛奶呗. 开源应自由！Apache、OpenStack 基金会权威回应美国出口管制 [EB/OL]. (2019 – 05 – 25) [2020 – 10 – 03]. https：//www. jianshu. com/p/f83c6669f67b.

❸ GitHub GitHub and Trade Controls [EB/OL]. [2020 – 10 – 03]. https：//docs. github. com/en/free – pro – team@ latest/github/site – policy/github – and – trade – controls.

❹ 参见 Linux 基金会《了解开源技术与美国出口管制》第 11 页。

❺ 伍杏玲. 权威解读 GitHub、Apache 疑云：主流开源软件究竟是否会被闭源？[EB/OL]. (2019 – 05 – 22) [2021 – 09 – 30]. https：//mp. weixin. qq. com/s? __biz = MjM5MjAwODM4MA = = &mid = 2650720752&idx = 1&sn = 79e5f38dc4ddb21591fd33bbbc5c1913&chksm = bea6b82389d131354662fab116cb3d909109f5336546dafef0fee624afee17454c521e24c4e7&mpshare = 1&scene = 23&srcid = .

虑将用户进一步引流至自建平台，从而最大限度降低囿于托管平台所在国出口管制的要求而无法访问该项目所带来的风险。

4. **建议使用公共库**

在设立开源项目时，可尽量选择公共库，以满足《美国出口管制条例》中“公开可用”的标准，同时也降低托管平台限制访问所带来的风险。

（撰稿、资料翻译：张燕；核对：张燕、辜凌云）

第九章　竞合案例

一、案例介评

◆ MySQL AB v. Progress Software Corp. & NuSphere Corp. 案

➢ 基本信息

√ 案号：NO. 01 - 11031 - PBS

√ 当事人：

◇ 原告：MySQL AB（以下简称“MySQL”）

◇ 被告：Progress Software Corporation（以下简称“Progress”）；NuSphere Corporation（以下简称“NuSphere”）

√ 时间：2001—2002 年

√ 管辖：美国马萨诸塞州波士顿联邦地区法院

√ 类型：版权 + 许可证 + 商标权

√ 许可证：GPL

➢ 案情简介

2000 年 6 月，MySQL 以 GPL 授权 Progress 和其子公司 NuSphere 分销 MySQL 软件，后双方在合作过程中产生矛盾。2000 年 8 月，双方终止合作协议。而后不久，NuSphere 将 www. mysql. org 注册为域名，并拒绝将该域名转让给 MySQL。双方私下协商数次均没有成效。2001 年 6 月 15 日，NuSphere 和 Progress 起诉 MySQL，认为其“违反合同，不正当干涉第三方合同关系以及不正当竞争”。2001 年 7 月 11 日，MySQL 也向美国马萨诸塞州波士顿联邦地区法院提起反诉，控告 NuSphere 和 Progress 商标侵权，违反双方临时协定，未遵守 GPL，以及从事了不正当和欺骗性交易行为。

双方发生诉争之后，制定 GPL 的自由软件基金会为此发表声明，认为由于 NuSphere 违反 GPL，因此失去分销 MySQL 软件的权利。其理事会成员之一埃本·摩根（Eben Morgen）也作为技术专家出庭作证。该种事态的发展，使得 GPL 可能面临法律的第一次审查。

➢ 争议焦点

①源代码的保密是否构成对 GPL 的违反以及 GPL 的效力问题。②MySQL 认为 Progress 和 NuSphere 违反 GPL，在分销软件时没有公开 Gemini 软件的源代码；自由软件基金会同样认为 NuSphere 违反 GPL。③NuSphere 则否认这一指控，强调，由于 Gemini 软件技术并不是基于 MySQL 源代码发展出来的，它没有义务开放该软件源代码。

➢ 法院分析

尽管案件纠纷涉及因合同引起的商标、域名、版权和 GPL 等纠纷。但是，从法院采用初步禁令这一行为本身，以及禁令涉及的范围来看，商标、域名的纠纷在事实上是清楚的。有争议的是 Gemini 源代码的保密是否构成对 GPL 的违反以及 GPL 的效力问题。而在这两个问题上，法庭均没有给出答复。

（1）就商标、域名争议，批准 MySQL 动议，对 Progress 颁布禁令。

法院认为，MySQL 已证明其在与商标有关的违约索赔中具有实体胜诉可能性，具体而言，MySQL 已证明：①双方之间签署的协议为临时协议，协议期限于 2000 年 8 月届满；②Progress 于协议终止后继续使用 MySQL 商标及未经授权的组合商标，构成对协议第 6 条之违反，如允许其继续使用 MySQL 商标，将对 MySQL 造成无法弥补的损害；③不颁布禁令对 MySQL 造成的困难远大于颁布禁令对 Progress 造成的困难。

（2）就 GPL 争议，驳回 MySQL 动议。

关于 GPL，MySQL 未能证明根据案件事实其具有实体胜诉可能性，亦未证明其将遭受难以弥补的损害。双方专家证人提交的书面证词引发关于 Gemini 程序系 GPL 之下的衍生作品抑或与 GPL 独立且分离的事实争议。经过听证，MySQL 有关 Gemini 程序与 GPL 相分离的主张似乎更胜一筹。但是，即使 MySQL 在此种维度证明其具有胜诉可能性，鉴于宣誓书阐明 Gemini 所有源代码均已公开，MySQL 未能证明将遭受难以弥补的损害。相反，因为使用 MySQL 的产品线构成 NuSphere 业务的重要组成部分，因此法院认定在 GPL 下，Progress 已经证明颁布禁令对其造成的损害远大于不颁布禁令对 MySQL 造成的损害。

（3）关于 Gemini 源代码保密是否构成对 GPL 之违反。

从法官初步禁令的倾向性判断以及从 NuSphere 后来对 Gemini 源代码的公开这点看，NuSphere 在分销 NuSphere MySQL Advantage 2. 2 版时由于没有公开 Gemini 源代码，违反了 GPL。而上述假定成立的事实基础是：Gemini 程序的运行附加于 MySQL 之上，符合 GPL 中“基于程序的作品”要件，构成了两个程序的合并而非简单的聚合。

（4）关于 GPL 相关规定的效力。

在法庭的初步禁令作出后，GNU 网站上的观点认为，帕蒂 · B. 萨里斯（Patti B.

Saris）法官事实上已经支持 GNU 的 GPL 是具有约束力并可以强制执行的主张。但是，就禁令涉及的范围和言辞判断，我们很难看出萨里斯法官在这个问题上已经走到这么远的地步。可以说，由于法院没有解决 Gemini 源代码保密是否构成对 GPL 之违反的问题，法官在此轻松回避了对 GPL 效力的法律审查。❶

➢ 处理结果

2002 年 2 月 28 日，美国马萨诸塞州波士顿联邦地区法院萨里斯法官应 MySQL 的申请，对 Progress 和 NuSphere 发布了初步禁令，禁止 Progress 从事以下活动：①以任何形式使用 MySQL 商标促销或销售任何产品和服务；②注册或使用包含 MySQL 标记的域名；③运行使用任何形式的 MySQL 标记的网站。禁令期限为 45 天，MySQL 应当缴纳 25000 美元保证金。

但法院在初步禁令中却回避了对 GPL 的法律性质和法律效力的审查。

2002 年 11 月 7 日，诉讼双方就 MySQL 商标和版权的使用、对 GPL 的遵循等一系列法律争端达成庭外和解。

➢ 案件评析

初步禁令是美国诉讼领域一项十分重要的行为保全制度。初步禁令的颁布需要满足以下四项要件：①权利人在诉讼案件中是否具有实体胜诉可能性（the movant's likelihood of success on the merits）；②如果不颁发禁令，权利人是否会遭受难以弥补的损害（the potential for irreparable harm）；③初步禁令的颁布与否对双方所造成的困难权衡（a balancing of the relevant equities）；④颁发临时禁令是否对公共利益造成不良影响（the effect on the public interest）。❷

（撰稿：岳娆；核对：张燕）

◆ SCO Group，Inc. v. International Business Machines Corporation 案

➢ 基本信息

√ 案号：No. 2：03CV294 DAK

√ 当事人：

---

❶ 张汉华．MySQL AB 诉 Progress Software Corp.，NuSphere Corp. 案：GPL 许可证与法律失之交臂［G］//张平．网络法律评论：第 5 卷．北京：法律出版社，2004：365－366．

❷ 参见 Campbell Soup Co. v. Giles，47F. 3d 467，470（1st Cir. 1995）。

◇ 原告：SCO Group，Inc（SCO 集团公司，以下简称“SCO”）
◇ 被告：International Business Machines Corporation（IBM）
√ 时间：2003 年
√ 管辖：美国犹他联邦地区法院
√ 类型：版权 + 专利权

➢ 案情简介

2003 年 3 月 7 日，SCO 向美国犹他联邦地区法院起诉 IBM，称 IBM 违反软件许可协议，在其 Linux 研发过程中，非法将 SCO 授权的 UNIX System V 源代码使用到 Linux 内核代码中，开发自己的 Unix——AIX，并利用 Unix 软件的技术和方法提高 Linux 2. 4. x、Linux 2. 5. x 软件性能，从而侵犯了 SCO 对 Unix 所享有的知识产权以及 SCO 的商业机密，要求 IBM 赔偿 10 亿美元。

Unix 操作系统由 AT&T 贝尔实验室开发和研制。经过一系列并购，SCO 概括承继与 Unix 有关之知识产权以及许可协议规定的诸项权利。IBM 与 AT&T 签订许可协议，约定 IBM 获得 Unix 软件的使用许可，但不得向第三人转让 Unix 源代码，亦不得泄露包括技术和方法在内的 Unix 商业秘密。IBM 以 Unix 为基础，经过一系列完善加工，开发了 AIX 操作系统。Linux 以 GPL 发布，由此，SCO 的 Unix 源代码就这样进入 Linux 中，并向全世界免费公开。

除对 IBM 采取法律措施外，SCO 亦尝试针对全球 Linux 系统用户主张权利。2003 年 5 月，SCO 致函 Fortune 1000、Fortune Global 500 等排行榜上共计 1500 家全球企业，要求它们警惕使用 Linux 系统的法律风险。

➢ 争议焦点

IBM 是否存在专利侵权行为。

➢ 法院分析

Unix 最初的源代码来自于贝尔实验室，因此其知识产权归 AT&T 所有，且大多数已过保护期。因此，SCO 辗转受让的源自 AT&T 的专利大部分也已过保护期。相反 IBM 对其 AIX 版本的 Unix 拥有专利权。因此，从专利侵权角度，SCO 并不具有胜诉优势。

➢ 处理结果

2003 年 6 月 16 日，SCO 转换与 IBM 诉讼的焦点，提出 IBM 侵犯了 Unix 的版权；并停止向 IBM 提供授权；同时将赔偿金额从最初的 10 亿美元提高到 30 亿美元。2003 年 8 月 6 日，IBM 向犹他盐湖城联邦地区法院对 SCO 提出了包括 10 项诉讼理由的反

诉。2003年9月26日，IBM提出新反诉称SCO侵犯了IBM在Linux中所编写代码的版权。❶

2004年3月4日，法官在一项裁决中称，SCO未提供足够证据证明其指控，并要求其提供具体证据。

➢ 案件评析

SCO该种基于知识产权的商业模式，是小公司发迹、大公司垄断、技术型公司创造神话的重要模式。该种模式因其利润高、含金量足而被视为高级商业模式。国内企业如欲效仿借鉴该种模式，需掌握自主知识产权，增强持续技术创新能力，同时应提高对知识产权的重视程度。

知识产权转让和实施许可合同都是关乎企业命运的一类合同。对它们的签订也要特别注意，其中“转让”和“许可”是两个完全不同的法律概念，其对应的商业利益也差距悬殊。另外，合同中任何含糊的表述都可能成为今后争议的缘起。

（撰稿：岳娆；核对：张燕）

◆ SCO Group，Inc. v. IBM案

➢ 基本信息

√ 案号：2013 U. S. Dist. LEXIS 59478

√ 当事人：

◇ 原告：SCO Group，Inc.（SCO集团公司，以下简称“SCO”）

◇ 被告：IBM

√ 时间：2003年3月—2006年6月

√ 管辖：美国犹他州盐湖城第三区法院

√ 类型：版权+不正当竞争

√ 许可证：Linux

➢ 案情简介

SCO前身为Caldera International and Caldera Systems，是美国著名的Unix系统开发商。2003年3月SCO以IBM的行为导致Unix操作系统的价值严重贬值为由，起诉IBM

❶ 董颖. 侵权矛头指向Linux：SCO诉IBM案分析［J］. 电子知识产权，2004（5）：44-47.

并要求赔偿10亿美元的违约金。IBM未经权利人SCO的授权，将Unix操作系统中相关的知识产权发布在了Linux中，这便产生了侵权问题。

2003年5月SCO给当时所有知名的大公司发出了警告信。SCO在信中说到："在我们看来Linux侵犯了我们在Unix方面的知识产权和其他权利，我们将会通过各种手段来维护自己的合法权益，我们认为应该由最终用户来对此侵权行为进行负责，承担法律责任。"SCO就是以这种警告信的方式来进行诉讼范围的扩张。从这封警告信中我们可以想到，如果法院最终接受了SCO的控诉，全世界范围内的Linux用户就会面临侵权的指控。当然Linux系统就会失去合法性，造成巨额的经济损失，会对软件行业造成巨大的负面影响。

2003年6月，SCO取消了对IBM的Unix操作系统的授权许可，对AIX的使用以及发行进行了取消，提出对IBM违约的控诉，同时提出了IBM对其版权的侵权，诉讼标的额也随之增加到30亿美元。

2个月后，IBM以SCO违反合同的约定，向法院提出了反诉，并提出SCO所开发的软件产品侵犯其专利权。次年3月，原告SCO对美国最大的汽车配件生产商汽车地带公司和汽车制造商克莱斯勒公司这些Linux用户提起了诉讼，将它们也卷入了诉讼之中。

2005年，法官判决被告IBM将具有争议的源代码提交原告SCO，这导致了被告IBM不服而提起上诉。然而对SCO的控诉不仅仅包括IBM的反诉，还包括Linux经销商红帽公司以反驳SCO主张的Linux系统含有Unix系统源代码为由对SCO提起控诉。不仅如此，SCO同时面临与诺威尔公司的Unix版权纠纷、与汽车地带公司和克莱斯勒公司的Unix和Linux交易侵权纠纷。这么多的纠纷使得SCO四面受敌，局面也变得更加混乱。

➢ 争议焦点

在双方举证过程中，法院要求被告提供其源代码及分销商的名单。被告提供了源代码行数和内容，但原告以涉及商业秘密为由仅提供行数而未提供源代码，双方就是否必须提供源代码进行了争论。

➢ 处理结果

法院基本上驳回SCO的大部分证据，SCO的诉求并没有得到相应的支持。诉讼使得IBM的Lunix系统收到了巨大冲击，贬值严重。

➢ 案件评析

在此类软件中流入瑕疵代码导致双方产生纠纷的裁判中，对争议代码的比较成为法院裁判的重要依据。当事方在举证时应当详细列举其中涉及的代码内容并附加对比结果，同时也应当注意软件重要内容的保密。此外，尽管 IBM 赢得了官司的胜利，但对于开源软件（如 Liunx）而言，其侵权隐患依然存在。因此关键问题在于采取开源模式开发的开源软件如何防范各种潜在的法律风险，如侵权代码的流入和商业软件专利的威胁等。

（撰稿：王董咪；核对：王予君）

◆ The United States v. Aleynikov 案

➢ 基本信息

√ 案号：785 F. Supp. 2d 46
√ 当事人：
　◇ 原告：The United States（以下简称“美国政府”）
　◇ 被告：Sergey Aleynikov（谢尔盖·阿列尼科夫）
√ 时间：2010 年
√ 管辖：美国犹他州州法院；美国第十巡回上诉法院
√ 类型：版权 + 商业秘密
√ 许可证：Linux

➢ 案情简介

高盛是一家位于纽约的投资公司，在全球范围内提供金融服务，为证券和大宗商品市场［包括纽约证券交易所（NYSE）和纳斯达克股票市场（NASDAQ）］“高频”交易的行业领导者之一。高频交易的特征在于，交易决策是由计算机程序作出的，该计算机程序依赖复杂的数学算法来处理市场发展数据并快速执行交易。高频交易系统从交易所获取数据，进行转换，应用决策逻辑作出交易决策，并通过消息传递协议将这些决策发回交易所以执行。高盛采用了必要措施保护和增强其高频交易系统的竞争力，该交易系统在很大程度上是在该公司于 1999 年以 5 亿美元的价格收购了赫尔贸易公司后从赫尔收购的。高盛系统的优势至少部分取决于它能够执行交易的速度和准确性。高频交易业务中的公司对于他们交易系统的各个方面极为保密。高盛不许可、出售或分发其高频交易系统的组件。实际上，高盛已经采取了许多安全措施来维护其高频交易系统的保密性。为了保护公司的计算机系统免受入侵，公司还维护了一个防火墙，监视员工对互联网站点的使用，还阻止对某些网站的访问。每当员工登录计算机时，都会出现一条横幅，告知他们使用互联网时被许可和不被许可的行为。只有极少数具有管理权限的员工（包括在高盛任职时的谢尔盖·阿列尼科夫）被允许使用 USB 闪存驱动器。

如果高盛的竞争对手可以访问包含高盛高频交易系统的计算机源代码，它将具有多个优势。该竞争者将能够免于花费大量的时间和资源来开发交易系统的基础结构。据估计，从头开始开发其自己的高频交易系统将使该行业的新进入者花费 1000 万美元和两年的时间。一般估计计算机程序员每天编写 10 到 25 行代码，而高频交易系统则需要数十万行代码。高盛认为，其高频交易系统的专有组件是最先进的，它将使进入市场的企业难以消除高盛的竞争优势。尽管高盛高频交易系统的某些组件有市售替代品，但高盛的组件却更为出色。高盛使用公开可用的计算机源代码（开源代码）来协助执行与其高频交易系统相关的某些功能。开源代码可以随时在线免费向公众开放。例如，高盛的大部分高频交易系统都在完全由开源代码组成的 Linux 操作系统上运行。高盛尽一切努力确保将高盛计算机程序员使用的开源代码与高盛的专有代码区分开。因此，该公司维护了一个单独的目录来存储开源代码。

从 2007 年 5 月 7 日到 2009 年 6 月 5 日，谢尔盖·阿列尼科夫被聘为高盛的计算机程序员，从事支持高频股票交易的工作。谢尔盖·阿列尼科夫的雇用合同规定，他将获得 15 万美元的基本工资，并可能获得 12 万美元的年度奖金。作为雇用的条件，谢尔盖·阿列尼科夫必须签署一项全球信息安全政策，该政策的相关部分规定，他将对所有机密和专有信息和资料严格保密，并无权许可他人对于该软件的任何权利。该安全政策进一步规定，权利人不可撤销地转让给高盛及其继承人和受让人，并且高盛应就任何作品享有专有权，包括但不限于所有专利，版权和商业秘密等，其作品应被视为出租作品，除高盛的利益外，不得用于其他任何目的。

2008 年，谢尔盖·阿列尼科夫从另一家投资公司瑞银（UBS）获得了一份工作邀请，并试图从高盛辞职。2009 年 4 月下旬，谢尔盖·阿列尼科夫再次辞职，理由是竞争对手在高频交易领域提出了 120 万美元的报价。谢尔盖·阿列尼科夫被允许在该公司再留五个星期，以完成工作交接。

泰泽科技公司（Teza Technologies LLC，以下简称“泰泽”）是一家总部位于芝加哥的公司，成立于 2009 年 3 月，从事高频交易业务。泰泽的创始人米哈伊尔·维克托维奇·马利舍夫（Mikhail Victorovich Malyshev）在创立该公司之前曾是芝加哥对冲基金 Citadel Investment Group（以下简称“Citadel”）的高频交易小组的董事总经理。2009 年夏天，米哈伊尔·维克托维奇·马利舍夫征集了谢尔盖·阿列尼科夫和其他几位计算机程序员开始在泰泽工作，因此急于开始构建泰泽高频交易平台。在获得泰泽工作机会的几天后，谢尔盖·阿列尼科夫开始将数据从高盛上载到 Subversion 网站（www. svn. xp – dev. com）。这些上传从 3 月 30 日开始，一直持续到 2009 年 4 月和 5 月。2009 年 4 月 7 日，谢尔盖·阿列尼科夫在他的家用计算机上创建了一个名为“Teza. doc”的文档，本质上是设计高频交易系统的蓝图。谢尔盖·阿列尼科夫在 2009 年

6月1日、6月4日和6月5日从高盛进行了大量源代码的上传。谢尔盖·阿列尼科夫组合了源代码，对其进行了压缩和加密，然后将其上传到 Subversion 网站。仅在2009年6月5日，谢尔盖·阿列尼科夫转移了3639个唯一文件，其中包含超过50万行源代码。该网站已注册到德国服务器上，为希望公开开源代码的任何人提供服务。然后他删除了他的加密密钥并试图擦除他的 bash 历史记录，这是 Unix/Linux 计算机上特定用户执行的命令列表；bash 的历史后来由高盛信息安全团队恢复。

谢尔盖·阿列尼科夫上传到 Subversion 网站的源代码包含了高盛高频交易基础结构的很大一部分。谢尔盖·阿列尼科夫窃取的代码包含以下内容：连接到各种证券交易所，读取传入的价格数据，定价算法，交易策略，将交易决策路由回交易所的基础设施，以及用于监视交易系统所有这些复杂部分的性能的应用程序。除专有源代码外，谢尔盖·阿列尼科夫还获得了在审判中被标记为“政府附录108”的专有文件。该系列文件中的示意图描述了高盛计算机系统与各种证券和商品交易所以及操作系统评估之间的联系，以及用于高频交易系统的产品。将高盛的专有源代码上传到 Subversion 网站后，谢尔盖·阿列尼科夫于2009年6月10日将相同的代码下载到了自己的桌面。谢尔盖·阿列尼科夫修改了一些下载的源代码，以删除标识该代码属于高盛的文档标头。然后，在2009年6月25日，谢尔盖·阿列尼科夫从他的家用台式机将31个文件传输到泰泽的服务器。传输的文件包括“订单簿生成器”（OBB）的部分，该应用程序处理来自各种证券交易所的价格信息文件 AtomicIntTest 和 DenseMap。

2009年6月29日，谢尔盖·阿列尼科夫上传到网站的内容引起了高盛安全团队的注意；该公司及时通知当局。2009年7月3日，谢尔盖·阿列尼科夫从泰泽芝加哥办公室的一次会议回来后，在纽瓦克机场被捕。美国联邦调查局探员进行了一次搜查，在谢尔盖·阿列尼科夫的口袋和一台笔记本电脑中发现了一个拇指驱动器，两者均包含高盛的专有源代码。探员还在谢尔盖·阿列尼科夫的家用台式计算机上找到了专有代码。为了回应美国联邦调查局探员迈克尔·麦克斯温（Michael McSwain）的询问，谢尔盖·阿列尼科夫最初表示只能在其家用台式机上找到源代码。他后来承认，源代码也在他的笔记本电脑上，以及在被捕时在他身上发现的拇指驱动器中。在一份书面的逮捕后声明中，谢尔盖·阿列尼科夫称自己创建了一个 tarball（一种用于压缩计算机源代码的设备），目的是在其拥有账户的高盛服务器上收集开源工作。尽管谢尔盖·阿列尼科夫最初表示他只从高盛那里获取了开源代码，但他后来承认有意收集了开源代码和专有代码。

➢ 争议焦点

被告谢尔盖·阿列尼科夫的行为是否构成侵犯原告版权的行为，是否构成盗取商业秘密。

➤ 法院分析

法院认为，结合原被告双方的证据和辩词，确认被告是否构成侵犯版权和盗取商业秘密的犯罪应该主要包括三方面考量：①原告是否具有窃取高盛专有代码的故意；②原告是否存在使自己或泰泽受益，以及或对高盛造成伤害的故意；③被盗取的代码是否具有市场。

在第一个方面，法院认为被告离职前将代码上传的行为可以表明其在进行盗取代码时存在故意，且该代码虽然包括已公开的开源代码，但整体而言仍属于高盛的专用软件，被告的行为侵犯了原告在软件作品上的权利。

在第二个方面，法院认为结合被告窃取代码的时间和过程，以及已经通过邮件证据显示出的其与泰泽方面沟通的工作内容来看，应当认为被告知道自己的行为会产生利益，并且具有故意追求该不法利益的意图。虽然在被告辞职前其与 Teza 的邮件并未显示出关于窃取代码的相关内容，但鉴于 Teza 是一个专供高频交易的公司，其应当对高盛的该平台具有一定了解。

在第三个方面，法院认为，虽然高盛自研发该平台起就对该软件信息处于高度保密的状态，也没有进行过任何交易此软件的尝试，但是其对软件平台的高度保密行为正说明了该平台的巨大商业价值，且综合被告在泰泽开发工作的情况来看，也说明了此种高频交易软件平台的极高价值。

➤ 处理结果

一审法院判定被告侵犯版权、窃取商业秘密行为成立。后被告向美国第十巡回上诉法院提起了上诉，提交了新证据要求美国第十巡回上诉法院改判或将案件发回重审，但美国第十巡回上诉法院没有支持其诉求。

➤ 案件评析

没有已存在的交易或试图交易的事实并不能说明软件没有商业价值。对于软件的高度保密及相关的保密措施也可以用以证明软件的商业价值。

（撰稿：王董咪；核对：王予君）

◆ Decision Q Corporation et al v. GigM Technologies，LLC et al 案

➤ 基本信息

√ 案号：2018 U. S. Dist. LEXIS 234707

√ 当事人：

◇ 原告（反诉被告）：Decision Q Corporation（以下简称“DQ”）；Decision Q Information Operations，Inc.（以下简称“DQIO”）

◇ 被告：GigM Technologies，LLC（反诉原告，以下简称“GigM”）；Stephanie West（斯蒂芬妮·韦斯特）；Benjamin West（本杰明·韦斯特）；Nathan Marshall（内森·马歇尔）；Tucker Moore（塔克·穆尔）

√ 时间：2018 年 2 月 14 日

√ 管辖：美国弗吉尼亚东区联邦地区法院

√ 类型：版权/合同

√ 许可证：GPL 2.0

➢ 案情简介

2016 年 1 月 29 日，原告 DQIO 与美国缉毒局（The Drug Enforcement Administration，DEA）签订了一项合同，以开展 DEA 的虚拟货币计划“VCI 合同”。原告 DQ 与其子公司 DQIO 于 2016 年 5 月 16 日签订了针对 VCI 合同的劳务和管理服务合同。VCI 合同由两部分组成：“后端”软件和“前端”或 Web 应用程序。前端可以进一步细分为用户界面（user interface，UI）和应用程序编程界面（application programming interface，API）。DQ 的任务是开发后端。DQIO 与 Cabin Digital 公司签订了合同，以开发前端。

原告起诉斯蒂芬妮·韦斯特、本杰明·韦斯特、GigM 和其他 DQ 员工采取欺诈手段与原告订立 UI 分包合同。2016 年 5 月 16 日 GigM 和 DQIO 签订了关于该项目的保密协议，并且在 2016 年 5 月 18 日签订了由 GigM 开发前端程序的分包合同。原告认为，在开发 GigM 代码期间，“GigM 和 DQ 的员工都访问了后端软件并在其基础上工作”。与前端程序相关联，“根据 DQIO 和 GigM 之间的合同开发的源代码旨在成为与后端软件一起工作的用户界面”，因此“为开发 UI 程序而与原告方员工合作的 GigM 员工都可以访问和使用后端软件”。

核心争议涉及双方在 GigM 源代码方面各自的权利和义务。原告在第一次提交的诉求中声称：“根据分包合同，在项目完成时，GigM 将向 DQIO 提供源代码的副本以及对源代码和开发的书面注释。”但是，当事双方对源代码是否属于分包合同的可交付成果或 Web 应用程序是否可交付成果存在争议。尽管 GigM 最终将代码提供给 DQIO，但原告声称本杰明·韦斯特“对 DQIO 的 AWS（Amazon Web Service）云服务器的部分进行了加密，并禁止其访问服务器中的相同服务器，以此为由尝试勒索 DQIO”。原告还声称，在对源代码进行审查后，“DQIO 发现 GigM 提供的产品不符合 DEA 的要求，因此根据 DQIO 与 GigM 之间的协议，该产品不符合合同要求”。此外，DQIO 声称，由于它“发现代码存在许多错误和遗漏以及许多安全问题”，其认为 GigM 未完全履行合同，因此拒绝付款。原告提出的指控包括：①被告盗用了后端代码及 GigM 代码；②GigM 规范不符合分包合同的要求，并且 GigM 使用了未经授权的分包商和顾问；③被告错误判断了 GigM 的历史和处理 UI 分包合同的能力；④斯蒂芬妮·韦斯特违反信托义务和忠实义务；⑤GigM 违约，未能达到分包合同的要求，且与不合格的分包人签约。

2017 年 9 月 13 日，被告在其答辩中声称“GigM 已经将 UI 交付给 DQIO，因此完全履行了分包合同项下的义务”，且 DQIO 使用 GigM 的 UI 能够履行 VCI 合同规定的义务，“DQIO 已于 2016 年 10 月 27 日收到了来自 DEA 的 VCI 合同的最终付款”。但是，DQIO 拒绝向 GigM 支付最后一笔款项，借此要求 GigM 和本杰明·韦斯特交出 GigM 代码。被告在其反诉中指控：①原告与非当事人保罗·坎波（Paul Campo）一起“秘密地计划了业务扩展……包括使用 GigM 代码”；②“DQIO、DQ 和保罗·坎波参加了与各个实体进行的推销会议，向它们推销了所谓的销售和交付类似于 DEA 网站的虚拟货币跟踪网站的功能，包括 UI”。但是，“当保罗·坎波意识到他不拥有 GigM 时，为了销售端到端软件解决方案（例如 DEA 网站，包括 UI）所必需的代码”，他与原告密谋欺诈性地获得了 GigM 代码。被告声称 DEA 的 VCI 合同中从未要求提供 GigM 代码，而且 DQIO 也从未向 DEA 提交任何源代码。因此被告请求法院判定 GigM 代码的版权归属，且反诉原告侵犯其商业信誉、违约以及侵犯商业秘密。

该案于 2018 年 2 月 14 日一审终结。

➢ 争议焦点

该案的争议焦点集中在 GigM 代码的版权归属上，在此问题下双方存在两方面争议，包括：①案中被告开发的代码是否属于可版权的主题。由于被告开发的代码中包含已经在开源平台上存在的开源代码，因此原告认为被告的代码作品至少应当是部分非原创的，因此认为其至少有部分不属于版权保护的对象。②关于分包合同的“无新知识产权”条款的性质认定。DQIO 与 Cabin Digital 公司签订的分包合同中有一条款规定“双方同意在此协议下没有新的知识产权出现”。原告认为按照这个条款的约定，没有新的知识产权就必然不会产生版权。

➢ 法院分析

（1）关于第一个争议，法院认定 GigM 代码是受版权保护的对象。

根据美国版权法，“版权保护存在于……以任何有形表达方式固定的原创著作中……”。版权拥有者无须发布或注册其作品即可获得美国版权法的保护，因此创作者是被自动授予版权的。除非为公司完成某件作品，否则美国版权法所赋予的权利在创作完成后会自动归属该作品的作者，尽管该作者可以自由许可或转让其权利。原告在对简易判决的动议中辩称，GigM 代码对预先存在的开源代码和自动生成的代码的使用至少部分地使其成为非原创的，因此不能对其主张版权。原告认为 GigM 代码使用了已经存在的和自动生成的代码会破坏独创性，但原告不反对 GigM 代码包含“原始、独立和创造性的思想和努力（以文字、数字和符号的形式表示）”。

美国版权法本身明确规定，对已有作品的汇编和衍生作品仍然是具有版权的。此类作品的唯一限制是，它们的版权仅能延伸到作者的独创部分，因此此类情况下版权的产生在于其使用过程，而非在已有作品之中。这些原则在这里适用得出的结论是，虽然 GigM 代码的各个行可能不是受版权保护的原始表达，但本杰明·韦斯特和 GigM 将这些非原始行与它们自己的原始代码结合使用可产生享有版权的主题。

在口头辩论中，原告辩称，由于 GigM 代码中使用的预先存在的代码是开源的，并且 GigM 代码是使用一个名为“Ruby on Rails”的开源平台开发的，因此其生成的代码也必须是开源的。对于这个问题，法院认为，即使 GigM 的代码包含开源代码且是在开源平台上开发的，其是否“开源的”也是许可问题，而不是版权或权利转让的问题。只有存在版权才会存在许可证。如果一个作品一开始就没有版权，那么也必将不会存在许可证的问题。开源许可证，也称为“公共许可证……，由艺术家、作家、教育者、软件开发人员和科学家等希望创建协作项目并将某些作品献给公众的人使用。”Jacobsen v. Katzer 案中表明，使用开源代码并不一定会使任何作品不符合版权法对作品的要求。作为先决条件，开源许可证可能会要求所有最终的编译或衍生作品均应受同一许可证的约束（例如，GPL……禁止下游用户向软件的许可证收费）。法院引用了迈克尔·A. 爱泼斯坦（Michael A. Epstein）等人的文章《许可协议（草案）》第 18.03 节：“非保护性开源许可证对衍生作品的发行施加了最低限度的限制，因为它们不禁止在非开源代码应用程序中使用。”这样的协议并不阻却代码获得版权，并且在当前没有证据表明 GigM 代码所用的开源许可证或 Ruby on Rails 平台的许可证中存在该条款。因此，GigM 代码使用了开源平台中已经存在的开源代码这一事实既不会阻碍 GigM 代码自动获得版权，也不会使 GigM 代码自动加入开源许可证。

（2）关于第二个争议，法院认为分包合同中的“无新知识产权”条款的约定是模糊的。

分包合同中规定了“双方同意，任何一方均不得根据分包合同来创建任何知识产权”，并且“如果没有创建新的知识产权，则没有版权。”原告认为这一条款目的在于防止双方在合同内附加任何关于版权利益的内容，但美国版权法采取“自动取得”原则，因此原告的主张实质上可以理解为原被告双方在分包事项上达成一致，且被告自动放弃了其对于代码的版权。“已经很好地解决了根据美国版权法获得的权利可能被放弃的问题。但是，必须通过一些表明有意放弃该权利的公开行为来证明放弃权利。”在 Micro Star v. Formgen，Inc. 案中，法院认为仅当版权所有者有意放弃其作品中的权利时，才会放弃版权，且放弃权利的意图必须通过明显的行为表现出来。但被告认为，“无新知识产权”条款实质上反映了当事方的意图，即“分包合同不会在根据协议创建的任何技术中产生新的知识产权，而当事方不会共同创造任何新的知识产权”。为支持其主张，被告举证了分包合同的起草历史。最初，分包合同包含一项雇佣作品条款，在此情况下 GigM 代码的版权归 DQIO 所有。被告称，在分包合同的谈判中，本杰明·韦斯特和 GigM 表示："如果没有另外的正式约定，不会将任何知识产权转让给 DQIO。"鉴于这一起草历史，被告认为，当事双方"无新知识产权"条款的意思是："①GigM 将对其开发的技术保留知识产权；②DQIO 将对其开发的财产保留知识产权；③根据该分包合同将不会创建新的共同的知识产权。"

法院认为，不管是版权的转让还是版权的放弃，都需要通过作出明显的行为来表示，因此双方在此条款上的约定是模糊的，不能说明被告放弃了其权利，也不能说明原被告双方进行了版权的权利转让，因此该代码的版权应当仍旧属于其原始版权人，即被告。

➢ 处理结果

由于上述原因，法院判决 GigM 代码具有版权，但否决了被告的其他关于原告侵犯商业秘密、欺诈等的诉讼请求。

➢ 案件评析

关于计算机代码作品的可版权性判断实质上与其他作品的并无较大差异，主要还是立足于作品的独创性。在开源领域，即使代码包含了部分的开源代码（他人创作的作品），只要该作品本身从整体上而言是具有独创性的，开源代码部分不影响其版权的产生。除此之外，开源许可证建立在作品的版权之上，许可证实质上是关于代码版权的一种许可协议，代码中包含部分开源内容并不意味着该代码也属于开源代码，不意味着其可以被任何公众使用。只有是否获得开源许可证（或加入开源平台）才是代码是否开源的判断依据。

（撰稿：王董咪；核对：王予君）

◆ Patrick McHardy v. Geniatech Europe GmbH 案

➢ 基本信息

√ 案号：Az. 14 O 188/17

√ 当事人：

◇ 原告：Patrick McHardy（帕特里克·麦克哈德）

◇ 被告：Geniatech Europe GmbH（以下简称"Geniatech"）

√ 时间：2017 年 10 月 20 日（起诉）；2018 年（上诉）

√ 管辖：德国科隆地区法院（一审）；德国科隆地区高级法院（二审）
√ 类型：著作权 + 许可证
√ 许可证：GPL 2.0

➢ 案情简介

该案例涉及基于 GNU/Linux 操作系统的消费电子设备中的 GPL 2.0 侵权。案涉设备是由中国 Geniatech 制造、在德国销售的一系列具有网络流功能的数字卫星接收器❶。此产品包含一个经过修改的 Linux Kernel 和网络堆栈（Netzwerk - stack）（不含 Netfilter），该软件被用于存储，即固件。同时，被告的母公司通过 Google Play Store 提供了一个作用为管理相应设备的应用程序。这个应用程序还包含了 Linux Kernel 的修改形式，包括网络堆栈和 Netfilter。产品的调试说明包含了下载和安装该应用程序的要求。此外，被告的网站还提供了 Google Play Store 中上述应用的链接。

被告的网站提供了软件和固件的更新以供下载，但没有附上 GPL 2.0 的许可文本。同时，被告在其网站上公布了与其所提供下载的软件有关的作者名单，其中原告也被列为作者。

原告是独立的软件程序员，在 2013 年 3 月前一直是 Linux Kernel 的防火墙子系统 Netfilter 的主要开发者。原告在 2016 年 6 月之前一直是 Netfilter 的核心团队成员（后鉴于其自行执行 GPL，原告被解除职务❷）。其声称自己编写了所谓的 Linux 操作系统中的一部分，并以此获得了著作权；从 2004 年 7 月起就一直是 Linux Kernel 的 IPv4/IPv6 网络堆栈的维护者，也是其主要开发者之一。

该案争议的软件 Linux Kernel 是著名操作系统软件 Linux 的核心。Linux 操作系统的原始版本由程序员 Linus Torvalds 于 1991 年创建，此后由部分独立开发者和部分受雇佣的众多开发者进一步开发。此外，根据 GPL 2.0 的条款，Linux 一直被授权为所谓的自由软件（frei software）。该许可证的要义在于，软件的使用和开发应该对每个人开放，它由许可证的条件所保证，每一个为 Linux 作出贡献的程序员一般都允许任何人以同样的方式使用和进一步开发自己贡献的程序。所以此许可证授权的前提是满足披露修改版本的源代码之义务。

Linux Kernel 的组成部分包括网络堆栈，它实现了操作系统的所有网络功能，包括对各种网络设备和网络协议的控制，如互联网中使用的 IPv4 和 IPv6 等协议。其中一个组成部分就是所谓的 Netfilter——一个防止网络攻击的安全系统。

原告对被告持有的软件程序和固件通过重构（reengineering）的方式进行了递归检查，随后对其进行了人工分析，在该过程中，发现它与其合作开发的 Linux Kernel 的源

---

❶ WELTE H. GPL Violation Lawsuit; McHardy VS. Geniatech. [EB/OL]. [2021 - 02 - 09]. https://www.linux - magazin.de/ausgaben/2018/05/recht - 3/.

❷ 根据被告提供的一张截图，原告于 2017 年 7 月 8 日从维护人名单中被移除。

代码是一致的，而且该代码被使用。然而，被告产品中的 Linux 内核没有提供与二进制文件一起的源代码（和/或书面说明），直接违反了 GPL 2.0 许可条款，因而侵犯了著作权。

原告随后要求科隆地区法院针对被告发布初步禁令，该禁令于 2017 年 9 月 8 日获得批准，包括（除非遵守许可规定）停止发行、销售、提供任何版本的 Linux；停止在网页上提供 Linux 任何版本的超链接，或要求用户下载任何版本的 Linux。禁令发出后科隆地区法院的裁决驳回了被告的异议，被告上诉。

➢ 争议焦点

原告声称，被告的产品违反了 GPL 2.0（并侵犯了原告的著作权），因为其在可分发内容中未提供任何源代码，也没有书面提出发送源文本。同时，在过去的 15 年里，他曾在 Linux 和 netfilter 项目的框架下编写了超过 5 万行源代码，是 Linux Kernel 软件和网络堆栈及 netfilter 组件的合作作者。他所完成的软件开发是网络堆栈和 netfilter 组件的重要组成部分，它们也具有可保护性。

原告进一步声称，被告使用的或者受侵权行为具体影响的是哪个版本的 Kernel，是无关紧要的，因为即使是过时的用户程序也必须保证内核接口的稳定性才能保证兼容性，这也是根据“不退步规则”（No - Regression - Regel），无论使用哪个版本，这种贡献也保持不变的原因。

被告辩称，第一，原告没有德国著作权法所要求的法律地位。原告既不是 Linux Kernel 的共同作者，也不是 Linux Kernel 网络堆栈或 Netfilter 组件的共同作者。原告无法证明其贡献是可以享有著作权的。然而，即使原告完成了 Linux Kernel 的部分内容，他也只能获得改编者著作权（Bearbeiter - Urheberrechte），但这也必须单独证明其具有可保护性。此外，原告还必须说明被告在多大程度上采用了原告的编程方案，而他并未做到。

仅仅提交源代码文件并附上有利于原告的著作权声明并不能导出可保护性的推定。同时，被告在其掌握的软件中将原告列为作者这一事实，并不能证明原告在该案的诉讼地位，因为这是为了安全起见和出于满足许可条件的目的，才将所有参与相关程序的软件开发者（包括过去参与过的软件开发者）列入名单。这就无法对被告在每个案件中实际使用的程序是否也包含原告开发的、能够独立受保护的贡献得出任何结论。

第二，原告提供了部分不正确的信息。在申请时，他仍然自称是 IPv4/IPv6 网络协议堆栈的“维护者”，也是该协议栈的主要开发者，但从 2002 年起，戴维·米勒（David Miller）就一直是维护者，且原告也在 2017 年 7 月从维护者名单中被移除。

第三，原告要求被告遵守 GPL 条款，但是同时自己却通过 2017 年 7 月 26 日的电子邮件在没有通知的情况下终止协议，违反了许可条款，属于滥用权利。

从互联网上关于原告的大量出版物可以看出，原告并不想遵守 GPL，而是想以不公平的方式获得经济利益。在这方面，被告提到一篇题为“版权投机者的兴起”（*The rise of copyright trolls*）的文章。原告的行为违背了 Linux 社区的规定，因此也属于滥用法律。

第四，2017 年 8 月 23 日的决定（初步禁令）的执行部分过于宽泛，而且不明确。被告还指出了部分不可能执行的条款。问题是，因为并不一定被每个 Linux 内核都包含，所以禁令的执行部分必须指明原告的具体代码，然而该决定没有指出具体的软件，导致并不清楚原告指的是哪一个版本的 Linux Kernel。最后，由于对 GPL 2.0 的解释出现了困难和歧义，而且在目前的使用行为中没有遵守许可条件的要求，因此执行部分所要求履行的行为大部分是不可能的。

➢ 法院分析

◇ 一　审

科隆地区法院支持了原告，认为被告构成违反 GPL 2.0，维持了禁令。[1]

具体来说，地方法院对于主要的争议——原告的共同作者地位，认为首先的不确定之处在于，对 Linux 内核作出贡献的软件开发者不应被认定为共同作者，因为他们是连续参与编辑而非协作开发，最多获得改编者的著作权。但是被告参与软件编写的贡献，使其对这些部分取得值得保护的著作权：“原告的开发贡献可能只涉及 Linux Kernel 的一部分，但原则上并不妨碍开发者对这些部分分别具有各自的著作权。”虽然，如果软件开发者对软件操作系统的部分内容主张相应的改编版权，则必须证实哪一部分被其以何种方式改编，以及多大程度上符合法律关于改编著作权的要求，对其进行保护的修改后的程序在多大程度上被侵权人（被告）使用。但由于作者的著作权也可以从软件的改编中产生，原告的贡献应受到知识产权法的保护。原告的贡献只涉及 Linux 内核的一部分这一事实并不妨碍对这些“部分”分别地享有著作权。参与创作得来著作权所需要满足的要求不高于独立创建计算机程序。即使是在改编著作权的情况下，程序补编也足以构成个人作品，因为它是作者自己的智力创造的结果；即便是程序中的一小部分也是受保护的。

对于初步禁令程序来说，可以以充分的、主要的概率假定，至少原告为“网络堆栈”和“Netfilter”这两个组件所创造的贡献应被视为独立创造性成果，根据德国著作权法第 69c 条第 2 项第二句结合第 3 条，需要进行知识产权的保护。此外，法庭认为，初步禁令程序并不要求详细描述原告创建的程序各部分，以及它们怎样存在于被告使用的软件或固件中。鉴于原告已经可信地证明了他广泛的编程活动，以及他对程序组件网络堆栈和 Netfilter 的全面贡献，如果原告的所有程序贡献都不被运用，那么被告的软件或固件中包含的程序组件似乎不可能发挥作用，这样，原告的程序就被包括在可

---

[1] 一审裁判原文参见 http://docs.dpaq.de/13314 - urteil_lg_k_ln.pdf，最后访问日期：2021 年 2 月 9 日。

保护的程序贡献中。

此外，被告认为遵守 GPL 许可条款确实难以实施的观点，不能构成降低对遵守许可条款要求的理由。被告的行为是违法的，因为对开源软件 Linux Kernel 的使用整体上需要符合 GPL 2.0 许可条款的决定性条件，被告并没有完全遵守这些许可条款，这也是双方没有争议的地方。然而，被告作为利用科研成果的人，对任何授权使用/援引本都应进行一定程度和范围的说明。如果被告不愿意或不能够遵守 GPL 许可条款，可以自由使用自己负责开发的软件，或者在市场上购买。此外，被告认为几乎不可能遵守许可条款的说法似乎并不可信，因为通过相应的努力，GPL 2.0 的条件从一开始就可以被被告观察到。

而 Linux 社区是否有兴趣为了更容易处理而改变许可条件，不想把 GPL 2.0 的约束强加给所有用户，这一点值得商榷。姑且不论是否需要原告同意的问题，即使在诉讼中的被告提交案件后，Linux 社区至今也没有作出这种具有约束力的修改。

◇二　审

科隆地区高级法院在听证会中的态度表现出支持被告的倾向，并详细解释了原告麦克哈德的法律地位。

根据参加过听证会的哈罗尔德·韦尔特（Harald Welte）的报告，[1] 科隆地区高级法院了解到一些详细的事实。第一，Linux 由 Linus Torvalds 于 1991 年创建，并在 GPL 下发布，以促进开放式和协作式开发。第二，整个 Linux 内核中没有共同作者/联合作者，因为不是一群人一起计划并开发一个给定的程序，而是经由 Linus Torvalds 发布，且至今已由超过 15000 个开发人员进行编辑，没有任何“总体规划”，只是连续进行迭代。这种情况构成“编辑作者身份”。第三，被列为“Netfilter 核心团队的负责人”或“子系统维护者”并不一定意味着有人在提供受著作权保护的作品。审查成千上万的补丁程序并不意味着拥有这些补丁程序的著作权，而是类似于出版社编辑部的工作和地位。第四，有很多 Linux 版本甚至可能不包含帕特里克·麦克哈德的任何代码（例如旧版本）。

法院指出，就 Linux 内核开发模型来看，帕特里克·麦克哈德与他人合著（co - authored）Linux 的主张不能得到支持。首先，到目前为止，他只是改编作者（Bearbeiterurheber），而不是合作作者。然而，虽然改编作者也有权要求停止和终止（侵权行为），但他仅在他创作或编辑的部分上才拥有权利，而在整个 Linux 内核上则没有。其次，原告没有充分表明他的贡献是什么，以及它们如何构成自己受著作权保护的作品；原告在 Netfilter/iptables 之外所做的有著作权的著作也没有被证实，他只是作为一般的网络子系统维护者被列出，并不清楚其对著作权的贡献是什么。最后，原告是 Netfilter 核心团队的成员甚至是核心团队的负责人的事实，仍然不支持他就是合作作者的主张，

---

[1] 由于原告在科隆地区高级法院主持的听证会后决定撤回诉讼，因此无二审情况的官方文书。

因为 Netfilter 自 1999 年以来就已经存在，也就是帕特里克·麦克哈德第一次对 Netfilter 作出贡献的三年之前，在 2004 年加入核心团队五年之前。❶

另外，根据被告提供的资料及其主张，帕特里克·麦克哈德采取的行动是为了产生金钱收益，而非实现许可证合规性和软件自由。在过往的案件中其往往要求未严格遵守 GPL 的实体支付昂贵的合同罚款。❷

➢ 处理结果

听证会后，原告撤回诉讼。科隆地区高级法院撤回了禁令。

➢ 案例评析

该案涉及德国法上对合作作者（Miturheber）的认定。由于争议所围绕的软件内核程序的开发是由有一定流动性的团队负责，而且工作涉及对内核程序的维护（如错误修改、更新升级等），合作作者与改编者所受到法律保护的条件和方式不同，所以对原告是合作作者还是改编者进行辨析就变得较为关键。

根据德国著作权法第 8 条，如果数人共同创作了一部作品，并且各自创作的部分不能被分开使用，则他们是这部作品的合作作者。具体来说有以下条件：①数人共同创作了一部作品并且②各自创作的部分不可能被分开使用。“共同创作”又要求从属于共同的想法，即数人就共同的任务达成一致并形成共同的想法，要共同创作一部作品，❸ 这就与改编、延伸已经完成的作品或完成尚未完结的作品不同；而且，须在著作产生过程中贡献自己的智力创作才能成为合作作者，贡献的大小则在所不论。❹ 另外，须不存在各部分分开使用的可能性，❺ 这种不可分开使用是理论上的，即单独的贡献如果被拿出来则会变得不完整以至于不得不进行补充才能使用。对此问题的判断取决于著作诞生的时间点。该案中法院的有关论述就集中于对第一个条件的考察，因为没有信息显示原告所在的 Linux 或 Netfilter 项目下的开发者有总体共同的规划的实际行动和意思表示，而是类似于后加入的人员对既有的前人编写的程序进行继承，加以修改和改进，仅仅是授权与被授权这样做并不意味着开发者之间对此有共同的规划。就这一点，虽然其贡献了个人的智力创作而值得被保护，原告所享有的也不是合作作者的权利。退一步说，就算其为合作作者，原则上不需要其他合作作者的同意就可以主张停止侵害请求权与损害赔偿请求权，但根据德国著作权法第 8 条第 2 款第 3 句后半句，他只能主张对所有合作作者进行给付，以防止某一合作作者获得全部的赔偿金额而妨害

---

❶❷ WELTE H. Report from the Geniatech vs. McHardy GPL violation court hearing［EB/OL］.（2018－03－07）［2021－02－09］. http://laforge.gnumonks.org/blog/20180307－mchardy－gpl/.

❸ 参见 Schricker/Loewenheim//*Loewenheim*，§ 8 UrhG Rn. 3。

❹ 参见 BGH GRUR 1994，39，40－Buchhandlungsprogramm。

❺ 如果各部分存在分开使用的可能性，则此时可能构成合成著作/复合作品（参见德国著作权法第 9 条、边码 31 及以下）。

到其他合作作者的利益。

改编预先存在的程序而创建的软件，（在原始作品作者的同意之下）成为衍生作品而单独受到保护，改编者可以不受原作者的影响而独立对侵权者主张权利，但同时会导致无法克服的复杂的赔偿计算。由于计算机程序不像诸如文学作品那样在德国法上具有作者身份推定的规则，所谓的开发者必须证明具体哪些部分是自己编写/改编的，然而参与计算机程序开发的开发人员社区的规模和多样性使得这项工作变得非常困难。虽然对 Linux 代码贡献的工作量在 Git 上被记录，但情况往往是，开发人员所写代码数量庞杂，在很多地方都有可能是对前人工作的优化或微小的修改，与他人的代码相互交融，所以这些记录很可能高估或低估了实际贡献，可能是并不理想的证据，更别说在列清楚贡献后还须考察其是否满足“个人智识创造”的条件了。

另外，帕特里克·麦克哈德在被侵权后发出终止协议决定的通知本身违反了 GPL 2.0。根据 GPL 2.0 第 4 条，违反 GPL 2.0 义务的对开源软件的使用将会导致协议的自动终止，但如果侵权人此后完全遵守了 GPL 2.0 列出的义务，则协议不会终止，GPL 2.0 下的权利可以继续为其享有。也就是说，一次侵权行为所导致的终止并非“最终终止”。帕特里克·麦克哈德单方面在没有对被告进行警告从而给予其修正违反协议行为机会的情况下终止就整个 Linux 内核上的协议，既违反了 GPL 赋予开发者使代码开源的义务也错误地阻碍了被告在遵守义务后获得相关权利。但 GPL 2.0 中对这种给用户的“治愈”机会的表述并不明确，仍有解释空间，随后发布的 GPL 3.0 则对此条款进行了更清晰的改进。

最终，该案的启示是，无论是商业实体还是用户，都有可能违反 GPL 的条款，当使用第三方软件时，则更可能因为不知道其中包含的许可证或组件而违反 GPL。

事实上，开源社区一般贯彻的是“面向社区实施 GPL”（community - oriented GPL enforcement），它的首要目标一直是实现 GPL 的完全遵守以及自由的用户权利，其他任何辅助性的目标都不能超越它。对于违反或不恰当地履行 GPL 义务的行为，主要关注点在于对“侵权者”的教育和支持，以修正错误行为，使开源软件更自由地传播，得到改进。因此，秘密的对他们的支持和帮助是必要的，这给那些不小心违反了 GPL 的人一个自愿修正的机会和充分的理解，不至于使其落入被公开批评的窘境，不是为了原谅他们违规的行为，而是为了找到帮助他们合规的办法。[1] 而诉诸法律是最后的、尽量不使用的手段，这是以一种最严厉的态度去执行 GPL，不利于开源社区的健康生态；诉诸法律背后的获利目标更是不被提倡的，这将让被告集中力量应对诉讼，根本不关心开源许可证的内容以及如何遵守——然而这正是 GPL 实施的首要目标。但很遗憾的是这些社区准则仅是无约束力的准则，对于帕特里克·麦克哈德这样目的不是许可证合规性而是通过罚金获利的“版权巨魔”，社区所能做的也非常有限。被诉者需要在法

---

[1] Software Freedom Conservancy. The Principles of Community - Oriented GPL Enforcement [EB/OL]. [2021 - 02 - 09]. https://sfconservancy.org/copyleft - compliance/principles.html.

庭中积极地主张权利，这比选择庭外和解更好。

虽然该案中的原告存在滥用诉讼的情形，且因并非合作作者而不具有诉讼地位，但商业实体和用户仍需注意，应警惕“版权巨魔”，避免与他们合作；严格遵守许可证，注意许可证是否存在以及是否违反协议。当违反许可证收到警告信或被要求损害赔偿时，应及时解决合规性问题，联系律师；但不建议草率地签署停止和终止声明，因为这往往意味着超过必要限度的合同罚款或其他义务。

对于开源平台来说，应对用户进行提醒，提出相关的合规建议。对于像帕特里克·麦克哈德这样不具有相当法律地位的项目核心成员，应与其沟通协商，遵守社区的原则，或暂停其工作。如果某人不是积极的维护者或停止了维护工作，开发者社区应及时确保开发人员名单未将其列出。

（撰稿：王予君；资料翻译：叶瑞麒；核对：叶瑞麒、王董咪）

◆ 某高等教育机构违反许可证案

➢ 基本信息

√ 案号：Az. 4 O 133/15

√ 当事人：

◇ 原告：不详

◇ 被告：德国某高等教育机构

√ 时间：2015 年 7 月 27 日

√ 管辖：德国萨勒河畔哈雷地区法院

√ 类型：著作权 + 许可证

√ 许可证：GPL 3.0

➢ 案情简介

被告自 2010 年起在其主页上将版本为“S……客户端 3.3”的软件提供给其员工和学生下载，但在提供下载程序时没有告知相关用户 GPL 的许可文本，也没有按照 GPL. 2.0 的许可条款第 1 条和第 3 条或 GPL 3.0 第 4 条和第 6 条的规定，免费提供完整的相应源代码，或以不超过制作副本成本的费用在常用数据载体上提供。原告律师在 2015 年 5 月 22 日向被告提出关于著作权侵权的书面警告，投诉该程序的使用违反了许可证的规定，要求被告提供以前使用该软件的资料，并要求提交停止使用的声明和履行接受处罚的义务。被告在 2015 年 5 月 28 日的学校总务长函中对此予以拒绝，但随后从其网站上删除了该软件。原告向法院申请初步禁令。

➢ 争议焦点

原告声称被告公开提供了原告的受著作权保护的软件，因为其未随软件一起提供许可证文本和完整的相应源代码，违反了 GPL 2.0 和 GPL 3.0 的规定。

被告不接受禁令，辩称该软件可以适用 GPL 3.0 第 8 条中的治愈和恢复条款，因为在采用 GPL 3.0 后该软件就是可用的，而且被告在收到侵权通知后已采取措施停止使用该软件。

被告否认原告的诉讼权利，因为原告未提供充分的可信度证明其是“S……客户端 3.3”软件的专有使用权人。在该案中，被告提到其在 2010 年之前并没有使用涉案程序，这也是为什么与之相关的不是 GPL 2.0，而是较新的 GPL 3.0，其第 8 款第 3 项规定了治愈条款，第一次侵权后，如果在收到著作权人的侵权通知后 30 天内停止侵权，则永久恢复许可。该案之所以如此，是因为在 2015 年 5 月 22 日的警告信曝光后，诉争软件已于 2015 年 5 月 26 日从大学主页上删除。在此背景下，所主张的禁令救济没有意义，且有违诚信。

关键问题在于，是否存在再次发生侵权的危险。

➢ 法院分析

法院分析认为，德国著作权法第 97 条第 1 款意义上的重复（侵权）风险是由过去发生的侵权行为表明的。根据德国最高法院的裁决，无论是停止经营或将生产转换为另一种产品，还是侵权人作出具有法律约束力的声明，即他将不再实施侵权行为，都不能消除重复侵权的风险（参见 v. Wolff in：Wandtke/Bullinger a. a. O Rz 37 n. w. N）。根据该判例，将诉争软件从被告的主页上删除，以及被告总务长的声明，都不足以消除重复侵权的风险。因为，软件的删除仅仅是被告可以随时撤销的实际事件，且就被告总务长的声明来说缺乏必要的法律保护，风险的消除只有通过被告提交附有惩罚条款的中止声明才有可能（参见 v. Wolff in：Wandtke/Bullinger loc. cit. Rz. 37）。因此，如果被告人没有提出具有法律约束力的声明停止上述行为，则根据德国法律，再次发生的危险继续存在。仅从网站上删除该软件不足以消除重复侵权的风险。[1]

与被告的意见相反，原告所主张的权利要求与 GPL 3.0 第 8 条第 3 款并不矛盾。因为如果第一侵权人在收到相应的通知后 30 天内停止侵权行为，则该条款赋予其继续使用许可证的权利。但是，这种授予进一步使用许可权的做法不能解释为许可人同时希

---

[1] JBB. Open Source Software：Preliminary Injunction Based on Violation of Gpl－3.0［EB/OL］.（2015－11－27）［2021－02－09］. https：//www. jbb. de/en/news/open－source－software－preliminary－injunction－based－violation－gpl－30；裁判原文参见 https：//www. landesrecht. sachsen－anhalt. de/bsst/document/JURE150012453，最后访问日期 2021 年 2 月 9 日。

望放弃其对（第一）侵权人提交停止和终止声明并接受处罚的法律要求。即使许可人给了侵权人使用许可的“第二次机会”，在第一次侵权之后，他在防止进一步侵权方面有值得保护的利益。如果被告所作的解释是正确的，这就等于告知每一个许可证使用者在被发现第二次违规时，就会在收到停止声明或被法院命令停止和终止的情况下违反许可证条款。

➢ 处理结果

法院裁定原告有权获得初步禁令，并支持了罚款。

➢ 案件评析

对著作权领域的侵权行为，德国著作权法第 97 条规定了一系列权利人的请求权基础，该案则涉及其中的停止侵害之诉（Verletzungsunterlassungsanspruch）。而停止侵害之诉的审查条件及顺序为：①实体权限；②以违法的方式对著作权或者一项其他著作权法所保护权利的侵害；③存在侵害重复性危险。❶ 停止侵害之诉意在阻止将来新的对受著作权法保护的权利的非法侵害，而不以过错为前提要件。如果未来同样的或者实质上同种类型的侵害客观上是可能的，并且这种危险也具有严肃的紧迫性，构成对侵害人将来为核心上属于同种类型的侵害行为的“严肃和可以理解的担忧”，则对权利的侵害具有重复的危险构成请求权的实质要件。

同时，不满足重复性危险的情况也被列举。该案主要涉及是否满足“重复危险的消除”：①事实关系的改变，导致重复侵害的每一种可能性都被消除，而单纯的行为终止不能满足这一条件，尤其是在侵害人可以以较低的成本再次作出侵害行为时；②自愿接受惩罚声明，即一份明确的、足够具体的、在违反承诺的情况下须承担惩罚的不作为义务声明（Unterlassungsverpflichtungserkärung），能够体现侵害人不进行侵权的严肃意愿；③生效的法院判决；④临时性禁令。❷ 具体到该案，关键问题是，在被告收到警告信后拒绝签署停止声明的情况下，将涉案程序从主页上删除（停止使用）是否能够满足消除重复性危险的要求。笔者认为，开源的软件在分发和传递过程中，要求每个人按照许可证保持其开源需要付出一定的努力，而被某一环节的用户封闭起来或不指示其开源反而更有利益动机驱使或惯性存在。所以，相比被告遵守 GPL 3.0 义务提供许可证文本和源代码以指示其开源（在此高等教育机构范围内，一旦开源，则很难又封闭起来），将程序直接删除是逃避义务的更偷懒的做法，因为其仍有可能再次以违反 GPL 规定的方式将程序提供给学生和员工，而这成本极低，尤其是被告的总务长拒绝签署停止声明，不愿意承担再次侵权导致的罚款。

---

❶❷ 莱特．德国著作权法［M］．2 版．张怀岭，吴逸越，译．北京：中国人民大学出版社，2019：188－190.

实践上的启示是：收到违反 GPL 的警告信后应认真对待，解决合规性问题，不仅仅是作出停止侵权的行为，而且应签署所需要的声明/承诺。

（撰稿：王予君；核对：王董咪）

◆ AFPA v. Edu4 案[1]

➢ 基本信息

√ 案号：No. 04/24298

√ 当事人：

◇ 原告：AFPA

◇ 被告：Edu4

√ 时间：2009 年 9 月 16 日

√ 管辖：法国博比尼大审法院；法国巴黎上诉法院

√ 类型：著作权 + 许可证

√ 许可证：GPL

➢ 案情简介

被告 Edu4 为一家提供远距离教学软件与相关多媒体设备的公司，2000 年为法国教育机构 AFPA 提供计算机设备，后在最终能力验证中向 AFPA 提交了一个解决方案。AFPA 发现该解决方案采用了 GPL 授权的开源软件（Virtual Network Computiny，VNC），且秘密地将 VNC 软件的修改版集成到 Reference Symphony 软件中，但其在所交付产品的构成中没有提到开源软件 VNC 的存在；Edu4 用自己的版权取代 VNC 公司原来的版权，违反涵盖 VNC 软件的 GPL 条款，删除了 VNC 许可证的原文，从而提供假冒产品。同时 Edu4 还修改了 VNC 的保护机制，引入了只有 Edu4 知道且不可更改的密码，使 Edu4 可以绕过 Edu4 提供的显示保护机制，控制任何开放式学习空间（espaces ouverts de formation）。因此，AFPA 依据 GPL 的规定，要求 Edu4 提供与 VNC 相对应的原始码，但 Edu4 拒不提供。期间法国自由软件基金会（FSF France）居间协调但是未能促使双方达成和解。此外，Edu4 还删除了著作权声明以及其他足以辨识 VNC 为自由软件的标识。AFPA 于 2002 年诉至法院。一审后双方上诉，Edu4 因 AFPA 单方面终止合同而要

[1] 裁判原文参见 http：//fsffrance. org/news/arret - ca - paris - 16. 09. 2009. pdf，最后访问日期 2021 年 2 月 9 日。

求各项赔偿。此案已经由上诉审法院（法国巴黎上诉法院）判决。[1]

➢ 争议焦点

AFPA 认为 Edu4 交付的包含未披露源代码的开源软件的产品是有瑕疵的，这涉嫌盗用软件，因此有权以 Edu4 违反忠实义务为由终止合同。

Edu4 声称，其从未隐瞒过在 GPL 下使用 VNC 软件，认为其有自由将 GPL 下的开源软件 VNC 集成到其 IT 解决方案中，但从未声称自己是该软件的作者，对版权声明所作的修改不是为了向第三方隐瞒该程序的来源，而是在最后权利实际有效地移交给用户时，必须评估是否遵守了与用户许可证有关的正式义务，在这之前，程序可以进行修改或改编，并且不是以其最终形式存在。

AFPA 不是 VNC 的著作权人/软件开发者，而只是使用者。

GPL 是否具有可执行性。[2]

➢ 处理结果

判决内容维持下级审法院见解，认为 Edu4 违反 GPL 义务，必须提供原始代码给 AFPA。法院认为，Edu4 交付给 AFPA 的产品一方面给开放式学习空间的用户带来了隐私风险，另一方面不符合 GPL 的条款，因为 Edu4 用自己的产品取代了 VNC 对两个文件属性的原始著作权，并删除了许可证的文本，因此没有完整履行其合同义务。

➢ 案件评析

有观点认为，该案不是基于 GPL 的执行性而是 IT 项目合同进行索赔，法院的判决中没有提到（由任何一方提出的）一项索赔是基于：①GPL；②对 GPL 或其任何条款作为合同的任何解释；③任何根据如法国知识产权法典（*Code de Lapropriétéintellectuelle*）确立的权利。AFPA 提出的索赔也是基于用户和软件分发者之间的单独合同，而非 GPL。另外，通常认为，开源许可证一般是由其上游许可人（如著作权人）来加以执行的，AFPA 只是用户而非著作权所有者。对 GPL 执行性的强调是因为媒体的误传。[3] 的确，判决中提到 GPL 大多是为了描述有关合同以及涉及的 VNC 软件，所引用的法律也只是法国民法典中关于合同履行、合同解除等方面的规范。

同时也有观点认为该判决对于 GPL 可执行性的确认是有重要意义的，这是因为人们担心法国作为著作权保护水平最高的国家之一会认为开源许可证无效。它还提醒了

---

[1] Florence. A GPL CASE IN FRANCE：AFPA VS. EDU4［EB/OL］.（2009－09－26）［2021－02－09］. http：//florenceko. me/? p＝615.

[2] 然而该案是否真正涉及 GPL 的可执行性问题是有争议的，详见下文案件评析。

[3] VON WILLEBRAND M. Case Law Report：A look at Edu 4 v. AFPA，also Known as the “Paris GPL Case”［EB/OL］.（2009－11－02）［2021－02－09］. https：//www. jolts. world/index. php/jolts/article/view/17/41.

那些决定集成开源软件的开发人员，该判决并非不会没有后果，开源软件并非没有权利在之上。[1] 据相关报道，法国自由软件基金会主席表示其很高兴法院再次确认 GPL 具有可执行性这一事实，还提到并不是只有软件的著作权所有人才能执行许可条款，而是根据 GPL 接收软件的用户也可以要求合规，因为许可证授予了他们从作者而来的权利。

该案表明，用户同样有一定的权利通过合同的途径维护 GPL 的实施，若在中国法下可行，社区可对此种行动予以鼓励。

（撰稿：王予君；核对：王董咪）

◆ AVM v. Cybits 案[2]

➢ 基本信息

√ 案号：Az. 16 O 255/10

√ 当事人：

◇ 原告：AVM Computersysteme Vertriebs GmbH（AVM 计算机系统销售有限公司，以下简称“AVM”）

◇ 被告：Cybits AG（赛比特公司）

◇ 第三人：Harald Welte（哈罗尔德·韦尔特）

√ 时间：2011 年 11 月 8 日

√ 管辖：德国柏林地区法院

√ 类别：著作权 + 不正当竞争 + 商标

√ 许可证：GPL 1.0、GPL 2.0

➢ 案情简介

AVM 针对赛比特公司提起的诉讼主要是针对著作权、商标权和不正当竞争。

AVM 是数字用户线（DSL）终端（FRITZ! Box 路由器）的制造商，该终端使用 Linux 内核作为其固件的一部分。自 2004 年以来，该公司以“FRITZ! Box”（以下简称“Fritzbox”）的名义销售各种产品，并且是已注册的相关商标的所有人。Fritzbox 可以将

[1] PERBOST F, WALTER A. Introduction to Software Protection Under French Law, the International Free and Open Source Software Law Book [EB/OL]. [2020-11-14]. http://ifosslawbook.org/france/#sdfootnote0anc.

[2] 裁判原文参见：https://www.ifross.org/sites/default/files/LG%20Berlin%20AVM%20v%20Cybits_0.pdf，最后访问日期 2021 年 2 月 9 日。

多台 PC 连接到 DSL 接口上，从而也可以连接到互联网。除了传统的电话，Fritzbox 还包含网络电话以及 DECT 基站、USB 和网络连接、WLAN、家长控制、集成防火墙和自动激活加密功能等选项。Fritzbox 作为操作软件包含了一个永久存储的软件，即所谓的固件，用户只能在有限的范围内通过配置进行交换或更改。

当设备连接到具有标准化接口的电源时，固件就会被激活。当前版本的固件可以在原告的主页上下载。启动固件后，用户可以使用 Fritzbox 的所有功能，据此，原告授予 Fritzbox 的购买者使用该软件/固件的非独占性权利，该软件/固件完全以目标代码格式提供。此外，原告给予客户 5 年的厂家质保，不包括因安装不当或系统环境（第三方硬件或软件）缺陷而发生的缺陷。该固件包含关于所谓的操作系统内核的开源软件，即 Linux 内核的修改形式。

赛比特公司方面提供了名为“Surf - Sitter DSL”的互联网过滤软件，旨在保护青少年免受网络上不当媒体的侵害。Surf - Sitter 应用程序将 Fritzbox 软件下载到用户的计算机上，对其进行修改后将其重新安装回 Fritzbox 上。Surf - Sitter DSL 软件可通过 USB 存储介质与客户的电脑连接。然后，PC 调用安装在 Fritzbox 上的或原告网站上提供的当前版本的固件，并将其暂时存储在用户的 PC 上，接着将修改后的软件安装到 Fritzbox 上。在这一过程中，Fritzbox 的功能被停用，即所谓的 DSL 接口、预定的互联网接入（由“Surf - Sitter DSL 互联网接入”取代）、防火墙、家长控制以及某些服务。当调用 Fritzbox 用户界面时，最初是看不到变化的。但是，即使有互联网连接，也会出现“未连接”的状态。此外，家长控制功能被错误地描述为“激活”。Fritzbox 的固件还包含一个冲浪者用户界面。被告的软件通过“rmmod”文件，将“dsld”“userman”“usermand”“kdsldmod”“avmike”等程序从 Fritzbox 的主存储器中删除，从而使它们随后位于存储介质上，这是通过编辑内核来实现的。这些程序的功能包括：LED/按钮、路由、防火墙和 Fritzbox 的家长控制。家长控制、防火墙、用户管理、网络和 IP - TV 等模块以及所有相关文件将不再受控。被告的软件将存储介质中的文件“ar7cfgetl”和“allefgconv”加载到 Fritzbox 的主存储器中。

原告在《电脑报》杂志上看到关于该产品的文章后，对被告提出警告，并要求其停止传播 Surf - Sitter DSL 软件，被告拒绝。在 2010 年 3 月 9 日 16 O 10/10 的判决中，原告获得了初步禁令。上诉法院在 2010 年 9 月 6 日 24 U 71/10 的判决中对上诉程序进行了修正，而被告没有按要求发表最终声明。

第三人哈罗尔德·韦尔特拥有 Linux 内核组件的著作权，这些组件包含在申请人的产品和被告的“Surf - Sitter DSL”软件中。这些程序包括“msdosfs/FAT”“mtd”“netfilter/iptables”，特别是它的模块“ip_queue”。因此，双方都是哈罗尔德·韦尔特的被许可人。

➢ 争议焦点[1]

AVM 要求“被告有义务避免提供、分发和/或操作 Surf - Sitter DSL 软件，因为该软件修改了固件，并嵌入在由 AVM 生产和分发的 DSL 路由器中，尤其是 Fritzbox，而且进一步使用了其未修改或修改的部分”。

原告称，该固件并不是一个普通而简单的程序，而是一个完全由受雇的软件程序员创建的复杂系统，其中有许多软件模块，每个模块的编程方式都很复杂。Fritzbox 作为一个整体被独家销售，它创造了一个由硬件和优化的固件组成的协调单元，并提供数字签名。

原告还称，该固件以及模块和文件的选择和排列具有内在的创造性，因为没有预先确定的选择，是德国著作权法第 4 条意义上的汇编作品。被告在安装 Surf - Sitter DSL 后从其网站上下载其固件，即复制了德国著作权法第 69c 条第 1 款意义上的固件中包含的专有程序。被告在其网站上提供更新，一般不同意下载固件，因为固件只提供给其客户，而不是给大家免费下载。

此外，根据德国商标法第 14 条第 2 款第 2 项和第 5 款的规定，其有权利获得禁止性救济。根据德国商标法第 24 条第 2 款的规定，原告作为商标所有人，没有义务容忍产品的改变，即使是在产品投放市场之后。由于将安装的软件更换为另一个软件，改变了产品的个性，因此存在对来源地和担保功能的损害。被告也应被视为作案人，因为安装过程是在用户不知情的情况下进行的，不可能受到任何影响。最起码，其作为一个破坏者是要承担法律责任的。

此外，禁令性救济来自德国反不正当竞争法第 3 条、第 4 条、第 8 条、第 10 条和第 11 条。被告通过其提供的产品影响原告的产品。消费者将安装 Surf - sitter DSL 软件引起的故障归咎给原告。原告的良好声誉受到损害，并且被告有意阻碍其经济发展。由于客户服务的技术问题，原告接到了许多电话。

Surf - Sitter DSL 将“ar7cfgetl”和“allefgeonv”文件加载到 Fritzbox 的主存储器中，构成了德国著作权法第 69c 条第 1 款意义上的非法复制。根据德国著作权法第 69d 条第 1 项的规定，这并不是必要的，因为程序通常不进入主存储器，而只是在 Fritzbox 启动或 WLAN 启动时才进入。

最后，原告认为第三人的要求是不可接受的，因为无法从中推断出可强制执行的内容，并且该内容必须符合一种条件。

关于“dir. c”“mtdcore. c”“Ip_queue. c ”文件，原告声称其缺乏积极的合法性。

被告称，原告的固件并非统一的软件程序，而是德国著作权法第 69a 条意义上的众多不同程序或独立作品。内核是固件中唯一被 Surf - Sitter DSL 实际处理的组件，但

[1] 参见 https：//wiki. fsfe. org/Migrated/GPL%20Enforcement%20Cases#Welte_vs Fortinet UK_Ltd. _. 282005. 29，最后访问日期 2020 年 11 月 14 日。

不是固件的任何专有软件组件。另外，冲浪者并不是将 DSL 接口从固件中删除，而是安装另一个 DSL 接口，固件中的接口只是不再通过编辑内核来访问。停用上网、防火墙和家长控制也是由于修改了内核。

同时，并不存在安全漏洞。原告的数字签名不涵盖固件的开源软件，因此不受 Surf - Sitter DSL 的影响。

被告认为，该固件除了对其组件的保护外，不享有任何独立的著作权保护。组成部分的选择和组合不是个别的。由于该固件也包含开源软件，因此必须由作者授予 GPL 第 2 条规定的权利。根据 GPL 第 3 条规定的著作权原则，只有在 GPL 的许可条件下，才允许复制和发布程序的改编版，以防止开源软件被转化为专有软件。因此，根据 GPL 第 4 条的规定，许可证的所有权利都将失效。即使固件被视为德国著作权法第 4 条第 1 款意义上的集体作品，也只能根据 GPL 第 2 条在 GPL 下发布。根据 GPL 第 4 条，原告在任何情况下都不拥有对固件开放源码组件的任何使用权。根据 GPL 第 2 条，用户被授予编辑内核的权利，其通过安装 Surf - Sitter DSL 行使了这一权利。

此外，由于原告将固件提供给任何人下载，而没有对下载进行条件捆绑或技术限制，因此该主张不存在。因此，根据德国著作权法第 69d 条的规定，下载是在他们同意的情况下进行的。在安装 Surf - Sitter DSL 后，由于内核的处理，不驱动固件的单个软件组件，不构成德国著作权法第 69c 条第 2 项意义上的修改，因为固件作为一个整体不能被定性为统一的软件程序，只能从主存储器中删除。

被告没有使用该商标，也不存在间接侵权，因为用户自己决定安装，所以不会出现错误。

被告也认为，双方之间不存在竞争关系，安装 Surf - Sitter DSL 不会造成任何故障。

将“ar7cfgeti”和“allefgoncv”这两个程序从存储介质加载到工作存储器中，复制这两个程序是必要的，因此作为预期用途是允许的。根据德国著作权法第 69d 条，结合第 69c 条，软件的预期使用不需要原告的同意。否则，就无法使用。

作为 Linux 内核的开发人员，哈罗尔德·韦尔特认为 AVM 的主张是非法的，“针对 Cybit 的法律诉讼侵犯了 GPL 及其个人版权”。

在安装 Surf - Sitter DSL 的过程中，被告已经详细说明，只对原告使用的固件的 GPL 授权文件进行交换，必要时进行修改。这在很大程度上恢复了原告对其产品进行改良前的内核原貌。Surf - Sitter DSL 进行的修改特别恢复了 Netfilter/iptables 程序的功能，而原告通过对内核进行修改，使该程序基本“关闭”。这尤其是为了确保有效的网络保护，而这只有在原告使用的内核版本中才能得到有限的保障。为此，被告所使用的内核版本包含了完整的 Netfilter，在原内核版本的基础上增加了完整的“iptables”实现，据此“ip_queue”程序也被重用，并在其上设置了“Surf - Sitter DSL”的特殊控制机制。

根据第三人提供的资料，对软件的修改只涉及固件的组成部分，申请人在其中没有自己的权利，充其量只是介入人和其他开源开发者授予的简单使用权。

如果维持现有的缺席判决，则是对第三人哈罗尔德·韦尔特法律地位的重大干扰。作为上述程序权利的持有者，他拥有使用其软件的积极的排他性权利，特别是对其进行修改，并以修改或未修改的形式复制、分发和公开展示。他的积极权利还包括按其确定的条件将上述使用权授予第三方的权利。他已经行使并将继续行使这一权利，允许任何人在遵守 GPL 的条件下使用、处理和发布上述程序。被告是其过去、现在和未来的潜在被许可人之一。如果维持缺席判决，赋予后手的权利，包括改编哈罗尔德·韦尔特的程序的权利将大大减少。这有可能成为被告提出追索权要求的依据；此外，这也对第三人的法律地位产生不利影响，因为第三人无法从被告的进一步发展中获益，而根据 GPL，被告必须向其提供这些发展。因此，如果判决同意原告的要求，就会干涉第三人的权利，使其在主要当事人之间的争议结果中具有法律利益。

➢ 法院分析[1]

法院否认了赛比特公司分发其 Surf – Sitter DSL 软件侵犯了 AVM 的版权。原告 DSL 路由器的固件是著作权意义上的集体作品，该编译的一部分是所谓的内核，该内核作为开源软件受 GPL 的约束。GPL 明确指出，固件中包含的 GPL 部件可以被合法修改和复制。因此，可以在安装 Surf – Sitter DSL 软件期间从 AVM 下载这些部分并进行改编；每个人都可以在授予许可的基础上使用和改编它，并且有义务向第三方授予相同的处理权。包含开源软件的集体作品应受 GPL 整体许可条款的约束，因此法院认为，"原告无权就整个固件的禁令救济提出任何索赔要求"。

该固件是德国著作权法第 4 条第 1 款意义上的汇编（Sammelwerk）。如果构成汇编的要素的选择或安排是自我创造的，则认为集体作品存在。小硬币，即那些设计高度最小的图案，刚好可以获得著作权，也是受到保护的。根据这一标准，原告的固件构成受德国著作权法第 4 条第 1 款保护的汇编。该固件由许多单独的文件组成，这些文件构成了该固件各个功能的基础，特别是电话、网络电话和 DECT 基站、USB 和网络连接、WLAN、儿童保护、集成防火墙和自动激活加密功能等选项。这个编译的一部分是所谓的内核，它是基于 Linux 操作系统的，作为所谓的开源软件，受 GPL 2.0 的条款约束。

根据这一点，任何人都可以在获得许可的基础上使用和处理它，每个用户都有义务给予第三方同样的权利处理他或她的信息。根据 GPL 第 3 条所谓的著作权原则，使

---

[1] 参见https://www.online-und-recht.de/urteile/Keine-Unterlassungsansprueche-von-FRITZ-Box-Hersteller-16-O-255-10-Landgericht-Berlin-20111108/，最后访问日期 2021 年 2 月 9 日；https://fsfe.org/activities/ftf/avm-gpl-violation.en.html，最后访问日期 2021 年 2 月 9 日；https://ifross.org/en/artikel/lg-berlin-veraenderung-gpl-software-routers-grundsaetzlich-zulaessig-fritzbox，最后访问日期 2021 年 2 月 9 日；https://www.heise.de/newsticker/meldung/AVM-vs-Cybits-Gericht-staerkt-GPL-1389738.html，最后访问日期 2021 年 2 月 9 日。

用开源软件组件和简单的使用权，就有义务将转换或改编也置于 GPL 之下。这样做的目的是确保 Linux 操作系统和基于该系统的软件程序的进一步发展，从而使修改或重新设计的结果能够向公众免费开放。根据 GPL 第 4 条，使用权归开源软件的作者所有。

对于汇编，GPL 第 2 条规定，含有开源软件的作品受整个许可证的约束。这一规定的背景是，那些从自由软件的优势中获得大量利润的用户也必须受到 GPL 条款的约束。在汇编的个别部分使用开源软件时，对汇编作品整体的感染不存在任何问题，因为汇编作品具有统一的功能，在很大程度上依赖于开源组件。

此外，根据德国商标法第 14 条第 2 款第 2 项和第 5 款，原告无权要求禁止被告在商业交易中提供、分发和/或操作 Surf - Sitter DSL 软件，如果原告或其部分制造和销售的 DSL 路由器中嵌入的固件经过处理和返工，并且通过此软件进行了部分更改或部分修改，并且修改后的固件使用商标以识别原告。

被告没有直接使用该标志，因为被告发行的是自己的软件 Surf - Sitter DSL，并没有使用“Fritz！ Box”的标志。在安装 Surf - Sitter 软件后，用户界面上出现“Fritz！ Box”标志，可以看出是一种促成侵权的行为。但是，必须考虑到软件的购买者自己安装软件，知道自己影响了 Fritzbox 的功能。在这一点上，关于原产地和保证功能是没有错误的。相反，被告关于其软件适用于原告的 Fritzbox 的声明，构成了德国商标法第 23 条第 3 款规定的允许使用，因为它提到了软件的目的。

关于商标的主张也不能得到支持。在安装 Surf - Sitter DSL 之后，仍可以在路由器的界面中看到“Fritz！ Box”商标这一事实并不构成侵权，Cybits 并不使用 AVM 的商标。它同时说明了对固件的 GPL 部分进行修改不会触发任何竞争声明。

然而，AVM 的部分主张被支持。在该案中，被告违反了德国反不正当竞争法第 3 条第 1 款已经规定的禁止通过商业活动对申请人的利益造成明显不利影响的规定。毋庸置疑的是，在安装了 Surf - Sitter DSL 之后，Fritzbox 的配置界面也会显示没有互联网连接，即使通过 Fritzbox 而通过 Surf - Sitter DSL 的互联网连接已经不存在了；此外，Fritzbox 的家长控制功能被错误地显示为“活动状态”。这是一种明显损害申请人利益的商业行为，因为它损害了申请人产品的声誉，使其贬值。这是因为申请人产品的功能受到了不利影响，即显示信息的可靠性、是否有网络连接（这对于采用计时收费的用户来说尤其不利）以及 Fritzbox 的“儿童保护功能”是否处于激活状态——不管这是否仅仅是时间控制功能；根据生活经验，客户也将这一故障归咎于申请人。无论安装 Surf - sitter DSL 的用户是否知道其与 Fritzbox 存在交互，也不能掩盖在第三方安装软件后不熟悉计算机软件的用户雾里看花的情况和其他情况，比如家人可能连主用户安装 Surf - Sitter DSL 的事情都不知道。这些故障会被用户认为是 AVM 产品本身的缺陷，从而以损害声誉的方式使其失效。法院认为这违反了德国反不正当竞争法，并授予 AVM 禁令救济的权利。Cybits 如果希望出售其产品，则必须删除此错误信息。

➢ 处理结果

初步裁定支持了哈罗尔德·韦尔特的立场，只要修改后的软件没有返回错误的值。法院在2011年11月8日的主要程序中的下一个裁决中，否认赛比特公司侵犯了AVM的著作权：赛比特公司有权下载AVM固件的GPL许可部分以对其进行修改。

➢ 案件评析

根据GPL的软件可以被使用和修改，而且就集体作品而言，仅改编部分的作者/制造商不具有就整个软件的权利。但社区或用户应注意，在修改后或使用时，应保证修改后的软件无运行异常（除了本身有瑕疵）。

（撰稿：王予君；核对：王董咪）

◆ WLAN路由器违反GPL案[1]

➢ 基本信息

√ 案号：Az. 16 O 134/06
√ 当事人：不详
√ 时间：2006年2月21日
√ 管辖：德国柏林地区法院
√ 类型：著作权+许可证
√ 许可证：GPL

➢ 案情简介

一家电信公司将WLAN路由器与DSL连接进行捆绑销售，但该公司未表示该产品包含GPL下的软件，也未提供相应的源代码。程序员哈罗尔德·韦尔特（Harald Welte）称，嵌入式产品的提供商依赖于许可的要求，而这些嵌入式产品的固件是基于Linux内核。

➢ 争议焦点

被告称其不知道该路由器配备了相关软件。

---

❶ 判决原文参见https：//www.ifross.org/Fremdartikel/LG%20Berlin%20GPL-Entscheidung21.2.06.pdf，最后访问日期2021年2月9日。

➢ 法院分析

法院认为，该公司侵犯了著作权。该决定遵循普遍的观点，即违反 GPL 下的义务会自动导致所获得权利的丧失。GPL 具有可执行性。由于过错，即指被告在不知情的情况下出售路由器，与权利申诉无关，其本身就是侵犯著作权的一方当事人，因此被告的不知情无关判决。(德国著作权法第 15 条、第 17 条)

另外，德国著作权法第 69c 条第 3 款的穷竭原则规定，如果在权利人的同意下将这种作品复制品推向市场，则不能再对作品的卖方主张著作权，作者的发行权已经用尽。法院确认，开放源代码许可也适用此规则。但该案中基于 Linux 的 WLAN 路由器未经 GPL 许可而复制的副本未经开发商的同意而未投放市场，因此没有出现穷竭的情况。[1]

➢ 处理结果

法院授予原告禁令救济。

➢ 案件评析

法院在该案中援引了德国著作权法第 17 条关于穷竭原则的规定。该条第 2 款规定：作品的原件或复制件经有权发行的人同意在欧盟或《欧洲经济区协议》的成员国以转让的方式交易的，准许其继续发行，但出租权除外。发行权穷竭的规定适用于所有作品类型，另外，德国著作权法第 69c 条第 3 项第 2 句又对计算机程序这类特殊作品的复制件的发行权穷竭再次进行规定："权利所有人有实施或准许下列行为的排他权利：……（3）包含出租在内以任何形式发行计算机程序的原件或复制件。计算机程序的复制件经所有人同意在欧盟或《欧洲经济区协议》的成员国以转让的方式被交易的，与该复制件相关的除出租权之外的发行权穷竭"。一般来说，发行权穷竭的条件为：

①作品的原件或复制件必须以转让的方式予以交易。即首次发行行为必须是交易行为，而非提供行为。必须是交易行为中的转移了所有权的转让行为。导致出租或出借效果的，不导致发行权的穷竭。②作品的原件或复制件的首次发行必须"经有权发行的人同意"，其可以是作者，也可以是其他人例如出版者。③作品的原件或复制件的首次发行可以是在德国领域内（国内穷竭），也可以是在欧盟或《欧洲经济区协议》的成员国内（欧洲穷竭），但不承认发行权国际穷竭，即不能是在这些国家之外的其他国家或地区。[2]

虽然 GPL 下的软件同样适用著作权法的发行权穷竭规则，但实际上，对于秉持"copyleft"理念的开源软件来说，发行权穷竭的实施和效果本身并不是实现此规则的初

---

[1] JAEGER T. Entscheidung des LG Berlin Bestätigt Durchsetzbarkeit der GPL [EB/OL]. (2006 -04 -17) [2021 -02 -09]. https://www.ifross.org/artikel/entscheidung-des-lg-berlin-bestaetigt-durchsetzbarkeit-gpl.

[2] 莱特. 德国著作权法 [M]. 张怀岭，吴逸越，译. 北京：中国人民大学出版社，2019：72 -75.

衷，即减轻社会公众的负担的直接和关键原因。一方面，开源软件本身即反对独占性的权利，鼓励被许可人传播；另一方面，许可证赋予遵守许可证义务的被许可人更广泛的权利，如复制权和改编权，而这些是与穷竭规则适用的发行权相独立的，在被许可人获得更广泛权利、许可证义务容易被违反的背景下，利益的保护可能恰恰需要稍偏向开发者/首次发行人一方。

（撰稿：王予君；资料翻译：叶瑞麒；核对：王董咪）

◆ 某协会违反 CC 许可证案[1]

➢ 基本信息

√ 案号：Az. 2 -03 O 32/17（一审）；Az. 11 U 95/18（二审）

√ 当事人：

◇ 原告：某地区协会

◇ 被告：某未注册的协会

√ 时间：2018 年 8 月 16 日（一审）；2019 年 10 月 22 日（二审）

√ 管辖：德国法兰克福中级法院（一审）；德国法兰克福高等法院（二审）

√ 类型：许可证/侵权

√ 许可证：CC - BY - ND 许可证 2.0

➢ 案情简介

被告经营着一个网站，版权所有者可以在该网站上对侵权者执行其权利。包括 X 先生在内的数名摄影师都加入了该协会。在协会章程中，被告以自己的名义对会员实施侵权行为。在侵犯摄影作品著作权的情况下，摄影者通过合同授权被告以自己的名义主张其有权获得的禁令救济，并将损害赔偿请求权转让给被告，以获得报酬。这样做的目的是减轻成员们因预付费用和法庭费用而产生的费用风险。

X 先生创建了一张照片，并根据 CC - BY - ND 许可证 2.0 将其发布在图像平台 Flickr 上。根据许可条件，只有给出了作者的姓名和作品名称并且在发布图像材料的页面上设置了链接之后，才能使用保护主题。

原告在其网站上使用了上述照片，并引用了作者 X 先生的名字，但未提供图片标

[1] 一审裁判原文参见 https：//www. rv. hessenrecht. hessen. de/bshe/document/LARE190005779，最后访问日期 2021 年 2 月 9 日；二审裁判原文参见 https：//www. rv. hessenrecht. hessen. de/bshe/document/LARE200000593，最后访问日期 2021 年 2 月 9 日。

题，也未设置来源链接。

被告于 2016 年 12 月 14 日以律师函向原告发出警告，并要求原告提交停止声明，并根据 MFM（Mittelstandsgemeinschaft Foto－Marketing）表支付赔偿金以及支付标的物价值加一次性支付的业务费。

在 2017 年 1 月 6 日的律师函中，原告向 X 先生出具了一份带有处罚条款的停止声明，并要求其对可能产生的损失进行赔偿。

在 2017 年 1 月 6 日的另一封律师函中，原告拒绝了被告的诉求，并要求被告反过来报销律师辩护费用。此外，原告还要求被告声明放弃所主张的禁令救济请求。被告于 2017 年 1 月 11 日回函，宣布如果原告不改变主意，将采取法律行动。

➢ 争议焦点

原告认为，被告在禁令方面并未积极地合法化。该申请禁令的权利归作者所有，不能转让给第三方。被告也无法在诉讼中主张禁止令，因为其一般不会追求会员的利益，而目的只是主张会员的某些主张。此外，通过向摄影师发出中止声明，已经消除了重复的风险。

被告也无权要求损害赔偿，不能依靠 MFM 表计算赔偿，因为其没有证明 X 先生是专业摄影师。由于缺乏明显的证据，无法对许可费率进行另一项估算。在使得CC－BY－ND 许可证 2.0 的情况下，原则上也可以考虑许可费率授予，但是，合理的许可合同当事人会考虑到只要符合条件就可以免费使用作品这一事实，因此与其他已知的许可费率相比，通常必须有所减免。

被告认为：①其有权通过诉讼的方式主张该案争议的权利。X 先生已授权他以自己的名义提出索赔。被告因此以协会成员的身份，承担了其法定职责。②原告有责任指出图片的标题，并设置一个 CC－BY－ND 许可证 2.0 的链接以及 X 先生的底片链接。命名标题和图片来源是必要的，以便潜在的利益方能够直接从摄影师那里获得许可。③关于损害赔偿要求的计算，被告可以参考 MFM 表。原告还将该照片用于广告宣传，理应收取相应的附加费用。

➢ 法院分析

二审法院维持了一审法院的判决。

具体来说，法院认为，第一，被告无权获得禁令救济，禁令救济和撤回的索赔是对索赔所主张的各项权利的辅助。因此，原则上，只有权利持有人本人才能主张禁制性的救济和撤销要求。关于服务内容的相关更改，也排除了此类权利要求的单独转让，从根本上也排除了第三方以自己的名义行使第三方权利。

但是，通常可以通过任意诉讼来理解禁制令救济和由第三方提出的撤诉要求。而这样做的前提是，权利人相应地授权索赔人，并且第三方在执行索赔方面具有自己的合法权益。至于合法利益，这取决于授权人是否与权利持有人有特殊关系，在法律诉讼中是否拥有自己的合法利益。例如，简单使用权的所有者可以调用合法权益。并且公认的是，关联公司具有足够的利益以主张禁令救济。另外，如果一家公司成立时仅提出索赔，就没有积极的合法依据。

在该案中，从上述意义上讲，被告不应被视为专业协会，而仅仅是一个维权协会。被告认为，其自身成立是为了向其成员主张权利。因此，它已经有别于专业协会，因为它并不普遍代表其成员的利益，而是为了执行其成员的非常具体的权利而单独成立的。因此，除了有争议的成员资格和授权合同之外，它不能援引与成员的特殊关系。相反，被告相当于收债公司，收敛公司购买应收账款是为了以自己的名义强制执行。被告自己认为，其成立的目的是减轻有关成员主张权利的风险。但是，仅仅是为了其成员的利益，仅此一点并不能构成被告的充分合法权益，其成员很容易以自己的名义主张权利。被告没有被授权以自己的名义主张其权利。

第二，被告无权要求原告支付诉前赔偿金。首先，被告对争议的损害赔偿请求具有积极的合法性。这是因为，根据德国民法典第 398 条，版权损害赔偿要求一般可以转让。其次，原告非法侵犯了 X 先生的著作权。无可争议的是，原告没有链接到 CC－BY－ND 许可证 2.0，而且无论如何都没有提及图片的标题，违反了 CC－BY－ND 许可证 2.0 的条款，这导致原告失去对案涉作品的使用权。再次，原告至少存在过失，应负有责任。在著作权法领域。任何想要使用受保护作品的人都必须确定其行为的合法性。最后，根据德国著作权法第 97 条第 2 款，这种侵权行为的后果可能是，违反 CC－BY－ND 许可证 2.0 条件的人有义务以许可类比的形式支付损害赔偿。根据德国民事诉讼法第 287 条的规定，原则上可以通过许可类比的方式来估计这种损害的数额。标准是商定的适当和惯常的许可费用，且原则上必须优先考虑被侵权方的许可做法。如果没有这种做法，通常可将行业内的习惯费率作为估算的基础。如果没有习惯的许可费率，那么个案的情况，特别是被侵犯的无形财产的经济价值和侵权行为的性质和强度是决定性的。但是，如果因缺乏实际证据而悬而未决，则不能作出估计。

在该案中，被告人不能依据 MFM 表来估算该案的许可费。负有举证和陈述责任的被告没有充分说明和证明 X 是职业摄影师。然而，这最终并不重要，因为被告还在 CC－BY－ND 许可证 2.0 的条件下免费提供其照片，这已经阻止了 MFM 表的应用。在根据许可类推原则确定应支付的损害赔偿时，重要的是双方在作出决定时都知道案件的事实，包括一个理性的许可人会要求什么，一个理性的被许可人会同意什么。因此，根据许可类推原则，还必须考虑到争议照片使用权的潜在取得者总是有可能免费许可使用该作品的情况。因此，根据许可证类比原则，只有当事人同意豁免 CC－BY－ND 许可证 2.0 的要求，才可以要求获得有偿的许可证。在该案中，法院不能根据当事人提交的材料确定特许权使用费率，也不能适用德国民事诉讼法第 287 条的宽松原则。

在这方面，照片也可以在符合这些许可条件的情况下免费使用的事实是否意味着在评估许可类比时根本不能赋予照片任何价值，这一点仍有待商榷（见 OLG 科隆 NJW 2015，789，794——知识共享许可；OLG 科隆，2016 年 6 月 29 日决定——6 W 72/16）。需要注意的是，科隆地区高级法院也没有完全排除损害赔偿的请求，而是考虑到如果摄影师没有提出任何其他许可做法，则可以排除通过许可类推的方式估算最低限度的损害。原则上，必须考虑到摄影师的利益，确保许可证条款得到遵守，并提及他的名字和许可证。如果不满足这些条件，可以假设，如果使用权是按照合同授予的，一个合理的许可人会要求支付许可费，一个合理的被许可人也会给予这样的支付，争议照片的许可价值不必定为 0 欧元。

CC－BY－ND 许可证 2.0 的许可条款规定，除其他事项外，用户必须指明版权人的名字，注明照片来源并提及许可。法院认为，从一个合理的被许可人的角度来看，即使没有这些要求，也能使用某项作品，这很可能是一种金钱利益。例如，在个别情况下，设计或印刷要求可能会与许可文本的命名发生冲突，当在商业背景下使用时，用户不必披露用户已从第三方处获得图像的许可（免费）也可能是有利的。另外，将其作品置于 CC－BY－ND 许可证 2.0 许可条件下的作者，除了免费提供其作品外，还很可能有兴趣要求获得免除 CC－BY－ND 许可证 2.0 许可条件的报酬，特别是在用户有义务说出作者姓名及其广告意义的情况下。

然而，在评估索赔金额时，必须考虑到被告在 CC－BY－ND 许可证 2.0 下放置照片的事实。因为同样免费提供的作品，至少有一部分潜在用户会利用免费使用的可能性（也是在附加条件下），所以，与已知的其他许可费率相比，必须有所减免。在此基础上，如果在使用 CC－BY－ND 许可证 2.0 的照片时违反了许可的所有要求（特别是注明作者以及许可和附加要求），则可能存在豁免这些条件的价值。

但是，在当前情况下，没有足够的空间进行这种估算，这尤其考虑了作者被注明时的利益。因为原告将摄影师命名为作者是毫无争议的。[1] 原告还指出，至少通过使用适当的符号（无论在任何情况下，所涉及的某些圈子都应这样标识）表明该图片已获得许可，并且需要注明出处并禁止编辑。

➢ 处理结果

二审法院支持了原告的请求，维持一审法院的判决。

➢ 案件评析

如果作者根据 CC－BY－ND 许可证 2.0 发布作品，而被许可人在未满足许可要求的情况下传播，请求被许可人进行损害赔偿是一定空间的，但很可能估计损失的考量

[1] 二审法院则指出，对作者因未被注明姓名而提出的损害赔偿要求也无法进行估算确定。

因素与通常的作品情况并不相同，而且通常估计结果较少或无法估计而得不到支持。

另外，该案中提到的 MFM 表，主要任务是连续记录常规图像费用，以便为摄影师或中小型摄影机构提供参考，以进行更好的计算。其每年确定德国目前的摄影使用费，并将其作为小册子出版，标题为 Bildhonorare。多年来，该出版物已将图像供应商和用户用作重要的信息和计划工具。[1]

（撰稿：王予君；核对：王董咪）

◆ Dennis Skley 及 VSGE 开源摄影作品维权案[2]

➢ 基本信息

√ 案号：Az. 111 C 7/17

√ 当事人：

◇ 原告：不详

◇ 被告：Dennis Skley（丹尼尔·斯科利）、VSGE（互联网保护知识产权协会）

√ 时间：2018 年 5 月 31 日

√ 管辖：德国基尔地区法院

√ 类型：著作权

√ 许可证：CC 许可证

➢ 案情简介

2013 年 11 月 28 日，原告在其博客博文中引用了摄影师丹尼尔·斯科利（以下简称“被告 1”）的照片“Tomato”，该照片已根据 CC 许可证发布在网站 Flickr. com 上，并授权任何第三方可在提及作者姓名和作品名称，并提供作品超链接以及许可证副本和免责声明的前提下免费使用。原告在使用该照片时指明了作者和作品名称并设置了指向 Flickr 网站图像源的超链接，还通过 Flickr. com 网站上的照片评论功能通知了作者其对该照片的使用情况，但未提供许可证副本。摄影师被告 1 为互联网保护知识产权协会（以下简称“被告 2”）成员之一，被告 2 根据双方的协议，在知晓上述情况后向原告发出了停止侵权声明并要求其支付 1375. 75 欧元的赔偿费用。原告同意该停止侵

---

[1] PALLASKE S. Was ist die Mittelstandsgemeinschaft Foto - Marketing und Welche Aufgaben Hat Sie? [EB/OL]. [2021 - 02 - 09]. https: //bvpa. org/mfm/.

[2] 判决原文参见 https: //www. ifross. org/Fremdartikel/AG_Kiel_Urteil_111C7 - 17. pdf，最后访问日期 2021 年 1 月 12 日。

权声明但认为该照片的客观价值为零故拒绝了进一步的付款请求，最终双方诉诸法庭。

➢ 争议焦点

①被告 2 的法律地位如何，是否有权代被告 1 发出警告并提起索赔请求；②赔偿数额如何确定。

➢ 法院分析

因侵权索赔仅能由权利人本人提出，故法院认为被告 2 在提出索赔请求时并没有值得保护的合法权益，因为通常而言，促进商业或其他领域利益的协会无权代表个别成员主张权利，如果这是被告 2 的法定任务之一，也必须要得到会员特定组织的授权，同时该问题还必须足以影响到大部分或全部成员。在该案中，被告 2 的章程仅允许被告 2 在集体利益受到影响时采取行动，而被告 1 不采取维权措施仅影响其个人利益，且被告 2 成员也无法从此次诉讼活动中获得任何利益，故被告 2 代替被告 1 发出警告并不合理，应当支持原告的撤销请求。

关于赔偿数额，法院认为尽管原告在没有遵循 CC 许可证全部条件的情况下使用了摄影作品“Tomato”，但是这一行为并未给被告造成任何损失。另外，根据 CC 许可证所提供的非商业用途作品的客观价值只能设置为零，对于该案而言更是如此，因为原告仅使用过图片一次，并告知了摄影师该照片的使用情况并为照片设置了适当的标签来源从而可使第三方识别。

➢ 处理结果

根据法院的最终判决，原告无须向被告支付任何的赔偿费用。

➢ 案件评析

该案中，被告 1 的开源作品被原告不恰当地使用，但在其向原告索要侵权赔偿时却遇到了一些障碍。首先，法院认为被告 1 虽为被告 2 成员，但被告 2 并不能代表被告 1 主张权利。其次，法院认为开源作品的客观价值为零，故最终未予支持被告 1 的索赔请求。

事实上在司法实践中，各法院对于开源作品客观价值认定的分歧的确给权利人维护自己的合法权益带来了实质性的挑战。笔者认为该案中直接认定开源作品的客观价值为零似乎并无根据，该决定一方面否定了作者的创造性劳动，另一方面纵容了不按照开源许可证要求使用开源作品的违规行为。因此，为保障开源精神的延续和发扬以及开源事业的生命力和创造力，在司法中统一开源作品客观价值的合理认定标准意义重大。

此外，该案法院认为被告 2 不可代表被告 1 主张权利，但应当明确被告 2 不同于某些促进开源作品合规使用的组织。若干源作品被作者授权给上述组织进行集中管理，当该作品权利被侵犯时，该组织将可基于授权代表权利人依法主张权利。

（撰稿：张燕；核对：岳娆）

◆ 某软件开发商诉某计算机网络系统集成电子产品制造商许可证违约案❶

➢ 基本信息

√ 案号：Az. 308 O 343/15（一审）；Az. 5 U 231/17（二审）
√ 当事人：不详
√ 时间：2017 年 11 月 20 日
√ 管辖：德国汉堡地区法院
√ 类型：著作权
√ 许可证：GPL 2.0

➢ 案情简介

原告是一家独立的软件开发商，其自称截至 2013 年 3 月，其一直是核心团队负责人，并且是 L. 软件的“iptables”和“Netfilter”的主要开发者，其中“Netfilter”和“iptables”是该软件内核，且软件“L”已根据 GPL 2.0 的许可条款被免费提供给任意第三方使用。被告是计算机网络系统集成电子产品的制造商。原告曾于 2014 年 5 月 20 日向被告发出警告函，指出其产品中有八个固件使用了 L. 内核网络堆栈，且相关使用方式都不满足 GPL 2.0 的要求。

原告声称，被告在上述设备中使用了带有 L. 内核的操作系统，其中有些组件还分别使用了“Netfilter”程序和“iptables”程序，如产品“M. - FHDL”“P”和“M. - HDRTV”固件便使用了 L. 内核网络堆栈；产品“3HDS”“3HDL”“M. - DS（黑色）”“B”“HD Wi - Fi 版”“G. - 35DSR”固件则同时使用了 L. 内核网络堆栈和“Netfilter”程序；产品“3HDL”和“M. - DS（黑色）”的固件中还包含软件“iptables”。而被告所分发销售的产品“M. - FHDL”“P”“3HDS”“3HDL”“M. - DS（黑色）”“M. - HDRTV”所提供的源代码均缺少控制编译的脚本和安装程序。产品“3HDS”和“3HDL”提供的源代码所包含的内核配置与翻译固件的内核配置并不匹配。产品“M. -

❶ 判决原文参见 http://www.landesrecht - hamburg.de/jportal/portal/page/bsharprod.psml? showdoccase = 1&doc.id = JURE190012984&st = ent，最后访问日期 2021 年 1 月 16 日。

DS（黑色）”缺失内核配置，并且源文本与所提供的固件也不匹配，因为后者使用了“iptables”程序的1.3.5版本，但是所提供的源代码则为1.4.0－RCL版本。原告认为被告的上述行为违反了GPL 2.0的有关规定，严重侵犯了其著作权，同时由于被告未承认其作者身份还侵犯了其个人的精神性的权利。被告在禁令发出后虽作出了补救，但并不完备。因此，原告向其主张23万欧元的合同罚款。

而被告辩称双方此前达成的停止侵权协议仅对产品“M.”有效，且根据该协议被告仅有在一般意义上遵循GPL的义务，而无遵守GPL 2.0标准的义务。而且，由于原告此前在2014年以及2015年两度拒绝公布源代码的行为同样违反了许可条件，因此其基于许可证所产生的权利也应自动消失。此外，设备“P”“3HDS”“3HDL”“M.－DS（黑色）”“B”“HD Wi－Fi版”“G.－35DSR”“M.－HDRTV”的实施方式皆满足GPL 2.0的条件。最后，被告已为提供源代码作出了实质努力，但由于供应商已不存在以及芯片制造者的不配合，被告仅能提供网站所列源代码，因此请求酌情减少合同罚款。

➢ 争议焦点

①原告是否可基于被告违反开源许可协议的使用行为向其提出合同罚款赔偿，且数额应当如何确定。②被告违反开源许可协议的使用行为是否构成侵权，是否可主张侵权损害赔偿。③原告的权利是否会因其自身拒绝发布源代码等违反GPL 2.0的行为而终止，即原告在将其软件根据GPL 2.0开源后可否再将其投入商业化运行；若可以，商业化之前版本的开源软件使用者是否有义务继续遵守开源许可协议。

➢ 法院分析

法院认为，首先，尽管停止侵权协议条款中只是较宽泛地提及GPL而未明确其具体版本，但根据声明的发出与接受的具体情况可以推断出，这里所指的是GPL 2.0。被告仅在主页面上发布了GPL 2.0文本，而没有从底部链接到产品“M.－FHDL”和“P”固件所在页面，此外，在常规站点上发布的许可条款中缺少有关“如何将这些条款应用于新程序”的信息，同时，根据“3HDS”和“3HDL”产品网站上的相关声明，尤其是指出用户可以在购买产品后获得源代码的描述，会使人们产生该源代码只能由产品的购买者请求提供的错误印象。以上行为实质上皆与GPL 2.0的内容相抵触。在使用有争议的软件时，被告违反了GPL 2.0许可证的许可条件，结果便是无权使用它。

其次，停止侵权协议旨在通过确立以违约罚款为基础的合同终止义务来防止此类侵权行为的再度发生。同时，重复风险的推论不仅适用于完全相同的伤害形式，而且还包括本质上相同的所有类型的伤害。如果原告和被告就合同罚款达成合意，则应尊重双方当事人的意思自治，若发生争议，则需进一步检查合同罚款的适当性。

再次，对合同罚款的承诺必须是明确而具体的，且在确定合同罚款时必须考虑被告罪行的严重程度及其主观过失。由于被告仅改正了警告中针对“B. HD Wi－Fi 版”以及“M. －DS（黑色）”产品所明确指出的违约行为，而并未借此契机对其所提供的固件以及其他产品进行全面检测，因此未能停止前述两款产品中的其他违约行为和其他六类产品中的违约行为，故其侵权行为尚未停止。

最后，在计算罚款时，还应考虑被告对争议软件的商业化利用程度以及“B. HD Wi－Fi 版”与“M. －DS（黑色）”两种产品已经是原告的警告对象。不过，鉴于警告函中所明确提出的错误都已被改正，故应考虑酌情减轻处罚。同时，根据双方的陈述，无法确知是否存在涉案固件被大量下载使用的情况，且“B. HD Wi－Fi 版”产品的固件需通过某一深度链接才可访问。由于此处涉及的是免费软件，违约罚款的主要目的在于敦促继续销售包含 L. 软件内核网络堆栈的被告按规定支付其所应偿付的款项。且该违约罚款还具有减轻损害赔偿负担以及保障安全的次要功能，这也构成了从轻处理的理由之一。此外，还需考虑的是，根据 GPL 的规定，在发生违规情况时，侵权者可以随时通过接受以及遵循协议框架而重获其权利，这一规定也构成了从轻处罚的依据。而且，合作作品的各作者有权单独向被告要求支付禁令费用，但侵权赔偿需共同提起。而该案中原告请求赔偿的权利正是基于停止侵权协议，以及原被告双方基于此达成的合同罚款合意，这也是计算罚款数额的考虑依据之一。

➢ 处理结果

法院未认可原告 23 万欧元的索赔数额，而是综合该案实际情况判令被告向原告支付 15000 欧元的合同罚款。

➢ 案件评析

该案中，对于被告需就其违反开源作品许可证规定使用开源作品的行为承担多大程度的赔偿责任，当事人双方未在停止侵权协议中明确，进而成为诉讼的重要争议点。法院经审理后，并未认可原告全部的赔偿请求，而是综合考虑各类涉案因素，最终责令被告支付 15000 欧元的合同罚款。

笔者认为，开源管理平台或开源作品权利人在向侵权人发出停止侵权声明时，若同时明确合同罚款的具体数额，便可能在后续的司法程序中获得更大力度的支持。从该角度而言，开源作品侵权问题的解决更多还是依赖于双方的协商一致，法院一般也只会判令侵权方给予另一方与普通作品侵权发生时相当的赔偿，且合同罚款设置的目的更多在于敦促侵权者及时改正侵权行为，故罚款数额不宜过高。

此外，关于开源软件在开源之后可否被商业化利用的问题，笔者认为应当具体参考该开源软件所根据的开源许可证中有关开源软件可否商用的规定，且该规定对于开源软件的发布者和使用者应当等同适用，从而避免对开源软件发布者施加不合理的义务。举例而言，常用的开源许可证中的如 Apache 许可证 2.0、BSD 许可证、MIT 许可证等都是允许开源软件的商业化利用的，若将该商业化利用的主体理解为仅限于除作者外的使用者，将构成对开源软件作者的不合理约束，同时也不利于开源软件的发展和经济的运行；而对于限制开源软件商业化利用的 GPL 而言，其限制主体则不应包括开源软件的原作者，因原权利人对该软件享有著作权，其完全可以在法律允许的范围内自由使用其软件作品，包括将该软件投入商业化运作，当然前提是需剔除其他贡献者的代码或得到其他贡献者的特别许可，而商业化之前的软件版本因基于 GPL 发行，故根据许可证不可撤回，任何第三方仍可就该软件自由使用、修改、复制、分发以及作其他形式的利用，但需遵守许可证的相关规定。

（撰稿：张燕；资料翻译：张皓莹；核对：岳娆）

◆ 某摄影师开源作品著作权侵权案[1]

➢ 基本信息

√ 案号：Az. 14 O 331/15
√ 当事人：不详
√ 时间：2017 年 6 月 8 日
√ 管辖：德国科隆地区法院
√ 类型：著作权
√ 许可证：CC BY－SA 许可证 3.0

➢ 案情简介

原告创建了该案的争议照片，并根据 CC BY－SA 3.0 许可证的条件，通过网站 https：//commons. anonym2 将其提供给第三方作个人或商业性使用。被告负责运行维护的网站上存在争议照片的互联网链接，但未提及原告的姓名且未提供原告照片的相应页面链接以及 CC BY－SA 许可证 3.0 的许可文本链接。原告声称其为专业摄影师，这一点从他的个人网站 www. anonym1. de 可以看出，同时为了宣传，其还在 Wiki Media 发布了一定数量的照片。原告按照类推授权的计算原则并根据其作品的许可证目录将被告行为给其带来的经济损失金额定为 320 欧元，且由于被告在使用中未引用来源，因此原告向其提起双倍索赔。为此原告提供了其摄影作品的许可目录以及记录其照片授

[1] 判决原文参见 https：//www. justiz. nrw. de/nrwe/lgs/koeln/lg _ koeln/j2017/14 _ O _ 331 _ 15 _ Schlussurteil _ 20170608. html，最后访问日期 2021 年 1 月 16 日。

权过程的概览图和相关通信记录及账单。而被告则认为争议照片为根据 CC BY－SA 许可证3.0 免费发布的免费照片，且该照片仅为德国著作权法第 72 条意义上的照片作品，原告对其并无第 2 条意义上的著作权，故拒绝赔偿。双方无法达成协议，遂诉诸法庭。

➢ 争议焦点

被告所支付的费用实质为许可费还是侵权损害赔偿。

➢ 法院分析

法院认为，首先，德国著作权法第 72 条可为原告的照片提供同等保护。原告创作了该照片，因此对于该照片具有合法的著作权。而被告未得到原告的特别许可或从原告或者第三方处获得基于 CC BY－SA 许可证 3.0 的使用授权，故原被告尚未就使用该作品达成合同协议，因此被告无任何根据而使用原告作品的行为构成侵权。同时被告没有提供任何有关询问使用权、使用期、被授予权利或可能到期的事实的信息，这意味着被告作为运营网站的商业用户至少违反了谨慎义务，因为其甚至没有试图获得许可，因而在主观上存在过失。

法院根据德国民事诉讼法第 287 条并全面结合实际情况对于是否发生实质性损害以及这种损害有多大的争议作出裁定。法院认为索赔数额只能以 100 欧元为准，因为根据在此同样适用的且由原告选择的德国著作权法第 97 条第 2 款第 3 项中所规定的类推授权的计算方式，著作权受侵害者所索要的许可损害赔偿数额应以理性且可代表当事人的缔约双方在对使用争议照片的许可作出承认时所商定的数额为准。该案中，出于对原告积极从事摄影活动的假设，被告未注明照片摄影师的名字而公开其照片，很可能让原告因此错过后续邀约，从而给其带来经济损失。同时，在照片成功拍摄的情况下，指明作者姓名将会产生不小的广告效果，如果许可使用者在使用照片时，根据 CC BY－SA 许可证 3.0 的条款附上了指向原告作品的超链接，这一广告效益则会因此而加强，因为原告的其他作品也会吸引感兴趣的合作者。而由于该照片是公共资源，且被告网站以及附有原告作品的有关科隆大教堂的文章都可在全国范围内访问，因此“该照片的广告效果受限”这一假设不再成立。同时原告所提供的许可相关的通信记录和账单均来自 2005 年或 2006 年，无法证明被告于 2012 年开始使用该照片时原告对于同类使用的许可费用。因此，原告的损害赔偿计算依据仅限于该作品一年的使用费用。

➢ 处理结果

法院驳回了原告的高额侵权损害赔偿请求，判令被告向原告支付 100 欧元的损害赔偿金和利息以及律师费 650. 34 欧元。

➢ 案件评析

该案中，被告在其运维的网站中使用了原告的开源作品，但未遵循 CC BY－SA 许可证 3.0 规定的方式进行使用，因而被原告诉至法庭，并要求其支付高额的侵权赔偿费用。

为避免出现类似纠纷，在出于商业目的而使用开源作品时，应当检查、询问作品的真正来源，从而确保在获得授权许可的前提下使用开源作品。开源管理平台在面对大量的贡献作品无法一一仔细核查其来源合法性时，可事先在贡献者协议中明确贡献作品存在权利瑕疵时的责任分配，并保留处理侵权作品的权利。

权利人在根据类推授权原则计算赔偿数额时，也需遵守诚实信用原则，根据该作品的客观价值和实际损失以及理性的缔约当事人所可能支付的使用费来确定赔偿费用，否则该赔偿请求将可能面临被驳回的风险。

（撰稿：张燕；资料翻译：张皓莹；核对：岳娆）

◆ Art Draugl is v. Kappa Map Group，LLC 案[1]

➢ 基本信息

√ 案号：No. 14－1043（ABJ）
√ 当事人：
　◇ 原告：Art Draugl is（阿特·德劳格利斯）
　◇ 被告：Kappa Map Group，LLC（卡帕地图有限责任公司）
√ 时间：2015 年 8 月 18 日
√ 管辖：美国哥伦比亚特区联邦地区法院
√ 类型：许可证
√ 许可证：CC BY－SA 2.0 许可证

➢ 案情简介

2008 年 4 月 27 日，原告拍摄了一张照片并将其命名为“温柔的锁”，同时根据 CC BY－SA 2.0 许可证将其公开发行。原告将“温柔的锁”上传到 Flickr，被告下载该照片副本，并将之使用在其于 2012 年 7 月开始出版和销售的当地地图集中。虽然被告在地图集的封底指明了作品名称和原告姓名，但地图集的目录及地图集内部每页页面底

---

[1] 判决原文参见：https：//cases. justia. com/federal/district－courts/district－of－columbia/dcdce/1：2014cv01043/166825/39/0. pdf? ts＝1439987006，最后访问日期 2021 年 1 月 16 日。

部却附有版权声明，明确指出被告对该作品集中的所有作品保留所有权利，未经出版商许可，严禁其他人以任何方式复制该地图集中的全部或部分内容。

➢ 争议焦点

①被告是否遵守了原告出版该作品时所依据的许可证的相关条款，以及被告能否对其出版物封面上展示的原告作品给予充分的授权信任；②被告是否传达了与争议照片有关的虚假版权管理信息。

➢ 法院分析

在地图集中使用的照片没有超出 CC BY－SA 2.0 许可证的范围。法院认为版权所有人在起诉基于非排他性许可获得授权的被许可人侵犯其版权时，只能以违反合同为由提起诉讼，且只有在“许可范围受到限制，被许可人行为超出范围”的情况下，许可人才能提起侵犯版权的诉讼。该案中，原告对其根据 CC BY－SA 2.0 许可证发布照片这一事实没有异议。因此，唯一需要确定的问题便是被告在地图集中使用的照片是否“超出了许可证的范围”。法院认为，无论是地图集封面还是其他部分，都不构成符合共享要求的衍生作品。相反，这幅地图集更像是一幅集体作品，因为这张照片“完整地以未经修改的形式”与“其他贡献物”放在一起，构成了新的独立作品，也就是地图。基于上述原因，法院认定被告在将照片纳入地图集封面时并未创作出衍生作品，因此，类似共享的要求并不适用于地图集。因此，被告有权请求对原告的版权侵权诉讼请求权作出即席判决。

原告辩称，被告违反了许可证的条款，因为地图集不包括许可证文本的副本或许可证第 4（a）节所要求的完整许可证链接。法院认为第 4（a）节没有规定被许可人必须显示许可证的文本或许可证的链接，它仅规定了被许可人“必须在其分发或展示的作品中附上许可证的副本或统一资源标识符”。虽然被告没有在地图集上注明许可证的网址，但其在地图集封底加上了“Creative Commoms［sic］，CC－BY－SA 2.0”字样，则可认为其确实已提供了该许可证的统一资源名（URN）。

对于原告辩称被告未合理指明该照片的正确归属，法院认为照片的性质更接近于地图集中的单独地图，而非地图集本身。地图是独立的图画或图形作品，而地图集是由许多元素经过特定或专有的方式排列和汇编，从而构成一个单独原始作品。因此，由于被告在单独的地图集封底标明照片归属于原告的这一为原告提供署名的方式与被告其他版权声明举措相当并同样突出，法院认定被告没有违反许可证第 4（c）节。

关于被告是否传达了与争议照片有关的虚假版权管理信息这一争议，法院认为：被指控为虚假信息的版权声明不在图片上或其旁边，同时也没有任何迹象表明该版权声明所指的对象是图像，因此，该版权声明涉及整个地图集，而不是特定图像，该信息未随图像一起传达，故不能作为根据美国法典第 17 篇第 1202 条（a）款提出的伪造版权管理信息索赔的依据。

➢ 处理结果

法院认定被告没有违反许可证条款或超出原告发布照片所依据的许可证的范围，同时其行为不构成传达与争议照片有关的虚假版权管理信息的不法行为。

➢ 案件评析

该案中，被告出于商业目的使用了原告根据 CC BY－SA 2.0 许可证公开的摄影作品并指明了作品名称和原告姓名，同时在该地图集封面及内部声明中对该地图集内的所有作品保留所有权。原告认为被告的上述行为属于未按照许可证要求使用其作品的行为，此外还构成传达虚假版权信息，双方纠纷由此产生。

因此，本书建议：用户在使用开源作品时，特别是将该开源作品商用时，除需事先检查确认作品的授权状态外，还需谨慎审视自身的相关使用行为是否符合该作品的公共许可条款的相关规定，对于规定中不明确的条款或定义，可与开源作品权利人事先沟通协商，以避免不必要的纠纷，或参考使用地法院的相关法律规定和判例，从而在不得已产生侵权或违约纠纷时减轻或免除自身责任。

（撰稿：张燕；核对：何伟、岳娆）

二、案例点析

本部分案例涉及违约责任和侵权责任之竞合。

开源软件属于开放源代码的软件，但开源软件并不是公有领域的软件。开源软件的初始理念是反抗传统的知识产权保护制度，但是在商业化运营的过程中逐步寻求版权、商标权、专利权甚至商业秘密等知识产权的综合保护。[1] 实际案例中，开源软件与商业软件结合产生的法律纠纷，往往成为当事人双方争议的焦点。

通常而言，商业软件包含完整的版权（著作权），即包括人身权和财产权。其中，商业软件的人身权包括署名权、发表权、修改权、保护作品完整权，财产权包括复制权、发行权、传播权、改编权、汇编权等。

由于开源软件公开源代码，允许其他用户对其源代码进行复制、修改和传播，因此开源软件是在保留署名权的情形下放弃财产权和其他人身权。但是，需要说明的是：

---

[1] 张平，马骁. 共享智慧：开源软件知识产权问题解析［M］. 北京：北京大学出版社，2005：168－169.

开源软件的财产权和其他人身权，只是在遵守开源许可证协议的前提下的暂时放弃。如果使用者违反许可证协议，则开源软件原著作权人可以追究使用者的违约责任、侵权责任或其他形式的责任。

关于违反开源许可证协议应该追究侵权责任还是违约责任，还是通过《反不正当竞争法》第 2 条第 1 款的一般条款进行规制，存在以下不同观点。

（1）通过违约责任规制。

开源许可证可以视作原著作权人与使用者之间签订的许可使用合同，如果使用者违反许可证，则应承担违约责任，管辖地包括被告住所地或者合同履行地法院。但是，许可证中通常不会涉及违约金和违约损失赔偿额的计算方法等内容，而通过承担继续履行或损害赔偿等违约责任，难以给予原著作权人及时、充分的法律救济。

如果将开源许可证认定为合同，则涉及许可合同何时成立的问题。不同许可证对合同成立时间的规定并不相同，同一许可证的不同版本也可能存在不一致的规定。例如，根据 GPL 2.0 第 5 条[1]和 GPL 3.0 第 9 条[2]的规定，持有软件副本（如接收或运行软件）并不代表用户接受 GPL 协议，只有在修改或传播一个受保护作品时，才表明用户接受 GPL 协议。因此，根据 GPL 2.0 和 GPL 3.0 的规定，软件的下载时间不能满足订立合同的法律要求，因为用户通常此时只是持有软件副本，并不了解许可证文本，也没有进行修改和传播行为。为了使开源许可证及其所有条款成为合同的有效内容，被许可人必须能够以合理的方式阅读合同文本，并且必须以向外的“可见”行为接受（如修改或传播行为）。根据这些要求，例如，在 GPL 2.0 中如果仅购买软件不会导致 GPL 的适用性。在绝大多数情况下，开源许可证的接受是“暗示”的，即通过决定性行为达成。例如，当软件被编辑或分发给第三方时就属于这种情况。此种情形下，用户表明他/她同意接受 GPL，否则将不允许其采取这些行为。

但是，根据 GPL 1.0 第 5 条[3]的规定，持有软件副本即代表用户接受 GPL 协议，持有行为与分发和修改行为的效力是一致的。因此，如果将开源许可证认定为合同，对合同成立时间的判断需要进行个案分析，不同许可证，或同一许可证的不同版本，都有可能存在不同的规定。

（2）通过侵权责任规制。

反对通过违约责任进行规制的观点认为：开源许可证是附解除条件的合同，许可证中所设定的使用条件应当被认定为合同的“解除条件”，当使用者违反该条件时，许可证协议归于无效（许可使用合同自动终止），不再适用合同的违约责任，被许可人的

---

[1] GPL 2.0 第 5 条规定：“Therefore, by modifying or distributing the Program (or any work based on the Program), you indicate your acceptance of this License to do so.”

[2] GPL 3.0 第 9 条规定：“Therefore, by modifying or propagating a covered work, you indicate your acceptance of this License to do so.”

[3] GPL 1.0 第 5 条规定：“By copying, distributing or modifying the Program (or any work based on the Program) you indicate your acceptance of this license to do so.”

继续使用行为属于侵权行为，应当承担的是侵权责任。

开源软件是在承认著作权的前提下，暂时放弃财产权及除署名权以外的人身权。如果使用者违反许可证，则原著作权人可以主张著作权侵权，管辖地包括侵权行为地或者被告住所地法院（可能都在被告所在地）。

需要指出的是，虽然侵权诉讼中可以主张使用者承担赔偿责任，但是，由于开源软件可能属于合作作品，其原著作权人往往人数众多，有的还在国外，因此如果开源软件著作权纠纷启动侵权诉讼程序，则属于必要共同诉讼情形，开源软件的所有原著作权人需要一起到齐，或者签订书面的授权委托书，不管如何都将导致侵权诉讼的成本增加，使其可能不具有可操作性。[1] 这是开源软件原著作权人寻求侵权责任途径解决纠纷时需要考虑的主要因素。

国内开源软件著作权纠纷的案例，主要通过侵权途径加以解决，基本上没有开源许可证合同纠纷的案例，上述关于侵权责任和违约责任的讨论仅停留在理论层面。相反，国外法院针对违反开源许可证的情形，存在适用合同法救济的案例。在 Jacobsen v. Katzer 案[2]中，被告使用了原告的开源软件，但没有遵循原告软件使用的 Artistic 许可证中的条款。该案的争议焦点为被告违反开源许可证中的条款，是否构成违约或者侵权？2008 年，美国联邦巡回上诉法院判决被告仅构成违约，没有侵犯著作权的责任。涉案开源许可证中的主要条款是著作权许可的条件，违反该条款属于重大违约，著作权人有权解除合同，即可以取消对被许可人复制、修改、发行该软件代码等权利的许可。美国联邦巡回上诉法院认为，违反开源许可证中的条款，构成违约而非侵权。

（3）通过《反不正当竞争法》一般条款规制。

违反开源许可证协议的行为是否可以根据使用者违反诚实信用原则，通过《反不正当竞争法》第 2 条第 1 款的一般条款进行规制？首先，我们要分析适用《反不正当竞争法》第 2 条第 1 款的前提条件。对此，最高人民法院在“海带配额案”中，针对《反不正当竞争法》一般条款的适用作出了具体规定，认为适用《反不正当竞争法》一般条款应当具备以下三个条件：一是法律对该种竞争行为未作出特别规定；二是其他经营者的合法权益确因该竞争行为而受到了实际损害；三是该种竞争行为因确属违反诚实信用原则和公认的商业道德而具有不正当性或者说可责性。[3] 其中，所述公认的商业道德是指特定商业领域普遍认知和接受的行为标准，需要具有公认性和一般性。

针对违反开源许可证的情形，首先，使用者违反开源许可证的行为，不属于《反不正当竞争法》第二章中列举的具体不正当竞争行为，因此满足第一个条件满足。其

---

[1] 工业和信息化部软件与集成电路促进中心知识产权部．开源软件涉及的相关知识产权问题分析［J］．中国集成电路，2010（10）：80－81.

[2] 参见美国联邦巡回上诉法院判例 Jacobsen v. Katzer，U. S. Court of Appeals for the Federal Circuit，535 F. 3d 1373（Fed. Cir. 2008）。

[3] 参见最高人民法院“山东省食品进出口公司、山东山孚日水有限公司、山东山孚集团有限公司诉青岛圣克达诚贸易有限公司、马达庆不正当竞争纠纷申请再审案”民事裁定书［（2009）民申字第 1065 号］。

次，如果使用者属于商业经营者并在商业经营活动中违反了许可证，获取了不正当的竞争优势，并导致开源软件的其他商业经营者的合法权益确因该使用者的不正当竞争行为受到了实际损害，则第二个条件满足。最后，如果商业经营者违反开源许可证，则肯定属于违反诚实信用原则的行为；并且，许可证属于开源软件领域普遍认知和接受的行为标准，具有公认性和一般性，属于公认的商业道德，因此，对许可证的违反属于违反开源软件行业公认的商业道德。

由此可知，根据《反不正当竞争法》一般条款起诉的被告只能是商业经营中的使用者（包括自然人、法人和非法人组织），不包括个人使用者（如单纯的技术开发人员）。另外，原告也只能是开源软件的其他商业经营者，并且确因被告违反许可证而受到了实际损害。

同上，国内开源软件不正当竞争的案例基本没有，上述讨论也仅停留在理论层面。相反，国外法院针对违反开源许可证的情形，存在通过反不正当竞争规则进行救济的案例。在 2003 年 3 月美国 SCO v. IBM 案[1]中，原告 SCO 指控 IBM 违反合同、不正当竞争，故意将 SCO 拥有知识产权的 Unix 系统部分源代码流入开源社群，损害 SCO 知识产权，要求 IBM 作出巨额赔偿，随后诺威尔公司、汽车地带公司（AutoZone）、红帽公司等公司也卷入了侵权争议范围。该案的争议焦点是 Linux 操作系统的公众授权模式 GPL 的合法性。美国犹他州盐湖城第三区法院审理认为，SCO 的侵权证据不足，驳回 SCO 提出的 200 多项索赔要求。尽管 IBM 赢得了官司的胜利，但对于开源软件（如 Liunx）而言，侵权隐患依然存在。因此关键问题在于采取开源模式开发的开源软件如何防范各种潜在的法律风险，如侵权代码的著作权侵权风险、不正当竞争风险、商业软件的专利威胁等。

综上所述，本书认为，针对个人使用者，如果其违反许可证，属于违约责任和侵权责任的竞合，开源软件的原著作权人可以根据赔偿范围的大小、临时禁令是否适用等因素，选择有利于己方的管辖地法院，追究使用者的违约责任或侵权责任。[2] 国内法院最近的判例也支持权利人在两种救济方式（违约责任和侵权责任）之中自行选择，[3] 针对严格型的开源许可证（如 GPL），如果权利人选择以违约责任进行救济，则可以要求违约方继续履行合同，如开放源代码。如果选择侵权责任的救济方式，则可以要求侵权方停止侵权，如停止继续复制、发行和传播侵权软件。针对商业经营者，如果其违反许可证协议，则可以进一步通过《反不正当竞争法》一般条款进行维权救济。

（撰稿：曹卫良；核对：徐华阳）

---

[1] 参见案例 SCO Group，Inc. v. International Business Machines Corporation。

[2] 具体考虑因素包括：①赔偿范围：侵权赔偿范围（全部赔偿原则）大于违约赔偿范围（可预见原则，不超过可预见损失）。②临时禁令：违约诉讼不适用。③管辖地：违约诉讼适用合同纠纷管辖地原则，比较固定；侵权诉讼包含侵权行为地，可以人为创设，比较灵活，尤其是涉及网络侵权，基本“沾边”就管。

[3] 参见：赵启杉．一案管窥中国法院对开源软件侵权纠纷审理的重大突破［EB/OL］．［2021-11-08］．https：//mp. weixin. qq. com/s/SSpsRzgHMwb4Zmo16DBRJQ.

第十章　开源事件

一、案例介绍

◆ GNOME 基金会解决了与 PAE 的专利纠纷[❶]

GNOME 基金会开发了广泛使用的 Linux 桌面软件系列。这涉及“Shotwell”照片管理工具和“无线图像分发系统和方法”专利（美国专利 US9936086B2，以下简称“086 专利”）。一个以“专利巨魔”行为为特征的专利主张实体（patent assertion entity，PAE）——Rothschild Patent Imaging LLC（RPI）已就该基金会的 Shotwell 图像管理应用程序在美国加利福尼亚联邦法院提出了侵权索赔。

值得担忧的是，如果支持 RPI，该公司将使用其“无线图像分发系统和方法”专利来对抗他人。根据 GNOME 的驳回动议，RPI 已向其他五个组织主张了它的'086 专利，并且在过去五年中与其他以发明家 Leigh Rothschild 命名的 PAE 一起提起了近 300 宗专利案件。

2019 年 10 月，GNOME 基金会对 RPI 的索赔提出了上诉，该索赔被驳回。2020 年 5 月，双方就该案达成和解。

GNOME 基金会曾被提议以相对较小的金额解决此案。然而，据说这是第一次针对开源项目提出这样的索赔，这将开创一个危险的先例，这就是为什么 GNOME 基金会和开源社区特别关注抵御专利执法的原因。该案现已终结。尽管和解协议不是公开的，但已确认 GNOME 基金会未付款。此外，如果软件是开源的，则可以保护 GNOME 基金会免受 RPI 再次指控涉嫌侵犯专利权的起诉。据新闻网站“The Register”报道，RPI 拥有约 100 项专利。专利发明人利·罗斯柴尔德（Leigh Rothschild）也对诉讼结果发表了积极评价，并强调了他对开源软件的支持。

---

❶ IDELBERGER F. GNOME Foundation legt Patentstreit bei [EB/OL].（2020 - 05 - 25）[2021 - 02 - 18]. https://www.ifross.org/en/artikel/gnome-foundation-legt-patentstreit-bei；CLABURN T. Hell hath GNOME fury：Linux desktop org swings ax at patent troll's infringement claim [EB/OL].（2019 - 10 - 22）[2021 - 02 - 18]. https://www.theregister.com/2019/10/22/gnome_linux_lausuit/.

◆ 德国比尔（Bühl）市的公共部门使用开源软件[1]

位于德国西南部的比尔市启动了一个名为“Palim！Palim！”的开放视频会议平台。它基于“Jitsi Meet”自由软件，以减轻新型冠状病毒肺炎疫情（COVID－19）封锁对其市民的影响。“Palim！Palim！”很快取得了惊人的成功，市民对此感到兴奋，其他市政当局也开始对此感兴趣。

比尔市公共行政部门的首席数字官爱德华·伊特里希（Eduard Itrich）最初是一名Linux软件开发人员，自由软件一直是其职业的组成部分，其于2019年底开始为比尔市工作，担任“数字化官员”，职责为巩固数字化战略并协调市政府内部和外部的数字化转型，处理诸如电子政务和智能城市以及开放数据之类的主题，工作还涉及市政厅现有管理流程的自动化。其称，它们基于自由软件“Jitsi Meet”开发了“Palim！Palim！”。这免费为所有比尔市民提供了视频电话，并超出了城镇范围，支持家人、朋友团体、协会以及公司，使其能够以简单而低门槛的方式进行数字会议。保持联系不需要最新的浏览器，无须注册或收集敏感的元数据。自2020年4月初启动该平台后，已经看到了许多有趣的用例：一起做手工艺品的数字儿童休闲计划，疗养院居民与其家人之间盼望已久的团聚。

选择自由软件项目“Jitsi Meet”的原因在于，它为目标群体提供了非常轻松的视频会议访问权限，易于管理，并且活跃的社区迅速找到了可能出现的任何问题的解决方案。此外，用户可以完全根据自己的想法定制软件，例如城市设计。尤其是可以随意定制软件的选项，使用户有机会为城市创建自己的视频会议解决方案。本地参考资料和相关的信任对平台的成功做出了重大贡献。同时，自由软件使用户有机会在设计过程中考虑保护个人数据和用户隐私。用户可以就数据经济和避免不必要的跟踪器集成作出明智的决策。最后，Jitsi Meet非常活跃的社区为用户的实际使用提供了良好的支持，没有一个问题是在论坛或频道中不能找到解决方案的。

爱德华·伊特里希表示非常支持公共行政部门使用自由软件，因为自由软件的主要优势在于其完全的适应性、数据自主以及通过协作开发加强公共利益。特别是最后一点确保了该项目不仅在可销售性方面得到进一步开发，而且还确保了代码库的安全性和可维护性。在基于自由软件的项目开始时所需要的额外时间可能是一个制止因素，但是长期影响大于初始投资。有了强大的社区支持，就可以保证项目的进一步发展和对自己实施的支持。

另一方面，比尔市公共部门也正在从事其他自由软件项目，做出更多贡献。它们一直在寻找一种简单的解决方案，以便以捆绑形式将会议记录和讨论记录提供给所有

---

[1] FSFE. The Public Sector of Bühl Uses Free Software［EB/OL］.（2020－06－30）［2021－02－18］. https：//fsfe. org/news/2020/news－20200630－01. en. html.

参与者，并能够跟踪重要任务。免费软件项目“4Minitz!”是它们找到的一个可以满足它们几乎所有要求的强大候选项。唯一要注意的是：当时的界面完全是英文的，而且各个专业机构之间的接受度不足。通过对代码库进行总计超过 11000 行的更改，他们开始了国际化和本地化的发展。对于比尔市而言，不仅使用免费软件，而且还回馈社会，这一点非常重要。目前 4Minitz！可以使用 18 种不同的语言。

◆ 丹麦将新型冠状病毒追踪应用程序的源代码保密[1]

像许多其他欧洲国家一样，丹麦也尝试使用手机跟踪应用程序跟踪新型冠状病毒感染。但是，尽管违背卫生组织的建议，且有其他国家的积极榜样，但该应用程序是专有的，因此不会在自由软件（开源软件）许可下发布。

丹麦政府发布的官方追踪应用程序 Smittestop 本应该通过接触追踪来补充对抗新型冠状病毒的更传统方式。但事实上，其并未按照自由软件的许可发布应用程序的源代码以授权公众以及科学界对其进行检查、验证、改进和试验，反而将应用程序的源代码隐藏起来。

这直接违反了世界卫生组织（WHO）和欧盟委员会 eHealth 网络的最新建议。在引用的文件中，WHO 明确指出：“应用程序和应用程序编程接口（API）的操作方式以及开放源代码和开放访问代码的发布应完全透明。还应向个人提供有关自动决策的存在以及风险预测如何进行的有意义的信息，包括算法模型的开发方式和用于训练模型的数据。此外，应该有关于模型效用的信息以及对这种模型可能造成的错误类型的见解。”

假如丹麦政府根据自由软件许可发布了源代码，则将向公众提供这种透明性，科学家和 IT 专家将能够进行同行审查并降低应用程序的错误率，可能有助于中断更多的感染链。

丹麦政府在该应用程序的主页上解释说，由于存在“违反安全性”的风险，并且为了保护公众免受恶意行为者的侵害的原因，所以未发布源代码。但是，IT 安全性并不是由于攻击者对受攻击系统的无知而产生的，而是由于适当的和经过全面审查的安全性设计。丹麦政府的决定（如果有的话）会使应用程序的安全性降低，而不是更高。此外，由于该应用程序是分散的，并且使用丹麦官方数字签名（NemID）来控制访问，因此不太可能发生安全漏洞。

这种虚假的安全隐患并未阻止德国、奥地利、意大利和英国政府遵守 WHO 和欧盟委员会的透明度要求，并根据自由软件许可发布其联系人跟踪应用程序。实际上，德

[1] FSFE. Denmark Keeps Source Code of Coronavirus Tracing App Secret［EB/OL］.（2020－06－29）［2021－05－30］. https：//fsfe. org/news/2020/news－20200629－01. en. html.

国、奥地利和意大利都将安全性作为支持发布源代码的要点之一。

欧洲自由软件基金会（FSFE）正强烈敦促丹麦政府立即纠正这种情况，并根据自由软件许可发布其“Smittestop”应用程序，使其源代码对公众完全可用。

◆ 谷歌宣布成立新组织“Open Usage Commons”以管理开源项目的商标[1]

谷歌在其开源博客中宣布建立一个名为“Open Usage Commons”的新组织。该组织的主要任务是支持开源项目管理其商标。

根据过去的经验，谷歌发现项目受到阻碍的地方是对其商标也就是项目的名称和徽标的管理。而项目商标的使用方式与代码的使用方式不同，因为此时商标是一种质量保证的方法，包括保证被讨论的代码具有开源许可证。

Open Usage Commons 组织聚焦于扩展项目商标的开源定义和理念，旨在通过特定于商标管理和一致性测试的程序来帮助开源项目维护和管理其项目标识。为这些商标创建中立、独立的所有权，可使贡献者和消费者在以公平、透明的方式使用项目名称时放心。

具体来说，适当地管理商标后，项目维护者可以定义其身份，向下游用户保证其产品质量，并为社区中的其他人提供关于商标自由和公正使用的确定性。在宏观层面，这对于项目长期的稳定性来说是关键的，尤其是在越来越多的企业产品基于开源软件的当今状况下，以面对商标在法治与开源哲学之间的复杂空间带来的挑战。

目前，为了启动“Open Usage Commons”，谷歌投入了初期资金。Angular 是用于移动和桌面设备的 Web 应用程序框架。Gerrit 是基于 Web 的团队代码协作工具。Istio 是一个用以连接、管理和保护微服务的开放的平台。上述三者的商标将加入 Open Usage Commons。

不过，很多人对这种做法较为费解，因为在开源领域，商标和其他服务对于公司和组织来说有很重要的价值。尽管如此，开源标准和专利专家、顶级科技律师事务所 Gesmer Updegrove 的创始合伙人安德鲁·安迪·厄普德格罗夫（Andrew Andy Updegrove）认为：“拥有这样一个实体对于某些使用案例来说确实有一定意义。最明显的是一个非法人的开源软件项目。一群无组织的个人无法有效地拥有一个商标，所以除非他们商定一个单一的所有者，否则无法保护项目名称。在很多情况下，个别成员拥有了一个项目商标，这往往导致了下游的问题。所以，只要有一个中立的所有者就是一个社区的好处，而不需要走得更远。”

---

[1] DIBONA C. Announcing a New Kind of Open Source Organization［EB/OL］.（2020－07－08）［2021－05－30］. https：//opensource. googleblog. com/2020/07/announcing－new－kind－of－open－source. html.

然而谷歌及其项目很难说是“一群无组织的个体”。安德鲁·安迪·厄普德格罗夫还表示，他注意到商标通常是由一个项目“接入一个主机，比如 Apache 基金会或 Linux 基金会，并要求它们作为主机接管项目来实现的。但这通常需要将项目纳入该基金会的保护伞下，并受该基金会的规则约束。他指出，仅仅交出商标就会有一个重要的差异：“一个项目如果对单一供应商很重要，并且主要由该雇主雇佣的开发人员进行人员配置和控制，就可以继续进行有效的控制，同时避免了如果供应商拥有该商标可能产生的市场怀疑。”他怀疑谷歌这样做是“为了提高其一些项目对开源社区的可信度，同时不采取将项目交给一个基金会这样更极端的步骤，因为这些基金会有新的、更独立的治理结构。”❶

◆ Unlicense 加入 OSI 批准的开源许可证行列❷

现在 Open Source Initiative（OSI）对于 Unlicense 的结论是，这种（广泛的）许可形式符合开源定义。2020 年 6 月 12 日，OSI 将 Unlicense 纳入其开源许可目录。但问题是 Unlicense 的法律性质有争议，它不可能成为许可证，但必须被部分理解为许可证。

2010 年 1 月 1 日，阿尔托·本迪肯在“公共领域日”之际发表博文，宣布将自己的“所有软件”从“重新授权”或“未授权”状态转到公共领域：“今天是公共领域日，为了纪念这个日子，我在此将我所有的软件重新授权（或者更正确地说是解除授权）到公共领域。”

在文章的最后，有一个 www. unlicense. org 的链接，在这个网站上，阿尔托·本迪肯“整理了一些资源来帮助你将你的代码发布到公共领域”。在那里，“未授权”被描述为“放弃软件版权垄断利益的模板……换句话说，这是一个将你的软件献给公共领域的模板”。

Unlicense 的文本如下：

> 这是向公共领域发布的免费和无限制的软件。
>
> 任何人都可以自由地复制、修改、发布、使用、编译、销售或分发本软件，无论是以源代码的形式还是以编译后的二进制文件的形式，用于任何目的，无论是商业性的还是非商业性的，以及以任何方式。
>
> 在承认版权法的司法管辖区，本软件的作者将本软件的任何和所有版权利益

---

❶ VAUGHAN – NICHOLS S J. Google Open Sources Trademarks with the Open Usage Commons [EB/OL].（2020 – 07 – 09）[2021 – 05 – 30]. https：//www. zdnet. com/article/google – open – sources – trademarks – with – the – open – usage – commons/.

❷ KÄDU L. Unlicense in die Riege OSI – Anerkannter Open Source – Lizenzen Aufgenommen [EB/OL]. [2021 – 05 – 30]. https：//www. ifross. org/en/artikel/unlicense – riege – osi – anerkannter – open – source – lizenzen – aufgenommen.

奉献给公共领域。我们做出这样的奉献，是为了广大公众的利益，也是为了我们的继承人和继任者的利益。我们的这一奉献是一种公开的行为。根据版权法，我们将永久放弃本软件目前和将来的所有权利。

本软件是“按原样”提供的，没有任何形式的明示或暗示的保证，包括但不限于适销性、特定用途的适用性和不侵权的保证。在任何情况下，作者均不对因本软件或本软件的使用或其他交易引起的、与本软件有关的任何索赔、损害或其他责任负责，不论是合同、侵权或其他方面的责任。

从这些资料来看，作者的意图并不是要创造一个授权，而是所谓的公有领域奉献。这是一种程序，通过故意将作品发布到公共领域，从而放弃该作品的所有版权和相关权利。然而有些法律制度如德国著作权法不允许这种版权的释放，适用“版权不可转让原则”。参见德国著作权法第29条：

（1）著作权是不能转让的，除非是为了履行死亡的处分而转让，或通过分配遗产的方式转让给共同继承人。

（2）允许授予使用权（第31条），根据义务法和关于利用权的协议给予同意，以及第39条规定的精神权利的合法交易。

德国著作权法第39条规定的精神权利包括对作品的修改、作品名称和作者的称呼。因此，这种公有领域专用在德国是行不通的。[1]

因此，相关的“知识共享公共领域专用”被新的CC0许可证所取代。通过其第3节中的后备方案，CC0许可证明确走的是现行法律体系中尽可能赋予权利的道路，这也使得它在德国的使用成为可能。此外，CC0许可证还明确解释了什么时候需要这种后备方案，并说明了该方案的许可范围。

因此，在Unlicense的情况下，必须澄清在德国等法律体系中的适用性是否可以通过后备解决方案来实现。人们特别关注的是，解除许可的文本没有像CC0许可证那样明确包括后备解决方案，而且解除许可的作者希望明确脱离许可制度。

然而，正如克鲁泽（Kreutzer）也强调和证明的那样，而且在Jaeger/Metzger的文章中也可以看到，可以认为公共领域专用——比如Unlicense——“对于德国的保护范围来说，应该被解释为授予任何人简单的使用权”。因此，不能认为法院会以与其他许可文本不同的措辞或未获许可的作者不想创造许可的结论为由，否认至少一个简单许可的存在，从而使用户得不到保护。最后，使用Unlicense至少可以得出这样的结论：软件开发者希望将其软件免费提供给所有人，而不想保留所有权利。

OSI的许可证目录确认了这种外部效应以及开源定义。根据该定义，开源软件（或开源许可证）必须满足以下标准：

---

[1] 参见Kreutzer所著“Validity of the Creative Commons Zero 1.0 Universal Public Domain Dedication and its usability for bibliographic metadata from the perspective of German Copyright Law”。

（1）许可证不应限制软件的发布；
（2）必须提供源代码的访问权限；
（3）必须允许编辑和衍生作品；
（4）应保证（原）作者源代码的完整性；
（5）不得对个人或群体进行歧视；
（6）本软件的应用领域不受歧视/限制；
（7）许可证也必须适用于根据许可证被分发程序的人；
（8）许可证不得是特定产品；
（9）该许可证不得限制与被许可软件一起分发的其他软件；
（10）许可证必须是技术中立的。

对于开发商和决策者来说，OSI 的纳入应该会加强其对 Unlicense 的信心。对于列入 OSI 许可证目录一事，未获许可的创作者会怎么说，还有待观察。

◆ Qt、KDE 和新型冠状病毒保证在免费和开源许可下持续的开发和可用性[1]

2020 年 4 月，KDE 社区邮件列表上发布了一个名为“Qt、KDE 和新型冠状病毒”的公告。该帖子称，Qt 公司是 KDE 使用的 Qt 软件框架的管理者，目前正在寻求改变其对开源义务的处理方式，或者如该帖子所说，其“正在考虑停止这种健康的合作”（Qt 公司和 KDE/KDE 社区之间）。

从法律上说，该合作受 Qt 公司（自 2015 年起成为许可证颁发者）与“KDE Free Qt 基金会”之间的许可协议的约束。该基金会是联合管理的，为避免在决策过程中形成僵局 KDE 被赋予了额外的一票。该协议主要确保：①支持核心平台并描述所需的许可证；②许可证支持其他平台，只要它们以某种方式得到正式支持即可；③也确保升级到后续平台。

这些许可条款保证针对 Qt 的 GPL 3.0 或兼容的许可证，和针对核心库与现有 LGPL 代码的 LGPL 3.0。此外，确保了与现有代码的 GPL 3.0 兼容性，确保了 Qt 中的应用程序为 GPL 3.0（有限制），并控制了新的部分的许可。重要的是，有一项条款规定，如果发布时不存在所需的条款，则必须在 12 个月内应用它们。如果违反协议（例如不遵守许可要求），则 KDE Free Qt 基金会有权根据 BSD 或其他许可证发布 Qt。

---

[1] IDELBERGER F. QT，KDE and Corona（maybe）：Ensuring Continued Development and Availability under Free and Open Source Licenses［EB/OL］.（2020-04-15）［2021-02-01］. https：//www.ifross.org/artikel/qt-kde-and-corona-maybe-ensuring-continued-development-and-availability-under-free-and-open-#sdfootnote1sym.

该帖子继续提供了过去两年中有关 2015 年协议变更的正在进行的谈判的背景信息：该基金会的目标是解决不兼容问题，升级以包含 Wayland 等新技术并评估 Qt 公司关于提高盈利能力的建议。

后来，Qt 公司告知 KDE e. V. 和 KDE Free QT 基金会，它正在评估将所有发行限制为付费许可证持有人，这可能是由于新型冠状病毒肺炎大流行所带来的经济压力增加，因此需要最大化短期收入。这将对自由和开源构成威胁，但在一定程度上也将围绕 Qt 建立商业生态系统。尽管现有的许可合同有很多保证，而且这种情况不会改变，但这使 Qt 和 KDE 周围的一切处于不确定的未来，而谈判结果会如何尚不可知。一个繁荣的开源生态系统正处于危险之中，最坏的情况是每个人的境况都变糟，Qt 公司破产，KDE 和其他贡献者不得不分叉并维护自己的 Qt 版本。

此次事件的启示是，重要的是要使用免费和开源软件来满足项目和产品的许可需求，并与上游公司和项目保持良好的关系，并始终关注许可问题。

◆ 瑞典大众有限公司许可证违约事件

2006 年 2 月 10 日，gpl – violations. org 项目发现并解决了有关奥地利电子健康卡系统违反 GPL 规定使用开源软件的问题。

瑞典大众有限公司将基于 GPL 公开的软件，包括 Linux 操作系统，使用在充当健康信息网络和医生诊所间的网关"GINA"适配器（Gesundsheits Informations Netzwerk Adapter）的软件上，但遗憾的是该公司并未遵守 GPL 的相关规定，如未传递许可证并提供完整的相应源代码。[1]

该案中，瑞典大众有限公司违规使用开源软件的行为被及时发现并纠正，从而为开源事业的持续规范发展提供了借鉴。

应当明确，自由软件也是受著作权保护的客体，基于许可证将其公开发布并不意味着原权利人拒绝保留权利。因此，无论是开源管理社区还是商业性或非商业性用户，在使用开源作品时都应严格遵守相应许可证的要求。

◆ TARGA 有限公司许可证违约事件

2005 年 6 月 1 日，gpl – violations. org 项目指出德国笔记本电脑厂商 TARGA 有限公司存在使用开源软件而未遵循 GPL 要求的行为。

[1] WELTE H. GPL Dispute in Austrian Health Card System Resolved [EB/OL]. (2006 – 02 – 10) [2021 – 01 – 21]. https: //gpl – violations. org/news/20060210 – svc – gesundheitskarte/.

TARGA 有限公司在美国使用了基于 GPL 公开发布的快速媒体软件 TARGA，并将其安装在 Treveller 826T MT32 笔记本电脑上，同时 Targa Traveller 826T MT32 笔记本电脑于 2005 年 6 月 1 日开始在德国最大的全国性低成本零售店之一——LIDL 折扣店销售。

虽然在商业产品中使用 GPL 许可软件并没有错，但只有在履行相应义务的前提下才允许使用，比如传递许可协议并提供完整的相应源代码，而 TARGA 有限公司未履行上述义务，因此该行为违法。❶

该案中，TARGA 有限公司将开源软件用作商用，而未按许可证要求附上许可证副本或提供完整源代码，因而遭到 gpl - violations. org 项目的警告和指正。

事实上，大部分开源许可证都不禁止开源作品的商业用途，而笔记本电脑厂商在其设备上使用开源系统 Linux 也是为开源软件开发平台所欢迎的，因为由此可见这些厂商对微软的商业性视窗操作系统的启动时间并不满意，或者说开源软件系统无论从技术上还是其他角度较之于商业软件系统而言更具市场吸引力。然而，为保证开源事业的生命力和创造力，遵守相应许可证的要求确为使用开源作品之前提。

◆ Fortinet UK Ltd. 许可证违约事件

2005 年 4 月 14 日，gpl - violations. org 项目发现了 Fortinet Inc. 的英国子公司 Fortinet UK Ltd. （以下简称“Fortinet”）存在违反 GPL 的行为。

Fortinet 在某些产品中使用了 GPL 软件，但却利用加密技术来掩盖这一事实。Fortinet 提供了多种防火墙和防病毒产品（FortiGate 和 FortiWiFi 产品系列）。Fortinet 声称，这些产品都是运行在“FortiOS”操作系统上的。而事实上，“FortiOS”操作系统使用了 Linux 操作系统内核和一些基于 GPL 开放的免费软件产品，但 Fortinet 在再分发时却未按照 GPL 的相关要求供完整的相应源代码和许可文件的副本。

由于违反此规定，德国慕尼黑地区法院已对 Fortinet 发出初步禁令，禁止其进一步分销产品，直至其行为符合 GPL 条件为止。❷

该案中，Fortinet 不仅违规使用开源软件，还利用加密技术掩盖该事实。对此，Linux 内核的开发者兼 gpl - violations. org 项目的创始人哈罗尔德·韦尔特也表示：“Fortinet 的这种违反行为尤其严重，因为供应商不仅违反了 GPL 规定，而且还积极地掩饰了这种违反行为。我们绝不反对免费和开源软件的商业使用，在商业产品中使用

---

❶ WELTE H. GPL Violation in TARGA Traveller 826T MT32 Notebook, Sold at LIDL Sale Today [EB/OL]. (2005 - 06 - 01) [2021 - 01 - 20]. https: //gpl - violations. org/news/20050601 - targa - lidl_notebook/.

❷ WELTE H. gpl - violations. org Project Gains Preliminary Injunction Against Fortinet UK Ltd [EB/OL]. (2005 - 04 - 14) [2021 - 01 - 20]. https: //gpl - violations. org/news/20050414 - fortinet/.

GPL 的软件也没有法律风险，但是供应商必须像遵守其他软件许可协议那样遵守开源许可证条款。”❶

事实上，无论是否出于商业目的使用开源软件，都需要严格遵守该软件发布所根据的许可证的相关条款。若使用者不仅未按照许可证要求使用软件，反而积极掩饰该使用行为，那么便可认定其在主观上具备侵权的故意，因此行为性质更为恶劣。法院在计算赔偿数额时通常也会对行为人的主观意图加以考量。

◆ TomTom BV 许可证违约事件

2004 年，10 月 24 日，gpl - violations. org 项目公布了一项 GPL 的成功实施案例。

根据与荷兰导航系统供应商 TomTom BV（http：//www. tomtom. com/）的友好协议，gpl - violations. org 项目已积极敦促其 TomTom GO 产品完成整改，以符合 GPL 的相关要求。

用户现在已经可以在 http：//www. tomtom. com/gpl 上获得 Linux 操作系统内核的源代码，包括 TomTom GO 修改版本的源代码。此外，TomTom BV 还将履行 GPL 规定的其他义务，例如提供完整的许可条款。

作为协议的一部分，TomTom BV 将向混沌计算机俱乐部（Chaos Computer Club）捐款，以表示对自由软件和技术爱好者运动的支持和赞赏。❷

该案中，荷兰导航系统供应商 TomTom BV 通过与 gpl - violations. org 项目的友好协商，积极纠正了其违反 GPL 要求使用开源作品的行为，从而重新获得许可，继续合法使用上述开源作品。

事实上，部分开源许可证，典型如该案中的 GPL 就规定了许可的重新获得，即使用者在违背开源许可证而侵犯开源作品真正权利人的相关权利后，可通过积极改正自己的使用行为，使之符合许可证的相关要求，从而再度根据该许可证获得开源作品的合法使用权。开源许可证类似于预先拟定的条款，并附带解除条件，当使用者因其不合理的使用行为违反该条款后，便失去使用该开源作品的正当授权，因此须为其不合理的使用行为承担一定的侵权责任，同时其与开源作品权利人的使用协议也将自动解除。但当使用者调整其使用行为使之符合要求后，也便与开源作品权利人重新达成了许可协议。开源许可的重新获得有助于鼓励使用者按照许可证及时纠正其使用行为，并降低过失侵权者的侵权成本，与开源精神存在本质上的契合，有助于促进开源作品

---

❶ WELTE H. gpl - violations. org Project Gains Preliminary Injunction Against Fortinet UK Ltd [EB/OL].（2005 - 04 - 14）[2021 - 01 - 20]. https：//gpl - violations. org/news/20050414 - fortinet/.

❷ WELTE H. gpl - violations. org Project Brings TomTom to GPL Compliance [EB/OL].（2004 - 10 - 24）[2021 - 01 - 20]. https：//gpl - violations. org/news/20041024 - linux - tomtom/.

的传播与进步。

此外，开源社区管理平台如发现使用者在使用平台开源作品时存在违反许可证相关规定的情况，可积极敦促使用者修正该行为，使之符合许可证规定，从而减小开源作品权利人的维权成本，同时也避免使用者因侵权而付出更高昂的代价。使用者在补正相关行为之后，还可能基于公共许可证重新获取相关权利。因此从该角度而言，使用者的积极补正将有利于双方达成合作共赢的和谐局面。

◆ Allnet 公司许可证违约事件

2004 年 2 月 17 日，netfilter/iptables 项目宣布与 Allnet 公司就其侵犯著作权的使用行为达成庭外和解。

Allnet 公司提供了两种产品：无线访问路由器和负载平衡 DSL 路由器，均包括 netfilter/iptables 开发的软件项目。但是，Allnet 公司没有履行 GPL 的义务，没有提供任何源代码，也未提供 GPL 副本。

该案发生后，Allnet 公司同意遵守许可证的所有条款并帮助其客户了解其各自基于 GPL 的权利和义务，同时表示会进一步避免将来在不遵守 GPL 的情况下提供任何基于 netfilter/iptables 的新产品。[1]

该案中，Allnet 公司通过同意遵守许可证条款而与 netfilter/iptables 项目达成和解，从而有效避免了诉讼。

事实上，随着开源作品数量的逐渐增加以及开源作品使用的日益频繁，侵犯开源作品权利人权利的案件也屡见不鲜，为进一步减少权利人的维权成本，降低整个社会在该类侵权案件上的司法成本，本书认为，类似 gpl - violations. org 的项目的构建和推广也许可成为破除开源作品的维权困境的有效手段。具体而言，开源作品的权利人可将其作品授权给此类组织集中管理，该组织从而获得发出警告、提起侵权诉讼等权限，同时此类组织还应当积极督促开源作品的使用者严格遵守开源许可条款正确使用此类作品，代表开源作品的真正权利人与侵权行为情节轻微、及时纠正的用户达成和解，以进一步促进开源事业的健康良性发展。

（撰稿：庄云霄、张燕；核对：辜凌云）

---

[1] WELTE H. Allnet GmbH Resolves Iptables GPL Violation [EB/OL]. (2004 - 02 - 17) [2021 - 01 - 20]. https://lwn. net/Articles/71418/.

二、案例点析

不同于上述归类到特定领域开源软件问题的案例整理，本部分开源事件的整合是基于一些具有较大影响和标志性的事件的汇集，这些案件显著地证明了开源软件的广泛应用以及由此带来的法律风险不容小觑。

对开源软件的广泛应用极大地提升了政府向公众提供公共服务的效率，优化了此前所涉领域的行政行为，诸如德国比尔市公共部门的数字化转型、丹麦的新型冠状病毒追踪系统等都享受着开源软件带来的社会福利，相关方面也在逐步从官方视角开始推动开源软件向更广范围应用迈进。

当然，开源软件的法律治理问题也会随着其广泛应用的深入而逐步显现，应当引起各界重视。瑞典大众有限公司、TARGA 有限公司、TomTom BV 等的许可证违约事件相继出现，说明在开源软件的法律保护层面风险依旧。上述事件中大部分都以调解或双方自行和解结案，在有效节省司法资源的同时，也应当注意到开源许可证的违约问题是目前应用开源许可证最焦点的问题。该问题的解决不仅应该交由市场机制进行协调，更应当引起法律学界的高度重视。对以调解结案的开源事件更应该注重分析其中存在的利益划分和责任认定问题，其中蕴含了大量可以进行学术探讨的空间。应当注意的是，在分析以上这类案件时应当以尊重开源软件许可协议为基本出发点，在此基础上再进一步讨论利益的平衡才有意义。

（撰稿：辜凌云；核对：徐美玲）

中　篇

开源许可证及政策汇解

【初校】
曹卫良　徐子淼　赵怡冰
【终校】
徐美玲　徐子淼

第一章　国外开源许可证及政策汇解

一、开源软件许可证及政策汇解

本书根据源代码修改后分发时是否可以闭源以及源代码修改后分发时是否可以更换许可证，将目前主流的开源软件许可证分为严格型、宽松型、混合型。其中，严格型许可证既不能闭源，也不可以更换许可证，如 GPL 1.0、GPL 2.0、GPL 3.0、AGPL 3.0、EUPL 1.2；宽松型许可证既可以闭源，也可以更换许可证，如 MIT 许可证、Apache许可证 2.0、Clause－2－BSD、Clause－3－BSD、BSD＋Patent、ECL 2.0；混合型许可证或者可以闭源，或者可以更换许可证，如 LGPL 3.0、CDDL 1.0、EPL 2.0、MPL 2.0。每个许可证的具体分析参见下文。需要说明的是，许可证宽松和严格的评价并无统一标准，本书的分析结果不构成正式的法律意见，建议读者在选择合适的开源软件许可证时寻求专业律师的意见。

（一）严格型许可证

Ⅰ. GPL 1.0

1. GPL 1.0 简介

GNU 通用公共许可证（GNU General Public License，GPL），是第一个被普遍使用的 copyleft[1] 许可证，最初由自由软件基金会的 Richard Stallman 为 GNU 项目所撰写，并授予计算机程序的用户自由软件定义（The Free Software Definition）的权利。

GPL 是开源运动的基础，系指经开源软件著作权人同意的保证任何人享有使用和修改开源软件权利的许可协议，其宗旨为“保证用户有无限复制和修改的权利”。GPL 在导言中明确其法律立足点：①承认软件的著作权；②提供这种许可协议以使公众获

[1] copyleft 是一种让程序（或其他作品）保持自由（是自由使用的自由，而非免费）的通用方法，并要求对 copyleft 程序的任何修改和扩展都保持自由。

得复制、分发和修改软件的权利。❶ GPL 是对开源软件使用者权利限制最为严格的一种开源软件许可证。

自由软件基金会创立者理查德·斯托曼分别于 1989 年 1 月和 1991 年 6 月发布 GPL 第 1 版（GPL 1.0）和第 2 版（GPL 2.0），其中 copyright 保护和 copyleft 授权机制是 GPL 提供的两项权利保护措施。GPL 主要条款有 13 条，规定了社会公众作为被许可人享有最主要的四项权利：①为了任何目的运行该程序；②自由获得源代码的权利，并在此基础上研究程序是如何运行的，并可为了个人目的改变程序；③自由分发复制件的权利；④自由改进程序并要求将自己的改进向社会公布的权利。同时，为保障开源软件社区的动态开放，以避免开源软件许可落入商业软件许可的窠臼，GPL 也规定了社会公众应履行的义务。当然，GPL 的约束仅针对再次发布软件。如果使用者并不进行再发布，而只是供其个人或者企业内部使用，则无须公开自己修改的源代码。

截至 2021 年 6 月，选择使用 GPL 1.0 的开源项目如表 1－1－1 所示。

表 1－1－1　选择 GPL 1.0 的开源项目

名称	描述	开源主体
AOLserver	Web 服务器	America Online❷
Aletheia	区块链	Decentralised Autonomous Organisation（DAO）❸
Alumni－OnLine	基于 PHP/DBMS 的建立连接的程序	—
AmigaShell	控制台	Amiga
Aqualung	音乐播放器	—
AudioMove	音频文件转换器/复制程序	Meyer Sound Laboratories
Bluediving	蓝牙安全工具	—
Handbrake	视频转码器	—
LinkChecker	网站验证器	—
Mondo Rescue	崩溃恢复解决方案	—
OpenArena	游戏	—
SNORT	网络入侵防御和检测系统	—
WooCommerce	可定制的电子商务平台	WooThemes
TeXShop	LaTeX 和 TeX 编辑器和预览器	—
Xshogi	提供 X11/Xt/Athena Widgets 用户界面	GNU

❶ GPL 的具体文本见 http：//www.gnu.org/copyleft/gpl.html，最后访问日期 2021 年 6 月 12 日；转引自：张平．开源软件：知识产权制度的批判与兼容［G］//张平．网络法律评论：第 5 卷．北京：法律出版社，2004：86.

❷ 2015 年被 Verizon Communications 收购。

❸ 意为“去中心化自治组织”。

GPL 1.0 的核心要点参见表 1－1－2。

表 1－1－2　GPL 1.0 的核心要点

要点	内容	GPL 相关条款
著作权	一个 GPL 软件的所有部件都必须遵循 GPL 的规定	第 0 条
	只能按本许可发布源代码（传染性）	第 1 条
	不允许与函数库连接	第 1 条
	修改 GPL 软件得到的软件也应共享	第 2 条
	GPL 文本不可被修改	开篇
	允许自由选择新的许可证版本	第 7 条
	同基于其他许可协议的开源软件混合须另寻许可	第 8 条
专利权	未明确专利许可授权	—
许可证类型	严格型许可证，需提供源代码，且不能变更许可证	第 2 条

2. **如何套用** GPL 1.0

要使用 GPL，请在程序中附上下列声明。最安全的方式是将它放在每个源程序的开头，以便最有效地传递拒绝担保的信息。每个文件至少应有“版权所有”行以及对声明全文所在位置的说明。

以下为示例，实际使用时需更换具体信息并附上您的电子邮件和通信地址等联系方式。

〈用一行代码显示程序的名称及用途简介〉

版权所有© ××××（年份）作者姓名

本程序是自由软件，您可以遵照自由软件基金会出版的 GNU 通用公共许可证来修改和重新发布这一程序。或者用许可证的第 2 版，或者（根据您的选择）用任何更新的版本。

发布这一程序的目的是希望它有用，但没有任何担保。甚至没有适合特定目的的默示担保。更详细的情况请参阅 GNU 通用公共许可证。您应该已经和程序一起收到一份 GNU 通用公共许可证的副本。如果没有，请致信给：

The Free Software Foundation，Inc.，51 Franklin Street，Fifth Floor，Boston MA 02110－1301 USA。

如果程序以交互方式进行工作，当它开始进入交互方式工作时，使它应当输出类似下面的简短声明：

Gnomovision（这是示例，需更换；下同）第××版，版权所有©［年份］，作者姓名，

Gnomovision 绝对没有担保，想要知道详细情况，请输入'show w'。

这是自由软件，欢迎您遵守一定的条件重新发布它，要知道详细情况，请输入'show c'。

假设的命令'show w'和'show c'应该显示通用公共许可证的相应条款。当然，您也可以使用'show w'和'show c'以外的其他命令名称。根据您的程序的具体情况，也可以用菜单或鼠标选项来显示这些条款。

如果需要，您应该取得您的雇主（如果您是程序员）或您的学校签署的放弃程序著作权的声明。下面只是一个例子，您应该改变相应的名称：

Yoyodyne 以此方式放弃由 James Hacker 所写的 Gnomovision 程序的全部版权利益。

〈Ty Coon 签名〉，1989 年 4 月 1 日

Ty Coon 副总裁

3. GPL 1.0 文本（中文译本）❶

【译者声明】

This is an unofficial translation of the GNU General Public License（Version1，February 1989）into Simplified Chinese. It was not published by the Free Software Foundation，and does not legally state the distribution terms for software that uses the GNU GPL（Version 1）—only the original English text of the GNU GPL（Version 1）does that. However，we hope that this translation will help Simplified Chinese speakers understand the GNU GPL（Version 1）better.

这是 GPL 1.0（1989 年 2 月发布）的非官方简体中文翻译，该简体中文翻译并非自由软件基金会所发布，且不能作为使用 GPL 1.0 所发布软件的法律声明——只有 GPL 1.0 的英文原版才具有法律效力。不过，我们希望本翻译能够帮助简体中文读者更好地理解 GPL 1.0。

You may publish this translation，modified or unmodified，only under the terms at https：//www. gnu. org/licenses/translations. html.

无论是否修改，您都可以发布本翻译，前提是您遵循 GNU 网站（https：//www. gnu. org/licenses/translations. html）关于许可证翻译的要求。

GNU 通用公共许可证

第 1 版，1989 年 2 月

版权所有© 1989 自由软件基金会

美国马萨诸塞州波士顿市富兰克林街 51 号五楼 02110 - 1301

允许每个人复制和发布这一许可证原始文档的副本，但绝对不允许对它进行任何修改。

❶ GPL 1.0 英文原版参见 https：//www. gnu. org/licenses/old - licenses/gpl - 1. 0. html，最后访问日期 2021 年 6 月 12 日。

序言

大多数软件公司的许可协议都试图让用户受这些公司的支配。对比之下，GNU 通用公共许可证力图保证你有共享和修改自由软件的自由——保证自由软件对所有用户是自由的。GPL 适用于大多数自由软件基金会的软件，以及承诺受自由软件基金会约束的作者所开发的软件。您也可以将您的软件程序置于本许可证的保护之下。

当我们谈到自由软件时，我们指的是自由使用而非免费使用。我们创建 GNU 通用公共许可证，是为了确保您有发布自由软件的自由，确保您能得到源程序或者在您需要时能得到它，确保您能修改软件或将它的一部分用于新的自由软件，同时确保您了解自己的有关权利。

为了保护您的权利，我们需要作出一些限制性规定：禁止任何人否定您的权利，或者要求您放弃这些权利。如果您修改了自由软件或者分发了软件的副本，这些规定就转化为您的责任。

例如，如果您发布这样一个程序的副本，不管是收费的还是免费的，您必须将您具有的一切权利给予该程序的接收者，您必须保证他们能收到或得到源代码，并且告知他们自己的权利。

我们采取两项措施来保护您的权利：

（1）给软件以著作权保护。

（2）给您提供许可证，它能够许可你复制、分发和修改这些软件。

同样，为了保护每个作者和我们自己的权利，我们需要明确一点：自由软件不提供担保（no warranty）。如果由于其他某个人修改了软件，并继续加以传播，修改后的软件的接收者应当明白：他们所得的并不是软件的原始版本，因原作者之外的人导致的任何问题不应损害原作者的声誉。

有关复制、分发和修改的条款和条件

0. 此许可证适用于任何包含著作权所有者声明的程序和其他软件作品，著作权所有者在声明中明确说明程序和作品可以在 GPL 条款的约束下分发。下面提到的“程序”指的是如上所述的程序或软件作品。而“基于程序的作品”指的是程序或者包含如上所述的程序或程序的一部分的作品。每个被许可方（licensee）用“您”来指代。

1. 在满足下列条件时，您可以通过任何媒介原封不动地复制和分发您收到的原始程序的源代码：在每一份副本中，显著而适当地附有著作权声明以及不承担担保的声明；保持所有与本许可协议相关的声明及不承担担保的完整声明内容；将本协议许可副本分发给上述程序的其他接收者。您可以为转让副本的实际行动收取一定费用。

2. 在满足下列条件时，您可以修改程序的一个或几个副本或程序的任何部分，并可以按前面第 1 条的要求复制和分发这些已经过修改的程序：

a）您必须在修改的文件中附有显著声明，说明您修改了这一文件及具体的修改日期。

b）您发布或出版的全部或部分包含本程序或其任何部分的任何作品，无论是否经过修改，都必须在您的网站上公布，都要根据本通用公共许可证的条款免费授权给所有第三方（但您可以选择向部分或所有第三方提供担保，这由您决定）。

c）如果修改后的程序在常态运行时以交互方式读取命令，在开始进入常规的交互使用方式时，该程序必须打印或显示声明，包括：适当的著作权声明和没有担保的声明（或者您提供担保的声明）；用户可以按此许可证条款重新发布程序的声明；告诉用户如何看到这一 GPL 许可证的副本。

d）您可以对转让副本的实际行为收取费用，您也可以选择提供担保以换取费用。

仅仅将另一独立作品与本程序（或其衍生程序）聚合在同一存储或分发媒介上，并不能将该另一作品纳入本条款的范围。

3. 如果您遵守前面的第 1 条、第 2 条，并同时满足下列 3 点之一，就可以以目标代码或可执行程序形式复制或分发程序（或根据第 2 条所述的该程序的一部分或演绎作品）：

a）与分发程序一起附有相关的机器可读形式的完整的源代码，这些源代码的分发应符合上面第 1 条、第 2 条的要求。或者：

b）除分发程序之外，还应附有有效期不少于 3 年的书面要约，该要约应免费提供给第三方完整机器可读形式的相关源代码（除了分发成本的象征性费用），源代码的分发应符合上面的第 1 条、第 2 条的要求。或者：

c）附上您收到的关于在哪里可以获得相应的源代码的信息（这种方式只允许用于非商业性的分发，而且只有在您收到的程序仅是目标代码或可执行形式的情况下才允许）。

作品的源代码指的是对作品进行修改的首选形式。对于一个可执行文件，完整的源代码是指它所包含的所有模块的所有源代码。但是，作为一个特殊的例外，它不需要包括作为标准库的模块的源代码，这些标准库伴随着可执行文件运行的操作系统，或者伴随着该操作系统的标准头文件或定义文件。

4. 除非您按许可证明示的要求去做，否则您不能复制、修改、转许可和分发程序。任何试图用其他方式复制、修改、转许可和分发程序的行为都是无效的。如果您这样做，许可证赋予您的权利将自动终止。然而，对那些从您那里按许可证条款得到副本和权利的人们，只要他们继续全面履行条款，许可证赋予他们的权利仍然有效（他们的权利不因您的权利中止而受到任何影响）。

5. 如果您修改或分发程序（或任何基于程序的作品），就表明您接受这一许可证以及它的所有有关复制、分发和修改程序或基于程序的作品的条款和条件。

6. 每当您重新分发程序（或任何基于程序的作品）时，接收者自动从原始许可证颁发者那里接收到根据这些条款和条件进行复制、分发或修改程序的许可。您不得对接收者就本条款赋予他们的权利强加其他限制。

7. 自由软件基金会可能会不时地发布通用公共许可证的修订版和/或新版本。这些新版本在精神上与现有版本相似，但在细节上可能有所不同，以解决新的问题或关切。

每个版本都有一个区分的版本号。如果程序指定了适用于它和“任何后来的版本”的许可证版本号，您可以选择遵守该版本或自由软件基金会发布的任何后来版本的条款和条件。如果程序没有指定许可证的版本号，您可以选择自由软件基金会发布的任何版本。

8. 如果您愿意将程序的一部分结合到其他自由程序中，而它们的发布条件不同，那么可以写信给作者，要求得到许可。如果是由自由软件基金会享有著作权保护的软件，写信给自由软件基金会，我们有时会作为例外的情况处理。我们的决定取决于两个主要目标：一是保持自由软件的演绎软件也处于自由状态；二是从整体上促进软件的共享和重复利用。

不予担保

9. 由于许可免费使用程序，在适用法准许的范围内，不对程序提供担保。除非另有书面说明，著作权所有者和/或其他提供程序的人按“原样”提供，并且不提供任何类型的担保。本许可证不提供任何明示或默示担保，包括但不限于该覆盖代码没有缺陷、适用销售、适用于特定用途等担保。您应独立承担该使用 GPL1.0 的代码（covered code）质量和性能方面的所有风险，如果该代码被证明在某个方面有缺陷，应由您承担所有必要的服务、修复和改正的费用。

10. 除非适用法或书面协议的要求，在任何情况下，任何著作权所有者或任何按许可证条款修改和发布程序的人都不对您的损失负有任何责任，包括由于使用或不能使用程序引起的任何一般损失、特殊损失、偶然损失或间接损失（包括但不限于丢失数据、数据偏差，或者您或第三方遭受的损失、程序不能和其他程序协调运行等）。即使著作权所有者和其他人事先已经得知有发生上述损失的可能性也不例外。

附件　如何将这些条款用到您的新程序

如果您开发了新程序，而且您需要公众最大限度地进行利用，那么最好的办法是将它变为自由软件使得每个人都能在遵守条款的基础上对它进行修改和重新分发。

要做到这一点，请在程序中附上以下声明。最安全的方式是将它放在每个源程序的开头，以便最有效地传达拒绝担保的意思。每个文件至少应有“版权所有”行以及对声明全文所在位置的说明。

用一行代码显示程序的名称及用途简介

版权所有©年份作者姓名

本程序是自由软件，您可以遵照自由软件基金会发布的 GNU 通用公共许可证［第 1 版或（你可以选择）任何后来的版本］来修改和重新发布这一程序。

发布这一程序的目的是希望它有用，但没有任何担保，甚至没有适合特定目的的默示担保。更详细的情况请参阅 GNU 通用公共许可证。您应该已经和程序一起收到一份 GNU 通用公共许可证的副本。如果没有，请致信给：

The Free Software Foundation，Inc.，51 Franklin Street，Fifth Floor，Boston MA 02110 – 1301 USA

并附上您的电子邮件和通信地址等联系方式。

如果程序以交互方式进行工作，当它开始进入交互方式工作时，使它应当输出类似下面的简短声明：

Gnomovision 第 69 版，版权所有©年份，作者姓名，

Gnomovision（这是示例，需更换）绝对没有担保，想要知道详细情况，请输入'show w'。

这是自由软件，欢迎您遵守一定的条件重新发布它，要知道详细情况，请输入'show c'。

假设的命令'show w'和'show c'应该显示通用公共许可证的相应部分。当然，您也可以使用'show w'和'show c'以外的其他命令名称。根据您的程序的具体情况，也可以用菜单或鼠标选项来显示这些条款。

如果需要，您应该取得您的雇主（如果您是程序员）或您的学校要签署放弃程序著作权的声明。下面只是一个例子，你应该改变相应的名称：

Yoyodyne 以此方式放弃由“James Hacker”所写的“Gnomovision”程序的全部著作权利益。

Ty coon（签名），1989 年 4 月 1 日

Ty coon，副总裁

（撰稿：王予君；核对：曹卫良）

Ⅱ. GNU General Public License 2.0（GPL 2.0）

1. GPL 2.0 **简介**

GPL 2.0 于 1991 年 6 月由 GNU 发布。据理查德·斯托曼所言，GPL 2.0 的主要变化是“自由或死亡”（liberty or death）条款。就如字面上所说，“被许可人只有在满足所有许可证的义务下”才可以分发包含 GPL 的软件，尽管他们可能拥有任何其他法律义务。就算有相互矛盾的义务，许可证的义务也可能不被切断。该条款旨在阻止任何一方使用专利侵权索赔或其他诉讼来损害用户在许可证下的自由。❶

截至 2021 年 6 月，选择 GPL 2.0 的开源项目如表 1－1－3 所示。

表 1－1－3　选择 GPL 2.0 的开源项目

名称	描述	开源主体
Spacewalk	Linux 系统管理解决方案	—
GnuCash	个人和小型企业财务会计软件	—
Kodi	媒体中心解决方案	—
API Sanity Checker	C/C ＋＋库的基本单元测试的自动生成器	—
ASCEND	面向对象的数学建模环境	—
APSR	TCP/IP 数据包发送方	—

GPL 2.0 的核心要点参见表 1－1－4。

表 1－1－4　GPL 2.0 的核心要点

要点	内容	许可证相关条款
著作权	法院判决或专利侵权指控不影响许可证义务	第 7 条
专利权	任何专利都必须获得许可供所有人免费使用	前言
	地理分布限制	第 8 条
许可证类型	严格型许可证，需要提供源代码，不能变更许可证	第 2 条
兼容性	与 GPL 3.0 不兼容❷	如第 4 条（终止条款）

2. **如何套用** GPL 2.0

如果您开发了一个新程序，并希望它能最大限度地为公众所使用，最好的办法是将其作为自由软件，以使每个人都能在本许可证约束下对其再发布及修改。

为此，请附上以下声明。最安全的做法是将其附在每份源代码的开头，以便于最有效地传递免责信息。同时，每个文件至少包含一处“著作权声明”和一个许可证全文的链接，同时提供您的电子邮件地址或传统的邮件联系方式。

---

❶ 参见 https://zh.wikipedia.org/wiki/，最后访问日期 2021 年 6 月 12 日。

❷ 如果代码是按照 GPL 2.0 或之后版本发布的，那么它就和 GPL 3.0 兼容。

用一行来标明程序名及其作用。

版权所有©年份　作者姓名。

本程序为自由软件，在自由软件基金会发布的 GNU 通用公共许可证的约束下，您可以对其进行再发布及修改。许可证版本为第 2 版或（随您选择）更新的版本。

我们希望发布的这款程序有用，但不作任何保证，甚至不保证它有经济价值和适合特定用途。详情参见 GNU 通用公共许可证。

您理当已收到一份 GNU 通用公共许可证的副本。如果没有，请致信自由软件基金会：51 Franklin Street，Fifth Floor，Boston，MA 02110 - 1301，USA

如果该程序是交互式的，让它在交互模式下输出类似下面的一段声明：

Gnomovision 第××版，版权所有©年份　作者姓名

Gnomovision（示例，需要更换）从未提供品质担保，输入'show w'可查看详情。这是一款自由软件，欢迎您在满足一定条件后对其再发布，输入'show c'可查看详情。

例子中的命令'show w'和'show c'应用于显示 GNU 通用公共许可证相应的部分。当然您也可以因地制宜地选用别的命令乃至点击操作。

如果您之上存在雇主（您是程序员）或校方，您还应当让他们在必要时为此程序签署放弃版权声明。以下为示例：

Yoyodyne 公司，在此放弃对 James Hacker 所写的“Gnomovision”程序所享有的著作权利益。

Ty Coon（签字），1989 年 4 月 1 日

Ty Coon，副总裁

本通用公共许可证不允许将您的程序合并到私有程序中。如果您的程序是一个子程序库，您可能会认为允许将私有应用程序与该库链接会更有用。如果您想要这样做，请您使用 GNU 较宽松通用公共许可证，而不是本许可证。

3. GPL 2.0 **文本（中文译本）**[1]

【译者声明】

This is an unofficial translation of the GNU General Public License（Version 2）into Simplified Chinese. It was not published by the Free Software Foundation, and does not legally state the distribution terms for software that uses the GNU GPL（Version 2）—only the original English text of the GNU GPL（Version 2）does that. However, we hope that this translation will help Simplified Chinese speakers understand the GNU GPL（Version 2）better.

这是 GPL 2.0 的非官方简体中文翻译。本简体中文翻译并非自由软件基金会所发布，且不能作为使用 GPL 2.0 所发布软件的法律声明——只有 GPL 2.0 的英文原版才

[1] GPL 2.0 英文原版参见 http：//www.gnu.org/licenses/gpl－2.0.html，最后访问日期 2021 年 6 月 12 日。

具有法律效力。不过，我们希望本翻译能够帮助简体中文读者更好地理解 GPL 2.0。

You may publish this translation, modified or unmodified, only under the terms at https：//www. gnu. org/licenses/translations. html.

无论是否修改，您都可以发布本翻译，前提是您遵循 GNU 网站（https：//www. gnu. org/licenses/translations. html）关于许可证翻译的要求。

GNU 通用公共许可证

第 2 版，1991 年 6 月

序言

大多数软件的许可证旨在剥夺您共享或修改作品的自由。相比之下，GNU 通用公共许可证（本许可证）旨在保证您共享和修改自由软件的自由，以确保该软件对其所有用户仍然是自由软件。本许可证适用于大多数自由软件基金会的软件和任何其他程序，只要该程序作者承诺使用本许可证。（一些其他自由软件基金会的软件被 GNU 较宽松通用公共许可证所涵盖，）您也可以将本许可证应用到您的程序中。

当我们谈到自由软件时，我们指的是自由使用，而不是免费使用。我们的通用公共许可证旨在确保您拥有分发自由软件副本的自由（如果您愿意，也可以对其服务收费）。也就是说，您能够接收到源代码，或者在需要的时候能够获取它，您也可以修改软件，或者在新的自由软件中使用它的一部分，您了解您的相关权利。

为了保护您的权利，我们需要作出限制，禁止任何人剥夺您的这些权利或要求您放弃这些权利。因此，如果您分发软件的副本或修改它，这些限制将转化为您的特定责任。

例如，如果您分发这样一个程序的副本，无论是免费的还是收费的，您必须将您所拥有的所有权利给予接收者。您必须确保他们也能接收或能够获得源代码。您必须让他们看到这些条款，让他们知道自己的权利。

我们通过两个步骤来保护您的权利：（1）授予软件的著作权；（2）向您提供本许可证，以授予您复制、分发和/或修改软件的法律许可。

此外，为了保护每个作者和我们自己，我们希望确保每个人都明白，本自由软件不提供担保。如果软件被别人修改并传送，我们希望软件接收者知道他们拥有的不是原始版本，这样其他人引入的任何问题都不会影响到原始作者的声誉。

最后，自由程序不断受到软件专利的威胁。我们希望避免自由程序的重新分发者单独获得专利授权的危险，这一行为将在事实上使自由软件成为个人独占的专利软件。为了防止此类情况的发生，我们明确表示，任何专利都必须授权给每个人自由使用，或者根本不应被授权。

复制、分发和修改的条款和条件

0. 本许可证适用于任何程序或其他作品，只要著作权所有者放置一个声明，说明该程序或作品可以在本许可证的条款下分发。下面的“程序”是指任何此类程序或作品，而“基于程序的作品”是指本程序或著作权法下的任何衍生作品：即包含本程序全部或一部分的作品，可以是完整副本，也可以是经过修改和/或翻译成另一种语言（下文中的“修改”一词包括翻译的含义）。每个被许可人都被称为“您”。

复制、分发和修改以外的其他行为不在本许可证的涵盖范围内，这些其他行为超出了本许可证的范围。运行程序的行为不受限制，只有当本程序的输出内容构成基于本程序的作品（单纯地作为本程序运行的结果）时，本程序的输出才被本许可证所涵盖。是否被本许可证所涵盖取决于本程序的具体用途。

1. 您可以在任何媒介上复制和分发您接收到的本程序源代码的完整副本，前提是您：明显而恰当地在每个副本上发布适当的版权声明和免责声明，完整地保留与本许可证有关的所有声明以及与不存在任何担保有关的所有声明，并将本许可证的副本随本程序一并交给程序的任何其他接收者。

您可以对您通过物理方式转发的每一份副本收取费用，您也可以选择提供担保保护以换取收费。

2. 您可以修改本程序的副本或其任何部分，从而形成基于本程序的作品，并根据上述第 1 条的条款复制和发布这些修改或作品，前提是您需满足以下所有条件：

a）您必须在修改后的文件中添加显著的声明，说明您更改了文件以及所有的更改日期；

b）您必须根据本许可证的条款，使您分发或发布的任何作品作为一个整体免费授权给所有第三方，其中，该作品全部或部分包含或来自本程序或本程序的任何部分。

c）如果修改后的程序在运行时通常以交互方式读取命令，当该程序开始以最常用的方式进行此种交互使用时，您必须使该程序打印或显示一个声明。该声明内容包括：适当的著作权声明和不存在担保的声明（或者，您提供担保的声明），用户可以在上述条件下重新分发程序，并告诉用户如何查看本许可证的副本。例外情况：如果程序本身是交互式的，但通常不打印此种声明，则您基于本程序的作品也不需要打印声明。

上述要求适用于修改后的整体作品。如果该作品的可分割部分（identifiable sections）并非源自本程序，并且本身可以被合理地看作独立作品和分离作品，那么当您将该可分割部分作为独立作品分发时，本许可证及其条款不适用于该可分割部分。但是，当您将上述同样的可分割部分作为本程序的作品整体中的一部分进行分发时，整体作品的分发将受本许可证条款的约束，本许可证对其他被许可人的许可将扩展至全部整体作品，以及该整体作品的每一部分，而不管是谁编写的。

因此，本条款的目的并非索要或剥夺完全由您自己编写完成的作品的权利；相反，本条款的目的是行使权利，以控制基于本程序的衍生作品或集体作品的分发。

此外，仅仅将非基于本程序的其他作品与本程序（或与基于本程序的作品）聚合在同一存储或分发媒介上，并不会将其他作品纳入本许可证的范围。

3. 您可以按照上述第 1 条和第 2 条的规定，以目标代码或可执行代码形式复制、分发本程序（或根据第 2 条规定的基于本程序的作品），前提是您必须同时执行以下任一项：

a）附上完整的、机器可读的相应源代码，这些源代码必须按照上述第 1 条和第 2 条的条款，在通常用于软件交换的媒介上进行分发；或

b）附上一份有效期至少为 3 年的书面要约（written offer），以便任何第三方获取相应源代码的完整机器可读的副本，并根据上述第 1 条和第 2 条的规定，在通常用于软件交换的媒介上进行分发，收费不超过物理方式分发源代码的成本；

c）附上您收到的关于分发相应源代码的书面要约信息。（此选项仅允许用于非商业性分发，且仅当您根据上述 b）项，通过书面要约方式接收到目标代码或可执行代码形式的程序。）

作品的源代码是对作品进行修改的首选形式。对于一个可执行作品（或可执行软件），完整的源代码意味着它包含的所有模块的所有源代码，加上所有相关的接口定义文件，加上用于控制可执行作品编译和安装的脚本。但是，作为一个特殊的例外，分发的源代码不包含通常与操作系统主要组件（编译器、内核等）一起分发（以源代码或二进制形式）的内容，除非该主要组件本身附随于上述可执行作品，其中该可执行作品运行于该操作系统之上。

如果通过指定特定复制位置的形式分发可执行代码或目标代码，则在相同位置提供源代码复制的同等访问也被认为属于源代码的分发，您不需要强迫第三方在复制目标代码的同时复制相应源代码。

4. 除非本许可证明确规定，否则您不得复制、修改、转许可或分发本程序。任何以其他方式复制、修改、转许可或分发本程序的企图都是无效的，并将自动终止您在本许可证下的权利。但是，在本许可证项下从您那里获取副本或权利的当事人，只要他们完全遵守本许可证，他们的授权就不会终止。

5. 您没有被要求接受本许可证，因为您还没有签署它。但是，没有任何其他方式授予您修改或分发本程序或其衍生作品的许可。如果您不接受本许可证，则这些行为是法律禁止的。因此，当您修改或分发本程序（或任何基于本程序的作品）时，就表示您接受了本许可证，以及本许可证关于复制、分发或修改本程序（或基于本程序的作品）的所有条款和条件。

6. 每次您重新分发本程序（或任何基于本程序的作品），接收者都会自动从原始许可人那里获得授权许可，并在上述条款和条件的约束下复制、分发或修改本程序。您不得在接收者行使本许可证授予的权利时施加任何进一步的限制，您没有责任强制第三方遵守本许可证。

7. 如果由于法院判决、专利侵权指控或者其他任何理由（不限于专利争议），您面临与本许可证条款冲突的情形（无论是法庭命令、协议或其他情形），也不能成为您违背本许可证条款的理由。如果您不能在分发本程序时，同时满足本许可证项下的义务和其他相关义务，则结果就是您可能根本不能分发本程序。例如，如果一个专利许可，不允许所有通过您直接或间接收到本程序副本的人，免费重新分发本程序，此种情形下，唯一能同时满足该专利许可和本许可证要求的做法，就是完全不分发本程序。

如果本条款的任何部分在任何特定情况下被认定无效或不可执行，本条款的其余部分将继续适用，且本条款作为一个整体仍将适用于其他情形。

本条款的目的并非诱使您侵犯任何专利或其他财产权主张，或对任何该等财产权主张的有效性提出质疑。本条款的唯一目的是保护自由软件分发系统的完整性，该系统是通过应用公共许可证实现的。借助于该系统的持续应用，许多人已经对在该系统上分发的很多软件作出了慷慨的贡献。作者/捐赠者有权决定他/她是否愿意通过其他系统分发软件，而被许可人不能干预其选择。

本条款旨在彻底澄清本许可证其余部分所带来的结果。

8. 如果本程序在某些国家的分发和/或使用，由于专利或受著作权保护的接口问题而受到限制，将程序置于本许可证之下的原始著作权所有者可以增加一个明确的地域分发限制，以排除那些国家。因此，上述分发行为只允许在没有被排除的国家内或国家之间进行。在此种情形下，上述限制条款将被纳入本许可证之中，如同写在本许可证正文中一样。

9. 自由软件基金会可能不时地发布通用公共许可证的修订版和/或新版本。新版本将秉承当前版本的精神，但可能在细节上有所不同，以解决新的问题或关注事项。

每个版本都有一个不同的版本号。如果程序指定使用本许可证的编号版本“或任何后续版本”，您可以选择遵守该编号版本或自由软件基金会发布的任何后续版本中的条款和条件。如果本程序没有指定本许可证的版本号，您可以选择自由软件基金会以前发布的任何版本。

10. 如果您希望将本程序的某些部分合并到其他自由程序中，而其他自由程序采取的是不同的分发条件，请致函作者请求得到许可。对于受自由软件基金会著作权保护的软件，写信给自由软件基金会，我们有时会作为例外的情况处理。我们的决定将受两个目标的指导：一是保持我们自由软件的所有衍生作品的自由状态，二是从整体上促进软件的共享和重复利用。

不予担保

11. 由于本程序是免费许可的，因此在所适用法律允许的范围内，本程序不提供任何担保。除非另作书面声明，著作权所有者和/或其他方“按原样”提供本程序，不提供任何明示或暗示的担保；所述担保包括但不仅限于具有商业可行性和适合特定用途的暗示保证。程序的全部风险，如质量问题和性能问题，皆由您承担。如果程序被证明有缺陷，您将承担所有必要的服务、修复和更正的费用。

12. 在任何情况下，除非所适用法律要求或书面同意，任何著作权所有者或根据上文许可修改和/或重新分发本程序的其他方，都不对您的损失负责；所述损失包括由于使用或者不能使用本程序造成的任何一般的、特殊的、附带的或间接的损失（包括但不限于数据丢失、数据不准确、您或第三方的后续损失、本程序无法与其他程序协同运行），即使著作权所有者或其他方已经事先被告知了上述损失的可能性。

（撰稿：王予君、曹卫良；核对：徐子淼）

Ⅲ. GNU General Public License 3.0（GPL 3.0）

1. GPL 3.0 简介[1]

GPL 第 3 版（GPL 3.0）是 GPL 的最新版本，属于自由软件许可证，也是 copyleft 许可证。GNU 官方建议大多数软件使用 GPL 3.0。GPL 3.0 在之前的版本上作了一些改进，使之更容易理解和使用。但是，GPL 3.0 并不是一个全新的许可证，它是以前版本的演进。虽然 GPL 3.0 的文本改了很多，但是大多数只是澄清 GPL 2.0 的内容。GPL

[1] 参见 https：//www. gnu. org/licenses/license – list. html，最后访问日期 2021 年 6 月 12 日。

3.0 的主要改进包括以下三方面。

首先，GPL 3.0 允许破解数字权利管理（digital rights management，DRM）技术的行为。

根据中国《著作权法》[1]、美国《数字千禧年版权法》（*Digital Millennium Copyright Act*，DMCA）和《欧盟版权指令》（*European Union Copyright Directive*）等相关法律的规定，编写或分享破解 DRM 技术的软件属于非法行为，而 GPL 3.0 则允许用户编写或分享破解 DRM 技术的软件。一方面，用户可以使用 GPL 代码来实现 DRM。另一方面，如果有人编写了受 GPL 3.0 保护的代码，GPL 3.0 第 3 条规定这个代码并不构成一个有效的技术"保护"措施。这就意味着如果您破解了 DRM，那么您有权发布你的软件，而且您不会受到 DMCA 或类似法律的威胁。

其次，GPL 3.0 针对"tivoization"行为进行了规制。

有些公司制造了许多不同的运行 GPL 软件的设备，然后它们操纵这些硬件使之可以运行它们自己的软件，而其他人修改后的软件却不能运行，此种行为被称为"tivoization"。这些公司的设备虽然使用可以升级的自由软件，但是它们采用了一种不允许用户修改软件的设计，比如，有时硬件会检查已安装软件的校验和（checksum），并在匹配错误时关机。虽然这些制造商遵循 GPL 2.0 给了用户源代码，但是用户还是没有修改这个软件的自由。

GPL 3.0 针对上述 tivoization 行为进行了规制。当制造商分发包含遵循 GPL 3.0 的软件的最终用户产品时，GPL 3.0 第 6 条要求制造商提供修改该软件的信息。根据 GPL 3.0 的定义，最终用户产品包括便携式音乐播放器、数字式录像机以及家用安全系统等。

最后，GPL 3.0 针对软件专利的威胁，提供了更强的政策保护。

自从 GPL 2.0 于 1991 年 6 月发布，至 GPL 3.0 在 2007 年 6 月的更新，16 年间，软件专利的版图已经发生了很大的变化，自由软件许可证也发展出了对应的新策略。GPL 3.0 也反映了这些改变。根据 GPL 3.0 的规定，无论何时，只要有人分享了自写或修改版的 GPL 3.0 软件，开发者就必须为每个接收者提供他们实际操作需要的、GPL 赋予他们的任何专利许可证。此外，如果有专利授权者想要通过专利诉讼阻止其他用户实现自身的权利，那么其 GPL 3.0 就会被中止（专利报复条款）。

GPL 3.0 的上述专利政策，对于用户和开发者来说，能够让他们安心从事 GPL 3.0 软件的开发工作而无须担心有其他开发者想要通过专利侵权来起诉他们。有了这些专利政策，GPL 3.0 给用户和开发者提供了比其他自由软件许可证更多的对付专利攻击的保护手段。

需要注意的是，GPL 3.0 本身和 GPL 2.0 并不兼容。不过，大多数使用 GPL 2.0 发

---

[1] 参见《著作权法》（2020 年修正）第 53 条之规定："有下列侵权行为的，应当根据情况，承担本法第五十二条规定的民事责任……；构成犯罪的，依法追究刑事责任：……（六）未经著作权人或者与著作权有关的权利人许可，故意避开或者破坏技术措施的……，法律、行政法规另有规定的除外；……"

布的软件也允许用户使用 GPL 的后续版本（如 GPL 3.0）。因此，用户能够按照 GPL 3.0 作合理的代码合并。

截至 2021 年 6 月，选择使用 GPL 3.0 的开源项目如表 1－1－5 所示。

表 1－1－5　选择 GPL 3.0 的开源项目

名称	领域	开源主体
Ansible	IT 自动化平台	Michael DeHaan 创建，Red Hat，Inc. 赞助
GIMP	图像处理	—
4Pane	四列文件管理器	Linux
ATC－pie	空中交通管制模拟程序	FlightGear
Achievo ATK	PHP 开发框架	Sintattica
Airtime	互联网广播自动化平台	Sourcefabric
Balsa	Linux 邮件工具	自由软件基金会
Arduino IDE	Arduino 产品的软件编辑环境	Arduino
Bibfilex	书目管理软件	—
BiglyBT	无广告 Torrent 客户端	Azureus
BleachBit	系统清理工具	—
BlockSignal	安全信息传递应用程序	—
Brewtarget	啤酒酿造软件	—
Bluespice	企业版动态知识库	Hallo Welt
CVAssistant	求职软件	—
CaSchd	Ruby 网络管理器	jetbrains
Candela	数据可视化工具	—
Cgminer	比特币挖矿软件（区块链）	ConKolivas（作者）
Cl－ana	通用 Lisp 数据分析库	Gary Hollis（作者）
DEWAWI	商品管理系统	DEWAWI
DataStatix	数据信息管理软件	—
Dconf	系统配置编辑器	—
DIAP	分布式网页存档协议	—
IPComm 星际通讯	区块链	—
自美人工智能系统	AI	铜陵科艺创想科技有限公司
WTS	在线答题系统	太原扁舟科技有限责任公司
微信 SaaS 平台 SAPI＋＋	微信公众号小程序 SaaS 运营框架	安阳古德·网络科技有限公司
KYTMS	运输管理系统	辽宁路为物流有限公司
CRMEB 微信小程序商城系统	电商系统	西安众邦网络科技有限公司
CITA	区块链	Nervos Network
CRMEB 打通版	微信应用	西安众邦网络科技有限公司
renren－generator	代码生成器	湖南众码网络科技有限公司

GPL 3.0 的核心要点参见表 1 -1 -6。

表 1 -1 -6　GPL 3.0 的核心要点

要点	内容	许可证相关条款
著作权	允许破解 DRM 技术的行为	第 3 条
	转发副本（包括完整版和修改版）时添加版权声明； 转发修改版源代码时添加修改说明	第 4 条、第 5 条
	转发修改版软件或目标代码时，需提供对应的源代码	第 5 条、第 6 条
商标权	附加条款中可以增加商标使用政策	第 7 条 e）项
专利权	专利授权条款	第 11 条
	专利授权终止条款	第 8 条
许可证类型	严格型许可证，分发修改后软件时，需提供源代码，且不允许变更许可证	第 5 条 c）项
兼容性	GPL 2.0 不兼容 GPL 3.0；Apache 2.0 兼容 GPL 3.0	—

2. **如何套用** GPL 3.0

如果您开发了一个新程序，并希望它能为公众带来最大用处，实现这一点最好的方法是让它成为自由软件，以使每个人都可以在这些条款下重新分发及修改。

为此，请在程序中附上以下声明。最安全的做法是将其附在每份源文件的开头，以便最有效地声明免责信息（不包含担保）。同时，每个文件至少应该有“版权”行和一个指向完整声明位置的链接。

> 用一行来标明程序名及其作用
>
> 版权所有©年份　作者姓名
>
> 本程序为自由软件，在自由软件基金会发布的 GNU 通用公共许可证的约束下，您可以对其进行再发布及修改。许可证版本为第 3 版或（随您选择）更新的版本。
>
> 我们希望发布的这款程序有用，但不提供担保，甚至不保证它有经济价值和适合特定用途。详情参见 GNU 通用公共许可证。
>
> 您理当已收到一份 GNU 通用公共许可证的副本。如果没有，请查阅 http://www.gnu.org/licenses/。

同时提供您的电子邮件地址或传统的邮件联系方式。

如果该程序是交互式的，让它在交互模式下输出类似下面的一段声明：

> ＜程序名＞，版权所有©年份　作者姓名
>
> 本程序从未提供品质担保，输入'show w'可查看详情。这是一款自由软件，欢迎您在满足一定条件后对其再发布，输入'show c'可查看详情。

例子中的命令'show w'和'show c'用于显示 GNU 通用公共许可证相应的部分。当然您也可以因地制宜地选用别的方式，对图形界面程序可以用“关于”菜单。

如果您之上存在雇主（您是程序员）或校方，您还应当让他们在必要时为此程序签署放弃著作权声明，详情参见 http：//www. gnu. org/licenses/。

> 本 GNU 通用公共许可证不允许把您的程序并入私有程序。如果您的程序是某种库，且您想允许它被私有程序链接而使之更有用，请使用 GNU 较宽松通用公共许可协议。作决定前请先查阅 http：//www. gnu. org/philosophy/why - not - lgpl. html。

具体套用方式：在源代码的根目录中创建一个文本文件（根据 GNU 约定通常称为“copying”），然后将许可证文本复制到该文件中。

自由软件基金会建议采取其他步骤，在每个文件的顶部添加样板公告，样板可在许可证末尾找到。

如果适用（例如 Node. js、Ruby 和 Rust），请添加 GPL - 3. 0 - or - later（或 GPL - 3. 0 - only 以禁止将来的版本）到项目的程序包描述中，这将确保许可证显示在软件包目录中。[1]

3. GPL 3. 0 **文本（中文译本）**[2]

【译者声明】

This is an unofficial translation of the GNU General Public License（Version 3）into Simplified Chinese. It was not published by the Free Software Foundation, and does not legally state the distribution terms for software that uses the GNU GPL（Version 3）—only the original English text of the GNU GPL（Version 3）does that. However, we hope that this translation will help Simplified Chinese speakers understand the GNU GPL（Version 3）better.

这是 GPL 3. 0 的非官方简体中文翻译。本简体中文翻译并非自由软件基金会所发布，且不能作为使用 GPL 3. 0 所发布软件的法律声明——只有 GPL 3. 0 的英文原版才具有法律效力。不过，我们希望本翻译能够帮助简体中文读者更好地理解 GPL 3. 0。

You may publish this translation, modified or unmodified, only under the terms at https：//www. gnu. org/licenses/translations. html.

无论是否修改，您都可以发布本翻译，前提是您遵循 GNU 网站（https：//www. gnu. org/licenses/translations. html）关于许可证翻译的要求。

---

[1] 参见 https：//choosealicense. com/licenses/gpl - 3. 0/，最后访问日期 2021 年 6 月 12 日。

[2] GPL 3. 0 英文原版参见 https：//www. gnu. org/licenses/gpl - 3. 0. html，最后访问日期 2021 年 6 月 12 日。

GNU 通用公共许可证

第 3 版 2007 年 6 月 29 日

序言

GNU 通用公共许可证（GPL）是针对软件和其他类型作品的自由且属于 copyleft 类型的许可证。

大多数软件和其他实用作品的许可证旨在剥夺您共享或修改作品的自由。相比之下，GNU 通用公共许可证旨在保证您可以自由共享和修改程序的所有版本，以确保该程序对其所有用户仍然是自由软件。我们自由软件基金会为我们的大部分软件使用 GNU 通用公共许可证，该许可证也适用于作者以这种方式发表的任何其他作品，您也可以将其应用到您的程序中。

当我们谈到自由软件时，我们指的是自由使用，而不是免费使用。我们的通用公共许可证旨在确保您拥有分发自由软件副本的自由（如果您愿意，也可以对其收费）。也就是说，您能够接收到源代码，或者在需要的时候能够获取它；您也可以修改软件，或者在新的自由软件中使用它的一部分。您了解您的相关权利。

为了保护您的权利，我们需要防止其他人剥夺您的这些权利或要求您放弃这些权利。因此，如果您分发软件的副本或修改它，您就有一定的责任：尊重他人自由的责任。

例如，如果您分发本许可证下的一个程序副本，无论是免费的还是收费的，您必须将您所获得的同样的自由传递给接收者。您必须确保他们也能接收或能够获得源代码。您必须让他们看到这些条款，让他们知悉自己的权利。

使用 GPL 的开发者通过两个步骤来保护您的权利：（1）声明软件的著作权；（2）向您提供本许可证，以授予您复制、分发或修改软件的法律许可。

为了保护开发者和作者，GPL 清楚地说明了本自由软件不提供担保。为了用户和作者的利益，GPL 要求修改后的版本被标记为已更改，这样他们的问题就不会被错误地归因于以前版本的作者。

一些设备被设计成拒绝用户在其内部安装或运行修改后的软件版本，尽管制造商可以这样做。这与保护用户更改软件自由的目标根本不相容。这种系统性的滥用现象发生在供个人使用的产品领域，而这正是最不能被接受的地方。因此，我们设计了 GPL 的当前版本来禁止这些产品的这种做法。如果这样的问题在其他领域大量出现，我们随时准备在 GPL 的未来版本中将此条款扩展到这些领域，以保护用户的自由。

最后，每个程序都不断受到软件专利的威胁。各国不应允许专利限制通用计算机上软件的开发和使用，但在这样做的情况下，我们希望避免专利应用于自由程序可能使其实际上成为专有程序的特殊危险。为了防止这种情况，GPL 保证专利不能被用来使程序变得非自由。

复制、分发和修改的具体条款和条件如下所述。

条款和条件

0. 定义

“本许可证”是指 GNU 通用公共许可证的第 3 版。

“著作权”也指适用于其他类型作品（如半导体掩模）的类似著作权的合法权利。

“程序”指的是在本许可证下许可的任何可受著作权保护的作品，每个被许可人都被称为“您”，“被许可人”和“接收者”可以是个人或组织。

“修改”作品是指以需要版权许可的方式复制或改编作品的全部或部分，而不包括制作精确的副本。修改产生的作品被称为先前作品的“修改版本”或“基于”先前作品的作品。

“涵盖作品”❶ 是指未修改的程序或基于该程序的作品。

“传播”作品是指那些未经许可就会在所适用的著作权法律下构成直接或间接侵权的行为，但在计算机上执行该作品或修改私人副本除外。传播包括复制、分发（修改或不修改）、向公众提供，以及在某些国家的其他行为。

“转发”作品是指使其他各方能够制作或接收副本的任何传播方式，仅仅通过计算机网络与用户进行交互而没有传送一份副本，则不是转发。

一个显示有“适当法律声明”的交互式用户界面应当包括以下便捷而醒目的可视化特性：（1）显示适当的著作权声明；（2）告知用户该作品不存在担保（提供担保的情况除外），被许可人可以在本许可证约束下转发该作品，以及查看本许可证副本的途径。如果该界面提供了用户命令或选项的列表（比如菜单），那么列表中的突出项应符合上述规范。

1. 源代码

作品的“源代码”是指对作品进行修改的首选形式。“目标代码”是指作品所有非源代码的其他形式。

“标准接口”指标准化组织定义的官方标准中的接口，或专门为特定编程语言设定的接口，该接口为使用该编程语言的开发者广泛使用。

可执行作品中的“系统库”不是指整个程序，而是涵盖以下内容：（a）以通常形式和主要组件打包到一起，但并非主要组件的一部分；且（b）仅为使得作品能够与主要组件一起使用或用于实现一个标准接口，该标准接口的实现能够以源代码的方式为公众所获取。“主要组件”在此处是指可执行作品运行所依赖的操作系统（如果存在）的必要部件（内核、窗口系统等），或指生成该作品的编译器，或运行该作品的目标代码解释器。

目标代码形式的作品中“相应的源代码”是指生成、安装、运行（对可执行作品而言）目标代码，以及修改作品所需的所有源代码，包括控制上述行为的脚本。但是，它不包括作品的系统库、通用工具、未修改直接用于执行上述行为却不是该作品一部分的通常可得的自由软件。例如，相应的源代码包含与作品的源文件一起使用的接口定义文件、共享库的源代码以及作品专门设计要求的动态链接子程序的源代码。这里的专门设计要求体现为这些子程序和作品其他部分之间的紧密数据通信或控制流。

---

❶ 英文术语“covered work”在此处翻译为“涵盖作品”，意为“使用 GPL 3.0 许可的作品”或“受 GPL 3.0 保护的作品”。其他类似的英文术语如“covered software”和“covered source”也可翻译为“涵盖软件”和“涵盖来源”，意为“使用（某许可证名称）许可的软件或来源”或“受（某许可证名称）保护的软件或来源”。

相应的源代码不包含那些用户可以通过相应源代码的其他部分自动重新生成的内容。

源代码形式作品的相应源代码即该作品本身。

2. 基本许可

在本许可证下授予的所有权利都是在程序的著作权期限内授予的，并且在满足规定条件的情况下是不可撤销的。本许可证明确授权您不受限制地运行未经修改的程序。涵盖作品的运行输出，只有在输出的内容构成一个涵盖作品时才会被本许可证所覆盖。本许可证承认您的合理使用权利或著作权法规定的其他同等权利。

只要您获得的许可仍然有效，您可以无条件地制造、运行和传播那些您没有转发的涵盖作品。您可以将涵盖作品转发给其他人，其唯一目的是让他们专门为您进行修改，或者为您提供运行这些涵盖作品的工具，前提是您在进行资料转发时必须遵守本许可证的条款且不控制著作权。因此，那些为您制造或运行这些涵盖作品的人，必须在您的指示和控制下，谨代表您这样做，并禁止他们在与您的关系之外制作任何您受著作权保护材料的副本。

在任何其他情况下，只允许在下列条件下进行转发。不允许转许可行为，而第 10 条的存在使得转许可行为变得没有必要。

3. 保护用户的合法权益免受反规避法限制

根据履行 1996 年 12 月 20 日通过的《世界知识产权组织版权条约》第 11 条规定义务的任何可适用的法律，或禁止、限制规避有效技术措施的类似法律，任何涵盖作品都不应被视为有效技术措施的一部分。

当您转发一个涵盖作品时，您将放弃任何禁止规避技术措施的法定权利，此种规避行为通过在涵盖作品上行使本许可证授予的权利实现。您也将放弃任何意图通过限制涵盖作品用户操作或修改涵盖作品的方式，来确保您或第三方关于禁止规避技术措施的法定权利。

4. 转发完整副本

您可以在任何媒介上转发您接收到的程序源代码的完整副本，前提是您：在每个副本上明显而恰当地发布适合的著作权声明；完整地保留关于本许可证的所有声明以及根据第 7 条增加的适用于代码的非宽松型条款；完整地保留免责声明；随程序给所有接收者附上一份本许可证的副本。

您可以对您转发的每一份副本收取费用或不收取任何费用，您也可以通过提供支持或担保进行收费。

5. 转发修改后的源代码版本

您可以根据第 4 条的条款，以源代码的形式转发基于本程序的作品，或者通过修改从本程序生成作品，前提是您也需满足以下所有条件：

a）该作品必须带有明显的声明，说明您进行了修改，并给出相应的修改日期；

b）该作品必须带有明显的声明，说明该作品是在本许可证和第 7 条任何附加条件下发布。这个要求修正了第 4 条关于“保留完整声明”的内容。

c）您必须根据本许可证将整个作品作为一个整体授权给任何拥有副本的人。因此，本许可证将与任何适用的第 7 条附加条款一起，适用于整个作品及其所有部分，无论它们是如何打包。本许可证不允许以任何其他方式授权该作品，但如果您已经单独收到了该授权，则它不会使该授权失效。

d）如果作品具有交互式用户界面，则必须显示适当的法律声明。但是，如果程序有交互式用户界面却没有显示适当的法律声明，您的作品也不需要显示。

一个涵盖作品和其他分开的独立作品的汇编作品，在既不是该涵盖作品的自然扩展，也不是与该涵盖作品组合、在存储或分发媒介的卷中或卷上形成更大的程序，且汇编作品和产生的著作权未用于限制汇编作品用户的访问或合法权利、导致超出独立作品所允许的范围，则该汇编作品被称为“聚合作品”（aggregate）。将一个涵盖作品包含在一个聚合作品中并不会导致本许可证应用于聚合作品的其他部分。

6. 以非源代码的形式转发

您可以在第 4 条和第 5 条的条款下以目标代码的形式转发涵盖作品，前提是您同样以下述方式之一，在本许可证的条款下转发机器可读的相应源代码：

a）转发涵盖于或内嵌于物理产品（包括物理分发媒介）中的目标代码时，通过常用于软件交换的持久物理媒介随同转发相应的源代码；

b）转发涵盖于或内嵌于物理产品（包括物理分发媒介）中的目标代码时，附随一份书面要约，有效期至少为 3 年且只要您为该产品型号提供零部件或客户支持则一直有效，并给予目标代码的持有者：（1）在通常用于软件交换的持久物理媒介上，为本许可证所涵盖的产品中的所有软件附随一份相应源代码的副本，且收费不超过物理方式转发该源代码的合理成本；或者（2）通过网络服务器免费复制相应源代码。

c）转发目标代码的单个副本时，附随提供相应源代码书面要约的副本。本选项仅在个别情形和非商业目的的情形下被允许，并且您收到的目标代码中存在符合本条 b）项规定的承诺。

d）通过提供从指定位置访问的形式转发目标代码时（免费或收费），在相同的位置以相同的方式免费提供对相应源代码的同等访问。您不需要要求接收者复制目标代码的同时复制相应源代码。如果提供目标代码复制的位置为网络服务器，相应源代码可以提供在另一台支持相同复制功能的服务器上（由您或者第三方操控），前提是您在目标代码处指明相应源代码的确切路径。不管您用何种服务器承载相应源代码，您都有义务确保该服务器持续可用以满足上述要求。

e）通过点对点传输的方式转发目标代码，前提是您告知其他节点作品的目标代码和相应源代码根据本条 d）项的规定免费提供给公众。

目标代码的可分离部分，其源代码作为系统库被排除在对应源代码之外，在转发目标代码作品时无须包含在内。

“用户产品”（user product）是指：（1）“消费产品”，指通常用于个人、家庭或日常用途的任何有形个人财产；或者（2）面向公司设计或销售而用于家用之物。在判断一款产品是否为消费产品所涵盖时，有疑问的情形应以倾向于涵盖的方式解决。就特定用户接收到特定产品而言，“正常使用”是指对该类产品的典型或一般使用，而与该特定用户的身份、该特定用户对该产品的实际使用方式以及预期使用方式无关。无论一款产品是否具有实质性的商业、工业或非消费用途，该产品都被视为消费产品，除非这些用途代表该产品的唯一重要使用模式。

用户产品的“安装信息”（Installation Information）是指，基于该用户产品相应源代码的修改版本，安装和执行该用户产品中涵盖作品的修改版本所需的任何方法、程序、授权密钥或其他信息。这些信息必须足以确保修改后的目标代码的持续功能在任何情况下都不会仅仅因为修改而被阻止或受到干扰。

如果您根据本条在一个用户产品中（或附随于或特定使用于一个用户产品中）转发一个目标代码作品，且该转发行为发生于该用户产品的所有权和使用权永久地或者在一个固定期限内转让至接收者的交易过程（无论该交易特征如何），根据本条转发的相应源代码必须附有安装信息。但是，如果您和第三方都不具备在该用户产品上安装修改后目标代码的能力（例如，作品已经安装在 ROM 中），则此项要求不适用。

提供安装信息的要求不包括为接收者修改或安装的作品以及修改或安装的用户产品继续提供支持服务、担保或更新服务。当修改本身对网络运行产生实质性的不利影响或违反网络通信规则和协议时，对网络的访问可能被拒绝。

根据本条的规定，转发的相应源代码和提供的安装信息必须以公开的文档格式进行（并以源代码形式向公众提供实现方式），并且在解压、读取或复制时不需要特殊的密码或密钥。

7. 附加条款

“附加许可”是通过对本许可证的一个或多个条件作出例外规定而对本许可证条款进行补充的条款。只要附加许可在适用法律下有效，适用于整个程序的附加许可应被视为包括在本许可证中。如果附加许可仅适用于程序的一部分，则该部分可以在这些附加许可下单独使用；但无论附加许可如何，整个程序仍受本许可证的管辖。

当您转发涵盖作品的副本时，您可以根据您的选择从该副本或它的任何部分，删除任何附加许可（附加许可条款可以写明，当您修改作品时删除附加许可内容）。在您拥有或可授予适当版权许可的涵盖作品中，您可以在您增加的内容上设置附加许可。

尽管本许可证中存在其他规定，对于您新增到涵盖作品中的内容，您可以（如果您获得该新增内容著作权所有者的授权）通过以下条款补充本许可证的条款：

a）拒绝担保或限制责任，区别于本许可证第 15 条和第 16 条的条款；或

b）要求在该新增内容中或包含该新增内容的作品所显示的适当法律声明中，保留特定的、合理的法律声明或作者权属；或

c）禁止对该新增内容的来源作虚假陈述，或要求以合理方式标明该新增内容的修改版本与原始版本不同；或

d）限制以宣传为目的使用该新增内容的许可人或作者的姓名；或

e）降低要求在商标法下授予使用某些商品名称、商标或服务标识的权利；或

f）如果转发新增内容（或其修改版本）的人对接收者附带有合同责任许诺，则该转发人应对该新增内容的许可人和作者进行赔偿，以补偿上述合同责任许诺直接强加给上述许可人和作者的任何责任。

所有其他的非宽松型附加条款都被视为第 10 条意义上的“进一步限制”。如果您接收到的程序或其任何一部分，声称受本许可证的约束，但新增了此类进一步限制的条款，您可以删除该进一步限制的条款。如果某许可证文件包含进一步限制的条款，但允许在本许可证下转许可或转发，您可以根据该某许可证文件的条款在涵盖作品中新增内容，前提是在转许可或转发时移除上

述进一步限制的条款。

如果您根据本条在涵盖作品中新增条款，您必须在相关的源文件中加入声明，以说明适用于所述源文件的新增条款，或通知指示在哪里可以找到上述适用的新增条款。

附加条款，不管是宽松型的还是非宽松型的，都可以以单独的书面许可证形式进行声明，也可以声明为例外情况；上述要求适用于任何一种方式。

8. 终止许可

除非在本许可证下明确规定，否则您不得传播或修改涵盖作品。任何以其他方式传播或修改涵盖作品的尝试都是无效的，并将自动终止您通过本许可证获得的权利（包括根据第 11 条第 3 段授予的任何专利许可）。

但是，如果您停止所有违反本许可证的行为，则您从特定著作权所有者处获得的授权将会恢复：（a）暂时恢复，直至著作权所有者明确并最终终止您的许可；（b）永久恢复，如果著作权所有者未能在停止违反本许可证行为后 60 天内，以合理方式通知您有关违反本许可证的情况。

此外，如果某个特定著作权所有者以某种合理的方式，通知您违反本许可证的行为，这是您第一次收到该著作权所有者关于您违反本许可证（针对任意作品）的通知，并且您在收到通知后 30 天内纠正违规行为，则您从该特定著作权所有者处获得的授权将被永久恢复。

您在本条款项下的权利终止，并不会终止根据本许可证从您那里获得副本或权利的各方的许可。如果您的权利已被终止且未永久恢复，则您没有资格根据第 10 条获得相同内容的新许可。

9. 持有副本无须接受许可证

您不需要为了接收或运行本程序的副本而接受本许可证。仅仅由于使用点对点传输来接收副本而引发的涵盖作品辅助性传播，同样不需要接受本许可证。但是，除了本许可证之外，没有任何其他许可证授予您传播或修改任何涵盖作品的权利。如果您不接受本许可证，这些行为将侵犯著作权。因此，通过修改或传播涵盖作品，表示您接受了本许可证。

10. 对下游接收者的自动授权许可

每次您转发一个涵盖作品时，接收者都会自动从原始授权人那里获得授权许可，并在本许可证的约束下运行、修改和传播该涵盖作品。您没有责任强制第三方遵守本许可证。

“实体交易”是指转移一个组织的控制权或一个组织的全部资产，或拆分一个组织，或合并组织的交易。如果涵盖作品的传播是由实体交易产生的，则该交易的每一方收到该涵盖作品的副本时，也会收到与每一方利益相关的前任方、根据前段条款拥有或能够提供的对该涵盖作品的任何许可。另外，如果利益相关的前任方拥有或通过合理努力能够获得相应源代码，则交易方有权从前任方获得涵盖作品的相应源代码。

您不得对本许可证项下授予或确认的权利的行使施加任何进一步的限制。例如，您不可以索要授权费、版税或就行使本许可证项下所授权利征收其他费用。您也不能发起诉讼（包括交叉诉讼和反诉），声称制造、使用、销售、许诺销售、进口本程序或其部分的行为侵犯了任何专利权利要求。

11. 专利

“贡献者”是指在本许可证项下授权使用程序或程序所基于的作品的著作权所有者。该授权作品被称为贡献者的“贡献者版本”。

贡献者的“必要专利权利要求”是指由贡献者拥有或控制的全部下列专利权利要求（无论是已经获得的还是以后将要获得的），根据本许可证的规定，该专利权利要求将由于制造、使用或销售贡献者版本作品而遭受侵犯。但是，如果只是由于对该贡献者版本进一步修改产生的侵犯，则不属于贡献者的必要专利权利要求范畴。就本定义而言，“控制”包括以符合本许可证要求的方式授予专利转许可的权利。

在贡献者的必要专利权利要求范围内，每位贡献者授予您一份非独占的、全球性的、免许可费的专利许可，以制造、使用、销售、许诺销售、进口，及运行、修改、传播其贡献者版本的内容。

在以下三段中，“专利许可”是任何明示的不行使专利权的协议或承诺（例如对实施专利的明示许可或不对专利侵权提起诉讼的契约）。向一方“授予”此种专利许可，是指达成这样的协议或承诺，不对该方行使专利权。

如果您转发的涵盖作品已知依赖于某专利许可，而该涵盖作品的相应源代码并不是任何人都能根据本许可证条款通过公开可用的网络服务器或其他易于访问的方式免费复制，则您必须：(1) 使相应源代码可以获得；或者 (2) 放弃从该特定作品的专利许可中获得利益；或者 (3) 以符合本许可证要求的方式，将专利许可扩展到下游接收者。“已知依赖于”是指您实际上知道，如果没有专利许可，您在一个国家转发涵盖作品的行为，或者接收者在一个国家使用涵盖作品的行为，将会侵犯一项或多项该国认定的专利，而您有理由相信这些专利是有效的。

如果根据一项交易或事务合作，抑或与之相关，您转发一个涵盖作品，或通过促成其转发以实现传播，并且授予专利许可给该涵盖作品的接收方，授权他们使用、传播、修改或转发该涵盖作品的特定副本，则您授予的专利许可将自动延伸至该涵盖作品和基于它的作品（衍生作品）的所有接收者。

如果一项专利许可不包括其所有涵盖范围，禁止行使本许可证指定授予的一项或多项权利或以不行使它们为条件，则该专利许可是“歧视性的”。如果您和软件分发业务的第三方有事务合作，合作要求您就转发涵盖作品的程度向其付费，并授予该涵盖作品接收方歧视性的专利许可，其中该歧视性的专利许可具有下列情形的，您不得转发该涵盖作品，除非您加入上述事务合作或上述专利许可授予的时间早于2007年3月28日：(1) 与您转发的涵盖作品副本（或在此副本基础上制作的副本）有关；或 (2) 主要针对（或与之相关的）特定产品或包含该涵盖作品的汇编作品。

本许可证中的任何内容都不应被解释为排除或限制任何默示许可，或其他在适用的专利法下对您可用的侵权抗辩。

12. 不得牺牲他人的自由

即便您面临与本许可证条款冲突的情形（无论是法庭命令、协议或其他情形），也不能成为您违背本许可证的理由。如果您不能在转发涵盖作品时，同时满足本许可证项下的义务和其他相关义务，则结果就是您可能根本不能转发该涵盖作品。例如，如果您同意了某些条款，该条款要求当您将一个程序转发给其他人后，其他人进一步转发该程序时，需要向您缴纳许可费，此种情形下，唯一能同时满足这些条款和本许可证要求的做法，就是完全不转发该程序。

13. 与 GNU Affero 通用公共许可证一起使用

尽管本许可证有其他条款，您可以将任何涵盖作品与根据 GNU Affero 通用公共许可证（第3版）授权的作品链接或组合成一个单独的组合作品，并转发该生成的组合作品。本许可证的条款将继续适用于涵盖作品的部分，但 GNU Affero 通用公共许可证第13条关于网络交互的特殊要求将适用于该组合作品。

14. 本许可证的修订版

自由软件基金会可能不时地发布 GNU 通用公共许可证的修订版和/或新版本。新版本将秉承当前版本的精神，但可能在细节上有所不同，以解决新的问题或关注事项。

每个版本都有一个不同的版本号。如果本程序指定使用 GNU 通用公共许可证的特定编号版本“或任何后续版本”，您可以选择遵守该特定编号版本或自由软件基金会发布的任何后续版本中的条款和条件。如果本程序没有指定 GNU 通用公共许可证的版本号，您可以选择自由软件基金会以前发布的任何版本。

如果程序指定由代理来确定 GNU 通用公共许可证的未来使用版本，则该代理接受某一版本的公开声明将永久地授权您为该程序选择该某一版本。

本许可证的后续版本可能会授予您额外或不同的许可。但是，任何作者或著作权所有者都不会因为您选择遵守后续版本而承担额外的义务。

15. 不提供担保

在所适用法律允许的范围内，本程序不提供任何担保。除非另作书面声明，著作权所有者和/或其他方“按原样”提供本程序，不提供任何明示或暗示的担保；所述担保包括但不仅限于具有商业可行性和适合特定用途的暗示保证。程序的全部风险，如质量问题和性能问题，皆由您承担。如果程序被证明有缺陷，您将承担所有必要的服务、修复和更正的费用。

16. 责任范围

在任何情况下，除非所适用法律要求或书面同意，任何著作权所有者或根据上文许可修改和/或转发本程序的其他方，都不对您的损失负责，所述损失包括由于使用或者不能使用本程序造成的任何一般的、特殊的、附带的或间接的损失（包括但不限于数据丢失、数据不准确、您或第三方的后续损失、本程序无法与其他程序协同运行），即使著作权所有者或其他方已经事先被告知了上述损失的可能性。

17. 第 15 条和第 16 条的解释

如果根据本地法律条款，上述免责声明（不提供担保）和责任范围声明不具备本地法律效力，审查法院应采用与之最接近的关于免除本程序相关民事责任的本地法律，除非在本程序副本上附带有品质担保或责任许诺，以收取费用。

（撰稿：曹卫良、张燕；核对：徐子淼）

Ⅳ. GNO Affero General Public License 3. 0（AGPL 3. 0）

1. AGPL 3. 0 **简介**❶

GNU Affero 通用公共许可证第 3 版（以下简称“AGPL 3. 0”）是 GPL 3. 0 的修改

❶ 参见 https：//www. gnu. org/licenses/license - list. html 和 https：//www. gnu. org/licenses/ why - affero - gpl. html，最后访问日期 2021 年 6 月 12 日。

版。相较于 GPL 3.0，AGPL 3.0 有一个额外要求：如果一个开发者在服务器上运行一个由 AGPL 许可的修改版软件，并且让其他用户与这个软件通信，那么这个服务器也必须允许其他用户下载这个正在运行的修改版软件相对应的源代码。

AGPL 3.0 属于自由软件许可证，也是 copyleft 类型许可证。其条款实际上是由 GPL 3.0 的条款加上在第 13 节增加的一个段落构成，该段落允许网络软件用户通过网络获得 AGPL 3.0 授权的软件源代码。在通常情况下，本书建议开发者将通过网络使用的软件设置为 AGPL。

AGPL 的用途是避免那些影响常用在服务器上的自由软件的开发人员的问题。假设开发人员在普通的 GPL 下开发和发布程序，如果开发人员 A 修改了程序并且发布了它，那么 GPL 会要求 A 在 GPL 下发布他的版本。因此，如果用户获得了 A 的修改版本，用户可以自由地将他的部分或全部更改合并到自己的版本中。但是，如果这个程序主要是在服务器上应用，当 A 修改程序时，他很有可能会在自己的服务器上运行它而不发布副本。此种情形下，用户将永远得不到 A 的程序源代码副本，所以用户永远无法将他的修改包含进他的版本，导致 A 的程序失去自由。

使用 AGPL 3.0 就避免了上述结果。如果 A 在每个人都可以使用的服务器上运行他的版本，那么其他用户也可以使用它。假如 A 遵守 AGPL 3.0 的要求，让服务器的用户下载 A 的程序源代码，那么用户可以将他的修改合并到 A 的程序版本中。如果 A 没有遵守 AGPL 3.0 的要求，则服务器的用户可以进行投诉。

GPL 3.0 和 AGPL 3.0 都有允许用户在一个程序中将这两个许可证下的模块链接在一起的规定，但 AGPL 并没有解决“作为软件替代品”（Service as a Software Substitute，SaaSS）的问题。SaaSS 是指：用户使用其他人的 Web 服务器来完成用户自己的计算。这要求用户将数据发送到服务器，服务器为用户进行计算并将结果发送回给用户。SaaSS 可能是不公正的，因为用户无法控制其计算过程。

如果一个服务器上的某个程序是在 AGPL 3.0 下发布的，那么该服务器就需要为用户提供相应的源代码。当然，拥有这个源代码并不会让用户控制服务器上的计算，因为还有其他以别的方式检查或更改用户数据的软件可能也运行在同一服务器上。目前还没有任何合理的方法在特定程序上用许可证条款来解决 SaaSS 问题，甚至写一条区分使用 SaaSS 与否的法律条款也是一种挑战，并且即使存在这样的许可证，也不能解决 SaaSS 的固有问题。因此，针对 SaaSS 问题的简单解决方案如下：拒绝使用 SaaSS。

如果一个程序是专门针对 SaaSS，许可证用户不应该编写它。但是许多程序对于各种各样的服务是有用的，包括 SaaSS 和非 SaaSS，编写和发行此类程序是很有用的（当然最好是在 AGPL 下发布），这样人们就可以用此类程序建立非 SaaSS。

需要注意的是，AGPL 3.0 和 GPL 2.0 不兼容。从技术上说，AGPL 3.0 也不严格兼容 GPL 3.0，用户无法随意将按照 AGPL 3.0 发布的软件按照 GPL 3.0 的条款输送或修改，反之也不行。不过，用户可以把按照这两种许可证发布的独立模块或源代码合并为一个单一的项目，这样就为其他程序员提供了一个可以随意修改的程序。具体要求请详见两个许可证的第 13 条。

截至 2021 年 6 月，选择使用 AGPL 3.0 的开源项目如表 1－1－7 所示。

表 1－1－7　使用 AGPL 3.0 的开源项目

名称	领域	开源主体
Actor platform	图片和语音服务	Actor. im
ArcheryClock	计时工具	Archeryclock
Argyllcms	色彩管理系统	Argyllcms
Arvados	大数据/云计算	Arvados
Avaneya	照片恢复工具	Avaneya
Bisq	数字货币兑换	Bisq
Bloatit	基金众筹平台	Elveos
bitcoin	比特币	—
CONSUL	开放治理平台	Consulproject
CardDavMATE	异步背景同步工具	Inf－it
Configshell	命令行界面创建框架	risingtidesystems
Curaengine	3D 打印/命令行切片程序	Debian. org
DFASDL Utils	数据格式和语义描述语言	Github
Dnote	命令行记录程序	getdnote
Freshcode	软件目录管理系统	Freshcode. club
Friendica	社交通信平台	friendica
HotelDruid	酒店管理软件	hoteldruid
ImplicitCAD	可编程 CAD 软件	implicitcad
KOReader	电子书阅读器	koreader
KiwiIRC	互联网中继聊天客户端	kiwiirc
Lhendraw	化学画图程序	lennardwasserthal
Loomio	服务端堆栈/决策平台	loomio. org
Mailvelope	电子邮件加密工具	mailvelope
Masscan	TCP 端口扫描器	Robert David Graham
Mattermost	团队通信工具	mattermost
Miniflux	RSS 新闻阅读器	miniflux
Monit	系统资源监控系统	mmonit
Music Blocks	音乐可视化编程语言	musicblocks
OBM	邮件和项目管理工具	obm. org
OctoPrint	3D 打印/web 控制界面	octoprint. org
OpenHatch	漏洞管理平台	openhatch. org
PHPWord	字处理文件读写的 PHP 库	Github

续表

名称	领域	开源主体
pagekite	本地服务器与公用网络连接器	pagekite
Panopticlick	浏览器防追踪工具	Electronic Frontier Foundation

AGPL 3.0 的核心要点参见表 1－1－8。

表 1－1－8　AGPL 3.0 的核心要点

要点	内容	许可证相关条款
著作权	即使不发布程序，云服务提供商仍需要为用户提供源代码	第 13 条
	允许破解 DRM 技术的行为	第 3 条
	转发副本（包括完整版和修改版）时添加版权声明； 转发修改版源代码时，添加修改说明	第 4 条、第 5 条 a）项
商标权	附加条款中可以增加商标使用政策	第 7 条
专利权	专利授权条款	第 11 条
	专利授权终止条款	第 8 条
许可证类型	严格型许可证，分发修改版软件或目标代码时，需提供对应的源代码	第 5 条、第 6 条
	严格型许可证，分发修改版源代码时，不允许变更许可证	第 5 条 c）项
兼容性	GPL 2.0 不兼容 AGPL 3.0； Apache 2.0 兼容 AGPL 3.0	本书归纳总结

2. **如何套用** AGPL 3.0

如果您开发了一个新程序，并希望它能为公众带来最大用处，实现这一点最好的方法是让它成为自由软件，以使每个人都可以在这些条款下重新分发及修改。

请在程序中附上以下声明。最安全的做法是将其附在每份源代码的开头，以便最有效地声明免责信息（不提供担保）。同时，每个文件至少包含一处著作权声明和一个许可证全文的链接，并提供您的电子邮件地址或传统的邮件联系方式。

<用一行来标明程序名及其作用的简要描述>

版权所有©年份　作者姓名

本程序为自由软件，在自由软件基金会发布的 AGPL 条款的约束下，您可以对其进行再发布和/或修改，AGPL 的版本为第 3 版或（由您选择）后续版本。

我们希望发布的这款程序对您有用，但不提供担保，甚至不提供具有商业可行性或适合特定用途的暗示保证。具体内容请参见 AGPL。

您应当收到一份附随于本程序的 AGPL 的副本；如果没有收到，请查阅网站 http：//www.gnu.org/licenses/。

如果您的软件能够通过计算机网络与用户进行远程交互，请您确保为用户提供获取该软件源代码的方式。

如果您之上存在雇主（您是程序员）或校方，您还应当让他们在必要时为本程序签署版权放弃声明。有关此内容以及如何应用和遵守 AGPL 条款的更多信息，请参见网站 http：//www. gnu. org/licenses/。

3. AGPL 3. 0 **（中文译本）**[1]

【译者声明】

This is an unofficial translation of the GNU Affero General Public License（Version 3, 19 November 2007） into Simplified Chinese. It was not published by the Free Software Foundation, and does not legally state the distribution terms for software that uses the GNU AGPL（Version 3）—only the original English text of the GNU AGPL（Version 3） does that. However, we hope that this translation will help Simplified Chinese speakers understand the GNU AGPL（Version 3） better.

这是 AGPL 3. 0（2007 年 11 月 19 日）的非官方简体中文翻译。本简体中文翻译并非自由软件基金会所发布，且不能作为使用 AGPL 3. 0 所发布软件的法律声明——只有 AGPL 3. 0 的英文原版才具有法律效力。不过，我们希望本翻译能够帮助简体中文读者更好地理解 AGPL 3. 0。

You may publish this translation, modified or unmodified, only under the terms at https：//www. gnu. org/licenses/translations. html.

无论是否修改，您都可以发布本翻译，前提是您遵循 GNU 网站（https：//www. gnu. org/licenses/translations. html）关于许可证翻译的要求。

GNU AFFERO 通用公共许可证

第 3 版，2007 年 11 月 19 日

版权所有© 2007 自由软件基金会〈https：//fsf. org/〉
允许每个人复制和分发此许可证文档的完整副本，但不允许更改。

序言

GNU Affero 通用公共许可证（AGPL）是针对软件和其他类型作品的自由且属于 copyleft 类型的许可证。AGPL 特别设计用于确保在网络服务器软件的情况下与社区的合作。

大多数软件和其他实用作品的许可证旨在剥夺您共享或修改作品的自由。相比之下，我们的通用公共许可证旨在保证您可以自由共享和修改程序的所有版本，以确保该程序对其所有用户仍然是自由软件。

当我们谈到自由软件时，我们指的是自由使用，而不是免费使用。我们的通用公共许可证旨

[1] AGPL 3. 0 英文原版参见 https：//www. gnu. org/licenses/agpl－3. 0. html，最后访问日期 2021 年 6 月 12 日。

在确保您拥有分发自由软件副本的自由（如果您愿意，也可以对其收费）。也就是说，您能够接收到源代码，或者在需要的时候能够获取它；您也可以修改软件，或者在新的自由软件中使用它的一部分。您了解您的相关权利。

使用我们的通用公共许可证的开发者通过两个步骤来保护您的权利：（1）声明软件的著作权；（2）向您提供本许可证，以授予您复制、分发和/或修改软件的法律许可。

保护所有用户自由的第二个好处是，如果程序的替代版本（更新版本）得到广泛使用，则其他开发人员就可以获得该程序的替代版本并进行合并。许多自由软件的开发人员对由此产生的合作感到振奋和鼓舞。但是，在网络服务器上使用软件的情况下，这种合作结果可能无法实现。这是因为 GNU 通用公共许可证允许制作一个修改后的版本，并允许公众在服务器上访问它，而无须将其源代码发布给公众。

GNUAffero 通用公共许可证旨在确保社区可以使用修改后的源代码，尤其是在上述网络服务的情况下。本许可证要求网络服务器的控制人员向该服务器的用户提供该服务器上运行的源代码的修改版本。因此，如果您在公共可访问的服务器上公开使用修改版本的源代码，本许可证要求您确保公众能够访问上述修改版本的源代码。

Affero 组织发布了一个名为“Affero 通用公共许可证”（Affero GPL）的旧许可证，旨在实现类似于本许可证（AGPL3.0）的目标。本许可证是一个不同于旧版本的许可证，它不是 Affero GPL 的一个版本，而是 Affero 组织发布的 Affero GPL 的一个新版本，该新版本允许在本许可证下进行重新许可。

复制、分发和修改的具体条款和条件如下所述。

条款和条件

0. 定义

“本许可证”是指 GNU Affero 通用公共许可证的第 3 版。

“著作权”也指适用于其他类型作品（如半导体掩模）的类似著作权的合法权利。

“程序”指的是在本许可证下许可的任何可受著作权保护的作品，每个被许可人都被称为“您”，“被许可人”和“接收者”可以是个人或组织。

“修改”作品是指以需要版权许可的方式复制或改编作品的全部或部分，而不包括制作精确的副本。修改产生的作品被称为先前作品的“修改版本”或“基于”先前作品的作品。

“涵盖作品”❶ 是指未修改的程序或基于该程序的作品。

“传播”作品是指那些未经许可就会在所适用的著作权法律下构成直接或间接侵权的行为，但在计算机上执行该作品或修改私人副本除外。传播包括复制、分发（修改或不修改）、向公众提供，以及在某些国家的其他行为。

“转发”作品是指使其他各方能够制作或接收副本的任何传播方式，仅仅通过计算机网络与用户进行交互，而没有传送一份副本，则不是转发。

---

❶ 英文术语“covered work”在此处翻译为“涵盖作品”，意为“使用 AGPL3.0 许可的作品”或“受 AGPL3.0 保护的作品”。其他类似的英文术语如“covered software”和“covered source”也可翻译为“涵盖软件”和“涵盖来源”，意为“使用（某许可证名称）许可的软件或来源”或“受（某许可证名称）保护的软件或来源”。

一个显示有“适当法律声明”的交互式用户界面应当包括以下便捷而醒目的可视化特性：（1）显示适当的著作权声明；（2）告知用户该作品不存在担保（提供担保的情况除外），被许可人可以在本许可证约束下转发该作品，以及查看本许可证副本的途径。如果该界面提供了用户命令或选项的列表（比如菜单），那么列表中的突出项应符合上述规范。

1. 源代码

作品的“源代码”是指对作品进行修改的首选形式。“目标代码”（object code）是指作品所有非源代码的其他形式。

“标准接口”指标准化组织定义的官方标准中的接口，或专门为特定编程语言设定的接口，该接口为使用该编程语言的开发者广泛使用。

可执行作品中的“系统库”不是指整个程序，而是涵盖以下内容：（a）以通常形式和主要组件打包到一起，但并非主要组件的一部分；且（b）仅为使得作品能够与主要组件一起使用或用于实现一个标准接口，该标准接口的实现能够以源代码的方式为公众所获取。“主要组件”在此处是指可执行作品运行所依赖的操作系统（如果存在）的必要部件（内核、窗口系统等），或指生成该作品的编译器，或运行该作品的目标代码解释器。

目标代码形式的作品中“相应的源代码”是指生成、安装、运行（对可执行作品而言）目标代码，以及修改作品所需的所有源代码，包括控制上述行为的脚本。但是，它不包括作品的系统库、通用工具、未修改而直接用于执行上述行为却不是该作品一部分的通常可得的自由软件。例如，相应的源代码包含与作品的源文件一起使用的接口定义文件、共享库的源代码、以及作品专门设计要求的动态链接子程序的源代码——这里的专门设计要求体现为这些子程序和作品其他部分之间的紧密数据通信或控制流。

相应的源代码不包含那些用户可以通过相应源代码的其他部分自动重新生成的内容。

源代码形式作品的相应源代码即该作品本身。

2. 基本许可

在本许可证下授予的所有权利都是在程序的著作权期限内授予的，并且在满足规定条件的情况下是不可撤销的。本许可证明确授权您不受限制地运行未经修改的程序。涵盖作品的运行输出，只有在输出的内容构成一个涵盖作品时才会被本许可证所覆盖。本许可证承认您的合理使用权利或著作权法规定的其他同等权利。

只要您获得的许可仍然有效，您可以无条件地制造、运行和传播那些您没有转发的涵盖作品。您可以将涵盖作品转发给其他人，其唯一目的是让他们专门为您进行修改，或者为您提供运行这些涵盖作品的工具，前提是您在进行资料转发时必须遵守本许可证的条款且不控制著作权。因此，那些为您制造或运行这些涵盖作品的人，必须在您的指示和控制下，谨代表您这样做，并禁止他们在与您的关系之外制作任何您受版权保护材料的副本。

在任何其他情况下，只允许在下列条件下进行转发。不允许转许可行为，而第10条的存在使得转许可行为变得没有必要。

3. 保护用户的合法权益免受反规避法限制

根据履行1996年12月20日通过的《世界知识产权组织版权条约》第11条规定义务的任何适用法律，或禁止、限制规避有效技术措施的类似法律，任何涵盖作品都不应被视为有效技术措施的一部分。

当您转发一个涵盖作品时，您将放弃任何禁止规避技术措施的法定权利，此种规避行为通过在涵盖作品上行使本许可证授予的权利实现。您也将放弃任何意图通过限制涵盖作品用户操作或修改涵盖作品的方式，来确保您或第三方关于禁止规避技术措施的法定权利。

4. 转发完整副本

您可以在任何媒介上转发您接收到的程序源代码的完整副本，前提是您：在每个副本上显著而恰当地发布适合的著作权声明；完整地保留关于本许可证的所有声明以及根据第 7 条增加的适用于代码的非宽松型条款；完整地保留免责声明；随程序给所有接收者附上一份本许可证的副本。

您可以对您转发的每一份副本收取费用或不收取任何费用，您也可以通过提供支持或担保进行收费。

5. 转发修改后的源代码版本

您可以根据第 4 条的条款，以源代码的形式转发基于本程序的作品，或者通过修改从本程序生成作品，前提是您也需满足以下所有条件：

a）该作品必须带有明显的声明，说明您进行了修改，并给出相应的修改日期；

b）该作品必须带有明显的声明，说明该作品是在本许可证和第 7 条任何附加条件下发布。这个要求修正了第 4 条关于“保留完整声明”的内容。

c）您必须根据本许可证将整个作品作为一个整体授权给任何拥有副本的人。因此，本许可证将与任何适用的第 7 条附加条款一起，适用于整个作品及其所有部分，无论它们是如何打包。本许可证不允许以任何其他方式授权该作品。但如果您已经单独收到了该授权，则它不会使该授权失效。

d）如果作品具有交互式用户界面，则必须显示适当的法律声明。但是，如果程序有交互式用户界面却没有显示适当的法律声明，您的作品也不需要显示。

一个涵盖作品和其他分开的独立作品的汇编作品，在既不是该涵盖作品的自然扩展，也不是与该涵盖作品组合、在存储或分发媒介的卷中或卷上形成更大的程序，且汇编作品和产生的著作权未被用于限制汇编作品用户的访问或合法权利、导致超出独立作品所允许的范围，则该汇编作品被称为“聚合作品”。将一个涵盖作品包含在一个聚合作品中并不会导致本许可证应用于聚合作品的其他部分。

6. 以非源代码的形式转发

您可以在第 4 条和第 5 条的条款下以目标代码的形式转发涵盖作品，前提是您同样以下述方式之一，在本许可证的条款下转发机器可读的相应源代码：

a）转发涵盖于或内嵌于物理产品（包括物理分发媒介）中的目标代码时，通过常用于软件交换的持久物理媒介随同转发相应的源代码；

b）转发涵盖于或内嵌于物理产品（包括物理分发媒介）中的目标代码时，附随一份书面要约，有效期至少为 3 年且只要您为该产品型号提供零部件或客户支持则一直有效，并给予目标代码的持有者：（1）在通常用于软件交换的持久物理媒介上，为本许可证所涵盖的产品中的所有软件附随一份相应源代码的副本，且收费不超过物理方式转发该源代码的合理成本；或者（2）通过网络服务器免费复制相应源代码。

c）转发目标代码的单个副本时，附随提供相应源代码书面承诺的副本。本选项仅在个别情形和非商业目的的情形下被允许，并且您收到的目标代码中存在符合本条 b）项规定的要约。

d）通过提供从指定位置访问的形式转发目标代码时（免费或收费），在相同的位置以相同的方式免费提供对相应源代码的同等访问。您不需要要求接收者复制目标代码的同时复制相应源代码。如果提供目标代码复制的位置为网络服务器，相应源代码可以提供在另一台支持相同复制功能的服务器上（由您或者第三方操控），前提是您在目标代码处指明相应源代码的确切路径。不管您用何种服务器承载相应源代码，您都有义务确保该服务器持续可用以满足上述要求。

e）通过点对点传输的方式转发目标代码，前提是您告知其他节点作品的目标代码和相应源代码根据本条 d）项的规定免费提供给公众。

目标代码的可分离部分，其源代码作为系统库被排除在对应源代码之外，在转发目标代码作品时无须包含在内。

“用户产品”是指：（1）“消费产品”，指通常用于个人、家庭或日常用途的任何有形个人财产；或者（2）面向公司设计或销售而用于家用之物。在判断一款产品是否为消费产品所涵盖时，有疑问的情形应以倾向于涵盖的方式解决。就特定用户接收到特定产品而言，“正常使用”是指对该类产品的典型或一般使用，而与该特定用户的身份、该特定用户对该产品的实际使用方式以及预期使用方式无关。无论一款产品是否具有实质性的商业、工业或非消费用途，该产品都被视为消费产品，除非这些用途代表该产品的唯一重要使用模式。

用户产品的“安装信息”是指，基于该用户产品相应源代码的修改版本，安装和执行该用户产品中涵盖作品的修改版本所需的任何方法、程序、授权密钥或其他信息。这些信息必须足以确保修改后的目标代码的持续功能在任何情况下都不会仅仅因为修改而被阻止或受到干扰。

如果您根据本条在一个用户产品中（或附随于或特定使用于一个用户产品中）转发一个目标代码作品，且该转发行为发生于该用户产品的所有权和使用权永久地或者在一个固定期限内转让至接收者的交易过程（无论该交易特征如何），根据本条转发的相应源代码必须附有安装信息。但是，如果您和第三方都不具备在该用户产品上安装修改后目标代码的能力（例如，作品已经安装在 ROM 中），则此项要求不适用。

提供安装信息的要求不包括为接收者修改或安装的作品以及修改或安装的用户产品继续提供支持服务、担保或更新服务。当修改本身对网络运行产生实质性的不利影响或违反网络通信规则和协议时，对网络的访问可能被拒绝。

根据本条的规定，转发的相应源代码和提供的安装信息必须以公开的文档格式进行（并以源代码形式向公众提供实现方式），并且在解压、读取或复制时不需要特殊的密码或密钥。

7. 附加条款

“附加许可”是通过对本许可证的一个或多个条件作出例外规定而对本许可证条款进行补充的条款。只要附加许可在适用法律下有效，适用于整个程序的附加许可应被视为包括在本许可证中。如果附加许可仅适用于程序的一部分，则该部分可以在这些附加许可下单独使用；但无论附加许可如何，整个程序仍受本许可证的管辖。

当您转发涵盖作品的副本时，您可以根据您的选择从该副本或它的任何部分，删除任何附加许可（附加许可条款可以写明，当您修改作品时删除附加许可内容）。在您拥有或可授予适当著作权许可的涵盖作品中，您可以在您增加的内容上设置附加许可。

尽管本许可证中存在其他规定，对于您新增到涵盖作品中的内容，您可以（如果您获得该新增内容著作权所有者的授权）通过以下条款补充本许可证的条款：

a）拒绝担保或限制责任，区别于本许可证第 15 条和第 16 条的条款；或

b）要求在该新增内容中或包含该新增内容的作品所显示的适当法律声明中，保留特定的、合理的法律声明或作者权属；或

c）禁止对该新增内容的来源作虚假陈述，或要求以合理方式标明该新增内容的修改版本与原始版本不同；或

d）限制以宣传为目的使用该新增内容的许可人或作者的姓名；或

e）降低要求在商标法下授予使用某些商品名称、商标或服务标识的权利；或

f）如果转发新增内容（或其修改版本）的人对接收者附带有合同责任许诺，则该转发人应对该新增内容的许可人和作者进行赔偿，以补偿上述合同责任许诺直接强加给上述许可人和作者的任何责任。

所有其他的非宽松型附加条款都被视为第 10 条意义上的“进一步限制”。如果您接收到的程序或其任何一部分，声称受本许可证的约束，但新增了此类进一步限制的条款，您可以删除该进一步限制的条款。如果某许可证文件包含进一步限制的条款，但允许在本许可证下转许可或转发，您可以根据该某许可证文件的条款，在涵盖作品中新增内容前提是在转许可或转发时移除上述进一步限制的条款。

如果您根据本条在涵盖作品中新增条款，您必须在相关的源文件中加入声明，以说明适用于所述源文件的新增条款，或通知指示在哪里可以找到上述适用的新增条款。

附加条款，不管是宽松型的还是非宽松型的，都可以以单独的书面许可证形式进行声明，也可以声明为例外情况；上述要求适用于任何一种方式。

8. 终止授权

除非在本许可证下明确规定，否则您不得传播或修改涵盖作品。任何以其他方式传播或修改涵盖作品的尝试都是无效的，并将自动终止您通过本许可证获得的权利（包括根据第 11 条第 3 段授予的任何专利许可）。

但是，如果您停止所有违反本许可证的行为，则您从特定著作权所有者处获得的授权将会恢复：（a）暂时恢复，直至著作权所有者明确并最终终止您的授权；（b）永久恢复，如果著作权所有者未能在停止违反本许可证行为后 60 天内，以合理方式通知您有关违反本许可证的情况。

此外，如果某个特定著作权所有者以某种合理的方式，通知您违反本许可证的行为，这是您第一次收到该著作权所有者关于您违反本许可证（针对任意作品）的通知，并且您在收到通知后 30 天内纠正违规行为，则您从该特定著作权所有者处获得的授权将被永久恢复。

您在本条款项下的权利终止，并不会终止根据本许可证从您那里获得副本或权利的各方的许可。如果您的权利已被终止且未永久恢复，则您没有资格根据第 10 条获得相同内容的新许可。

9. 持有副本无须接受许可证

您不需要为了接收或运行本程序的副本而接受本许可证。仅仅由于使用点对点传输来接收副本而引发的涵盖作品辅助性传播，同样不需要接受本许可证。但是，除了本许可证之外，没有任何其他许可证授予您传播或修改任何涵盖作品的权利。如果您不接受本许可证，这些行为将侵犯

著作权。因此，通过修改或传播涵盖作品，表示您接受本许可证。

10. 对下游接收者的自动授权许可

每次您转发一个涵盖作品时，接收者都会自动从原始授权人那里获得授权许可，并在本许可证的约束下运行、修改和传播该涵盖作品。您没有责任强制第三方遵守本许可证。

“实体交易”是指转移一个组织的控制权或一个组织的全部资产，或拆分一个组织，或合并组织的交易。如果涵盖作品的传播是由实体交易产生的，则该交易的每一方收到该涵盖作品的副本时，也会收到与每一方利益相关的前任方、根据前段条款拥有或能够提供的对该涵盖作品的任何许可。另外，如果利益相关的前任方拥有或通过合理努力能够获得相应源代码，则交易方有权从前任方获得涵盖作品的相应源代码。

您不得对本许可证项下授予或确认的权利的行使施加任何进一步的限制。例如，您不可以索要许可费、版税或就行使本许可证项下所授权利征收其他费用。您也不能发起诉讼（包括交叉诉讼和反诉），声称制造、使用、销售、许诺销售、进口本程序或其部分的行为侵犯了任何专利权利要求。

11. 专利

“贡献者”是指在本许可证项下授权使用程序或程序所基于的作品的著作权所有者。该授权作品被称为贡献者的“贡献者版本”。

贡献者的“必要专利权利要求”是指由贡献者拥有或控制的全部下列专利权利要求（无论是已经获得的还是以后将要获得的），根据本许可证的规定，该专利权利要求将由于制造、使用或销售贡献者版本作品而遭受侵犯。但是，如果只是由于对该贡献者版本进一步修改产生的侵犯，则不属于贡献者的必要专利权利要求范畴。就本定义而言，“控制”包括以符合本许可证要求的方式授予专利转许可的权利。

在贡献者的必要专利权利要求范围内，每位贡献者授予您一份非独占的、全球性的、免许可费的专利许可，以制造、使用、销售、许诺销售、进口，及运行、修改、传播其贡献者版本的内容。

在以下三段中，“专利许可”是任何明示的不行使专利权的协议或承诺（例如对实施专利的明示许可或不对专利侵权提起诉讼的契约）。向一方“授予”此种专利许可，是指达成这样的协议或承诺，不对该方行使专利权。

如果您转发的涵盖作品已知依赖于某专利许可，而该涵盖作品的相应源代码并不是任何人都能根据本许可证条款通过公开可用的网络服务器或其他易于访问的方式免费复制，则您必须：(1) 使相应源代码可以获得；或者 (2) 放弃从该特定作品的专利许可中获得利益；或者(3) 以符合本许可证要求的方式，将专利许可扩展到下游接收者。“已知依赖于”是指您实际上知道，如果没有专利许可，您在一个国家转发涵盖作品的行为，或者接收者在一个国家使用涵盖作品的行为，将会侵犯一项或多项该国认定的专利，而您有理由相信这些专利是有效的。

如果根据一项交易或事务合作，抑或与之相关，您转发一个涵盖作品，或通过促成其转发以实现传播，并且授予专利许可给该涵盖作品的接收方，授权他们使用、传播、修改或转发该涵盖作品的特定副本，则您授予的专利许可将自动延伸至该涵盖作品和基于它的作品（衍生作品）的所有接收者。

如果一个专利许可不包括其所有涵盖范围，禁止行使本许可证指定授予的一项或多项权利或以不行使它们为条件，则该专利许可是“歧视性的”。如果您和软件分发业务的第三方有事务合作，合作要求您就转发涵盖作品的程度向其付费，并授予该涵盖作品接收方歧视性的专利许可，其中该歧视性的专利许可，具有下列情形的，您不得转发该涵盖作品，除非您加入上述事务合作或上述专利许可授予的时间早于 2007 年 3 月 28 日：（1）与您转发的涵盖作品副本（或在此副本基础上制作的副本）有关；或（2）主要针对（或与之相关的）特定产品或包含该涵盖作品的汇编作品。

本许可证中的任何内容都不应被解释为排除或限制任何默示许可，或其他在适用的专利法下对您可用的侵权抗辩。

12. 不得牺牲他人的自由

即便您面临与本许可证条款冲突的情形（无论是法庭命令、协议或其他情形），也不能成为您违背本许可证的理由。如果您不能在转发涵盖作品时，同时满足本许可证项下的义务和其他相关义务，则结果就是您可能根本不能转发该涵盖作品。例如，如果您同意了某些条款，该条款要求当您将一个程序转发给其他人后，其他人进一步转发该程序时，需要向您缴纳许可费，此种情形下，唯一能同时满足这些条款和本许可证要求的做法，就是完全不转发该程序。

13. 远程网络交互与 GNU 通用公共许可证一起使用

尽管本许可证中包含其他条款，但如果您修改本程序，则修改后的版本必须在显著位置向所有远程交互用户提供一个机会，使得所有远程交互用户可以通过一些便利于软件复制的标准方式或定制化方式，从网络服务器免费访问相应的源代码并接收到修改版本的相应源代码，其中，远程交互用户是指通过计算机网络与本程序的修改版本进行远程交互（前提是您的修改版本支持此种远程交互）的用户。所述相应的源代码应包括 GPL 3.0 所涵盖的任何作品的相应源代码，这些作品根据下一段落的规定合并而成。

尽管本许可证中包含其他条款，您仍有权将任何本许可证涵盖作品与根据 GPL 3.0 获得许可的作品进行连接或组合成单一组合作品，并转发由此产生的组合作品。本许可证的条款对涵盖作品的部分仍然有效，但与涵盖作品进行组合的作品仍将受 GPL 3.0 的约束。

14. 本许可证的修订版

自由软件基金会可能不时地发布 AGPL 的修订版和/或新版本。新版本将秉承当前版本的精神，但可能在细节上有所不同，以解决新的问题或关注事项。

每个版本都有一个不同的版本号。如果本程序指定使用 AGPL 的特定编号版本“或任何后续版本”，您可以选择遵守该特定编号版本或自由软件基金会发布的任何后续版本中的条款和条件。如果本程序没有指定 AGPL 的版本号，您可以选择自由软件基金会以前发布的任何版本。

如果程序指定由代理来确定 AGPL 的未来使用版本，则该代理接受某一版本的公开声明将永久地授权您为该程序选择该某一版本。

本许可证的后续版本可能会授予您额外或不同的许可。但是，任何作者或著作权所有者都不会因为您选择遵守后续版本而承担额外的义务。

15. 不提供担保

在所适用法律允许的范围内，本程序不提供任何担保。除非另作书面声明，著作权所有者和/或其他方"按原样"提供本程序，不提供任何明示或暗示的担保，所述担保包括但不仅限于具有商业可行性和适合特定用途的暗示保证。程序的全部风险，如质量问题和性能问题，皆由您承担。如果程序被证明有缺陷，您将承担所有必要的服务、修复和更正的费用。

16. 责任范围

在任何情况下，除非所适用法律要求或书面同意，任何著作权所有者或根据上文许可修改和/或转发本程序的其他方，都不对您的损失负责，所述损失包括由于使用或者不能使用本程序造成的任何一般的、特殊的、附带的、或间接的损失（包括但不限于数据丢失、数据不准确、您或第三方的后续损失、本程序无法与其他程序协同运行），即使著作权所有者或其他方已经事先被告知了上述损失的可能性。

17. 对第 15 条和第 16 条的解释

如果根据本地法律条款，上述免责声明（不提供担保）和责任范围声明不具备本地法律效力，审查法院应采用与之最接近的关于免除本程序相关民事责任的本地法律，除非在本程序副本上附带有品质担保或责任许诺，以收取费用。

（撰稿、资料翻译、核对：曹卫良）

V. European Union Public License 1.2（EUPL 1.2）

1. EUPL 1.2 简介[1]

欧盟公共许可证（European Union Public License，EUPL）1.2 版（EUPL 1.2）是一个自由软件许可证。EUPL 是欧洲自由/开源软件（F/OSS）许可证，其是在欧盟委员会的倡议下创建的。EUPL 是一种多语言许可证，以 23 种原始语言版本提供，且每一语言版本都具有同等效力，都可以用于软件分发。

EUPL 已经获得 OSI 认证，并被自由软件基金会视为自由软件许可证。就该许可证本身而言，它具有和 GPL 类似的 copyleft 属性，但与 GPL 并不兼容。但是，EUPL 1.2 给了许可证接受方重新选择其他许可证条款转许可作品的方法，其中，接收方可以重新选择的其他许可证的 copyleft 属性可以比 EUPL 1.2 更弱，如 EPL（Eclipse Public License）。因此，开发者不能依赖 EUPL 1.2 来保证强 copyleft。

EUPL 1.2 允许转许可到 GPL 2.0 或 GPL 3.0 中的一个，因为这两个许可证是可转许可许可证中的两个选项。EUPL 1.2 许可证还间接地允许转许可到 GPL 3.0 或者以后版本，因为有方法可以转许可到 CeCILL 2.0，而 CeCILL 2.0 又有方法可以转许可到任何版本的 GPL。

[1] 参见 https：//www.gnu.org/licenses/license－list.html，最后访问日期 2021 年 6 月 12 日。

要完成上述两步转许可，首先需要编写一些按照 CeCILL 2.0 授权的代码，或者找到已经适用 CeCILL 2.0 的适当模块，并把该代码或模块添加到适用 EUPL 1.2 的程序中。这样，使用 EUPL 1.2 的程序就有了转许可到 CeCILL 2.0 的基础。然后，再编写一些按照 GPL 3.0 授权的代码，或者找到已经适用 GPL 3.0 的适当模块，并把该代码或模块添加到使用 CeCILL 2.0 的程序中。这样，使用 CeCILL 2.0 的程序就有了转许可到 GPL 3.0 的基础。

截至 2021 年 6 月，选择使用 EUPL 1.2 的开源项目如表 1-1-9 所示。

表 1-1-9 选择使用 EUPL 1.2 的开源项目

名称	领域	开源主体
Emacs madx-mode	Emacs 编辑器工具/madx 高亮模式	Oscar BLANCO
Pi-hole	网络 DNS 层/广告拦截工具	Pi-hole, LLC

EUPL 1.2 的核心要点参见表 1-1-10。

表 1-1-10 EUPL 1.2 的核心要点

要点	内容	许可证相关条款
著作权	保留原始作品的版权； 转发修改版源代码时，添加修改说明	第 5 条、第 6 条
商标权	被许可人需保留商标声明； 被许可人无权使用作品许可人的商标	第 5 条
专利权	专利授权条款	第 2 条
分发要求	分发或传播作品时，需提供源代码； 如果作品以目标代码形式提供，则需提供对应的源代码	第 3 条、第 5 条
许可证类型	严格型许可证，传播作品时，需提供源代码，不允许变更许可证； 但是，允许作品或其副本的再许可权利	第 2 条、第 5 条
兼容性	GPL 2.0、GPL 3.0、AGPL 3.0 不兼容 EUPL 1.2； EUPL 1.2 兼容 GPL 2.0、GPL 3.0、APL 3.0、LPL 3.0； LGPL 3.0、Apache 许可证 2.0、BSD 许可证、MIT 许可证兼容 EUPL 1.2	附录

2. **如何套用** EUPL 1.2

在许可证文本中添加著作权声明、免担保声明内容。

提供同意接受许可证文本的确认方式，例如，可以在显示许可证文本的窗口下方，点击“我同意”图标以接受许可证条款，或者通过任何其他类似方式确认同意。

3. EUPL 1.2 文本（中文译本）[1]

【译者声明】

This is an unofficial translation of the European Union Public License（Version 1.2）into Simplified Chinese. It was not published by the Free Software Foundation, and does not legally state the distribution terms for software that uses the EUPL（Version 1.2）—only the original English text of the EUPL（Version 1.2）does that. However, we hope that this translation will help Simplified Chinese speakers understand the EUPL（Version 1.2）better.

这是 EUPL 1.2 的非官方简体中文翻译。本简体中文翻译并非自由软件基金会所发布，且不能作为使用 EUPL 1.2 所发布软件的法律声明——只有 EUPL 1.2 的英文原版才具有法律效力。不过，我们希望本翻译能够帮助简体中文读者更好地理解 EUPL 1.2。

You may publish this translation, modified or unmodified, only under the terms at https://joinup.ec.europa.eu/collection/eupl.

无论是否修改，您都可以发布本翻译，前提是您遵循 EUPL 网站（https://joinup.ec.europa.eu/collection/eupl）关于许可证翻译的要求。

欧盟公共许可证

第 1.2 版

EUPL ©欧盟 2007，2016

本欧盟公共许可证（EUPL）适用于根据本许可证条款提供的作品（定义如下）。禁止未经许可使用该作品（此处使用的范围根据作品著作权持有人的权利范围确定），除非该作品在本许可证下授权使用。

当许可人（定义如下）在作品的版权声明之后立即放置以下声明时，则该作品属于根据本许可证条款提供的作品：

根据 EUPL 许可；

或以其他任何方式表达根据 EUPL 进行许可的意愿。

1. 定义

在本许可证中，下列术语具有以下含义：

“本许可证”（the license）：许可证 EUPL1.2。

“原始作品”（the original work）：许可方根据本许可证分发或传播的作品或软件，根据不同情形包括源代码和可执行代码。

[1] EUPL 1.2 英文原版参见 https://opensource.org/licenses/EUPL-1.2 和 https://joinup.ec.europa.eu/collection/eupl/eupl-text-eupl-12，最后访问日期 2021 年 6 月 12 日。

"演绎作品"：被许可人根据原始作品或其修改可以创建的作品或软件。本许可证未定义将作品归类为演绎作品所需的修改或依赖原始作品的程度，此程度由第 15 条所述的某个国家/地区所适用的著作权法确定。

"作品"：原始作品或其演绎作品。

"源代码"：作品的人类可读形式，这是人们最方便学习和修改的形式。

"可执行代码"：通常已经编译并且将由计算机解释为程序的任何代码。

"许可人"：在许可证下分发或传播作品的自然人或法人。

"贡献者"：根据许可证修改作品或以其他方式为创作衍生作品作出贡献的任何自然人或法人。

"被许可人"或"您"：根据许可证条款使用作品的任何自然人或法人。

"分发"或"传播"：任何自然人/法人在线或离线出售、赠送、出借、出租、分发、传播、传送或以其他方式提供作品副本或提供对作品基本功能访问权的任何行为。

2. 许可证授予的权利范围

针对下列行为，许可人特此授予您享有原始作品在著作权保护期限内全球性的、免许可费的、非独占性的、可转许可的授权：

在任何情况下以任何惯例使用作品；

复制作品；

修改作品，并根据作品创作衍生作品；

与公众进行交流，包括向公众提供或展示作品或作品副本的权利，并视情形向公众公开表演作品；

分发作品或其副本；

出借和出租作品或其副本；

作品或其副本的转许可权利。

只要所适用法律允许，上述权利可以在任何媒体和格式上行使，无论是现在已知的还是将来发明的。

在适用精神权利的国家/地区，许可人在法律允许的范围内放弃行使其精神权利，以使上述经济权利的许可证有效。

许可人将其所拥有的任何专利授予被许可方免许可费的、非独占性的使用权，以便被许可人在必要的范围内行使本许可证对作品授予的权利。

3. 传播源代码

许可人可以通过源代码形式或可执行代码形式提供作品。如果作品是以可执行代码的形式提供，则许可人还将为其分发的每一作品副本附随一份该作品源代码的机器可读副本。许可人应在附随于作品的版权声明后增加一个声明，如果许可人继续分发或传播该作品，则应提供便利获取源代码的存储库。

4. 著作权限制

本许可证中的任何内容都无意剥夺被许可人的权益，包括排除或限制作品著作权人的专有权利、所述专有权利的耗尽或其他适用的限制。

5. 被许可人的义务

对上述权利的授予加诸于被许可人的某些限制条件和义务的约束，这些义务如下：

所有权归属：被许可人应保留所有著作权、专利权或商标权的声明，所有与许可证有关的声明，以及免责声明。被许可人必须在其分发或传播的每份作品副本中附有此类声明的副本和本许可证的副本。被许可人必须在任何衍生作品中附加明显的声明，说明作品已被修改以及修改日期。

Copyleft 条款：如果被许可人分发或传播原始作品或衍生作品的副本，则该分发或传播将根据本许可证的条款或本许可证后续版本的条款进行，除非原始作品明确仅在本版本的许可证下进行分发或传播，例如“只通过 EUPL1.2 传播”。被许可人（将成为许可人）不能在作品或演绎作品上施加任何其他条款或约束来更改或限制本许可证的条款。

兼容性条款：当被许可人基于某作品和兼容性许可证授权的另一作品创作出演绎作品，并分发或传播该演绎作品或其副本，则该分发或传播行为可以根据该兼容性许可证的条款进行。出于本条款的目的，“兼容性许可证”是指本许可证（EUPL1.2）附录中列出的许可证。如果被许可人在兼容性许可证下的义务与他/她在本许可证下的义务相抵触，则以兼容性许可证的义务为准。

源代码的提供：在分发或传播作品的副本时，被许可人应当提供源代码的机器可读副本，或指定一个可便利获取该源代码的存储库，只要被许可人继续分发或传播该作品，则该存储库一直保持有效。

法律保护：本许可证不授权使用许可人的商号名称、商标、服务标记或姓名，除非为在描述作品的来源和复制著作权声明内容时合理和惯常的必要使用。

6. 著作权延伸

原许可人保证本许可证项下授予的原始作品的著作权由他/她所拥有或已授权给他/她，并且他/她有权授予本许可证。

每位贡献者保证，他/她对作品进行的修改的著作权由他/她所拥有或已授权给他/她，并且他/她有权授予本许可证。

每次您接受本许可证时，原许可人和后续贡献者都会根据本许可证的条款向您授予他们/她们（原许可人和后续贡献者）对作品所作贡献的许可。

7. 免担保声明

本作品是一项创作中的作品，许多贡献者仍将不断对其进行改进。它不是一项已经完成的作品，因此可能包含此类开发固有的缺陷或“错误”。

出于上述原因，本作品是在本许可证项下按“原样”提供的，并且没有关于本作品的任何形式保证，包括但不限于适销性、特定用途的适用性、没有缺陷或错误、准确性、不侵犯本许可证第 6 条所述的著作权以外的知识产权。

上述免担保声明是本许可证的重要组成部分，也是授予作品任何权利的条件。

8. 免责声明

除故意的不当行为或直接对自然人造成的损害外，许可人在任何情况下均不对由许可或使用作品引起的任何直接的、间接的、物质的或精神的损害负责。所述损害包括但不限于因商誉损失、工作中止、计算机失效或故障、数据丢失或任何商业损失而造成的损害，即使许可人已经告知这种损害的可能性。但是，许可人应根据适用于作品的法定产品责任法承担责任。

9. 附加协议

在分发作品时，您可以选择签订附加协议，以定义与本许可证一致的义务或服务。但是，如果您接受义务，则您只能代表自己并独自承担责任，您不能代表原许可人或任何其他贡献者。并且，您接受义务的前提是您同意赔偿，使每个贡献者不承担任何责任，或者您同意在您已接受任何担保或附加责任的情形下，负责此类贡献者提出的索赔。

10. 许可证的接受

根据所适用法律的规定，您可以在显示本许可证文本的窗口下方点击“我同意”图标以接受本许可证的条款，或者通过任何其他类似方式确认同意。点击该图标表示您明确且不可撤销地接受本许可证及其所有条款和限制条件。

同样，通过行使本许可证第 2 条授予的任何权利，例如使用作品，创作演绎作品，或分发、传播作品及其副本，您也将不可撤销地接受本许可证及其所有条款和限制条件。

11. 信息的公开

如果您通过电子通信方式（例如，提供从远程站点下载作品）进行作品的任何分发或传播，则分发渠道或媒体（例如网站）必须根据所适用法律的要求，向公众至少提供以下信息：许可人的信息，本许可证的信息，被许可人可以访问、获取、存储和复制许可证的信息。

12. 许可的终止

一旦被许可人违反本许可证的条款，本许可证及其授予的权利将自动终止。

此类自动终止将不会终止根据本许可证从被许可人处接收作品的任何人的许可，前提是接收人仍完全遵守本许可证要求。

13. 其他事项

在不影响上述第 9 条的前提下，本许可证代表双方之间关于作品的完整协议。

如果本许可证的一些条款在所适用法律项下无效或无法执行，不会影响整个许可证的有效性或可执行性。此类条款将被进行必要解释或改革，以使其有效并可执行。

截至目前，欧盟委员会可以发布本许可证的其他语言版本或新版本，或发布附录的更新版本，这是必要且合理的，并不会减少本许可证所授予的权利范围。许可证的新版本将以唯一的版本号发布。

本许可证经欧盟委员会批准的所有语言版本具有同等效力。缔约方可以根据自身选择使用不同的语言版本。

14. 管辖

在不影响当事方之间特定协议的情况下：

欧盟机构、机关、办公室或代理机构（作为许可人）与任何被许可人之间因解释本许可证而引起的任何诉讼，根据《欧盟运行条约》第 272 条的规定，均应受欧盟法院的管辖；

其他各方之间因本许可证的解释而引起的诉讼，将由许可人居住地或其主要业务开展地的主管法院进行专属管辖。

15. 适用法律

在不影响当事方之间特定协议的情况下：

本许可证应受许可人所在地、居住地或注册办事处的欧盟成员国法律约束；

如果许可人在欧盟成员国内没有所在地、居住地或注册办事处，则本许可证应受比利时法律约束。

附录

根据 EUPL 第 5 条，“兼容性许可证”包括：

GNU 通用公共许可证（GPL）2.0、3.0；

GNU Affero 通用公共许可证（AGPL）3.0；

开放软件许可证（OSL）2.1、3.0；

Eclipse 公共许可证（EPL）1.0；

CeCILL 许可证 2.0、2.1；

Mozilla 公共许可证（MPL）2.0；

GNU 宽松通用公共许可证（LGPL）2.1、3.0；

知识共享 Attribution – ShareAlike v. 3.0 Unported（CC BY – SA 3.0），适用于除软件以外的作品；

欧盟公共许可证（EUPL）1.1、1.2；

魁北克自由和开源许可证 – 互惠型（LiLiQ – R）或强互惠型（LiLiQ – R +）。

欧盟委员会可以在不产生新版本 EUPL 的情形下，将本附录更新为上述许可证的后续版本，只要后续版本提供本许可证第 2 条授予的权利并确保所涵盖的源代码免于专有使用。

对本附录的所有其他更改或增补，均要求提供新的 EUPL 版本。

（撰稿：曹卫良；核对：徐子淼）

（二）宽松型许可证

Ⅰ. Massachusetts Institute of Technology License（MIT 许可证）

1. MIT 许可证简介

MIT 许可证之名源自麻省理工学院（Massachusetts Institute of Technology，MIT）。MIT 许可证属于宽松型许可证，是一种非常普遍的开源许可证。根据黑鸭（Black Duck）统计 2017 年使用开源许可证数量的报告，MIT 许可证是当年度使用次数最多的许可证，GPL 2.0 次之。

截至 2021 年 6 月，选择使用 MIT 许可证的开源项目如表 1 – 1 – 11 所示。

表 1 – 1 – 11　使用 MIT 许可证的开源项目

名称	领域	开源主体
Bletchley	区块链	微软
Storj	区块链	Storj
AntShares	区块链	小蚁

续表

名称	领域	开源主体
Neblio	区块链	Neblio
ZCash	区块链/比特币	Electric Coin Company
MyEtherWallet	区块链/比特币	MyEtherWallet
Electrum	区块链/比特币	Electrum
Bitcoin	比特币	—
Steem	区块链	Steem
RNPolymerPo	个人助理软件	魅族
Libgo	常用工具包	魅族
Speedy	Docker 扩展	京东
Nerv	常用 JavaScript 包	京东
Taro	微信开发/微信公众号开发	京东
Taro UI	UI 组件库	京东
NutUI	手机/移动开发	京东
LZFSE	数学计算	Apple
Hilo	HTML5 开发相关	阿里巴巴
Macaca	其他	阿里巴巴
AntV - G2	报表/图表制作	阿里巴巴
Visual Studio Code	开发工具	微软
DMTK	机器学习/深度学习	微软
CNTK	神经网络/人工智能	微软
Service Fabric	微服务框架	微软
Malmo	神经网络/人工智能	微软
ONNX	机器学习/深度学习	微软
QuantumKatas	量子计算	微软
Infer. NET	机器学习/深度学习	微软
Graph Engine	图数据库	微软
Azure IoT Edge	物联网	微软
SpriteJS	绘图框架	奇虎 360
Pika	存储系统	奇虎 360
MIP	网页加速器	百度
San	组件框架	百度
Mobile - deep - learning	深度学习	百度
Mapv	地图开源库	百度
nodePPT	网页幻灯片	百度
Amplify - js	云服务	亚马逊

续表

名称	领域	开源主体
Westore	小程序	腾讯
Face2Face Translator	在线翻译	腾讯
Tseer	注册服务	腾讯
GKA	图片处理	腾讯
OOMDetector	移动客户端开发	腾讯

MIT 许可证的核心要点参见表 1－1－12。

表 1－1－12　MIT 许可证的核心要点

要点	内容	许可证相关条款
著作权	授予版权许可，但分发时需保留原始作品的版权声明和许可证声明	The above copyright notice and this permission notice shall be included in all copies or substantial portions of the Software
商标权	无商标许可	—
专利权	无专利授权	—
许可证类型	宽松型许可证，无须提供源代码，可以变更许可证，保留版权声明和许可声明即可	第 1 条
其他	免责声明	第 2 条

2. 如何套用 MIT 许可证

将许可证协议文本文件放在源代码的根目录下（通常将该文本文件命名为 LICENSE 或者 LICENSE. txt），并且将文本中的［year］［fullname］改为当下的年份和著作权所有者名称。

如果允许的话，将 MIT 许可证添加到项目封装的描述中（例如 Node. js、Ruby 和 Rust）。这将确保许可证能在封装目录中显示。

3. MIT 许可证文本（中文译本）[1]

【译者声明】

This is an unofficial translation of the MIT License into Simplified Chinese. It was not published by the Free Software Foundation, and does not legally state the distribution terms for software that uses the MIT License—only the original English text of the MIT License does that. However, we hope that this translation will help Simplified Chinese speakers understand the MIT License better.

这是 MIT 许可证的非官方简体中文翻译。本简体中文翻译并非自由软件基金会所

---

[1] MIT 许可证英文原版参见 https：//opensource. org/licenses/MIT，最后访问日期 2021 年 6 月 12 日。

发布，且不能作为使用 MIT 许可证所发布软件的法律声明——只有 MIT 许可证的英文原版 + 脚注才具有法律效力。不过，我们希望本翻译能够帮助简体中文读者更好地理解 MIT 许可证。

> 版权所有〈年份〉〈版权有者〉
>
> 特此授予任何人免费获得本软件和相关文档（软件）副本的许可，不受限制地处理本软件，包括但不限于使用、复制、修改、合并、出版、分发、转许可和/或销售本软件副本的权利，并授予完成本软件的人士上述权利，但须符合以下条件：
>
> 上述版权声明和本许可声明应包含在软件的所有副本或重要部分中。
>
> 本软件按“原样”提供，不提供任何形式的明示或暗示的保证，包括但不限于对适销性、特定用途的适用性和不侵权的保证。在任何情况下，由于软件本身或软件的使用及其他软件交易引起的或与之相关的原因导致的，无论是在合同、侵权行为或其他方面的诉讼，作者或版权持有人均不对任何索赔、损害或其他责任承担任何责任。

（撰稿、资料翻译：曹卫良；核对：徐子淼）

Ⅱ. Apache License 2.0（Apache 许可证 2.0）

1. Apache 许可证 2.0 简介

Apache 许可证 2.0 于 2004 年获得 Apache 软件基金会（Apache Software Foundation，ASF）的批准，其主要目的是通过协作开源软件开发来提供可靠且寿命长的软件产品。Apache 许可证属于自由软件许可证，且兼容于 GPL 3.0。

截至 2021 年 6 月，选择使用 Apache 许可证 2.0 的开源项目如表 1 – 1 – 13 所示。

表 1 – 1 – 13　使用 Apache 许可证 2.0 的开源项目

名称	领域	开源主体
Apache HTTP Server	操作系统	Apache 软件基金会
Accumulo	区块链	Apache 软件基金会
ActiveMQ	信息处理	Apache 软件基金会
AiravataTM	区块链	Apache 软件基金会
Airflow	区块链	Apache 软件基金会
Allura	区块链	Apache 软件基金会
Ambari	网页存储	Apache 软件基金会
Ant	Java 编译	Apache 软件基金会
Any23	区块链	Apache 软件基金会
APISIX	云端技术	Apache 软件基金会
Archiva	数据库管理	Apache 软件基金会

续表

名称	领域	开源主体
Aries	编程模型	Apache 软件基金会
Arrow	跨语言开发	Apache 软件基金会
AsterixDB	大数据管理系统	Apache 软件基金会
Atlas	数据管理	Apache 软件基金会
Avro	数据管理	Apache 软件基金会
Axis	网页开发	Apache 软件基金会
Bahir	代码分析	Apache 软件基金会
MADlib	区块链	Apache 软件基金会
Bigtop	大数据管理	Apache 软件基金会
Bloodhound	开源项目管理	Apache 软件基金会
Bookkeeper	数据存储	Apache 软件基金会
Brooklyn	云应用程序管理	Apache 软件基金会
Buildr	数据管理	Apache 软件基金会
Lucene	搜索引擎	Apache 软件基金会
Calcite	数据管理	Apache 软件基金会
Camel	区块链	Apache 软件基金会
CarbonData	数据分析	Apache 软件基金会
Logging Services	日志记录	Apache 软件基金会
Cayenne	数据映射	Apache 软件基金会
Libcloud	Python 库	Apache 软件基金会
Chemistry	数据管理	Apache 软件基金会
Clezerra	数据存储与管理	Apache 软件基金会
Cloudstack	网络管理、云计算	Apache 软件基金会
Cocoon	程序关联	Apache 软件基金会
Commons	区块链	Apache 软件基金会
Community Development	社区管理	Apache 软件基金会
Kylin	数据分析	Apache 软件基金会
Cordova	程序编辑	Apache 软件基金会
CrunchDB	区块链	Apache 软件基金会
Configuration	数据存取	Apache 软件基金会
Curator	客户端库	Apache 软件基金会
CXF	开源服务框架	Apache 软件基金会
DataFu	数据存储	Apache 软件基金会
Joshua	程序解码	Apache 软件基金会
Knox	交互网关	Apache 软件基金会

续表

名称	领域	开源主体
Kibble	可视化软件	Apache 软件基金会
Drill	查询引擎	Apache 软件基金会
Kafka	区块链	Apache 软件基金会
Kudu	数据分析	Apache 软件基金会
Flex	应用框架	Apache 软件基金会
Eagle	数据安全平台	Apache 软件基金会
Empire - db	软件开发平台	Apache 软件基金会
Fineract	金融	Apache 软件基金会
Flex	网页开发	Apache 软件基金会
Flink	数据计算	Apache 软件基金会
Flume	数据处理	Apache 软件基金会
Fluo	区块链	Apache 软件基金会
Freemarker	数据库	Apache 软件基金会
Geode	数据库	Apache 软件基金会
Geronimo	数据库	Apache 软件基金会
Guacamole	远程网关	Apache 软件基金会
Hadoop	数据计算	Apache 软件基金会
Girrofin	数据处理	Apache 软件基金会
HWAQ	数据库	Apache 软件基金会
Helix	群集管理	Apache 软件基金会
Hive	数据存储	Apache 软件基金会
Hudi	数据存储	Apache 软件基金会
Jackrabbit	数据存储	Apache 软件基金会
James	邮件服务	Apache 软件基金会
Impala	数据分析	Apache 软件基金会
jclouds	程序工具	Apache 软件基金会
IoTDB	区块链	Apache 软件基金会
JSPWiKi	WiKi 引擎	Apache 软件基金会
Jmeter	程序测试	Apache 软件基金会
Johnzon	区块链	Apache 软件基金会
Mahout	数据分析	Apache 软件基金会
ManifoldCF	搜索存储库	Apache 软件基金会
Marmotta	开放链接数据	Apache 软件基金会
Maven	软件管理分析	Apache 软件基金会
Mesos	区块链	Apache 软件基金会

续表

名称	领域	开源主体
Metron	网络安全	Apache 软件基金会
Mneonic	数据存储	Apache 软件基金会
MyFaces	设备管理	Apache 软件基金会
Nutch	网页搜索	Apache 软件基金会
NiFi	数据处理	Apache 软件基金会
OFBiz	业务应用程序	Apache 软件基金会
Olingo	Java 库	Apache 软件基金会
OODT	数据管理	Apache 软件基金会
OpenMeeting	视频会议	Apache 软件基金会
OpenNLP	机器学习	Apache 软件基金会
OpenOffice	办公软件	Apache 软件基金会
OpenWhisk	代码服务器	Apache 软件基金会
ORC	数据存储	Apache 软件基金会
Ozone	数据存储	Apache 软件基金会
Parquet	数据存储	Apache 软件基金会
PDFBox	PDF 处理	Apache 软件基金会
Phoenix	数据管理	Apache 软件基金会
Pig	大数据分析	Apache 软件基金会
Pivot	程序管理	Apache 软件基金会
PLC4X	通信工程	Apache 软件基金会
POI	微软文档处理	Apache 软件基金会
Portable Runtime	软件管理	Apache 软件基金会
Pulsar	云消息传递和流动	雅虎公司
Qpid	消息传递	Apache 软件基金会
Ranger	数据安全	Apache 软件基金会
REEF	应用程序库	Apache 软件基金会
River	动态计算	Apache 软件基金会
RocketMQ	数据处理	Apache 软件基金会
Roller	博客网站	Apache 软件基金会
Rya	RDF 数据存储	Apache 软件基金会
ShardingSphere	区块链	Apache 软件基金会
SINGA	深度学习	Apache 软件基金会
SIS	地理空间应用	Apache 软件基金会
SkyWalking	网络监控	Apache 软件基金会
STeVe	基金管理	Apache 软件基金会

续表

名称	领域	开源主体
Storm	实时计算	Apache 软件基金会
Struts	程序开发	Apache 软件基金会
Synapse	通信	Apache 软件基金会
Syncope	身份识别	Apache 软件基金会
Tapestry	程序编写	Apache 软件基金会
Tika	数据分析检索	Apache 软件基金会
TinkerPop	图片编辑	Apache 软件基金会
Traffic Control	通信	Apache 软件基金会
UIMA	信息管理	Apache 软件基金会
VCL	云计算	Apache 软件基金会
Whimsy	人事管理	Apache 软件基金会

Apache 许可证 2.0 的核心要点参见表 1－1－14。

表 1－1－14　Apache 许可证 2.0 的核心要点

要点	内容	许可证相关条款
著作权	Apache 许可证 2.0 十分注重署名，被许可人分发其作品是必须复制一份许可证内容，同时在衍生作品或修改过的文件部分都要求附加 Apache许可证 2.0 的声明，即使不带源代码内容，也必须有声明	第 4 条
商标权	被许可人无权使用 Apache 许可证 2.0 的商标及相关标示或名称	第 6 条
专利权	当软件开发人员贡献的代码仅就其自身来说没有被贡献者的任何专利所覆盖，只有与贡献者提交此类贡献的遵循 Apache 许可证 2.0 的开源项目相结合才能被相关专利覆盖时，贡献者授予被许可人该专利的实施权，但被许可人不可以主张贡献者侵犯其专利，否则贡献者有权收回授权	第 3 条
许可证类型	宽松型许可证，无须提供源代码，可以变更许可证，保留版权声明和本许可证副本即可	第 4 条
其他	如果存在多个许可证，贡献者可能会将 Apache 许可证 2.0 转换为其他更为宽松的许可证，从而避免了 Apache 许可证 2.0 的限制。因此如果使用了第三方作品，最好要将相关信息（包括许可证）都放入 NOTICE 文本文件中	—

2. 如何套用 Apache 许可证 2.0

在作品中包括一个 Apache 许可证的副本，通常在一个名为 LICENSE 的文件中，还可以创建一个 NOTICE 文件。

将 Apache 许可证应用于特定文件应当附加“Copyright［年份］［版权所有者］”的

说明，并将用方括号括起来的字段替换为被许可人的相应标识信息，文本应包含在文件格式的相应注释语中。同时建议在与版权声明相同的“打印页面”中包含文件名或类名以及用途说明，以便在第三方档案中更容易识别。

3. Apache **许可证** 2.0 **文本（中文译本）**[1]

【译者声明】

This is an unofficial translation of the Apache License（Version 2.0）into Simplified Chinese. It was not published by the Free Software Foundation，and does not legally state the distribution terms for software that uses the Apache License（Version 2.0）—only the original English text of the Apache（Version 2.0）does that. However，we hope that this translation will help Simplified Chinese speakers understand the Apache License（Version 2.0）better.

这是 Apache 许可证 2.0 的非官方简体中文翻译。本简体中文翻译并非自由软件基金会所发布，且不能作为使用 Apache 许可证 2.0 所发布软件的法律声明——只有 Apache 许可证 2.0 的英文原版 + 脚注才具有法律效力。不过，本书希望本翻译能够帮助简体中文读者更好地理解 Apache 许可证 2.0。

You may publish this translation，modified or unmodified，only under the terms at http：//www. apache. org/licenses/.

无论是否修改，您都可以发布本翻译，前提是您遵循 Apache 网站（http：//www. apache. org/licenses/）关于许可证翻译的要求。

Apache 许可证 2.0

2004 年 1 月

使用、复制和分发的条款和条件

1. 定义

“许可”是指本文档第 1 ~ 9 条定义的使用、复制和分发的条款和条件。

“许可人”是指版权所有者或授予许可的版权所有者授权的实体。

“法律实体”是指行为实体与控制该实体、由该实体控制或受其共同控制的所有其他实体的联合。就本定义而言，“控制”是指：（ⅰ）通过合同或其他方式直接或间接导致该实体的指示或管理的权力；或（ⅱ）拥有该实体百分之五十（50%）的所有权或更多的流通股；或（ⅲ）拥有该实体该实体的实益所有权。

“您”或“您的”是指行使本许可证授予的许可的个人或法律实体。

“源”形式是指进行修改的首选形式，包括但不限于软件源代码、文档源和配置文件。

[1] Apache 许可证 2.0 英文原版参见 https：//opensource. org/licenses/Apache - 2.0 和 http：//www. apache. org/licenses/，最后访问日期 2021 年 6 月 12 日。

"目标"形式是指源形式的机械转换或翻译产生的任何形式，包括但不限于已编译的目标代码、生成的文档以及对其他媒体类型的转换。

"作品"指的是根据许可获得的著作权作品，无论是源形式还是目标形式，均应被包含在该作品中或随附于其上的版权声明所指示（以下附录中提供了一个示例）。

"演绎作品"是指基于（或衍生自）该作品的任何作品（无论是源形式还是目标形式），其编辑修订、注解、细化或其他修改从整体上代表原始作品的作者身份。就本许可证而言，演绎作品不应包括与该作品及其演绎作品保持分离的作品，或仅与作品及其演绎作品接口链接（或按名称链接）的作品。

"贡献"是指著作权所有者、个人或被授权代表著作权所有者的法律实体有意向许可人提交的任何作者作品，包括作品的原始版本以及对该作品或演绎作品的任何修改或增补。就此定义而言，"提交"是指发送给许可方或其代表的任何电子、口头或书面形式的传播方式，包括但不限于以讨论和改进作品为目的，由许可方管理或代表许可方管理的电子邮件列表、源代码控制系统和问题跟踪系统的传播方式，但不包括版权所有者明显标记或以其他方式书面指定为"非贡献"的传播方式。

"贡献者"是指许可方以及许可人代表其接收贡献并随后纳入作品的个人或法律实体。

2. 授予版权许可

在遵守本许可证的条款和条件的前提下，每位贡献者特此授予您永久的、全球性的、非排他的、免费的、免版税的、不可撤销的版权许可，以复制、准备演绎作品、公开展示、公开执行、转许可，并以源或目标形式分发作品和此类演绎作品。

3. 授予专利许可

在遵守本许可证的条款和条件的前提下，每位贡献者特此授予您永久性的、全球性的、非排他性的、免费的、免专利权费的、不可撤销的（本条中所述的除外）专利许可，用于制造、使用、许诺销售、销售、进口和以其他方式转让该作品，且上述许可仅适用于该贡献者满足以下条件的、可被许可的专利权利要求：贡献者的贡献单独对该权利要求必然构成侵权，或贡献者的贡献与接收所述贡献的作品之间的结合对该权利要求必然构成侵权。如果您针对任何实体提起专利诉讼（包括诉讼中的交叉诉讼或反诉），指称该作品或该作品中包含的贡献构成直接或共同的专利侵权，则根据本许可授予您的任何专利许可证应在提起诉讼之日终止。

4. 再分发

您可以在满足以下条件的情况下，通过任何媒介以源或目标的形式复制和分发作品或其演绎作品的副本（无论是否经过修改）：

（1）您必须向该作品或演绎作品的任何其他接收者提供本许可证的副本；和

（2）您必须使所有修改过的文件带有明显的声明，表明您已更改文件；和

（3）您必须以您分发的任何演绎作品的源形式保留该作品的源形式的所有版权、专利、商标和归属声明，但不包括与该衍生作品的任何部分无关的那些归属声明；和

（4）如果作品包含"声明"（NOTICE）文本文件作为其分发的一部分，则您分发的任何演绎作品都必须包括该声明文件中包含的归属声明的可读副本，但不包括与演绎作品的任何部分无关的那些声明。演绎作品至少应位于以下一个位置：在作为演绎作品一部分分发的声明文本文件中；在源文件或文档中（如果与演绎作品一起提供）；或在演绎作品生成的显示中如果通常在任

何地方出现此类第三方声明。声明文件的内容仅供参考，请勿修改许可证。您可以在您分发的衍生作品中添加自己的归属声明，或者在作品的声明文本中添加作为附录，前提是此类附加归属声明不能被解释为对许可证的修改。

您可以在自己的修改中添加自己的版权声明，并可以为使用、复制或分发您的修改，或为任何此类演绎作品的整体提供额外或不同的许可条款和条件，但前提是您对作品的使用、复制和分发的作品应符合本许可证中规定的条件。

5. 提交贡献

除非您另有明确说明，否则您有意提交给许可方以纳入作品中的任何贡献均应遵守本许可证的条款和条件，而无须任何其他条款或条件。尽管有上述规定，本许可证中的任何内容都不能取代或修改您可能与许可方签订的有关此类贡献的任何单独许可协议的条款。

6. 商标

本许可证不授予使用许可方的商号名称、商标、服务标记或产品名称的许可，除非在描述作品的来源和复制声明文件内容时合理和惯常使用是必需的。

7. 免责声明

除非适用法律要求或书面同意，否则许可方将按“原样”提供作品（且每个贡献者均应提供其贡献），而没有任何明示或暗示的保证或条件，包括但不限于任何所有权、非侵权、适销性或特定目的适用性的担保或条件。您应独自负责确定使用或再分发作品的适当性，并承担与您行使本许可证下的许可有关的任何风险。

8. 责任范围

除非适用法律要求（例如故意和严重过失的行为）或书面同意，否则在任何情况下，不论基于何种法律理论，无论是在侵权（包括过失）、合同或其他情况下，任何贡献者均不对您以下损失承担责任：因本许可证或因使用或无法使用作品而引起的任何直接的、间接的、特殊的、偶然的或后果性的损失（包括但不限于因商誉损失、停工、计算机故障而引起的损失或任何其他商业性损失），即使该贡献者已被告知此类损失的可能性。

9. 接受担保或其他责任

在再分发作品或其衍生作品时，您可以选择提供作品并收取一定费用，以接受与本许可证一致的支持、担保、赔偿或其他责任义务和/或权利。但是，在接受此类义务时，您只能代表您自己并独自承担责任，不能代表任何其他贡献者，并且您同意赔偿由于您接受此类保证或其他责任而针对该贡献者提出的索赔，确保每个贡献者不承担任何责任。

（撰稿：王董咪；核对：曹卫良）

Ⅲ. Berkeley Soft Wovre Distribution License（BSD 许可证）

1. BSD 许可证简介

BSD 许可证是一个给予使用者很大自由的许可证。被许可人可以自由地使用、修改源代码，也可以将修改后的代码作为开源或者专有软件再发布。BSD 许可证比较宽松，甚至跟公有领域更为接近。事实上，BSD 许可证被认为是“copycenter”，介乎于标准的“copyright”与 GPL 的“copyleft”之间，即“Take it down to the copy center and make as many copies as you want”。❶ 当你发布适用 BSD 许可证的代码，或者以 BSD 许可证下的代码为基础二次开发自己的产品时，需要满足以下三个条件。

（1）如果再发布的产品中包含源代码，则在源代码中必须带有原来代码中的 BSD 许可证；

（2）如果再发布的只是二进制类库/软件，则需要在类库/软件的文档和版权声明中包含原来代码中的 BSD 许可证；

（3）不可以用开源代码的作者/机构名字和原来产品的名字做市场推广（3 – clause BSD）。

BSD 许可证鼓励代码共享，但需要尊重代码作者的著作权。BSD 许可证由于允许使用者修改和重新发布代码，也允许使用或在适用 BSD 许可证的代码上开发商业软件并发布和销售，因此是对商业集成很友好的许可证。

截至 2021 年 6 月，选择使用 BSD 许可证的开源项目如表 1 – 1 – 15 所示。

表 1 – 1 – 15　使用 BSD 许可证的开源项目

名称	领域	开源主体
OS X	移动客户端	Apple
iOS	手机应用	Apple
IronPort	网络安全	Cisco
NetScaler	移动网络	Citrix
Isilcn	数据储存	Dell
KACE	系统管理	Quest KACE
TrueNAS	网络存储	iXsystems
TrueOS	网络存储	iXsystems
JunOS	移动网络	Juniper
SecurOS	防火墙	McAfee
Data ONTAP GX	数据存储	NetApp
PlayStation 4	游戏系统	Sony
Sophos Email Appliance	信息过滤	Sophos
nTier	数据存储	Spectra Logic
IntelliSta	天气播报	The Weather Channel
Voxer	语音通话	Voxer
FUDO	网络监控	Fudo Security

❶ 参见 https：//zh. wikipedia. org/wiki/BSD 许可证，最后访问日期 2021 年 6 月 12 日。

BSD 许可证的核心要点参见表 1 -1 -16。

表 1 -1 -16 BSD 许可证的核心要点

要点	内容	许可证相关条款
著作权	分发源代码和二进制代码时，保留版权声明	2 - Clause BSD 和 3 - Clause BSD 许可证，第 1 条和第 2 条
	3 - Clause BSD 许可证不允许使用版权持有者或贡献者的姓名来认可或促销衍生产品	3 - Clause BSD 许可证，第 3 条
商标权	2 - Clause BSD、3 - Clause BSD 和 BSD + Patent 未提及商标许可	—
专利权	2 - Clause BSD 和 3 - Clause BSD 许可证不授予任何专利权，被许可人使用 BSD 许可证的，需要自行维护其专利权；BSD + Patent 许可证授予专利许可	BSD + Patent 许可证，第 2 条第 2 项
许可证类型	宽松型许可证，无须提供源代码，可以变更许可证，保留版权声明和免责声明即可	2 - Clause BSD、3 - Clause BSD 和 BSD + Patent 许可证第 1 条和第 2 条
其他	① BSD 许可证下的软件使用自由软件之后不能按照 BSD 许可证再发布； ② BSD 许可证要求使用者将其软件设计的所有程序所有者的版权资料列明	2 - Clause BSD、3 - Clause BSD 和 BSD + Patent 许可证第 2 条

2. 如何套用 BSD 许可证

如果使用 BSD 许可证，在 3 - Clause BSD 许可证协议下应当将其中的“权利人”、“组织”及“年份”的内容替换成您自己的内容，即将“版权所有© <年份>，<权利人全称>，保留所有权利”［Copyright（c）〈year〉，〈fullname〉All rights reserved］替换为使用者的相关信息。

3. BSD 许可证文本

3.1 3 - Clause BSD 许可证（中文译本）[1]

【译者声明】

This is an unofficial translation of the 3 - Clause BSD License into Simplified Chinese. It was not published by the Free Software Foundation, and does not legally state the distribution terms for software that uses the 3 - Clause BSD License—only the original English text of the 3 - Clause BSD License does that. However, we hope that this translation will help Simplified

[1] 3 - Clause BSD 许可证英文原版参见 https：//opensource. org/licenses/BSD - 3 - Clause，最后访问日期 2021 年 6 月 12 日。

Chinese speakers understand the 3 – Clause BSD License better.

这是 3 – Clause BSD 许可证的非官方简体中文翻译。该简体中文翻译并非自由软件基金会所发布，且不能作为使用 3 – Clause BSD 许可证所发布软件的法律声明——只有 3 – Clause BSD 许可证的英文原版才具有法律效力。不过，我们希望本翻译能够帮助简体中文读者更好地理解 3 – Clause BSD 许可证。

3 – Clause BSD 许可证

版权所有© 〈年份〉〈版权所有者〉

如果满足以下条件，则允许以源代码和二进制形式再分发和使用，无论是否修改。

1. 再分发源代码必须保留上述版权声明、此条件列表和以下免责声明。

2. 以二进制形式再分发必须在随分发提供的文档和/或其他材料中复制上述版权声明、此条件列表和以下免责声明。

3. 未经事先特别书面许可，不得使用版权持有者的姓名（名称）或其贡献者的姓名（名称）来认可或促销从该软件衍生的产品。

本软件由版权所有者和贡献者“按原样”提供，不提供任何明示或暗示的保证，包括但不限于适销性和针对特定用途的适用性的暗示保证。在任何情况下，版权所有者或贡献者均不对因使用本软件而以任何方式引起的任何直接的、间接的、附带的、特殊的、惩戒性的或后果性的损失（包括但不限于购买替代性商品和服务、不可使用、数据丢失、利润损失或业务中断）承担责任，无论该损失是基于何种责任理论——例如合同、严格责任或侵权行为（包括疏忽或其他原因），即使已被告知存在上述损失的可能性也不例外。

3.2 2 – Clause BSD 许可证（中文译本）[1]

【译者声明】

This is an unofficial translation of the 2 – Clause BSD License into Simplified Chinese. It was not published by the Free Software Foundation, and does not legally state the distribution terms for software that uses the 2 – Clause BSD License—only the original English text of the 2 – Clause BSD License does that. However, we hope that this translation will help Simplified Chinese speakers understand the 2 – Clause BSD License better.

这是 2 – Clause BSD 许可证的非官方简体中文翻译。本简体中文翻译并非自由软件基金会所发布，且不能作为使用 2 – Clause BSD 许可证所发布软件的法律声明——只有 2 – Clause BSD 许可证的英文原版才具有法律效力。不过，我们希望本翻译能够帮助简体中文读者更好地理解 2 – Clause BSD 许可证。

[1] 2 – Clause BSD 许可证英文原版参见 https：//opensource. org/licenses/BSD – 2 – Clause，最后访问日期 2021 年 6 月 12 日。

2 – Clause BSD 许可证

版权所有© 〈年份〉〈版权所有者〉

如果满足以下条件，则允许以源代码和二进制形式再分发和使用，无论是否修改。

1. 再分发源代码必须保留上述版权声明、此条件列表和以下免责声明。

2. 以二进制形式再分发必须在随分发提供的文档和/或其他材料中复制上述版权声明、此条件列表和以下免责声明。

本软件由版权所有者和贡献者“按原样”提供，不提供任何明示或暗示的保证，包括但不限于适销性和针对特定用途的适用性的暗示保证。在任何情况下，版权所有者或贡献者均不对因使用本软件而以任何方式引起的任何直接的、间接的、附带的、特殊的、惩戒性的或后果性的损失（包括但不限于购买替代性商品和服务、不可使用、数据丢失、利润损失或业务中断）承担责任，无论该损失是基于何种责任理论——例如合同、严格责任或侵权行为（包括疏忽或其他原因），即使已被告知存在上述损失的可能性也不例外。

（撰稿：王董咪；核对：曹卫良）

3.3 BSD + Patent 许可证（中文译本）[1]

【译者声明】

This is an unofficial translation of the BSD + Patent into Simplified Chinese. It was not published by the Free Software Foundation, and does not legally state the distribution terms for software that uses the BSD + Patent—only the original English text of the BSD + Patent does that. However, we hope that this translation will help Simplified Chinese speakers understand the BSD + Patent better.

这是 BSD + Patent 许可证的非官方简体中文翻译。本简体中文翻译并非自由软件基金会所发布，且不能作为使用 BSD + Patent 许可证所发布软件的法律声明——只有 BSD + Patent 许可证的英文原版才具有法律效力。不过，我们希望本翻译能够帮助简体中文读者更好地理解 BSD + Patent 许可证。

You may publish this translation, modified or unmodified, only under the terms at https://www.gnu.org/licenses/translations.html.

无论是否修改，您都可以发布本翻译，前提是您遵循 GNU 网站（https://www.gnu.org/licenses/translations.html）关于许可证翻译的要求。

[1] BSD + Patent 许可证英文原版参见 https://opensource.org/licenses/BSDplusPatent，最后访问日期 2021 年 6 月 12 日。

BSD + Patent 许可证

注意：本许可证旨在提供：a）一个简单的宽松许可证；b）与 GNU 通用公共许可证 2.0 兼容；c）还包括明确的专利授权。

版权所有©〈年份〉〈版权所有者〉

如果满足以下条件，则允许以源代码和二进制形式再分发和使用，无论是否修改：

1. 再分发源代码必须保留上述版权声明、此条件列表和以下免责声明。

2. 以二进制形式再分发必须在随分发提供的文档和/或其他材料中复制上述版权声明、此条件列表和以下免责声明。

根据本许可证的条款和条件，每个版权所有者和贡献者特此授予根据本许可证获得权利的人永久的、全球性的、非排他性的、免费的、免许可费的、不可撤销的（不满足本许可证条件的除外）专利许可，以便制造、委托制造、使用、许诺销售、销售、进口和以其他方式转让本软件。其中，此类许可仅适用于版权所有者和贡献者已经获得或以后将要获得并可由其授权许可的专利权利要求且该专利权利要求必然受到以下侵犯：

（a）他们的单独贡献（版权所有者许可的版权和贡献者许可的不可版权添加内容，包括源代码或二进制形式）；或者

（b）将他们的贡献与由该版权所有者或贡献者添加此类贡献的包含作者身份的作品进行组合，如果在添加贡献时，这种添加导致这种组合必然受到侵犯。本专利许可不适用于包含贡献的任何其他组合。

除上述明确规定外，任何版权所有者或贡献者均未根据本许可证授予任何权利或许可，无论是明示、暗示、禁止反言或其他方式。

免责声明

本软件由版权所有者和贡献者按“原样”提供，不提供任何明示或暗示的保证，包括但不限于适销性和针对特定用途的适用性的暗示保证。在任何情况下，版权所有者或贡献者均不对因使用本软件而以任何方式引起的任何直接的、间接的、附带的、特殊的、惩戒性的或后果性的损失（包括但不限于购买替代性商品和服务、不可使用、数据丢失、利润损失或业务中断）承担责任，无论该损失是基于何种责任理论——例如合同、严格责任或侵权行为（包括疏忽或其他原因），即使已被告知存在上述损失的可能性也不例外。

（撰稿：曹卫良；核对：徐美玲）

Ⅳ. Educational Community License 2.0（ECL 2.0）

1. ECL 2.0 简介

ECL 2.0 由 Apache 许可证 2.0 组成，其对 Apache 许可证 2.0 进行了修改，以更改第 3 条中的专利授予范围，以特定于使用该许可证的教育社区的需求。原始的 Apache

许可证 2.0 可在以下网址找到：http：//www. apache. org/licenses/LICENSE－2.0。

截至 2021 年 6 月，选择使用 ECL 2.0 的开源项目如表 1－1－17 所示。

表 1－1－17　使用 ECL 2.0 的开源项目

名称	领域	开源主体
Sakai	教育	美国印第安纳大学、密西根大学、斯坦福大学和麻省理工学院
oaeproject/Hilary	教育	—
opencast	视频编辑	—

ECL 2.0 的核心要点参见表 1－1－18。

表 1－1－18　ECL 2.0 的核心要点

要点	内容	许可证相关条款
著作权	针对原作品和衍生作品，授予免费的版权许可	第 2 条
商标	ECL 禁止使用者使用其商标及相关标识名称	第 6 条
专利	ECL 授予的专利许可仅包括许可证文本中声明的部分，且如果被许可人针对任何其他人提起了专利诉讼或维权措施，其依据 ECL 享受的专利权即终止	第 3 条
许可证类型	宽松型许可证，无须提供源代码，可以变更许可证，保留版权声明和本许可证副本即可	第 4 条
其他	重新分发需提供 ECL 副本和修改声明	第 4 条

2. **如何套用** ECL 2.0

要将 ECL 应用到您的作品中应当附上以下声明，并将方括号括起来的内容替换为使用者自己的标识信息，文本应被包含在文件格式的相应注释语法中，同时 ECL 还建议在与版权声明相同的“打印页面”中包含文件或类名以及用途说明，以便在第三方档案中更容易识别。

版权［yyyy］［版权所有者名称］根据 ECL 2.0（以下简称“本许可证”）许可；除非遵守本许可证，否则不得使用此文件。您可以在 http：//www. osedu. org/licenses/ECL 2.0 上获得本许可证的副本。除非适用法律要求或以书面形式同意，否则根据本许可证分发的软件将“按原样”分发，不提供任何明示或暗示的保证或条件。有关本许可证下特定的语言管理权限和限制，请参阅本许可证。

3. ECL 2.0 文本（中文译本）[1]

【译者声明】

This is an unofficial translation of the ECL License（Version 2.0）into Simplified Chinese. It was not published by the Free Software Foundation, and does not legally state the distribution terms for software that uses the ECL－2.0 License—only the original English text of the ECL－2.0 License does that. However, we hope that this translation will help Simplified Chinese speakers understand the ECL－2.0 License better.

这是 ECL 2.0 的非官方简体中文翻译。本简体中文翻译并非自由软件基金会所发布，且不能作为使用 ECL 2.0 所发布软件的法律声明——只有 ECL 2.0 的英文原版才具有法律效力。不过，我们希望本翻译能够帮助简体中文读者更好地理解 ECL 2.0。

教育社区许可证

第 2.0 版，2007 年 4 月

ECL 2.0 由 Apache 许可证 2.0 组成，其对 Apache 许可证 2.0 进行了修改，更改了第 3 条中的专利授予范围，以特定于使用该许可证的教育社区的需求。原始 Apache 许可证 2.0 可在以下网址找到：http：//www.apache.org/licenses/LICENSE－2.0。

使用，复制和分发的条款和条件

1. 定义

“许可”是指本文档第 1～9 条定义的使用、复制和分发的条款和条件。

“许可方”是指版权所有者或授予许可的版权所有者授权的实体。

“法律实体”是指行为实体与控制该实体、由该实体控制或受其共同控制的所有其他实体的联合。就本定义而言，“控制”是指：（ⅰ）通过合同或其他方式直接或间接引起该实体的指示或管理的权力，或（ⅱ）拥有百分之五十（50%）的所有权或更多的已发行股份，或（ⅲ）该实体的实益所有权。

“您”（或“您的”）是指行使本许可证授予的许可的个人或法律实体。

“源”形式是指进行修改的首选形式，包括但不限于软件源代码、文档源和配置文件。

目标形式是指源形式的机械转换或翻译产生的任何形式，包括但不限于已编译的目标代码、生成的文档以及对其他媒体类型的转换。

“作品”指的是根据许可获得的著作权作品，无论是源形式还是目标形式，均应被包含在该作品中或随附于其上的版权声明所指示（以下附录中提供了一个示例）。

“衍生作品”是指基于（或衍生自）该作品的任何作品（无论是源形式还是目标形式），其编辑修订、注解、细化或其他修改从整体上代表原始作品的作者身份。就本许可证而言，衍生作品不应包括与该作品及其衍生作品保持分离的作品或仅与作品及其衍生作品接口链接（或按名称绑定）的作品。

[1] ECL 2.0 英文原版参见 http：//opensource.org/licenses/ECL－2.0，最后访问日期 2021 年 6 月 12 日。

"贡献"是指任何具有作者身份的作品，由版权所有者、或授权代表版权所有者的个人或法人实体，有意向许可人提交的以纳入作品的内容，包括作品的原始版本以及对该作品或衍生作品的任何修改或增补。就此定义而言，"提交"是指发送给许可方或其代表的任何电子、口头或书面形式的传播方式，包括但不限于以讨论和改进作品为目的，由许可方管理或代表许可方管理的电子邮件列表、源代码控制系统和问题跟踪系统的传播方式，但不包括版权所有者明显标记或以其他方式书面指定为"非贡献"的传播方式。

"贡献者"是指许可方以及许可方代表其接收贡献并随后合并到作品中的任何个人或法律实体。

2. 授予版权许可

在遵守本许可证的条款和条件的前提下，每位贡献者特此授予您永久的、全球性的、非排他的、免费的、免版税的、不可撤销的版权许可，以复制、准备衍生作品、公开展示、公开执行、转许可，并以源或目标形式分发作品和此类衍生作品。

3. 授予专利许可

在遵守本许可证的条款和条件的前提下，每位贡献者特此授予您永久性的、全球性的、非排他性的、免费的、免专利许可费的、不可撤销的（本节中所述的除外）专利许可，用于制造、委托制造、使用、许诺销售、销售、进口和以其他方式转让该作品，且上述许可仅适用于该贡献者满足以下条件的、可被许可的专利权利要求：贡献者的贡献单独对该权利要求必然构成侵权，或贡献者的贡献与接收所述贡献的作品之间的结合对该权利要求必然构成侵权。如果您针对任何实体提起专利诉讼（包括诉讼中的交叉诉讼或反诉），指称该作品或该作品中包含的贡献构成直接或共同的专利侵权，则根据本许可证授予您的任何专利许可应在提起诉讼之日终止。对于机构或组织雇用的个人的贡献，本许可证授予的任何专利许可都限于专利权利要求，其中作为作品作者的个人也是被许可的专利权利要求的发明人，并且该组织或机构有权根据适用的拨款和研究资助协议授予此类许可。不授予其他任何明示或暗示的许可。

4. 再分发

您可以通过任何媒介（无论是否经过修改）以源或目标的形式复制和分发作品或其衍生作品的副本，前提是您满足以下条件：

（1）您必须向该作品或衍生作品的任何其他接收者提供本许可证的副本；

（2）您必须使任何修改过的文件带有明显的声明，指出您已更改文件；

（3）您必须以您分发的任何衍生作品的源代码形式保留该作品源代码形式的所有版权、专利、商标和归属声明，但与那些衍生作品的任何部分无关的声明除外；

（4）如果作品在发行中包含"声明"（NOTICE）文本文件，则任何您分发的衍生作品必须在以下至少一个位置中包含该声明文件中包含的归属的可读副本，其中包括与该衍生作品的任何部分无关的那些声明，该声明至少应位于以下一个位置：在作为衍生作品的一部分分发明 NOTICE 文本文件中；在源文件或文档中（如果与衍生作品一起提供）；或在"衍生作品"生成的显示中，（如果通常在任何地方出现此类第三方声明）。声明文件的内容仅供参考，请勿修改许可证。您可以在您分发的衍生作品中添加自己的归属声明，或者将其作为作品的声明文本中的附录，前提是此类附加归属声明不能被解释为对许可证的修改。

您可以在自己的修改中添加您自己的版权声明，并可以为使用、复制或分发您的修改，或为任何此类衍生作品的整体提供额外或不同的许可条款和条件，前提是您对作品的使用、复制和分发应符合本许可证中规定的条件。

5. 提交贡献

除非您另有明确说明，否则您有意提交给许可人以纳入作品中的任何贡献均应遵守本许可证的条款和条件，而无需任何其他条款或条件。尽管有上述规定，本许可证中的任何内容都不能取代或修改您可能与许可方签署的有关此类贡献的任何单独许可协议的条款。

6. 商标

本许可证不授予使用许可方的商号名称、商标、服务标记或产品名称的许可，除非在描述作品的来源和复制声明文件内容时合理和惯常使用是必需的。

7. 免责声明

除非适用法律要求或书面同意，否则许可方将按"原样"提供作品（且每个贡献者均应提供其贡献），而没有任何明示或暗示的保证或条件，包括但不限于任何所有权、非侵权、适销性或特定目的的适用性的担保或条件。您应独自负责确定使用或再分发作品的适当性，并承担与您行使本许可证下的许可有关的任何风险。

8. 责任范围

除非适用法律要求（例如故意和严重过失的行为）或书面同意，否则在任何情况下，不论基于何种法律理论，无论是在侵权（包括过失）、合同或其他情况下，任何贡献者均不对您以下损失承担责任：因本许可证或因使用或无法使用作品而引起的任何直接的、间接的、特殊的、偶然的或后果性的损失（包括但不限于因商誉损失、停工、计算机故障而引起的损失或任何其他商业性损失），即使该贡献者已被告知此类损失的可能性。

9. 接受担保或其他责任

在再分发作品或其衍生作品时，您可以选择提供作品并收取一定费用，以接受与本许可证一致的支持、担保、赔偿或其他责任义务和/或权利。但是，在接受此类义务时，您只能代表自己并独自承担责任，不能代表任何其他贡献者，并且您同意赔偿由于您接受此类保证或其他责任而针对该贡献者提出的索赔，确保每个贡献者不承担任何责任。

附录：如何在您的工作中应用 ECL

要将 ECL 应用到您的作品中，请附上以下样板声明，并将方括号括起来的内容替换为您自己的标识信息（不包括方括号），文本应被包含在文件格式的相应注释语法中。我们还建议在与版权声明相同的"打印页面"中包含文件或类名以及用途说明，以便在第三方档案中更容易识别。

版权［年份］［版权所有者姓名］根据 ECL 2.0（以下简称"本许可证"）许可；除非遵守本许可证，否则不得使用此文件。您可以在 http：//www. osedu. org/licenses/ECL－2. 0 上获得本许可证的副本。

除非适用法律要求或以书面形式同意，否则根据本许可证分发的软件将按"原样"分发，没有任何明示或暗示的保证或条件。有关本许可证下特定的语言管理权限和限制，请参阅本许可证。

（撰稿：王董咪；核对：曹卫良）

（三）混合型许可证

Ⅰ. GNU Lesser General Public License 3.0（LGPL 3.0）

1. LGPL 3.0 简介

LGPL 3.0（LGPL v3）是 Richard Stallman 为类库使用设计的开源协议。该许可证的设计初衷在于允许商业软件的开发者通过类库引用的方式使用 LGPL 保护的类库，而非专有库，从而使得用户可以修改、分享库。LGPL 最初被称为 GNU 库通用公共许可证（GNU Library General Public License），于 1991 年首发，被称为 LGPL 2.0（为与 GPL 2.0 保持一致而采用 2.0 版的编号），该版本许可商业软件引用 LGPL 保护的类库并允许对其进行进一步的发布和销售。然而一旦用户修改了 LGPL 下的代码或者衍生代码，则基于上述代码的所有修改代码、涉及修改部分的其他代码以及衍生代码都必须适用 LGPL，因此 LGPL 对于希望被软件使用的第三方类库而言很友好，但显然对于使用该类库的商业软件来说绝非最佳选择。1999 年，该许可证的英文全称被改为“GNU Lesser General public License”。LGPL 3.0 发布于 2007 年，较之于 LGPL 2.0，其不仅要求用户公布修改的源代码，还要求其公布相关硬件。❶

截至 2021 年 6 月，选择使用 LGPL 3.0 的开源项目如表 1－1－19 所示。

表 1－1－19　使用 LGPL 3.0 的开源项目

名称	领域	开源主体
BOINC	分布式计算平台	Github
AFFLIBv3	函数库	Github
Bowtie	转录组比对软件	—
CTDB	集群数据库	—
Aisleriot	Linux 纸牌王游戏	FSF（托管在 Red Hat）
Alfresco	企业内容管理平台	Alfresco Software
Artistic Style	自动格式化程序	SourceForge
AwesomeBump	图形应用程序	blenderartists
Banshee Community Extensions	AWN 集成扩展	Banshee
Cairosvg	SVG 到 PDF/PS/PNG 转换器	Kozea 社区项目
CamiTK	计算机辅助医疗干预工具套件	Canonical

❶ Ricky 的技术小站. 关于开源的你必须知道的几件事［EB/OL］.（2018－10－22）［2021－06－12］. https://blog.csdn.net/qianfeng_dashuju/article/details/83276233.

续表

名称	领域	开源主体
Cifs - utils	通用互联网文件系统	Samba
Codebird - js	公共存储库	Github
Cuba	多维数值积分库	Max Planck Institute for Physics
DataMelt	数据计算平台	Jwork 开源社区
Davical	日历共享服务器	—
Debea Database Library	C + + 的对象关系映射库	—
Dynare	经济模型处理平台	—
EBook - speaker	电子书阅读器	Jos Lemmens
EID DSS	数字签名服务	比利时联邦政府 ICT 部门
Eegdev	生物信号采集设备库	瑞士洛桑联邦技术研究所（EPFL）
Ember	3D 客户端框架	TILDE INC.
Etk. docking	PyGTK 停靠部件	—
Fugio	可视化环境编程工具	—
GPA	GUN 隐私助理	自由软件基金会
Ginkgo CADx	医学图像查看器	—
JEBL2	Java 进化生物学库	微软
Krita	数字绘画软件	Krita 基金会
Ktikz	TikZ 绘图语言的编辑器	—
Lekhonee - gnome	WordPress 离线发布工具	托管于 fedorahosted
LogicalDOC	文档管理系统	LogicalDOC 社区
MPK	文件格式	木蚂蚁
Mate - terminal	终端模拟器	—
NTMiner	区块链	开源矿工
arkid - core	企业单点登录解决方案	龙归科技
rainbond - console	云计算	好雨科技
ESTDesigner - VUE	流程引擎/工具	大连逻辑向量科技有限公司
varcoin	区块链	Yxom 非营利组织
07FLY - CRM 客户关系管理系统	企业应用系统	零起飞网络

LGPL 3.0 的核心要点参见表 1－1－20。

表 1－1－20　LGPL 3.0 的核心要点

要点	内容	许可证相关条款
著作权	① 发布修改版本：不得将与功能无关的非函数性限定数据作为修改库的必要条件，该修改版本应当确保当此应用程序不提供函数和数据时，其仍可正常运行。 ② 声明了适用于著作权范围内的使用规则（用户有一定的自决权），完全摒弃有关使用。LGPL 第 5 条所涉头文件和其他此类库资料的含糊不清部分，明确如果在程序中使用库，则随作品一起提供 GPL 3.0 和 LGPL 3.0 文本。 ③ 对于组合作品而言，重述 LGPL 2.0 要求，明确不得禁止用户更改库代码或借助任何必要反向工程手段来定位此类库代码更改。 ④ 对应用程序有最少对应源代码要求。 ⑤ 可基于“共享库”机制分享源码	第 2 条； 第 3 条； 第 4 条； 第 4 条（d）项（0）； 第 4 条（d）项（1）
商标	同 GPL 3.0	—
专利	同 GPL 3.0	—
许可证类型	混合型许可证，需要提供源代码，针对组合库可以变更许可证	第 2 条、第 5 条
其他	① GPL 第 3 条、第 4 条的例外情况，从限制访问其他 GPL 3.0 第 3 条版权作品的“有效技术措施”中排除了干扰使用 LGPL 3.0 代码的做法。 ② 不允许商业闭源。 ③ 允许许可证的变更。 ④ 一般认为 LGPL 3.0 可与其他宽松型或弱 copyleft 许可协议兼容	第 1 条

2. **如何套用** LGPL 3.0

按照说明在源代码的根目录中应用 LGPL 3.0，然后添加另一个名为 COPYING. LESSER 的文件并复制文本。

自由软件基金会建议采取其他步骤，在每个文件的顶部添加样板公告。样板可以在 GPL 3.0 的末尾找到。在样板公告的所有三个位置的“常规”之前插入“较宽松”（Lesser）一词，以确保您引用的是 LGPL 3.0，而不是 GPL 3.0。

如果适用例如 Node. js、Ruby 和 Rust，请添加 LGPL－3.0－or－later（或 LGPL－3.0－only 以禁止将来的版本）到项目的程序包描述中。这将确保许可证显示在软件包目录中。❶

❶ The Free Software Foundation. GNU Lesser General Public License v3.0［EB/OL］.［2021－06－12］. https：//choosealicense. com/licenses/lgpl－3.0/.

3. LGPL 3.0 文本（中文译本）[1]

【译者声明】

This is an unofficial translation of the GNU Lesser General Public License（Version 3）into Simplified Chinese. It was not published by the Free Software Foundation，and does not legally state the distribution terms for software that uses the GNU LGPL（Version 3）—only the original English text of the GNU LGPL（Version 3） does that. However，we hope that this translation will help Simplified Chinese speakers understand the GNU LGPL（Version 3） better.

这是 GNU 较宽松通用公共许可证第 3 版（LGPL 3.0）的非官方简体中文翻译。本简体中文翻译并非自由软件基金会所发布，且不能作为使用 LGPL 3.0 所发布软件的法律声明——只有 LGPL 3.0 的英文原版才具有法律效力。不过，我们希望本翻译能够帮助简体中文读者更好地理解 LGPL 3.0。

You may publish this translation，modified or unmodified，only under the terms at https：//www.gnu.org/licenses/translations.html.

无论是否修改，您都可以发布本翻译，前提是您遵循 GNU 网站（https：//www.gnu.org/licenses/translations.html）关于许可证翻译的要求。

GNU 较宽松通用公共许可证

第 3 版，2007 年 6 月 29 日

版权所有© 2007 自由软件基金会（https：//fsf.org/）

任何人皆可复制和分发本许可证的完整副本，但禁止修改。

本版 GNU 较宽松通用公共许可证吸收了 GPL3.0 的条款和条件，并补充了下列附加条款。

0. 附加定义

“本许可证”指第 3 版 GNU 较宽松通用公共许可证，“GNU GPL”指第 3 版 GNU 通用公共许可证。

“库”指本许可证管理下的涵盖作品，非指下列定义中的应用程序或组合软件。

“应用程序”指使用库所提供的接口，但不基于库的软件。用库中的类创建子类被认为是使用库所提供接口的一种模式。

“组合作品”指应用程序与库结合或链接所形成的作品。这种组合作品调用的特定版本的库被称为“链接版本”。

[1] LGPL 3.0 英文原版参见 http：//www.gnu.org/licenses/lgpl－3.0.html，最后访问日期 2021 年 6 月 12 日；LGPL 3.0 中文文本参见 http：//www.gnu.org/licenses/translations.html，最后访问日期 2021 年 6 月 12 日。

组合作品中的“最小相应源代码”是指组合作品基于应用程序，而非链接版本的库中的相应源代码，且不包括组合作品独立部分的源代码。

组合作品的“相应应用程序代码”是指应用程序的源代码和/或目标代码，包括基于应用程序的组合作品重新编译所需的一切数据及有效程序，但不包括组合作品的系统库。

1. GNU GPL 第 3 条的例外情况

您可以在不受 GNU GPL 第 3 条限制的情况下，转发本许可证第 3 条和第 4 条中的涵盖作品。

2. 转发修改版本

如果您修改了库的副本，并且在您的修改之中，应用程序使用了库中的函数或数据（而非调用库进行参数传递），那么您将可以转发该修改版的副本：

a）在本许可证下，您应尽力确保在应用程序不能提供函数和数据时，程序仍能运行，并执行所剩目标的任何部分；或

b）在 GNU GPL 下，本许可证中的任何附加权限均不适用于该副本。

3. 合并库头文件中的内容为目标代码

目标代码形式的应用程序可包含库头文件中的内容。您可以按照您所选择的条款转发此类目标代码，只要被包含的内容是数字参数、数据结构设计、存取器、小型宏、排列功能或模板（长度不超过 10 行），并同时执行下列两项操作：

a）目标代码的每一副本都需明确所使用的库，且该库及其使用受本许可证保护；

b）目标代码中需附上 GNU GPL 和本许可证的副本。

4. 组合作品

如果您进行任何下列操作，您便可以根据自己选择的条款转发组合作品，但不限制对于组合作品所引用库的部分修改，并且还可逆向调试这种修改：

a）组合作品的每一副本都需明确所使用的库，且该库及其使用受本许可证保护；

b）组合作品中需附上 GNU GPL 和本许可证的副本；

c）组合作品需在执行期间显示版权声明，这些声明还应当包括库的著作权声明，同时也要给使用者指出获取 GNU GPL 和本许可证副本的途径；

d）进行下列之一操作：

0）按照 GNU GPL 第 6 条规定的转发相应源代码的方式，转发本许可证下最小相应源代码和对应应用程序代码，以适合用户的方式允许用户用链接版本的修改版重新组合或链接应用程序以产生修改的组合作品；

1）使用适当的共享库机制链接库，适当的机制是指：（a）使用用户计算机系统在运行时已经存在的库的副本；以及（b）与链接版本接口兼容的库的修改版本正常运行。

e）提供安装信息，但前提是根据 GNU GPL 第 6 条您需要提供这些信息，且信息范围仅限于对于安装和执行组合作品的修改版本而言的必要信息，其中，该组合作品的修改版本通过重新组合或重新链接应用程序与链接版本的修改版本而产生。（如果您选择本项 0），安装信息必须附带最小相应源代码和相应应用程序代码。如果您选择本项 1），您必须按照 GNU GPL 第 6 条规定的方式提供安装信息，以转发相应的源代码。）

5. 组合库

如果您同时执行下列两项操作，那么您便可以将基于该库的库程序与既非应用程序也不在本许可证范围内的其他库程序，并排放置在一个库中，并根据您的选择转发此类组合库：

a）在组合库中随附一份基于该库的同一作品副本，该副本未与任何其他库程序合并，并根据本许可证的条款转发。

b）在组合的库里给出明确声明，此部分是基于库的一个作品，并说明在何处可找到该同一作品的未组合形式。

6. LGPL 的修改版本

自由软件基金会可能不时发布 LGPL 的修订版本和/或新版本。这些新版本将延续现行版本精神，但在细节上可能会有所不同，以解决新的问题或情况。

每个版本都有一个不同的版本号。如果您收到的库指定了 LGPL 或任何后续版本的特定编号，那么您可以选择遵循该版本或自由软件基金会所发布的任何后续版本的条款和条件。如果您收到的库没有指定 LGPL 的版本号，那么您可以选择自由软件基金会所发布的 LGPL 的任何版本。

如果您收到的库指定代理来确定 LGPL 的未来使用版本，则该代理对任一版本的公开接受声明将永久地授权您为该库选择该版本。

（撰稿：张燕、曹卫良；核对：徐子森）

Ⅱ. Eclipse Public License 2.0 （EPL 2.0）

1. EPL 2.0 简介

Eclipse Public License（EPL）是 Eclipse 基金会（Eclipse Foundation）创建的易于商业使用的开源许可证，具有比诸如 GPL 更弱的著作权保护条款，主要用于 Eclipse IDE 等项目。其第 2 版于 2017 年 8 月 24 日发布。

相较第 1 版，其主要变化是：①技术术语称为“文件”，而不是“模块”；②法律选择条款已被删除；③该许可证适用于脚本语言（例如 JavaScript）；④该许可证包括一个用于添加 GPL 2.0 +兼容性次级许可证的选项。❶

截至 2021 年 6 月，选择使用 EPL 2.0 的开源项目如表 1 -1 -21 所示。

表 1 -1 -21　使用 EPL 2.0 的开源项目

名称	描述	开源主体
Eclipse Cloud Development	云开发平台技术支持	—
Eclipse Che4z	大型机软件开发平台	—

❶ Eclipse Foundation. Eclipse Public License（EPL）Frequently Asked Questions［EB/OL］.［2021 -06 -12］. https：//www.eclipse.org/legal/epl -2.0/faq.php#h.hz76esowpykz.

续表

名称	描述	开源主体
Eclipse Codewind	为云应用程序开发所需的工具提供一个 IDE - agnostic 库	—
Eclipse Dirigible	支持集成开发环境	—
Eclipse IoT	Eclipse IoT	—

EPL 2.0 的核心要点参见表 1 - 1 - 22。

表 1 - 1 - 22　EPL 2.0 的核心要点

要点	内容	许可证相关条款
著作权	类双重许可：下游采用者在收到次级许可下的内容后，可以仅根据次级许可的条款对其修改和进一步分发	第 3.2 款
	如果不打算使用次级许可证，也不能从许可证文本中删除附件 A	第 7 条
	EPL 2.0 并不默认与 GPL 兼容，添加次级许可证被视为重新许可，所有版权所有者必须同意更改许可证	第 3.2 款
	EPL 2.0 中“衍生作品”的定义与美国版权法中适用于计算机软件的“衍生作品”的解释一致	第 1 条
专利	授予专利许可	第 2 条
许可证类型	混合型许可证，需要提供源代码，但可以变更许可证	第 3.1 款
管辖	EPL 2.0 删除了法律选择条款	—
其他	贡献者不可以保持匿名	第 3 条

2. **如何套用** EPL 2.0

(1) 没有辅助许可证的情况下切换到 EPL 2.0

EPL 2.0 版权和许可证标头示例：

```
/*******************************
* Copyright (c) {date} {owner} [and others]
*
* This program and the accompanying materials are made
* available under the terms of the Eclipse Public License 2.0
* which is available at https://www.eclipse.org/legal/epl-2.0/
*
* SPDX-License-Identifier: EPL-2.0
*******************************
```

（2）切换到带有辅助许可证的 EPL 2.0

辅助许可证文件头示例：

```
* * * * * * * * * * * * * * * * * * * * * * * * * * * * * * * * * * *
* Copyright (c) {date} {owner} [and others]
*
* This program and the accompanying materials are made available under the
* terms of the Eclipse Public License 2.0 which is available at
* http://www.eclipse.org/legal/epl-2.0.
*
* This Source Code may also be made available under the following Secondary
* Licenses when the conditions for such availability set forth in the Eclipse
* Public License, v. 2.0 are satisfied: GNU General Public License, version 2
* with the GNU Classpath Exception which is
* available at https://www.gnu.org/software/classpath/license.html.
*
* SPDX-License-Identifier: EPL-2.0 OR GPL-2.0 WITH Classpath-exception-2.0
* * * * * * * * * * * * * * * * * * * * * * * * * * * * * * * * * * */
```

3. EPL 2.0 **文本（中文译本）**[1]

【译者声明】

This is an unofficial translation of the Eclipse Public License – v 2.0 into Simplified Chinese. It was not published by the Free Software Foundation, and does not legally state the distribution terms for software that uses the Eclipse Public License – v 2.0—only the original English text of the Eclipse Public License—v 2.0 does that. However, we hope that this translation will help Simplified Chinese speakers understand the Eclipse Public License—v 2.0 better.

这是 EPL 2.0 的非官方简体中文翻译。本简体中文翻译并非自由软件基金会所发布，且不能作为使用 EPL 2.0 所发布软件的法律声明——只有 EPL 2.0 的英文原版才具有法律效力。不过，我们希望本翻译能够帮助简体中文读者更好地理解 EPL 2.0。

[1] EPL 2.0 英文原版参见 https://opensource.org/licenses/EPL-2.0 和 https://www.eclipse.org/legal/epl-2.0/，最后访问日期 2021 年 6 月 12 日。

Eclipse 公共许可证（第 2 版）

1. 定义

“贡献”是指：

a）对于初始贡献者，指根据本协议分发的初始内容；和

b）对于每个后来的贡献者来说：

ⅰ）对程序的修改，以及

ⅱ）对程序的补充。

这种对程序的修改和/或补充源于该特定贡献者并由其分发。如果一项贡献是由该贡献者本人或代表该贡献者的任何人添加到本程序中的，则该贡献“源于”该贡献者。贡献不包括不属于修改作品的对程序的修改或补充。

“贡献者”是指分发本程序的任何个人或实体。

“授权专利”是指贡献者可授权的专利权利要求，而这些权利要求在单独使用或销售其贡献物或与本程序结合时必然受到侵犯。

“程序”是指根据本协议分发的贡献。

“接收者”是指根据本协议或任何次级许可（如果适用的话）接收本程序的任何人，包括贡献者。

“演绎作品”是指任何基于（或衍生于）程序的作品，无论是源代码还是其他形式的作品，其编辑修改、注释、精细编码或其他修改，作为一个整体，代表了作者的原创作品。

“修改作品”是指因增加、删除或修改程序内容而产生的任何源代码或其他形式的作品，包括任何为了清楚起见而包含程序内容的源代码形式的新文件。修改后的作品不应包括仅包含程序的声明、接口、类型、类、结构或文件的作品（在每种情况下都是为了链接到程序或其修改后的作品，或通过名称进行绑定，或对程序进行子类化）。

“分发”是指：a）分发；或 b）以任何方式提供使得副本可传递的行为。

“源代码”是指用于修改程序的首选形式，包括但不限于软件源代码、文档源和配置文件。

“次级许可证”是指 GPL 2.0 或该许可证的任何后续版本，包括初始贡献者确定的任何例外或附加权限。

2. 权利的授予

a）在遵守本协议条款的前提下，每个贡献者特此授予接收者非独占性的、全球范围内的、免许可费的许可，以复制、制作衍生作品、公开展示、公开执行、分发和转许可该贡献者的贡献（如果有的话）和该衍生作品。

b）在遵守本协议条款的前提下，每个贡献者特此授予接收者在许可专利下的非独占性的、全球范围内的、免许可费的专利许可，以制造、使用、销售、许诺销售、进口和以其他方式转让该贡献者的贡献（如果有的话）的源代码或其他形式。如果在贡献者添加贡献时，该贡献的添加导致该组合被许可专利所覆盖，则该专利许可应适用于该贡献和程序的组合，而专利许可不适用于包含“贡献”的任何其他组合。本协议不对硬件本身进行许可。

c）接收者知悉，虽然每个贡献者对其在此规定的贡献授予许可，但任何贡献者都不保证本程序不侵犯任何其他实体的专利或其他知识产权。对于任何其他实体基于侵犯知识产权或其他原因而提出的索赔，每个贡献者不对接收者承担任何责任。作为行使本协议所授予的权利和许可的条件，每个接收者在此承担确保任何其他必要的知识产权（如果有的话）的责任。例如，如果需要第三方专利许可才能允许接收者分发本程序，接收者有责任在分发本程序之前获得该许可。

d）每个贡献者声明，据其所知，其贡献有足够的版权权利（如果有的话）来授予本协议中规定的版权许可。

e）不管有任何次级许可的条款，任何贡献者都不会因为任何接收者根据次级许可的条款接收本程序而向该接收者作出额外的授予（本协议中规定的除外）（如果第3条的条款允许的话）。

3. 要求

3.1　如果贡献者以任何形式分发本程序，那么：

a）根据第3.2款，程序还必须以源代码的形式提供，而且贡献者必须在程序中附上一份声明，说明根据本协议可以获得程序的源代码，并告知接收者如何以合理的方式在通常用于软件交换的媒介上或通过该媒介获得；以及

b）贡献者可以根据不同于本协议的许可证分发本程序，但该许可证必须是：

ⅰ）代表所有其他贡献者有效地免除所有明示和暗示的担保和条件，包括所有权和非侵权的担保或条件，以及适销性和特定用途适用性的暗示担保或条件；

ⅱ）代表所有其他贡献者有效地排除所有损害赔偿责任，包括直接、间接、特殊、例外和后果性损害赔偿，如利润损失；

ⅲ）不试图限制或改变接收者根据第3.2款对源代码享有的权利；以及

ⅳ）要求任何一方在随后发布本程序时　必须获得满足本条要求的许可证。

3.2　当程序作为源代码分发时：

a）必须根据本协议提供，或者如果该程序：与其他材料结合在根据次级许可提供的一个单独的或多个文件中，并且最初的贡献者在源代码中附上了本协议附件A所述的声明，那么该程序可以根据这些次级许可的条款提供；并且

b）本协议的副本必须包含在每份程序的副本中。

3.3 贡献者不得从其分发的本程序的任何副本中删除或更改本程序中包含的任何版权、专利、商标、权属声明、免责声明或责任限制（“声明”），但贡献者可以添加自己的适当声明。

4. 商业分发

软件的商业分销商可能会对终端用户、商业伙伴等承担某些责任。虽然本许可证旨在促进本程序的商业使用，但将本程序包含在商业产品中的贡献者应以不对其他贡献者造成潜在责任的方式进行。因此，如果某贡献者将本程序包含在商业产品发行中，该贡献者（“商业贡献者”）在此同意为其他每一个贡献者（“被赔偿贡献者”）辩护和赔偿因第三方对被赔偿贡献者提出的索赔、诉讼和其他法律诉讼而引起的任何损失、损害和费用（统称为“损失”），但这些损失以该商业贡献者在商业产品发行中发行本程序的行为或不作为所造成的损失为限。本条的义务不适用于与任何实际或指称的知识产权侵权有关的任何索赔或损失。为了符合条件，被赔偿贡献者必须：a）迅速将此类索赔以书面形式通知商业贡献者；b）允许商业贡献者控制并配合商业贡献者进行辩护和任何相关的和解谈判。被赔偿贡献者可自费参与任何此类索赔。

例如，某贡献者可能会将本计划包含在商业产品 X 中，该贡献者即为商业贡献者。如果该商业贡献者随后提出性能索赔，或提供与产品 X 有关的保证，则这些性能索赔和保证由该商业贡献者单独负责。根据本条规定，该商业贡献者将不得不对其他贡献者提出与这些性能索赔和保证有关的索赔进行抗辩，如果法院要求任何其他贡献者因此支付任何损害赔偿，该商业贡献者必须支付这些损害赔偿。

5. 无担保

除本协议中明确规定的情况外，在适用法律允许的范围内，程序以按照“原样”（as is）提供，没有任何形式的明示或暗示的保证或条件，包括但不限于对所有权、非侵权、适销性或特定目的的适用性的任何保证或条件。每个接收者自行负责确定使用和分发程序的适当性，并承担与行使本协议下的权利有关的所有风险，包括但不限于程序错误，遵守适用法律，数据、程序或设备的损坏或损失，不可用或操作中断的风险和成本。

6. 免责声明

除本协议中明确规定外，在适用法律允许的范围内，任何接收方或任何贡献者均不对任何直接、间接、偶然、特殊、例外或后果性损害（包括但不限于利润损失）承担任何责任，无论其原因是什么，也不以任何责任理论为依据，无论其是合同、严格责任还是侵权（包括过失或其他），只要是因使用或传播本程序或行使本协议授予的任何权利而引起的，即使已被告知可能发生此类损害。

7. 一般条款

如果本协议的任何条款根据适用法律无效或不可执行，不应影响本协议其余条款的有效性或可执行性，且无需本协议各方采取进一步行动，该条款应在使该条款有效和可执行的最小范围内进行必要的修改。

如果接收方对任何实体提起专利诉讼（包括诉讼中的交叉诉讼或反诉），声称本程序本身（不包括本程序与其他软件或硬件的组合）侵犯了接收方的专利，那么根据第 2 条 b）项授予的接收方的权利应在该诉讼提起之日起终止。

如果接收方未能遵守本协议的任何重要条款或条件，且在意识到该等不遵守行为后的合理时间内未纠正该等不遵守行为，则其在本协议下的所有权利将终止。如果接收方在本协议下的所有权利终止，接收方同意在合理可行的情况下尽快停止使用和分发程序。但是，接收方在本协议下的义务以及接收方授予的与本程序有关的任何许可证将继续存在。

每个人都可以复制和分发本协议的副本，但为了避免不一致，本协议具有版权，只能以下列方式进行修改。协议管理人保留不时发布本协议新版本（包括修订版）的权利。除协议管理人外，其他任何人都无权修改本协议。Eclipse 基金会是最初的协议管理人。Eclipse 基金会可将担任协议管理人的责任分配给合适的独立实体。本协议的每个新版本都会有一个明确的版本号，程序（包括它的贡献）可始终根据它被接收的协议版本进行分发。此外，在协议的新版本发布后，贡献者可以选择根据新版本分发程序（包括其贡献）。

除上述第 2 条 a）项和 b）项明确规定外，接收者在本协议下没有获得任何贡献者的知识产权的权利或许可，不论是以明示、暗示、禁止反言还是其他方式。本协议中未明确授予的本程序的所有权利均被保留，本协议中的任何内容均不得由非贡献者或接收者的任何实体执行。根据本协议，不产生任何第三方受益人权利。

附件 A - 次级许可通知的格式

"当 EPL 2.0 中规定的提供条件得到满足时，本源代码也可以根据以下次级许可证提供：{许可证名称、版本以及此处的例外或附加许可}。"

仅仅包括本协议（包括本附件 A）的副本并不足以根据次级许可证对源代码进行许可。

如果不可能或不应该将该通知放在特定的文件中，那么您可以将该通知包括在接收者可能会查找到该通知的位置（如相关目录中的 LICENSE 文件）。

您可以添加其他准确的版权所有权通知。

（撰稿：王予君；核对：曹卫良）

Ⅲ. Common Development and Distribution License 1.0（CDDL 1.0）

1. CDDL 1.0 **简介**

CDDL（Common Development and Distribution License，通用开发与分发许可证）开源协议是太阳微系统公司（Sun Microsystems）发布的基于 MPL（Mozilla Public License）协议的扩展协议，其属于弱 copyleft 许可证，授予用户专利权，可用于商业用途，并且旨在促进可重用性。❶

截至 2021 年 6 月选择使用 CDDL 1.0 的开源项目如表 1－1－23 所示。

表 1－1－23　使用 CDDL 1.0 的开源项目

名称	领域	开源主体
OpenSolaris	操作系统	太阳微系统公司
ZFS	文件系统	太阳微系统公司

CDDL 1.0 的核心要点参见表 1－1－24。

表 1－1－24　CDDL1.0 的核心要点

要点	内容	许可证相关条款
著作权	① 用户有权利根据本许可证使用、复制、修改、展示、表演、分许可和发布原始作品、演绎作品以及原始作品和演绎作品的组合； ② 在原本以制作、使用或销售原始软件的方式可能侵权的专利权利要求项下，可以制作、使用、实施、销售、许诺销售及/或以其他方式处置原始作品、演绎作品以及原始作品和演绎作品的组合； ③ 发布软件要提供对应源代码和本许可证文本；对于所作修改进行发布应当确保对该部分享有权利；对于修改部分应当标明贡献者，但不得移除或改动其他权利主张或声明	第 2 条、第 3.1 ~3.3 款

❶ 参见 https://baike.sogou.com/v71550194.htm? fromTitle = CDDL，最后访问日期 2021 年 6 月 12 日。

续表

要点	内容	许可证相关条款
商标	无商标授权条款	—
专利	许可用户使用基于本许可证下的软件作品的专利，但已删除代码以及存在侵犯他人专利权的代码除外	第 2.1 款（d）项 第 2.2 款（d）项
许可证类型	混合型许可证，需要提供源代码，但针对可执行版本的发布可以变更许可证	第 3.1 款 第 3.5 款
其他	① 后续贡献者可向特定对象提供担保，但该担保不溯及前续开发者及贡献者； ② 软件的初始开发者可更换许可证，但应声明并承担由此产生的一切法律责任； ③ 本许可证可与其他开源许可证或所有权许可并存，但需遵守其他许可之限制； ④ 商业软件可以使用，也可以修改 CDDL 的代码。	第 3.4 款 第 3.5 款 第 4.3 款

2. 如何套用 CDDL 1.0

发布软件要提供对应源代码和本许可证文本；对于所作修改进行发布应当确保对该部分享有权利；对于修改部分应当标明贡献者，但不得移除或改动其他权利主张或声明。

将许可证协议文本文件放在源代码的根目录下（通常将该文本文件命名为 LICENSE 或者 LICENSE. txt），并且将文本中的［year］［fullname］改为当下的年份和版权所有者。

如果允许的话，将 CDDL 添加到项目封装的描述中（例如 Node. js、Ruby 和 Rust）。这将确保许可证能在封装目录中显示。

3. CDDL 1.0 文本（中文译本）[1]

【译者声明】

This is an unofficial translation of the Common Development and Distribution License (Version 1.0) into Simplified Chinese. It was not published by the Free Software Foundation, and does not legally state the distribution terms for software that uses the CDDL (Version 1.0) —only the original English text of the CDDL (Version 1.0) does that. However, we hope that this translation will help Simplified Chinese speakers understand the CDDL (Version 1.0) better.

这是 CDDL 1.0 的非官方简体中文翻译。本简体中文翻译并非自由软件基金会所发布，且不能作为使用 CDDL 1.0 所发布软件的法律声明——只有 CDDL 1.0 的英文原版 +

---

[1] CDDL 1.0 英文原版参见 https：//opensource. org/licenses/CDDL – 1.0，最后访问日期 2021 年 6 月 12 日。

脚注才具有法律效力。不过，我们希望本翻译能够帮助简体中文读者更好地理解CDDL 1.0。

通用开发与分发许可证（CDDL）

第 1.0 版

1. 定义

1.1. “贡献者”指参与创作或对修改有贡献的个人或实体。

1.2. “贡献者版本”指原始软件、贡献者使用的先前修改（如果有的话）与该特定贡献者所作修改的结合。

1.3. “涵盖软件”指：（a）原始软件或其部分；或（b）修改或其部分；或（c）包含原始软件的文件或其部分与含有修改的文件的组合。

1.4. “可执行”指除源代码之外的任何形式的涵盖软件。

1.5. “初始开发者”是指根据本许可证首次提供原始软件的个人或实体。

1.6. “混合作品”指将涵盖软件或其部分与不受本许可证约束的代码相结合的作品。

1.7. “许可证”指本文件。

1.8. “可许可”指有权在最大可能的范围内，不论是在最初授予时还是后来获得时，授予本文件中的任何权利。

1.9. “修改”指源代码和以下任何一种可执行格式：

A. 因添加、删除或修改包含原始软件或先前修改的文件内容而产生的任何文件；

B. 包含原始软件或先前修改的任何部分的任何新文件；或

C. 根据本许可证条款贡献或以其他方式提供的任何新文件。

1.10. “原始软件”指根据本许可证最初发布的源代码和计算机软件代码的可执行格式。

1.11 “专利权利要求”指授权人许可的任何专利中，现在拥有或以后获得的任何专利权利要求，包括但不限于方法、技术和设备权利要求。

1.12. “源代码”指：（a）可进行修改的计算机软件代码的一般格式；及（b）包含在这些代码中的或与其相关的文档。

1.13 “您”（或“您的”）指行使本许可证项下的权利，并遵守本许可证的全部条款的个人或法律实体。对于法律实体，“您”包括控制您、被您控制或与您一起被控制的实体。本定义中的“控制”指：（a）通过合同或其他方式直接或间接受该实体指导或管理的权力；或（b）拥有该实体 50% 以上发行在外的股份或所有权。

2. 许可的授予

2.1. 初始开发者的授予

以您遵守以下第 3.1 款和第三方知识产权要求为条件，初始开发者特此授予您世界范围的、免许可费的、非排他性许可：

（a）根据初始开发者许可的知识产权（专利和商标除外），使用、复制、修改、展示、执行、转许可和分发原始软件（或其部分），无论有无修改，及/或将其作为大件作品的一部分；以及

（b）在原本以制作、使用或销售原始软件的方式可能侵权的专利权利要求项下，可以制作、使用、实施、销售、许诺销售及/或以其他方式处置原始软件（或其部分）。

（c）第2.1（a）项和（b）项授予的许可证自初始开发者首次分发或以其他方式根据本许可证条款向第三方提供原始软件之日起生效。

（d）尽管存在上述第2.1款（b）项，在下列情况中，不授予专利许可：①您从原始软件中删除的代码；或②因下列原因造成的侵权：（i）对原始软件的修改；或（ii）原始软件与其他软件或设备的组合。

2.2. 贡献者的授予

在您遵守以下第3.1款的前提下，根据第三方知识产权要求，贡献者特此授予您世界范围内的、免许可费的、非排他性许可：

（a）根据贡献者可授权的知识产权权利（专利和商标除外），使用、复制、修改、展示、执行、转许可和分发该贡献者创作的修改（或其部分），无论是否修改，将其作为涵盖软件及/或作为一项大件作品的一部分；和

（b）在原本制作、使用或销售贡献者作出的修改可能侵权的专利权利要求项下，不论该修改是单独作出的还是与其贡献者版本组合（或该组合的部分）作出的，可以制作、使用、销售、许诺销售及或以其他方式处置：①该贡献者所作的修改；和②该贡献者所作的修改与其贡献者版本的组合（或该组合的部分）。

（c）第2.2款（a）项和（b）项授予的许可自贡献者首次分发或以其他方式向第三方提供修改权利及途径之日起生效。

（d）尽管有上述第2.2款（b）项，在下列情况中，不授予专利许可：（1）贡献者从贡献者版本中删除的代码；或（2）由下列原因造成的侵权：（i）第三方修改贡献者版本，或（ii）该贡献者所作的修改与其他软件（作为贡献者版本一部分的除外）或设备的组合；或（3）在该贡献者未作修改的情况下，涵盖软件侵犯的专利权利要求。

3. 发布义务

3.1. 源代码的可获得性

您以可执行形式分发或以其他方式提供的任何涵盖软件也必须以源代码形式提供，并且该源代码形式只能根据本许可证的条款分发。您必须在您发布或以其他方式提供的每份涵盖软件的源代码格式的副本中附上一份本许可证的副本。您必须告知这些可执行格式涵盖软件的接收者，他们如何通过用于软件交换的常用媒介以合理的方式获得这些源代码格式的涵盖软件。

3.2. 修改

您所创建的修改或您参与的修改须受本许可证条款的制约。您应当声明，您相信您的修改是您的原创作品，及/或您有充分的权利来授予本许可证所传递的权利。

3.3. 必要的声明

您必须在您的每项修改中附上一个声明，标明您是修改的贡献者。您不得删除或修改涵盖软件中所包含的任何版权、专利或商标声明，或任何授权声明，或任何说明贡献者或初始开发者的描述性文本。

3.4. 额外条款的适用

您不得以源代码的形式提供或强加任何条款以更改或限制本许可证的适用版本或本许可证项下接收者的权利。您可以选择向一个或多个涵盖软件的接收者提供担保、支持、赔偿或责任义务并收取费用。但是，您只能代表自己这样做，而不能代表初始开发者或任何贡献者。您必须明确，上述担保、支持、赔偿或责任义务由您自己提出，且您在此同意赔偿初始开发者和任何贡献者因您提供的保证、支持、赔偿或责任条款而导致其承担的任何责任。

3.5. 可执行版本的发布

您可以根据本许可证条款或您选择的许可证条款（可能包含与本许可证不同的条款），发布涵盖软件的可执行格式，但前提是您遵守本许可证的条款，且如果您在不同的许可证下以可执行的形式分发涵盖软件，您必须明确指出，任何与本许可证不同的条款都由您单独提供，而非由初始开发者或贡献者提供。您在此同意赔偿初始开发者或贡献者因您提供的任何此类条款而导致其承担的任何责任。

3.6. 大件作品

您可以通过将涵盖软件与其他不受本许可证约束的代码结合而创作大件作品，并将该大件作品作为单件产品予以发布。在这种情况下，您必须确保满足本许可关于涵盖软件的要求。

4. 许可证的版本

4.1. 新版本

太阳微系统公司是初始许可证管理者，并且可以不时地公布本许可证的修改版及/或新版本。每一版本都会有一个不同的版本号。除第4.3款的规定外，许可证管理者外的任何人无权修改本许可证。

4.2. 新版本的效力

您可以持续地使用、发布或以其他方式根据您最初获得涵盖软件时的许可证版本的条款提供涵盖软件。如果初始开发者在原始软件中包含有声明，该声明禁止在许可证的任何后续版本下分发或以其他方式提供该软件，则必须根据您最初收到的涵盖软件的许可证版本的条款分发和提供该涵盖软件。否则，您也可以根据许可证管理者发布的任何后续版本的许可证条款，选择使用、分发或以其他方式提供涵盖软件。

4.3. 修改后的版本

如果您是初始开发者并且希望为原始软件创建新的许可证，您可以创建和使用此许可证的修改版本，前提是：（a）重新命名许可证，并删除所有提及许可证管理者名称的内容（注明该许可证与本许可证不同时除外）；（b）或者明确该许可证含有与本许可证不同的条款。

5. 免责声明

本许可证项下的涵盖软件是按“原样”提供的，不提供任何明示或暗示的担保，包括但不限于涵盖软件无缺陷、可销售、适合特定用途或不侵权的担保。涉及的软件质量和性能的全部风险由您自己承担。如果涵盖软件被证明存在任何方面的缺陷，您（不是初始开发者或其他贡献者）承担任何必要的维护、修理或更正的费用。本免责声明是本许可证的重要组成部分。对涵盖软件的使用都是根据本免责声明进行的，否则本许可证不授权任何对涵盖软件的使用。

6. 终止

6.1. 如果您未能遵守本许可证的条款，并且未在知悉违反后30天内纠正此类违约行为，则本许可证和本许可证授予的权利将自动终止。按照其性质在本许可证终止后必须继续有效的条款应保持有效。

6.2. 如果您对参与者（您针对的初始开发者或贡献者被称为“参与者”）提出专利侵权索赔（不包括确认之诉），声称参与者的软件（包括参与者是贡献者的贡献者版本，或者参与者是初始开发者的原始软件）直接或间接侵犯了专利权，则该参与方、初始开发者（如果初始开发者不是参与方）和所有贡献者根据本许可证第2.1款和/或2.2款直接或间接授予您的所有权利将在参与者发出通知的60天后自动终止，除非您在该期间内单方面或根据与参与者的书面协议撤回对参与者软件的索赔。

6.3. 如果发生上述第6.1款或第6.2款规定的终止情况，在终止前由您或任何分发者有效授予的全部最终用户许可证（不包括任何分发者授予您的许可证）可在终止后继续有效。

7. 责任限制

在任何情况和任何法律理论下，无论是根据侵权（包括过失）、合同或其他行为，您、初始开发者、任何其他贡献者、涵盖软件的任何分发者、上述各方的供应商均不对任何人的间接、特殊、附带的或任何性质的后果性损害承担责任，包括但不限于利润损失、商誉损失、停工、计算机故障或失灵，或任何和全部的其他商业损害或损失，即使上述该方已被告知存在发生此类损害的可能性。当由于上述该方的过失而造成人身伤亡时，则在适用的法律禁止限制责任的范围内，不适用上述责任限制。某些司法管辖区不允许排除或限制附带或后果性损害，在此类情况下，该排除和限制可能不适用于您。

8. 美国政府最终用户

涵盖软件是“商业项目”，该术语在《美国联邦法规》（C.F.R第48篇第2.101条）（1995年10月）中定义，由“商业计算机软件”［定义见《美国联邦法规》第48篇第252.227－7014（a）（1）］及“商业计算机软件文件”［定义见《美国联邦法规》第48篇第12.212条（1995年9月）］构成，并在《美国联邦法规》第48篇第12.212条（1995年9月）中使用。根据《美国联邦法规》第48篇第12.212条和《美国联邦法规》第48篇第227.72012－1条至第227.7202－4条（1995年6月），所有美国政府最终用户仅获得此处规定的对涵盖软件的权利。本美国政府权利条款代替并取代任何其他《美国联邦采购条例》（FAR）、《美国联邦采购条例国防部补充规定》（DFAR）或其他本许可项下涉及政府对电脑软件权利的条款或规定。

9. 其他规定

本许可证是关于主题事项的完整协议。如果本许可证的任何条款被认定为不可执行，则可在必要的范围内对该条款进行修改，以使其具有可执行性。本许可证受原始软件内声明中指定的司法管辖区的法律管辖（适用法律另有规定的除外），但该司法辖区的冲突法规则除外。与本许可证有关的任何诉讼均在原始软件中的声明中指定的司法辖区和管辖地进行，败诉方应承担包括但不限于法庭费用和合理的律师费在内的费用。本许可证明确排除适用《联合国国际货物销售合同公约》。任何法律或法规关于合同文字在解释上应作对起草者不利的解释的规定，不适用于本许可证。您同意，在您使用、分发或以其他方式提供任何涵盖软件时，您自己负责遵守美国出口管理规定（以及任何其他国家的出口管制法律和条例）。

10. 索赔责任

在初始开发者和贡献者之间，各方自行对其使用本许可证下的权利直接或间接产生的索赔和损害负责，您同意与初始开发者和贡献者合作，在公平的基础上分配此类责任。本规定的目的不在于或不得被视为构成对责任的承认。

根据通用开发与分发许可证第9条发出的声明

根据CDDL发布的代码受美国加利福尼亚州法律的管辖（法律冲突条款除外）。与本许可证有关的诉讼均应被提交至美国加利福尼亚北区联邦地区法院和加利福尼亚州州法院处理，诉讼地点在加利福尼亚州圣塔克拉拉县。

（撰稿：张燕；核对：曹卫良）

Ⅳ. Mozilla Public License 2.0 （MPL 2.0）

1. MPL简介[1]

MPL（Mozilla Public License）系1998年初由Netscape公司的Mozilla项目小组为其开源软件项目编写的软件许可证。Netscape公司认为，GPL未能较好地平衡开发者对源代码的需求与其利用源代码获益之间的关系。故而，Netscape公司选择融合BSD许可证和GPL的特性，自行编写设计更具适配性的MPL。MPL的特性介于Apache许可证（对代码的修改无须共享）和GNU系列许可证（要求对代码的修改需于较之MPL更为广泛的情形中进行共享）之间，有效填补了自由开源软件许可证的有用空间。

2012年1月3日，MPL 2.0正式发布。与MPL 1.0相比，新版本进行了适度删减，内容更为清晰明确、方便应用；同时，兼容Apache许可证和GPL，简化代码复用和重新发行，以渐趋摒弃软件需历经三重许可（MPL、GPL、LGPL）的约束。

MPL多用于Mozilla Firefox、Mozilla Thunderbird及其他Mozilla软件的许可。此外，MPL也为其他产品采用，如Adobe遵循MPL分发Flex产品线许可，LibreOffice 4.0遵循MPL和LGPL 3.0双重许可等。

MPL 2.0的核心要点参见表1－1－25。

表1－1－25　MPL 2.0的核心要点

要点	内容	许可证相关条款
“混合作品”概念	MPL允许在其授权下的源代码与其他授权文件进行混合，即允许使用者对MPL作品进行二次开发和发布，但就MPL部分以及修改的部分，需遵守MPL，并对修改细节作出说明。 经由此种设计，MPL既保证了核心文件的开源属性，又激励了商业软件和开源社区的广泛参与	第1.7款 第3.3款
许可证类型	混合型许可证，需要提供源代码，但可以变更许可证	第3.2款　第3.3款

[1] 该部分内容主要参考自MPL官网https：//www.mozilla.org/en－US/MPL/，最后访问日期2021年6月12日。

2. **如何套用** MPL 2.0

提供许可证副本，并保留著作权声明、专利权声明、免责声明等任何许可声明。

将许可证文本文件放在源代码的根目录下，通常该文本文件命名为 LICENSE 或 LICENSE.txt 并且将文本中的［year］［fullname］改为当下的年份和著作权所有者。

如果允许的话，将 MPL 添加到项目封装的描述中（例如，Node.js、Ruby 和 Rust），这将确保许可证能在封装目录中显示。

3. MPL 2.0 **文本（中文译本）**[1]

【译者声明】

This is an unofficial translation of The Mozilla Public License（Version 2.0，Jan 3，2012）into Simplified Chinese. It does not legally state the distribution terms for software that uses The Mozilla Public License（Version 2.0）—only the original English text of The Mozilla Public License（Version 2.0）does that. However，we hope that this translation will help Simplified Chinese speakers understand The Mozilla Public License（Version 2.0）better.

这是 MPL 2.0 的非官方简体中文翻译。本简体中文翻译不能作为使用 MPL 2.0 所发布软件的法律声明——只有 MPL 2.0 的英文原版 + 脚注才具有法律效力。不过，我们希望本翻译能够帮助简体中文读者更好地理解 MPL 2.0。

You may publish this translation，modified or unmodified，only under the terms at https：//www.mozilla.org/en－US/MPL/2.0/.

无论是否修改，您都可以发布本翻译，前提是您遵循 MPL 网站（https：//www.mozilla.org/en－US/MPL/）关于许可证翻译的要求。

MPL

第 2 版，2012 年 1 月 3 日

版权所有© 2012 MPL－https：//www.mozilla.org/en－US/MPL/2.0/

1. 定义

1.1 “贡献者”是指每一个创建程序、为创建程序作出贡献或者拥有覆盖软件所有权的个人或法律实体。

1.2 “贡献者版本”是指贡献者使用的他人贡献（如果有）与特定贡献者贡献的组合。

1.3 “贡献”是指特定贡献者的覆盖软件。

[1] MPL 2.0 英文原版参见 https：//opensource.org/licenses/MPL－2.0 和 https：//www.mozilla.org/en－US/MPL/2.0/，最后访问日期 2021 年 6 月 12 日。

1.4“涵盖软件”是指初始贡献者在附件 A、源代码表的可执行表单以及源代码表的修改中附加声明的源代码表。

1.5“与次级许可证不兼容”是指初始贡献者已将附件 B 描述的声明附加到涵盖软件中；或者涵盖软件是根据许可证 1.1 版或更早的许可证版本的条款提供的，但并非根据次级许可证条款提供。

1.6“可执行形式”是指源代码形式以外的任何形式。

1.7“混合作品”是指将覆盖代码或者它的一部分与不受本许可证的条款限制的代码合并而产生的作品。

1.8“许可证”是指本文件。

1.9“可以许可”是指在最大可能程度上有权赋予本许可证所指的权利，不论是原创拥有还是后续获得的。

1.10“修改”是指如下情形：源代码形式中因添加、删除或者修改所涵盖软件内容而产生的任何文件，或者包含任何涵盖软件的源代码形式的新文件。

1.11“贡献者专利权利要求”是指由该贡献者许可的任何专利中的任何专利权利要求，包括但不限于方法、程序和机器的权利要求，如未得到本许可证许可，则正在制造、使用、销售、许诺销售、委托制造、进口或转让其贡献或其贡献者版本构成侵权。

1.12“次级许可证”是指 GUN 通用公共许可证 2.0 版本、GNU 宽松通用公共许可证 2.1 版本、GNU AFFERO 通用公共许可证 3.0 版本以及该些许可证的任何后续版本。

1.13“源代码形式”是指适于修改的作品形式。

1.14 ”您”（或“您的”）是指任何在本许可证下行使权利的个人或者法律实体。“您”的范畴包括控制您、受您控制或者通常与您共同受控制的任何实体。为了适用于本定义，“控制”是指（a）直接或间接地指导或管理该实体的权力，可以是通过合同抑或是经由其他方式赋予；（b）拥有该实体 50% 以上已发行股票，或拥有该实体收益权。

2. 许可的授予和条件

2.1 授予

每位贡献者在此授予您世界范围内的、免许可费的、非独占的许可：

（a）在贡献者可以许可的知识产权（除专利权和商标权外）范围内，您可以使用、复制、修改、展示、执行、分发和充分利用该原创性代码，可以是未经修改的，也可以是修改过的，还可将其作为混合作品的一部分。

（b）在满足贡献者专利权利要求的前提下，对其贡献代码或贡献版本进行创建、使用、销售、许诺销售、在先创建、进口或采用其他形式转让。

2.2 有效日期

第 2.1 款中授予的有关贡献的许可自贡献者第一次发布贡献代码时即行生效。

2.3 对授权范围的限制

本许可证第 2 条授予的许可是本许可证授予的唯一权利。根据本许可证，涵盖软件的分发或者许可不会隐含其他权利或许可。

尽管有如上第 2.1 款（b）项，对下列情况贡献者并未授予专利许可：

（a）贡献者从涵盖软件中删除的代码；

（b）由以下原因引起的侵权行为：（i）您或者第三方对涵盖软件的改动；或者（ii）将该贡献者的程序与其他软件合并（贡献者版本的一部分除外）；

（c）对不包含贡献者创建程序的覆盖代码的专利权利要求的侵犯。

本许可证不授予有关商标、服务标志或任何贡献者徽标的任何权利（为遵守第 3.4 款的声明要求而必要的除外）。

2.4 后续许可证

贡献者并不会因为您选择根据本许可证的后续版本（见第 10.2 款）或者次级许可证的条款（在满足第 3.3 款要求下）分发涵盖软件而获得额外的授权。

2.5 承诺

每位贡献者承诺，其相信其贡献为原始创建，或者其拥有足够的权利获得本许可证所载的权利。

2.6 合理使用

本许可证无意限制您根据可得适用的版权法合理使用、公平交易或者其他依据对等原则所享有的权利。

2.7 条件

第 3.1 款、第 3.2 款、第 3.3 款和第 3.4 款是授予第 2.1 款许可的条件。

3. 责任

3.1 源形式的分发

源代码形式中涵盖软件的分发，包括您创建的任何修改或者对您贡献的任何修改，均应当根据本许可证的条款进行。您必须通知接收人涵盖软件的源代码形式受本许可证条款的规制，并告知其如何获得本许可证的副本。您不得尝试更改或者限制接收人就源代码形式所享有的权利。

3.2 可执行形式的分发

如果您以可执行形式分发软件：

（a）如第 3.1 款所述，该涵盖软件必须在源代码形式中可得，您必须通知可执行形式的接收人如何通过合理的方式及时获得源代码形式的副本，且费用不得超过分发给接收人的费用；

（b）此外，您可以根据本许可证条款分发可执行形式；或者在可执行形式的许可不致限制或改变接收人根据本许可证就源代码形式享有权利的前提下，可以根据不同条款转许可。

3.3 混合作品的分发

在同时满足涵盖软件许可证要求的前提下，您可以根据您的选择创建和分发混合作品。如果混合作品是涵盖软件和由一个或多个次级许可证约束的作品的混合，且涵盖软件与次级许可证不兼容，则本许可证允许您根据次级许可证条款额外分发涵盖软件，以便混合作品的接收人得以根据其选择依循本许可证或者次级许可证条款进一步分发涵盖软件。

3.4 声明

您不得删除或更改涵盖软件的源代码形式所包含的任何许可声明（包括版权声明、专利权声明、不予担保声明或者责任限制），但为纠正已知的事实错误，您可以修改许可声明。

3.5 额外条款的适用

您可以选择向涵盖软件的一个或多个接收人提供担保、支持、赔偿或者责任义务并从中收取费用。但是，您只能代表您自己，而非代表任何贡献者。您必须明确说明，任何此类担保、支持、赔偿或者责任义务由您自行提供，您在此同意赔偿每位贡献者因担保、支持、赔偿或者责任条款而引发的责任。您可以纳入额外的不予担保声明和针对任何司法管辖权的责任限制。

4. 由于法规或条例而无法遵守

如果您因为法律、司法规则或者管制的原因而无法遵守本许可证关于部分或全部涵盖软件的某一条款，那么您必须：(a) 尽最大可能遵守本许可证的条款；并且 (b) 描述这些条款的限制或者它们影响到的代码。这一描述必须被置于包含涵盖软件所有贡献的文本文件中。除非在法律或者规定所限制的范围之外，这一描述必须尽可能详细，使具有一般技能的接收人也能够理解。

5. 终止

5.1 如果您未能遵守本许可证的任一条款，根据本许可证授予的权利将自动终止。但是，如果您遵守了条款要求，则根据本许可证授予的来自特定贡献者的权利将自行恢复：(a) 除非并且直到该贡献者明确且终局性地终止您的权利；(b) 贡献者未能在您恢复合规之日起 60 日内以合理的方式通知您不符许可证条款的行为。而且，如果特定贡献者以某种合理的方式通知您不符许可证条款的行为，而这是您第一次收到来自该贡献者的有关通知，则如果您在收到通知之日起 30 日内变更行为、遵守条款要求，那么您来自该贡献者的授权将自行恢复。

5.2 如果您通过主张专利侵权索赔（不包括宣告性判决诉讼、反诉和交叉诉讼）对任何实体提起诉讼，声称贡献版本直接或者间接地侵犯了任何专利权，则涵盖软件的所有贡献者根据本许可证第 2.1 款授予您的权利将自行终止。

5.3 如根据上述第 5.1 款或第 5.2 款的规定，权利发生终止，则终止前您或您的分销商根据本许可证有效授予的最终用户许可协议（不包括分销商和经销商）均应在权利终止后继续有效。

6. 不予担保

涵盖软件在本许可证项下，以“原样”提供，不提供任何形式的担保，无论是明示的、暗示的抑或是法律的，包括但不限于担保涵盖软件没有缺陷、适合销售、适用于特定用途或者非侵权。涵盖软件的质量和性能所涉及的所有风险均与您有关，如果任何涵盖软件被证明存在缺陷，由您（并非所有贡献者）承担必要的服务、维修或者纠正的成本。不予担保声明构成许可证的重要部分。没有本声明，对任何对涵盖软件的使用都不予授权。

7. 责任限制

在任何情形和任何法律理论下，无论是民事侵权（包括过失）、合同或者其他行为，任何贡献者或者分发涵盖软件的任何人，均无须对您所受任何性质的直接、间接、特殊、偶然或后果性损害承担责任，包括但不限于利润损失、商誉损失、误工损失、计算机故障损害或任何其他商业损害或者损失，即使该方已事先得知发生此种损害的可能性亦不例外。该种责任限制不适用于因该方过失而致人身伤害或死亡的情形。鉴于某些司法条款规定不能对偶然损失或者间接损失进行排除或者限制，这里的责任排除和限制条款可能不再适用于您。

8. 诉讼

与本许可证有关的任何诉讼只能在被告主要营业地所在司法管辖区的法院提起，此类诉讼受该管辖区法律管辖，而无须参照其他法律冲突条款。本条所载内容不会阻止一方当事人提起交叉诉讼或者反诉的权利。

9. 其他

本许可证关于全部有关主要问题的完整协议。如果本许可证的任何一个条款不被认定为不可执行，则可以在最小必要范围内对其进行修改使之可得以执行。任何规定合同文字应作对起草者不利的解释的法律或者规定都不适用于本许可证。

10. 许可证版本

10.1 新版本

Mozilla 基金会是许可证管理组织。除第 10.3 款规定外，该管理组织之外的任何人均无权修改或者发布本许可证的新版本。每个版本均附加区分版本编号。

10.2 新版本的效力

您可以根据您最初收到覆盖软件的许可证版本条款分发涵盖软件，或者根据任何后续版本条款分发涵盖软件。

10.3 修改版本

如果您创建不受此许可证约束的软件，并且您想为该软件创建新许可证，则如果您重命名许可证并且删除任何对许可证管理组织名称的引用（但请注意此类修改后的许可证与本许可证不同），则您可以创建和使用本许可证的修改版本。

10.4 分发与次级许可证不兼容的源代码形式

如果您选择根据本许可证条款分发与次级许可证不兼容的源代码形式，则必须附加本许可证附件 B 中描述的声明。

附件 A　源代码形式许可证声明

本源代码形式受 MPL 2.0 条款的约束，如果 MPL 的副本未随此分发，您可以从 https://mozilla.org/MPL/2.0/获得副本。

如果您无法或者不希望将声明置于特定文件中，则您可以将声明置于接收人将可能查找到的位置（如相关目录中的许可证文件）。

您可以添加其他准确的版权所有权声明。

附件 B　“与次级许可证不兼容”声明

根据 MPL 2.0 定义，本源代码形式“与次级许可证不兼容”。

（撰稿：岳娆；核对：曹卫良）

二、开源硬件许可证及政策汇解

开源硬件许可证是针对硬件设计的开源规则。尽管目前的开源硬件许可证大多借鉴开源软件许可证，两者存在许多相似之处，但开源硬件许可证自身也存在许多独特的性质。以下对开源硬件和开源软件以及开源硬件许可证和开源软件许可证的区别进行简单分析。

1. **两者针对的对象不同**

（1）硬件开源针对的对象：硬件设计领域，如芯片、处理器、板卡、主板等。

（2）软件开源针对的对象：软件设计领域，如编程工具、操作系统、办公软件等。

2. **两者开放的内容不同**

（1）硬件开源需要公布的内容：源代码（如 HDL 源码）、机械图、电路图、BOM 清单、PCB 版图等。

（2）软件开源需要公布的内容：源代码。

（3）小结：硬件开源需要公布的技术信息更多。

3. **两者的权利保护方式不同**

（1）开源硬件：主要包括专利权、著作权和其他权利，其中，著作权一般只适用于硬件设计的图纸和代码，不适用于硬件本身。硬件本身的“权利”是指和著作权类似的其他权利，包括设计权（无论是注册的还是未注册的）、半导体拓扑图（掩模作品）的权利和数据库权利（但不包括专利权和商标权）等。

（2）开源软件：一般只涉及专利权和著作权，不包括其他权利。

4. **两者的商标政策不同**

（1）开源硬件缺少统一的商标认证。

开源硬件协会（Open Source Hardware Association，OSHWA）无法将开源硬件标志“OSHW”注册成为统一的认证商标，导致“OSHW”标志被滥用，实践中许多公司需要利用其自身的注册商标来管理开源硬件。

（2）开源软件拥有统一的商标认证。

开放源代码促进会（Open Source Initiative，OSI）使用其管理的 OSI 证明商标，统一对开源软件进行商标认证。

5. **两者遵循的开源许可证不同**

（1）硬件开源需要遵循的开源许可证。

目前没有统一的开源硬件许可证认证标准，开源硬件协会推荐了 CERN、TAPR、Solderpad 三个主要的开源硬件许可证。由于采用的开源硬件许可证数量相对较少，开源硬件产生许可证冲突（兼容性问题）的概率也会较少。

（2）软件开源需要遵循的开源许可证。

由开放源代码促进会统一进行开源软件许可证的认证（100 多种），包括但不限于 GPL、LGPL、BSD 许可证、MIT 许可证、MPL、Apache 许可证等。由于采用的开源软件许可证数量较多，各种开源软件许可证之间可能存在不兼容的问题。

（3）小结：开源硬件许可证没有统一的认证标准，开源硬件的许可证冲突概率小于开源软件。

6. **两者的商业成熟度不同**

（1）硬件开源商业模式：目前还没有比较成功的商业案例。

（2）软件开源商业模式：已经产生许多商业运营成功的开源软件产品，如 Linux 系统、Android 系统。

因此，本书认为，相较于开源软件的成熟商业模式，开源硬件还需要通过注册证明商标和统一开源硬件许可证的认证标准等方式，加强对开源硬件的认证管理，促使其早日走向成熟的商业化道路。

由于目前主流的开源硬件许可证包括 CERN、TAPR 1.0、Solderpad 2.1，本书选取上述三个主要的开源硬件许可证外加一个开源硬件定义 1.0［Open Source Hardware Definition（OSHW）1.0］进行简单分析。CERN 许可证包括 1.1 版、1.2 版和 2.0 版，其中，CERN CHL 2.0 版本进一步包括 CERN v2.0 permissive（CERN - OHL - P，宽松型）、CERN v2.0 weakly - reciprocal（CERN - OHL - W，弱互惠型）、CERN v2.0 strongly - reciprocal（CERN - OHL - S，强互惠型）。参考本书开源软件许可证部分的分类标准，CERN v1.1、CERN - OHL - S、TAPR v1.0 属于严格型许可证，CERN - OHL - P、Solderpad v2.1 属于宽松型许可证，CERN - OHL - W 属于混合型许可证。各开源硬件许可证的具体分析参见下文所述。

（撰稿：曹卫良、张燕；核对：张燕）

Ⅰ. CERN Open Hardware Licence

1. CERN OHL 简介

2009 年受开源软件运动的启发，欧洲核子研究中心（The European Organization for Nuclear Research，CERN）工程师哈维尔·塞拉诺（Javier Serrano）领导的一组电子设计师在物理实验室工作，创建了开源硬件存储库（Open Hardware Repository，OHR），以使硬件开发人员可以共享其研发活动的结果。发起该项目是为了促进与“开放科学”的理想相一致的整个社区的硬件设计交流，主要目标包括通过在可能满足相同需求的不同团队之间共享结果来避免重复工作。

CERN OHL 的第一个版本于 2009 年在 OHR 上发布，后 2020 年又提出了第 2 版。CERN OHL 的作者 Myriam Ayass 说：“有了该许可证，CERN 希望提供一种额外的方法，以最大限度地传播其硬件设计，并促进公共研究硬件设计师之间的合作。……每个人都可以看到设计文档，对其进行研究，对其进行修改和共享。此外，如果进行修改并分发，则修改必须在相同的许可条件下进行——这是许可的‘持久’性质，可确保整个社区将继续从改进中受益，因为每个人都将能够对这些改进进行修改。”

CERN 认为该设计是“开放的”这一事实也意味着任何人（从个人到研究机构再到大公司）都可以基于该设计制造产品并将其商业化。CERN OHL 中明确指出，基于这些设计的产品制造商不应暗示设计师任何形式的认可或责任。

截至2021年6月，选择使用CERN OHL的开源项目如表1-2-1所示。

表1-2-1　使用CERN OHL的开源项目

名称	领域	开源主体
UPSat	人造卫星	自由太空基金会、希腊派特雷大学
SatNOGS	地面站网络	Dan White
AXIOM	数码影院相机	Apache Axis 2
Tinkerforge	设备模块	Codecentric
Mycroft Mark 1	语音助手	Mycroft
Free Beer	社会活动	IT University in Copenhage
Mechanical Ventilator Milano	通风设备	MVM project

CERN OHL的核心要点参见表1-2-2。

表1-2-2　CERN OHL的核心要点

要点	内容	许可证相关条款
著作权	授予版权许可	CERN OHL 1.1第3.2款 CERN-OHL-P第3.1条 CERN-OHL-W第3.1款 CERN-OHL-S第3.1款
商标	不授予商标许可	CERN OHL 1.1第6.2款 CERN-OHL-P第7.2款 CERN-OHL-W第8.2款 CERN-OHL-S第8.2款
专利	授予专利许可（CERN OHL 1.1除外）	CERN-OHL-P第6款 CERN-OHL-W第7款 CERN-OHL-S第7款
许可证类型	严格型（CERN v1.1、CERN-OHL-S）：需要公开修改后的文档，不可以变更许可证	CERN OHL 1.1第3.3款 CERN-OHL-S第3.3款和第4款
	宽松型（CERN-OHL-P）：无须公开修改后的文档，可以变更许可证，只需保留所有声明和提供许可证副本	CERN-OHL-P第3.3款和第3.4款
	混合型（CERN-OHL-W）：需要公开修改后的文档，传输制造产品时可以变更许可证❶	CERN-OHL-W第3.2款和第4.3款

❶ 需要补充说明的是，传输修改后的受保护信息时，则不可以变更许可证。参见CERN-OHL-W第3.3款d）项。

续表

要点	内　容	许可证相关条款
其他	许可证包括版权声明和商标声明。许可证要求使用者不得限制许可声明给予被许可人的权利	“声明”是指版权确认和商标声明； 您不得试图通过合同或其他方式限制根据本许可授予其他被许可人的权利

2. **如何** CERN OHL

在作品中包括一个许可证的副本，通常在一个名为“LICENSE”的文件中，还可以创建一个单独文件。在应用许可证时应当附加“Copyright［yyyy］［版权所有者］”的说明，并将方括号“［ ］”括起来的内容替换为被许可人的标识信息（不包括方括号）。

3. CERN OHL **文本（中文译本）**

3.1 CERN OHL 1.1[1]

【译者声明】

This is an unofficial translation of the CERN OHL（Version 1.1）into Simplified Chinese. It was not officially published by the CERN, and does not legally state the distribution terms for hardware that uses the CERN-OHL-1.1（CERN OHL v1.1）—only the original English text of the CERN-OHL-1.1 does that. However, we hope that this translation will help Simplified Chinese speakers understand the CERN-OHL-1.1 better.

这是 CERN OHL 1.1 的非官方简体中文翻译。本简体中文翻译并非 CERN 官方所发布，且不能作为使用 CERN OHL 1.1（CERN OHL v1.1）所发布硬件的法律声明——只有 CERN OHL 1.1 的英文原版才具有法律效力。不过，我们希望本翻译能够帮助简体中文读者更好地理解 CERN OHL 1.1。

CERN OHL 1.1

前言

通过本 CERN OHL 1.1，本组织希望尽可能广泛地传播其硬件设计（发布于 http://www.ohwr.org/），并总体上促进公众之间的合作。CERN OHL 版权归属于 CERN，欢迎任何人以未经修改的形式使用 CERN OHL 分发自己的开源硬件设计，并保留任何其他权利。

1. 定义

在本许可证中，以下术语具有以下含义：

“许可证”是指 CERN OHL。

[1] CERN OHL 1.1 英文原版参见 https://ohwr.org/project/licences/wikis/cern-ohl-v1.1，最后访问日期2021年6月12日。

"文档"是指示意图、设计、电路或电路板布局、机械图、流程图和描述性文字，以及明确声明在本许可证条件下可提供的其他说明性材料。文档可以采用任何介质，包括但不限于计算机文件以及纸、胶卷或任何其他介质上的表示形式。

"产品"是指使用文档或经修改的文档构建的设备的全部或一部分。

"被许可人"是指根据本许可证行使权利的任何自然人或法人。

"许可人"是指根据本许可证的条款和条件创建或修改文档并随后向公众传播和/或分发所得文档的任何自然人或法人。

被许可人可以同时是许可人，反之亦然。

2. 适用范围

2.1 本许可证管理文件的使用、复制、修改、向公众传播和分发以及产品的制造和分发。通过行使本许可证授予的任何权利，被许可人不可撤销地接受这些条款和条件。

2.2 本许可管理由许可人直接授予被许可人，并且在全球范围内适用，不受时间限制地适用。被许可人可以转让其许可权或授予分许可。

2.3 本许可证不适用于加载到可编程设备中的，可与文档、经修改的文档或产品结合使用的软件、硬件或代码。此类软件、硬件或代码的使用受可适用的许可证条款和条件的约束。

3. 复制、修改、向公众传播和分发文档

3.1 被许可人应保留所有版权和商标声明，以及文档中所有涉及本许可证以及担保免责的声明，同时被许可人应在向公众传播或分发的每份文件或经修改的每份文件（视情况而定）中均包含一份声明副本。

3.2 被许可人可以根据第3.1款的要求，以任何方式使用、复制、向公众传播和逐字逐句复制本文档。

3.3 被许可人可以修改文档或其任何部分。被许可人可以向公众传播并分发修改后的文档（因此，除了成为被许可人之外，还可以成为许可方），但前提是其必须：

a. 遵守第3.1款规定；

b. 使修改后的文档带有明显的声明，表明被许可人已修改了文档，并附有修改的日期和详细信息；

c. 根据本许可证或CERN可能发布的本许可证的更高版本的条款和条件，对经修改的文档进行许可；和

d. 将修改后的文档的副本发送给对文档的已修改部分做出贡献的所有许可人，以及其他任何要求接收修改后的文档副本并提供文档联系方式的其他许可人。

3.4 本许可证包括许可人授予的专利或注册外观设计的许可。在使用本许可证授予的权利的必要范围内，第3.4款的范围应严格限于许可人创建的文档或经修改的文档的各个部分。

4. 产品的制造和分发

4.1 被许可人可以始终制造或分发产品，只要被许可人向该产品的每个接收者分发文档或经修改的文档的副本（视情况而定），并遵守第3条的规定。

4.2 被许可人被要求以书面形式告知任何许可人，有关被许可人已经生产的产品的类型、数量和生产日期的信息，其中该许可人已经表达希望收到这些信息。

5. 免责发明和责任限制

5.1 免责声明

文档和任何经修改的文档均按“原样”提供，且不作任何明示或暗示的保证，包括但不限于对本文档、经修改的文档、或任何产品的适销性、令人满意的质量以及对特定目的或用途的适用性的暗示保证。许可人不承诺文档、经修改的文档或任何产品侵犯或不侵犯任何专利、版权、商业秘密或其他专有权利。产品使用、质量和性能的全部风险应由被许可而非许可承担。免责声明是本许可证的重要组成部分，也是根据本许可证授予任何权利的条件。被许可人保证其不以消费者身份行事。

5.2 责任范围

在任何情况下，许可人均不对因文档本身、经修改的本身和/或产品的使用、制造或分发等原因所引起的，任何直接的、间接的、特殊的、附带的、继发性、后果性、惩罚性或其他性质的损害（包括但不限于购买替代商品或服务、不能使用、数据丢失、利润损失或业务中断）承担责任，无论该损害是基于何种理论——例如合同、担保、侵权（包括过失）、产品责任或其他理论，即使被告知可能造成此类损害，被许可人也应使许可人免于承担任何与此类使用有关的责任、成本、损害、费用和支出，包括第三方的索赔。

6. 通用条款

6.1 根据本许可证授予的权利并不暗示或代表对被许可人的任何知识产权转让。

6.2 被许可人不得使用或提及许可人被熟知的任何名称、缩写、图像或徽标，除非符合第3条的规定。任何此类被许可的使用或引用均应是事实性的，并应在任何情况下绝不表示许可人或其人员对修改后的文档或任何产品进行任何形式的背书，也不表示许可人或其人员对修改后的文档或产品的制备任何形式的暗示。

6.3 CERN 可能会发布本许可证的更新版本，这些更新版本保留与当前版本相同的通用条款，但会在细节上有所不同，只要这是必需且合理的。新版本将以唯一的版本号发布。

6.4 如果被许可人不遵守本许可证的任何条款和条件，或者如果被许可人就本许可证对许可人提起法律诉讼，则本许可证应在书面通知后立即失效，且无需法院介入，但第5条应继续适用。

6.5 除非与政府间组织另行达成协议，否则涉及政府间组织的与本许可证有关的任何争议应根据政府间组织的政府间身份通过国际仲裁解决。仲裁程序应在政府间组织所在地进行。仲裁裁决是终局的，对当事各方具有约束力，当事方明确同意放弃任何形式的上诉或修正。

3.2 CERN－OHL－P[1]

【译者声明】

This is an unofficial translation of the CERN－OHL－P into Simplified Chinese. It was not officially published by the CERN, and does not legally state the distribution terms for hardware that uses the CERN－OHL－P—only the original English text of the CERN－OHL－P does that. However, we hope that this translation will help Simplified Chinese speakers understand the CERN－OHL－P better.

[1] CERN－OHL－P 英文原版参见 https：//ohwr. org/cern_ohl_p_v2. txt，最后访问日期 2021 年 6 月 12 日。

这是 CERN – OHL – P 的非官方简体中文翻译。本简体中文翻译并非 CERN 官方所发布，且不能作为使用 CERN – OHL – P 所发布硬件的法律声明——只有 CERN – OHL – P 许可证的英文原版才具有法律效力。不过，我们希望本翻译能够帮助简体中文读者更好地理解 CERN – OHL – P。

CERN – OHL – P

前言

CERN 开发此许可证，以促进硬件设计师之间的合作，并提供法律工具来支持自由使用、研究、修改、共享和分发硬件设计以及基于这些设计的产品。CERN OHL 2.0 有三种变体，即本许可证 CERN – OHL – P（宽松）和两个互惠许可：CERN – OHL – W（弱互惠）和 CERN – OHL – S（强互惠）。

CERN – OHL – P 的版权受 CERN 2020 的著作权保护，任何人可以在未经修改的形式下使用本许可证。

使用本许可证并不表示 CERN 赞同或支持任何许可人或其设计，也不表示 CERN 参与了它们的发展。

1. 定义

1.1 “许可证” 是指 CERN – OHL – P。

1.2 “来源” 是指设计材料或数字代码等信息，所述信息可以应用于制造或测试产品，或准备产品以供使用、传输或销售，无论以何种媒介或表达方式。它可能包括声明。

1.3 “涵盖来源” 是指根据本许可证明确提供的来源。

1.4 “产品” 是指任何设备、组件、作品或物理对象，包括使用、应用或处理涵盖来源后产生的最终或中间形式。

1.5 “制作” 是指通过以下方式创建或配置某些内容：生产、组装、编译、加载或应用涵盖来源或其他产品。

1.6 “声明” 是指版权声明、确认声明和商标声明，以及引用任何声明的位置、修改声明［第 3.3 款 b）项］、所有涉及本许可证的声明以及涵盖来源中的免责声明。

1.7 “被许可人” 或 “您” 是指根据本许可证行使权利的人。

1.8 “许可人” 是指创建 “来源” 或修改 “涵盖来源”，然后根据本许可证的条款和条件传输最终的涵盖来源的人一个人可能同时是被许可人和许可人。

1.9 “传输” 是指向公众传播或进行分发。

2. 适用范围

2.1 本许可证管理涵盖来源和产品的使用、复制、修改、传输以及产品的制造。通过行使本许可证授予的任何权利，您将不可撤销地接受这些条款和条件。

2.2 本许可证由许可人直接授予您，应在全球范围内适用且不受时间限制。

2.3 您不得试图通过合同或其他方式限制根据本许可证授予其他被许可人的权利。

2.4 本许可证无意限制合理使用、公平交易或任何其他类似权利。

3. 复制、修改和传输涵盖来源

3.1 只要您保留所有声明，您可以以任何媒介复制和传输涵盖来源的逐字副本。

3.2 您可以修改声明以外的涵盖来源。

如果声明不再适用于经您修改的相应涵盖来源，您可以只删除声明，或者您也可以添加适用于您的修改的其他声明。

3.3 您可以传输修改后的涵盖来源（这将导致您也成为许可人），前提是您：

a）保留第 3.2 款要求的声明；

b）向修改后的涵盖来源添加一个声明，说明您已对其进行了修改，并提供您进行修改的日期和如何修改的简要说明。

3.4 您可以根据与本许可证条款不同的许可证条款传输涵盖来源或修改后的涵盖来源，前提是您：

a）始终遵守第 3.3 款；

b）向您传输涵盖来源或修改后涵盖来源的任何人提供本许可证的副本。

4. 制造和传输产品

您可以制造和/或传输产品，前提是您要确保产品的接收者可以获得适用该产品的所有声明。

5. 免责声明和责任限制

5.1 免责声明

涵盖来源和任何产品按“原样”提供，且针对任何来源或产品，在法律允许的最大范围内，许可人不提供任何明示或暗示的保证，包括但不限于对适销性、质量令人满意、不侵犯第三方权利以及适合特定目的或用途的保证。许可人不承诺任何来源或产品没有或不会侵犯任何专利权、版权、商业秘密或其他专有权。任何来源或产品的使用、质量和性能的全部风险应由您而不是许可人承担。免责声明是本许可证的重要组成部分，也是根据本许可证授予任何权利的条件。

5.2 责任排除与限制

在法律允许的最大范围内，许可人均不对因涵盖来源、修改后的涵盖来源和/或产品的制造或传输等原因所引起的，任何直接的、间接的、特殊的、附带的、继发性、后果性、惩戒性、惩罚性或其他性质的损害（包括但不限于购买替代商品或服务、不能使用、数据丢失、利润损失或业务中断）承担责任，无论该损害是基于何种理论——例如合同、担保、侵权（包括过失）、产品责任或其他理论，即使被告知可能造成此类损害，被许可人也应使许可人免于承担任何与此类使用有关的责任、成本、损害、费用和支出，包括第三方的索赔。

6. 专利

6.1 在遵守本许可证的条款和条件的前提下，每个许可人特此授予您永久性的、全球性的、非排他性的、免费的、免专利费的、不可撤销的（第 6 条规定或许可人由于某些原因终止的情况下除外）专利许可，用于制造、委托制造、使用、许诺销售、销售、进口和以其他方式传输涵盖来源和产品，且本许可证仅适用于该许可人许可的满足以下条件的专利权利要求：行使许可人传输的涵盖来源下的权利时，对该权利要求必然构成侵权。

6.2 如果您针对任何实体提起专利诉讼（包括诉讼中的交叉诉讼或反诉），指称涵盖来源或产品构成直接或共同的专利侵权，或者您寻求任何申诉，指称根据本许可证许可给您的专利无效或无法执行，那么根据本许可证授予您的任何权利应自该程序启动之日起终止。

7. 通用条款

7.1 如果本许可证的任何条款由于任何原因已经或将要变成无效或无法执行，其余条款应继续有效。

7.2 您不得使用许可人或 CERN 被熟知的任何名称（包括首字母缩略词）、图像或徽标，除非需要遵守第 3 条的规定或者法律允许使用。任何此类允许的使用均应是事实性的，不得暗示许可人或其人员有任何形式的背书或参与。

7.3 CERN 可能会发布它认为符合本版本精神的本许可证的更新版本和变体，但可能会在细节上有所不同以解决新问题或关注点。新版本将以唯一的版本号和一个指明变体的变体标识符进行发布。如果许可人有指明某变体适用于涵盖来源但没有指明版本，则您可以将该涵盖来源视为根据该 CERN OHL 变体的任何版本发布。如果未指明任何变体，则涵盖来源应该被视为根据 CERN－OHL－S 发布。许可人还可以指定涵盖来源遵循 CERN OHL 的特定版本或任何后续版本——在此种情形下，您可以使用 CERN 发布的具有相同变体标识符的 CERN OHL 特定版本或任何后续版本。

7.4 本许可证不可强制执行，除非许可人自身作出此种行为，并且第三方受益权被明确排除在外。

3.3 CERN－OHL－W[1]

【译者声明】

This is an unofficial translation of the CERN－OHL－W into Simplified Chinese. It was not officially published by the CERN, and does not legally state the distribution terms for hardware that uses the CERN－OHL－W—only the original English text of the CERN－OHL－W does that. However, we hope that this translation will help Simplified Chinese speakers understand the CERN－OHL－W better.

这是 CERN－OHL－W 的非官方简体中文翻译。本简体中文翻译并非 CERN 官方所发布，且不能作为使用 CERN－OHL－W 所发布硬件的法律声明——只有 CERN－OHL－W 的英文原版才具有法律效力。不过，我们希望本翻译能够帮助简体中文读者更好地理解 CERN－OHL－W。

CERN－OHL－W

前言

CERN 开发此许可证，以促进硬件设计人员之间的协作，并提供法律工具来支持自由使用、研究、修改、共享和分发硬件设计以及基于这些设计的产品。CERN OHL2.0 具有三种变体，即 CERN－OHL－P（宽松）和两个互惠许可证：本许可证 CERN－OHL－W（弱互惠）和 CERN－OHL－S（强互惠）。

[1] CERN－OHL－W 英文原版参见 https://ohwr.org/cern_ohl_w_v2.txt，最后访问日期 2021 年 6 月 12 日。

CERN – OHL – W 的版权归 CERN2020。欢迎任何人以未经修改的形式使用本许可证。

使用本许可证并不表示 CERN 赞同或支持任何许可人或其设计，也不表示 CERN 参与了它们的发展。

1. 定义

1.1“许可证”是指 CERN – OHL – W。

1.2“兼容许可证”是指：

a）CERN OHL 的任何较早版本；或

b）CERN – OHL – S 或 CERN – OHL – W 的任何版本；或

c）允许您将所适用的“来源”视为根据 CERN – OHL – S 或 CERN – OHL – W 授权许可的任何许可证，前提是您在传输任何此类来源或相关产品时，您将上述提及的来源视为根据 CERN – OHL – S 或 CERN – OHL – W 授权许可。

1.3“来源”是指设计材料或数字代码等信息，所述信息可以应用于制造或测试产品，或准备产品以供使用、传输或销售，无论以何种媒介或表达方式。它可能包括声明。

1.4“涵盖来源”是指根据本许可证明确提供的来源。

1.5“产品”是指任何设备、组件、作品或物理对象，包括使用、应用或处理涵盖来源后产生的最终或中间形式。

1.6“制造”是指通过以下方式创建或配置某些内容：生产、组装、编译、加载或应用涵盖来源或其他产品。

1.7“可用组件”是指以下任何部件、子部件、库或代码：

a）在兼容许可证下作为完整来源被许可给您；或者

b）在包含该可用组件的产品或来源被首次传输给您或其他潜在被许可人时，该可用组件处于以下可用状态：

i）具有足够的权利和信息（包括所有配置和编程文件，以及有关其特性和接口的信息），以使其能够自行制造，或被获取并用于制造产品；或者

ii）作为用于设计或制造产品的工具中正常分发内容的一部分。

1.8“外部材料”是指包含以下内容的任何材料（包括来源）：

a）仅与涵盖来源组合，以使其利用涵盖来源中所记载和描述的文档接口与涵盖来源进行交互；

b）不是涵盖来源的派生产品或包含涵盖来源的产品，或者如果属于此种情形，则局限于促进此类接口连接的必要范围内。

1.9“完整来源”是指制造产品所需的所有来源的集合，以首选形式进行修改，包括产品以及所含任何可用组件的必要安装信息和接口信息。如果格式是专有的，则还必须以某种格式（以专有工具可以创建的格式）可用，该格式可被潜在被许可人通过可用的工具查看，并且该工具根据自由软件基金会或开源软件促进会批准的许可证进行许可。完整来源不必包括所有可用组件的来源，前提是您必须在“完整来源”中包含足够的信息以使接收者能够制造，或者根据来源利用“可用组件”来制造产品。

1.10“来源位置”是指许可人放置了涵盖来源的位置，并且许可人合理地认为，只要有人想要获得数字副本，该位置都将至少三年保持易于访问。

1.11“声明”是指版权声明、确认声明和商标声明，以及来源位置参考、修改声明［第3.3款（b）项］、所有关于本许可证的声明以及涵盖来源中的免责声明。

1.12“被许可人”或“您”是指根据本许可证行使权利的人。

1.13“许可人”是指创建或修改涵盖来源的自然人或法人，一个人可能同时是被许可人和许可人。

1.14“传输”是指向公众传播或进行分发。

2. 适用范围

2.1 本许可证规范涵盖来源和产品的使用、复制、修改、传输和产品制造。通过行使本许可证授予的任何权利，您不可撤销地接受这些条款和条件。

2.2 本许可证由许可人直接授予您，应在全球范围内适用，且不受时间限制。

2.3 您不得试图通过合同或其他方式限制本许可证授予其他被许可人的权利。

2.4 本许可证无意限制合理使用、公平交易或任何其他类似权利。

3. 复制、修改和传输涵盖来源

3.1 只要保留所有声明，您可以以任何媒介逐字复制和传输涵盖来源的副本。

3.2 您可以修改涵盖来源（声明除外），前提是您不可撤销地承诺，如果接收者未收到修改后的涵盖来源的副本，则应从源位置提供已修改的涵盖来源。在每种情况下，第3.3款均适用。如果声明不再适用于您修改的相应涵盖来源，您可以删除声明，或者您也可以添加适用于您的修改的其他声明。

3.3 您可以传输修改后的涵盖来源（这将导致您也将成为许可人），前提是您：

a）保留第3.2款要求的声明。

b）向修改后的涵盖来源添加一个声明，说明您已对其进行了修改，并附有您进行修改的日期和如何修改的简要说明。

c）如果接收者未收到修改后涵盖来源的副本，则您应为修改后的涵盖来源添加来源位置声明。

d）根据本许可证的条款和条件（或者根据第8.3款规定的后续版本，如果原涵盖来源的许可证允许）许可修改后的涵盖来源。此类修改后的涵盖来源必须作为整体进行许可，但不包括其中包含的可用组件或与其交互的外部材料，这些可用组件和外部材料仍根据其自身适用的许可证进行许可。

4. 制造和传输产品

4.1 您可以制造产品和/或传输产品，前提是您要么向每个接收者提供完整来源的副本，要么确保每个接收者收到完整来源位置的声明。该完整来源包括涵盖来源，您必须相应地履行第3.3款中规定的义务。如果在声明中有指定，则产品必须以该声明中指定的方式，在产品上，或其包装、文档上明显地显示来源位置。

4.2 如果您传输的产品包含外部材料，则第4.1款规定的您需要提供的产品的完整来源不需要包括任何外部材料的来源。

4.3 您可以根据您选择的条款许可产品，前提是此类条款不限制或试图限制接收者针对涵盖来源在本许可证下的权利。

5. 研究与开发

您可以将涵盖来源、修改的涵盖来源或产品，传输给代表您进行开发、测试或质量保证工作的法律实体，前提是该工作根据以下目的执行：防止法律实体将来源或产品用于其内部目标，以及防止将来源、产品及其任何修改内容传输给您以外的任何人。该法律实体所作的任何修改均应被视为由您根据第 3. 2 款进行的修改。

6. 免责和责任限制

6. 1 免责声明

涵盖来源和任何产品按“原样”提供，且针对任何来源或产品，在法律允许的最大范围内，许可人不提供任何明示或暗示的保证，包括但不限于对适销性、质量令人满意、不侵犯第三方权利以及适合特定目的或用途的保证。许可人不承诺任何来源或产品没有或不会侵犯任何专利权、版权、商业秘密或其他专有权。任何来源或产品的使用、质量和性能的全部风险均由您而不是由许可人承担。免责声明是本许可证的重要组成部分，也是根据本许可证授予任何权利的条件。

6. 2 责任的排除和限制

在法律允许的最大范围内，许可人均不对因涵盖来源、修改后的涵盖来源和/或产品的制造或传输等原因所引起的，任何直接的、间接的、特殊的、附带的、继发性、后果性、惩戒性、惩罚性或其他性质的损害（包括但不限于购买替代商品或服务、不能使用、数据丢失、利润损失或业务中断）承担责任，无论该损害是基于何种理论——例如合同、担保、侵权（包括过失）、产品责任或其他理论，即使被告知可能造成此类损害，您也应使许可人免于承担任何与此类使用有关的责任、成本、损害、费用和支出，包括第三方的索赔。

7. 专利

7. 1 在遵守本许可证的条款和条件的前提下，每个许可人特此授予您永久性的、全球性的、非排他性的、免费的、免专利费的、不可撤销的（第 7. 2 款和第 8. 4 款所述除外）专利许可，用于制造、委托制造、使用、许诺销售、销售、进口和以其他方式传输涵盖来源和产品，且本许可证仅适用于该许可人许可的满足以下条件的专利权利要求：行使许可人传输的涵盖来源下的权利时，对该权利要求必然构成侵权。

7. 2 如果您针对任何实体提起专利诉讼（包括诉讼中的交叉诉讼或反诉），声称涵盖来源或产品构成直接或共同的专利侵权，或者您寻求任何申诉，指称根据本许可证许可给您的专利无效或无法执行，那么根据本许可证授予您的任何权利应自该程序启动之日起终止。

8. 通用条款

8. 1 如果本许可证的任何条款因任何原因已经无效或将要变成无效或无法执行，其余条款应保持继续有效。

8. 2 您不得使用许可人或 CERN 被熟知的任何名称（包括首字母缩略词）、图像或徽标，除非需要遵守第 3 条的规定或者法律允许使用。任何此类允许的使用均应是事实性的，不得暗示许可人或其人员有任何形式的背书或参与。

8. 3 CERN 可能会发布它认为符合本版本精神的本许可证的更新版本和变体，但可能会在细节上有所不同以解决新问题或关注点。新版本将以唯一的版本号和一个指明变体的变体标识符进行发布。如果许可方有指明某变体适用于涵盖来源但没有指明版本，则您可以将该涵盖来源视为根据该 CERN OHL 变体的任何版本发布。如果未指明任何变体，则涵盖来源应被视为根据 CERN - OHL - S 发布。许可人还可以指定涵盖来源遵循 CERN OHL 的特定版本或任何后续版本——在此种情形下，您可以使用 CERN 发布的具有相同变体标识符的 CERN OHL 特定版本或任何后续版本。

当且仅当涵盖来源中引用的所有可用组件都符合 CERN - OHL - S 关于可用组件的相应定义时，您可以将根据 CERN - OHL - W 授权的涵盖来源视为根据 CERN - OHL - S 授权的涵盖来源。

8.4 如果您不遵守本许可证的任何条款和条件，本许可证应立即终止。

8.5 如果您停止所有违反本许可证的行为，则您从任何许可人处获得的许可证均可恢复，除非在您持续违反该许可证时，许可人向您发出通知指明您的违反行为，并要求您在 30 天内遵守该许可证，但您未能在 30 天期限结束前在所有实质性方面遵守该许可证，此种情形将导致本许可证的终止。如果您在收到改正通知和随后恢复许可后，再次违反本许可证的规定，本许可证将立即永久终止，但第 6 条在终止后将继续适用。

8.6 本许可证不可强制执行，除非许可人自身作出此种行为，并且第三方受益权被明确排除在外。

3.4 CERN - OHL - S❶

【译者声明】

This is an unofficial translation of the CERN - OHL - S into Simplified Chinese. It was not officially published by the CERN, and does not legally state the distribution terms for hardware that uses the CERN - OHL - S—only the original English text of the CERN - OHL - S does that. However, we hope that this translation will help Simplified Chinese speakers understand the CERN - OHL - S better.

这是 CERN - OHL - S 的非官方简体中文翻译。本简体中文翻译并非 CERN 官方所发布，且不能作为使用 CERN - OHL - S 所发布硬件的法律声明——只有 CERN - OHL - S 的英文原版才具有法律效力。不过，我们希望本翻译能够帮助简体中文读者更好地理解 CERN - OHL - S。

CERN - OHL - S

前言

CERN 开发此许可证，以促进硬件设计人员之间的协作，并提供法律工具来支持自由使用、研究、修改、共享和分发硬件设计以及基于这些设计的产品。CERN OHL2.0 具有三种变体，即 CERN - OHL - P（宽松）和两个互惠许可证：CERN - OHL - W（弱互惠）和本许可证 CERN - OHL - S（强互惠）。

CERN - OHL - S 的版权归 CERN2020。欢迎任何人以未经修改的形式使用它。

❶ CERN - OHL - S 英文原版参见 https：//ohwr. org/cern_ohl_s_v2. txt，最后访问日期 2021 年 6 月 12 日。

使用本许可证并不表示 CERN 赞同或支持任何许可人或其设计，也不表示 CERN 参与了它们的发展。

1. 定义

1.1 “许可证”是指 CERN－OHL－S。

1.2 “兼容许可证”是指：

a）CERN OHL 证的任何较早版本；或

b）CERN－OHL－S 的任何版本；或

c）允许您将所适用的“来源”视为根据 CERN－OHL－S 授权许可的任何许可证，前提是您在传输任何此类来源或相关产品时，您将上述提及的来源视为根据 CERN－OHL－S 授权许可。

1.3 “来源”是指设计材料或数字代码等信息，所述信息可以应用于制造或测试产品，或准备产品以供使用、传输或销售，无论以何种媒介或表达方式。它可能包括声明。

1.4 “涵盖来源”是指根据本许可证明确提供的来源。

1.5 “产品”是指任何设备、组件、作品或物理对象，包括使用、应用或处理涵盖来源后产生的最终或中间形式。

1.6 “制造”是指通过以下方式创建或配置某些内容：生产、组装、编译、加载或应用涵盖来源或其他产品。

1.7 “可用组件”是指以下任何部件、子部件、库或代码：

a）在兼容许可证下作为完整来源被许可给您；或者

b）在包含该可用组件的产品或来源被首次传输给您或其他潜在被许可人时，该可用组件处于以下可用状态：

ⅰ）具有足够的权利和信息（包括所有配置和编程文件，以及有关其特性和接口的信息）的物理部件，以使其能够自行制造，或被获取并用于制造产品；或者

ⅱ）作为用于设计或制造产品的工具中正常分发内容的一部分。

1.8 “完整来源”是指制作产品所需的所有来源的集合，以首选形式进行修改，包括产品以及所含任何可用组件的必要安装信息和接口信息。如果格式是专有的，则还必须以某种格式（以专有工具可以创建的格式）可用，该格式可被潜在被许可人通过可用的工具查看，并且该工具根据自由软件基金会或开源软件促进会批准的许可证进行许可。完整来源不必包括所有可用组件的来源，前提是您必须在“完整来源”中包含足够的信息以使接收者能够制造，或者根据来源利用“可用组件”来制造产品。

1.9 “来源位置”是指许可人放置覆盖来源的位置，并且许可人合理地认为，只要有人想要获得数字副本，该位置都将至少三年保持易于访问。

1.10 “声明”是指版权声明、确认声明和商标声明，以及来源位置参考、修改声明［第 3.3 款 b）项］、所有关于本许可证的声明以及涵盖来源中的免责声明。

1.11 “被许可人”或“您”是指根据本许可证行使权利的任何人。

1.12 “许可人”是指创建或修改涵盖来源的自然人或法人。一个人可以同时是被许可人和许可人。

1.13 “传输”是指向公众传播或进行分发。

2. 适用范围

2.1 本许可证规范涵盖来源和产品的使用、复制、修改、传输以及产品的制造。通过行使本许可证授予的任何权利，您不可撤销地接受这些条款和条件。

2.2 本许可证由许可人直接授予您，应在全球范围内适用，且不受时间限制。

2.3 您不得试图通过合同或其他方式限制根据本许可证授予其他被许可人的权利。

2.4 本许可证无意限制合理使用、公平交易或任何其他类似权利。

3. 复制、修改和传输涵盖来源

3.1 只要保留所有声明，您可以在任何媒介上逐字复制和传输涵盖来源的副本。

3.2 您可以修改涵盖来源（声明除外），前提是您不可撤销地承诺，如果接收者未收到修改后的涵盖来源的副本，则应从源位置提供已修改的涵盖来源。在每种情况下，第3.3款均适用。

如果声明不再适用于您修改的相应涵盖来源，您可以删除声明，或者您也可以添加适用于您的修改的其他声明。在较大的作品中包括涵盖来源是对涵盖来源的修改，而较大的作品则变为被修改的涵盖来源。

3.3 您可以传输修改后的涵盖来源（其结果是您也将成为许可方），前提是您：

a）保留第3.2款要求的声明。

b）在已修改的涵盖来源中添加一个声明，说明您已对其进行了修改，并附有您对其进行修改的日期和如何修改的简要说明。

c）如果接收者未收到修改后涵盖来源的副本，则您应为修改后的涵盖来源添加来源位置声明。

d）根据本许可证的条款和条件（或者根据第8.3款规定的后续版本，如果原涵盖来源的许可证允许）许可修改后的涵盖来源。此类修改后的涵盖来源必须作为整体进行许可，但不包括其中包含的可用组件，这些可用组件仍根据其自身适用的许可证进行许可。

4. 制造和传输产品

您可以制造产品和/或传输产品，前提是您要么向每个接收者提供完整来源的副本，要么确保每个接收者收到完整来源位置的声明。该完整来源包括涵盖来源，您必须相应地履行第3.3款中规定的义务。如果在声明中有指定，则产品必须以该声明中指定的方式，在产品上或其包装或文档上明显地显示来源位置。

5. 研究与开发

您可以将涵盖来源、修改的涵盖来源或产品传输给代表您进行开发、测试或质量保证工作的法律实体，前提是该工作根据以下目的执行：防止法律实体将来源或产品用于其内部目标，以及防止将来源、产品及其任何修改内容传输给您以外的任何人。该法律实体所作的任何修改均应被视为由您根据第3.2款进行的修改。

6. 免责和责任限制

6.1 免责声明

涵盖来源和任何产品按“原样”提供，且针对任何来源或产品，在法律允许的最大范围内，许可人不提供任何明示或暗示的保证，包括但不限于对适销性、质量令人满意、不侵犯第三方权利以及适合特定目的或用途的保证。许可人不表示任何来源或产品没有或不会侵犯任何专利权、版权、商业秘密或其他专有权。任何来源或产品的使用、质量和性能的全部风险均由您承担，而不是由许可人承担。免责声明是本许可证的重要组成部分，也是根据本许可证授予任何权利的条件。

6.2 责任的排除和限制

在法律允许的最大范围内，许可人均不对因涵盖来源、修改后的涵盖来源和/或产品的制造或传输等原因所引起的，任何直接的、间接的、特殊的、附带的、继发性、后果性、惩戒性、惩罚性或其他性质的损害（包括但不限于购买替代商品或服务、不能使用、数据丢失、利润损失或业务中断）承担责任，无论该损害是基于何种理论——例如合同、担保、侵权（包括过失）、产品责任或其他理论，即使被告知可能造成此类损害，被许可人也应使许可方免于承担任何与此类使用有关的责任、成本、损害、费用和支出，包括对第三方的索赔。

7. 专利

7.1 在遵守本许可证的条款和条件的前提下，每个许可人特此授予您永久性的、全球性的、非排他性的、免费的、免专利权费的、不可撤销的（第 7.2 款和第 8.4 款所述除外）专利许可，用于制造、委托制造、使用、许诺销售、销售、进口和以其他方式传输涵盖来源和产品，且本许可证仅适用于该许可人许可的满足以下条件的专利权利要求：行使许可人传输的涵盖来源下的权利时，对该权利要求必然构成侵权。

7.2 如果您针对任何实体提起专利诉讼（包括诉讼中的交叉诉讼或反诉），声称涵盖来源或产品构成直接或共同的专利侵权，或者您寻求任何申诉，指称根据本许可证许可给您的专利无效或无法执行，那么根据本许可证授予您的任何权利应自该程序启动之日起终止。

8. 通用条款

8.1 如果本许可证的任何条款因任何原因已经无效或将要变成无效或无法执行，其余条款应保持继续有效。

8.2 您不得使用许可人或 CERN 被熟知的任何名称（包括首字母缩略词）、图像或徽标，除非需要遵守第 3 条的规定或者法律允许使用。任何此类允许的使用均应是事实性的，不得暗示许可人或其人员有任何形式的背书或参与。

8.3 CERN 可能会发布它认为符合本版本精神的本许可证的更新版本和变体，但可能会在细节上有所不同以解决新问题或关注点。新版本将以唯一的版本号和一个指明变体的变体标识符进行发布。如果许可方有指明某变体适用于涵盖来源但没有指明版本，则您可以将该涵盖来源视为根据该 CERN OHL 变体的任何版本发布。如果未指明任何变体，则涵盖来源应被视为根据CERN - OHL - S 发布。许可人还可以指定涵盖来源遵循 CERN OHL 的特定版本或任何后续版本——在此种情形下，您可以使用 CERN 发布的具有相同变体标识符的 CERN - OHL 特定版本或任何后续版本。

8.4 如果您不遵守本许可证的任何条款和条件，本许可证应立即终止。

8.5 如果您停止所有违反本许可证的行为，则您从任何许可人处获得的许可证均可恢复，除非在您持续违反该许可证时，许可人向您发出通知指明您的违反行为，并要求您在 30 天内遵守该许可证，但您未能在 30 天期限结束前在所有实质性方面遵守该许可证，此种情形将导致本许可证的终止。如果您在收到改正通知和随后恢复许可后，再次违反本许可证的规定，本许可证将立即永久终止，但第 6 条在终止后将继续适用。

8.6 本许可证不可强制执行，除非许可人自身作出此种行为，并且第三方受益权被明确排除在外。

（撰稿：王董咪；核对：曹卫良）

Ⅱ. Solderpad Hardware Licence

1. Solderpad **硬件许可证简介**

Solderpad 硬件许可证第 1 版为 2012 年的 Solderpad 硬件许可证 0. 5，其修改版本 Solderpad 硬件许可证 0. 51 于 2012 年 3 月 8 日发布，2020 年 5 月 13 日发布了 2. 1 版本。

该许可证目前尚未被 OSI 批准列入，但是 2020 年 6 月自由和开放源码硅基金会（以下简称“FOSSi 基金会”）接管了 Solderpad 硬件许可证的管理工作。

Solderpad 硬件许可证旨在将 Apache 许可证 2. 0 的优点扩展到开源硬件项目（包括但不限于免费和开源芯片计划），基本沿用了 Apache 许可证 2. 0 的内容，属于宽松型许可证。Solderpad 硬件许可证由 Katz 起草，并于 2012 年被开源硬件共享平台 Solderpad 采用。此后，该许可证已被包括 PULP 平台在内的许多大型开源硬件项目使用，并已成为向 OpenHW Group 进行贡献的必需许可证。[1]

2. Solderpad **硬件许可证文本（中文译本）**[2]

【译者声明】

This is an unofficial translation of the Solderpad Hardware License（Version 2. 1 or Solderpad v2. 1）into Simplified Chinese. It was not officially published by the FOSSi Foundation, and does not legally state the distribution terms for documentation and hardware that uses the Solderpad Hardware License v2. 1—only the original English language text of the Solderpad Hardware License v2. 1 does that. However, we hope that this translation will help Simplified Chinese speakers understand the Solderpad Hardware License v2. 1 better. You can find a copy of the original English version heve：https：//soloderpad/licenses/.

这是 Solderpad 硬件许可证（第 2. 1 版或 Solderpad v2. 1）的非官方简体中文翻译。本简体中文翻译并非 FOSSi 基金会官方所发布，且不能作为使用 Solderpad 硬件许可证 2. 1 所发布文档和硬件的法律声明——只有 Solderpad 硬件许可证 2. 1 的英文原版才具有法律效力。不过，我们希望本翻译能够帮助简体中文读者更好地理解 Solderpad 硬件许可证 2. 1。您可以在以下网站找到英文原版的副本：http：//soloderpad/licenses/。

---

[1] HALFACREE G. FOSSi Foundation Takes Over Solderpad Hardware License Stewardship［EB/OL］.（2020 – 06 – 18）［2021 – 06 – 12］. https：//www. fossi – foundation. org/2020/06/18/solderpad – announcement.

[2] Solderpad 硬件许可证 2. 1 英文原版参见 https：//solderpad. org/licenses/SHL – 2. 1/，最后访问日期 2021 年 6 月 12 日。

Solderpad 硬件许可证 2.1

本许可证作为 Apache 许可证 2.0（以下简称“Apache 许可证”）的包括式许可证，包含了 Apache 许可证的条款和条件（可以在 http：//apache. org/licenses/LICENSE - 2.0 找到），并作了以下补充和修改，它必须与 Apache 许可证一起阅读。下面的第 1 条修改了 Apache 许可证中的定义和术语，第 2 条取代了 Apache 许可证的第 2 条，附录取代了 Apache 许可证中的附录。您可以选择将本许可证下发布的任何作品视为 Apache 许可证下发布的作品（从而完全忽略以下所有条款）。

1. 对 Apache 许可证中术语的补充或修改

“作者身份”：“作者身份”都被应理解为“作者身份或设计”。

“版权所有者”：“版权所有者”应被理解为“权利所有者”。

“版权声明”：“版权声明”应被理解为“版权或与权利有关的其他声明”。

在 Apache 许可证的定义部分，应增加以下新定义：

“权利”是指版权和任何类似的权利，包括设计权（无论是注册的还是未注册的）、半导体拓扑图的权利（掩模作品）和数据库权利（但不包括专利和商标）。

以下定义应取代 Apache 许可证中的相应定义

“许可证”指本 Solderpad 硬件许可证 2.1，即本文件第 1 ~ 9 条所定义的使用、制造、例示、改编、复制和分发的条款和条件。

“许可人”是指权利的所有者或经权利所有者授权授予许可的实体。

“衍生作品”是指以本作品为基础（或从本作品衍生出来）的任何作品，不论是源作品还是目标形式，其编辑修改、注释、阐述或其他修改作为一个整体，代表了作者的原创作品或设计。在本许可证中，衍生作品不应包括与作品及其衍生作品保持可逆分离的作品，或仅与作品及其衍生作品有联系（或有名称上的结合）或有物理联系或相互操作的作品。

“目标”形式应指从源形式的机械转换或翻译或将源形式应用于物理材料所产生的任何形式，包括但不限于编译的目标代码、生成的文档、硬件设计或物理对象或材料的例示以及转换为其他媒体类型的形式，包括中间形式，如字节码、FPGA 位数据流、模具、艺术品和半导体拓扑图（掩模作品）。

“源”形式是指进行修改的首选形式，包括但不限于源代码、网表、电路板布局、CAD 文件、文档源和配置文件。

“作品”应指根据许可证提供的作者作品或设计作品，无论是源形式还是目标形式，经许可证授权而可获得，如包含在作品中或附在作品中的与权利有关的声明所表明的那样（下面附录中提供了一个例子）。

2. 许可证的授予

根据本许可证的条款和条件，每个贡献者在此授予您永久的、全球性的、非排他性的、免费的、免许可税的、不可撤销的许可，您可以复制、准备衍生作品、制作、改编、修复、公开展示、公开运行、转许可和分发作品和衍生作品的源或目标形式，以及做任何与作品有关的事情，就像该权利不存在一样。

附录

版权所有［年份］［版权所有人名称］

SPDX – License – Identifier：Apache – 2.0 WITH SHL – 2.1

本文件是根据 Solderpad 硬件许可证 2.1（以下简称“许可证”）授权的；除非符合许可证的规定，否则您不得使用本文件，或者您可以选择使用 Apache 许可证 2.0。您可以通过以下途径获得本许可证的副本：https：//solderpad.org/licenses/SHL – 2.1/。

除非适用法律要求或书面同意，否则根据本许可证分发的任何作品都是按“原样”分发，没有任何形式的明示或暗示的保证或条件。请参阅本许可证中关于许可证下权限和限制的具体内容。

（撰稿：王予君；核对：曹卫良）

Ⅲ. TAPR Open Hardware Licence（TAPR OHL）

1. TAPR OHL 简介[1]

TAPR OHL 是 TAPR 对开源硬件开发人员所在社区的贡献。TAPR 授权任何人在不改变 TAPR OHL 原有形式的前提下，使用 TAPR OHL 作为其硬件项目的许可证。

TAPR OHL 为硬件项目提供类似适用于开源源代码软件的框架。鉴于精准匹配软件的法律概念（如 copyright 和“copyleft”）不能很好地适用于硬件产品和产生这些硬件产品的程序说明书，约翰·阿克曼（John Ackermann）遂开启“将开源软件概念应用于硬件设计”的探索。

约翰·阿克曼是 TAPR OHL 的作者，也是专门从事软件许可的律师。在许可证编写过程中，诸多软件开发人员和律师均参与其中，审查若干草稿并提供宝贵的反馈意见。TAPR OHL 的主要审核机制是“OHL 开发”邮件列表。该列表成员包括：Lyle Johnson、KK7P、Bruce Perens、K6BP、Bdale Garbee、KB0G、David Toth、VE3GYQ、Don Jackson，AE5K、Chris Day、AE6VK、Rick Hambly、W2GPS、Darryl Smith、VK2TDS。

TAPR OHL 的核心要点参见表 1 – 2 – 3。

[1] 参见 https：//tapr.org/the – tapr – open – hardware – license/，最后访问日期 2021 年 6 月 12 日。

表 1－2－3　TAPR OHL 的核心要点

要点	内容	许可证相关条款
适用主体	TAPR OHL 并非版权许可，它不适用于软件、固件或者加载到可编程设备中的代码，而是面向硬件（包括程序说明书和基于该程序说明书制造的产品），着重解决制造有形物理产品中涉及的特有问题	序言　第 1.1 款
专利权	豁免复制、修改、分发程序说明书和制造、使用、分发基于该程序说明书所生产产品的专利侵权行为	第 2.1 款
许可证类型	严格型许可证，需要公开修改后的文档，不可以更改许可证	第 3 条　第 4 条 第 4.2 款 c）项
许可证版本的选择	如果程序说明书指定适用于其的版本号以及“以后的任何版本”，您可以选择相应版本及由 TAPR 发布的任何更新版本。如果程序说明书未指定适用于其的版本号，您可以选择由 TAPR 发布的任何版本	第 6 条
许可方责任的豁免	在任何情况下，除非法律另有规定，任何许可人均不对您或任何第三方因使用或不会使用程序说明书或产品而遭受的任何直接的、间接的、偶然的、特殊的、后果性或惩罚性的损害承担责任，包括但不限于对知识产权侵权或数据丢失的索赔。 许可人免遭第三方因根据本许可证制作或分发的产品在设计、加工和操作过程中存在缺陷而提出的指控	第 7.2 款　第 7.4 款

2. TAPR OHL 文本（中文译本）[1]

【译者声明】

This is an unofficial translation of the TAPR Open Hardware License（Version 1.0，May 25，2007） into Simplified Chinese. It does not legally state the distribution terms for hardware that uses The TAPR Open Hardware License（Version 1.0）—only the original English text of The TAPR Open Hardware License（Version 1.0） does that. However，we hope that this translation will help Simplified Chinese speakers understand The TAPR Open Hardware License（Version 1.0） better.

这是 TAPR OHL 1.0（2007 年 5 月 25 日）的非官方简体中文翻译。本简体中文翻译不能作为使用 TAPR OHL 1.0 所发布硬件的法律声明——只有 TAPR OHL 1.0 的英文原版才具有法律效力。不过，我们希望本翻译能够帮助简体中文读者更好地理解 TAPR OHL 1.0。

---

[1] TAPR OHL 1.0 英文原版参见 https：//tapr.org/the－tapr－open－hardware－license/和 http：//www.tapr.org/OHL，最后访问日期 2021 年 6 月 12 日。

You may publish this translation, modified or unmodified, only under the terms at http：//www. tapr. org/OHL.

无论是否修改，您都可以发布本翻译，前提是您遵循 TAPR 网站（http：//www. tapr. org/OHL）关于许可证翻译的要求。

TAPR OHL

第 1 版，2007 年 5 月 25 日

序言

开源硬件是一种电子或者机械的物理制品，它的设计信息对公众公开，并且允许任何人制造、修改、分发和使用。在序言中，我们把开源硬件的设计信息称为“程序说明书”，把根据“程序说明书”制作的事物称为“产品”。

TAPR OHL 为开源硬件项目提供了一个法律框架。它可以用于任何类型的产品——无论是锤子还是计算机主板，这些都是 TAPR 对社会的贡献。任何人都可以将 TAPR OHL 使用于他们的开源硬件项目上，在不对其进行更改的前提下，免费复制和使用程序说明书。

与 GPL 相似，TAPR OHL 旨在确保您得以自由分享和创建。TAPR OHL 禁止在其下获享权利的任何主体阻止其他被许可人使用、修改和分发“程序说明书”，以及基于该“程序说明书”制造、使用和分发产品。

与 GPL 不同之处在于，TAPR OHL 并不主要是版权许可。版权禁止他人未经授权复制、修改和分发程序说明书，而与您制造、分发或者使用基于程序说明书而生产之产品的权利无关。尽管专利权之存在并不禁止任一主体对开源硬件设计中包含的发明申请专利，当然也不能阻止第三方行使其专利权，但专利在这些活动中仍起着重要作用。从 TAPR OHL 设计中获益的主体并不能提起诉讼以指控该设计侵犯其专利权或其他知识产权。

TAPR OHL 解决了制造有形物理产品中涉及的特有问题，但并不涵盖软件、固件或者加载到可编程设备中的代码。面向版权的许可证（例如 GPL）可能更适合上述软件、固件、代码等客体。

如何使用 TAPR OHL？以下条款及细则优先于本序言，摘要如下：

- 您可以修改程序说明书并根据它制作产品。
- 您可以无限制地将产品用于任何合法目的。
- 您可以分发未经修改的程序说明书，但是当您接收它时必须包含完整的软件包。
- 如果您包含了产品所依据的程序说明书，或者允许任何人免费使用该程序说明书至少三年，则您可以将您制作的产品分发给第三方。
- 您可以在此基础上分发修改后的程序说明书或产品，如果：
  - 在 TAPR OHL 项下，许可您的修改。
  - 按照下列要求进行修改。
  - 尝试通过电子邮件将修改后的程序说明书发送给任何提供了电子邮件地址的开发人员。这是一项诚信义务——如果邮寄失败，您不需要再做什么，可以继续分发。

● 如果您创建了一个想要在 TAPR OHL 下进行许可的设计，您应该：

● 将此程序说明书包含在说明书文件包中的一个名为“许可证”（具有适当的扩展名）的文件中。

● 如果文件格式允许，请在每个程序说明书文件中包含类似“根据 TAPR OHL 获得许可”的声明。虽非必需，但也应当在印制电路板工艺品和产品本身时附加此声明；如果篇幅有限，声明可以缩短或缩写。

● 每个文件和印刷电路板工艺品中均包含版权声明。

● 如果您希望被告知其他人可能进行的修改，请将您的电子邮件地址包含在一个被命名为“CONTRIB. TXT”的文件或者其他类似文件里。

● 每当 TAPR OHL 要求您向其他人提供程序说明书时，程序说明书必须包含自上游许可人接收的所有材料。此外，如果您已经修改了程序说明书：

● 必须在程序说明书所包含的文本文件（最好命名为“CHANGES. TXT”）中标记修改。该文件还必须包含诸如“这些修改已获得 TAPR OHL 的许可”之类的声明。

● 必须包括创建的任何新文件，包括您在制造产品过程中创建的任何文件（如 Gerber 文件）。

● 必须包括修改的所有文件“之前”和“之后”的版本。

● 可以包含专有格式的文件，在您的工具允许创建的情况下还必须包含开源格式版本（如 Gerber、ASCⅡ、Postscript 或 PDF）。

条款及细则

1. 介绍

1.1 本协议规范您如何使用、复制、修改和分发程序说明书，以及根据程序说明书制造和分发产品。“分发”程序说明书系指直接或间接将副本提供给第三方。“分发”产品系指直接或间接赠与、出借、出售或以其他方式将产品移转于第三方。

1.2 “程序说明书”包括：

（a）示意图；

（b）电路或电路板的布局，包括用于制造（产品）的 Gerber 和其他数据文件；

（c）机械制图，包括用于制造（产品）的 CAD、CAM 和其他数据文件；

（d）流程图和描述性文字；和

（e）其他说明材料。

程序说明书可以采用任何有形或无形的表达形式，包括但不限于具有开源或专有格式的计算机文件，以及在纸张、胶卷或其他介质上的表现形式。

1.3 “产品”包括全部或部分基于程序说明书而产生的如下部件：

（a）电路板、机械组件和其他物理零组件；

（b）组装或部分组装的单元（包括组件和子组件）；和

（c）零件和组件组合成套件，以供他人组装。

1.4 本协议适用于任何包含声明（声明称受 TAPR OHL 约束）的程序说明书，以及全部或部分基于该程序说明书而产生的所有产品。如果程序说明书以压缩包形式进行分发（例如“zip”文档），则除有特别例外之规定，压缩包中的所有文件均受该开源硬件许可证的约束。

1.5 通过以下两种行为，即表明您接受本协议，同意遵守协议条款，并成为“被许可人”：（a）使用、复制或者分发程序说明书；或者（b）制造、分发产品。违反本协议的任何活动将自动终止您所享有的权利（包括第 2 条赋予的诉讼豁免权），但是，从您这里直接或间接获取程序说明书或产品的其他人只要遵守协议内容，则他们的权利将不会受到影响。

1.6 本协议不适用于软件、固件或者加载到可编程设备中的代码，这些客体可与程序说明书或者产品结合使用，此类软件受其版权持有者建立的许可证条款的约束。

2. 专利

2.1 每个许可人授予您、每个其他被许可人以及产品的每个所有者或用户永久的、全球范围的、免专利权费的豁免权，免于因他人控制的任何专利权、专利申请或其他知识产权而提起的诉讼，以达到制造、占有、使用和分发产品所必需的程度。此豁免权不包括由他人后续修改而引起的侵权行为。

2.2 如果您制造或委托制造产品，或分发您已修改的程序说明书，您将会授予每一个许可人、每一个其他被许可人以及产品的每一个拥有者或用户永久的、全球性的、免专利费的豁免权，在达到制造、占有、使用和分发产品所必需的程度下，免于基于您控制的任何专利、专利申请或其他知识产权而提起的起诉。此豁免权不涵盖由他人后续修改而引起的侵权行为。

2.3 为避免疑义，仅出于委托第三方代替您生产产品之目的而向第三方提供程序说明书的情形，不被视为“分发”。第三方仅代表您生产产品的行为不会导致该第三方被授予上一段中所述的豁免权。

2.4 这些豁免的授予是本协议的重要组成部分，并构成双方给予对方对价的一部分。如果任何法院判决或法律协议阻止您授予本条要求的豁免权，您在本协议下的权利将终止，不得再使用、复制、修改或分发程序说明书，或制造、使他人制造或分发产品。

3. 修改

您可以修改程序说明书，这些修改将成为程序说明书的一部分。它们以及全部或部分基于它们的产品均受本协议的约束。如果您分发修改后的程序说明书或全部或部分基于其的产品，必须符合第 4 条的形式将修改后的程序说明书发送给已提供电子邮件地址的每个许可人。尝试发送电子邮件将完成您在本条中的义务。如果根据提供的电子邮件地址发送失败，则无须采取进一步的措施。

4. 分发程序说明书

4.1 在保留了每个许可人纳入的所有版权和其他声明（包括对本协议的引用），并包含本协议的未修改副本的前提下，您可以在任何媒体上完整分发程序说明书的未修改副本。

4.2 如果您符合上一段的所有要求，您可以分发文档的修改副本，并且：

（a）在 ASCⅡ或其他开源格式文件中包含一个显著的声明，标识更改的文档元素并声明这些修改是根据本协议的条款许可的；

（b）包括创建的所有新程序说明书文件以及更改的每个文件的原始版本和修改版本（文件可以采用开发工具的原始文件格式，但在条件允许的情况下必须包括开源文件格式，例如 Gerber、ASCⅡ、Postscript 或 PDF 版本）；

（c）不得针对后续的被许可人更改本协议的条款；

（d）如果您制造或委托制造产品，程序说明书中应该包含允许他人制造产品所需的所有合理要素，包括用于制造的 Gerber、CAD/CAM 和其他文件。

5. 制造产品

5.1 您可以使用程序说明书制造产品，只要每个产品都保留许可人所包含的任何声明（包括但不限于电路板上的版权声明）。

5.2 您可以分发制造的产品，但前提是您必须在每个产品中都附带符合第4条格式要求的程序说明书的副本。或者，您可以包含下述任意一项内容：（ⅰ）提供该程序说明书三年以上，除收取合理的媒介和邮寄费用外，不得收取任何费用；或者（ⅱ）可以下载程序说明书的网址，该网址在您分发产品后三年内皆可使用。

6. 许可证新版本

TAPR可能会发布TAPR OHL的更新版本，该更新版本保留先前版本的一般规定，但在细节上有所不同，以解决TAPR OHL适用过程中产生的新问题、新争议，并附有区别版本号码。如果程序说明书指定适用于其的版本号以及“以后的任何版本”，您可以选择相应版本及由TAPR发布的任何更新版本。如果程序说明书未指定适用于其的版本号，您可以选择由TAPR发布的任何版本。TAPR系TAPR OHL版权所有人，但允许任何人以未经修改的形式复制、分发和使用它。

7. 保证和责任限制

7.1 除本协议明确规定的情况外，在适用法律允许的范围内，本程序说明书按“原样”提供，没有任何形式的明示或暗示的保证或条件，包括但不限于对所有权、适销性或特定目的的适用性的任何保证或条件。

7.2 在任何情况下，除非法律另有规定，任何许可人均不对您或任何第三方因使用或不能使用程序说明书或产品而遭受之任何直接、间接、偶然、特殊、后果性或惩罚性损害承担责任，包括但不限于对知识产权侵权或数据丢失的索赔。

7.3 鉴于本协议所代表交易的非营利性，您同意上述限制是合理的，并承认如没有这些限制，许可人将不会向您免费提供程序说明书。

7.4 您同意捍卫、保障许可人的合法权利，并使他们免遭第三方因根据本协议制作或分发的产品在设计、加工和操作过程中存在缺陷而提出的指控。

（撰稿：岳娆；核对：曹卫良）

Ⅳ. Open Source Hardware Association（OSHWA）

1. OSHWA 简介[1]

开源硬件协会（OSHWA）是一个旨在鼓励协作性、开放性且尊重用户自由，并积极促进技术知识传播的组织。为实现其宗旨，该组织开展以下活动。

（1）举办组织会议和社区活动；

（2）向公众普及开源硬件的相关知识及其对社会福利的促进作用；

[1] 参见OSHWA官网介绍（https://www.oshwa.org/about/），最后访问日期2021年6月12日。

（3）基于公共的价值和原则开展开源硬件相关活动；

（4）收集、整理、发布开源硬件活动数据；

（5）为硬件开发者提供简单易行的开源产品认证方式。

2. OSHWA 认证计划

OSHWA 的开源硬件认证计划是一种旨在帮助创作者和用户识别符合开源的硬件定义的简单方法。该免费计划自 2016 年创建以来，已认证了来自除南极洲以外的其他大陆上超过 45 个国家的硬件。

2020 年 10 月 21 日，OSHWA 正式启动该开源硬件认证计划的读/写 API，从而使得用户可以直接提交认证申请并访问已通过认证的硬件信息。[1]

截至 2021 年 6 月，OSHWA 认证项目如表 1－2－4 所示。

表 1－2－4　OSHWA 认证项目

名称	领域	主体
ARCHIM	3D 打印	—
BEAGLEBONE BLACK	物联网	BeagleBone Black 支持社区
BIKE PIXEL	可穿戴设备	—
CR－10 3D PRINTER	3D 打印	Creality
CREATABLE D3	3D 打印	Github
DISKIO PI	电子设备	3DCRAN
ECG PATIENT SIMULATOR	电子设备	—
EQ－1 HEADPHONES	声音	Arduino
FROG	机器人	—
M10CUBE	电子设备	Hackaday
OPEN SOURCE LABORATORY SAMPLE ROTATOR MIXER AND SHAKER	科学	—
SATNOGSROTATOR	航空航天	SATNOGS
TYMPAN	工具	—
ATMOSPHERIC MONITORING DEVICE	电子设备	XPEDIT
YADRV	3D 打印	Github
GEOMETER	其他	—
OTTO DIY ROBOT	机器人	OTTO DIY
OPEN SOURCE TURTLE ROBOT	机器人	ChickTech

3. OSHWA 认证方式

注册 API 密匙，并使用 Bearer 令牌进行 API 终端的验证，用户注册成功并获取 Bearer 令牌后即可进行认证。

[1] Announcing the Open Source Hardware Certification API [EB/OL].（2020－10－21）[2021－06－21]. https://www.oshwa.org/2021/10/21/announcing-the-open-source-hardware-certification.api.

4. **开源硬件定义 1.0 文本（中文译本）**[1]

【译者声明】

This is an unofficial translation of the Open Source Hardware（OSHW）Definition（Version 1.0）into Simplified Chinese. It was not officially published by the OSHWA, and does not legally state the distribution terms for hardware that uses the OSHW Definition 1.0—only the original English text of the OSHW Definition 1.0 does that. However, we hope that this translation will help Simplified Chinese speakers understand the OSHW Definition 1.0 better.

这是开源硬件定义 1.0 的非官方简体中文翻译。该简体中文翻译并非开源硬件协会官方所发布，且不能作为使用开源硬件定义 1.0 所发布硬件的法律声明——只有开源硬件定义 1.0 的英文原版才具有法律效力。不过，我们希望本翻译能够帮助简体中文读者更好地理解开源硬件定义 1.0。

开源硬件定义 1.0

本定义是基于 Bruce Perens 以及 Debian 的开发人员所创建的“Debian 自由软件指南”所进行的创作。

简介

开源硬件（open source hardware，OSHW）代指向公众发布后允许任何人制造、修改、分发和使用的有形工件（机器、设备或其他物理事物）。本定义旨在为开发和评估开源硬件的许可证提供指导。

不同于软件，物理资源只能用于创建物理产品。因此，根据开源硬件许可证创建项目或产品的个人或公司有义务明确说明此类产品并非由原设计师制造、销售、担保或以其他方式批准，且未使用原设计师所拥有的任何商标。

开源硬件项目的分发须遵循以下原则：

1. 文档

硬件须与允许修改和分发的设计文件等文档一起发布。如果实物产品没有提供文件，则须确保用户能以合理的复制成本获得该文件，如通过互联网免费下载。文件必须包括首选修改格式的设计文件，例如 CAD 程序的本机文件格式。不允许故意混淆设计文件，类似于已编译的计算机代码的中间形式（如 CAD 程序中的可打印铜版艺术品）不允许被作为替代品。许可证可能要求设计文件以完全文档化的开放格式提供。

2. 范围

硬件的文档必须明确说明设计的哪一部分（如果不是全部）是根据许可证发布的。

3. 必要的软件

若许可设计基于嵌入式或其他形式的软件才可正常运行并实现其基本功能，则许可证可能要求满足以下条件之一：

[1] 开源硬件定义 1.0 英文原版参见 https：//www. oshwa. org/definition/，最后访问日期 2021 年 6 月 12 日。

a）接口有详细的文档记录，可使一般用户编写开源软件以使得设备正常运行并实现其基本功能。例如，可使用详细的信号时序图或伪代码来清楚地说明操作中的接口。

b）必要的软件根据 OSI 批准的开源许可证发布。

4. 衍生作品

许可证应允许在原始作品上进行修改和再创造，并应允许衍生作品按照与原始作品许可证相同的条款分发。许可证应允许制造、销售、分发和使用由设计文件创建的产品、设计文件本身及其衍生作品。

5. 自由再分发

许可证不得限制任何一方出售或赠送项目文件。许可证不得要求此类销售收取许可费或其他费用。许可证不得要求任何与销售衍生作品有关的许可费或其他费用。

6. 归属

在分发设计文件、制成品和/或其衍生作品时，许可证可要求以与设备相关的版权声明向许可人提供设计文件的归属权。许可证可要求该信息经终端用户使用正常的设备便可访问，但不应指定特定的显示格式。许可证可要求衍生作品具有与原始设计不同的名称或版本号。

7. 不歧视个人或群体

许可证不得歧视任何个人或群体。

8. 对产品在任何领域内的利用不得有差别待遇

许可证不得限制任何人在特定领域使用作品（包括制造的硬件）。例如，它不能限制硬件用于商业或用于核研究。

9. 许可证的分发

许可证授予的权利必须适用于作品的再分发，而无需当事人进行额外的许可授权。

10. 许可证不能特定于产品

许可授予的权利不得依赖于许可作品，从而成为特定产品的一部分。如果某部分是从作品中提取出来的，并在许可证的条款内使用或分发，则被重新分发该作品的所有当事人都应享有与原作品相同的权利。

11. 许可证不得限制其他硬件或软件

许可证不得对与许可作品合并但不是其衍生作品的其他项目施加限制。例如，许可证不能要求与许可项目一起销售的其他硬件都是开源的，也不能要求在设备外部只能使用开源软件。

12. 许可证必须是技术中立的

许可证的任何规定不得基于单独的技术、特定的零件或组件、材料或接口样式或其使用。

后记

本定义制定者认为开源运动只代表了一种共享信息的方式，而其鼓励和支持一切形式的开放和合作。

（撰稿：张燕；核对：曹卫良）

第二章　国内开源许可证及政策汇解

Ⅰ．木兰宽松许可证（第2版）

1. 许可证简介

木兰宽松许可证第2版（以下简称“Mulan PSL 2.0”）采用中英文表述，而中英文版本具有同等法律效力，降低了中国使用者进行法律解释时的复杂度；许可证针对现有诉讼问题更清晰地明确版权、专利和商标授权，提供更完善的法律保护；许可证遵从表述简洁原则，去除冗余，条款简洁，容易理解，兼容性好。

Mulan PSL 2.0 对木兰宽松许可证第1版（以下简称“Mulan PSL 1.0”）的改进：

（1）增加“语言”条款，声明了“本许可证”以中英文双语表述，中英文版本具有同等法律效力。如果中英文版本有任何冲突不一致，以中文版为准。

（2）为适应一些国家对担保免责条款的显著性要求，Mulan PSL 2.0 在英文版中采用大写突显担保免责条款。

（3）为了减少英文表述的产生歧义问题和语言习惯问题，Mulan PSL 2.0 修订了“软件”（software）和“关联实体”（affiliates）的定义，以及“授予专利许可”（grant of patent license）条款的相关表述。

截至2021年6月，选择使木兰宽松许可证的开源项目如表2－1－1所示。

表2－1－1　选择木兰宽松许可证的开源项目

名称	领域	采用许可证	开源主体
PostMan	一种快速缓解突发流量的动态按需组包卸载与批处理系统	Mulan PSL 1.0	华中科技大学
DHL	FPGA 软硬件协同加速网络功能虚拟化的开源系统	Mulan PSL 1.0	华中科技大学
Enclave Migration	在异构云平台之间，实现 Enclave 的实时跨云迁移	Mulan PSL 1.0	上海交通大学
Hcloud 可信云际计算平台	跨云环境下的可信数据融合与机密计算	Mulan PSL 1.0	上海交通大学
FusionStack SimpleDFS	提供可靠性更强、性价比更高的分布式存储系统	Mulan PSL 1.0	华云网际

木兰宽松许可证的核心要点参见表2－1－2。

表 2-1-2 木兰宽松许可证的核心要点

要点	内容	许可证相关条款
著作权	授予版权许可，但分发时需保留原始作品的版权	第 2 条、第 4 条
商标权	不提供对“贡献者”的商品名称、商标、服务标志等的商标许可	第 3 条
专利权	明确授予用户永久性、全球性、免费的、非独占的、不可撤销的版权和专利许可，并针对专利联盟存在的互诉漏洞问题，明确规定禁止“贡献者”或“关联实体”直接或间接地（通过代理、专利被许可人或受让人）进行专利诉讼或其他维权行动，否则终止专利授权	
许可证类型	宽松型许可证，无须提供源代码，可以更改许可证，保留版权声明和免责声明即可	第 4 条
其他	Mulan PSL 1.0 与 BSD 类许可证类似，兼容性很好。BSD、MIT 类宽松许可证兼容 Mulan PSL 1.0；Mulan PSL 1.0 兼容 Apache 许可证 2.0、LGPL/GPL 2.0、LGPL/GPL 3.0 等许可证。	

2. **如何套用许可证**

如果希望将 Mulan PSL 2.0 应用到自己的新软件，需完成如下三步：

（1）补充如下声明中的空白，包括软件名、软件的首次发表年份以及您作为版权人的姓名（名称）；

（2）在软件包的一级目录下创建以“LICENSE”为名的文件，将整个许可证文本放入该文件中；

（3）将如下声明文本放入每个源文件的头部注释中：

Copyright © [Year] [name of copyright holder]

[Software Name] is licensed under Mulan PSL v2.

You can use this software according to the terms and conditions of the Mulan PSL v2.

You may obtain a copy of Mulan PSL v2 at:

http://license.coscl.org.cn/MulanPSL2

THIS SOFTWARE IS PROVIDED ON AN “AS IS” BASIS, WITHOUT WARRANTIES OF ANY KIND,

EITHER EXPRESS OR IMPLIED, INCLUDING BUT NOT LIMITED TO NON-INFRINGEMENT,

MERCHANTABILITY OR FIT FOR A PARTICULAR PURPOSE.

See the Mulan PSL v2 for more details.

3. 许可证文本（中文版本）[1]

木兰宽松许可证，第 2 版

2020 年 1 月 http：//license. coscl. org. cn/MulanPSL2

您对“软件”的复制、使用、修改及分发受木兰宽松许可证，第 2 版（“本许可证”）的如下条款的约束：

0. 定义

“软件”是指由“贡献”构成的许可在“本许可证”下的程序和相关文档的集合。

“贡献”是指由任一“贡献者”许可在“本许可证”下的受版权法保护的作品。

“贡献者”是指将受版权法保护的作品许可在“本许可证”下的自然人或“法人实体”。

“法人实体”是指提交贡献的机构及其“关联实体”。

“关联实体”是指，对“本许可证”下的行为方而言，控制、受控制或与其共同受控制的机构，此处的控制是指有受控方或共同受控方至少 50% 直接或间接的投票权、资金或其他有价证券。

1. 授予版权许可

每个“贡献者”根据“本许可证”授予您永久性的、全球性的、免费的、非独占的、不可撤销的版权许可，您可以复制、使用、修改、分发其“贡献”，不论修改与否。

2. 授予专利许可

每个“贡献者”根据“本许可证”授予您永久性的、全球性的、免费的、非独占的、不可撤销的（根据本条规定撤销除外）专利许可，供您制造、委托制造、使用、许诺销售、销售、进口其“贡献”或以其他方式转移其“贡献”。前述专利许可仅限于“贡献者”现在或将来拥有或控制的其“贡献”本身或其“贡献”与许可“贡献”时的“软件”结合而将必然会侵犯的专利权利要求，不包括对“贡献”的修改或包含“贡献”的其他结合。如果您或您的“关联实体”直接或间接地，就“软件”或其中的“贡献”对任何人发起专利侵权诉讼（包括反诉或交叉诉讼）或其他专利维权行动，指控其侵犯专利权，则“本许可证”授予您对“软件”的专利许可自您提起诉讼或发起维权行动之日终止。

3. 无商标许可

“本许可证”不提供对“贡献者”的商品名称、商标、服务标志或产品名称的商标许可，但您为满足第 4 条规定的声明义务而必须使用除外。

4. 分发限制

您可以在任何媒介中将“软件”以源程序形式或可执行形式重新分发，不论修改与否，但您必须向接收者提供“本许可证”的副本，并保留“软件”中的版权、商标、专利及免责声明。

---

[1] 参见 https：//opensource. org/licenses/MulanPSL－2. 0 和 http：//license. coscl. org. cn/MulanPSL2，最后访问日期 2021 年 6 月 12 日。

5. 免责声明与责任限制

“软件”及其中的“贡献”在提供时不带任何明示或默示的担保。在任何情况下，“贡献者”或版权所有者不对任何人因使用“软件”或其中的“贡献”而引发的任何直接或间接损失承担责任，不论因何种原因导致或者基于何种法律理论，即使其曾被建议有此种损失的可能性。

6. 语言

“本许可证”以中英文双语表述，中英文版本具有同等法律效力。如果中英文版本存在任何冲突不一致，以中文版为准。

（撰稿：曹卫良；核对：徐美玲）

Ⅱ. 启智开源许可证（1.1 版）

1. 许可证简介

2018 年 3 月，新一代人工智能产业技术创新战略联盟（AITISA）制定并发布了人工智能开源行业的许可证——启智开源许可证。目前，该许可证已更新到 1.1 版本。OpenI 启智新一代人工智能开源开放平台正是在坚持该许可证要求的原则下以开源方式吸引辅助新一代人工智能重大科技项目进入社区生态，并运营开放社区，以助力新一代重大人工智能科技项目的布局和完善。

截至 2021 年 6 月，选择使用启智开源许可证的开源项目如表 2 –1 –3 所示。

表 2 –1 –3 选择启智开源许可证的开源项目

名称	领域	采用许可证	开源主体
OpenI 纵横	联邦学习中的数据安全和隐私保护	启智开源许可证 1.1 版	微众银行、鹏城实验室、香港人工智能与机器人学会、星云 Clustar
OpenI 章鱼	集群管理和资源调度系统	启智开源许可证 1.1 版	鹏城实验室、北京大学
OpenI 珊瑚	华为软开云构建的上载、调试代码的环境	启智开源许可证 1.1 版	华为
OpenI DL	深度学习	启智开源许可证 1.1 版	百度
OpenI 磐石	软件开发环境平台	启智开源许可证 1.1 版	国防科技大学

启智开源许可证的核心要点参见表 2 –1 –4。

表 2 –1 –4 启智开源许可证的核心要点

要点	内容	许可证相关条款
著作权	授予版权许可，但分发时需保留原始作品的版权，并进行许可证声明	第 2 条和第 3 条

续表

要点	内容	许可证相关条款
商标权	无商标授权	—
专利权	自愿性专利许可声明，包括：免费许可、参加专利池、FRAND 许可授权等	第 4 条
许可证类型	宽松型许可证，无须公开源代码，可以变更许可证，保留版权声明、许可证声明、免责声明即可	第 2 条、第 3 条和第 6 条
其他	商业使用的登记义务：软件的使用者及再发布者，应在为商业目的使用或再发布软件（无论软件是否经过修改）之前，登录网站 www. aitisa. org. cn/OpenI_Statement/ 登记相关信息。	第 5 条第 1 款

2. 如何套用许可证

如果希望将启智开源许可证 1. 1 版应用到自己的新软件上，需进行以下声明：

采用启智开源许可证的许可证声明如下：

Copyright ©××××著作权由“著作权人名称”所有

本软件以“启智开源许可证 1. 1 版”发布。

[自愿性专利声明] 本软件以（　）方式提供专利许可。

著作权人承诺遵守新一代人工智能产业技术创新战略联盟的《启智开源平台管理规定【1. 0 版】》。

3. 许可证文本（中文版本）[1]

启智开源许可证 1. 1 版

一、定义

1. 作品：指根据本许可证提供的著作（无论是源代码形式还是目标代码形式）。

2. 许可者：发布本许可证的著作权人或其授权的个人或法律实体。

3. 使用者：指行使本许可证所授予许可的个人或法律实体。

4. 发布者/再发布者：以任何媒介形式分发作品或其衍生作品的个人或法律实体。

二、著作权许可

1. 许可范围

在使用者符合以下第 2 项所述许可条件的情形下，许可者授予使用者以源代码及可执行代码使用及再发布本软件（无论本软件是否经过修改）的权利。

[1] 参见 https：//openi. org. cn/html/Club/2019/0227/15. html，最后访问日期 2021 年 6 月 12 日。

2. 许可条件

（1）对于本软件以源代码形式的再发布，必须保留本款第 2 项的许可条件、第三款的许可证声明以及第六款的免责声明；

（2）对于本软件以可执行代码的再发布，必须在再发布时以附带文件以及/或者其他附属于该再发布的方式，重申本款第 2 项的许可条件、第三款的许可证声明以及第六款的免责声明；

（3）对于商业目的的使用或再发布，需要满足第五款的要求；以及

（4）对于第三款的许可证声明中的“著作权人承诺遵守新一代人工智能产业技术创新战略联盟的《启智开源平台管理规定【1.0 版】》，请参见 www. aitisa. org. cn。

三、许可证声明

采用本开源许可证的许可证声明如下：

Copyright（c）××××著作权由“著作权人名称”所有

本软件以“启智开源许可证 1.1 版”发布。

[自愿性专利声明] 本软件以（　）方式提供专利许可。

著作权人承诺遵守新一代人工智能产业技术创新战略联盟的《启智开源平台管理规定【1.0 版】》。

四、专利许可【自愿性专利声明】

如果许可者拥有覆盖本软件的专利，

1. 对于不拥有本软件任何专利的使用者及再发布者，授予下列选项中的第（　）项许可：

（1）按照公平合理且非歧视性的条款提供免费许可（“FRAND RF”）；

（2）参加新一代人工智能产业技术创新战略联盟设立的专利池（“POOL”）；

（3）按照公平合理且非歧视性的条款（“FRAND”）许可；

2. 对于拥有覆盖本软件的专利的使用者及再发布者，许可者有权利但无义务采取对等原则与该权利人进行专利许可。

五、商业使用

1. 商业使用的登记义务

本软件的使用者及再发布者，应在为商业目的使用或再发布本软件（无论本软件是否经过修改）之前，登录网站 www. aitisa. org. cn/OpenI_Statement/登记相关信息，至少包含：

使用者/再发布者名称：

使用者/再发布者联系方式：

地址：

电话：

电子邮箱：

使用/再发布的目的：（包括不限于产品、软件或应用的名称及简要功能描述）

此登记信息仅用于统计目的，除统计结果发布外，其他使用登记者有权作出限制。

2. 商业使用的专利许可

如果为商业目的的使用者或再发布者拥有覆盖本软件的专利，该权利人还应在本款第 1 项的声明中披露该专利的基本信息，并明示就该专利对著作权人、第三方使用者及再发布者授予下列选项中的任意一项许可（　）：

（1）按照公平合理且非歧视性的条款提供免费许可（“FRAND RF”）；

（2）参加新一代人工智能产业技术创新战略联盟设立的专利池许可（“POOL”）；

（3）按照公平合理且非歧视性的条款许可（“FRAND”）；

（4）无许可（“NO LICENSE”）。

基于为商业目的的使用者或再发布者在本款中所作的选择，针对本软件的著作权人所拥有的覆盖本软件的专利，如果本软件的著作权人在上述【自愿性专利声明】中未作任何选择，本软件的著作权人在此授予本款中的使用者或再发布者与其在本款所择选项一致的专利许可。

六、免责声明

本软件是由本软件的著作权人及本软件之贡献者以现状（“as is”）提供。

本软件不负任何明示或默示之担保责任，包括但不限于适售性特定目的的适用性及不侵权等默示性担保。本软件的著作权所有者及本软件之贡献者，无论任何条件，无论成因或任何归责原则，无论此责任为因合约关系、无过错责任原则或因侵权（包括过失或其他原因等）而起，对于任何因使用本软件所产生的任何直接性、间接性、偶发性、特殊性、惩罚性或任何结果的损害（包括但不限于：替代商品或劳务之购用、使用损失、资料损失、利润损失、业务中断等），不负任何责任，即使在该种使用已获事前告知可能会造成此类损害的情形下亦然。除上述专利声明所明示的授权外，本软件的使用还可能受限于其他的权利（包括专利权），在本许可证下，针对这些其他的权利（包括专利权），没有任何明示或默示的许可被授予任何人。

（撰稿：曹卫良；核对：徐美玲）

下　篇

开源组织及其治理架构

【初校】
徐子淼　赵怡冰
【终校】
庄云霄　徐美玲

第一章　开源组织的基本分类

根据组织创立的宗旨和组织运行中的职能存在的差别，可以将开源组织进行如下分类。

1. **开源标准制定组织**

开源标准制定组织，即负责制定并推广开源软件行业标准的组织。该类组织一般为会员制的非营利组织，其成员主要包括开源行业具有影响力的软件企业、科研机构、行业协会和具备一定行业影响力的个人开发者。目前，国外最具影响力的开源标准制定组织包括开放源代码促进会（Open Source Initiative，OSI），国内具有影响力的相应组织为中国开源云联盟（China Open Source Cloud League，COSCL）。

2. **开源许可证管理组织**

开源许可证管理组织，即负责起草、发布、解释和更新开源许可证的组织。从国外来看，该类组织主要包括开源基金会和学术机构两大类。例如，GPL、Apache 许可证、MPL 和 Eclipse 公共许可证等著名许可证的发布主体为相应的开源基金会，并由后者负责许可证的后续管理工作。MIT 许可证和 BSD 许可证的发布主体分别为麻省理工学院和加利福利亚大学。

3. **开源项目集中管理组织**

开源项目集中管理组织，即为成员捐赠的开源项目集中提供硬件架构、技术支持、法律咨询等服务的组织，被称为开源项目的孵化器、连接器和倍增器。该类组织的组织架构一般为非营利性的基金会。目前，国外最具影响力的开源项目集中管理组织包括 Apache 基金会、Linux 基金会和自由软件基金会等。2020 年 9 月，中国首个开源软件基金会“开放原子开源基金会”（OpenAtom Foundation）正式宣告成立。

4. **开源代码托管平台**

开源代码托管平台，即为开源项目的代码提供源代码建档、服务器托管、协作开发渠道等服务的社区网站。作为开源开发者最主要的技术协作平台，开源代码托管平台是开源生态的重要组成部分。目前，国外最具影响力的开源代码托管平台包括 Github、Gitlab、Bitbucket 和 Google Code，其中 Github 是全球最大的代码托管平台。近年来，国内发展了一批代码托管平台，Gitee、CODE. CHINA 和 OpenI 启智新一代人工智能开源开放平台为其中的典型代表。

5. **其他开源组织**

其他开源组织，即无法归入前四类的、与开源生态相关的、具有一定特殊目的的开源组织。例如，2005 年，IBM、Red Hat 等公司为防范开源软件的专利侵权风险，创立了专门的专利池组织——开源发明网络（Open Inventation Network）。该组织通过内部交叉专利授权的方式创建了一个庞大的专利库，使得其组织成员免受可能的专利诉讼。

第二章 国外开源组织的建立和发展情况

一、开源标准制定组织

◆ 开放源代码促进会（Open Source Initiative，OSI）

➢ 产生背景

20 世纪 90 年代末，随着《福布斯》等主流杂志对 Linux 的认可以及网景浏览器的发布，人们对于软件源代码的共享和协同改进的兴趣与参与度逐渐提高。

1983 年，理查德·斯托曼决定不再容忍专有软件，并以此为契机发动了自由软件运动。15 年后，一群自由软件倡导者聚集在加利福尼亚州，决定将软件自由带入商业世界，开源计划应运而生。开源计划不仅旨在提高软件的质量，更在于提升软件开发过程中的效率。[1] 在这样的时代背景和理念指引之下，OSI 作为开放源代码的宣传、教育和管理组织，由布鲁斯·佩伦斯（Bruce Perens）及埃里克·史蒂文·雷蒙德（Eric Steven Raymond）等人于 1998 年 2 月正式创建。

➢ 创立历史

OSI 创立之初，由埃里克·史蒂文·雷蒙德担任第一任主席，布鲁斯·佩伦斯担任副主席，最初的董事会成员包括布莱恩·贝伦多夫（Brian Behlendorf）、伊恩·默多克（Ian Murdock）、拉斯·尼尔森（Russ Nelson）和奇普·萨尔岑贝格（Chip Salzenberg）。OSI 的董事会是其最高权力机关，下设财务委员会、许可证委员会、人事委员会以及标准委员会协助管理专业性日常事务。

此外，OSI 还制定并发布了完善的组织章程，明确其为非公益性组织，并强调了组织的活动范围。

OSI 的初创目标便是建立一个可代表开源社区并对开放源代码定义进行管理的可持续性的管理机构，并通过其内部规章制度指导、规范机构的日常运营。随着欧洲、南

---

[1] Webmink. Happy Anniversary：The Next 20 Years of Open Source Begins［EB/OL］.（2018 - 02 - 03）［2021 - 05 - 14］. https：//opensource. org/node/914.

美、日本和印度的理事会成员的加入，2005 年，OSI 扩大成为真正的国际化组织，并在 2011 年和 2012 年通过发起附属机构计划、选举附属机构提名董事以及发起个人会员计划，大大加深了与社区的联系。为践行其宣传和倡导使用开放源代码的创立宗旨，OSI 曾在 1991 年 1 月的某项请愿活动中，鼓励美国政府使用开源软件。

OSI 的首要职能之一便是起草开放源代码定义（OSD），并据其评估许可证，并创建通过批准的许可证列表。开放源代码定义起源于 Debian 自由软件指南（DFSG），布鲁斯·佩伦斯编写该指南后，又经 Debian 开发者社区的修改、完善，最终于 1997 年被批准为正式的政策文件。开放源代码定义则于 1998 年 2 月 OSI 创立期间，根据 Debian 自由软件指南修改完善而成。为应对点击生效许可证的相关问题，OSI 于 2004 年在开放源代码定义中增设第十条，除此之外，开放源代码定义自制定以来一直保持稳定，仅在措辞上稍有变动。

1999 年，OSI 正式公布了第一份许可证清单，该许可证列表至今已更新多次，但仍是开源许可证的规范列表，并被包括政府机构、标准制定机构在内的很多第三方引用。随着开源许可证数量的显著增加，OSI 在 2004 年发起了一场旨在抑制许可证数量增长的运动，并在 2006 年发布了一份许可证扩增报告，根据使用情况及内容将许可证进行分组。上述举措最终有效减少了许可证的创建和使用。❶

➢ 主要职能

OSI 的主要职责在于在全球范围内宣传开源软件的优势，并倡导推广其使用，同时也通过开源社区为开源支持者们提供沟通渠道。此外，OSI 作为一个标准机构，其另一重要活动还包括批准认证许可证。

➢ 未来发展

与自由软件基金会的理念不同，OSI 的首任主席埃里克·史蒂文·雷蒙德等人发起了公开源代码行动，提倡在商业和大型企业中公开源代码，从而为开源软件创设更大发展空间。从当前开源软件在商业战略上举重若轻的地位来看，埃里克·史蒂文·雷蒙德等人最初的坚持也为 OSI 的进一步发展壮大提供了明智的路径选择。此外，OSI 更是巧妙地将自己定位成行业自律协会，通过证明商标的方式进行对许可证的认证和管理。❷

综上所述，OSI 不仅牢牢把控住了开源软件发展的核心规则——开源许可证的管理权，同时还联合了商业、开源社区等一切可为开源软件发展注入力量的资源。可以预见，在此种发展理念和运营模式下，只要 OSI 能在商业公司的高额赞助面前保持其技术和认证上的中立性，实现其成立宗旨可谓指日可待。

（撰稿：张燕；核对：岳娆）

---

❶ OSI. History of the OSI [EB/OL]. [2021-05-10]. https://opensource.org/history.

❷ 张平，马骁. 共享智慧：开源软件知识产权问题解析 [M]. 北京：北京大学出版社，2005：87.

◆ 欧洲自由软件基金会（Free Software Foundation Europe，FSFE）

➢ 产生背景

2001 年，FSFE 在德国成立，其虽与美国的自由软件基金会（FSF）为姐妹组织，但在运营和财务上完全独立。且从成立至今，FSFE 一直聚力于从立法、技术、文化等多个维度助力欧洲自由软件的发展。

自 2013 年 6 月斯诺登事件以来，FSFE 发起或促进了“Public Money? Public Code!”“Compulsory Routers”等系列运动，并得到了旨在打造基于自由软件/固件/硬件的安全防护系统的 Hardened Linux 社区的大力支持。[1]

➢ 创立过程

FSFE 是一个授权用户控制技术的慈善机构，其旨在帮助个人或组织了解自由软件是如何促进自由、透明以及用户的自主权的，同时通过消除自由软件的使用障碍以增强用户权利，促进自由软件的使用、开发和分发，从而使得每个人参与到欧洲自由软件的推广过程中。FSFE 组织机构包括：

■ 会员大会：该机构为 FSFE 最高权力机关。

■ 主席：负责处理 FSFE 全部事务。

■ 副主席：协助主席工作。

■ 财务总监：代表会员大会行使财务监管的职责，监督执行董事的管理和决策，并将结果向会员大会报告。

■ 执行董事：该机构负责协调 FSFE 的日常工作。

■ 执行委员会：由执行董事、主席、副主席组成，且 FSFE 运营过程中的重大预算问题以及重大战略方针的执行都由执行委员会负责。

FSFE 在其章程中指明了其所定义的“自由软件”中的“自由”意指：为任何目的使用程序的自由、学习程序且按需调整的自由、分发的自由、改进程序并重新分发的自由。FSFE 认为上述对于自由软件的定义可以追溯至科学领域可供自由交换的知识和思想。与思想相似，软件也是无形、可复制且不可毁灭的，且自由软件是在理解科学成果的基础上建立起来的，与自由科学的思想一致，因此推广自由软件从某种程度上而言也是推广科学。

FSFE 的宗旨在于进一步推广和分发自由软件，以支持信息的自由交换和获得软件

---

[1] 奇客资讯. HardenedLinux 成为 FSFE（欧洲自由软件基金会）银牌支持者［EB/OL］.（2018 - 09 - 13）［2021 - 05 - 13］. https：//www. solidot. org/story? sid = 57924.

的平等机会。[1]

➤ 主要职能

FSFE 在其章程中明确，数字空间对于促进人类精神和文化方面的潜力而言意义重大，而自由软件不仅增强了其在技术层面的可用性，还有利于机会平等和隐私保护，因此提升各社会阶层对于数字时代相关问题的认识是 FSFE 的长期目标和核心工作。为此，FSFE 将积极在学校中推广自由软件的使用。[2]

➤ 未来展望

与自由软件基金会所秉持的自由软件运动理念一脉相承，FSFE 自 2001 年在德国创立以来，一直聚力于自由软件在欧洲范围内的推广和发展。而随着欧洲技术应用的持续推进和行业数字化的日益成熟，开源所具有的优势也将进一步显现。因此，FSFE 的历史使命才刚刚开始，发展空间也十分巨大。

（撰稿：张燕；核对：岳娆）

二、开源许可证管理组织

◆ GPL：自由软件基金会（Free Software Foundation，FSF）

➤ 产生背景

GNU 通用公共许可证被简称为 GPL，是由 FSF 发行的用于计算机软件的协议证书，使用该证书的软件被称为自由软件。

1985 年，Amiga 1000 计算机已然问世，C + + 成为主流编程语言，Aldus 的 PageMake 上线发布，计算机网络初步萌芽。正是在这样的计算机时代背景之下，理查德 · 斯托曼作为主要创始人创立了 FSF。[3]

由于传统商业软件的专用权几乎为软件开发商所垄断，为攫取商业利益，开发商不仅不会公开软件的源代码，甚至完全排斥用户或程序员对软件的查看、复制、修改或完善等行为。而在理查德 · 斯托曼看来，此举不仅使得用户无法真正融入计算机环

[1][2] FSFE. Constitution [EB/OL]. [2021 - 05 - 13]. https://fsfe.org/about/legal/Constitution.en.pdf.

[3] OSCHINA. 自由软件基金会（FSF）30 年 [EB/OL]. (2015 - 10 - 12) [2021 - 05 - 13]. https://www.oschina.net/news/66992/fsf-30-years.

境之中，且背离了互助和自由等人类天性，同时用户在该过程中所支付的成本也会随着垄断程度的加深不断增加，从而与人类社会的福祉与发展方向背道而驰。❶

理查德·斯托曼于 1983 年发起了自由软件运动，致力于使计算机用户获得自主控制自己计算的自由权利。❷

在 FSF 创建之后不久，Stallman 便启动了“自由软件联盟计划”（GUN Project），以促进自由软件的开发和推广。❸

➢ 创立过程

FSF 的主要创始人理查德·斯托曼可谓自由软件运动的精神领袖。20 世纪 80 年代，黑客社群在软件工业化商业化大潮中纷纷瓦解，与此同时，黑客文化的产物——免费可流通软件也逐渐被专有软件所取代。为进行抗争理查德·斯托曼于 1985 年发表了著名的 GNU 宣言（GNU Manifesto），且为开发出兼容于 Unix 的自由免费操作系统 GNU（GNU's Not Unix!）而创立了 FSF。

1989 年，理查德·斯托曼在律师的协助之下起草了 GPL，并创造性地提出了“copyleft”概念。1991 年 Linux 操作系统内核在 GPL 下发布，这也便意味着 GNU 计划正式完成。❹

FSF 创立的初始宗旨在于促进自由软件的开发，由其所推动的自由软件运动可谓计算机文化所引发的最为成功的社会运动之一。FSF 自创立至今，其活动对自由软件的发展而言意义深远。

FSF 通过如下两种具体方式捍卫计算机用户的使用自由：①促进自由软件和许可证的开发和使用，特别是 GNU 操作系统；②开展反对数字限制威胁和软件专利等对计算机用户自由造成威胁的运动。

FSF 现有逾期 4000 名活跃成员，分布于 76 个国家，涵盖了计算机用户、艺术家、软件工程师、黑客、学生等多元化组成。

➢ 主要职能

创建开发并维护改进完全免费的 GUN 操作系统。

维护 GPL：GPL 以推广和维护软件自由为明确目的，故而受到用户的广泛认可和欢迎。除发布 GPL 外，FSF 还发布了 LGPL、AGPL 以及 GNU 自由文档许可证（FDL）。

自由软件定义：与开源的实用理念不同，FSF 认为自由软件更注重于尊重用户与社

---

❶ 张平，马骁．共享智慧：开源软件知识产权问题解析［M］．北京：北京大学出版社，2005：48.

❷ GNU. What is GNU?［EB/OL］．［2021－05－13］．https：//www. gnu. org/home. zh－cn. html.

❸ 张平，马骁．共享智慧：开源软件知识产权问题解析［M］．北京：北京大学出版社，2005：47.

❹ 参见 https：//baike. baidu. com/item/%E7%90%86%E6%9F%A5%E5%BE%B7%C2%B7%E9%A9%AC%E4%BF%AE%C2%B7%E6%96%AF%E6%89%98%E6%9B%BC/2122303，最后访问日期 2021 年 5 月 13 日。

区，软件自由与否无关价格，而是意指用户可以自由地运行、复制、分发、学习、修改并改进软件。具体而言，自由表现在四个维度：

- 按意愿运行软件的自由；
- 学习和更改软件源代码的自由；
- 分发软件副本的自由；
- 分发软件改进版本副本的自由。

使用自由软件、反对专有软件运动：FSF 为践行其宗旨，一直积极开展各类反对数字限制管理（DRM）和软件专利等威胁计算机用户自由的运动，确保计算机用户的自由。[1] FSF 发起普及自由软件和反对专有软件的运动，对自由软件的威胁主要包括数字限制管理（digital restrictions management）、软件专利和危险计算（treacherous compating）等。

赞助并管理开源项目，例如 GNU 项目。相关内容见本篇“开源项目集中管理组织”部分。

➢ 未来展望

作为自由软件运动的坚定倡导者，FSF 对于自由软件的定义侧重于道德评价，并认为自由的道德底线在于对用户自由的基本尊重。该组织自创立以来立场坚定、始终如一，充满理想主义。而在当今以利益为主导的现实世界，理想主义的存在也确有必要，既让我们明确了社会发展的上限，也时刻警醒我们坚守底线。[2]

（撰稿：张燕；核对：岳娆）

◆ Apache 许可证：阿帕奇软件基金会（Apache Software Foundation，ASF）

ASF 的使命是为公共产品提供软件，其借由为志同道合的软件项目社区（由选择参与 ASF 活动的个人组成）提供服务和支持的方式来承担和践行此项使命。

➢ 创立过程

ASF 成立于 1999 年，系美国“501（c）（3）”会员制公益慈善组织，由个人捐款和企业赞助共同援建。对个人而言，如欲取得 ASF 会员资格，需通过对基金会项目的

[1] 参见 https：//www. fsf. org/about/，最后访问日期 2021 年 5 月 13 日。
[2] 参见 https：//www. zhihu. com/question/54980507，最后访问日期 2021 年 5 月 13 日。

持续参与和捐款，表明其致力于合作开发开源软件的承诺，并需获得绝大多数已有ASF成员的提名和批准。因此，ASF由其直接服务的社区，即在其项目内合作的人员管理。ASF志愿者委员会负责监督超过350个领先开源项目，包括Apache HTTP服务器——世界上最受欢迎的Web服务器软件之一。Apache软件基金会为知识产权和财政捐款提供了既定框架，同时限制项目贡献者的潜在法律风险。

➢ 组织架构

■ 董事会。ASF成员定期选举董事会，董事会依循ASF章程管理组织事务。此外，董事会任命若干官员，以监督基金会日常运作事宜。个别项目由项目管理委员会管理，该等委员会成员由在项目中展现出出众技能和领导能力的个人组成。

■ 理事会。理事会负责管理和监督ASF的商务与日常事务，并使其在符合章程规定的前提下正常运作。

■ 项目管理委员会。项目管理委员会主要负责保证一个或者多个开源社区活动的正常开展和进行。

➢ 主要职能

ASF的主要职能系为公共产品提供软件，其借由为志同道合的软件项目社区提供服务和支持的方式来承担此项职能。细言之，ASF所孵化开源软件具有非排他性和非竞争性，在任何环境下使用该软件均不会降低其他人的可用性。用户得根据自身特定需求复制、使用和修改软件，以及基于开源软件设计、创新新式产品和服务，并从中谋取利润。此外，用户和贡献者对基金会、项目或社区不承担任何责任。为履行该项职能，ASF采用Apache许可证2.0，并实施入站许可策略。策略主要涵盖如下内容：

■ 许可证必须符合开源定义；

■ 在实践中应用的许可证不得强加超出Apache许可证2.0的限制；

■ 用户可自由修改许可证内容，但一经修改，即不复为Apache许可证，亦不附属或者关联于ASF，故而修改后的许可证不得使用Apache相关商标，否则将致其他用户混淆误认，破坏Apache商标经由累年苦心经营而积累的商誉。

ASF专注于协作和支持社区的创建和运营，而非直接生产软件，该职能系依托“Apache Way”完成。“Apache Way”的核心原则是“社区大于代码”，即健康社区的优先级远高于优秀的代码。一个强有力的社区能够轻而易举地纠正代码瑕疵，而不健康的社区则难以维系代码库的日常维护。申言之，ASF创建社区，并由这些社区开发软件；社区开发和使用软件组件，而这些软件组件又可以在产品中被重复使用；ASF软件用户使用上述软件组件构建产品和服务。“Apache Way”具有开放、包容、透明、凝聚共识的属性，它确保供应商的中立地位，概由社区主导协作，以抵御巨头公司对ASF社区的不当影响和控制，确保任何作出宝贵贡献的个人均平等享有获得授权的权利。尽管社区成员资格随时间推移而浮动变化，“Apache Way”使得项目开展呈现一贯性和可持续性。

通过“Apache Way”，850余名会员和8200余名贡献者成功合作开发免费提供的企业级软件，惠及全球数百万用户：数以千计的软件方案得以在Apache许可证下发布，社区亦积极参与ASF邮件列表、辅导计划以及基金会的官方用户会议、培训和博览会等。

“Apache Way”是协作计算的先驱，直接影响了将Open Source和开放开发原则应用于组织的InnerSource[1]方法。如今，“Apache Way”已被诸多组织采用，典型如Capital One、Comcast、爱立信、惠普、IBM、谷歌、微软、PayPal、SAP、T－Mobile等。

➢ 应用范例

如今，ASF已成为开放源代码的先锋，它通过世界一流的创新产品组合培育了大小不同的项目社区。企业级Apache项目亦影响广泛。就中国企业而言，由Apache提供支持的应用示例主要有：顺丰快递使用Apache SkyWalking在全球范围内运送关键的防治新型冠状病毒相关产品；中国电信Bestpay使用Apache ShardingSphere（孵化）拓展100亿个数据集，用于分布在30多个应用程序中的移动支付；阿里巴巴使用Apache Flink的商品信息中心和实时客户建议，每秒处理逾25亿条记录。

（撰稿：岳娆；核对：张燕）

◆ MPL：莫兹拉基金会（Mozilla Foundation）

➢ 产生背景

21世纪早期，在微软将其自行开发的IE浏览器（Internet Explorer）捆绑进操作系统后，网景（Netscape）作为20世纪90年代后期最为先进的Web浏览器公司在短短几个月之内业绩一落千丈。为了挽救局面，网景（Netscape）于1998年2月23日创建了莫兹拉（Mozilla）组织，用以开发浏览器、邮件和相关聊天应用的套件。由于竞争对手微软强大的资金实力和影响力，该软件计划最终并未实现。莫兹拉组织最初的成立目的是协调支持Mozilla Application Suite的开发。该组织完全独立于网景运行，由莫兹拉宣言（Mozilla Manifesto）指导，口号是“互联网是一个必须保持开放和可及的全球公共资源”，其下的所有公司或组织都受到该宣言的指导。此后美国在线（America On-

[1] InnerSource系指在专有公司的防火墙内部使用开源代码方法，被认为是编写软件的更好方法。

Line，AOL）收购了网景。AOL 作为拨号上网时代的巨头公司由于错失了宽带时代的发展机遇，最终业务量大幅度缩水。2002 年 AOL 提出了针对微软的反垄断诉讼，后在法庭上达成了和解。由于网景与微软浏览器的竞争激烈，AOL 与微软的和解几乎意味着网景浏览器被放弃。此后莫兹拉组织宣布脱离 AOL 自立门户，成立新的非营利组织莫兹拉基金会。莫兹拉基金会转型成为一个致力于促进开放 Web 标准和普及 Web 的组织。莫兹拉基金会的开发人员发布的 Firefox 浏览器打破了浏览器垄断的情况，使得用户能够选择和控制其在互联网上的活动，同时有利于创造一个更加健康的互联网环境。

➢ 创立过程

莫兹拉基金会成立于 2003 年 7 月，其成立的宗旨是向莫兹拉开源项目提供组织、法律和资金上的支持，促进莫兹拉开源项目在标准化 Web 应用软件及相关核心技术的基础上进行进一步的开发和推广。莫兹拉基金会主要由两部分组成：一部分是“501（c）（3）”莫兹拉基金会，领导基金会的开源运动相关的活动运作；另一部分是一个由基金会完全控股的莫兹拉公司（Mozilla Corporation），负责市场相关的活动，为 Mozilla 基金会提供资金。在最初阶段，莫兹拉基金会开始涉足比 Mozilla 组织更广的领域，其目标设定在向“面向最终用户”的转型，莫兹拉基金会和一些商业公司签约来售卖包含 Mozilla 软件的光盘并且提供电话支持服务。

➢ 主要职能

随着莫兹拉公司的成立，莫兹拉基金会把所有的软件开发和商业相关的活动都转移给了该公司，基金会则专注于监管和战略等事宜，一些没有进行商业化的项目目前也属于基金会的管理范畴，如 SeaMonkey、Camino 等。莫兹拉开源项目相关的知识产权，如商标等相关权利均由基金会控制。此外，莫兹拉开源项目的源代码数据库也由基金会控制，由基金会审核并最终决定是否可以提交代码入库。

➢ 未来展望

莫兹拉开源项目是众多 Web 主流技术的发源地，其相关的作品包括：Web 浏览器、Rust 语言、HTML5、Asm. js、MDN 等。但 2019 年以来，随着新型冠状病毒肺炎疫情的影响扩大至各行业，作为莫兹拉基金会主要资金来源的莫兹拉公司已经裁员了近 1/3，这在很大程度上表现出了莫兹拉公司的现状。新型冠状病毒肺炎疫情并非影响其发展的根本原因，很多观点认为，脆弱的商业模式才是其最致命的问题。莫兹拉公司超过 90% 的收入来自谷歌的合同，但这笔交易的基础在于 Firefox 浏览器的影响力，即谷歌与莫兹拉公司签订合同使得谷歌搜索引擎成为 Firefox 浏览器的默认设置，但随着 Firefox 市场占有率的下降以及谷歌自己开发的 GoogleChrome 的迅速发展，谷歌是否需要续签合同也成为未知数。尽管谷歌多次续签，但续签的节奏和热情都逐渐冷却。有观点认为谷歌只是为了避免其受到反垄断机构的注意，只要这一问题解决，那么其与莫兹拉公司的合同也就走到了尽头，这笔大订单的消失势必对莫兹拉公司和基金会造成巨大的冲击。

除此之外，莫兹拉公司的这轮裁员减少了对开发者工具部门的投资，解散了整个威胁管理团队，削减了下一代 Rust 驱动的浏览器引擎的 Servo 团队，直接解散了 MDN 团队，这极易造成莫兹拉公司的核心用户群体流失。有观点认为莫兹拉基金会的发展已经看到了尽头，但更多的人对于其未来发展并非如此悲观，他们认为莫兹拉基金会只是到了发展的拐点，如果抓住时代机遇仍旧能够保持稳定。

（撰稿：王董咪；核对：王予君）

◆ EPL：Eclipse 基金会（Eclipse Foundation）

➢ 产生背景

Eclipse 在诞生之初并非是开源的，其最初产生于 IBM 的一个专有项目——Object Technology International（OTI）。Eclipse 基于 IBM 长期产品研发累积下来的产品线重构，继承 IBM VisualAge Micro Edition™产品中的最佳做法，在此后该产品遇到难以扩展的瓶颈时，IBM 对 Eclipse 进行的全面改进采用了新的插件机制，也为日后的开源打下了基础。20 世纪 90 年代中期，随着 Linux 和 Apache 的发展，IBM 也逐渐重视起了开源。经历过互联网爆发时期后，IBM 决定将 Eclipse 开源以对抗互联网巨头微软，且在此时，Sun 公司对于 Java 仍处于战略上的犹豫期，加之当时 IDE 的市场状况，IBM 作出了将 Eclipse 开源的战略性决定。2001 年，IBM 联合多家公司以声明的方式表示基于 Eclipse 项目结成联盟，其中参与的厂商包括 Borland、Merant、QNX 软件系统、Rational 软件、红帽公司、SuSE、TogetherSoft 和 WebGain。由于 Java 本身的优势加上 Eclipse 早期改进后的插件架构，两年后联盟中的参与厂商就达到了 80 家。

Eclipse 基金会是一个独立的、不以营利为目的的基金会，充当 Eclipse 开源软件开发社区的管家。该基金会的创建是为了围绕原始 Eclipse 项目建立与供应商无关的、开放且透明的社区。该基金会为个人和组织的全球社区提供了一个成熟、可扩展且以商业为重点的环境来进行协作和创新。其既定的目标是培育社区和“互补产品和服务的生态系统”。

Eclipse 基金会还被认为是“第三代”的开源组织，并且是 JarkartaEE 和 400 多个开源项目的所在地，这些项目适用于范围广泛的技术领域，例如互联网、物联网、云计算和边缘计算、汽车等。

➢ 创立过程

Eclipse 基金会的产生主要从 Eclipse 技术说起。Eclipse 之前是 IBM 的一个开发工具项目，IBM 为了商业目的的考虑，决定将该项目进行开源。但是无论推出怎么样的试用计划，都会让市场觉得 IBM 是 Eclipse 的所有者，所以建一个独立于 IBM 的 Eclipse 将会对 Eclipse 的发展非常有利，于是 IBM 与其他公司合作起草了管理条例，发起成立 Eclipse 基金会。2004 年初，Eclipse 基金会正式成立。

由于 Eclipse 参与厂家的数量不断增多，非正式的发展方式使得联盟面临着项目分叉、各家利益冲突等多个问题。2004 年 Eclipse 基金会成立，总部设立在加拿大渥太华，由 IBM 提供 4000 万美元作为启动资金。

Eclipse 基金会的使命是“推进鼓励旗下的开源项目，并为这些项目培养相应的共同体，以及商业生态”，不仅鼓励旗下参与者进行开源项目的研发，并且目标定位于将这些开源项目组成大的共同体。不仅致力于在代码和项目层面的技术突破，也为这些项目的商业化提供帮助。在两个目标间的平衡兼顾，也是 Eclipse 成功发展的原因。

➢ 主要职能

基金会将自身角色定位成为服务者，Eclipse 按照基金会和其旗下项目的需求和理解将其 workgroup 式服务区分为五类：

■ 中立治理：通过一系列章程、协议、政策来确保基金会的运作，工作组与代码开发保持一致，没有任何个人或组织有特殊地位或者决定权。

■ 知识产权管理：为基金会制定相应的知识产权政策。基金会要求进入 Eclipse 的项目均遵循 EPL 的许可，所有项目必须签署提交者协议，按照规定申明其所有贡献均为原创，此后所有在 Eclipse 开发流程之外的所要贡献的源代码都要经过基金会的知识产权审批，不能够与 EPL 兼容的贡献需要过滤，不能成为项目的一部分。Eclipse 基金会知识产权管理的重要职责还在于确保项目可以被安全地分发至商业产品中。

■ IT 基础设施：包括基于 Git 的代码托管平台、Bugzilla 问题跟踪系统、基于 Hudson 的持续集成服务、邮件列表、新闻列表（Newsgroup）、下载分发站点以及网站托管。

■ 开发流程：核心思想为开放、透明、英才制。

■ 生态系统开发：主要目标在于营销和推广项目，活动包括技术会议、在线资源、会员会议、合办的市场活动等。

➢ 未来展望

2015 年基金会成立 10 周年时，有 247 个项目和 205 个成员，体现了协同治理模式的成功。当时 Sun 公司对 Eclipse 基金会成为中立供应商表示祝贺，并表示 Sun 公司和 Eclipse 基金会都希望看到 Java 更广阔的前景，呼吁大家为了促进 Java 平台的成长，应当加强与 Eclipse 基金会合作，特别是与最近成立的多合作伙伴 javatools. org 社区合作。

当 Eclipse 基金会成立时，外界对于 Eclipse 基金会的担忧包括了基金会是否能够保持公正、IBM 是否会继续主导 Eclipse 项目、基金会是否会购买知识产权等多个方面，但实践证明基金会在其具有优势的体制和高效的运转下，合理地处理了这些担忧。同时基金会用其自身的发展历史向外界证明，在开源领域之内，管理组织的中立性对于开源项目和开源组织的发展都具有重要的意义。

Eclipse 基金会于 2020 年 3 月 31 日推出 Eclipse Theia 1.0 稳定版，号称是 Visual Studio Code 的真正开源替代品。❶ Theia 项目最初由爱立信和 TypeFox 在 2016 年启动，现已成为全球企业云解决方案不可或缺的一部分。这也是 Eclipse 基金会进行软件开发、发展 Eclipse 技术的重要一步。未来 Eclipse 基金会将继续服务于 Eclipse 的开发应用，推动技术更新进步。

（撰稿：王董咪；核对：王予君）

◆ MIT 许可证：麻省理工学院（Massachusetts Institute of Technology，MIT）

➢ 产生背景

MIT 的开源历史开始于其雅典娜计划。“雅典娜计划”是由 MIT、数字设备公司（DEC）和 IBM 合作共同推进的一个联合项目，该项目旨在研发一个用于教育用途的校园范围内的分布式计算环境。1983 年雅典娜计划实现，推出并投入使用的产品包括 X 窗口系统和 Kerberos。X 窗口系统能够提供“在显示设备上绘制和移动窗口以及与鼠标和键盘进行交互”的基本框架。X 窗口系统的首个版本于 1984 年 6 月发布。1987 年 X 版本 11（X11）被发布。

➢ 创立过程

由于 X 窗口系统最初采用的是专有许可证，但专有许可使得 X 窗口系统的分发推广变得十分困难，因此开发人员认为应当放弃专有许可证，转而使该软件开源。但开发者发现，仅仅简单地将 X 窗口系统投入公有领域是不可行的，因为没有合理的制度维护，很多开发者并不会选择去接触公共领域内的代码。因此开发者联系了 MIT 的律

❶ OTTAWA. The Eclipse Foundation Releases Eclipse Theia 1.0, a True Open Source Alternative to Visual Studio Code [EB/OL]. (2020 - 03 - 31) [2021 - 05 - 19]. https: //www. eclipse. org/org/press - release/20200331 - theia. php.

师，一起起草了关于可以将软件代码使用于任何目的的文本，开始了 MIT 在开源领域的历史。

➢ 主要职能

主要负责使用 MIT 许可证的开源项目的管理，目标定位于开发新领域中的开源项目，建立与其他组织或开源社区的合作与交流，推进开源项目的商业化，宣传和推广相关信息。

➢ 未来展望

MIT 由于其院校与企业互联的体制，在保证技术研究的基础上兼顾项目的商业化，且在开源领域的项目研发和更新速度十分迅速，在多个领域的开源均有较好的发展。但由于 MIT 许可证本身受到近年来其他类型许可证的冲击，如何推广和完善其许可证、增加许可证的影响力也成为 MIT 面临的新挑战。

（撰稿：王董咪；核对：王予君）

◆ BSD 许可证：加利福尼亚大学（University of California）

➢ 产生背景

1975 年，Unix 已经更新到了第 6 版。这一年，贝尔实验室的肯·汤普森（Ken Thompson）来到加利福尼亚大学伯克利分校访学，随身带着 Unix 第 6 版的源代码磁盘。伯克利分校在此前成立了一个专门研究计算机软件代码的组织——计算机科学研究小组，一位名为比尔·乔伊（Bill Joy）的学生早在第 1 版 Unix 发布之时就对这个系统作过一些改进。在比尔·乔伊的带领下，小组成员很快就协助肯·汤普森完成了可以运行在 Unix 上的 Pascal 解释器和其他一些功能。很多其他学校的师生得知 Unix 在伯克利进行改进时提供了许多对代码的修改建议和反馈意见，比尔·乔伊对这些意见进行汇总，编译了一套自己的操作系统。1978 年 3 月，这套包含了 Pascal 解释器、外部反馈和其他改进的第 6 版 Unix 以“1BSD”的命名（意为第一个伯克利发行版）对外发布，从此 BSD 成为了 Unix 的最大分支。

➢ 创立过程

1979 年加利福尼亚大学伯克利分校发布了 BSD Unix，被称为开放源代码的先驱。第 1 版的 BSD 问世后，伯克利分校迅速成为一个核心开发点，很多创意被反馈回贝尔实验室。加利福尼亚大学董事会享有 BSD 许可证的著作权，进行对 BSD 开源许可的管理。

➢ 主要职能

同时注重开源项目的研究开发以及已成型项目的商业化，在加利福尼亚大学与其他学术研究机构、企业、商业研发机构间进行联系和沟通，推广 BSD 许可证及其下相关项目，增加多领域合作和研究。

➢ 未来展望

BSD 许可证本身的开放性强，由于允许使用者修改和再发布代码，也允许使用或在 BSD 代码上开发商业软件并发布和销售，因此体现了其极强的商业化友好性。很多企业在选用开源产品的时候都首选 BSD 许可证，加之加利福尼亚大学本身技术研发和商业转化的双重性质，外界对其发展仍较为看好。

（撰稿：王董咪；核对：王予君）

三、开源项目集中管理组织

◆ 自由软件基金会（Free Software Foundation，FSF）

➢ 基本介绍

如前所述，自由软件基金会不仅是开源许可证管理组织，更具备赞助并管理开源项目的职能。该基金会的产生背景、创立过程和主要职能等内容参见本篇第二部分“开源许可证管理组织”，此处仅以 GNU 项目为例，就其具备的集中管理开源项目的职能进行介绍，其余不再赘述。

➢ 赞助和管理 GNU 项目

FSF 赞助 GNU 项目，并为相关开源项目提供完整的免费操作系统；同时，FSF 还资助和推进重要配套免费软件的开发，为 GNU 软件维护者提供支持服务，例如提供电子邮件服务等；除此之外，FSF 致力于推进 GNU 操作系统的发展，使志愿者能够更为轻松便宜地致力于工作内容，具体举措包括赞助 Savannah 源代码存储库和免费软件开发中心等。

FSF 拥有 GNU 操作系统和其他免费软件的大部分著作权，其持有这些知识产权资产，以保护自由软件免受专有化之潮的侵蚀。FSF 每年从个人自由软件开发者和自由软件开发公司处收集数以千计的软件，向美国版权局注册，并在许可证（典型如 GPL）项下分发这些软件。借由此种做法，FSF 希冀确保自由软件分发者遵守其义务，以使用户能够享有分享、学习和修改相关开源项目代码的自由。具体来说，针对该基金会旗下的开源项目，用户享有四项基本自由：

- 依循自我意愿运行程序的自由，而不问其目的为何；
- 学习程序源代码，修改源代码以使软件满足自己所需的自由；
- 依循自我意愿制作并发布复制软件的自由；
- 依循自我意愿制作和再发布修改后软件的自由。

其中，前两项自由意指用户可以单独控制程序，后两项自由意指用户可以合作控制程序。通过赋予用户上述自由，FSF 营造了自由开放、互动性强的开源社区氛围，并让其旗下的开源项目实现了不断迭代、不断优化的正向循环。

（撰稿：张燕；核对：王予君）

◆ 自由软件管理委员会（Software Freedom Conservancy）[1]

➢ 创立过程和简介

自由软件管理委员会是一个在纽约成立的“501（c）（3）”非营利组织。自由软件管理委员会帮助推广、改进、发展和捍卫自由和开源软件（free and open source software，FOSS）项目。委员会为 FOSS 项目提供一个非营利性的家园和基础设施，这使得 FOSS 的开发者可以专注于他们最擅长的事情——为大众编写和改进 FOSS。而委员会则负责处理项目中与软件开发和文件不直接相关的需求。

➢ 主要职能

委员会通过处理软件开发和文档以外的所有事项来协助 FOSS 项目领导者，以便开发人员能够专注于为公益改进软件。以下是作为成员项目加入委员会的 FOSS 项目主要可用的服务和选项。

---

[1] 内容参见自由软件管理委员会官网（https：//sfconservancy. org/about/），最后访问日期 2021 年 5 月 20 日。

◇ **获得捐款**

成员项目可以通过委员会获得指定用途的捐款。由于委员会是作为一个“501（c）（3）非营利”组织在纽约注册，捐赠款可抵取捐赠者自己的所得税。此外，捐助者可以表明，他们的捐赠应用于推进一个特定的成员项目，这些资金由委员会单独存入成员项目的账户。这种结构防止开发人员将项目资金与自己的个人账户混为一体或必须建立自己的项目特定账户。但由于委员会是一个非营利且免税的组织，法律对该组织的活动有一定的限制。在委员会的“ 501（c）（3）非营利”任务下，委员会代表项目将这些资金用于构成适当活动的任何费用。委员会成员项目指定捐赠的一些典型用途是：

■ 为项目开发人员参加相关会议提供差旅费；

■ 域名费、带宽费用和计算机设备购买费；

■ 购买媒介，以便在会议和活动中分发项目软件；

■ 以合同方式向关键开发人员支付费用，以改进项目的软件及其文档；

■ 赞助和组织该项目的会议；

■ 商标注册和执法；

■ FOSS 许可证执行和合规活动。

◇ **资产管理**

委员会可以代表成员项目开发者持有项目的任何资产，包括版权、商标、域名、物理计算机设备或任何应以项目名称正式持有的设备。成员项目不需要委员会持有项目的所有资产（例如，会员项目不需要向委员会分配版权）。然而，委员会可以满足那些希望其资产由非营利实体控制并且只为公共利益而行使的项目的需求。

◇ **协助合同谈判与执行**

项目有时需要与公司谈判并执行合同。例如，当项目想要组织和运行会议时，会场通常有复杂的空间和服务租赁合同。委员会协助项目谈判此类合同，并可以代表项目签署合同。

◇ **基本法律咨询与服务**

由于项目在加入后成为委员会的组织部分，委员可以通过自己的总法律顾问、外部律师和公益律师为其成员项目提供基本的法律服务。例如，委员会协助其成员项目处理与商标注册、商标政策制定和许可、商标执法、版权许可和执法以及非营利性治理问题有关的问题。

➢ 未来展望

自由软件管理委员会作为一个非营利组织，其设立的目标主要是为开发人员提供帮助与为软件开发创造舒适的环境。委员会在未来也将继续坚持该目标，将所获的捐款用于软件的开发以及对技术人员的扶持帮助上，不断优化技术创作环境。

（撰稿：刘伟斌；核对：辜凌云）

◆ Linux 基金会（Linux Foundation）[1]

➢ 创立过程

Linux 基金会于 2000 年成立，系非营利性联盟，致力于赞助 Linux 创始人 Linus Torvalds 的工作，并促进 Linux 的蓬勃发展。该基金会通过领先的技术，与来自世界各地的软件开发人员合作。

➢ 主要职能

Linux 基金会为有前景的行业领先项目提供全面支持，以探索建立顶尖项目社区的可复制模式：

■ 代码和协作的中立之家：Linux 基金会旨在实现代码民主化，并确保所有项目可以被平等地采用。

■ 生态系统建设：Linux 基金会努力通过精准把握新趋势和消除适用障碍、加速新兴技术成长的方式创造新技术类别。

■ 一站式支持：Linux 基金会为开发赋能、商业运作、营销、成员发展等提供一站式技术和支持，以助力项目快速拓展。

■ 项目观察和管理工具：Linux 基金会简化项目运营，促进社区从事数字模具、贡献者和参与度分析以及基础设施管理等。

➢ 核心项目领域

■ 培训和认证：Linux 基金会与项目合作，开发和提供技术培训资源，从事教育活动。通过 Linux 基金会的模具和培训，开发者和工程师可以回答问题，与同行建立联系，并提高他们的技能。

■ LFX 工具：Linux 基金会设计构建和扩展可持续技术的工具，使用专为贡献者构建的工具监控项目和社区的健康、维护运营系统。

■ 开展项目：Linux 基金会促进并与社区合作，制定社区目标和执行计划，帮助其生态系统向前发展。

■ 管理项目：Linux 基金会设计和制作项目，以提升项目意识，促进协作和联系。

---

[1] 参见 Linux 基金会官方网站（https：//www. linuxfoundation. org），最后访问日期 2021 年 6 月 8 日。

➢ 发展前景

无论是应对新冠肺炎疫情启动崭新项目，助力公共卫生机构使用开源软件，还是将 SPDX 规范作为国际标准提交至 ISO/IEC JTCI，以帮助人们在供应链中共享关于如何使用开源软件的信息，抑或是制定社区规范计划，便宜贡献者基于仓库模型开发软件，Linux 基金会在各领域广泛涉猎，推进和拓展开源运动。伴随业务领域的拓展及业务深度的精进，Linux 基金会将有力助推开源世界在人工智能、大数据、机器学习等领域的蓬勃发展。

（撰稿：岳娆；核对：王予君）

◆ Eclipse 基金会（Eclipse Foundation）

➢ 基本介绍

如前所述，Eclipse 基金会不仅是开源许可证管理组织，更兼备资助、托管、运营开源项目的职能。该组织的产生背景、创立过程、创立宗旨、主要职能和未来展望等内容参见本篇“开源许可证管理组织”部分，此处仅就其管理、运营开源项目的职能进行介绍，其余不再赘述。

➢ 赞助和管理开源项目

首先，Eclipse 基金会为其旗下的开源项目提供统一的开发环境，用户只要在其网站平台上申请创建开源项目或者上传开源代码，都能免费使用该基金会官方网站提供的编译软件或其他拓展类软件，并提供项目开发全流程中需要的框架搭建、资源整合、开发编译、提供下载等服务；

其次，Eclipse 基金会为项目方和开源代码提供者提供商标支持和软件著作权支持，并保护开发者的署名权，允许开发者们使用该基金会的商标，并以该基金会名义宣传其开源项目。

（撰稿：王予君；核对：王董咪）

◆ 开源基础设施基金会（Open Infrastructure Foundation，OIF）

➢ 产生背景[1]

开源基础设施基金会前身为 OpenStack 基金会（OSF）。该基金会是 OpenStack 的全球独立家园，旨在推动 OpenStack 云操作系统在全球的发展、传播和使用。其目标是在全球范围内服务开发者、用户及整个生态系统，为其提供共享资源，以扩大 OpenStack 公有云与私有云的成长，从而帮助技术厂商选择平台，助力开发者开发出行业最佳的云软件。

➢ 创立过程[2]

2010 年 7 月，RackSpace 公司和美国国家航空航天局（NASA）合作，分别贡献出 RackSpace 云文件平台代码和 NASA Nebula 平台代码，并以 Apache 许可证授权将它们开源，发布了 OpenStack，至此 OpenStack 就诞生了。

2012 年 9 月，OpenStack 社区将 Nova 项目中的网络模块和块存储模块剥离出来，成立了两个新的核心项目，分别是 Quantum（Neutron 的前身）和 Cinder，并发行了 OpenStack 的第六个版本“Folsom”。也就是在这个时期，非营利组织 OpenStack 基金会成立，该基金会主席由 SUSE 的行业计划、新兴标准和开源部门总监兼 Linux 基金会董事艾伦·克拉克（Alan Clark）担任。最初基金会拥有 24 名成员，并获得了 1000 万美元的赞助基金，RackSpace 的乔纳森·布赖斯（Jonathan Bryce）担任常务董事。至此，OpenStack 社区计划 OpenStack 项目都由 OpenStack 基金会管理。

➢ 创立宗旨和职能[3]

OpenStack 基金会在 OpenStack 项目的管理、发展以及各项决策上都有十分重要的决定权。

◇ 主要任务

OpenStack 基金会是一个独立的机构，提供共享资源，通过保护、授权和促进

---

❶ IT168. 新手必读，了解 Openstack 从基金会开始［EB/OL］.（2016－08－04）［2021－05－19］. https：//www. sohu. com/a/109081619_374240.

❷ 腾讯开发者 . OpenStack 基金会和董事们的那些事［EB/OL］.（2016－01－19）［2021－05－19］. https：//mp. weixin. qq. com/s? src＝3&timestamp＝1621404818&ver＝1&signature＝－MBXM3QaLOD1p6KDKn－Ge-JwQRdxczqt＊＊E3D8－lLrreXimOzCnmaGPyI5EskmjSMEVXxbMezMnL6mnZEULo5ZtQOJM4UIahWjWu07rxLMnp0ErPRaOI2I5GLToeZ6ggPjdEa2XxWoVzal－T－ESJCqg＝＝.

❸ Open Stack 基金会 . Governance/Foundation/Mission［EB/OL］.［2021－05－19］. https：//wiki. openstack. org/wiki/Governance/Foundation/Mission.

OpenStack 软件及其周围社区（包括用户、开发人员和整个生态系统）发展来帮助实现 OpenStack 的使命。

◇ **社区目标**

■ 使 OpenStack 成为无处不在的云操作系统；

■ 提供高质量的软件版本，使企业可以依靠这些版本来运营业务；

■ 确保 OpenStack 云之间的互操作性；

■ 培养一个健康的社区，广泛参与并专注于 OpenStack 任务；

■ 为社区参与者的利益建立和保护 OpenStack 品牌。

◇ **基金会责任**

基金会的主要目的之一是有效地授权和协调社区的资源，在履行 OpenStack 使命所需的关键领域提供领导。

■ 开发过程和发布管理；

■ 开发者、用户和生态系统社区管理；

■ 通过制作优秀的软件，满足现实世界用户的需求，培养用户参与社区建设的习惯；

■ 品牌管理（公关与营销、商标政策）；

■ 活动管理（两次年度峰会和其他会议等）；

■ 法律事务（CLA 程序和文件、商标辩护）。

➢ 未来展望[1]

在 2019 年举办的 OpenStack 基金会中国媒体见面会上，OpenStack 基金会执行董事乔纳森·布赖斯分享了在开源云项目上的观点以及 OpenStack 基金会的战略和最新进展。乔纳森·布赖斯提出，OpenStack 基金会致力于发展壮大、使用和贡献开源云计算项目，除了积极推动 OpenStack 项目之外，还致力于推动 OpenStack Infrastructure（开源基础设施）的建设和发展。因此，OpenStack 基金会从 2017 年 12 月开始，推出了 4 个试点项目——Airship、Zuul、StarlingX、Kata Containers，分别面向新型云开放基础设施、持续集成/部署平台（CI/CD）、边缘云、容器虚拟化等领域。2020 年 10 月，该基金会更名为开源基础设施基金会。

另外，在中国市场的发展上，乔纳森·布赖斯认为中国市场在云计算领域的发展很快，也很有潜力，因此基金会特别重视 OpenStack 中国社区的发展，希望能够与中国的企业、开发者和用户一起建立良好的社区生态，以此来进一步推动中国开源云计算的发展。

（撰稿：王予君；核对：王董咪）

---

❶ 科技云报道. OpenStack 基金会详解 2019 新战略：从 OpenStack 到 Open Infrastructure［EB/OL］.（2016－04－06）［2021－05－19］. https://mp.weixin.qq.com/s?src=11&timestamp=1621404818&ver=3077&signature=RNs9vuSJoDiSYC9RojPvz5MaTm TTqPRZWyrD*Ujtj8U4*b8iXKzDHo*JsFWPvjr6ZolgexRHirt0VHamv*8IaRTunqIfToVEb73byCNbrQUcxyX09cWZs0 Ho2lVze12&new=1.

四、开源代码托管平台

◆ GitHub

➢ 产生背景

GitHub 可以托管各种 Git 库，并提供一个 Web 界面，但与其他像 SourceForge 或 Google Code 这样的服务不同，GitHub 的独特卖点在于从另外一个项目进行分支的简易性。为一个项目贡献代码非常简单：首先点击项目站点的“fork”按钮，然后将代码检出并将修改加入到刚才分出的代码库中，最后通过内建的“pull request”机制向项目负责人申请代码合并。已经有人将 GitHub 称为“代码玩家的 MySpace”。[1]

➢ 创立历史[2]

GitHub 是通过 Git 进行版本控制的软件源代码托管服务平台，由 GitHub 公司（原名 Logical Awesome）的开发者 Chris Wanstrath、P. J. Hyett 和 Tom Preston - Werner 使用 Ruby on Rails 编写而成。

GitHub 同时提供付费账户和免费账户。这两种账户都可以创建公开或私有的代码仓库，但付费账户支持更多功能。根据在 2009 年的 Git 用户调查，GitHub 是最流行的 Git 访问站点。除了允许个人和组织创建和访问保管中的代码以外，它也提供了一些方便社会化共同软件开发的功能，即一般人口中的“社区功能”，包括允许用户追踪其他用户、组织、软件库的动态，对软件代码的改动和对 bug 提出评论等。GitHub 也提供了图表功能，用于概观显示开发者们怎样在代码库上工作以及软件的开发活跃程度。

截至 2020 年 1 月，GitHub 已经有超过 4000 万注册用户和 1.9 亿代码库（包括至少 2800 万开源代码库），事实上已经成为了世界上最大的代码存放网站和开源社区。

2018 年 6 月 4 日晚，美国科技公司微软宣布以 75 亿美元的价格收购 GitHub。

---

[1] 参见 https：//www. oschina. net/search? identification = 1620875109907&scope = project&q = Github，最后访问日期 2021 年 5 月 19 日。

[2] 参见 https：//zh. wikipedia. org/wiki/GitHub，最后访问日期 2021 年 5 月 19 日。

➤ 主要职能

◇ 为开发者提供服务

GitHub 平台于 2007 年 10 月 1 日开始开发，网站于 2008 年 2 月以 beta 版本形式开始上线，4 月份正式上线。

GitHub 里面的项目可以通过标准的 Git 命令进行访问和操作。同时，所有的 Git 命令都可以用到 GitHub 项目上面。GitHub 开发了针对 Microsoft Windows 和macOS操作系统的桌面客户端。此外，也可以使用第三方插件来实现 Git 功能。

网站提供了一系列社交网络具有的功能，例如赞（star）、关注（follow）、评论。用户可以通过复刻（fork）他人项目的形式参与开发，并可通过协作示意图来查看有多少开发者参与了开发并追踪最新的复刻版本。此外网站还有 Wiki（通过一个名为“gollum”的软件实现）等功能。

GitHub 同时允许注册用户和非注册用户在网页中浏览项目，也可以以 ZIP 格式打包下载。但是用户必须注册登录一个账号才能讨论、创建并编辑项目，参与他人的项目和代码审查。

GitHub 支持创建不限数量的公开仓库，已付费用户可以创建私有仓库。

2019 年 1 月 7 日，GitHub 宣布免费用户也可以创建私有仓库，私有仓库数量不限但每个仓库最多指定 3 个合作者。2020 年 4 月 14 日，GitHub 宣布进一步开放核心功能，取消私有仓库合作者数量限制，并降低了收费账号费用。

◇ 开发计算机语言

GitHub 系统由 GitHub 公司的开发者克里斯·万斯特拉斯（Chris Wanstrath）开发。系统采用了 Ruby on Rails 和 Erlang 作为后端。

➤ 未来展望

微软于 2018 年以 75 亿美元的价格收购 GitHub，引发了科技行业的关注。在短短的 10 年内，GitHub 改变了人们的编程方式，不仅让编程变得更简单，还改变了软件开发者对编程的看法。微软副总裁纳特·弗里德曼（Nat Friedman）担任 GitHub 的新首席执行官（CEO）。作为 GitHub 的新任 CEO，他在 GitHub 上发文谈未来 GitHub 的发展走向：GitHub 未来将坚持独立运营，并将保持原有的产品理念。[1]

（撰稿：王予君；核对：王董咪）

---

[1] IT 之家. GitHub 新 CEO 谈未来：坚持独立，赢得信任［EB/OL］.（2018-06-05）［2021-05-15］. https://baijiahao.baidu.com/s?id=1602420965641649626&wfr=spider&for=pc.

◆ GitLab[1]

➢ 产生背景

GitLab 是由 GitLab 公司开发的一款基于 Git 的完全集成的软件开发平台。另外，GitLab 具有 Wiki 以及在线编辑、issue 跟踪、CI、CD 等功能。

➢ 创立历史

GitLab 由乌克兰程序员德米特里·扎波罗热茨（Dmitriy Zaporozhets）和瓦列里·西佐夫（Valery Sizov）开发，以 Ruby 语言写成，后来有一部分用 Go 语言重写。截至 2018 年 5 月，GitLab 公司约有 290 名团队成员以及 2000 多名开源贡献者。GitLab 被 IBM、索尼、Jülich Research Center、NASA、阿里巴巴、Invincea、O'Reilly Media、Leibniz – Rechenzentrum（LRZ）、CERN、SpaceX 等使用。

最初，该产品被命名为“GitLab”，是完全免费的开源软件，按照 MIT 许可证分发。

2013 年 7 月，产品被拆分为 GitLab CE（社区版）和 GitLab EE（企业版）。当时，GitLab CE 和 GitLab EE 仍然是根据 MIT 许可证分发的免费和开源软件。

2014 年 2 月，GitLab 公司宣布采用开放核心业务模式。GitLab EE 设置在专有许可证下，并且包含 GitLab CE 中不存在的功能。

2015 年 7 月，GitLab 公司又筹集了 150 万美元的种子基金。

2015 年 9 月，GitLab 公司从 Khosla Ventures 筹集了 400 万美元的 A 轮融资。

2016 年 7 月，GitLab 公司 CEO 确认了公司的开放核心功能。

2016 年 9 月，GitLab 公司从 August Capital 和其他公司筹集了 2000 万美元的 B 轮融资。

2017 年 10 月 9 日，C 轮融资，GitLab 公司获得 GV 领投，Telstra Ventures、Matt Mullenweg（个人）和 INKEF Capital 跟投的 2000 万美元投资。

2018 年 9 月 19 日，D 轮融资，GitLab 公司获得 GS Growth 和 ICONIQ Capital 领投，Khosla Ventures、GV 和 INKEF Capital 跟投的 1 亿美元投资。

2019 年 9 月 12 日，E 轮融资，GitLab 公司获得 Goldman Sachs 和 ICONIQ Capital 领投，Y Combinator、Coatue、Adage Capital Management 等跟投的 2.68 亿美元投资。

---

[1] 参见 https：//zh. wikipedia. org/wiki/GitLab，最后访问日期 2021 年 5 月 15 日。

➢ 主要功能

◇ 概况

GitLab 是一个利用 Ruby on Rails 开发的开源应用程序，构建一个自托管的 Git 项目仓库，可通过 Web 界面访问公开的或者私人项目。

Gitee 为 GitLab 开发的一个代码搜索工具，网址为 https：//gitee. com/koode/kooder。它拥有与 GitHub 类似的功能，能够浏览源代码，管理缺陷和注释，管理团队对仓库的访问。它非常易于浏览提交过的版本并提供一个文件历史库。它还提供一个代码片段收集功能，可以轻松实现代码复用，便于日后有需要的时候进行查找。

◇ 具体功能[1]

- 服务实施（Implementation Services）；
- 迁徙服务（Migration Services）；
- 教育服务（Education Services）；
- 集成服务（Intergration Services）；
- 内部资源支持（Innersourcing Support）；
- 咨询服务（Advisory Services）。

➢ 未来展望

GitLab 将支持关注技术服务的创新，为企业客户提供更多便捷、高效的选择，继续注重使用 Git 作为代码管理工具，强化在此基础上搭建起来的 Web 服务，通过代码成就未来。

（撰稿：王予君；核对：王董咪）

◆ Bitbucket

➢ 产生背景

Bitbucket 是 Atlassian 公司提供的一项基于 Web 的版本库托管服务，支持 Mercurial 和 Git 版本控制系统。Bitbucket 既提供免费账号，也提供商业付费方案。免费账号可使用的私有版本库不限数量，但最多可支持 5 名用户（截至 2010 年 9 月）。Bitbucket 能够与 Atlassian 公司的其他产品相集成，如 Jira、HipChat、Confluence 和 Bamboo。Bitb-

---

[1] 参见 https：//about. gitlab. com/services/，最后访问日期 2021 年 5 月 15 日。

ucket 提供的服务类似于 GitHub（仅支持 Git）。BitBucket 的目标用户是开发专有软件的专业开发者，它在 2010 年被 Atlassian 公司收购后此定位更加明确。[1]

➢ 付费方案

Bitbucket 提供了多种付费方案，分别支持数量不同的用户。尽管可以通过邀请 3 位朋友注册 Bitbucket 来扩充私有版本库的使用人数，但最高也只能支持 8 人。升级到付费方案后才能支持更多的用户。

在目前的付费方案中，10 美元/月允许 10 名用户，25 美元/月允许 25 名用户，50 美元/月允许 50 名用户，100 美元/月允许 100 名用户，200 美元/月则允许无限用户。

➢ 主要功能

- 无限制的私有版本库个数；
- 无限制的磁盘空间；
- 同时支持 https/ssh；
- Bug 跟踪；
- 项目 Wiki；
- API 支持；
- 灵活的权限控制；
- 可自定义域名；
- RSS 修改记录输出；
- 自定义下载。

➢ 未来展望

Bitbucket 提供 Git 存储库支持，并不意味着不支持 Mercurial。事实上，为了尽可能获得更大的市场份额，Atlassian 公司认为 Bitbucket 必须提供 Git 存储库托管（还有 Subversion），这样才能在分布式版本控制系统的世界中取得一席之地。因此，分布式版本控制系统已是未来趋势。不管用户选择哪种分布式版本控制系统，Bitbucket 都可以托管其项目。

（撰稿：辜凌云；核对：刘伟斌）

[1] 参见 https：//zh. m. wikipedia. org/zh – hans/Bitbucket，最后访问日期 2021 年 5 月 14 日。

◆ Google Code

➢ 产生背景

Google Code 是谷歌利用自身服务器资源提供的开发人员主页。其最初目的是为谷歌自身的开源软件提供开发平台，以及协助开发者扩展谷歌产品的功能。

➢ 创立过程

随着谷歌开源之夏等项目的推进，Google Code 正在成为一个开放的项目托管平台，类似 Sourceforge，提供版本控制、问题跟踪、Wiki、下载托管等工具。截至 2009 年 3 月，已有超过 50000 个项目以 Google Code 为家。

2015 年 3 月 12 日，谷歌宣布 Google Code 从即日起停止新项目的创建，8 月 24 日整个网站将变为只读状态。2016 年 1 月 25 日，整个 Google Code 被正式关闭。

➢ 主要功能

Google Code 是一个集合了谷歌网站开发工具、应用程序编程接口和技术资源的网站。Google Code 包含谷歌开发工具和应用程序编程接口、讨论组和谷歌开发产品博客，可以提供版本控制、问题跟踪、Wiki、下载托管等工具。

（撰稿：辜凌云；核对：刘伟斌）

五、其他开源组织

◆ 开源专利社区：开源发明网络（Open Inventation Network，OIN）

➢ 产生背景

OIN 社区成立于 2005 年，是世界上最大的专利互不侵犯社区和免费防御专利库。OIN 社区现有中国成员共 99 个。

OIN 是目前为止最大的专利保护社区，旨在维护关键开源软件项目参与者的专利自由，支持开源软件关键元素 Linux 的自由开发环境。核心技术专利互不侵犯符合开源软件内在的文化常态。通过加入 OIN 社区，足以了解社区里的行为诚信与否，帮助社区成员降低专利风险。

➢ 创立过程

OIN 社区成立于 2005 年 10 月 31 日，总部位于北卡罗莱纳州达勒姆。OIN 成立时获得了谷歌、IBM、NEC、飞利浦、索尼、SUSE 和丰田等企业的大力支持，拥有 3400 多位社区成员和 260 多万项专利与专利申请。[1]

➢ 主要职能

该组织主要职能是维护关键开源软件项目参与者的专利自由，支持开源软件关键元素 Linux 的自由开发环境。

➢ 未来发展

目前 OIN 社区拥有 1300 多项美国和国际专利及专利申请。它拥有 Commerce One Web 服务专利（先前由诺威尔公司以 1550 万美元的价格收购），涵盖了当前企业对企业电子商务实践的几个基本要素。OIN 的创始人希望获得这些专利，以鼓励其他人加入，并阻止对 Linux 和与 Linux 相关的应用程序的法律威胁。

（撰稿：辜凌云；核对：庄云霄）

[1] 中国开源软件（OSS）推进联盟. 2021 年中国开源发展蓝皮书［EB/OL］.［2021－05－13］. https：//codechina. csdn. net/COPU/copu/ －/blob/master/static/images/开源蓝皮书 . pdf.

第三章 国内开源组织的建立和发展情况

一、开源标准制定组织

◆ 中国开源云联盟（China Open Source Cloud League，COSCL）[1]

➢ 产生背景

中国开源云联盟成立于2012年8月，是中国最早专注于OpenStack的开源技术联盟。2016年，在工业和信息化部信息化和软件服务业司指导下，中国开源云联盟正式挂靠在中国电子技术标准化研究院，现有我国180余家开源生态圈产、学、研、用成员单位。中国开源云联盟作为国家重点研发计划“云计算和大数据开源社区生态系统”项目的指定开源组织，致力于联合国内开源产业界相关方，在中国共同推动开源生态系统搭建、技术社区建设、开源项目培育、开源团体标准研制、开源技术推广应用以及开源人才培养等工作，是国内主流活跃的开源技术组织之一。

➢ 创立过程

◇ 创始成员

中国开源云联盟创始成员包括中国电子技术标准化研究院（理事长单位）、上海交通大学、中标软件有限公司、英特尔亚太研发有限公司、中兴通讯股份有限公司、华为技术有限公司、浪潮电子信息产业股份有限公司等。

◇ 创立宗旨

中国开源云联盟是由全国从事开源云计算产业相关工作的企事业单位、高等院校、科研院所、社团组织、行业用户等按照自愿、平等、互利、合作的原则成立的社会组织，致力于推动中国开源云计算团体标准研制、技术创新及产业发展，具体工作接受工业和信息化部及相关政府部门的指导和监督。

---

[1] 参见中国开源云联盟官方网站（http：//www. coscl. org. cn），最后访问日期2021年5月15日。

➢ 组织结构

中国开源云联盟下设联盟全会、理事会、开源专家委员会、秘书处等四个主要机构。其中，联盟全会是联盟的最高权力机构。

联盟全会的主要职责包括：①制定和修改联盟章程；②决定联盟的终止事宜，审议年度工作报告；③讨论并决定与联盟有关的重大问题。

理事会是联盟全会的常设执行机构，在闭会期间领导联盟开展工作；理事会由理事长、副理事长、理事、秘书长和常务副秘书长组成。

秘书处下设 WG1（标准化工作组）、WG2（市场推广工作组）、WG3（OpenStack 工作组）、WG4（Ceph 工作组）、WG5（桌面云工作组）、WG6（容器工作组）、WG7（安全工作组）、WG8（SDN/NFV 技术推广组）。各工作组的具体任务分工如下：

■ WG1：负责开展团体标准研究、标准符合性测评以及宣贯培训等工作。

■ WG2：负责推动和组织开展联盟技术推广活动，如组织举办联盟下相关开源技术领域黑客松、meetup、技术沙龙等；负责推动和组织开展联盟市场活动，如优秀案例开发及评选、联盟品牌打造等。

■ WG3：负责组织开展 OpenStack 开源技术研究、开源社区建设以及推动该领域下开源技术的发展。

■ WG4：负责组织开展 Ceph 开源技术研究、开源社区建设以及推动该领域下开源技术的发展。

■ WG5：负责组织开展桌面云技术研究、开源社区建设以及推动该领域下开源技术的发展。

■ WG6：负责组织开展容器技术研究、开源社区建设以及推动该领域下开源技术的发展。

■ WG7：负责组织开展相关开源技术领域下安全技术研究、开源社区建设以及推动该领域下开源技术的发展。

■ WG8：负责组织开展 SDN/NFV 开源技术研究、开源社区建设以及推动该领域下开源技术的发展和技术推广。

➢ 组织架构

中国开源云联盟由成员单位组成，成员证书由联盟颁发、秘书处管理。

凡是中国境内依法注册的、从事开源云计算相关工作的企事业单位、高等院校、科研院所等，自愿提出申请，承认联盟章程，均可申请加入联盟。

加入联盟免费，由联盟成员各自承担参与联盟工作所产生的费用。

联盟成员包括普通成员单位、理事单位、副理事长单位和理事长单位。

联盟由联盟全会、理事会、秘书处、志愿者、工作组组成。

工作组需向联盟理事会提交年度工作计划，经联盟理事会审核通过后生效并由秘书处备案。

➢ 技术特点

中国开源云联盟聚焦在云计算技术领域，开展政策研究和基础共性关键技术研发。

随着开源云计算技术的发展，联盟工作范围以 OpenStack 为切入点，向开源云计算生态圈的其他技术方向延伸，涉及 OpenStack、容器、Ceph、SDN/NFV、安全、桌面云等多个领域，并与多家国际开源组织保持密切合作，联合成员单位共同推进国内外云计算开源事业。

➢ 主要职能

中国开源云联盟的主要业务范围聚焦于云计算技术领域。

中国开源云联盟的主要业务模式包括以下几个。

◇ **政策研究**

■ 研究分析开源云计算发展现状和趋势，发布相关研究报告；

■ 针对开源云计算技术和产业发展的重点和热点问题，研究分析政策需求，并向政府部门提出相关建议；

■ 研究分析开源云计算技术应用需求，并向政府和用户单位提出相关建议。

◇ **标准化工作**

■ 宣传贯彻行业主管部门、国家标准化主管部门的方针政策和规章，协助行业主管部门推动开源标准研制工作；

■ 组织制定开源团体标准，积极推动国家标准和行业标准制定工作，参与国际标准化工作；

■ 组织研究开发团体标准应用推广方案，推动企业和用户有效采用标准；

■ 受政府部门或相关机构委托，组织开展行业标准、国家标准的应用推广工作。

◇ **基础共性关键技术研发**

■ 结合开源云计算发展趋势，组织开展基础共性关键技术研究和应用推广；

■ 积极推动开源云计算社区建设，营造良好的技术研发环境和氛围。

◇ **公共服务**

■ 搭建开源云计算技术和应用知识库、专家库和最佳实践库；

■ 构建开源云计算技术和应用公共技术服务平台，支撑开展开源、共性技术研发，第三方测评等工作；

■ 面向政府、企业、行业提供信息咨询服务；

■ 开展开源云计算相关知识产权事宜的咨询和培训。

◇ **国内外交流与合作**

■ 与开源云计算相关的国内外机构、技术社区、相关行业协会、联盟、科研院所等建立联系，开展相关交流与合作。

◇ **人才培养**

■ 培养开源云计算技术人才，丰富开源云计算技术人才储备。

➢ 组织的运行现状

目前，中国开源云联盟定期组织云计算标准和应用大会以及开源黑客松活动。通过定期举办云计算大会，展示我国云计算国家标准研制的最新成果，发布《下一代云计算白皮书》，分享下一代云计算的架构体系和发展特征，为行业提供高价值的发展路线图，帮助企业加速落地。同时，大会还定期发布我国云计算开源领域的突出成果，展示云计算和开源领域的最新技术趋势和应用创新成效。

中国开源黑客松活动于 2015 年正式发起，每年举办 2 届，至今已连续举办 6 年。活动始终坚持“开放代码、开放设计、开放开发、开放社区”的开源理念，以实现开源项目 bug 修复和代码优化为目标，用实际编程行动鼓励技术创新、创意实践。活动利用多元的应用场景，呈现黑客松团队协作、自由共享、协同创新的理念。

2018 年 7 月，中国电子技术标准化研究院与 Linux 基金会签署战略合作协议，共同成立专家团队，联合推动中国优质开源项目向国际开源社区输送，推动开源项目落地商用，培育开源技术人才，全方位推动开源领域新技术发展事业。2019 年 11 月，中国电子技术标准化研究院与 OpenStack 基金会签署战略合作备忘录，共同推动云计算互联互通开源生态发展。中国电子技术标准化研究院和 OpenStack 基金会将共同制定 OpenStack 生产案例的标准，根据相关标准制定测试计划和案例，进行互操作性评估和认证，进而促进开源生态系统的有序发展。

➢ 组织的重大项目

由中国电子技术标准化研究院牵头，中国开源云联盟推动成立了木兰开源社区，并制定了木兰公共许可证（2021 年 5 月 6 日发布第 2 版）和木兰宽松许可证（2020 年 2 月 13 日发布第 2 版）两个开源许可证。

木兰开源社区（https：//mulanos. cn/）是 2018 年国家重点研发计划“云计算和大数据开源社区生态系统”项目重点成果，由中国电子技术标准化研究院牵头，联合北京大学、国防科技大学、联想、腾讯云以及开源中国、北京航空航天大学、中国科学院软件研究所、西南大学、华为、阿里云、浪潮、新华三、中国电子工业标准化技术协会、东莞中国科学院云计算产业技术创新与育成中心、原湖南酷得网络科技有限公司 16 家单位共同承担。木兰开源社区立足中国，面向国际，联合汇聚国内开源生态圈相关方，共同打造国内开源生态，推动本土开源项目孵化，在推动培育开源贡献文化的同时，与国内外各开源社区融合发展。

2020 年 4 月，木兰开源社区入选工业和信息化部印发的《中小企业数字化赋能服务产品及活动推荐目录（第一期）》。此次，木兰开源社区在“抗击疫情，助力企业复工复产”工作中，聚集国内众多社会力量，汇聚在线会议、协同开发、在线教育等 5 类软件资源，为减少人员聚集、有效抗击疫情、努力保持生产生活的平稳有序提供了强有力支撑。

2020 年 2 月 12 日，国家重点研发计划“云计算和大数据开源社区生态系统”项目重要成果木兰宽松许可证第 2 版（Mulan PSL 2.0）经过严格审批，正式通过 OSI 认证，被正式批准为国际类别开源许可证（International licenses）。Mulan PSL 2.0 在 Mulan PSL 1.0 的基础上明确了许可证规范语言。OSI 表示：“中文版的开源许可证可以鼓励广大中国社区积极参与开源，同时也是对已批准开源许可证列表的宝贵补充。”

木兰宽松许可证第 2 版通过认证意味着其正式具有国际通用性，可被任一国际开源基金会或开源社区支持采用，并为任一开源项目提供服务，是木兰开源社区的重要成果。同时，木兰宽松许可证第 2 版是首个由中国开源产业界联合编制并通过 OSI 认证的开源软件许可证，也标志着我国开源界在立足中国贡献全球方面取得突破性进展。

➢ 市场需求和国家政策

云计算服务（上云）的市场需求和开源相辅相成，是未来技术发展大势所趋。云已成为各行业数字化转型的重要工具。从国家到产业界，从上到下齐力推动上云进程。国家层面出台各种政策以及举措，积极推动企业上云。

各大厂商也在不遗余力推动万物上云。同样，中国开源生态的发展，也离不开整个产业界从上到下的共同努力。

中国开源云联盟通过定期举办云计算标准和应用大会，解读云计算最新技术趋势，分享相关解决方案及成功经验，为万物上云和开源产业发展提供思路与方法，从而释放云计算和开源的巨大市场潜力和价值，在助力各行业的数字化转型的同时，也可以对中国开源市场的发展起到推动作用。

➢ 学术讨论

对于云计算未来技术究竟往哪个方向演进，产业界和学术界目前没有统一的认识。

中国开源云联盟通过定期组织云计算大会，邀请国内外云计算行业知名专家学者和一线创新企业分享自身在云计算方面的前沿技术研究和实践成果，分享云计算领域的前沿技术（如 5G 和边缘云计算）。

中国开源云联盟定期的学术讨论，不仅对云计算行业有重要的促进作用，也吸引更多力量去积极地投入技术创新，推动国内云计算行业前沿技术的发展。

➢ 行业倡议

为了构建云计算发展新生态，使得下一代云计算技术在未来可以得到更好的发展，中国电子技术标准化研究院提出了下一代云计算的倡议，紧紧围绕产业数字化转型的战略目标，希望与业界一起构建云计算发展新生态。

通过定期举办论坛，从政策解读、未来趋势、市场环境、技术标准等多个角度，与行业从业人员共同探讨下一代云计算的边界与内涵，多方位诠释下一代云计算的技术内容，共同构建下一代云计算技术标准。

➢ 行业影响

由产、学、研、用各领域的领先企业和单位共同建立的中国开源云联盟，致力于 OpenStack 开发、操作系统支持、性能优化、规模部署，通过业界合作，针对不同应用领域，探索 OpenStack 的解决方案，并与业界分享，促进 OpenStack 的产业化应用。同时，联盟将工作成果代码返回 OpenStack 全球开源社区，提升中国区对 OpenStack 全球社区的影响力。

➢ 存在的不足

木兰开源社区与国外成熟的开源社区相比，活跃度仍有待提升。另外，木兰宽松许可证的国际化程度也有待进一步提高。目前国际上比较有影响力的开源项目仍选择采用国外主导的开源许可证，如 Apache 许可证 2.0、BSD 许可证和 MIT 许可证，木兰宽松许可证尚未成为国际上有影响力的开源许可证。

➢ 未来展望

中国已经具备了全球最大的开发者群体，随着开源在各领域的深入推广和普及，以及在深度信息技术发挥的关键作用，中国的开源社区将成长为全球最活跃的开发者社区之一，无论是项目规模还是技术开发者的活跃度。中国主导的开源许可证也将被越来越多的开源项目所接纳，成为有全球影响力的通用许可证。

（撰稿：曹卫良；核对：徐美玲）

◆ 中国开源软件推进联盟（China OSS Promotion Union，COPU）[1]

➢ 产生背景

2004 年 7 月 22 日，中国开源软件推进联盟正式成立。联盟是在政府主管部门指导下，由致力于开源软件文化、技术、产业、教学、应用、支撑的企业、社区、客户、高校、科研院所、行业协会、支撑机构等组织自愿组成的、民主议事的民间行业联合体，属于非独立社团法人组织。

➢ 创立过程

◇ 创始成员

中国开源软件推进联盟创始成员包括华为、阿里巴巴、百度、腾讯、京东、联想、小米、滴滴出行、CSDN、中标软件、普华基础软件、中科创达、北京大学、清华大学、国防科技大学、北京交通大学、中国标准化研究院等。

◇ 创立宗旨

联盟的宗旨是为推动中国开源软件（Linux/OSS）的发展和应用而努力，为促进中日韩之间以及中国与全球其他国家和地区关于开源运动（Linux/OSS）的沟通、交流与合作而努力，为促进全球开源运动（Linux/OSS）而努力。

◇ 组织结构

中国开源软件推进联盟下设主席、副主席、理事会、秘书处、专家委员会等机构。

➢ 主要职能

中国开源软件推进联盟的主要业务是为推动 Linux/OSS 的发展，充分发挥联盟在政府与企业之间有关立法、政策、规划和环境建设方面的桥梁、纽带与促进作用，充分发挥联盟在企业与用户，企业与企业，企业与社区，中外企业/社区之间，企业与科研、教育、支撑机构之间关于研发、生产、教育、培训、测试、认证、标准化、应用等方面的沟通、交流、合作、推进的桥梁、纽带与促进作用。

➢ 重大项目

中国开源软件推进联盟定期举办开源中国开源世界高峰论坛和东北亚开源软件推进论坛。开源中国开源世界高峰论坛每年 6 月由中国开源软件推进联盟主办，自 2006 年起至 2020 年已成功举办了 15 届，是我国开源界一年一度的盛会，也是具有深远影响

---

[1] 参见中国开源软件推进联盟官方网站（http：//www. copu. org. cn），最后访问日期 2021 年 5 月 15 日。

的国际学术论坛。通过定期举办的开源高峰论坛，开源志愿者和爱好者可以交流开源社区建设的经验，推广开源教育的先进典型，并向峰会推荐、交流开源的创新亮点。在政府有关部门支持下，高峰论坛有力地促进了开源社区、企业、院校、科研机构、用户相互之间的沟通、共享和协作，促进了中外开源社区、企业之间的交流和合作，并推动了开源软件在中国和全球的发展。

2018 年 6 月，在第十三届开源中国开源世界高峰论坛上，中国开源软件推进联盟开源工业 PaaS 分会正式揭牌成立。分会旨在联合相关企业、科研院所、行业协会、个人等多方力量，共同推动开源工业 PaaS 事业发展，充分发挥分会在企业、用户、科研、教育、支撑机构之间的桥梁、纽带与促进作用。

2021 年 5 月 10 日，由中国开源软件推进联盟发起，联合中国电子信息产业发展研究院、中国电子技术标准化研究院、中国开发者社区 CSDN、中国网络空间研究院、开源社、开源中国、北京大学、国防科技大学、华东师范大学等几十家高校、科研院所、科技企业，共同发布了《2021 中国开源发展蓝皮书》（以下简称《蓝皮书》）。《蓝皮书》全面阐述了中国目前在开发者、开源项目、开源社区、开源基金会与开源组织、开源教育等方面的发展现状。《蓝皮书》还进一步介绍了开源的商业模式、开源面临的机遇和挑战以及我国对国际开源资源的贡献等内容，最后给出了对中国开源事业发展的建议。

➢ 主要成就

中国开源软件推进联盟自 2004 年成立以来，致力于建设中国的开源生态系统，成绩斐然。联盟通过提倡开源教育，发展产业链伙伴关系，支持各种开源组织活动，推动了国内外开源界的交流与合作，成为沟通政府与企业联系的渠道，促进了产学研用的结合。联盟定期举办的开源中国开源世界高峰论坛，通过邀请国际开源界的领袖、大师和国内知名专家院士、跨国公司（ICT 企业、互联网企业）高层主管和资深专家，相互交流开源社区建设及加大贡献的经验，推广开源教育的先进典型，极大地促进了中外开源社区、企业之间的交流和合作，推动了开源软件在中国和全球的发展。

中日韩合作成立的东北亚开源软件推进论坛，充分利用现有三国合作交流平台，吸引和鼓励开源爱好者、企业、组织等参与、开展开源项目合作，共同推进三国开源事业发展。在移动互联网、云计算、物联网、智慧城市、大数据、信息安全技术和人工智能等领域，中日韩三国通过交流和研究合作，共同推动开源最新技术发展和开源技术应用推广，推进和开拓开源软件成熟度评估标准服务与应用。

➢ 未来展望

展望未来，中国开源事业的发展和完善不能单靠一两项开源技术的突破，而要立足于建设开源的生态系统。所谓开源的生态系统，是指开源技术、开源系统通过物质、能量和信息交换，与开源的外部环境（指闭源系统、社会环境和经济环境）产生竞争关系、重构关系、协同关系和适应关系，进而构成一个相互作用、依赖、发展或此长彼消的整体。

（撰稿、核对：曹卫良）

二、开源许可证管理组织

◆ 中国开源云联盟（China Open Source Cloud League，COSCL）[1]

中国开源云联盟不仅是国内首家开源标准制定组织，还是“木兰宽松许可证（第2版）”的管理组织。该许可证的主要特点和中文版正文详见本书中篇“开源许可证及政策汇解”部分。该组织的产生背景、创立过程、创立宗旨、组织结构、技术特点、主要职能等内容前文已介绍，此处不再赘述。

◆ OpenI 启智新一代人工智能开源开放平台（“启智平台”或“OpenI”）

如本书中篇“国内开源许可证及政策汇解”部分所介绍，新一代人工智能产业技术创新战略联盟（AITISA）制定并发布了人工智能开源行业的许可证——启智开源许可证。AITISA 正是启智平台的发起方之一。启智平台负责对“启智开源许可证”进行管理和更新维护。下文就该平台的产生背景、创立过程、组织宗旨、主要职能、知识产权政策、商标政策、未来展望等内容进行介绍。

➢ 产生背景

人工智能的概念早在1956年就被提出，而人工智能的发展并非一帆风顺、一路向前，其间也经历了两次低谷。中国的人工智能起步较晚，发轫于20世纪70年代末，但在互联网技术的蓬勃发展和持续创新之下，当前中国人工智能已正式进入了高速发展阶段。从当前科技发展状况来看，人工智能可谓新一轮科技革命和产业革命的核心驱动力。在激烈的国际赛场上，抢占全球人工智能的战略高地已成各国共识。为此，我国也积极将人工智能研究与发展纳入国家发展战略规划。在这场变革浪潮中，开源于

[1] 该部分内容参考自中国开源云联盟官网（http://www.coscl.org.cn），最后访问日期2021年6月5日。

技术创新、数字变革、生态构建等领域发挥着示范引领作用，并渐趋成为人工智能时代有力推动我国信息技术发展的中坚力量。

如何利用开源力量赋能企业和开发者攻坚克难、协同创新，如何依托开源共享精神泽被用户、播撒雨露，成为 AITISA 聚焦的关键所在。

承载着“新一代人工智能开源开放平台”的使命与梦想，凝结了产学研用各领域的砥砺创造，“一体两翼”的开源开放平台——启智平台（OpenIntelligence，OpenI）应运而生。该组织旨在通过聚力产学研，协同共建同享人工智能开源社区，助力人工智能产业的快速发展。❶

➢ 创立过程

2017 年 7 月，国务院印发了《新一代人工智能发展规划》。这个规划在全世界范围引起了广泛关注。它提出了“到 2030 年人工智能理论、技术与应用总体达到世界领先水平，成为世界主要人工智能创新中心，智能经济、智能社会取得明显成效，为跻身创新型国家前列和经济强国奠定重要基础”的战略目标，还提到了“科技引领”“系统布局”“市场主导”“开源开放”四条中国发展人工智能的基本原则。OpenI 即是在国家实施新一代人工智能发展战略背景下，由 AITISA 组织产学研用通力协作共建共享的开源软件开源硬件开放数据超级社区，肩负着“新一代人工智能开源开放平台”的使命与梦想。

2017 年，新一代人工智能产业技术创新战略联盟所打造的 OpenI 于青岛成功发布。该平台汇集了产学研领域的优秀创新成果，并为人工智能开源项目提供协同开发、代码管理、人才培养等社区协同创新及项目孵化服务。❷

为保证 OpenI 的正常运营，平台设理事会为最高权力机构，并下设秘书处、技术委员会、用户委员会、顾问咨询委员会（智囊团）等以及若干工作组。其次，平台还配有完善的社区章程，从平台创建宗旨、会员制度、组织架构、工作流程及会议、经费来源及使用、商标与域名管理、知识产权等方面作出细致规定。❸

在如此完备的管理与运营模式下，OpenI 自创立至今得到了飞速发展，并成为人工智能开源开放平台中的领路人。

OpenI 前期主要参与单位有：鹏城实验室、北京智源人工智能研究院、华为、百度、北京大学、国防科技大学、北京航空航天大学、阿里巴巴、腾讯、科大、讯飞、商汤、滴滴、美团、小米、字节跳动、微软、寒武纪、Intel、NVIDIA、中科院微电子所、中国科技大学、清华大学等。

---

❶ 参见 http://science.china.com.cn/2019-12/23/content_41007279.htm，最后访问日期 2021 年 5 月 14 日。

❷❸ 参见 https://www.openi.org.cn/html/Club/2019/0227/16.html，最后访问日期 2021 年 5 月 14 日。

➢ 组织宗旨

该平台旨在促进人工智能领域的开源开放协同创新，构建 OpenI 的技术链、创新链和生态链，推动人工智能产业健康快速发展及其在社会经济各领域的广泛应用。AITISA 以自主知识产权的 AVS 十五年产业共性标准制定和知识产权管理工作为基础，结合中国开源多年推进工作最佳实践的成果和能力，借助人工智能正在重新定义开源的契机，提出了开源开放平台“一体两翼”的工作部署，汇聚中国及全球学术与产业及社会力量，构建生态驱动的 OpenI 开源软件、开源硬件和开放数据超级社区，开展“创智”开源创新、“赛智”开放竞赛、“启智”开源培训、“有智”生态建设等赋能活动，沉淀优质内容、凝聚优秀人才、突破核心技术，共同探讨新时代新规则新秩序大背景下，对代码共享、社区共治、社会共情的技术经济命运共同体的共识，打造国家人工智能的开源开放平台，为中国人工智能的全面发展“赋能”，包括基础研究和重大应用。

➢ 主要职能

■ 构建生态驱动的 OpenI 开源软件、开源硬件和开放数据超级社区；

■ 开展“创智”开源创新、“赛智”开放竞赛、“启智”开源培训、“有智”生态建设等赋能活动，沉淀优质内容、凝聚优秀人才、突破核心技术，共同探讨新时代新规则新秩序大背景下，对代码共享、社区共治、社会共情的技术经济命运共同体的共识；

■ 打造国家人工智能的开源开放平台，为中国人工智能的全面发展“赋能”，包括基础应用和重大研究；

■ 建立从学术智能、工程智能到社区智能持续驱动的新的开发生态、新的学习生态、新的工程生态、新的应用生态等产学研用融合生态系统，建设万物有智的科技商业新生态。

➢ 组织架构

OpenI 理事平台最高权力机构为理事会，下设秘书处、技术委员会、用户委员会、顾问咨询委员会（智囊团）等以及若干工作组。

除非章程另有规定，理事会可以行使 OpenI 的所有权力，享有会员大会书面授予的其他职权，包括：

■ 决定 OpenI 的运作方针和计划；

■ 修改和审批 OpenI 章程及组织管理文件；

■ 选举和更换理事长；

■ 审批 OpenI 财务预算；

■ 决定增减理事会成员；

■ 审批核心会员加入与退出，审定高级会员资格，授权普通会员加入退出的工作办法；

■ 对 OpenI 的项目成果发布、组织架构变动、重大技术决策等进行审批。

秘书处负责 OpenI 日常运营事务及重大活动的组织协调工作，支持并协调各委员会和工作组工作，对外联络其他联盟、协会、学会等组织。

技术委员会。技术委员会享有如下职权：

■ 管理 OpenI 项目，包括确定 OpenI 技术发行版本及商标符合性使用的范围；

■ 协助理事会制定“OpenI 商标政策”及“OpenI 知识产权政策”。

■ 如三名以上技术委员会委员提出书面请求，理事会应任命一名调解员，协助解决技术委员会的任何争议或僵局。

用户委员会享有如下职权：

■ 建立和管理不属于理事会或技术委员会授权的 OpenI 工作组；

■ 确定工作组的领域及工作范围；

■ 如三名以上用户委员会委员提出书面请求，理事会应任命一名调解员，协助解决用户委员会的任何争议或僵局。

法规事务委员会是理事会的咨询委员会，应符合理事会通过的法规事务委员会的标准。法规事务委员会应就以下事项的管理向理事会提供咨询意见：

■ 遵守和执行“商标政策”；

■ 促进并有效保护 OpenI 技术委员会核准发布的知识产权的战略，包括（但不限于）解决专利和其他知识产权问题以及与成员使用 OpenI 技术委员会批准的发布策略有关的争议；

■ 所有计划中理事会正在审议与知识产权管理和保护有关的问题。

➢ 知识产权政策

◇ 软件许可证和贡献协议

社区应接受按照“OpenI 启智许可证协议”条款所作的软件贡献。理事会可以酌情通过决定采取其他的贡献者许可协议，以适合某些组织或贡献者的方式，如允许在 Apache许可证 2.0 下发布的条款，并可能要求在代码贡献中包含 Apache 许可证 2.0 的许可证头。

除非理事会另有决议，OpenI 应根据“OpenI 启智许可证协议”在 OpenI 技术委员会核准的版本中分发软件。

◇ 知识产权归属原则

会员加入 OpenI 之前所拥有的知识产权，其全部权利仍归原权利人所有，但鼓励权利人同意以公平、合理、无歧视的原则将社区制定的 OpenI 规范相关的知识产权许可会员实施 OpenI 规范的目的时使用；如果会员拥有的知识产权成为 OpenI 社区的必要知识产权，而且是在提交技术方案之前形成的，则在 OpenI 项目完成后交由全体会员审阅期间（一般为 30 天）结束之前，该会员有权对该知识产权作出具体披露，并且明确表示拒绝许可，则不受上述许可义务的约束。

会员加入后，由社区组织、独自完成并拥有的知识产权，其全部权利归权利人所有，但权利人应同意以公平、合理、无歧视的原则将与 OpenI 相关的知识产权许可给组织成员使用。

会员在加入后，由社区组织、共同完成并共同拥有的知识产权，其全部权利归作出实质性贡献的会员单位共同拥有，但权利人应同意以公平、合理、无歧视的原则将与 OpenI 相关的知识产权许可给其他会员使用。理事共同拥有的知识产权由技术委员会确定知识产权的申请实施。

上述三款许可的截止期限为联盟终止日期，该期限不受会员退出社区所限。退出会员应继续将与 OpenI 相关的知识产权以公平、合理、无歧视的原则许可给其他会员使用。

上述知识产权范围包括但不限于专利、著作权等。

➢ 商标政策

OpenI 的商标政策由理事会决定，可以由理事会修改。OpenI 商标仅用于推广“商标政策”中规定的 OpenI 项目或与 OpenI 项目相关的服务或产品。经理事会批准后，秘书处应将“商标政策”公开发布在 OpenI 官网上。

➢ 未来展望

OpenI 的高速发展有赖于我国当前对于人工智能领域强有力的战略引领和技术支持、丰富的人工智能应用场景、海量的数据资源、人才储备和成长所带来的技术能力的飞跃以及开放的市场环境等因素所共同打造的优渥环境。

囿于我国人工智能的技术短板仍然未能得到完全清除，OpenI 实现其创立宗旨任重道远。

此外，在营造国内完整人工智能生态链的同时，平台还必须将参与国际人工智能开源生态建设列入发展规划之中，以最终成为具有高度国际影响力的人工智能开源开放平台、为中国抢占全球人工智能战略高度奠定根基。❶

OpenI 基础设施及支撑环境共建工程正在鹏城实验室 AI 中心大楼及人工智能国际研发中心进行，包括世界级的 AI 超算集群、OpenI 启智深圳基地、OpenI 北京智源社区、新一代人工智能产业创新联盟“启智空间”等。未来分布全国的新一代人工智能重大基础设施正在规划建设中。

（撰稿：岳娆、王董咪、张燕；核对：庄云霄）

---

❶ 参见 https：//www. leiphone. com/category/ai/d6AMeGdQFCih4ifT. html，最后访问日期 2021 年 5 月 14 日。

三、开源项目集中管理组织

◆ 开放原子开源基金会（OpenAtom Foundation）

➢ 产生背景

在开源运动激荡发展的 20 年里，中国企业、个人和组织逐渐从索取变为参与，最终在一定技术水平和影响力的基础上开始由被动变为主动，改变以往索取和被动参与的姿态，主动参与到开源运动中，开始作出属于自己的深度贡献。2020 年，由民政部登记、工业和信息化部主管，中国迎来了首个开源软件基金会——开放原子开源基金会。

➢ 创立过程

开放原子开源基金会是在中华人民共和国民政部登记注册，旨在推动开源公益事业发展的非营利性、公益性法人。基金会业务范围包括募集资金、专项资助、宣传推广、教育培训、学术交流、国际合作、开源生态建设、咨询服务等开源软硬件相关活动。

基金会为各类开源项目提供中立的知识产权托管，保证项目的持续发展不受第三方影响，通过开放治理寻求更丰富的社区资源的支持与帮助。开放原子开源基金会是中国首个以开源为主题的基金会，2020 年 6 月 15 日进行登记设立。

基金会的使命是“一切为了开发者，一切为了全世界”。基金会的愿景是“成为国际一流的开源基金会”。基金会的价值观为“追求卓越，开放透明，务实奉献”。

➢ 基本职能和组织结构

据基金会介绍，开放原子开源基金会是开源项目的孵化器、连接器与倍增器。通过对开源代码的开放治理以便于形成事实标准，连接产学研共建生态，为开源项目找到更多的应用场景。

基金会主要由三个组织机构组成，即理事会、技术监督委员会和秘书处。

理事会是基金会的日常管理机构，其具体职能和组织结构如下：

- 负责审议和修改基金会章程；
- 设理事长、副理事长和秘书长，均从理事中选举产生；
- 理事长是基金会的法定代表人。

技术监督委员会是基金会内中立的技术决策机构，为基金会提供技术视野与指导，定义技术相关的原则、流程；审核、批准项目进入孵化、毕业，促进项目之间的生态联系，促进项目间的合作；定义导师职责，审核、批准导师资源池名单；接受用户委员会的反馈并转达至项目等；

秘书处是基金会的执行机构，负责基金会日常运营事务的相关工作，由专职的团队提供法务、营销、社区运营、基础设施建设等支撑工作。

➢ 未来展望

截至目前，已有鸿蒙 OS、XuperChain、Pika、TKEStack、UMBL、ZNBase、TencentOS、AliOS Things 等来自阿里巴巴、百度、华为、浪潮、腾讯、360 公司和招商银行等企业的 10 大项目加入孵化，在区块链、操作系统、物联网、云服务、数据库、工业互联网等多个领域开展世界级的开源项目的孵化行动，同时联合多所高校及公益机构成立了“开放原子大学”这一开源教育培训平台。开放原子开源基金会是一个充满活力、锐意创新的团队，在未来的发展过程中将会面临多种机遇和挑战。但基金会以“1 + 3 + N”的运营模式，通过与其他国际开源基金会、开源社区携手合作，通过共建、共治、共享，相信在未来将有更加充分、深入的发展。

（撰稿：岳娆；核对：庄云霄）

◆ OpenI 启智新一代人工智能开源开放平台（“启智平台”或“OpenI”）[1]

启智平台不仅是“启智开源许可证”的管理和维护平台，更是上百个开源项目的集中管理平台，并在章程中制定了激励规则和知识产权政策，以鼓励开发者积极参与社区讨论和项目运营。

截至 2022 年 6 月，该平台已经孵化了诸如 Sedna（分布式 AI 协同框架）、ModelBox（端边云场景的 A 推理应用开发框架）、Neuhub（智能供应链开源工具）、HARIX（面向机器人交互操作的模型库项目）和智立方（开源 AI 算能服务平台）等诸多业内知名开源项目，合作方包括华为、百度、商汤、旷视、北京大学深圳研究生院、微众银行等诸多知名企业、高校或研究机构。

（撰稿：王董咪；核对：庄云霄）

---

[1] 参见 https：//openi. org. cn/projects/，最后访问日期 2022 年 6 月 19 日。

四、开源代码托管网站

◆ Gitee

➢ 产生背景及创立过程

2012 年，开源平台 Red Hat 的年收入突破 10 亿美元大关，OpenStack 引领云平台发展趋势，Hadoop 扎根大数据领域，开源在主流技术领域中已崭露头角并受到高度认可和广泛欢迎。❶

2007 年，Gitee 创始人马越回国创业之初，国内开源还是一片荒芜。但在国内开源支持者的不竭努力以及国外蒸蒸日上的开源事业的积极影响之下，2013 年，开源中国便创立了基于 Git 的代码托管和研发协作平台——Gitee（码云），为用户提供团队协作、源码托管、代码质量分析、代码评审、代码测试、代码演示平台等系列服务。

目前该平台几乎汇聚了所有本土原创开源项目，且该平台开发者已超 600 万个，托管项目超过 1500 万个，开源码仓也超过了 350 个，此外 Gitee 还于 2016 年推出企业级代码托管服务，一跃成为开发领域遥遥领先的 SaaS 服务提供商。❷

➢ 主要职能

Gitee 作为国内卓越的代码托管和研发协作平台，其不仅具有汇聚优秀本土开源作者、吸引各类各样开源项目的基础功能，更可为用户提供以在线 IDE 为支撑的代码直观轻松浏览、多维度的开源项目成熟度识别、高效的代码评审等特色服务。❸

在国内的代码托管平台中，Gitee 可谓一枝独秀，这也与其庞大用户群体的贡献是紧密相关的。当前，Gitee 已吸引了超 600 万个开发者的参与，同时每天的新增用户数量已超 6500 名。此外，Gitee 上的代码仓也在以每天 15000 个的速度增长。

Gitee 的开放连接能力也经受住了长期的考验，迎来曙光。目前 Gitee 所连接的阿里云、腾讯云、百度云、华为云等的开源项目主体还存在着直接竞争关系，而 Gitee 的价值正在于将其全面展示给用户，供开发者自由选择。❹

---

❶ 参见 https：//developer. aliyun. com/article/21967，最后访问日期 2021 年 5 月 13 日。
❷ 参见 https：//gitee. com/about_us，最后访问日期 2021 年 5 月 13 日。
❸ 参见 https：//portrait. gitee. com/，最后访问日期 2021 年 5 月 13 日。
❹ 参见 https：//mp. weixin. qq. com/s/je4QWoDVG9CnSlEFD8cVLg，最后访问日期 2021 年 5 月 14 日。

➢ 未来展望

Gitee 创立至今，其最核心的成就在于：

■ Gitee 有效提高了开发者的访问速度，目前 Gitee 的开发速度可达到 GitHub 的 10 倍；

■ 该平台的全中文环境大大便利了中国程序员的交流、使用等日常工作需求；

■ 最为重要的一点，开源软件也让我们免受贸易摩擦背景下外商垄断商业软件，从而遏制中国软件行业发展的巨大风险。❶

正如 Gitee 的创始人马越所明确的，Gitee 并非简单的代码托管平台，而是一个汇集中国最前沿的科技创新成果的云开发平台，代码托管可能只是其数百核心功能中的一个。Gitee 在继续繁荣本土开发者生态的同时积极参与到世界开源生态的建设中，以期最终成为可与 Github 比肩抗衡的世界级平台。❷

◆ CODE CHINA

➢ 产生背景和创立过程

随着计算机技术的发展，开源已在全球技术应用和行业数字化发展中显示出其卓越优势，同时很多企业还利用开源形成了新的商业模式，加速了全球科技和商业的发展步伐。

在开源浩浩荡荡、势不可挡的发展大潮中，中国也逐渐成为全球开源生态的主要使用者和核心贡献者，中国开源的黄金时代已然来临。❸

早在 2013 年，中国专业 IT 开发者社区 CSDN 就推出了开源代码托管平台 CODE，历经 7 年摸索，终于在 2020 年 9 月正式推出全新升级的代码托管平台 CODE CHINA。

截至 2021 年 2 月 25 日，自 CODE CHINA 新版本升级以来，该平台已吸引超 17 万名用户，公开项目也超 2 万个。❹

➢ 主要职能

基于全球顶级的代码托管平台 GitLab，CODE CHINA 不仅具备 GitLab 的先进技术，还进一步适应了本土用户的使用习惯，并延续了 CSDN 社区“成就一亿技术人”的远大使命，致力于为全球中文开发者提供开源软件的开发、运营、使用等全方位服务，以参与开源、贡献开源、创造开源。

---

❶❷ 参见 https：//mp. weixin. qq. com/s/je4QWoDVG9C⊐SlEFD8cVLg，最后访问日期 2021 年 5 月 14 日。

❸ 参见 https：//www. sohu. com/a/417570926_115128，最后访问日期 2021 年 5 月 14 日。

❹ 参见 https：//mp. weixin. qq. com/s/UEaDPkHUEpuP7VclMVBI_Q，最后访问日期 2021 年 5 月 14 日。

作为独立的第三方开源平台，CODE CHINA 不仅会充分对接国内外各大公司、机构和个人开源项目，为开源开发者与用户的交互提供畅通渠道，同时还助力国内开源文化及社区的发展，以营造强竞争力的软件开发环境。与此同时，CODE CHINA 在上线之初便面向全球开源生态，通过对接国内外优秀开源项目的方式，促进全球开源技术共同体的共创与共享。❶

➢ 未来展望

随着开源商业化模式以及开源生态条件的日益成熟，开源已然成为技术创新发展的核心力量。全面升级的 CODE CHINA 所承载的时代使命便是"积极探索开源如何在更广阔的领域、更多的场景，释放更大价值"❷，并促进开源的使用与贡献，营造成熟繁荣的开源生态。

◆ OpenI 启智新一代人工智能开源开放平台（"启智平台"或"OpenI"）

除了直接与合作方开发开源项目，启智平台还建设了项目托管平台——启智 AI 协作开发平台❸，为非官方项目开发者提供代码托管服务，并允许所有开发者在该平台框架内，对开源项目中的代码文件进行编辑或版本更新协作。该平台与传统 git 平台最大的不同就在于，提供了面向 AI 开发的协同开发环境，开发者可以根据使用需求，自由选择平台方提供的服务器资源，以测试 AI 模型在不同硬件环境下的适配能力、性能、稳定性等。

（撰稿：张燕；核对：庄云霄）

五、其他开源组织

◆ CSDN 社区

➢ 基本概况

中国软件开发者社区 CSDN（Chinese Software Developer Network），创立于 1999 年。截至 2021 年 3 月，CSDN 拥有超过 3200 万名注册会员，Alexa 全球网站综合排名第 26

---

❶❷ 参见 https：//blog. csdn. net/weixin_48193717/article/details/108527155，最后访问日期 2021 年 5 月 14 日。
❸ 参见 https：//git. openi. org. cn/，最后访问日期 2022 年 6 月 19 日。

位，社区技术文章累计超过3600万篇，新媒体公众号粉丝总量超2400万，合作上千家科技公司。

旗下拥有全球最大的中文软件开发者社区CSDN. NET、专业技术博客CSDN BLOG、在线学习平台程序员学院、中国特色的代码托管平台CODE CHINA、高校合作平台CS-DN教育、IT技术人才猎头服务科锐福克斯等，全力为中国IT技术人提供知识传播、在线学习、职业发展、工具赋能等全生命周期服务，是技术创新、行业创新、中国自主IT生态重塑的开发者黄金时代最优云服务平台。

➢ 主要职能

■ 知识赋能：CSDN社区通过旗下的CSDN技术社区、CSDN新媒体矩阵、CSDN学院、GitChat、高校俱乐部以及发布行业报告等，为开发者信息技术交流提供平台，促进技术发展。

■ 工具赋能：CSDN社区通过AI社区——在线实验平台，提供拟真实验环境，让学员学习后直接具备在公司真实线上环境完成分配的工作内容的能力，全面提升学员基础能力、编码能力、实战能力，一次补齐后续工作中所有短板。

■ 职业赋能：通过科锐福克斯公司，专注于为互联网与高科技领域提供高质量人才。

■ 特色服务：CSDN社区还提供其他特色服务如IT人才服务、CSDN人才服务、IT项目外包服务等。

◆ OpenVINO 中文社区

➢ 产生背景[1]

OpenVINO中文社区成立于2020年5月16日，社区秉承“开源、开放、共创”的理念，致力于通过定期举办线上与线下的沙龙、动手实践及开发者交流大会等活动，促进人工智能开发者之间的交流学习。

在过去的两年时间里，英特尔OpenVINO工具套件因其加速深度学习并将视觉数据转换为业务洞察的强大优势，在中国已携手众多生态合作伙伴通过人工智能与前沿技术及开发平台深度融合，在工业的预测维修、智慧城市的交通管理、医疗健康的辅助诊断、教育行业的智慧教室等多个场景打造出了多样化的视觉应用解决方案，充分释放出“智能边缘”的强大潜力。OpenVINO工具套件也因其卓越的性能、开放性和灵活

[1] 电子产品世界. OpenVINO中文社区成立，以开放开源共创平台助力智能边缘未来”[EB/OL].(2020-05-19)[2021-05-16]. http://www. eepw. com. cn/article/202005/413267. htm.

性，在中国的开发者群体中收获了一众忠实粉丝。OpenVINO 中文社区的成立是粉丝们为 OpenVINO 献上的一份特别的生日礼物，也为人工智能开发者们打造了共创共享的信息家园。

➢ 创立过程

OpenVINO 中文社区主要是基于 OpenVINO 套件的运用所成立起来的组织。OpenVINO 的工作人员根据开发者的建议不断改进，希望给予开发者们一个更好的体验。

OpenVINO 社区与 OpenVINO 产品之间是一个不断促进的过程。对于 OpenVINO 产品的运用，不仅海外的开发者需要有交流的平台，国内更需要类似的平台，由此 OpenVINO 中文社区应运而生。

➢ 主要职能

作为开源技术交流社区，针对 OpenVINO 产品进行交流，同时举办各类技术分享活动和提供资源，借社区之力提升个人技术技能与个人价值，促进成员们的深度交流学习。

➢ 未来展望

OpenVINO 中文社区将继续服务于国内 OpenVINO 产品运用开发者，为其提供技术交流平台，不断改善自身的产品，同时促进技术的流通和共享。

◆ 开源中国社区（Open Source China，OSCHINA）[1]

➢ 产生背景

开源中国社区是目前领先的中文开源技术社区。该社区传播开源的理念，推广开源项目，为 IT 开发者提供了一个发现、使用并交流开源技术的平台。

➢ 创立过程

开源中国社区成立于 2008 年 8 月，其目的是为中国的 IT 技术人员提供一个全面的、快捷更新的用来检索开源软件以及交流使用开源经验的平台。目前该社区已收录 17000 多款开源软件。

经过不断的改进，目前开源中国社区已经形成了包含开源软件库、代码分享、资

[1] 内容参见 https：//baike. baidu. com/item/% E5% BC% 80% E6% BA% 90% E4% B8% AD% E5% 9B% BD/5462428？fr = aladdin，最后访问日期 2021 年 5 月 16 日。

讯、讨论区和博客等在内的几大频道内容。

➢ 主要职能

开源中国社区目前拥有四大板块：社区、码云、招聘、众包。

开源中国推出的大型云端开发平台，将软件开发全流程云端化，提供云端代码托管、质量扫描、项目演示以及项目管理/团队协作功能。码云平台将开发过程放上云端的直接目标是解放开发者，使其可不受开发环境的限制，随时随地进行工作。而解放开发者的终极目标应该是帮开发者获得经济自由和时间自由，最大化个人价值。

开源中国是一个立足于 IT 技术人员招聘的垂直领域招聘平台，依托开源中国社区，为程序员、开发者量身定做属于程序员、开发者的简历，并基于开源中国社区的数据，在求职者允许的情况下，自动推荐人才给人力资源部门。

开源中国众包平台是一个共享经济下的软件发布、项目发包接包、悬赏开发、雇佣开发者的服务平台。

➢ 未来展望

2013 年，开源中国建立起大型综合性的云开发平台——码云，为中国广大开发者提供团队协作、源码托管、代码质量分析、代码评审、代码测试、代码演示平台等功能。开源中国社区将继续为广大 IT 开发者提供技术信息交流服务，为促进开源工作不断努力。

◆ EdgeX Foundry 中文社区

➢ 产生背景

EdgeX Foundry 中文社区是一个由 Linux 基金会主持、供应商中立的边缘计算开源项目，旨在为物联网边缘计算提供开放、可扩展的平台。社区致力于为技术人员提供分享和交流的平台，推动 EdgeX Foundry 在国内的普及和应用，欢迎 CTO、架构师、开发者等在社区中学习与交流使用 EdgeX 的实战经验。

➢ 创立过程

EdgeX Foundry 中文社区是国内首个 EdgeX Foundry 物联网框架的交流社区。EdgeX Foundry 是由戴尔（Dell）发起的物联网解决方案，目前 EdgeX Foundry 属于 Linux 基金会的首个物联网框架。

➢ 主要职能

EdgeX Foundry 中文社区主要是技术交流社区，开发者们通过发布帖子及问题互相交流探讨，或者社区通过文章发布的形式分享相关知识。

（撰稿：辜凌云；核对：刘伟斌）

附　录

许可证授权翻译/引用沟通记录

一、向开放源代码促进会（Open Source Initiative，OSI）组织征询授权翻译其管理的许可证

以下为“开源研究小组”（张平教授团队）发出的邮件的内容。本团队多次发送征询授权的邮件，但截至本书定稿之时，暂未收到回复，本书正文部分已作相应处理。

> Asking for an authorization of translating the Open – Source Licenses（From：Open – Source Research Group from Peking University Law School）
>
> 发件人：“赵怡冰” <zyblaw@ pku. edu. cn>
>
> 收件人：webmaster@ lists. opensource. org
>
> 发送成功
>
> Dear Sir or Madam,
>
> It's a great honor for us to write to you for an authorization of translating related Open – Source Licenses in our upcoming academic publication.
>
> We are the “Open – Source Research Group” from Peking University Law School（PKULS），Beijing，China. Our group is mainly composed of students from PKULS，including undergraduates，masters and PhD students，and supervised by Professor Zhang Ping who is also from PKULS and considered as one of the most famous experts in this academic field in China. Our group has been committed for more than 10 years to academic researches on legal management of global open source，including issues like licenses，intellectual property rights，privacy and data protection，etc.
>
> Our book *Sharing Wisdom – Analyses of Open – Source Software Intellectual Property Issues*，published in 2005，is one of the first academic publications on intellectual property issues of Open Source software in China. During the last decade，Open Source Movement in China has undergone tremendous changes. We have been consistently tracking and focusing on the tremendous changes that the Open Source Movement in China has undergone during the last decade and reckon it a proper time for us to work on a new publication. Considering the important role that the Open – Source Licenses of your organization has played in this field，we intend to introduce and research on them in our upcoming publication.
>
> Thus，we are here to ask for an authorization of translating the Open – Source Licenses of your organization. You have our promise that these translations should only be used in our new book mentioned above，and be true and accurate to the best of our abilities. The licenses to be used for translation and reference are as follows：
>
> **CDDL**
>
> **MPL – 2. 0**
>
> **MIT**

Apache –2.0

ECL –2.0

BSD 2 – Clause

BSD 3 – Clause

BSD + Patent

We are looking forward to acquiring the authorization from you as soon as possible. Thank you very much for your support.

Best regards,

Open – Source Research Group

Peking University Law School

Email address:

Professor Zhang Ping: hellopku@ pku. edu. cn

Open – Source Research Group: zyblaw@ pku. edu. cn or xumeiling@ law. pku. edu. cn

二、向开源硬件协会（Open Source Hardware，OSHW A）申请授权翻译其管理的许可证

以下为“开源研究小组”（张平教授团队）发出的申请邮件的内容。OSHW A 已回复并同意授权。

Asking for an authorization of translating the Open – Source Licenses (From: Open – Source Research Group from Peking University Law School)

发件人:“赵怡冰” <zyblaw@ pku. edu. cn>

收件人: info@ oshwa. org

发送成功

Dear Sir or Madam,

It's a great honor for us to write to you for an authorization of translating related Open – Source Licenses in our upcoming academic publication.

We are the “Open – Source Research Group” from Peking University Law School (PKULS), Beijing, China. Our group is mainly composed of students from PKULS, including undergraduates, masters and PhD students, and supervised by Professor Zhang Ping who is also from PKULS and considered as one of the most famous experts in this academic field in China. Our group has been committed for more than 10 years to academic researches on legal management of global open source, including issues like licenses, intellectual property rights, privacy and data protection, etc.

Our book *Sharing Wisdom – Analyses of Open – Source Software Intellectual Property Issues*, published in 2005, is one of the first academic publications on intellectual property issues of Open Source software in China. During the last decade, Open Source Movement in China has undergone tremendous changes. We have been consistently tracking and focusing on the tremendous changes that the Open Source Movement in China has undergone during the last decade and reckon it a proper time for us to work on a new publication. Considering the important role that the Open - Source Licenses of your organization has played in this field, we intend to introduce and research on them in our upcoming publication.

Thus, we are here to ask for an authorization of translating the Open - Source Licenses of your organization. You have our promise that these translations should only be used in our new book mentioned above, and be true and accurate to the best of our abilities. The licenses to be used for translation and reference are as follows:

CERN v1. 1

CERN v2. 0（CERN - OHL - P, CERN - OHL - W, CERN - OHL - S）

TAPR v1. 0

Solderpad v2. 1

Open Source Hardware（OSHW）Definition 1. 0

We are looking forward to acquiring the authorization from you as soon as possible. Thank you very much for your support.

Best regards,

Open - Source Research Group
Peking University Law School
Email address:
Professor Zhang Ping: hellopku@ pku. edu. cn
Open - Source Research Group: zyblaw@ pku. edu. cn or xumeiling@ law. pku. edu. cn

以下为 OSHW A 回复的内容：

Re: Asking for an authorization of translating the Open - Source Licenses（From: Open - Source Research Group from Peking University Law School）

发件人：“Eric Carlson” <eric@ oshw. org>

收件人：“赵怡冰” <zyblaw@ pku. edu. cn>

抄　送：info@ oshwa. org

Hello,

Thank you for reaching out and your interest in open source hardware. Our organization actually does not manage any open source licenses. I recommend contacting the maintainers of the respective licenses:

CERN v1. 1 and v2. 0: CERN Knowledge Transfer <kt@ cern. ch>

TAPR: contact@ tapr. org

Solderpad（operates under The Free and Open Source Silicon Foundation）: info@ fossi - foundation. org

We do maintain the OSHW Definition, though it is not considered a license itself. It sets out requirements something must meet to be considered open source hardware, but it is not a license that can applied to a work. The community has provided translations of the definition into various languages, including Chinese.

Please let us know if we can answer any other questions.

Best regards,

Eric Carlson

三、征询 CERN v1.1 和 CERN v2.0 翻译授权

以下为"开源研究小组"(张平教授团队)发出的邮件的内容。本团队多次发送征询授权的邮件,但截至本书定稿之时,暂未收到回复,本书正文部分已作相应处理。

Asking for an authorization of translating the Open - Source Licenses

发件人:"赵怡冰" <zyblaw@pku.edu.cn>

收件人:kt@cern.ch

发送成功

Dear Sir or Madam,

It's a great honor for us to write to you for an authorization of translating related Open - Source Licenses in our upcoming academic publication.

We are the "Open - Source Research Group" from Peking University Law School (PKULS), Beijing, China. Our group is mainly composed of students from PKULS, including undergraduates, masters and PhD students, and supervised by Professor Zhang Ping who is also from PKULS and considered as one of the most famous experts in this academic field in China. Our group has been committed for more than 10 years to academic researches on legal management of global open source, including issues like licenses, intellectual property rights, privacy and data protection, etc.

Our book *Sharing Wisdom - Analyses of Open - Source Software Intellectual Property Issues*, published in 2005, is one of the first academic publications on intellectual property issues of Open Source software in China. During the last decade, Open Source Movement in China has undergone tremendous changes. We have been consistently tracking and focusing on the tremendous changes that the Open Source Movement in China has undergone during the last decade and reckon it a proper time for us to work on a new publication. Considering the important role that the Open - Source Licenses of your organization has played in this field, we intend to introduce and research on them in our upcoming publication.

Thus, we are here to ask for an authorization of translating the Open - Source Licenses of your organization. You have our promise that these translations should only be used in our new book mentioned above, and be true and accurate to the best of our abilities. The licenses to be used for translation and reference are as follows:

> **CERN v1.1**
>
> **CERN v2.0（CERN－OHL－P，CERN－OHL－W，CERN－OHL－S）**
>
> We are looking forward to acquiring the authorization from you as soon as possible. Thank you very much for your support.
>
> Best regards,
>
> Open－Source Research Group
> Peking University Law School
> Email address:
> Professor Zhang Ping: hellopku@ pku. edu. cn
> Open－Source Research Group: zyblaw@ pku. edu. cn or xumeiling@ law. pku. edu. cn

四、征询 TAPR v1.0 翻译授权

以下为“开源研究小组”（张平教授团队）发出的邮件的内容。本团队多次发送征询授权的邮件，但截至本书定稿之时，暂未收到回复，本书正文部分已作相应处理。

> Asking for an authorization of translating the Open－Source Licenses
> 发件人：“赵怡冰” <zyblaw@ pku. edu. cn>
> 收件人：contact@ tapr. org
> 发送成功
>
> Dear Sir or Madam,
>
> It's a great honor for us to write to you for an authorization of translating related Open－Source Licenses in our upcoming academic publication.
>
> We are the “Open－Source Research Group” from Peking University Law School (PKULS), Beijing, China. Our group is mainly composed of students from PKULS, including undergraduates, masters and PhD students, and supervised by Professor Zhang Ping who is also from PKULS and considered as one of the most famous experts in this academic field in China. Our group has been committed for more than 10 years to academic researches on legal management of global open source, including issues like licenses, intellectual property rights, privacy and data protection, etc.
>
> Our book *Sharing Wisdom－Analyses of Open－Source Software Intellectual Property Issues*, published in 2005, is one of the first academic publications on intellectual property issues of Open Source software in China. During the last decade, Open Source Movement in China has undergone tremendous changes. We have been consistently tracking and focusing on the tremendous changes that the Open Source Movement in China has undergone during the last decade and reckon it a proper time for us to work on a new publication. Considering the important role that the Open－Source Licenses of your organization has played in this field, we intend to introduce and research on them in our upcoming publication.

Thus, we are here to ask for an authorization of translating the Open – Source Licenses of your organization. You have our promise that these translations should only be used in our new book mentioned above, and be true and accurate to the best of our abilities. The license to be used for translation and reference is as follows:

TAPR v1.0

We are looking forward to acquiring the authorization from you as soon as possible. Thank you very much for your support.

Best regards,

Open – Source Research Group
Peking University Law School
Email address:
Professor Zhang Ping: hellopku@ pku. edu. cn
Open – Source Research Group: zyblaw@ pku. edu. cn or xumeiling@ law. pku. edu. cn

五、申请 Solderpad 硬件许可证 2.1 翻译授权

以下为“开源研究小组”(张平教授团队)发出的申请邮件的内容。Solderpad v2.1 管理组织已回复并同意授权。

Asking for an authorization of translating the Open – Source Licenses
发件人:“赵怡冰” <zyblaw@ pku. edu. cn>
收件人:info@ fossi – foundation. org
发送成功

Dear Sir or Madam,

It's a great honor for us to write to you for an authorization of translating related Open – Source Licenses in our upcoming academic publication.

We are the “Open – Source Research Group” from Peking University Law School (PKULS), Beijing, China. Our group is mainly composed of students from PKULS, including undergraduates, masters and PhD students, and supervised by Professor Zhang Ping who is also from PKULS and considered as one of the most famous experts in this academic field in China. Our group has been committed for more than 10 years to academic researches on legal management of global open source, including issues like licenses, intellectual property rights, privacy and data protection, etc.

Our book *Sharing Wisdom – Analyses of Open – Source Software Intellectual Property Issues*, published in 2005, is one of the first academic publications on intellectual property issues of Open Source software in China. During the last decade, Open Source Movement in China has undergone tremendous changes. We have been consistently tracking and focusing on the tremendous changes that the Open Source Movement in

China has undergone during the last decade and reckon it a proper time for us to work on a new publication. Considering the important role that the Open – Source Licenses of your organization has played in this field, we intend to introduce and research on them in our upcoming publication.

Thus, we are here to ask for an authorization of translating the Open – Source Licenses of your organization. You have our promise that these translations should only be used in our new book mentioned above, and be true and accurate to the best of our abilities. The license to be used for translation and reference is as follows:

Solderpad v 2.1

We are looking forward to acquiring the authorization from you as soon as possible. Thank you very much for your support.

Best regards,

Open – Source Research Group
Peking University Law School
Email address:
Professor Zhang Ping: hellopku@pku.edu.cn
Open – Source Research Group: zyblaw@pku.edu.cn or xumeiling@law.pku.edu.cn

以下为 Solderpad v2.1 管理组织回复的内容:

Solderpad 2.1 – request for translation
发件人:"Andrew Katz" <Andrew.Katz@moorcrofts.com>
收件人:"hellopku@pku.edu.cn" <hellopku@pku.edu.cn>
抄　送:"Olof Kindgren" <olof@fossi – foundation.org>, "赵怡冰" <zyblaw@pku.edu.cn>, "xumeiling@law.pku.edu.cn" xumeiling@law.pku.edu.cn

Dear Professor Zhang Ping and members of the Open – Source Research Group

Thank you so much for writing to us, and my personal apologies for not responding sooner. I note that you have also written to CERN with a similar request, and, I have beenco – ordinating with CERN because it is easier for everyone if the policies are consistent. You should expect to hear from CERN shortly, in similar terms to this email.

We are delighted that you are interested in theSolderpad license, and we would be very happy to grant you permission to translate the licence. I personally have been very interested in the development of Open Source in China over recent years, and it is excellent news that you are also widening your remit to consider open source hardware.

The definitive version of the licence remains the English language version, but you are free to translate the licence provided that you attach a notice saying that. Our policy follows that of CERN （and the Free Software Foundation） which can be found at:

https://ohwr.org/project/cernohl/wikis/translations

The notice would therefore be:

This is an unofficial translation of the Solderpad Hardware License into [Simplified/Traditional Chinese]. It was not published by the FOSSi Foundation, and does not legally state the distribution terms for documentation and hardware that uses the Solderpad Hardware License — only the original English language text of the Solderpad Hardware License does that. However, we hope that this translation will help Chinese speakers understand the Solderpad Hardware License better. You can find a copy of the original English version here: http://solderpad.org/licenses/

Please place this notice on the license in both English and Chinese.

I also enclose a copy of an unofficial translation of the SHL into Traditional Chinese, which you may find useful.

We would be grateful if, once thelicence is translated, you could provide us with a copy of the translation, or link to the location where it is hosted if you make it publicly available. This is not a requirement, but it would be helpful if we could provide this information to other potential users of the licence. You are of course free to use the translation in the book, but we would be very pleased if you could make it publicly available.

More generally, I would be very happy to learn more about your research and other activities, and possibly even collaborate in the future. If you would like to arrange a brief introductory call to discuss any matters relating to Open Source Software and Hardware, I would be delighted to discuss this with you.

My apologies again for the delay in replying to your request, and I wish you the best in your research, and the publication of your book.

All the best

Andrew

Andrew Katz

六、申请启智开源许可证 1.1 版引用授权

以下为“开源研究小组”（张平教授团队）发出的申请邮件的内容。启智开源许可证 1.1 版管理组织已回复并同意授权。

征求启智开源许可证（1.1 版）引用授权（From：北京大学法学院张平教授团队）

发件人：“赵怡冰” <zyblaw@pku.edu.cn>

收件人：secretariat@openi.org.cn

发送成功

尊敬的 OpenI 启智新一代人工智能开源开放平台：

您好，我们是来自北京大学法学院的“开源研究小组”。我们小组主要由北京大学法学院的本硕博同学组成，指导老师是来自北京大学法学院的张平教授，是一位研究开源领域知识产权问题的资深专家。研究小组致力于全球开源领域法律治理的学术研究，包括但不限于许可证、知识产权、隐私与数据保护等法律问题。

2005 年我们研究团队出版了《共享智慧——开源软件知识产权问题解析》一书，该书是中国最早开始关注和研究开源软件知识产权问题的学术著作。十余年过去了，中国的开源发生了巨大的变化，我们研究小组也一直持续跟踪和专注研究本领域的最新动向。目前，我们正在编写一本新的著作，鉴于贵单位管理下的启智开源许可证（1.1 版）在开源领域的重要地位，我们拟对其进行引用介绍和研究，特征求贵单位的授权许可。

期待获得贵单位的免费许可使用。感谢贵单位的大力支持，祝好！

盼尽快回复，谢谢！

开源研究小组
北京大学法学院
2021 年 7 月 3 日
张平：hellopku@ pku. edu. cn
开源研究小组：zyblaw@ pku. edu. cn
或 xumeiling@ law. pku. edu. cn

以下为 OpenI 启智新一代人工智能开源开放平台的回复内容：

Re：征求启智开源许可证（1. 1 版）引用授权（From：北京大学法学院张平教授团队）
发件人："秘书处" < secretariat@ openi. org. cn >
收件人："赵怡冰" zyblaw@ pku. edu. cn

您好，

同意贵方对启智开源许可证的引用介绍及研究工作，十分感谢！

OpenI 启智新一代人工智能开源开放平台秘书处

七、申请木兰宽松许可证第 2 版引用授权

以下为"开源研究小组"（张平教授团队）发出的申请邮件的内容。木兰宽松许可证第 2 版管理组织已回复并同意授权。

征求木兰宽松许可证（第 2 版）引用授权（From：北京大学法学院张平教授团队）
发件人："赵怡冰" < zyblaw@ pku. edu. cn >
收件人：coscl@ cesi. cn
发送成功

尊敬的中国开源云联盟：

您好，我们是来自北京大学法学院的"开源研究小组"。我们小组主要由北京大学法学院的本硕博同学组成，指导老师是来自北京大学法学院的张平教授，是一位研究开源领域知识产权问题的资深专家。研究小组致力于全球开源领域法律治理的学术研究，包括但不限于许可证、知识产权、隐私与数据保护等法律问题。

2005 年我们研究团队出版了《共享智慧——开源软件知识产权问题解析》一书，该书是中国最早开始关注和研究开源软件知识产权问题的学术著作。十余年过去了，中国的开源发生了巨大的变化，我们研究小组也一直持续跟踪和专注研究本领域的最新动向。目前，我们正在编写一本新的著作，鉴于贵单位管理下的木兰宽松许可证（第 2 版）在开源领域的重要地位，我们拟对其进行引用介绍和研究，特征求贵单位的授权许可。

期待获得贵单位的免费许可使用。感谢您和贵单位的大力支持，祝好！

盼尽快回复，谢谢！

开源研究小组
北京大学法学院
2021 年 7 月 3 日
张平：hellopku@ pku. edu. cn
开源研究小组：zyblaw@ pku. edu. cn
或 xumeiling@ law. pku. edu. cn

中国开源云联盟回复同意授权，回复邮件原文如下：

Re：Re：征求木兰宽松许可证（第 2 版）引用授权（From：北京大学法学院张平教授团队）
发件人："coscl@ cesi. cn" <coscl@ cesi. cn>
收件人："赵怡冰" zyblaw@ pku. edu. cn
您好，

可以出版

coscl@ cesi. cn

后　记

开放创新，源于智慧的汇聚。开源的魅力在于包容、互助、共享，任何对之感兴趣的人，都可以在这里寻求到价值所在。不同的视角、不同的立场，使人对开源的理解不同。开源的兼容性让开源可以与各个领域相融合，并生成“开源＋”的结晶。本书则是“开源＋法律”之下的一项研究成果。本书聚焦于法律的视角，对开源软件和开源硬件领域的法律规则、重点案例和组织管理等法律相关问题进行检索、梳理、归纳和编写，以期为推动和完善对我国开源领域的知识产权等的法律治理贡献一份力量。

开源与闭源并不冲突，开源也不排斥私有化和商业化。在我们今天所处的时代，开源无处不在，已成为社会经济发展的一股中坚力量。中国开源起步虽晚，但发展迅速。中国开源的技术项目打造、规则体系建设、组织管理理念、教育和人才培养等各方面都在逐步完善中。面向未来，中国开源必将逐渐走向国际，在全球发挥中国开源的独特作用；中国企业也将借助中国开源的平台，加入世界的竞技舞台。因此，推进开源的标准化工作，建立完备的开源规则体系，加强开源产业的法律风险防控意识，提升开源企业在国际竞争中的风险防范能力，尤为重要。

开源是一种理念和精神，更是一种文化。当这种文化映射到学术研究中，则体现为“同心协力”。本书的编写是团队合作的智慧成果，整个编写工作经过无数个日夜的检索、无数次激烈的讨论以及无数次反复的审校而成。编委会全体成员致力于为读者呈现专业、翔实且易于阅读的内容，但限于各方面因素，本书难免存在一些不足之处。若读者在阅读过程中，发现任何不准确、有瑕疵等有待完善之处，欢迎读者及时向编委会反馈（Email：kyfg_pku@163.com），编委会将虚心接受任何有益的改进建议。

编委会

2022 年 6 月 1 日

声　明

本书所翻译的开源软件许可证英文原文请参见 http：//opensource. org/licenses/，开源硬件许可证的英文原文请参见 https：//ohwr. org/licences。由于语言和表达习惯的差异，以及译者专业水平所限，翻译中出现的错误和表达不当之处，恳请广大读者予以指正。

书中关于 OSI 官方网站 www. opensource. org 和 OHWR 官方网站 www. ohwr. org 上述许可证的译文，均属于基于英文原文内容的翻译作品，其遵守原许可证作者的版权和许可要求。

本书旨在帮助读者理解开源软件许可证和开源硬件许可证的内容，但是不能将本书译文作为正式的法律依据。所有涉及许可证内容的法律纠纷，均应以许可证原文为准。本书不保证翻译的准确性，同时也不承担任何因为使用本书译文而造成的损失。